本丛书由华中师范大学政治学世界一流学科建设
经费资助出版

中西政治哲学通史

江 畅 主编
喻立平 詹世友 副主编

总 论 卷
政治哲学：理论与历史

江 畅 著

中国社会科学出版社

图书在版编目(CIP)数据

中西政治哲学通史. 总论卷. 政治哲学：理论与历史 / 江畅著. —北京：中国社会科学出版社，2024.7
ISBN 978-7-5227-3339-5

Ⅰ.①中…　Ⅱ.①江…　Ⅲ.①政治哲学—对比研究—中国、西方国家　Ⅳ.①D0-02

中国国家版本馆 CIP 数据核字（2024）第 065964 号

出 版 人	赵剑英
责任编辑	郝玉明
责任校对	谢　静
责任印制	王　超

出　　版	中国社会科学出版社
社　　址	北京鼓楼西大街甲 158 号
邮　　编	100720
网　　址	http://www.csspw.cn
发 行 部	010-84083685
门 市 部	010-84029450
经　　销	新华书店及其他书店
印刷装订	北京君升印刷有限公司
版　　次	2024 年 7 月第 1 版
印　　次	2024 年 7 月第 1 次印刷
开　　本	710×1000　1/16
印　　张	36.75
字　　数	583 千字
定　　价	188.00 元

凡购买中国社会科学出版社图书，如有质量问题请与本社营销中心联系调换
电话：010-84083683
版权所有　侵权必究

作者简介

江畅，1957年8月生，湖北浠水人，哲学博士，华中师范大学政治学部政治哲学研究中心教授，长江学者特聘教授，湖北大学高等人文研究院名誉院长，中华文化发展湖北省协同创新中心主任。国际价值哲学学会（ISVI）前会长，中国伦理学会原副会长，中国辩证唯物主义研究会价值论研究专业委员会副会长，中国现代文化学会中国文化建设与评价专业委员会常务副会长，湖北省伦理学学会名誉会长。

主要研究伦理学、价值论和政治哲学，发表论文380余篇，出版《江畅文集》（十二卷本）等著作39种50余部。获教育部高等学校科学研究优秀成果奖二等奖两项、三等奖1项，湖北省社会科学优秀成果奖一等奖3项、二三等奖各两项，第七届吴玉章人文社会科学奖优秀成果奖和首届罗国杰伦理学教育基金优秀著作奖。主持国家社会科学基金重大项目3项、重点项目1项、一般项目和后期资助项目3项，教育部人文社科重点研究基地重大项目1项。

《中西政治哲学通史》

编委会

顾　问

万俊人　韩　震　张首映　吴晓明　杨国荣　樊和平　汪信砚

主　任

徐　勇　江　畅

主　编

江　畅

副主编

喻立平　詹世友

编　委（以姓氏拼音为序）

陈江进	陈军亚	陈荣卓	戴茂堂	董尚文	费尚军	龚　群
龚天平	顾　肃	韩玉胜	贺东航	黄裕生	江　畅	靳凤林
李佃来	李建华	李科政	李　石	李婉芝	李　勇	李义天
林　曦	林志猛	刘清平	刘　玮	龙静云	牟成文	潘建红
任　丑	任剑涛	孙国东	孙伟平	孙小玲	孙晓春	谭安奎
陶　涛	田海平	田卫平	王　立	王威威	王雨辰	吴成国
吴根友	向玉乔	肖　滨	谢惠媛	熊富标	徐　瑾	徐　勇
颜昌武	杨义芹	喻立平	袁祖社	詹世友	张　能	张文喜
章雪富	周海春	周鸿雁	周谨平	周　濂		

总　序

江　畅

在中国和西方历史上，有全球性通史之类的著作（如世界通史、世界文明史），有中国或西方某个领域的通史（如中国哲学通史、西方道德哲学通史），似未见有将中西方某个领域的通史一道研究和撰著的先例。华中师范大学政治学部政治哲学研究中心将中西政治哲学通史放在一起组织编撰，尚属首例，这是一种大胆的尝试，能否成功有待学界和时间的检验。就政治哲学而言，中国政治哲学和西方政治哲学并非彼此孤立的知识体系，而是人类政治哲学的两种基本形态，它们异中有同，同中有异。将它们的历史放在一起研究并以通史的形式呈现出来，不仅可以发现各自的特色和优势，便于读者比照、利用，也可以发现它们的异中之同，便于研究者立足于"同"构建自己的具有学科共性和实践普适性的政治哲学体系。后者对于人类文明全球化时代的政治哲学构建和发展尤其具有重要意义。

一　政治乃人为价值物

政治哲学的研究对象是政治，但政治是与人类文明社会相伴随的十分复杂的事物，已成为许多学科研究或涉及的对象。政治之所以为诸多学科所研究或涉及，是因为政治是一种社会成员深度关切的人为价值物，对于社会成员的生存发展享受状况具有决定性的意义。施特劳斯称"政治"为"事物"[①]，这种观

[①] 参见［美］列奥·施特劳斯《什么是政治哲学》，李世祥等译，华夏出版社2019年版，第3页。

点无疑是对的，但尚未揭示政治作为事物的特殊性。政治是事物，更是人类发明创造的、极为特殊的人为价值物。按照其本性，它是用于造福人类、对于人类生存发展享受需要的满足具有决定性意义的价值物，虽然可能异化为统治、压迫和剥削人民的暴力工具。政治哲学的使命是揭示政治的本性及其实践要求，从而防止其异化和滥用并使已经发生的异化和滥用得以复归。政治哲学的这种"揭示"在于从社会的本性、人类的本性乃至宇宙万物的本性（本体）构想和设定其本性或本然本质，从而给现实政治提供规导。

政治一经产生就采取了国家的形式，但国家的现实本质并没有体现政治的本性，相反，从某种意义上说，国家是政治的一种异化形态。黑格尔把国家视为"精神为自己所创造的世界"[①]，而恩格斯却把国家看作"一个阶级镇压另一个阶级的机器"[②]，后来列宁称之为"暴力机构"[③]。国家虽具有政治的职能，在历史上和今天也发挥了统治和治理社会的作用，是现实的政治，但这并不是政治真实本性的体现。实际上政治才是目的，国家只是手段，国家的存在是为了实行政治，而政治本身又是手段，其终极目的在于通过治理社会谋求全体社会成员普遍过上好生活。

从政治哲学来看，政治的本性在于人民性，即由全体成员（人民）统治和治理社会。就其本性而言，政治是人民运用公共权力统治和治理社会以实现社会所有人幸福的社会活动，人民是政治与政治权力的主体（主权者），拥有社会的一切政治权力；社会实行法治，法律体现人民的意志，法律在社会中具有最高权威。政治的本性是政治的本然本质或应然本质，人类的一切政治活动就是要将政治本性体现出来，使之转化为现实政治的实然本质。从政治本性的基本内涵可以看出，政治作为价值物，其本性包含实践要求，现实政治要体现其应然本质，就必须按照政治本性的实践要求构建和运行。概括地说，政治本性包含人民至上、法律统治、道德导向、清正廉洁、个人幸福、社会公正六个方面的基本实践要求。

---

① ［德］黑格尔：《法哲学原理》，范扬、张企泰译，商务印书馆1961年版，第324页。
② 《马克思恩格斯选集》第3卷，人民出版社2012年版，第55页。
③ 《列宁选集》第4卷，人民出版社1972年版，第48页。

总　序

公共权力是政治的核心内容或决定性因素，有公共权力才有政治事物。按照洛克的观点，公共权力是每个社会成员让渡出来的权利构成的，其行使要充分体现社会大多数人的意志。从本源上看，公共权力来源于人民，其产生是为了维护社会公共秩序，增进社会公共利益，使所有社会成员的权利得到实现和保护。[①] 公共权力作为政治的决定性因素，其本性就在于人民性，它源自人民，为人民所拥有，人民才是公共权力的主体。这种政治权力才是合理、正当的，也是合法的，一切通过其他途径（如战争、政变等暴力途径或宗教、迷信等精神力量）获得的公共权力因违背其本性而都不是合法的。

政治权力在演化的过程中逐渐分离出了统治权和治理权，这种分离因适应社会管理日益复杂化的需要而具有必然性和合理性。但是，这种分离不能违背公共权力的本性和实践要求，即人民才是拥有统治权的社会统治者，而人民拥有的统治权应通过法律转化为治理权，由社会治理者（广义的政府）行使法律授予的治理权依据法律进行社会治理。因此，统治权和治理权实质上是统一的，且统一于公共权力的人民性，其分离只是实现公共权力目的的需要。

公共权力与公众权利的关系问题历来是政治哲学关注的焦点。"政治哲学既要关注公共权力行为主体，也要关注个体权利行为主体，换言之，'权力'与'权利'两者不可偏废，不仅需要兼顾，而且需要梳理和辩证二者之间的政治关系与政治价值秩序，即是说，权利与权力的政治关系及其政治价值秩序才是政治哲学的根本问题或中心主题。"[②] 人民整体真正成为权力的主体，人民个体的权利才可能从根本上得到保障。因此，人民整体如何运用公共权力维护和扩大人民个体的权利问题便产生了。解决这个问题正是政治存在的基本价值和意义之所在。

在文明社会，如果没有政治，社会就会陷入霍布斯所说的"每一个人对每个人的战争"[③] 的自然状态。然而，事实证明，即便有了政治，若政治异

---

① 参见陈永剑《如何理解公共权力的现代本质》，《才智》2013 年第 30 期。
② 万俊人：《所谓政治哲学》，《中国社会科学评价》2022 年第 4 期。
③ [英] 霍布斯：《利维坦》，黎思复、黎廷弼译，杨昌裕校，商务印书馆 1985 年版，第 94 页。

化或被滥用仍然不可能实现其价值。就当代政治现实而言，维护和扩大人民个体的权利需要解决两大问题。一是避免公共权力掌握在并非真实的人民代表的社会治理者手里的问题，让公共权力回归人民主体手中。解决这一问题，最重要的是要使法律真正体现人民的意志，同时使法律成为社会的最高权威。二是对行使治理权的社会治理者或政府的监控，建立防止其权力异化和滥用以及人民个体谋求权利而相互妨碍和伤害个体权利行为的有效制度、体制和机制。解决这一问题的关键在于使一切权力都在法律之下运行。解决好了这两个问题，政治的基本价值才能够实现。

不过，政治作为最好价值物，其意义并不只如此，还在于运用公共权力为全体人民谋幸福。西方自由主义思想家因担心社会治理者滥用权力而主张公共权力最小化，即所谓"守夜人式的国家"或"最弱意义上的国家"①，将其职能仅限于保护人民个体的权利。这种公共权力最小化的主张和实践，限制甚至扼杀了政治本性的要求，使政治这种人为事物的价值得不到应有的彰显。按照其本性要求，政治不仅要维护和扩大人民个体的权利，而且要为人民个体普遍过上好生活创造社会条件，实现马克思"每一个个人的全面而自由的发展"②这一最高人类理想。这种条件是社会个体（包括家庭、企业、社会组织等）无法提供的，而只能由社会治理者运用公共权力的力量来创造。正是从这种意义看，政治对于人类普遍幸福来说是必不可少的，是满足人类更好生存的最好价值物。

在高科技时代，人类如何实现政治价值面临着许多新的挑战。人工智能是21世纪最具"颠覆性"的科技革新之一，而元宇宙、ChatGPT的问世则标志着通用人工智能时代的来临，高科技在全球范围强有力地推进了生产方式、生活方式变革的现代化进程，也必将深刻改变政治价值的实现方式，智能治理正在成为全新的社会治理形式。智能治理涉及治理主体、治理过程以及治理效果三个基本要素。如何通过将社会智能与机器智能融合

---

① [美] 罗伯特·诺齐克：《无政府、国家与乌托邦》，何怀宏等译，中国社会科学出版社1991年版，第35页。

② 《马克思恩格斯文集》第5卷，人民出版社2009年版，第683页。

互嵌赋能多元治理主体,以激发"智能"效应,构建"智治"格局,增进"智效"价值,形成赋权社会、赋能政府和赋智决策三大智能治理路径,是当代人类有效推进人工智能驱动的治理现代化,从而充分实现政治价值面临的重大问题。①

二 政治哲学与政治文明

人类从原始社会进入文明社会意味着整个社会生活都文明化,并逐渐形成社会的经济文明、政治文明、精神文明、社会(狭义的)文明以及20世纪才凸显出来的生态文明。这五个方面的文明并不是彼此孤立的,而是有机统一的整体。其中政治文明既是人类进入文明社会的主要标志,也是整个社会文明的决定性因素。从人类文明史看,最初世界上只有几个地区进入文明社会,这些地区的部落彼此之间的战争导致基本共同体范围扩大,由"旧的氏族组织"扩大到"按地区来划分它的国民"的国家,并且设立公共权力②,从而形成了政治结构及相应的政治文明。形塑国家这种政治形式之后,国家利用手中的公共权力重构社会的经济结构、社会结构和意识形态,最终形成了自己的文明形态。与之形成对照的是,世界上那些没有建立国家的地区,自然没有政治结构和公共权力以及由公共权力衍生的经济结构、社会结构及意识形态。这些地区是之后在西方海外殖民、市场经济发展、工业革命等文明因素影响下才被推上文明化的历史进程。历经数千年,不同的文明社会形态生灭兴衰、沿袭变革,最终造就了今天全世界国家化的文明格局,而政治及其文明在整个演变中自始至终都具有决定性的作用。

轴心时代以前的前期文明社会是纯粹经验性的,政治文明亦如此。纯粹经验性的政治文明最显著的特点在于,政治活动全然凭借统治者的执政经验,没有政治理论,更没有政治哲学作为依据,其政治的合理性、正当性、合法性没有得到理论上的论证和辩护。那时的政治文明有政治思想和意识形态,

---

① 参见孟天广《智能治理:通用人工智能时代的治理命题》,《学海》2023年第2期。
② 《马克思恩格斯选集》第4卷,人民出版社2012年版,第187页。

但其由于没有系统化的政治理论以及学科知识作支撑，因而是粗陋的、残缺的。正因如此，前期文明社会大都是战乱、苦难的社会，一些文明地区不可避免地走向了衰败。就中国夏商西周时代而言，最英明的君王统治时期也不过是孔子所说的"小康"社会，在长达1300年的时间里，只有禹、汤、文、武、成王、周公"六君子"统治的时期才实现了"小康"，其他大多数时间是"谋用是作，而兵由此起"（《礼记·礼运》）。

在公元前800—公元前200年（雅斯贝尔斯所称的"轴心时期"），中国的诸子百家、印度的《奥义书》（*Upanishads*）和佛陀、波斯的拜火教（Zoroastrianism）、犹太人的先知，乃至希腊的哲学流派和科学家同时出现了。在这一时期，各个文明都经历了"理性以及由理性阐明的经验向神话发动斗争；超越的一神与子虚乌有的精灵、恶魔斗争；最后还有道德规范对虚妄诸神的反叛"的变化，雅斯贝尔斯将这种现象统称为"精神化"（spiritualisation）。① 正是在这个特殊的历史时代，政治哲学以及道德哲学与哲学本体论几乎同时诞生，人类开始有了政治哲学理论，哲学家力图运用政治哲学理论改变连年战乱的现实社会、拯救苦难中的天下苍生。轴心时代以后，人类政治文明从纯粹经验性的前期政治文明进入理论性（或雅斯贝尔斯所说的"精神化"）的后期政治文明，其最显著特点是统治者开始借助政治哲学来为政治统治提供论证和辩护，甚至将之用于规导政治实践。从此，政治哲学成为政治文明的灵魂和命脉，并且对整个文明社会都具有深刻影响。

然而，在后期文明社会，虽然政治哲学成为政治活动的理论依据，但政治哲学与政治活动及政治文明的关系错综复杂。从中西方历史看，这种复杂关系可归结为两种主要情形。其一，统治者运用政治权力培植思想家来修改已有的政治哲学，以适应自身统治的需要。这种情形在中西传统社会普遍存在，其中最典型的统治者是汉武帝。史书记载，武帝初立，"罢黜百家，表章《六经》"（《汉书·武帝纪》），即"罢黜百家，独尊儒术"，而且利用手中的权力集中当时的儒家（汉儒）将先秦儒学改造成完全适应建立大一统帝国需要的"儒术"，阉割了其中蕴含的仁爱精神，使之成为专制性的伦理纲常。因

---

① 参见陈方正《论"轴心时代"的"两种文化"现象》，《江海学刊》1999年第1期。

此，虽然汉武帝的政治活动以政治哲学为依据，但这种政治哲学是体现统治者意志的政治哲学。其二，思想家主动地适应统治者的需要创立政治哲学，以为统治者创建政治文明和统治社会服务。这是西方近现代政治活动与政治哲学关系的情形。为了适应资产阶级构建资本主义社会的需要，近代西方启蒙思想家提出了诸多的政治哲学理论，最终自由主义思想家的理论成为西方的主导思想。但是，这种以国家为对象的政治哲学理论完全屈从市场经济发展的要求，导致了许多消极的实践后果，不能为当代人类走出生存危机提供规导。

进入 21 世纪，人工智能、元宇宙、ChatGPT 等高科技浪潮一浪高过一浪，全球化、科技化、信息化已将全人类的前途命运紧密地联系在一起，人类的基本共同体从国家走向世界是大势所趋。人类全球化的发展和人类命运共同体的构建，要求有与之相应的政治哲学，现今，政治哲学面临着主要研究对象从国家政治转向世界政治、为世界共同体构建提供理论依据和规导原则的新的时代使命。构建世界共同体，关键在于构建世界政治及其文明。人类进化到当代，世界共同体不可能自发形成，必须以政治哲学为学术支撑。有作为世界共同体的政治文明，才可能有世界共同体的经济文明、精神文明、社会文明和生态文明，才可能有作为整体的世界的文明。而世界政治文明如同近代以来的国家政治文明一样，其构建必须有政治哲学提供论证和辩护。如此，世界政治文明的构建才能凝聚全人类的普遍共识，才能汇聚世界各国的文明力量以冲破一切现实的和可能的障碍与阻力。

三 政治哲学与哲学、政治学

何谓政治哲学？对于这一问题历来存在观点分歧。我们将政治哲学界定为研究政治本性及其实践要求的哲学学问，认为它不是政治学或政治科学的学科，也不是政治学与哲学的交叉学科，而是像道德哲学、精神哲学一样的哲学专门学科或实践哲学。作为哲学学科，政治哲学通过反思和批判政治学以及政治实践对其进行规范与指导，而不是为其提供论证与辩护。如果说哲学的主体或主干由本体论、知识论和价值论构成，政治哲学、道德哲学和精神哲学作为实践哲学，可以说是哲学主体的三个现实面向。① 哲学研究本体、知识和价值问题终归要落脚到人类的生存发展享受，而它的终极指向是实现人类本性。研究和回答如何实现人类本性，正是政治哲学、道德哲学和精神哲学的初心使命。

哲学家对人类本性（或人的本性）的看法见仁见智、莫衷一是，但一般都肯定人类本性在于谋求生存得更好，包括生存下去、生存得好、生存得更好。经过几百万年的进化，人类本性渐次形成了三种特性，即社群性、自为性和精神性。② 作为群体动物，人类一经诞生就必须生活在群体之中，最初是原始人群，而后是氏族部落，再后来是国家。这种群体的扩大是超越性的，当人类生活在国家之中时，还会生活在家庭以及后来兴起的各种组织（如企业、工会、政党等）之中。人类本性的社群性就体现在人至少得生活在某一个群体之中。随着人类的进化，人的自我意识以及与之相应的相对独立生存能力逐渐形成并不断增强，于是人就获得了自为性，即当人成熟的时候就可以自己解决自己以及家人的生存问题。当人的自为性积淀为人性基因时，若它得不到实现，人就不是一个真正意义上的独立自由个体，也就不是真正意义上的人。在人性的自为性差不多形成时，人类不再只谋求个人的生存，而会把家庭、氏族、国家以及其他共同体的存亡、兴衰置于自己的肩上，即开始有了比狭隘的谋求自己更好生存更为博大的情怀和境界。其积淀为基因，于是就有了人类本性的精神性或超越性。③ 虽然从整体来说人类本性都具备社

---

① 参见江畅《论政治哲学的性质》，《政治哲学研究》第一辑，社会科学文献出版社2023年版。

② 当代学界对人类本性的精神性有所忽视，而以前中西哲学家对此高度重视。荀子说的"人有气、有生、有知，亦且有义"（《荀子·王制》）就是对精神是人的特性的典型表达；黑格尔更是直接说，"精神就是自我"（［德］黑格尔：《哲学全书·第三部分·精神哲学》，杨祖陶译，人民出版社2017年版，第14页），"精神一般说来就是思维，人之异于动物就因为他有思维"。（［德］黑格尔：《法哲学原理》，范扬、张企泰译，商务印书馆1961年版，第13页）不过，精神性是人类后来获得的一种人类本性特性，所以通常不被看作人类本性的主要特性。

③ 参见江畅、李累《人的高贵性之所在——人类精神的时代反思》，《中南民族大学学报》（人文社会科学版）2023年第5期。

群性、自为性和精神性，但并不是每一个人都能将其开发出来，开发出来也并不一定能得到发挥。哲学的意义归根到底就是要告诉人们，人类具有这些本性以及开发这些本性并使之得到发挥的重要性、路径和方式。

在轴心时代，那些建立了系统哲学的思想家已然注意到人类本性及其三种特性（自为性、社群性、精神性）。他们虽然不一定以政治哲学、道德哲学、精神哲学的名义来研究它们的开发和发挥问题，但都程度不同地探索和回答了这三个学科所涉及的问题。当然，他们更多的是从个人的角度切入，首先关注的是个人的道德和精神问题，再从个人道德和精神问题拓展到政治问题，并最终通过政治问题的解决来解决个人的道德和精神问题。通常，幸福、德性和智慧（或实践智慧）被认为是古希腊哲学家道德哲学的基本概念，但这三个概念背后有一个常被后人忽视的概念，那就是城邦或基本共同体。柏拉图注意到，"在建立我们的城邦时，我们关注的目标不是使任何一群人特别幸福，而是尽可能使整个城邦幸福"①。亚里士多德更明确地将研究政治问题的政治学置于更重要的地位，提出"关于道德的讨论就似乎不仅是政治学的部分，而且还是它的起点"②。先秦儒家则将共同体的完善作为个人德性和精神境界的修养的终极目标，即"身修而后家齐，家齐而后国治，国治而后天下平"（《礼记·大学》）。先秦道家尤其是老子所关注的主要是治世之道，提出"道常无为而无不为，侯王若能守之，万物将自化"（《老子》三十七章）。他所理想的社会"小国寡民"（《老子》八十章），是"圣人之治"的社会。古典思想家都意识到个人幸福虽然最终在于个人，但社群具有决定性的意义。不过，社群的意义不仅在于可给个人提供生活家园和基本生存保障，更在于可使人具有道德并追求人作为人应有的人生境界。古典思想家基本确立了政治哲学与道德哲学、精神哲学之间的关系格局，近现代虽然对此有所突破，但大多仍是着眼于人性及其特性来理解哲学的这三个实践学科及其

---

① ［古希腊］柏拉图：《国家篇》，载《柏拉图全集》（增订版）中卷，王晓朝译，人民出版社2018年版，第115页。

② ［古希腊］亚里士多德：《大伦理学》，载苗力田主编《亚里士多德全集》第八卷，中国人民大学出版社1994年版，第241页。

关系。

在古今中西思想家中，对政治哲学的研究有两种进路或基本方法。一种是本体论的进路，即从反思和批判社群和人生的现实入手，为破解社会战乱和人类苦难两大难题而运用思辨方法构想和设定宇宙本体，并以宇宙本体为根据来揭示人类本性、社群本性以及政治本性。以这种进路建立的政治哲学具有深厚的本体论根基，它认为人类的这些本性都是善的或美好的，主张人类要复归或弘扬这些被现实玷污或损害的本性，从而最终实现社会的美好和个人的幸福。另一种是经验论的进路，即观察分析引起社会战乱和苦难的人类恶行，得出人类本性是恶的结论，主张建立国家（政治）来防范人类本性之恶必然导致的人与人之间的相互妨碍和伤害，从而建立人与人之间和平共处的社会秩序。中西古代思想家大多采取前一种研究方法，这是一种主张不断开发人性、完善人格并提升人生境界的内在超越的进路。后一种则是西方近现代一些哲学家采取的进路，他们不再以本体论为基础，其政治哲学的基础是社会契约论（包括作为依据的自然状态说和自然法理论）。这是一种主张运用外在的政治力量扼制人的恶性、防范人的恶行而不考虑人格完善和人生境界提升的外在约束的进路。在中外历史上，采取本体论进路的政治哲学为依据构建的政治暂无成功的先例，而采取经验论进路的政治哲学构建的政治则暴露出许多问题。西方近代以来的社会实践事实上已经证明这种政治哲学不可能给政治提供正确的规导，不可能消除社会战乱和人类苦难，且必然会导致人类生存危机。

此外，一谈到政治哲学就涉及它与政治学的关系。在19世纪80年代以前，只有亚里士多德明确在"政治学"的名义下研究政治哲学，其中也包含一些现代意义上的政治科学（作为社会科学的政治学）的内容，两者是混合在一起的，其他哲学家并没有对两者作区分。可以说，传统的政治学包含政治哲学和政治科学的内容。1880年美国哥伦比亚大学根据政治学家 J. W. 柏吉斯的倡议成立"哥伦比亚大学政治研究院"，政治科学从此就从传统的政治学中独立出来，获得了独立的社会科学学科地位。[1] 关于两者之间的关系有诸

---

[1] 参见王浦劬等《政治学基础》，北京大学出版社2018年版，第27页。

多不同的观点，以下这种观点为更多学者所认同："政治哲学不同于政治科学，其原因在于政治科学是经验性的和描述性的，它解释一个政府实际上是如何运作的，而政治哲学则是规范性的，它确立那些规定政府应如何运作的准则或理想的标准。"① 需要指出的是，按照我们的观点，如果说政治科学的研究对象是政府或国家的话，政治哲学的对象则不只限于政府，而是政治尤其是其本性及其实践要求。②

四　中西政治哲学的异同

黑格尔说，"哲学是在发展中的系统，哲学史也是在发展中的系统"③，中国政治哲学与西方政治哲学就是人类历史上政治哲学的两个庞大系统或基本形态。它们于轴心时代应运而生，各自都经历了十分曲折的演进过程，其内容极其丰富而复杂。中西政治哲学彼此之间迥然有异，但差异之中亦有共通之处。

中西政治哲学的总体特征有很大的不同。中国政治哲学的历史演进一以贯之，始终以宇宙、天下、国、家、人及其关系问题为中心展开和沿革，具有历史演进的一贯性。中国政治哲学从诞生时起就有深厚的本体论根基，无论是儒家、道家还是其他诸家，其政治哲学都是基于远古以来形成的道观念或道德观念，具有理论根基的深厚性。中国政治哲学历来都是道德性政治哲学，道德哲学具有明显的政治性，政治哲学则具有鲜明的道德性。中国政治哲学的社会理想是尽善尽美的，同时又与人格理想相贯通，且把修身作为实现社会理想的根本，具有崇高性。中国政治哲学像中国文化一样，历来讲道

---

① [英]尼古拉斯·布宁、余纪元编著《西方哲学英汉对照辞典》，人民出版社2001年版，第774页。

② 参见江畅、李君豪《论政治哲学与哲学的关系》，《烟台大学学报》（哲学社会科学版）2023年第4期。

③ [德]黑格尔：《哲学史讲演录》第1卷，贺麟、王太庆译，商务印书馆1959年版，第33页。

统、讲认祖归宗，具有学术观点的归宗性。①

与中国政治哲学不同，西方政治哲学在演进的过程中不断有不同的文化传统加入，而这种加入又往往否定了先前的传统，其演进具有多源性和断裂性。西方不同时代，甚至同一时代的政治哲学所创立或依循的本体论大不相同，从包含社会本体在内的宇宙本体转变到单纯的社会本体，其理论根基具有多变性与迥异性。西方政治哲学史可以说是哲学家根据不同时代的时代精神或重大问题，致力于构想理想社会及其实现方案的历史过程，整体上兼备理想性和实践性。在西方多头思想文化渊源和断裂性历史演进过程中生长和发展的政治哲学，无论是从纵向看还是从横向看，其学术观点多种多样，甚至完全对立，具多元性与对立性。②

中西政治哲学经历了迥异的产生和历史演进过程。中国政治哲学在经过长达五千多年的悠久孕育过程后诞生于春秋时期，其创立者主要有老子、孔子、墨子和韩非子等人，他们创立了不同的政治哲学学派。此后，中国政治哲学大致经历了理论化（春秋战国时期）、经学化（汉代至唐代）、理学化（宋代至清代）、现代化（鸦片战争至今）四个历史阶段。中国政治哲学在理论化的过程中形成了各具个性的政治哲学体系，但伴随着皇权专制制度的建立，从多元走向了一元的政治化、官方化、意识形态化，政治哲学被包裹在经学之中。为满足皇权专制统治的需要，注疏经学成为政治哲学的主要任务。面对经学的衰落尤其是佛教和道教的强大冲击，宋代儒家建立理学以振兴传统儒家政治哲学，但仍然以汉儒所确立的专制主义伦理纲常为基本主张，并将其推向了极端。鸦片战争的爆发开启了中国政治哲学现代化的进程，马克思主义政治哲学在中国传播并同中国政治实际相结合、同中华优秀传统政治文化相融合，逐渐创造了一种在本质上不同于西方现代政治哲学的中国特色现代政治哲学。改革开放之后，作为学科形态的政治哲学在中国兴起并获得

---

① 参见李婉芝、江畅《中国政治哲学的复杂意涵与总体特征》，《江汉论坛》2024年第1期。

② 参见江畅《西方政治哲学的复杂意涵与总体特征》，《武汉大学学报》（哲学社会科学版）2023年第3期。

了快速发展，形成了以中国化马克思主义政治哲学为主导、政治哲学学术繁荣发展的当代中国政治哲学新格局。①

西方政治哲学的渊源虽然可以追溯到公元前 2800 多年前的米诺斯文明，但其真正的源头是《荷马史诗》，其孕育期不过 600 多年。苏格拉底被公认为西方政治哲学的鼻祖，他和柏拉图创立了第一个政治哲学体系，其后的历史演进大致上可划分为四个时期：理论化时期（公元前 5 世纪至基督教诞生）、宗教化时期（基督教诞生至 17 世纪）、现代化时期（14 世纪至 19 世纪）和学科化时期（19 世纪至现代）。西方政治哲学经过神学化的异化由马基亚维里开启现代化进程，其根本特征在于不再从宇宙本体演绎人类本性，而是通过观察和分析人类行为和社会现实得出人性恶的结论，并主张运用政治权力建立法律来遏制恶性，从而维护社会秩序。与中国政治哲学相比较，西方政治哲学的孕育时期短，诞生时间晚，理论化时间短，而现代化起步早。到 19 世纪 80 年代，作为社会科学分支的政治科学（今天所谓的政治学）正式诞生，西方政治哲学与政治科学发生分离，成为相对独立的哲学专门学科。②

中西政治哲学关注的主要问题差异相当大。中国政治哲学以家、国、天下、民众一体为研究对象，以社会和谐为研究取向，关注的问题不仅仅局限于国家，而是社会的各个方面。中国政治哲学重点关注的主要问题可大致上划分为"道"与"德"、理想人格与理想社会、差序格局与众生平等、家国天下的关系、王道与霸道、尚民爱民与人民至上、内圣外王与人民民主，以及德治、礼治与法治等问题。但是，对于这些问题的研究，中国政治哲学和政治学并无明显的界限，事实上中国历史上不少政治哲学家同时也是政治学家，有的还同时是政治家，即使在今天两者之间的界限也不十分分明。中国政治哲学尤其是传统政治哲学注重运用经验体悟、理智直觉和思辨构想一体

---

① 参见江畅《中国政治哲学的产生和历史演进》，《贵州师范大学学报》（社会科学版）2023 年第 3 期。

② 参见江畅《西方政治哲学的产生与历史演进》，《当代中国价值观研究》2022 年第 5 期。

的方法，基于对宇宙本体来构想社会本体，基于社会本体来谋划社会理想及其实现。①

与中国政治哲学不同，西方政治哲学以国家为主要研究对象，以为国家治理提供社会理想、价值目标、核心理念和基本原则为主要使命，重点关注和研究理想社会、社会公正、国家产生的正当性及其应然本质、政体和制度的合理性、权力的合法性和制约、法治的重要性及其与自然法的关系、公民社会及其与国家的关系、公民的德性和权利等问题。西方政治哲学从总体上看是以怎样使社会问题重重的现实国家变成好社会为核心主题展开的，社会公正以及对其有决定性意义的社会制度问题是其关注的焦点。西方政治哲学主要运用思辨方法研究和回答政治哲学问题，只不过不同时代研究的着眼点有很大的差异。西方古代哲学家主要是从宇宙本体引申出社会本体或社会本性（如苏格拉底从宇宙的善目的引申出社会的善目的），进而谋划好社会及其构建，西方近现代哲学家则从他们所想象的人类原初状态引申出社会状态，进而论证好社会应该怎样以及如何构建。②

从以上中西政治哲学的主要差异可以看出，它们的异中也有同。这种"同"可简单归结为三个方面。其一，它们都是思想家为了拯救生民于水火而创立的。在极其苦难的轴心时代，那时的哲学家们对天下生民充满怜悯、同情、炽爱，终生致力于寻求解救生民、使芸芸众生过上好生活的道路。为此，他们著书立说、进谏君王、聚徒讲学，中西政治哲学由此诞生。其二，它们都是研究和回答全体社会成员如何过上整体生活（life as a whole）幸福的问题。在中西古典政治哲学家看来，人类生存不是既定的，而是不断追求更好的；更好生存不是某一方面的，而是整体性的，是整体生活（life as a whole）的完善，即幸福。③他们都认为，政治哲学的初衷和使命就是要揭示政治的真实本性及其实践要求，在此基础上研究回答如何实现全体社会成员的普遍幸

---

① 参见江畅《中国政治哲学重点关注的八大问题》，《湖北社会科学》2023 年第 2 期。
② 参见江畅《西方政治哲学重点关注的八大问题》，《理论月刊》2022 年第 8 期。
③ 这种幸福不是欲望满足意义上的幸福（happiness），而是通过人性充分开发获得完善人格并使之见诸生活的整体生活幸福（eudaemonia）。

福问题。其三，它们都发生过屈从现实政治而忘却其初衷和主旨的问题。轴心时代以后，中西政治哲学都曾步入歧途：在西方主要是屈从基督教教会统治的需要，后来又为资产阶级政治需要所绑架；在中国则是屈从大一统的专制政治的需要。不过，"青山遮不住，毕竟东流去"，今天人类命运共同体的构建客观上要求政治哲学弘扬其初衷和使命，为世界永久和平和人类普遍幸福的实现作出谋划并提供规导。

五　中西政治哲学的价值与局限

中西政治哲学内容丰富而深刻，堪称人类政治哲学史上的双雄，为人类政治哲学的发展和政治实践的完善留下了丰厚而宝贵的思想资源，并将持续对整个人类发展产生深远影响。中西政治哲学史上的成果虽有其局限和不足，但更具有重要的学术价值和实践意义。中西政治哲学的价值和贡献不尽相同，但它们具有相通性、互补性、可融通性，可以为今天构建面向世界共同体的新时代政治哲学提供基础、起点和参照。

中国政治哲学构想并追求的世界大同理想社会，可以成为人类政治文明发展的价值取向。春秋战国时代诸子百家中多家都有对理想社会的构想，儒家创始人孔子构想的大同社会最具生命力和影响力。孙中山第一次明确将大同社会作为政治目标，称"真正的民生主义，就是孔子所希望之大同世界"[①]；习近平同志代表中国共产党向世界宣告"我们所做的一切都是为人民谋幸福，为民族谋复兴，为世界谋大同"[②]。"大同"社会理想具有真理性、合理性，中国提出的构建人类命运共同体倡议在世界上得到广泛而热烈的响应，表明"世界大同"是人间"王道"，反映了人类文明发展的必然趋势。

中国政治哲学关于身家国天下一体有机统一的理论，可以为世界共同体构建提供中国模式和中国方案。家庭、国家、世界是人类从分离的原始人群

---

① 孙中山：《三民主义》，东方出版社2014年版，第222页。
② 《习近平会见联合国秘书长古特雷斯》，《人民日报》2018年4月9日，第1版。

走向更大共同体的三大步骤，是人类形成更大创造力量、扩展更大活动空间、过上更丰富的物质和文化生活的历史进程。中国传统政治哲学主张构建的身家国天下一体的社会结构是一种递进积累的社会结构，它将会成为人类社会或世界共同体的未来基本架构。中国政治哲学为当代世界共同体提供了中国智慧和中国经验，为人类政治文明增辉添色。

中国政治哲学提出的一系列深层次的哲学观念，可以作为解决当代中国和人类社会现实政治问题的基本理念和原则。两千多年来，中国政治哲学家提供了诸多重要的核心政治理念和基本政治原则，其中最为重要的有"天下为公""天下太平""人民至上""德法兼治"。中国政治哲学具有深厚的本体论根基，并从身家国天下的广阔视域研究政治，其理论原则由于能在更深层次上解决问题而更具普适性。这些核心理念和基本原则是政治治理活动不可违背的，一旦违背，就会导致黄炎培先生所说的"政息人亡"。

中国政治哲学高度重视廉洁自律和廉政建设研究，为人类政治清明提供了丰富的思想资源和充分的理论依据。英国思想家阿克顿说："权力趋向腐败，绝对权力绝对腐败。"[1] 中国传统社会是王权专制社会，秦代之前是封建专制社会，之后是皇权专制社会，由于政治权力高度集中，贪污腐败、滥用权力的问题屡禁不止，而且上行下效，常呈愈演愈烈之势。反腐防腐是中国传统政治的艰巨任务，也是君王和学者极为关注的问题，积累了丰富的理论知识和实践经验。人类在相当长的时期内都不可能彻底铲除腐败这颗政治毒瘤，因此中国政治哲学廉政建设方面的理论成果可以为其他国家反腐防腐提供重要经验和有益启示。[2]

西方政治哲学为政治存在的合理性提供哲学论证，促进了人类的政治自觉，坚定了人类的政治自信。西方古典政治哲学家面对统治者在国家治理上面临严重困境的时代问题，一方面竭力论证人类从亲情社会走向政治社会的必然性和国家治理（政治）的合理性；另一方面努力构想人类必然进入的政

---

[1] 转引自许良英《也谈阿克顿的名言》，《炎黄春秋》2010年第7期。
[2] 参见江畅《中国政治哲学的贡献、经验与当代任务》，《政治学研究》2023年第6期。

治社会应当是什么样的社会。西方早期哲学家对政治存在的合理性的论证在后来得到了普遍认可,并深深扎根于西方人的内心深处。在此后的西方历史上除个别思想家(如19世纪德国哲学家麦克斯·施蒂纳),几乎没有重要思想家是无政府主义者。

西方政治哲学所论证和阐明的政治目的、价值及其与社会美好、人生幸福的内在关联,为人类的政治活动指明了方向。西方思想家创立政治哲学的重要目的之一就是要弄清政治对于人类和社会应具有什么样的价值,现实的政治是否具有这种价值,以及如何使现实的政治具有这种应该具有的价值。政治哲学家通过将政治与社会成员的人生及其生活于其中的社会关联起来,得出了以下真理性的结论:只有政治才有可能为社会成员确立共同的社会理想;只有运用政治的力量才有可能实现某种理想社会方案;只有政治才能给共同体及其成员提供生命保障,以应对外敌侵略、内部倾轧和重大的天灾人祸。这些结论为西方政治文明发展指明了方向。

西方政治哲学对以国家为形式的政治社会的深层次问题的回答,为当代社会现实政治问题的解决提供了理论方案和前瞻性经验。西方社会一进入文明社会就进入了以国家为形式的政治社会,从此,国家就成为政治哲学家关注的主要对象。围绕如何治理好国家问题,西方政治哲学家研究回答了国家产生的正当性及其应然本质等诸多重大政治问题。他们的研究成果为西方国家治理逐渐走向现代化与完善提供了不尽相同的、可供选择的答案。它使西方人懂得了应该选择的最好社会是什么,懂得了如何走向这样的社会,懂得了国家治理应有的价值取向、能动作为和合理限度。

西方政治哲学所揭示的国家治理必须遵循的应然法则和基本原则,为人类政治实践活动提供了规范和契合实际的指导。西方政治哲学家通过哲学思辨方法揭示了诸多政治活动的应然法则,这些法则是国家治理活动中应遵循的价值真理。其中,最重要的有四条:社会成员应该自由平等;社会应当由其全体成员共同治理,即所谓民主;社会成员治理国家的权力应当体现为法律的权力;政治权力应当受到有效制约。这些法则虽然具有应然性,但也具有不可替代的实践价值。国家治理若不遵循它们,即使社会还能维持下去,也难以达到理想状态。①

中西政治哲学也存在不少局限甚至糟粕。例如，中国政治哲学存在对政治的本性及其实践要求缺乏系统构建，重视对权力的外部制约和掌权者的自我制约而对权力内部的相互制衡没有给予充分的重视，关注个人德性和人格但对个人政治权利关注不够等问题。西方政治哲学也存在诸如缺乏天下情怀，轴心时代以后不重视政治本然本质的探讨，忽视国家的实体和主体性质，对西方历来存在的霸权主义、强权政治问题缺乏应有的反思和批判等局限。今天，深化政治哲学研究要克服中西政治哲学的局限和问题，立足于宇宙本体和人类本性揭示政治的本性及其实践要求，着眼于整个世界和人类未来寻求政治哲学真理，从根本和总体上研究和回答社会现实中的重大问题。

六 《中西政治哲学通史》撰著的宗旨、目标、原则及总体框架

黑格尔说："哲学有一个显著的特点，与别的科学比较起来，也可说是一个缺点，就是我们对于它的本质，对于它应该完成和能够完成的任务，有许多大不相同的看法。"② 正因如此，他指出，研究哲学史比研究任何别的科学更必须有一个导言，首先把需要讲述的哲学史的对象正确地加以规定，否则我们最终可能会编撰出"卷帙浩繁"，甚至"学问广博"的哲学史，而哲学家所费力寻求的关于哲学实质的知识反而没有。正是基于哲学和哲学史大家黑格尔的警示，我们团队根据本通史研究的目的，经过反复商讨，形成了撰著本通史的宗旨、目标和原则的共识，以作为各位作者在撰著时的基本遵循。对于《中西政治哲学通史》撰著来说，确定共同的历史观至关重要，"只有当我们能够提出一个确定的史观时，历史才能得到一

---

① 参见李婉芝、江畅《西方政治哲学的价值、局限及启示》，《江苏行政学院学报》2024年第1期。

② ［德］黑格尔：《哲学史讲演录》第1卷，贺麟、王太庆译，商务印书馆1959年版，第5页。

贯性"①。如果说前文所述乃本通史撰著的"史观",那么以下所述的宗旨、目标和原则可视为这种"史观"的具体体现。

我们为《中西政治哲学通史》撰著确立的宗旨是：通过深入挖掘、整理自古至今相关文献，阐释中西不同时代重要思想家政治哲学思想观念的实质内涵和丰富内容，从历史与逻辑相结合上再现不同时代、不同思想家的政治哲学思想观念体系和整体风貌，揭示中西政治哲学思想观念的深层结构和演进规律，对中西政治哲学思想观念作出实事求是的公正评价，努力推出既具有政治哲学学科属性又具有政治哲学学术史属性的学术研究成果。

《中西政治哲学通史》撰著要达到如下目标：为我国政治哲学研究提供资料可靠、内容翔实、论证充分、观点正确、评价公允，兼具重要资料价值、学术价值和思想价值的原创性中西政治哲学思想通史，为中国特色政治哲学体系构建和完善提供丰厚的学术滋养和历史经验，提升中国政治哲学的知识化、专业化、学术化水平与国际话语权，为中国特色社会主义道路提供合法性依据（中国部分）和有益借鉴（西方部分），深刻理解并积极回应人们对自古至今的政治哲学思想家为什么重要、我们今天为什么还要研究他们的思想的问题关切。

《中西政治哲学通史》撰著遵循五条基本原则。

守正创新原则。运用哲学价值论和政治哲学原理审视和阐释中西政治哲学历史传统和主要范畴，突出问题意识，努力做到史论结合，追求学术原创，推动理论创新，而非就事论事地陈述，形成研究团队共同的基本立场和价值取向，铸造通史灵魂和通史精神，使之自成一体并独具特色，防止各自为政，自说自话。

忠于元典原则。在深入研读政治哲学家本人原著的基础上撰著，研读他们本人原著以得到公认的学术元典为重点，严格按照他们本人留下的著作阐述其思想，力求根据原著说话，同时也要吸收和回应后世尤其是当代学者对古今政治哲学思想所作的经典性阐释，既注重挖掘和阐发思想家的原创思想，

---

① ［德］黑格尔：《哲学史讲演录》第1卷，贺麟、王太庆译，商务印书馆1959年版，第5页。

也注重与相关研究者进行平等的对话和讨论，以推进相关研究的深化。

突出重点原则。中西具有政治哲学思想的思想家不胜枚举，不可能在一套书中全都涉及，本通史以思想大家为重点，从与其相关的角度兼及其他思想家。就思想大家而言，也以其有历史影响的政治哲学思想为核心，突出他们思想的价值和特色。

客观论述原则。以政治哲学家生活的时代、经历、思想的演进和原著为依据阐述他们的学术观点和思想体系，力图再现思想家政治哲学思想的原貌，揭示其思想的来龙去脉和内在逻辑，不妄加评论和随意指责。

总体观照原则。拓宽学术视野，既把思想家的政治哲学思想置于其所处时代的思想图景中予以深刻考察，亦注重思想家之间的沿革与关联，同时还要从总体上考察和把握思想家政治哲学思想的内在结构和心路历程，注重历史观照性，努力使所阐述的思想家的政治哲学思想具有历史感和真实感。

中西政治哲学通史总共安排了二十卷，最初只是设想，后来在落实的过程中，发现中西方各安排十卷还比较合适。不过，后来因一些原因，《中国政治哲学通史》最后确定为九卷。为了读者对中西政治哲学通史有一个总体的把握，特别安排了总论卷。整部通史包括《中西政治哲学通史·总论卷》；《中国政治哲学通史》九卷，即夏商西周卷、春秋战国卷（儒墨家）、春秋战国卷（道法诸家）、秦汉卷、魏晋隋唐卷、宋元明卷、清代卷、民国卷、共和国卷；《西方政治哲学通史》十卷，即古希腊卷、古罗马卷、中世纪卷、文艺复兴卷、近代英美卷、近代法国卷、近代德国卷、现代德法卷、现代美英卷、西方马克思主义卷。

最后需要特别指出的是，在通史启动编撰一年多以后，2024年1月国务院学位委员会第一次将政治哲学列入我国研究生招生专业目录。[①] 从此，政治哲学正式成为哲学一级学科中的九个二级学科之一，这对于中国哲学和政治哲学界来说是值得庆贺的大事！通史的编撰对政治哲学正式确定为哲学的二级学科起到了推动作用，也为政治哲学的未来发展奠定了坚实基础。

---

① 参见《研究生教育二级学科，发布！》，中国教育在线，2024年1月26日。https://baijiahao.baidu.com/s?id=1789107576020792514&wfr=spider&for=pc。

目　　录

前　言 ……………………………………………………………… 1

第一章　政治哲学性质 …………………………………………… 12
第一节　政治哲学的对象、使命和意义 ……………………… 12
　　一　政治哲学性质辨析 ……………………………………… 12
　　二　政治哲学的对象和旨趣 ………………………………… 18
　　三　政治哲学的使命、功能和意义 ………………………… 23
　　四　政治哲学与政治学 ……………………………………… 30
第二节　政治哲学的立场、意向和方法 ……………………… 36
　　一　政治哲学的立场 ………………………………………… 37
　　二　政治哲学的意向 ………………………………………… 43
　　三　政治哲学的方法 ………………………………………… 49
第三节　政治哲学与哲学 ……………………………………… 56
　　一　政治哲学在哲学中的地位 ……………………………… 56
　　二　政治哲学与价值论 ……………………………………… 64
　　三　政治哲学与道德哲学（伦理学）……………………… 69

第二章　政治哲学原理 …………………………………………… 76
第一节　政治本性的人民性 …………………………………… 76
　　一　政治本性及其实践要求 ………………………………… 77
　　二　政治与国家的关系 ……………………………………… 83
　　三　政治本性的社会本性基础及人类本性根基 …………… 89

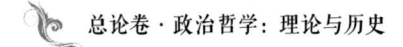

四　政治与道德 ································· 94
　　　五　结语 ······································· 101
　第二节　政治目的的合理性 ························· 102
　　　一　政治目的与终极政治目的 ················· 103
　　　二　人类对终极政治目的的实践和理论探索 ····· 108
　　　三　合理的政治目的及其根据 ················· 114
　　　四　政治理想、政治目标与政治价值 ··········· 120
　第三节　政治制度的合法性 ························· 127
　　　一　政治制度及其法律化的重要性 ············· 128
　　　二　政治制度制定和更新的合法依据 ··········· 135
　　　三　政治制度运用的合法性 ··················· 142
　　　四　公共政策与政治制度的关系及其合法性 ····· 149
　第四节　政治活动的公正性 ························· 155
　　　一　政治活动主体的作为及其意义 ············· 155
　　　二　公正、社会公正与政治公正 ··············· 162
　　　三　政治活动公正的含义及要求 ··············· 168
　　　四　政治智慧与政治活动公正 ················· 175
　第五节　政治权力的正当性 ························· 181
　　　一　政治权力的概念及其本性 ················· 182
　　　二　政治权力正当性的根据和理由 ············· 189
　　　三　政治权力与个体权利 ····················· 197
　　　四　政治权力的滥用与防治 ··················· 204

第三章　中国政治哲学 ································· 213
　第一节　中国政治哲学的复杂意涵与总体特征 ······· 214
　　　一　中国政治哲学的复杂情形 ················· 214
　　　二　外延意义上的中国政治哲学 ··············· 220
　　　三　内涵意义上的中国政治哲学 ··············· 225
　　　四　中国政治哲学的总体特征 ················· 229

第二节　中国政治哲学的产生和历史演进 ································ 233
　　一　中国政治哲学的萌生 ····································· 234
　　二　中国政治哲学的理论化 ··································· 239
　　三　中国政治哲学的经学化 ··································· 245
　　四　中国政治哲学的理学化 ··································· 251
　　五　中国政治哲学的现代化 ··································· 257
　　六　结语 ··· 263
第三节　中国政治哲学重点关注的问题 ···························· 265
　　一　道与德问题 ··· 265
　　二　理想人格与理想社会问题 ································· 270
　　三　差序格局与众生平等问题 ································· 274
　　四　身家国天下关系问题 ····································· 280
　　五　王道与霸道问题 ··· 284
　　六　尚民爱民与人民至上问题 ································· 289
　　七　内圣外王与人民民主问题 ································· 293
　　八　德治、礼治与法治问题 ··································· 298
第四节　中国政治哲学的贡献、经验和当代任务 ···················· 303
　　一　中国政治哲学的主要贡献 ································· 304
　　二　中国政治哲学的基本经验 ································· 315
　　三　中国政治哲学的当代任务 ································· 323

第四章　西方政治哲学 ·· 332
第一节　西方政治哲学的复杂意涵与总体特征 ······················ 332
　　一　西方政治哲学的复杂情形 ································· 333
　　二　西方政治哲学的外延 ····································· 338
　　三　西方政治哲学的一般内涵 ································· 342
　　四　西方政治哲学的总体特征 ································· 347
第二节　西方政治哲学的产生和历史演进 ···························· 352
　　一　西方政治哲学的萌生 ····································· 352

  二　西方政治哲学的理论化 ………………………………… 358
  三　西方政治哲学的神学化 ………………………………… 364
  四　西方政治哲学的现代化 ………………………………… 368
  五　西方政治哲学的学科化 ………………………………… 375
  六　结语 ……………………………………………………… 375
 第三节　西方政治哲学重点关注的问题 ……………………… 377
  一　理想社会 ………………………………………………… 377
  二　社会公正 ………………………………………………… 381
  三　国家产生的正当性及其应然本质 ……………………… 384
  四　政体和制度的合理性 …………………………………… 387
  五　权力的合法性及其制约 ………………………………… 391
  六　法治及其与自然法的关系 ……………………………… 394
  七　公民社会及其与国家的关系 …………………………… 398
  八　公民的德性和权利 ……………………………………… 403
 第四节　西方政治哲学的价值、经验及启示 ………………… 407
  一　西方政治哲学的学术价值与实践意义 ………………… 407
  二　西方政治哲学的经验与局限 …………………………… 414
  三　西方政治哲学的借鉴和启示意义 ……………………… 422

第五章　马恩政治哲学 ……………………………………… 429
 第一节　马恩政治哲学的形成、内涵及特征 ………………… 430
  一　马恩政治哲学的形成与完善 …………………………… 430
  二　马恩政治哲学的一般意涵及本体论根基 ……………… 441
  三　马恩政治哲学的基本特征 ……………………………… 449
 第二节　马恩政治哲学重点关注的问题 ……………………… 459
  一　人类解放 ………………………………………………… 460
  二　共产主义 ………………………………………………… 464
  三　阶级斗争 ………………………………………………… 468
  四　先进政党 ………………………………………………… 473

  五 真正民主 ·· 479
  六 廉价政府 ·· 483
  七 各尽所能 ·· 488
  八 公平正义 ·· 494
 第三节 马恩政治哲学的贡献、价值及其当代意义 ············ 497
  一 马恩政治哲学的独特贡献 ···························· 498
  二 马恩政治哲学的独到价值 ···························· 508
  三 马恩政治哲学的当代意义 ···························· 517

结 语 ··· 525

参考文献 ··· 529

人名术语索引 ·· 545

后 记 ··· 552

Contents

Preface ·· 1

Chapter 1 Nature of Political Philosophy ······································ 12
   Ⅰ. Object, Mission, and Significance of Political Philosophy ············ 12
      1. Analysis of the Nature of Political Philosophy ······························ 12
      2. The Object and Purpose of Political Philosophy ·························· 18
      3. The Mission, Function, and Significance of Political Philosophy ········ 23
      4. Political Philosophy and Political Science ···································· 30
   Ⅱ. Stance, Vision, and Methods of Political Philosophy ·················· 36
      1. The Stance of Political Philosophy ·· 37
      2. The Vision of Political Philosophy ·· 43
      3. Methods of Political Philosophy ·· 49
   Ⅲ. Political Philosophy and Philosophy ·· 56
      1. The Status of Political Philosophy inPhilosoph ··························· 56
      2. Political Philosophy and Axiology ·· 64
      3. Political Philosophy and Moral Philosophy (Ethics) ······················ 69

Chapter 2 Principles of Political Philosophy ···································· 76
   Ⅰ. The Peopleness of Political Nature ·· 76
      1. Political Nature and Its Practical Requirements ····························· 77
      2. The Relationship between Politics and the State ························· 83
      3. The Social Nature of Political Nature and Its Human Nature Foundations
        ·· 89
      4. Politics and Morality ··· 94

5. Conclusion ······ 101
II. Rationality of Political Purposes ······ 102
  1. Political Purpose and Ultimate Political Purpose ······ 103
  2. Human Practice and Theoretical Exploration of Ultimate Political Purposes ······ 108
  3. Rational Political Objectives and Their Basis ······ 114
  4. Political Ideals, Political Goals, and Political Values ······ 120
III. Legitimacy of Political System ······ 127
  1. Political System and the Importance of Its Legalization ······ 128
  2. The Legitimate Basis for Formulating and Updating Political Systems ······ 135
  3. The Legitimacy of the Application of Political Systems ······ 142
  4. The Relationship between Public Policy and Political System and their Legitimacy ······ 149
IV. Justness of Political Activities ······ 155
  1. The Conduct of Political Activity Subjects and Its Significance ······ 155
  2. Justice, Social Justice, and Political Justice ······ 162
  3. The Requirements for Justice in Political Activities ······ 168
  4. Political Wisdom and Justice in Political Activities ······ 175
V. Rightness of Political Power ······ 181
  1. The Concept and Nature of Political Power ······ 182
  2. The Basis for the Rightness of Political Power ······ 189
  3. Political Power and Individual Rights ······ 197
  4. The Abuse and Prevention of Political Power ······ 204

Chapter 3 Chinese Political Philosophy ······ 213
I. The Complex Implications and Overall Characteristics of Chinese Political Philosophy ······ 214
  1. The Complex Situation of Chinese Political Philosophy ······ 214
  2. Chinese Political Philosophy in the Extended Sense ······ 220
  3. Chinese Political Philosophy in the Connotative Sense ······ 225

Contents

    4. The Overall Characteristics of Chinese Political Philosophy 229

II. The Emergence and Historical Evolution of Chinese Political Philosophy
    233
    1. The Emergence of Chinese Political Philosophy 234
    2. The Theorization of Chinese Political Philosophy 239
    3. The Confucianismlization of Chinese Political Philosophy 245
    4. The Neo-confucianismlization of Chinese Political Philosophy 251
    5. The Modernization of Chinese Political Philosophy 257
    6. Conclusion 263

III. Key Issues of Chinese Political Philosophy 265
    1. Dao and De Issues 265
    2. Ideal Personality and Ideal Society Issues 270
    3. The Issue of Hierarchy and Equality among All Beings 274
    4. The Issue of the Relationship between Home, Country and China or the World 280
    5. The Question of King's Way and Hegemony 284
    6. The Issue of Valuing the People, Loving the People, and Putting the People First 289
    7. Inner Saint and Outer King and People's Democracy Issues 293
    8. The Issues of Rule of Virtue, Rule of Rites, and Rule of Law 298

IV. Contributions, Experience, and Contemporary Tasks of Chinese Political Philosophy 303
    1. The Main Contributions of Chinese Political Philosophy 304
    2. The Basic Experience of Chinese Political Philosophy 315
    3. The Contemporary Tasks of Chinese Political Philosophy 323

Chapter 4 Western Political Philosophy 332
  I. The Complex Implications and Overall Characteristics of Western Political Philosophy 332
    1. The Complex Situation of Western Political Philosophy 333

2. The Extension of Western Political Philosophy ⋯⋯⋯⋯⋯ 338
  3. The General Connotation of Western Political Philosophy ⋯⋯⋯ 342
  4. The Overall Characteristics of Western Political Philosophy ⋯⋯⋯⋯ 347
 Ⅱ. The Emergence and Evolution of Western Political Philosophy ⋯ 352
  1. The Emergence of Western Political Philosophy ⋯⋯⋯⋯⋯⋯ 352
  2. The Theorization of Western Political Philosophy ⋯⋯⋯⋯⋯ 358
  3. The Theologization of Western Political Philosophy ⋯⋯⋯⋯ 364
  4. The Modernization of Western Political Philosophy ⋯⋯⋯⋯ 368
  5. The Disciplinization of Western Political Philosophy ⋯⋯⋯⋯ 375
  6. Conclusion ⋯⋯⋯⋯⋯⋯⋯⋯⋯⋯⋯⋯⋯⋯⋯⋯⋯⋯⋯⋯⋯ 375
 Ⅲ. Key Issues of Western Political Philosophy ⋯⋯⋯⋯⋯⋯⋯⋯ 377
  1. Ideal Society ⋯⋯⋯⋯⋯⋯⋯⋯⋯⋯⋯⋯⋯⋯⋯⋯⋯⋯⋯⋯ 377
  2. Social Justice ⋯⋯⋯⋯⋯⋯⋯⋯⋯⋯⋯⋯⋯⋯⋯⋯⋯⋯⋯ 381
  3. The Rightness of Emergence of State and Its Essence of Nature ⋯⋯⋯⋯ 384
  4. The Rationality of Regimeang Political System ⋯⋯⋯⋯⋯⋯ 387
  5. The Legitimacy and Constraints of Power ⋯⋯⋯⋯⋯⋯⋯⋯ 391
  6. Rule of Law and Its Relationship with Natural Law ⋯⋯⋯⋯⋯ 394
  7. Civil Society and Its Relationship with the State ⋯⋯⋯⋯⋯⋯ 398
  8. The Virtue and Rights of Citizens ⋯⋯⋯⋯⋯⋯⋯⋯⋯⋯⋯ 403
 Ⅳ. The Value, Limitations, and Significance of Western Political
  Philosophy ⋯⋯⋯⋯⋯⋯⋯⋯⋯⋯⋯⋯⋯⋯⋯⋯⋯⋯⋯⋯⋯ 407
  1. The Academic Value and Practical Significance of Western Political
   Philosophy ⋯⋯⋯⋯⋯⋯⋯⋯⋯⋯⋯⋯⋯⋯⋯⋯⋯⋯⋯⋯ 407
  2. The Experience and Limitations of Western Political Philosophy ⋯⋯⋯ 414
  3. The reference and inspiration significance of Western political philosophy
   ⋯⋯⋯⋯⋯⋯⋯⋯⋯⋯⋯⋯⋯⋯⋯⋯⋯⋯⋯⋯⋯⋯⋯⋯ 422

Chapter 5 Marx and Engels' Political Philosophy ⋯⋯⋯⋯⋯⋯⋯ 429
 Ⅰ. The Formation, Connotation, and Characteristics ofMarx and
  Engels' Political Philosophy ⋯⋯⋯⋯⋯⋯⋯⋯⋯⋯⋯⋯⋯⋯ 430

1. The Formation and Improvement of Marx and Engels' Political Philosophy ·················· 430

2. The General Meaning and Ontological Foundation of Marx and Engels' Political Philosophy ·················· 441

3. The main characteristics of Marne's political philosophy ·················· 449

II. The Key Issues of Marx and Engels' Political Philosophy ·················· 459

   1. Human liberation ·················· 460

   2. Communism ·················· 464

   3. Class Struggle ·················· 468

   4. Advanced Political Parties ·················· 473

   5. True Democracy ·················· 479

   6. Cheap Government ·················· 483

   7. To the Best of One's Abilities ·················· 488

   8. Fairness and Justice ·················· 494

III. The Contribution, Value and Contemporary Significance of Marx and Engels' Political Philosophy ·················· 497

   1. The Unique Contribution of Marx and Engels' Political Philosophy ·················· 498

   2. The Unique Value of Marx and Engels' Political Philosophy ·················· 508

   3. The Contemporary Significance of Marx and Engels' Political Philosophy ·················· 517

Conclusion ·················· 525

References ·················· 529

Index of Personal Names and Terminology ·················· 545

Postscript ·················· 552

前　言

在中西政治哲学史上，大多数学者侧重研究政治哲学的对象性问题，如国家、权力、制度、自由、平等、公正等；也有一些学者侧重研究政治哲学本身的一般性问题，如政治哲学的性质、方法及其与哲学及政治学的关系等；还有一些学者侧重研究政治哲学的基础性问题，如中国政治哲学史、西方政治哲学史、马克思主义哲学史、古希腊政治哲学史、先秦政治哲学史等。此外，有些学者从事目前不属于但应该属于政治哲学的一些大致上属于应用问题的研究，如法哲学、公共管理哲学、军事哲学等。当然，不少学者可能同时研究政治哲学的一般性问题、对象性问题、基础性问题中两个方面或三个方面的问题，但将三个方面的问题放在一本书中加以研究和阐述似乎少见。本书做的就是这样一种尝试。

写作本书的起因是为了给本人主编的《中国政治哲学通史》（九卷本）和《西方政治哲学通史》（十卷本）写一个总序，以给各卷作者提供一个基本观点、总体框架、历史演进方面的参照和参考。但是，写着写着篇幅越来越长，感觉已经不宜作一篇总序。正在这时，我见到邓安庆教授为他主编的《西方道德哲学通史》（十卷本）写了一本导论卷。受此启发，我也将原来写总序的打算改为写总论卷，于是就有了现在这本包括政治哲学一般性问题（第一章）、对象性问题（第二章）和基础性问题（第三、四、五章）的著作。考虑到本书是中西政治哲学通史的总论，所以对中国政治哲学和西方政治哲学各写了总论性的一章。在中西政治哲学通史之外，按说还有马克思主义政治哲学通史，但恩格斯逝世后，马克思主义政治哲学研究在西方属于西方现代政治哲学（我们撰写的《西方政治哲学通史》中有专门的西方马克思主义卷），在中国属于中国现代政治哲学（我们撰写的《中国政治哲学通史》

中有共和国卷），所以，没有必要在撰写中西政治哲学通史的同时再另撰写一套马克思主义政治哲学通史。但是，马恩政治哲学本身在中西政治哲学史上具有非常重要的地位而且影响十分深广，尤其是它还是我们构建当代中国特色政治哲学的主要理论依据。鉴于这种情况，本书写了"马恩政治哲学"一章，对马恩两人的政治哲学作概要性的集中阐述。

全书分为五章。第一章阐述笔者对政治哲学性质的基本看法，主要讨论了政治哲学的对象、使命、意义、立场、视野、方法及其与哲学的关系等问题。

大家公认政治哲学是一门有其独特学科性质的专门学科，但对政治哲学的性质见仁见智。其实，政治哲学是研究政治本性及其实践要求的哲学学科，是围绕政治本性及其实践要求从基础、原理和应用三个层面展开探讨的哲学学问，所体现的是人类的美好社会希冀及使之得以实现的政治智慧。其旨趣在于通过对现实政治及其本质的反思和批判揭示政治的本性及其要求，论证和阐明政治的终极目的在于运用政治权力使人类基本共同体成为为其全体成员过上好生活提供必要资源的好社会。其根本使命是通过反思和批判现实政治（包括政治现实和政治理论），揭示政治的本性及其实践要求并据此规导现实政治，使之体现政治的本性及其实践要求。政治哲学主要具有批判、构建、规导和诊疗四个主要功能，它可以为人类构建合理的社会治理体系提供根本理念和基本原则，为人类消除社会政治腐败和异化提供思想武器，为人类追求永久和平和普遍幸福指明方向，为人类先进政治文化确定价值取向并赋予其实质内涵。政治哲学不属于现代意义上的政治学，而是属于哲学，是哲学的一个专门学科或特殊领域，政治学属于政治哲学反思和批判的对象、规导的对象。

政治哲学研究者总是站在某一立场上研究政治哲学，政治哲学的立场问题就是研究者在人类社会的复杂结构中，立足于谁、为了谁进行政治哲学研究的问题。当代人类基本共同体从国家走向世界势在必行，政治哲学要超越以往立场的多元而走向一元，为世界共同体构建提供支持和服务。政治哲学的意向是一种研究者确定目标对象并在意识中不断与之相互建构的活动。政治哲学研究如果死守某个目标对象，就会丧失创造性和生命力。政治哲学研究的目标对象是个性化的、具有创造性的构建过程，这个过程不是一次性完成的，而是不断循环往复的持续过程，与研究者的研究相伴始终。政治哲学作为哲学的专门学科必须运用哲学的基本方法——思辨方法，但也要选用一些其他方法，如文献诠释法、历史审视法、现实质疑法等。今天政治哲学要回归其应承担的使命和责任，必须改变政治哲学研究中流行的科学经验方法，在使思辨方法成为政治哲学的基本方法的同时，对政治现实和政治科学始终保持批判性态度，不断推进政治复归其真实本性，体现本性的实践要求。立场、意向和方法的不同决定着政治哲学性质的不同，构建当代中国特色政治哲学需要对我们的研究立场、意向和方法进行反思和重构。

哲学一诞生，哲学家就注意到了人性的自为性和社群性两种基本特性，并将其作为思考和探索的重点，于是就有了重点关注人性自为性潜能及其现实化的伦理学和重点关注人性社群性潜能及其现实化的政治哲学。政治哲学与作为哲学主体部分的本体论、知识论和价值论有着不可分割的血肉联系，因此，政治哲学在哲学中具有特殊地位。在哲学的整个学科体系中，政治哲学与作为主干学科的价值论关系最为直接和密切。政治哲学研究的政治主要属于价值的领域，是其中的一个特殊，因此它属于价值学科，两者之间是一种交叉关系。政治哲学和伦理学或道德哲学的共同目的是根据人性的要求研究人类怎样过上好生活，但两者在研究对象、使命、关注的主要问题上存在着区别。不过，两者之间的区别是相对的，它们都有可能全口径地涉及社会成员好生活的各个方面，只是研究的侧重点不同，在两者各自研究的侧重点之间有宽阔的界限模糊区域。

第二章阐述政治哲学原理，主要探讨政治本性的人民性、政治目的的合理性、政治权力的正当性、政治制度的合法性、政治活动的公正性等问题。这些问题是笔者归纳出来的，这五个问题是政治哲学必须研究的基本问题，对这些问题的回答构成政治哲学的基本原理。对于这五个问题，笔者都阐述了自己的看法。

人类社会怎么会有政治？为什么要政治？要什么样的政治？对这些问题的回答隐含着对政治本性问题的回答。轴心时代以来，哲学家对于这一问题歧见众多，并未形成普遍共识。在政治哲学的意义上，政治的真实本性在于人民性，即人民统治和治理社会，具体体现为作为社会统治者的人民，为了自身的幸福，运用法律统治社会，并授权其代表在法律范围内并依据法律治理社会。政治是在人类基本共同体日益复杂化的条件下伴随国家出现的，它是统治阶级为了实现自身利益和维护社会秩序，凭借以暴力机构为后盾的公共权力对社会实行治理的活动及其方式。到目前为止的政治都是统治阶级以国家为载体实现的，但这绝不意味着政治必定与国家相伴随，更不意味着国家的本质就是政治的真实本性。政治本性源自社会本性，而社会本性源自人类本性，人类本性则是与万物相通的。社会本性是政治本性的直接基础，人类本性则是政治本性的深层根基。政治与道德的关系特别密切且十分特殊，它们都是人类的生存智慧，区别只在于政治是用权力治理社会的政治智慧，而道德则是用道义治理社会的道德智慧，它们是人类生存智慧的两个最重要的方面。

  人类创造政治是有目的的，不同时代不同国家的政治目的很不相同，因此政治目的存在着合理与否的问题。政治目的可划分为根本性、总体性目的和派生性、单一性目的，前者可视为政治的终极目的或终极政治目的。终极政治目的的合理性问题是政治哲学重点关注的问题，因为终极政治目的合理与否是一种政治是否具有应用价值或者说是有利还是有害的根本前提和最终根据。历史上不同时代不同国度的终极政治目的各不相同，思想家对这一问题也作出了种种不同的理论回答。通过比较分析可以看出，只有马克思提出的"每一个个人的全面而自由的发展"（可以转换为"社会中所有人的全面而自由的发展"）才是真正合理的终极政治目的。这一终极政治目的的合理性不仅在于它体现了人类本性的要求，而且从历史上各种幸福观中汲取了养分，因而具有综合性和超越性。终极政治目的可以说就是政治理想的终极目的，政治理想则是对如何实现终极政治目的的谋划或设计，两者实质上是一致的。合理的政治目的得以实现，政治的本性才能真正得到实现，政治才具有了它应有的价值。

  政治制度是伴随着政治的出现而出现的，已经发展成为日益完整的社会制度体系，而社会制度日益政治化。伴随着人类政治加速从人治转向法治，政治制度日益法律化。政治制度对于政治生活乃至整个社会生活极其重要，它的出现标志着人类社会开始由政治主体进行自觉治理，从此人类也就开始成为社会的主人，自己掌握自己的命运。不同国度的政治制度不尽相同，但都存在着合法与否的问题。政治制度是一切政治活动的规范，制定和更新必须体现人民的意志，也必须体现政治的本性及其实践要求。合法的政治制度要贯彻和捍卫人民至上原则，要为人民运用法律进行统治提供制度保障，要为道德导向机制的建立和作用的发挥作出制度安排，要建立防治权力滥用、确保政治清正廉洁的权力控制体系，要促进社会全面进步和增进全体人民幸福，要追求使社会个体得其所应得的社会公正。政治制度的运用也存在合法性问题，其关键是如何处理政府机关的自由裁量权。作为政治制度重要补充的公共政策也存在公正性问题，而其前提在于合法性。

政治的本性及其实践要求是通过政治活动实现的，政治活动是政治主体的活动，政治主体在政治活动中呈现其身份并发挥其作用，因而政治主体就是政治活动主体，政治活动则是政治活动主体作为的过程。政治活动主体包括统治主体—人民和治理主体—政府。两类政治主体活动的目的是要有所作为，它们因肩负着不同的使命而具有不同的应有作为。人民（包括人民整体和人民个体）政治活动最主要的作为是将自己的意志转化为法律，将自己的统治转化为法律统治。政府的一切治理活动都必须在法律的范围内并依据法律进行，但政府在法律的底线之上具有广阔的作为空间，而且必须有所作为、有大作为。人民和政府的政治活动都存在着公正性问题。政治活动公正是指在真正的民主社会，作为政治主体的人民和政府，根据政治本性及其实践要求，以政治公正原则为依据从事一切政治活动，并追求政治公正的结果。实现统治活动公正的形式是民主和法治，即人民用法律统治，包括立法公正；实现治理活动公正则包括行政活动和司法活动都公正。立法活动公正要求必须制定体现人民意志的善法；行政活动公正要求必须依法行政、为民造福；司法活动公正要求必须司法公正，包括实体司法公正和程序司法公正。政治主体的活动过程和结果要公正，政治活动主体就必须具有政治智慧。

政治作为社会管理方式与其他社会管理方式最明显的不同在于，它凭借具有强制性的政治权力（公共权力）进行整个社会的管理，政治权力是政治的决定性、关键性要素。所谓政治权力，就是某一特定社会的全体成员为了自身的全面而自由发展，运用法律对社会实行统治，授予社会治理主体代表自己行使而共同建立并享有的社会主体权力。政治权力存在着正当性问题，而其正当性取决于其根据和理由的正当性，只有政治权力的根据和理由正当，政治主体拥有的主权和运用主权统治社会才能够为被统治对象或人民所普遍认同乃至支持。政治权力体现的是人民整体的意志，所面对的却是人民个体，其功能主要在于对人民个体进行规导。政治权力对人民个体的规导应以尊重和保护个体权利为前提，个体权利可以说就是政治权力的边界或阈限。政治权力的正当性要求使主权法律化，将人民统治转化为法律统治；确保治权在法律授权的范围内依法进行社会治理；实行权力分立，以权力制约权力；将个人权利置于至上地位，将人民至上落实到个人权利至上；健全权力运行制约和监督体系，让人民监督权力，让权力在阳光下运行，防止政治权力滥用。

第三章阐述中国政治哲学，主要讨论中国政治哲学的界定、产生、演进、重点关注的问题、贡献、经验和当代任务等问题。

中国政治哲学一般是指春秋战国时期以来在中国社会不同历史时期产生，具有中国社会背景和文化根基，对当时和后世产生过一定影响的各种以著述表达的政治哲学，包括元理论、基本理论和应用理论三个基本层次。它以身家国天下一体为研究对象，运用经验体悟、理智直觉和思辨构想一体的方法，以道与德、理想人格与理想社会、等级尊卑与众生平等、身家国天下关系、王道与霸道、尚民爱民与人民至上、内圣外王与人民民主以及德治、礼治与法治等问题为关注重点，旨在为社会治理和政治生活提供规范和指导。中国政治哲学源远流长、内容丰富、思想深邃，与同样历史悠久的西方政治哲学相比较，具有历史演进的一贯性、理论根基的深厚性、思想旨趣的道德性、理想追求的崇高性、学术观点的归宗性等标志性的总体特征。

中国政治哲学经过长达数千年的悠久孕育过程，到春秋时期由老子和孔子分别创立，此后的演进历史大致经历了理论化、经学化、理学化、现代化四个阶段。中国政治哲学理论化的结果是形成了各具个性的多种政治哲学体系，但它们都深切关注时代问题，积极擘画替代现实社会的理想社会，苦苦寻求济世救民的政治良方，深入探讨理想社会方案的本体论根基。中国政治哲学经学化是中国政治哲学从多元走向一元的政治化、官方化、意识形态化的过程,它导致了政治文化专制主义、政治哲学研究停滞不前、政治哲学思维教条主义化等消极后果。中国政治哲学理学化是宋儒为振兴传统儒家政治哲学作出的最后努力,但它不可能克服先秦儒家尤其是汉儒的局限,更不可能改变皇权专制政治,相反把汉儒所确立的以"三纲五常"为核心的专制主义伦理纲常推向了极端。中国政治哲学现代化的过程是马克思主义政治哲学中国化、时代化的过程。这是一种本质上不同于西方现代政治哲学的中国特色现代政治哲学,其理论基础不是社会契约论,而是唯物史观,其终极追求不是理性王国,而是共产主义。

两千多年来的中国政治哲学重点关注八个重大问题。一是"道""德"问题,着眼宇宙万物本性及其与人的本性的关系,探讨政治本性或政治本然本质。二是理想人格与理想社会问题,重视人成为什么样的人的理想人格以及如何让社会成员形成理想人格的理想社会。三是差序格局与众生平等问题,从为人的等级差别辩护与认为众生平等的分歧走向达成人人平等的共识。四是身家国天下的关系问题,始终将家、国和天下联系起来考虑,具有天下情怀的鲜明民族个性。五是王道与霸道问题,用"王道"和"霸道"表达两种对立的政治之道或价值取向,王道观是中国政治和政治哲学的显著特色。六是尚民爱民与人民至上问题,传统政治哲学重视尚民爱民尤其是以民为本,当代政治哲学则确立并践行人民至上理念。七是内圣外王与人民民主问题,由传统对内圣外王之道的谋划转换为当代对政治民主制度的论证和辩护。八是德治、礼治与法治问题,从主张构建以人治为实质内涵的德礼法合治的传统治理模式走向对现代法治与德治相统一的治理模式的探索和实践。

中国政治哲学历史悠久、博大精深,取得了重大成就,为人类政治哲学发展和政治文明进步作出了重要贡献:构想并追求世界大同的理想社会,为人类政治文明发展提供了一种中国模式;阐明并构建身家国天下一体的关系,为世界共同体构建提供了基本模式和重要经验;研究和回答政治活动的一系列深层次问题,为当代中国和人类社会现实政治问题的解决提供了理论原则。中国政治哲学立足于人类本性和社会本体探求政治的应然本质,而不局限于对政治现象的观察分析;视天下即世界为其对象范围,而不只专注于对国家问题的研究;将个人人格完善与社会整体和谐紧密关联起来研究,而不局限于对政治社会的探讨；注重在实践探索中构建和完善其体系，而不只专注于纯粹的学术研究。所有这些是中国政治哲学在发展过程中积累的独具中国特色的研究经验。构建当代中国特色政治哲学体系面临着着眼于人类本性和社会本性揭示政治的真实本性或本然本质、着眼于政治本性及其实践要求探索主权与治权的关系问题、着眼于社会稳定有序和和谐美好深化德治与法治关系的研究、着眼于人类社会发展的历史必然性和人类政治文明进步的总趋势从理论上构建人类社会应有的政治模式等主要任务。

第四章阐述西方政治哲学，主要讨论西方政治哲学的界定、产生、演进、重点关注的问题、价值、局限及意义等问题。

西方政治哲学从来没有某种共同的研究范式，甚至同一个学派的政治哲学家亦如此，从历史的角度看，其情形十分复杂。西方政治哲学一般是指轴心时代以来在西方社会不同历史时期产生，具有西方文化背景和文化根基，对当时和后世产生过一定影响的各种理论形态的政治哲学，包括元理论、基本理论和应用理论三个基本层次。它们以国家为主要研究对象，主要运用哲学思辨方法研究理想社会、社会公正、政体和制度的合理性、权力的合法性、法治的重要性、公民社会及其与国家的关系、公民的德性和权利等重点问题，旨在为国家治理和政治生活提供规范和指导。西方政治哲学历史悠久、内容丰富、观点纷呈，与同样历史悠久的中国政治哲学相比较，具有历史发展的多源性和断裂性、理论根基的多变性和迥异性、思想旨趣的理想性和实践性、学术观点的多元性和对立性等标志性的总体特征。

两千多年来的西方政治哲学重点关注八个重大问题。一是理想社会问题，形成了理想国、世界城邦、新天新地、乌托邦、理性王国和共产主义六种影响很大的理想社会理论。二是社会公正问题，社会公正被看作理想社会的基本规定性，也有政治哲学家着眼于解决社会不公的问题提出社会公正理论。三是国家产生的正当性及其应然本质问题，包括国家产生的正当性和运行的正当性两个问题。四是政体和制度的合理性问题，这是西方政治哲学一以贯之的最重要的主题，今天已成为政治哲学和政治科学共同关注的主题。五是权力的合法性和制约问题，这是与国家运行或治理的正当性直接相关的重大问题。六是法治的重要性及其与自然法的关系问题，古希腊哲学家最早提出了法治思想，并找到了作为人类法根据的自然法，此后法治及其与自然法的关系成为政治哲学家高度关注的问题。七是公民社会及其与国家的关系问题，虽然西方历史上的大多数时期公民社会与国家是同构的，但并非始终如此，20世纪以来，一些政治哲学家强调公民社会与国家的区别。八是公民的德性和权利问题，西方政治哲学主要从与国家关系的角度研究公民问题，古代更重视公民的德性品质，而近代更重视公民的社会权利。

西方政治哲学的学术价值和实践意义丰富而深刻，尤其是注重为政治存在的合理性提供哲学论证，阐明政治的目的和价值及其与社会美好、人生幸福的内在关联，研究和回答以国家为治理主体的政治社会的深层次问题，揭示国家治理必须遵循的应然法则和基本原则。它告诉我们，政治哲学研究要注重对重大时代政治问题进行哲学反思、批判和回应，注重彰显政治哲学的规导特性，注重政治哲学理论的创新和超越，注重个性化政治哲学体系的构建。但它也存在着诸如缺乏天下情怀、轴心时代以后不重视政治本然本质的探讨、忽视国家的实体和主体性质、对西方历来存在的霸权主义和强权政治问题缺乏应有的反思和批判等问题和局限。鉴于西方政治哲学的问题和局限，今天深化政治哲学研究要立足于宇宙本体和人类本性揭示政治的本性或本然本质，着眼于整个世界和人类未来探索政治哲学真理，把人作为整体人而非仅仅作为政治人对待。

第五章阐述马恩政治哲学，主要讨论马恩政治哲学的形成、内涵、特征、重点关注的问题、贡献、价值、当代意义等问题。

马恩政治哲学不是马克思一个人的政治哲学，而是马克思和恩格斯两人共同创立和完善的政治哲学。马恩的科学社会主义是马恩的政治哲学的主体部分或基本原理，其形成过程也就是马恩政治哲学的形成过程。《共产党宣言》的发表是其产生的标志，但直到《资本论》草稿完成（1865年）才完成其论证。马恩政治哲学批判地继承了以前西方空想社会主义思想，但主要是在对西方资本主义社会现实及其理论依据——自由主义思想进行反思和批判的基础上建立起来的。马恩政治哲学是以唯物史观为本体论根基，以全人类彻底解放为现实目标，以从必然王国进入自由王国为社会理想，以每一个个人全面而自由发展为社会发展的终极目的，以无产阶级革命和无产阶级专政为实现现实目标的主要手段，以人们把劳动作为生活的第一需要而各尽所能地为社会作贡献为实现理想社会的基本途径的政治哲学体系。它具有理想性与实践性、人类性与阶级性、革命性与建设性、系统性与深刻性有机统一的主要特征。

马恩一生研究了许多政治哲学问题，其中重点关注的问题主要有以下几个方面。一是人类解放问题，实现全人类解放是马克思和恩格斯毕生探索的主题和追求的现实目标。二是共产主义问题，实现共产主义从而使每一个个人获得全面而自由的发展是马恩确定的社会发展的终极目的。三是阶级斗争问题，马恩把阶级斗争视为人类社会发展的动力，共产主义要靠无产阶级革命和无产阶级专政实现。四是先进政党问题，无产阶级革命需要共产党领导，共产党必须保持先进性才能履行其使命。五是真正民主问题，马恩力图克服资产阶级民主的虚伪性，追求建立以无产阶级为主体的广大人民群众当家作主的真正民主制度。六是廉价政府问题，马恩根据巴黎公社经验提出了以人民主权为基础实现公共服务最优化且增进公共利益的新政府模式。七是各尽所能问题，各尽所能被看作共产主义社会运行和发展的根本动力。八是公平正义问题，马恩认为只有人类进入共产主义社会高级阶段，才能真正实现社会分配的公正。关于这八大问题的理论是马恩的八种基本理论，也是马恩政治哲学的八大基本理念，它们是完整准确把握马恩政治哲学理论的关键之所在，也是今天坚持和发展马恩政治哲学、构建当代中国特色政治哲学需要着力弘扬的思想精髓。

马恩构建了西方历史上最富有生命力的完整政治哲学体系，这样的政治哲学体系前所未有，直到目前在西方也没有被超越。马恩政治哲学的主要贡献在于，创立了以人类彻底解放和普遍幸福为终极追求的政治哲学体系，描绘了具有现实可行性的美好理想社会，找到了实现理想蓝图的强大社会力量，开辟了破坏旧世界、建设新世界的可靠路径。与古今中外各种政治哲学相比较，马恩政治哲学具有自身独具的不可替代的价值：给政治哲学提供了唯物史观的本体论基础，确立了全人类立场和价值取向，将每一个个人全面而自由的发展规定为政治的终极目的，提出了一系列具有普适性的核心理念和基本原则，明确了政治哲学改变世界的根本使命和实践要求。马恩政治哲学研究和回答了一系列重大政治问题，其理论对于今天构建当代中国特色政治哲学具有重大意义。其政治本性论为政治文明进步奠定了牢固的动力基础；政治目的论为人类普遍而永久地获得幸福指明了正确的前进道路；政治制度论为社会长治久安贡献了政治哲学智慧；政治活动论为社会公平正义提供了政治保障；政治权力论为人民当家作主提供了充分的理论论证。

第一章　政治哲学性质

政治哲学作为哲学的一个专门学科，几乎像哲学一样古老，中国和西方的政治哲学都已经有两千多年的历史。两千多年来，政治哲学家对政治哲学本身的理解见仁见智，虽然有一些基本共识，但迄今并未形成统一的看法。这也许是我国已故西方哲学史家陈修斋先生指出的"哲学无定论"[①] 这一哲学学科的特殊性使然。正因为哲学无定论，所以哲学和政治哲学才会成为人类学术界的百花园，每一种花都以其独特的魅力吸引不同的欣赏者。因此，哲学家不要企求建立某种可以被普遍接受的政治哲学体系，相反要努力使自己构建的政治哲学体系具有独特的个性和特殊的魅力。笔者试图在这方面作出自己的努力。

第一节　政治哲学的对象、使命和意义

作为哲学的一个专门学科，政治哲学有其独特的学科性质。一般来说，政治哲学是关于政治的哲学学说，其对象是政治。但政治是一种复杂的人为事物，有很多学科研究它。要使政治哲学与其他学科区别开来，需要明确它研究政治的什么方面、其旨趣和使命是什么以及它具有什么样的意义，尤其是需要弄清楚与它最相近的政治学或政治科学的关系怎样。

一　政治哲学性质辨析

对政治哲学性质的看法体现了研究者的政治哲学观，但20世纪以前的思

[①] 参见陈修斋《关于哲学本性问题的思考》，《武汉大学学报》（社会科学版）1988年第2期。

想家几乎都没有对自己所从事研究的政治哲学作出明确界定，他们对政治哲学性质的看法隐含在他们的研究成果之中。即便是亚里士多德，他虽然撰写了人类历史上第一部以《政治学》（被公认为政治哲学的经典著作）为书名的著作，但也没有对政治学作出明确的界定。最早对政治哲学作出明确界定的是美国哲学家列奥·施特劳斯，他在对历史上政治哲学研究进行反思后明确提出了他的政治哲学观。总体上看，研究者对政治哲学的理解有两种情形：一种是研究者给自己从事的政治哲学研究作一个界定，或者规定一个或几个主题，这种界定或规定通常不完整，不一定能反映研究者自己的政治哲学观；另一种是对政治哲学作一个一般性的界定，以表达自己对政治哲学的看法，这种界定通常是对政治哲学本身进行反思后作出的，所表达的是研究者的政治哲学观。前一种情形的界定或规定属于政治哲学原理研究的一个部分，这种情形自古至今一直存在；后一种情形的界定则具有元政治哲学的性质，不属于政治哲学原理研究，而属于元政治哲学研究，所表达的是政治哲学观，这种情形严格来说是从施特劳斯开始的，今天有越来越多的研究者在做这方面的工作。

从截至目前的有关文献看，关于政治哲学性质的观点很多，几乎每一位政治哲学研究者都有自己与别人不尽相同的看法，其中以下五种应是比较具有代表性的。持这五种观点的研究者并不一定明确地表达了他们的政治哲学观，但他们的研究隐含着对政治哲学是什么问题的回答。而且，他们持某一种看法，并不意味着他们认为政治哲学只是研究某一方面的问题，而是意味着他们认为政治哲学应重点研究某一问题，最终是要研究解决某一问题。

一是认为政治哲学是研究理想社会的。这种观点非常流行，理想社会也是政治哲学研究最早关注的问题，中西政治哲学最初就起源于对理想社会的构想。在西方，柏拉图虽然没有对政治哲学作出明确的界定，但他将政治哲学看作研究最佳政体即理想国是很明确的，他的整个政治哲学可以说都是围绕理想国是什么以及如何构建理想国展开的，而且他也将理想社会与作为制度的最佳政体（"哲人王"和"次佳政体"）联系起来研究。柏拉图对政治哲学研究的这种定位对后世产生了重要影响，斯多亚派创始人芝诺曾针对柏拉图的《理想国》也写了一本《理想国》，另一位斯多亚派重要代表人物克律西波写了《论〈理想国〉》，后来西塞罗又写了一本《论共和国》。至于隐含

13

地把政治哲学看作研究理想社会的思想家则更多,如西方的空想社会主义者、启蒙思想家、马克思和恩格斯,中国的孔子、老子、董仲舒等。有一种观点与上述观点相近,认为政治哲学是研究社会终极价值和根本原则的。比如,李石教授认为,与对自然界的探索类似,有一些问题通过对人类社会各种现象的调查、访问和统计都无法得到最终答案,只能依靠人们思辨性的推理和论证来求证。"所以,以推理和论证的方式探寻人类社会的根本原则和人类社会的终极价值的学说,就是政治哲学。"[①]

二是认为政治哲学是研究最佳政体或政制（regime）的。最早明确把政治哲学看作研究最佳政体的是亚里士多德。他认为,如果一门科学不限于事物的部分而以事物的整体为对象,那么事物的部分就应由它来研究。据此他进一步提出,对政体的所有研究应属于同一门科学。"它研究什么是最优良的政体,以及若是没有外部的干扰,什么性质的政体最切合我们的意愿,什么政体与什么城邦相适合。"并补充说,"什么政体对一切城邦最为适宜"。[②] 这就是说,政治哲学所研究的最佳政体具有普遍适用性。亚里士多德对城邦的理解有两个方面或层次。其一是把它理解为共同体:"政体是一种共同体,它必须有一个共有的处所,一个城市位于某一地区,市民就是那些共同分有一个城市的人。"[③] 其二是把它理解为共同体中的制度:"一个政体就是关于一个城邦居民的某种制度或安排。"[④] 显然,亚里士多德所说的政治哲学研究的是什么是具有普遍意义的政体,既有最佳社会或理想社会的含义,也有最佳社会制度或政治结构的含义。

三是认为政治哲学是研究政治的本性以及优良政治秩序的。施特劳斯就持这种观点,他指出:"政治哲学是用关于政治事物本性的知识取代关于政治

---

① 李石:《政治哲学导论》,中国人民大学出版社2022年版,第1页。
② [古希腊]亚里士多德:《政治学》,载苗力田主编《亚里士多德全集》第九卷,中国人民大学出版社1994年版,第118、119页。
③ [古希腊]亚里士多德:《政治学》,载苗力田主编《亚里士多德全集》第九卷,中国人民大学出版社1994年版,第31页。
④ [古希腊]亚里士多德:《政治学》,载苗力田主编《亚里士多德全集》第九卷,中国人民大学出版社1994年版,第73页。

事物本性的意见的尝试。"又说："政治哲学是一种尝试，旨在真正了解政治事物的本性以及正当的或好的政治秩序。"① 我国当代哲学家陈晏清教授也持这种观点。他明确说："作为一种特殊形式的哲学，政治哲学是对政治事物的内在本性进行形而上的反思，对政治事物进行善恶好坏之别的价值判断，它为人类的政治活动提供理念支撑，即为合理的社会秩序的建构提供理念基础。因此，可以说政治哲学是一种关于人类应当怎样生活的智慧。"②

四是认为政治哲学是研究公共权力与个人权利关系的。万俊人教授最为系统地表达了这种观点。他认为，政治哲学的基本问题关乎公民社会和国家（政府）两大领域，其核心概念是公民权利和国家权力，"简而言之，权利与权力实乃政治哲学的关键概念"③。韩冬雪教授持与万俊人教授相似的观点，认为政治活动与哲学思维的不同规定性决定政治哲学的理论范畴和学理结构。这就是："首先，它要探讨人类社会出现政治现象的根源，即人性与公共权力之间的内在联系问题。其次，它要研究公共权力的合理性与合法性基准，也即人们服从公共权力的价值依据。而从对上述问题的回答中，还将自然地引申出政治的性质、目的和功能等结论。同时，由此推导而来的政治原则和政治制度，不仅将强制地规定着人们之间的社会关系和价值分配原则，而且还将作用于人们的思想和行为方式，影响着人们对于生活的目的、意义等问题的价值认知和道德判断。"④ 吴根友教授也持这种观点，他给政治哲学作了这样的界定："政治哲学是对政治权力的来源及其行使的正当性，以及理想社会模式等问题从根本处进行思考的一门学问。它涉及的对象包括国家的起源与组成原则、个人与国家的关系、国家制度及制度的根基等问题，但核心问题是关于权力与理想社会的理性思考。"⑤

---

① ［美］列奥·施特劳斯：《什么是政治哲学》，李世祥等译，华夏出版社2019年版，第3页。

② 陈晏清：《政治哲学的时代使命》，《求是学刊》2006年第3期。

③ 万俊人：《关于政治哲学几个基本问题研究论纲》，《天津社会科学》2004年第2期。

④ 韩冬雪：《政治哲学论纲》，《政治学研究》2000年第4期。

⑤ 吴根友：《政治哲学新论》，《江西社会科学》2009年第11期。

五是认为政治哲学是研究社会正义（公正）的。这种观点在罗尔斯的著述中得到了典型的体现。罗尔斯在谈到他写《正义论》一书的意图时说，他的目标是确立一种正义论以替换那些长期支配西方社会的传统政治哲学理论。他之所以这样做，是因为"正义是社会制度的首要价值"①，而"一个社会，当它不仅被设计得旨在推进它的成员的利益，而且也有效地受着一种公开的正义观管理时，它就是组织良好的社会"②。在《政治自由主义》中，罗尔斯又将《正义论》所提出的公平正义学说转换为一种适应社会基本结构的政治的正义观念，重新阐发作为政治观念的各构成性理念，从而构成公平正义的完备学说。他自己明确说："《正义论》和《政治自由主义》力求勾画出适合民主政体的较合乎理性的正义观念，并为最合乎理性的正义观念提出一种预选观念。"③ 罗尔斯并没有明确提出政治哲学就是研究正义的，但他给自己的政治哲学规定的主题正是西方民主社会中的正义问题。

以上五种观点各有道理，研究者在提出或表达自己的观点时也都提供了论证，或者按照自己对政治哲学的理解构建了自己的政治哲学体系（如柏拉图、罗尔斯）。但是，它们也各有局限。对政治哲学性质问题难以作出一般性的精准回答，导致人们包括政治哲学研究者对这一问题难以形成基本共识，难以对政治哲学有一个整体的把握，难以形成政治哲学的完整体系或"完备学说"（罗尔斯语）。综合历史上和当代各家的观点，笔者尝试对政治哲学的性质提出一种初步界定，即政治哲学是研究政治本性及其实践要求的哲学专门学科。

这一界定首先明确了政治哲学是以政治为研究对象的哲学专门学科，而不是政治学或政治科学的学科，也不是政治学与哲学的交叉学科。政治哲学作为哲学学科，它通过对政治学以及政治实践的反思和批判，对它们进行规

---

① ［美］约翰·罗尔斯：《正义论》，何怀宏等译，中国社会科学出版社1988年版，第1页。

② ［美］约翰·罗尔斯：《正义论》，何怀宏等译，中国社会科学出版社1988年版，第3页。

③ ［美］约翰·罗尔斯：《政治自由主义》（增订版），万俊人译，译林出版社2011年版，平装本导言第45页。

范与指导，而不是为政治学和政治实践提供论证与辩护。既然政治学是政治哲学反思、批判、规范和指导的对象，那么政治哲学就不是政治哲学与政治学的交叉学科。政治哲学与政治学都以政治为研究对象，但政治哲学主要不是研究政治作为人为事物的各种理论和实践，而是着眼于人类本性和社会本性研究政治的本性，揭示政治的应然本质。这种应然本质不是从现实政治（包括历史和当下的政治）背后抽象出来的实然本质，而是现实政治应致力于构建的实然本质。这是政治哲学研究的基础部分。政治的本性或应然本质有其实践要求，包括人民至上、法律统治、道德导向、清正廉洁、个人幸福、社会公正等方面的应然要求。对政治本性及其实践要求的研究构成了政治哲学原理研究的部分。政治哲学还要研究政治应然本质要求实现的基本原则和主要路径，以及解决实现过程中出现的重大问题。这些构成了政治哲学研究的应用部分。总体上看，政治哲学就是探讨政治本性及其实践要求并从基础、原理和应用三个层面展开研究的哲学学问，所体现的是人类的美好希冀及使之得以实现的政治智慧。

  提出这一界定的主要根据或理由主要有两个方面。其一，这一界定体现了政治哲学的哲学性质。政治哲学作为哲学，它不是屈从现实，而是反思和批判现实。这种反思和批判不是破坏性的，而是建设性的，即它要使现实政治体现政治的本性要求或应然本质。这种应然本质因源自人类本性和社会本性，甚至有更深厚的宇宙本体根基，而能够使人类本性和社会本性得以实现，从而使人类普遍过上幸福生活。其二，这一界定大致上可以涵盖以上关于政治哲学性质的五种不同观点。政治哲学研究政治事物的本性，而人类创制政治事物是有目的的，这种目的就是使基本共同体（社会）的成员普遍过上好生活。这种目的从根本上决定着政治的本性，政治本性的根本要求就是构建这种让其成员普遍过上好生活的理想社会，而理想社会必定是秩序优良的社会，秩序优良只有通过社会正义或公正才能实现。社会需要治理，治理是通过治理体系（政体）实现的，只有最佳政体才能治理好社会，使之达到理想的状态。最佳政体有许多规定性和标准，而能够处理好公共权力与个人权利之间的关系是判断政体最佳与否的基本标准。由此看来，关于政治哲学性质的五种观点所体现的不过是政治本性及其实践要求的不同方面。

二 政治哲学的对象和旨趣

政治哲学的研究对象无疑是政治，但政治是极为复杂的社会事物。今天有很多学科都在研究政治，如政治学、法学、公共管理学、国际政治、马克思主义理论等，那么，政治哲学研究政治的哪一部分或哪一方面呢？政治哲学所要研究的这个部分就是政治哲学研究的对象范围，要了解这一点，就需要追溯政治哲学的起源，考察它的初衷或目的。

自古以来对政治这一复杂事物的理解可谓见仁见智，归纳起来主要有六种观点，也可以说是六种政治观。其一，政治是对于一种社会价值的追求，是一种规范性的道德。孔子说过："政者，正也。子帅以正，孰敢不正？"（《论语·颜渊》）这里的"正"，就是一种道德规范。亚里士多德也持这种观点："所有共同体中最崇高、最有权威、并且包含了一切其他共同体的共同体，所追求的一定是至善。这种共同体就是所谓的城邦或政治共同体。"① 其二，政治是对权力的追求和运用。韩非就直言不讳地说，"先王所期者利也，所用者力也"（《韩非子·外储说左上》），这里的"力"指的是权力。马克斯·韦伯也认为，"'政治'意指力求分享权力或力求影响权力的分配"。② 其三，政治是公众事物的管理活动。孙中山曾用公众管理来界定政治："政治两字的意思，浅而言之，政就是众人之事，治就是管理，管理众人之事，便是政治。"③ 美国政治学家杰弗里·庞顿和彼得·吉尔也表达了类似的观点："政治是与社会事务的治理以及个人和群体对这种治理所具有的控制力的相关的制度安排。"④ 其四，政治是对社会共同体的利益进行分配的决策及其实施活动。意大利政治学家让·布隆代尔说："政治是在共同体中并为共同体的利益而作出

---

① ［古希腊］亚里士多德：《政治学》，载苗力田主编《亚里士多德全集》第九卷，中国人民大学出版社1994年版，第3页。

② 转引自［美］艾伦·C·艾萨克《政治学：范围与方法》，郑永年等译，浙江人民出版社1987年版，第21页。

③ 孙中山：《三民主义》，东方出版社2014年版，第77页。

④ ［美］杰弗里·庞顿、彼得·吉尔：《政治学导论》，张定淮等译，社会科学文献出版社2003年版，第9页。

决策和将其付诸实施的活动。"① 其五，政治是一种超自然、超社会力量的体现和外化。《诗经·大雅·文王》中的诗句"文王在上，于昭于天"，讲的就是文王奉天承运，统治天下。董仲舒"天子受命于天，天下受命于天子"（《春秋繁露·为人者天》）的论断，讲的是君王的权力来自上天。托马斯·阿奎那强调尘世的政治都应听从上帝的安排，因为国王"是上帝的一个仆人"，"没有权柄不是出于神的"。② 黑格尔则把国家看作"精神为自己所创造的世界"，是"神的意志"。③ 其六，政治是一种具有公共性的社会关系，其根本问题是国家政权问题。马克思认为，"人们的政治关系同人们在其中相处的一切关系一样自然也是社会的、公共的关系"④。作为一种重要的社会关系，现实政治及其载体（国家）"总的说来还只是以集中的形式反映了支配着生产的阶级的经济需要"⑤，而国家政权是满足这种经济需要的关键，所以国家政权问题"是全部政治的基本问题，根本问题"⑥。

史实表明，并不是人类社会有政治后很快就有对它的哲学研究，而是在政治出现很长一段时间以后才有以它为对象的哲学思考。人类社会的政治事物最早是什么时间出现的，似乎没有定论。列奥·施特劳斯认为人类一在地球上诞生就有了政治思想。他说："政治思想同人类一样古老；第一个讲出诸如'父亲'一词或'汝不应（thou shalt not）……'短语的就是第一位政治思想家；但政治哲学出现在有史可载的过去中一个可知的年代。"⑦ 不过施特劳斯的这一说法似乎很随意，他没有提供任何论证。政治思想必定以政治事物存在为前提，当然政治事物作为人为事物也要以思想为前提，应该说，它

---

① ［英］戴维·米勒、韦农·波格丹诺英文版主编：《布莱克维尔政治学百科全书》，邓正来中译本主编，中国政法大学出版社1992年版，第583页。
② 《阿奎那政治著作选》，马清槐译，商务印书馆1963年版，第65页。
③ ［德］黑格尔：《法哲学原理》，范扬、张企泰译，商务印书馆1961年版，第324、308页。
④ 《马克思恩格斯全集》第4卷，人民出版社1958年版，第334页。
⑤ 《马克思恩格斯选集》第4卷，人民出版社2012年版，第258页。
⑥ 《列宁全集》第37卷，人民出版社1986年版，第60页。
⑦ ［美］列奥·施特劳斯：《什么是政治哲学》，李世祥等译，华夏出版社2019年版，第4页。

们的产生是互为前提的。如果说人类政治思想同人类一样古老，那就意味着人类一诞生就有政治事物。显然，施特劳斯的这种观点是值得商榷的。但可以肯定的是，政治在历史上出现后有很长一段时间（至少四千年以上）没有任何学问专门研究它，到了轴心时代才有哲学（其中包含政治哲学）从总体上研究它。自19世纪下半叶开始，才从哲学中分离出了政治科学（现代政治学），后来又分离出了不少研究政治的学科。经过一百多年的分离，政治哲学研究的范围越来越小，它不再对政治进行包罗万象的研究，包括实然性研究和应然性研究，而是限定在对政治进行应然性研究的有限范围，或者说以应然性政治为对象，政治哲学也因此越来越显现它的哲学本性和特色。应然性政治就是政治哲学的特定对象，对政治进行应然性研究就是政治哲学研究的对象范围。政治哲学的这种研究对象的确定，是以人类政治的早期兴起和发展为前提的，而与人类政治哲学最初创立的初衷或目的直接相关。

从人类历史看，人类有很长一段时间（约300万年）生活在原始人群和氏族公社之中，这是人类的两种基本共同体形态。这两种基本共同体有一个共同特点，即它们都是以血缘关系为纽带维系的，共同体的成员都是亲人或亲属，他们之间的关系是亲属关系。原始人群基本上像动物一样生活，共同体很小而且人类意识不发达，基本情形是上辈猿人带着子辈猿人主要凭借本能以及在以原始思维为主要特征的原始意识支配下共同生存，这时无所谓社会管理。到了氏族公社阶段（约10万年前），人类主要在以形象思维为主要特征的原始意识支配下生活，出现了原始家庭性质的共同体——氏族，氏族由具有权威的长辈管理。氏族的绝大多数时间是由母亲管理的，即所谓母系氏族。当父亲取代母亲成为氏族管理者即出现了部落时（约1万年前），人类已经有了以逻辑思维为主要特征的意识，这是一种自我意识与社会意识相统一的意识，社会由此开始从原始社会过渡到文明社会。部落（类似于家族）人口增多、地域扩大，部落下面管辖多个氏族（类似于家庭），也就需要有专人进行管理，其管理者通常被称为"首领"，亦被称为"酋长"等。部落中由于有多个氏族和多位男性家长，就存在由哪个氏族的家长担任首领的问题。这时，部落内部出现了贫富差别，那些富有的氏族的"家长"最有可能被推举出来担任首领，当然也有纯粹凭借德性和才能被推举出来或被前任首领选中作为接班人的首领（如尧选舜）。随着部落的发展，主要是为了适应战争的需要（战争通常是为了占有更多的土地、人口和财富），后来又出现了部落联盟。

部落联盟早期是松散的，后来联系越来越紧密，于是就有了中国的"邦国"、古希腊罗马早期的"城邦"，同时也就开始有了专门进行社会管理的管理者，其首领产生的情形与部落差不多。部落联盟仍然是亲人社会，其内部成员之间有一定的亲情关系，首领不过是更大家族的家长。他主要依赖血缘关系、凭借本氏族或本部落的实力以及个人的威望进行部落联盟管理，而不是凭借武力。这种社会管理总体上看属于家族管理。但是，当一个部落联盟去侵略别的部落或部落联盟导致部落之间的战争时，在战争中获胜的部落联盟就会成为社会的统治者，而战败的部落或部落联盟则成为被统治者，基本共同体也就由亲人社会走向了生人社会。获胜者夺取了战败者的土地、财富和人口，并对被统治者实行统治，这通常会引起战败者的反抗。在这种情况下，获胜部落就不能再像在亲人社会那样单凭基于血缘关系的个人威望来进行社会管理，而必须凭借武力（当时主要是军队，后来发展成"暴力机构"①）来管理生人社会。这种凭借武力进行社会管理的管理方式不同于家族管理的国家管理，于是，政治就出现了。政治最初是凭借暴力机构管理社会的管理方式，这种管理方式现在通常被称为"治理"，即具有统治性质的管理。

进入文明社会后，原始社会末期的部落联盟之间的战争演化为国家之间的战争（古希腊城邦之间的战争）和国家内部的争斗（中国的改朝换代，如周代商），其直接后果是生灵涂炭、社会混乱、百姓苦难不堪。战争和争斗持续不断，其灾难性的社会后果也就无休无止。当人类文明进化到轴心时代时，思想家产生的社会条件业已成熟，在古代中国和古代希腊同时产生了一大批思想家（统称为"古典思想家"）。其中一些思想家面对人世间的灾难开始探

---

① 过去我们经常将"暴力机构"与国家联系起来，这是不正确的，因为就中国而言进入文明社会并不是进入了国家，而是进入了"王土"，这是一种由君王统治的无明显边界的天下。

索其根源并寻求走出灾难的出路。他们注意到，国家之间的战争是国家为了扩大本国利益而发生的，实质上是国家统治者运用手中掌握的政治权力操作的结果；国家内部的争斗则是统治阶级内部不同家族或不同利益集团为了争夺国家的最高统治权力以最大限度地实现自身利益的结果。而这一切都不过是获取政治权力和运用政治权力的政治活动及政治现象。于是，古典思想家开始反思和批判政治，试图弄清楚政治为什么会导致如此普遍且连续不断的社会灾难，这些社会灾难是不是政治必然导致的，这就需要追问政治的本性及其实践要求。正是这种深度追问差不多同时在古中国和古希腊催生了政治哲学。

由此看来，政治哲学最初是思想家为了寻求解决政治导致的灾难性社会问题而产生的，其目的是揭示政治的真实本性及其要求，谋划政治本性的要求得以实现的方案。轴心时代思想家确立和追求实现的政治哲学的目的就是政治哲学的根本旨趣，尽管后来随着时代的变迁思想家对政治哲学的旨趣有不同的表达，甚至有完全不同的观点，但轴心时代思想家的规定是原初的规定，不仅具有根本性，而且具有普适性。政治哲学在发展的过程中可以根据时代和实践的需要丰富其目的和旨趣的内涵，但如果丢掉初衷和旨趣，政治哲学就不再是政治哲学了，其使命、功能和意义也就无从谈起。

根据政治哲学的初衷以及后来的发展，我们可以给政治哲学的旨趣作出这样的概括：政治哲学的旨趣在于通过对现实政治及其本质的反思和批判揭示政治的本性及其要求，论证和阐明政治的终极目的在于运用政治权力使人类基本共同体成为为其全体终极成员（所有个人）过上好生活提供必要资源的好社会。这里说的"政治"指一切政治事物，包括政治活动、政治制度、政治文化等，但政治活动是基本的，政治制度和政治文化都是政治活动的产物。这里说的"人类基本共同体"在当代指国家，但随着人类全球化的发展和人类命运共同体构建的推进，其范围将会扩展到人类一体的基本共同体——世界。推进人类一体的基本共同体构建是当代政治哲学的最重要任务之一。这里说的"必要资源"是指能够使全社会所有个人都能过上好生活所需要的社会资源，包括为他们提供条件、创造机会、搭建平台，但这并不意味着确保社会中的每一个人都过上好生活，因为每一个人过上好生活除了客观条件之外还需要个人的主观条件，尤其是个人的作为或奋斗。简言之，政治哲学的旨趣就在于为政治创造好社会提供理论依据和实践规导。

政治哲学的旨趣也就进一步明确了政治哲学的对象范围，这就是政治的本性及其实践要求。需要注意的是，政治的本性并不是现实政治事物的实然本质，而是政治哲学家根据人类本性和社会本性揭示的或者说引申的应然本质。政治哲学的研究对象就是政治的本性或应然本质及其实践要求，这也就是前文谈到的应然性政治的实质内涵。正是这一对象范围，把政治哲学与所有其他以政治为研究对象的学科区别开来。

三 政治哲学的使命、功能和意义

政治哲学之所以会产生，尤其重要的是，之所以能够产生后一直存在下来，在当代还呈兴盛之态势，是因为政治哲学对人类社会具有其他学问不可替代的重要意义，而这又是由它可以履行的特殊使命和可能发挥的特有功能决定的。这些使命和功能所体现的是政治哲学旨趣即政治的本性及其实践要求，而不是政治哲学家随心所欲规定的，因而具有应然性。中西历史上思想家构建了许多政治哲学体系，但并非所有政治哲学体系都坚守政治哲学的初衷和旨趣，并在此前提下发挥其应具有的功能、履行其应有的使命。相反，历史上有不少思想家，尤其是那些御用思想家，忽视或忘却了政治哲学的初衷和旨趣，或者走入了误区，或者走上了歧途。他们的政治哲学也就不可发挥政治哲学的应有功能、履行其应有使命，相反导致了严重的社会后果，也影响了政治哲学的社会声望。政治哲学只有坚守其初衷和旨趣，才能发挥应有的功能、履行应有使命，才会成为政治哲学真理，这种真理才会真正对社会和人类具有意义。

关于政治哲学的使命任务，不同研究者因对政治哲学性质及旨趣的理解不同而持不同看法。例如，孙晓春教授明确提出："政治哲学之所以有意义，是因为它与现实的政治生活密切相关，政治哲学的价值就在于它在更深刻的层面上对现实政治负责。"首先，它承担着对现实政治生活进行合理性论证的责任；其次，它向社会输出价值观念；最后，它构建现实政治生活的评价标准。① 在这里，笔者根据轴心时代思想家研究政治哲学的初衷和旨趣以及近两千年来思想家的丰富发展，结合当代的时代精神及其要求，指出政治哲学的根本使命是通过反思和批判现实政治（包括政治理论），揭示政治的本性及其实践要求并据此规导现实政治，使之体现和彰显政治的人民本性，从而不断走向完善。政治哲学的这种根本使命具体体现在以下五个方面，其中前四个方面属于理论问题研究，后一个方面属于现实问题研究。

第一，根据人类本性和社会本性，研究回答政治的本性及其实践要求问题，尤其是政治的人民性问题。在人类政治哲学史上，不少思想家尤其是近代以来的西方思想家从政治现象入手得出了政治本质上是以不道德的手段防范和惩罚人类恶性导致恶行的工具的结论，导致人们形成了"政治是以恶制恶的黑手"的观念。这是一种必须纠正的政治哲学观念。政治哲学要像古典思想家那样着眼于宇宙本体，立足于人类本性和社会本性来揭示政治的真正本性，阐明政治的现实本质并非政治的本性或应然本质，阐明政治的本性或应然本质是什么，阐明政治的应然本质有哪些实践要求。② 这是政治哲学的根本使命，履行这种使命，可以为人们戴在政治头上的种种污名正名，改变人们对政治的种种误解，形成正确的政治观，从而更好地彰显政治一切为了人民、一切依靠人民的人民性本性，充分发挥政治对于社会美好和人类幸福的决定性作用。

第二，根据政治本性，研究回答社会中所有人都过上好生活的理想社会及其实现的问题，尤其是政治目的的合理性问题。在政治哲学诞生之前的文明社会，社会治理者主要是凭借经验而不是按照某种得到理论论证的方案来构建和治理社会，其结果是社会不仅战乱不已、百姓苦难不堪，治理者也不断改朝换代。古典思想家创立政治哲学的初衷就是要从根本上改变这种状态，于是他们就着眼宇宙本体揭示人类本性和社会本性，构建取代当时社会的理

---

① 参见孙晓春《政治哲学的使命及其当下意义》，《天津社会科学》2016年第6期。
② 从当代看，这些政治应然本质的实践要求有人民是国家的主人、政治权力来自人民并接受人民的监控、政治权力只能保护和扩大公民权利而不能损害和侵犯公民权利、政治权力在体现人民意志的法律之下运行等。

想社会并设计其实现方案。从政治哲学史看，思想家提供的理想社会蓝图有其共同特点，这就是所有社会成员都能够过上好生活，虽然对好生活的理解不尽相同。今天看来，任何一个社会都不可能让所有社会成员都过上尽善尽美的生活，而只能为他们过上好生活提供条件、创造机会和搭建平台。政治哲学就是要从理论上阐明政治在理想社会构建方面应承担的责任。

第三，根据构建理想社会的要求，研究回答构建社会治理体系及其运行机制的根本理念、基本原则问题，尤其是制度的合法性和治理的公正性问题。历史上的政治哲学家都意识到，理想社会不可能自然而然地形成，而必须主动构建并且与时俱进，这就需要社会治理者掌控的社会治理体系及其运行机制发挥作用。这项使命在19世纪下半叶以前是由政治哲学和政治科学一体的政治学承担的，政治科学和政治哲学发生分离之后，就由政治科学和政治哲学共同承担。从现代社会看，研究社会治理体系及其运行机制（如政体、机构、制度、政策等）是政治学及相关学科肩负的使命，政治哲学的使命则在于为政治学及相关学科的构建提供根本理念和基本原则，如自由、平等、民主、法治、公正等。这些根本理念和基本原则既是政治学及相关社会科学的基本遵循，又是社会政治实践的基本遵循，也是人们评价政治实践好坏优劣的主要标准。

第四，根据构建社会治理体系及其运行机制的需要，研究回答政治权力的起源、根据及其载体问题，尤其是权力的正当性问题。政治是依赖权力存在的，没有权力就没有政治，政治的本义就在于运用权力进行社会治理。人类历史上的社会都是运用权力治理的，这是经验事实，但什么样的权力才能使社会治理实现理想社会，这样的权力来自哪里、合理性根据是什么、由谁来掌握，也就是权力的正当性问题。政治哲学的使命主要不在于论证权力存在的必要性，而是在于肯定权力对社会治理必要的前提下探讨什么样的权力才能使社会治理实现理想社会，也就是什么样的权力才是正当的。从人类历史看，政治权力是有载体的，到目前为止政治权力的载体都是国家，只是国家的情形有所不同，如有四大文明古国、古希腊罗马城邦、现代国家等。权力由国家掌控似乎是不言而喻、理所当然的事情。然而，在全球一体化、科技化、信息化的当代，政治权力的载体不仅涉及与国家的关系，还涉及与作为人类基本共同体的世界的关系。这就需要政治哲学研究回答权力与世界共同体构建的关系问题，为人类命运共同体构建提供理论支持。

第五，根据政治哲学的原理、理念、方法，研究回答现实社会中存在的各种重大现实问题。政治哲学是实践哲学，必须研究和回答现实生活中的重大政治问题，为现实政治实践服务，这一点在当代尤其重要。当代与日俱增的重大社会现实问题已引起各门学科的普遍关注，各门学科都积极参与对这些严重威胁人类存在的重大问题的研究，政治哲学作为哲学中与现实社会直接相关的专门学科尤其要参与研究，并提供相应的解决方案。政治哲学不仅要关注各学科普遍关注的战争、饥饿、环境污染、恐怖主义等全球性问题，也要关心国家内部的政治专制、社会不公、权力腐败、公民不服从、权利受权力挤压等诸多与政治直接相关的问题。政治哲学不能仅仅出于现实政治的需要去研究这些问题，而是要运用政治哲学特有的原理、理念和方法，尤其是其特有的反思、批判精神从深层次上揭露其根源，从社会治理体系及其运行机制上提供长效对策。

罗尔斯在《政治哲学史讲义》中谈到政治哲学有四种功能：一是为人们在彼此分歧的问题上达成共识寻求某种基础；二是通过为政治问题的公共讨论提供概念框架，引导人们扮演公民角色；三是通过说明他们的社会为什么是（或有潜力变成）一个适合于自由而平等之公民的公平的社会合作关系，引导人们与其社会实现和解；四是思考一个理想的民主社会究竟应当是什么样子。① 罗尔斯关于政治哲学功能的看法是对自由主义政治哲学功能的看法，而不是对一般意义上的政治哲学功能的阐述，具有明显的偏狭性。王岩教授认为，政治哲学对社会产生的功能主要体现在三个方面：一是政治哲学可以以其特定的政治世界观和方法论来阐释现实政治社会的"是其所是"，并根据政治实践的价值指向进行自我完善和自我修复，从而维护其隶属阶级的根本利益；二是政治哲学可以围绕着主流意识形态对现实政治生活的干预和渗透的要求，对非主流意识形态和现实政治实践进行同化和否定，具有批判性和

---

① 参见［美］约翰·罗尔斯《政治哲学史讲义》，杨通进等译，中国社会科学出版社2011年版，译者前言第8—9、9—10页。

整合性特点；三是作为主流意识形态的目的性和价值性诉求，政治哲学以其特有的思辨风格、深厚的理性底蕴和鲜明的价值导向协调政治生活中的利益冲突，规范政治实践的发展方向，构想未来社会的理想模式，展示政治生活的"应然性"。[①] 王岩教授谈的是主流政治哲学的功能，而不是政治哲学的一般功能。实际上，谈到政治哲学的功能应考虑政治哲学应具备的一般功能，而不能局限某一特定政治哲学学派或特定政治哲学体系的功能。从这种意义上看，政治哲学主要具有以下四个主要功能。

一是批判功能。对现实政治进行以反思为前提的批判，是政治哲学研究的首要功能。作为哲学，政治哲学不是在观察现实政治的基础上运用科学方法找出其本质和规律，而是从批判现实政治入手运用思辨方法揭示政治的本性或应然本质及其实践要求，并运用所揭示的政治应然要求批评现实政治，力求使现实政治达到应然要求，从而使之得到改进和完善。这个功能是政治哲学的首要功能，但也是政治哲学的一种危险功能，思想家可以因为其政治哲学具有这个功能而惹来杀身之祸，苏格拉底就因是一只"牛虻"而被社会治理者"毒死"。

二是构建功能。在反思批判现实政治的基础上借助哲学本体论、知识论和价值论的原理构建理想的政治蓝图，这是政治哲学的核心功能。政治哲学家不是无政府主义者，他们都肯定政治的必要性，但不满足于现状，尤其是对由政治导致的苦难现实社会不满，于是他们出于强烈的社会责任感和大爱的人类情怀，勾画理想的社会蓝图及其实现路径。因此，政治哲学反思和批判现实政治的初衷和主旨不是破坏性的，不是要损毁现实政治，更不是否定任何政治，而是建设性的，旨在改造或者重建现实政治，用它所构建的理想政治蓝图批判和取代现实政治模式，使之趋向理想政治。

三是规导功能。如同哲学及其他哲学分支一样，政治哲学也是成体系的，只是体系的外延有大有小。大致上说，政治哲学体系包括理论、观念、原则和方法几个方面或层次，所有这些方面都对与政治相关的学科尤其是作为社会科学的政治学研究有直接的规范和指导作用。比如，当代中国政治哲学所

---

① 参见王岩《政治哲学论纲》，《哲学研究》2006年第1期。

确立的"人民至上"原则就应该成为当代政治学理论研究的基本遵循和评价其正确与否的基本标准。政治哲学尤其是其观念和原则对现实政治事实上也发挥着这样的规导作用。例如，今天任何一个国家都不敢公开宣称反对自由、平等；一个丈夫如果实施家暴就会遭到普遍谴责。这一切都是因为得到政治哲学论证的平等原则已经深入人心。政治哲学的观念和原则对于社会个体（包括个人、家庭、社会组织）以及国际社会也具有规导作用。

四是诊疗功能。政治哲学是实践哲学，这几乎是哲学界的一种共识。这种共识正确与否暂且不论，但它表明大家都承认政治哲学要十分关注现实的政治生活。这不仅体现在其反思、批判现实政治，试图以自己构建的理想社会取代现实社会方面，也体现在它十分关注现实生活中存在的社会问题，并为其解决提供诊疗方案方面。政治肩负着对整个社会进行治理的责任，因此社会中发生的任何重大的或具有普遍性的问题都可以说是政治问题。政治哲学历来都关注社会现实问题，而不只是在当代才如此。孔子曾针对社会贫穷等问题就提出了"均无贫，和无寡，安无倾"（《论语·季氏》）的对策，表达了一位政治哲学家对社会现实问题的关切。

政治哲学的意义是指它对特定基本共同体（社会）的意义以及对整个人类的意义。关于政治哲学的意义，也有不少学者论及。这里从政治哲学的旨趣、使命和功能的角度，提出政治哲学对于社会和人类至少具有的四种重大意义。

其一，它通过探索政治本性及其实践要求为人类构建合理的社会治理体系提供根本理念和基本原则。政治哲学的首要使命就是根据哲学本体论、知识论和价值论原理和观念，根据人类本性和社会本性探求政治的真正本性，为人类构建治理体系提供根本价值理念。根本价值理念是构建社会治理体系的价值取向、价值目标和最高原则，从根本上决定着社会治理体系的合理性和生命力。政治哲学在揭示政治本性的基础上还要进一步阐明其基本实践要求，这些基本实践要求作为政治本性的体现就是构建社会治理体系的基本原则。这些基本原则也是构建社会治理体系所不能违背的，否则其价值目标就难以实现。历史证明，社会治理体系的构建缺乏政治哲学提供的根本理念和基本原则，就不可能是合理的，也必定是短命的。当然，政治哲学提供的根本理念和基本原则本身也只有体现政治的本性和实践要求才可能是合理的，据此构建的社会治理体系也才会合理并具有生命力。

其二，它通过反思和批判现实政治，为人类消除社会政治腐败和异化提供思想武器。政治哲学诞生于对现实政治的反思和批判，其存在也依系于此。对现实政治不断进行反思和批判是政治哲学的基本功能，也可以说是政治哲学的独特存在方式和生命力源泉。政治哲学的反思批判可以划分为两个层次：一是为揭示政治本性及其政治要求进行的反思和批判，这是构建政治哲学根本理念和基本原则乃至理论体系的切入口；二是以所确立的政治哲学根本理念和基本原则为思想武器，揭露和批判现实政治中存在的种种腐败和弊端，尤其是政治异化的问题。很多学科乃至常人都可以对社会政治的腐败和异化进行批判，但政治哲学与所有这些批判不同。一方面，它是建立在运用哲学思辨的方法对政治进行深刻反思的基础之上的深度批判，可以揭露这些政治问题的深层次根源，指明彻底消除它们的根本路径；另一方面，它是依据自己确立的根本政治理念和基本政治原则进行的反思和批判，所指向的是改造或革新，即通过重新建立或改造社会治理体系彻底铲除腐败产生的土壤。所以可以说，政治哲学是人类反对政治腐败和异化的利器。

其三，它通过勾画人类社会理想蓝图，为人类追求永久和平和普遍幸福指明方向。政治哲学的重要使命之一是基于对政治本性及其实践要求的揭示为人类构建理想社会的方案。完整的理想社会方案既包括理想社会的图景，也包括理想社会的构建。虽然有不少思想家提供的理想社会方案并不完整，但也有些思想家提供的方案是完整的，更为重要的是将不同思想家提供的方案整合起来就能构成完整的方案。不同思想家对理想社会蓝图的设计有很大的不同，有人设计的是近期就可实现的理想社会，有人设计的是远期才能实现的理想社会；有人设计的是整体方案，有人设计的是局部方案。但是，将历史上所有思想家设计的方案整合起来，就可以发现其中的"重叠共识"，这就是它们都指向世界的永久和平和人类的普遍幸福。正是这种理想社会蓝图指明了人类进化的正确方向，即使人类在前行的过程中会发生某些曲折和挫折，但有智慧的人类最终会走上政治哲学规划的正确征程。

其四，它通过探索政治真理，为人类先进政治文化确定价值取向并赋予其实质内涵。政治哲学作为知识,所追求的是真理,是政治哲学意义上的政治真理。政治作为客观存在的事物在当代可以成为许多学科研究的对象,这些学科也都致力于从不同层次、不同维度揭示政治的真理,但它们都是从现存的政治事物入手揭示它们的实然本质和规律。与其他学科不同,政治哲学所致力于揭示的是体现政治事物本性的应然本质和规律,其根据主要不是现存的政治事物,而是人类本性和社会本性,从人类本性和社会本性的要求引申政治本性及其要求。政治的本性是一以贯之的,但其实践要求是与时俱进的,政治哲学就是要一方面不断加深对政治本性的认识,另一方面又要根据时代精神和实践要求阐明新时代政治本性的新实践要求。这种对政治本性的揭示和对新时代政治本性的新实践要求的阐明是所有政治理论的根基,也是政治实践的基本遵循,它们也就因此代表了作为理论和实践相统一的政治文化的发展方向,构成了政治文化的实质内涵,具有时代性和先进性。

正因为政治哲学具有上述重大意义,所以它一经诞生就被公认为社会治理不可缺乏的根本性指导思想和理论依据,是一切政治事物的灵魂。人类文明史表明,缺乏政治哲学,社会就会步入歧途,误用或滥用政治哲学,政治社会就会变质或发生异化,并必然导致人间灾难。

四 政治哲学与政治学

政治哲学与政治学(指现代意义上的政治学或政治科学)的关系问题是在19世纪80年代才提出的,此前两者混在一起,没有明确的区别。

从西方看,在苏格拉底尤其是柏拉图那里有政治哲学和政治科学方面的内容研究,但既无这两个术语,更没有两者的区分,两者是完全一体的,柏拉图的《国家篇》《政治家篇》《法篇》等都如此。亚里士多德虽然对伦理学与政治学作了区分,并且第一次有了用这两个词作书名的著作,但他的《政治学》也没有对政治哲学与政治学作出区分。亚里士多德之后,无论是古希腊罗马的斯多亚派、奥古斯丁,中世纪的托马斯·阿奎那,还是近代的马基雅维里、霍布斯、洛克、卢梭、约翰·密尔,他们虽然都有政治哲学和政治学两方面的政治思想,但都没有在两者之间作出区分。通常认为,1880年美国哥伦比亚大学根据政治学家J. W. 柏吉斯的倡议成立"哥伦比亚大学政治研究院"是政治科学从传统的政治学独立出来的标志。作为社会科学分支之一的现代意义上的政治学由此获得独立的学科地位①，政治哲学与政治科学成为有明显区别的两个学科。

在中国，从老子、孔子首创政治哲学一直到20世纪前，中国既有政治哲学研究也有政治学研究，但两者也从未被区分过，也没有政治哲学和政治学的概念。现代汉语中的"政治""哲学"以及"政治哲学"的译名，最早皆由日本学人译定。在日本1884年出版的《哲学字汇》（改订增补版）中，"Philosophy"被译定为"哲学"；"Science"被译定为"理学、科学"；"Politics"被译定为"政治学"；"Political Science"与"Political Philosophy"皆被译为"政理学"。② 19世纪末到20世纪初，"政治学""政治哲学"跟"政治""哲学"等术语一起，经由中国学人（其中包括留学生、晚清士人、先进知识分子）的使用和译介传入中国。他们翻译的书籍被认为是"最早向中国系统介绍西方政治学和法学的著作"③。"政治哲学"的译名，正是通过《译书汇编》刊载的政治类书籍首次传入中国。1901年《译书汇编》（第二期）翻译并刊发了英国学者斯宾塞所著的《政法哲学》（第一、二卷），此译本可以说是现代汉语学界第一部关于"政治哲学"的译著。1902年由王阑著的《泰西学案》在内容上分为哲学学案、教育学案、（法律）政治学案、经济学案四个部分，这里有了"政治学"概念，并使用了"法律政治哲学"的概念。④ 这时的"法政哲学"或"政法哲学"是"政治哲学"的先行概念。如果说《政法哲学》是中国第一本政治哲学译著，那么1903年由冯自由翻译的《政治学》则是中国的第一本政治学译著。由此看来，在中国从传统社会

---

① 参见王浦劬等《政治学基础》，北京大学出版社2018年版，第27页。
② 参见［日］井上哲次郎《哲学字汇》（修订增补版），日本东洋馆1884年版，转引自吴根友、汪日宣《现代汉语"政治哲学"的语言和观念史考察》，《湖北大学学报》（哲学社会科学版）2023年第2期。
③ 熊月之：《西学东渐与晚清社会》，上海人民出版社1994年版，第643页。
④ 参见王阑《泰西学案》，明权社1902年版，第103页，转引自吴根友、汪日宣《现代汉语"政治哲学"的语言和观念史考察》，《湖北大学学报》（哲学社会科学版）2023年第2期。

向现代社会转换的过程中，政治哲学与政治学就已经有了明确的区分，而且这种区分在改革开放后被延续下来。①但在今天的中国，政治学属于一级学科，而政治哲学不是一级学科，甚至连二级学科都不是，只能算作一个研究领域。政治学属于社会科学的一个学科已得到广泛认同，而政治哲学在学科性质上属于政治学一级学科还是属于哲学一级学科的问题上存在着很大的争议。

今天，关于政治哲学与政治学的关系，中外政治哲学界的一种比较流行的观点认为，政治学是对政治进行描述性研究，而政治哲学是对政治进行规范性研究。我国翻译出版的《西方哲学英汉对照辞典》的作者说："政治哲学不同于政治科学，其原因在于政治科学是经验性的和描述性的，它解释一个政府实际上是如何运作的，而政治哲学则是规范性的，它确立那些规定政府应如何运作的准则或理想的标准。"②孙晓春教授也赞成这种观点，认为"政治哲学区别于政治科学的关键点，即在于政治科学是实证的和描述性的，其任务是要说明现实生活中的政治是什么（to be），而政治哲学则是有关社会政治生活的应然性判断，在政治哲学领域里，所有讨论都围绕'我们应该（ought to be）有什么样的社会政治生活'展开的"③。这种观点应是大多数学者的共识，但在两者的关系上存在着一个重大的分歧：政治哲学是属于哲学的分支学科，还是属于政治学的分支学科，抑或两者的交叉学科？

列奥·施特劳斯在考察了西方政治哲学的历史演变后首先明确提出，政治哲学是哲学的分支，而非政治科学的分支。他说："政治哲学是与政治生

---

① 中国改革开放后，政治学肯定比政治哲学在中国出现得早。有考证表明，中华人民共和国成立后，一直到1985年"政治哲学"一词才在商务印书馆出版的美国詹姆斯·A. 古尔德等编的《现代政治思想：关于领域、价值和趋向问题》（杨淮生等译）中第一次出现，该词是该书收入的列奥·施特劳斯的《什么是政治哲学》的关键词。但是，这篇文章当时没有引起学界注意，再到1993年列奥·施特劳斯等主编的《政治哲学史》在河北人民出版社出版后，政治哲学才逐渐引起学界重视（参见刘擎《汉语学术界政治哲学的兴起》，《浙江学刊》2008年第2期）。

② [英]尼古拉斯·布宁、余纪元主编：《西方哲学英汉对照辞典》，人民出版社2001年版，第774页。

③ 孙晓春：《政治哲学的使命及其当下意义》，《天津社会科学》2016年第6期。

活、非哲学生活和人类生活最近的一个哲学分支。"① 他不仅对政治哲学与政治科学作出了鲜明的区分，而且认为它们是对立的。"科学——自然科学和政治科学——坦白说都是非哲学的。它们只需要一种哲学：方法论或逻辑。但这些哲学学科显然与政治哲学没有什么共同之处。'科学的'政治科学实际上与政治哲学水火不相容。"② 国内不少学者赞同这种观点。罗予超教授甚至比列奥·施特劳斯说得更直接："政治哲学以政治世界的普遍本质和规律作为自己的研究对象。当我们用哲学反思的方法，来把握这种本质和规律的时候，我们所获得的知识就是政治哲学。政治哲学是一门真正的哲学学科，是一种政治世界观。政治哲学作为政治世界观，是一般哲学世界观的重要组成部分。"③ 欧阳英教授也明确把政治哲学看作"是哲学的一部分，而不是政治学的一个分支"④。

有不少学者不赞成施特劳斯的观点，认为政治哲学是政治学的分支。美国学者史蒂芬·B. 史密斯说："就某种意义来说，政治哲学只是政治科学的一个分支或'子领域'。……政治哲学旨在澄清各种塑造了政治探究的基本问题、基础概念与范畴。在此意义上，与其说它是政治科学的一个分支，不如说它是这门科学的根本或基石。"⑤ 英国学者乔纳森·沃尔夫对这种观点作了较系统的阐述："一般来说，从事描述性政治研究的是政治科学家、社会科学家和历史科学家，例如，有些政治科学家提的问题是关于某个特定社会里利益（goods）的实际分配状况。在美国谁拥有财富？在德国谁掌握着权力？像我们这样的研究政治哲学的人当然也有充分的理由对这样的问题

---

① ［美］列奥·施特劳斯：《什么是政治哲学》，李世祥等译，华夏出版社2019年版，第2页。
② ［美］列奥·施特劳斯：《什么是政治哲学》，李世祥等译，华夏出版社2019年版，第5—6页。
③ 罗予超：《政治哲学论纲》，《湖南师范大学社会科学学报》2001年第6期。
④ 欧阳英：《走进西方政治哲学：历史、模式与解构》，中央编译出版社2006年版，第5页。
⑤ ［美］史蒂芬·B·斯密什：《耶鲁大学公开课：政治哲学》，贺晴川译，北京联合出版公司2015年版，第1页。

感兴趣，但是他或她更关心的是其他一些问题：利益的分配应该遵循什么样的原则？政治哲学家探询的不是'财产是怎样分配的'，而是'怎样分配财产才是正义的或公平的'；不是'人们享有哪些权利和自由'，而是'人们应该享受哪些权利和自由'；一个社会应当用什么理想的标准或规范来指导利益的分配。"[1]

我国不少学者也秉持政治哲学是政治学的分支的观点。万斌教授最早明确提出政治哲学是哲学政治学，属于政治理论的最高层次。他说："政治哲学是广义政治理论的分支学科，居于政治理论体系的最高层次。广义政治理论，是以政治和一切政治现象、政治关系为研究对象的科学体系。"他依据认识主体的需要和主体认识所涉及的政治现象的性质、层次和范围，将政治理论大致划分为通俗政治学、应用政治学、理论政治学、哲学政治学（亦可称元政治学）四个依次递进的层次。[2] 俞可平教授也大致这样认为："政治哲学是政治学的一个分支学科，它主要研究政治价值和政治实质。政治哲学属于政治理论的范畴，它是关于根本性政治问题的理论，是其他政治理论的哲学基础。"[3] 他进一步阐述说，政治哲学是一种规范理论，它主要不是关于现实政治的知识，而是关于现在政治生活的一般准则以及未来政治生活的导向性知识，即主要关注政治价值，为社会政治生活建立规范和评估标准。换言之，它主要回答"应当怎样"的问题。臧峰宇教授通过解析政治哲学的英语表达来证明政治哲学属于政治学，认为政治哲学是"元政治学"。他说："从政治哲学的概念构成角度看，政治哲学（political philosophy）是'政治的哲学'，而不是'关于政治的哲学'（philosophy of politics），因而主要是一种'元政治学'，而不是以探究政治知识为要务的政治认识论。"[4] 这种元政治学立足当代、指向现实，引导现实政治的走向并反映政治发展的轨迹，力图将面对现

---

[1] ［英］乔纳森·沃尔夫：《政治哲学导论》，王涛等译，吉林出版集团有限责任公司2009年版，第3页。

[2] 参见万斌《略论政治哲学》，《政治学研究》1987年第3期。

[3] 俞可平：《民主与陀螺》，北京大学出版社2006年版，第41—42页。

[4] 臧峰宇：《政治哲学的"规定"及其当代性》，《江苏大学学报》（社会科学版）2013年第6期。

存世界的政治理想转换为一种全新的现实格局。

我国也有一些学者认为政治哲学是哲学与政治学的交叉学科。宁骚教授根据休谟关于科学与哲学的分野判定,"政治哲学是哲学与政治学的交叉学科"。"其研究对象是政治现象,就此而言它属于政治学;其研究方法与哲学相同而与政治科学大异其趣,哲学方法即沿着直觉和思辨指引的方向发现真理的方法的运用使得政治现象脱离具象而达到向意境的全面提升,从而获得对政治的内在本质的超验的普遍性认识。就此而言,政治哲学属于哲学体系的一个组成部分。政治哲学是政治思想体系中最高层次的理论形态。"① 在他看来,政治哲学在整个政治学中具有基础的和指导的作用,其进展对整个政治学的研究水平和发展状况都有着深刻的影响,并对社会变迁、社会发展、社会整合和社会的有序运动具有不可替代的作用。

还有不少学者没有在政治哲学与政治科学之间作出区分。比如,姚大志教授认为政治哲学是一种实践哲学,它所关注的问题有三个方面:政治价值、政治制度和政治理想。"政治价值涉及的是政治哲学的价值理论,政治制度涉及的是国家理论,而政治理想涉及的是传统上所说的乌托邦理论。"② 这里所说的三个方面的内容基本上是从传统政治学意义上讲的,因为这些问题不仅为政治哲学所关注,也都是政治科学所涉及的。

从以上考察中可以看出,关于政治哲学与政治科学(现代政治学)的关系,在它们的基本区别方面学者们基本达成了共识,即政治学是经验性学科,而政治哲学是规范性学科。他们的分歧主要在于政治哲学是属于哲学还是属于政治学,而这种分歧在列奥·施特劳斯开始对政治哲学本身进行反思和批判之前不存在,他的反思开启了这一分歧,也开启了两者之间关系的讨论。从总体上来看,上述三种观点是其主张者站在不同的立场上形成的。站在哲学立场尤其是古典哲学立场上看政治哲学,就会把政治哲学看作属于哲学;站在政治学的立场上,就会把政治哲学看作属于政治学;而站在交叉学科的

---

① 宁骚:《政治学·政治哲学·政治科学——〈中国现代科学全书·政治学卷〉总序》,《江汉石油学院学报》(社会科学版)2002年第3期。

② 姚大志:《什么是政治哲学》,《光明日报》2013年9月24日第11版。

立场上，就会把政治哲学看作属于哲学与政治学的交叉学科。从这个角度看，三种主张各有道理，这就是他们在这个问题上难以达成共识的原因。关于两者关系的三种观点实际上表达的是三种不同的政治哲学观，它们不可能都是对的，否则就无法在政治哲学问题上形成基本共识。

在笔者看来，如果说政治哲学的旨趣在于为政治活动创造好社会提供理论依据和实践规导，其根本使命是通过反思和批判现实政治揭示政治的本性及其实践要求并据此规导现实政治，那么政治哲学显然不属于政治学，而属于哲学，是哲学的一个专门学科或特殊领域。不仅政治哲学不属于政治学，相反政治学应当属于政治哲学的反思、批判和规导的对象。政治学只有接受政治哲学的规导才能成为有助于实现人类理想社会的学问，否则就可能成为政治弊端尤其是政治异化的帮凶。如果认为政治哲学属于政治学，那就意味着政治哲学是直接为政治学服务的，它就必须站在政治学的立场上，为之提供依据、论证和辩护，政治哲学和政治学就有可能都会成为现实政治的御用工具。把政治哲学作为哲学，就会对政治学以及现实政治都持反思和批判态度，政治哲学与政治学就会存在一定的张力关系。同理，政治哲学显然也不是哲学与政治学的交叉学科，而且它们不仅研究方法不同，研究对象的范围也不同。政治学研究现实政治事物，政治哲学研究政治事物的一般本性及其在一定时代的实践要求。我们更不能将政治哲学理解为应用学科，这是因为政治哲学和道德哲学是哲学本身的两个关注人性两大特性的专门学科或特殊领域，它们是和哲学一起产生的，而且本身就具有实践性，根本不存在与其他学科交叉的问题，正如我们不能说伦理学是哲学与道德社会学的交叉学科一样。

第二节 政治哲学的立场、意向和方法

研究政治哲学如同研究作为整体的哲学、研究哲学的不同分支一样，不仅存在研究方法的问题，还存在研究立场和意向的问题。这一点政治哲学和哲学与其他科学尤其是自然科学不同。自然科学要求研究者站在中立的立场

直面对象探讨对象，揭示自然事实①的真相，而且自然科学从不同视角和运用不同方法可以得出相同的结论。但是，哲学不同，哲学研究成果（知识）主要是哲学家思辨构想的结果，研究的结论与哲学家站在什么立场上研究、研究指向什么或以什么为目标对象②、运用什么方法研究有直接关系。正因为科学研究与哲学研究存在着这种区别，所以科学研究才可能形成共同的结论，而哲学则很难形成共同的结论，出现陈修斋先生所说的"哲学无定论"③的情形。在哲学的所有分支中，政治哲学因为研究对象是社会的政治事物，而社会的成员构成极其复杂且研究者身处其中，所以政治哲学研究更受研究者的立场、意向以及其他主观因素的影响。研究者对这种隐含在背后的主观因素常常缺乏意识，在哲学史的研究中对此也重视不够，这正是人们难以理解为什么不同哲学家有不同哲学思想的重要原因。导致哲学和政治哲学无定论的主观原因很多，其中研究者的立场、意向和方法是最为重要的三个方面，它们一起构成政治哲学研究的方法论。

一 政治哲学的立场

政治哲学研究者总是站在某一立场上研究政治哲学，他们的立场虽然可能发生变化，但不可能不站在任何立场上去进行研究。只不过有的研究者对自己的立场有意识，或者说自觉地选择某种立场（如马克思就自觉地站在人类立场上研究政治哲学），而有的研究者则缺乏这种意识（如苏格拉底就没有意识到自己是站在自由民的立场上研究政治哲学）。所谓立场，一般地说是指

---

① 自然事实在日常话语和科学话语中通常称为"现象"，但这一表达并不准确。通常所说的"现象"实际上是自然事实，自然事实背后存在着本质，但不能因此将自然事实称为现象。通常所说的现象不过是个体事实，而本质是同一类自然事实的共性。作为同一类事物本质的共性也是自然事实，不过它是自然界中不同事物的共性事实，而个体事物是包含共性事物的个体事实。当然，自然界中不仅存在个体事实、共性事实，还存在关系事实。

② 目标对象实际上是研究者确定的特定研究对象，比如政治哲学的对象是政治，但不同研究者给自己确定的特定对象是不同的。有的人研究国家，有的人研究政党，有的人研究个人权利，如此等等，笔者将这种研究对象称为目标对象。

③ 陈修斋：《关于哲学本性问题的思考》，《武汉大学学报》（社会科学版）1988年第2期。

人们认识和处理问题时所处的位置。就政治哲学而言，立场问题就是在人类社会的复杂结构中，研究者立足于谁、为了谁进行研究的问题，因此这一问题实质上就是政治哲学的价值取向问题。政治立场不同，研究者的政治哲学也就不同。"在政治领域，对某个问题及与之相关的逻辑技巧的陈述随着观察者政治立场的变化不同。"[①] 人类包括个人、组织群体（如家庭、企业、政党等）、基本共同体（当代主要是国家）和全人类（人类尚未成为整体），因此政治哲学研究者的基本立场可能是个人、组织群体、基本共同体和全人类。从政治哲学史看，情形也正是如此，这四种基本立场都有拥护者。

之所以如此，是因为三个方面的原因。一是研究者有多种立场可站。谈及立场，其前提是有多种可站的位置可被自觉不自觉地选择，如果没有多种可站的位置，也就没有所谓立场问题。自政治哲学诞生开始到今天，研究者始终面临着多种基本立场可以选择，研究者必定会站在其中某一种立场上研究他的政治哲学。在专制社会，研究者往往不能自由选择研究立场，而只能以官方规定的立场为立场（也有例外）。二是研究者自身各方面的因素尤其是自身利益的因素不同。影响研究者研究立场的因素很多，其中最重要的是世界观、价值观和人生观以及自身的社会地位和利益诉求。这些因素的综合作用决定着研究者自觉不自觉地在多种立场中选择某种立场。三是研究者的研究彼此隔离。政治哲学研究基本上是个人单独进行的，研究者之间交流合作较少，在20世纪之前尤其如此。这种研究的隔离状况难免导致其研究者的立场各行其是。

从中西历史看，研究者研究政治哲学主要持四种基本立场。正是站在这四种不同的立场上，研究者创立了不同的政治哲学。以下主要依据不同政治哲学产生的历史顺序来考察研究者的研究所持的不同立场。

一是持社会中所有人的立场。这种立场是指研究者研究政治哲学时不考虑社会中的正式成员（如自由民）和非正式成员（奴隶等）的区别，不考虑不同阶级或阶层之间的区别，把社会中所有的人都当人看。这里说的"社会"

[①] [德]卡尔·曼海姆：《意识形态与乌托邦》，李步楼等译，商务印书馆2014年版，第151页。

指基本共同体，如古希腊罗马的城邦、中国专制时代的帝国、当代的国家。持这种立场的研究者一般只是考虑本社会的成员，而不考虑本社会以外的成员，只不过有的人是自觉的，有的人是不自觉的。在中西政治哲学史上，很多研究者是持这种立场研究政治哲学的，中国先秦时期的思想家几乎都如此。当时他们能看到或想象到的就是周王朝的天下，这个"天下"就是他们生活的基本共同体或社会，他们甚至没有想到在"天下"之外还有其他的基本共同体。他们就是站在天下民众的立场上说话，尤其是对现实的政治进行反思和批判，并从理论上构建涵盖天下民众的理想社会。西方近现代大多数思想家也持这种立场，启蒙时期的自由主义思想家都是站在近代西方所有社会成员的立场上，提出社会所有人都具有天赋的自然权利并主张扩大他们的自然权利。现代自由主义者罗尔斯的立场也是西方社会尤其是美国社会的所有人，他的作为公平的公正理论就是针对西方现代社会存在的两极分化和贫富悬殊开的药方。显然，西方近现代自由主义者所持的立场是西方社会所有人，而不是西方社会以外的社会的任何人。虽然他们以这种立场所创立的政治哲学，其最终实践结果主要是有利于资产阶级尤其是大财团的利益的，但他们所持的立场应是西方社会的所有人。

　　二是持社会成员的立场。在人类历史上，社会有时并不是所有人的社会，这一点在西方尤其明显。在古希腊时代，作为基本共同体的城邦并不是所有生活于其中的人的社会，具有社会成员资格的只有自由民，那些奴隶、妇女、儿童都不具有社会成员的资格。古罗马早期的罗马城邦、后来的罗马共和国和罗马帝国的情形亦基本如此。古希腊的思想家基本上都是站在社会成员即自由民的立场上研究哲学，甚至从理论上论证这种不平等的社会现实是天然合理的。亚里士多德说："很显然，有些人天生即是自由的，有些人天生就是奴隶，对于后者来说，被奴役不仅有益而且是公正。"[1] 基督教虽然从诞生开始号称把所有人看作上帝的子民，但实际上那些不信奉基督教的异教徒并未被看作其宗教共同体的成员。当基督教教会获得政治上的统治地位之后，基

---

[1] ［古希腊］亚里士多德：《政治学》，载苗力田主编《亚里士多德全集》第九卷，中国人民大学出版社1994年版，第12页。

督教更是对异教大开杀戒,著名的"十字军东征"就是典型的事例。基督教神学家正是站在基督教立场上为其教义进行哲学论证和辩护的。奥古斯丁将人类划分为"上帝之城"和"尘世之城",他说:"尽管这个世界上有许许多多国家,人们按不同的礼仪、习俗生活,有许多不同的语言、武器、衣着,但只有两种人类社会的秩序,我们可以按照圣经的说法,正确地称之为两座城。一座城由按照肉体生活的人组成,另一座城由按照灵性生活的人组成。当它们找到了自己想要的东西时,各自生活在它们自己的和平之中。"① 奥古斯丁的政治哲学就是告诉人们怎样从尘世之城走向上帝之城。

三是持社会治理者的立场。在传统社会,社会治理者就是社会的统治者。在政治哲学史上有不少研究者是站在统治者的立场上为其统治提供论证、辩护和出谋划策的。在基督教教会成为西方社会的实际统治者的时候,神学家的政治哲学就是站在基督教教会(后来成为天主教教会)立场,成为天主教教会实行统治的御用工具。中国传统社会以董仲舒为主要代表的汉儒,以及后来宋明理学家也都是站在皇权专制主义者的立场,其政治哲学成为社会占统治地位的官方意识形态的核心内容。其中最典型的是董仲舒,他的政治哲学主张集中体现在他的《天人三策》之中。汉武帝继位后,让各地推荐贤良文学之士,董仲舒被推举参加策问。汉武帝连续对董仲舒进行了三次策问,基本内容是天人关系问题,包括巩固统治的根本道理、治理国家的政术和天人感应的问题,所以称为"天人三策"。董仲舒的君权神授、独尊儒术、建立大一统帝国等主张完全是为适应汉武帝求解汉朝强盛的长治久安之道提出的。在当代,罗尔斯作为公平的公正理论的创立也完全是为了西方国家尤其是美国破解社会两极分化、贫富悬殊导致的社会危机问题。

四是持全人类的立场。在中西政治哲学史上,自觉地站在全人类立场上研究政治哲学的思想家可能只有马克思和恩格斯,他们的政治哲学的出发点和目的是通过解放无产阶级最后解放全人类。中国先秦时期孔子、老子等思想家大多将人和天地万物关联起来,并且有天下情怀,但由于时代局限而没

---

① [古罗马]奥古斯丁:《上帝之城》上卷,王晓朝译,人民出版社2006年版,第578—579页。

有世界意识和全人类意识，至少这种意识是模糊的。所以，他们的政治哲学主要是站在社会（基本共同体）所有人的立场上，而非全人类的立场上。马克思、恩格斯的先驱——空想社会主义者追求财产公有、人人平等、生活富足，应该说初步有了全人类的意识，但这种意识并不清晰，他们的政治哲学思想不仅具有空想性质，而且具有思想实验的性质，如"乌托邦"（托马斯·莫尔）、"太阳岛"（康帕内拉）、"教区公社联盟"（梅叶）等。① 马克思、恩格斯在继承空想社会主义思想遗产的基础上对其实行了根本性变革，旗帜鲜明地站在全人类立场上为全人类寻求代替那存在着阶级和阶级对立的资产阶级旧社会的"以每一个个人的全面而自由的发展为基本原则"②的自由人联合体。对于马克思、恩格斯政治哲学的全人类立场，马克思曾有过明确的表述："旧唯物主义的立脚点是市民社会，新唯物主义的立脚点则是人类社会或社会的人类。"③ 这里的"新唯物主义"主要是指正在形成中的历史唯物主义，"市民社会"指的是资本主义社会。历史唯物主义是马克思主义政治哲学的本体论基础，这表明马克思主义政治哲学是站在全人类的立场，而不是站在资本主义社会的立场。

　　以上是从人类不同群体的角度来考察政治哲学的立场，还可以从人类个体和人类不同共同体的角度来考虑。从这个角度考虑，有的政治哲学是持人类不同共同体的立场，可概称为"整体主义立场"；有的持共同体中的个人的立场，可概称为"个人主义立场"。从理论上看，整体立场还存在阶级立场、国家立场、人类立场的区别，但研究者一般采取国家立场，也有个别研究者采取人类立场。国家立场通常与统治阶级立场相一致，因为历史上国家都是由统治阶级控制的。从总体上看，中国自古以来的主流政治哲学持整体主义立场，而西方则持个人主义立场。

　　中国政治哲学一经诞生，占主导地位的儒道两家都直接传承了传统的

---

　　① 参见江畅《西方德性思想史》近代卷，载《江畅文集》第6卷，人民出版社2022年版，第502—550页。

　　② 《马克思恩格斯文集》第5卷，人民出版社2009年版，第683页。

　　③ 《马克思恩格斯选集》第1卷，人民出版社2012年版，第136页。

"天人一体""天人相通""天人合一"观念，将社会看作一个整体，个人存在的价值和意义就在于得道行道，最典型的表达是孔子所说的"朝闻道，夕死可矣"(《论语·里仁》)。在中国传统文化中，"社会"的范围最初并不是古希腊罗马那种"城邦"，而是"天下"，"天下大同"成为政治哲学的最高追求。到了皇权专制时代，"社会"的范围虽然主要限于帝国疆域，但传统的天下观念仍然深深地影响着中国人。中国共产党成立后，马克思、恩格斯的共产主义理想同中国传统的"大同"理想相结合，形成了中国式共产主义理想。其突出特点在于马克思的"以每一个个人的全面而自由的发展为基本原则"①的自由人联合体，转变成为中国特色社会主义初级阶段的以"人民至上"为根本理念、追求人的全面发展的社会主义现代化强国。当代中国政治哲学传承了传统的整体主义的立场，但这个整体不是传统的国家、王朝，而是作为整体的人民、民族及人民生活于其中的国家，"国家富强、民族振兴、人民幸福"的中国梦是中国当代政治的追求，也是中国当代政治哲学的指向。

西方政治哲学最初的本体论根据不是类似于"道"的整体性本体，而是每一个事物追求的目的（"善"或"好"），而且事物的好是事物的灵魂，就存在于事物本身之中，只需事物自己开发或实现出来就行了。人也一样，人存在的价值和意义就在于通过人自主地认识自己的活动（如"诘难"或"回忆"）认识本来存在但被肉体遮蔽或玷污的灵魂之善。不过，柏拉图和亚里士多德也注意到城邦对于个人幸福获得的重要意义，有整体主义诉求，但根基是个人主义的。中世纪虽然天主教教会势力强大，但从根本上说还是继承了古希腊罗马的传统，上帝不再像拯救犹太民族那样来拯救人类整体，而是拯救一个个的个人。西方近代主流政治哲学将西方传统的个人主义立场推到了极致，将其体现出来就是个人至上或个人权利至上，个人生活于其中的国家不过是个"守夜人"而已。至于人类整体，西方主流政治哲学因为完全站在了人类个人立场而不可能顾及，因为政治哲学通常只能站在一个立场上研究和回答问题。

无论是从人类群体角度看的四种立场，还是从个体与人类基本共同体关

---

① 《马克思恩格斯文集》第5卷，人民出版社2009年版，第683页。

系解读的两种立场，它们都是在中西政治哲学史上为不同研究者所采取过的立场，采取这些不同立场的研究者也获得了他们的政治哲学研究成果，这些成果对于人类社会发展不同程度地发挥过作用。但是，在当代世界全球化、科技化、信息化的背景下，研究者的学识层次有了跨越式提高，因此政治哲学研究者在研究立场方面可以也应该形成共识。从当代人类发展的态势看，人类基本共同体从国家走向世界势在必行，政治哲学应超越以往立场的多元而走向一元，为世界共同体构建提供支持和服务。那么，这种一元的政治哲学立场是什么呢？就是人类整体或全人类。今天和未来的政治哲学研究都要站在人类整体的立场上思考和探讨政治问题，通过揭示政治的本性并阐明其实践要求为世界的永久和平和人类的普遍幸福的实现提供论证、辩护并出谋划策。人类整体的立场才是政治哲学应采取并始终持守的正确立场。当然，今天的政治哲学研究者都生活在不同国家，不可避免地要为本国服务，但在提供服务时要站稳人类整体的立场，着眼于世界和平和人类幸福研究政治哲学问题。

二 政治哲学的意向

政治哲学的意向就是研究者确定目标对象并在意识中不断与之相互构建的互动活动，是研究者在研究政治哲学过程中的意向性活动。研究者通过具有意向性的活动在研究对象范围内确定、研究和重构自己特定的目标对象，形成自己关于目标对象（政治要素）以至于总体对象（政治）的理论体系。实际上，每一种学术研究都是一种意向性活动，但由于对象不同而意向性活动也不相同。政治哲学研究的对象是政治，政治哲学研究者的意向活动就是在政治这种复杂事物内选择特定的目标对象进行研究，而研究的目的不是对目标对象作出描述，而是要超越目标对象，构建一种关于理想化的目标对象乃至总体目标的政治哲学体系。在政治哲学研究中，研究者的研究意向非常重要，它决定着研究者的目标对象定位正确与否，而这又决定着研究者能否建立得到合理论证的政治哲学体系，决定着研究的目的能否达到。

"意向"在汉语中的一个基本意思是"心之所向"。"意向性"一词来自西方，英语和德语中的"意向性"（intentionality，Intentionalität）可追溯到拉丁文"intentio"。该词与弓箭的射击相关联，其动词形式是"intentere"，意思是朝向、射向或对准某物。作为一个哲学概念，"意向"最早由经院哲学家引入哲学，经院哲学家经常用这个概念来区分意向的存在和实际的存在。受中世纪哲学的启发，奥地利哲学家布伦塔诺提出了"意向性"概念和意向性学说。他在《经验立场的心理学》（1874）中将心理学划分为两个领域：发生心理学，它研究心理事件的生理学基础；描述心理学，它是关于"心理现象"的科学，与发生心理学相对照。在他看来，发生心理学是经验性、实验性的，而描述心理学则是与心理现象的先天本质相关，其宗旨是完整描述"组成人类所内在地感知到的东西的基本要素，并列举这些要素的联系方式"。他后来将描述心理学称为"现象学"，由此启发了胡塞尔。布伦塔诺主张把意向性规定为对立于物理现象的心理之物所具有的本质特征。所有心理现象独有的特征可称为意向的，而意向性是心理之物的唯一标准。"每个心理现象的特征在于中世纪的经院哲学家称之为对象之意向的（或心理的），以及我们可以称为，尽管不是完全明确，对于内容的指涉、对于对象的指向（对象或内容在此不应被理解为意指的事物），或者称为内在对象的东西。尽管每个心理现象并不总是以同样的方式包含对象，它们却都包含作为某物的对象。在表象行为中某物被表象，在判断中某物被肯定或否定，在爱中某物被爱，在憎恨中某物被恨，在欲望中某物被欲求等。"[1] 布伦塔诺的描述心理学认为，我们首先熟悉的是我们自己的表象、思维和情感。感知的对象不是直接被把握的，只是间接推导出来的，因而只具有"意向的存在"，而心灵或意识拥有"现实的存在"："我们的心理现象是最能属于我们自己的事情。"[2] 发生的心理行为拥有作为其意向对象的内在内容。物理现象是心理现象的内容，而不是意识之外的对象。布伦塔诺的意向性学说对胡塞尔产生了直接影响，"意向性是现象学的核心问题"[3]，它作为一种方法论也启示我们要重视政治哲学研究的

---

[1] Franz Brentano, *Psychology from an Empirical Standpoint*, Trans. A. C. Rancurello, D. B. Terrell, and L. L. McAlister, London: Routledge, 1995, p. 88.

[2] Franz Brentano, *Psychology from an Empirical Standpoint*, Trans. A. C. Rancurello, D. B. Terrell, and L. L. McAlister, London: Routledge, 1995, p. 20.

[3] ［爱尔兰］德莫特·莫兰：《意向性：现象学方法的基础》，《学术月刊》2017年第11期。

意向。

　　政治哲学研究是一种不断构建目标对象的意向活动。当一个人进入政治哲学研究的时候，他所面对的是复杂的政治事物，他会自觉不自觉地站在某种立场上试图达到某种研究的目的，需要确定一个研究的目标对象，然后对目标对象展开研究。伴随着人类文明的发展，政治事物演变成有不同主体、不同层次、不同主题、不同变化等要素的错综复杂事物。比如，从政治的主体看，有阶级、政治组织（政党、政治社团等）、国家、国际社会等；从政治的层次看，有政治制度、政治权力、政治权利、政治行为、政治文化等；从政治的活动看，有阶级斗争、政治斗争、政治治理、政治参与和协商、战争等；从政治的主题看，有自由、平等、公正、法治、理想、信念和信仰等；从政治的变化看，有政治革命、政治变革、政治改革等。这里的列举是不周延的，而且彼此之间并非界限分明，而是你中有我，我中有你。虽然今天全世界不知道出版了多少有关政治问题的著作，但未见有一本著作对政治的结构作出一种令人信服的阐述。因此，一个研究者从事政治研究，虽然知道自己是研究政治的，但不可能一下研究所有这些不同的政治事物，而只能确定一个目标对象。这种确定目标对象的活动就是一种意向活动，是研究者的智能指向对象的活动。这种意向活动的指向由多种因素决定，而这种指向一旦确定就规定了他的研究对象，而对象确立得是否正确会对他的研究能否成功具有先决性的意义。

　　各种政治事物总是不断地呈现在研究者的眼前和意识之中，面对这些对象需要对它们进行划分，这种划分类似于市场营销的市场细分。所谓市场细分，是指企业按照某种标准将市场上的顾客划分成若干个顾客群，每一个顾客群构成一个子市场，其目标是针对不同子市场的需求生产和销售满足其需要的产品和服务。政治哲学研究者也需要着眼于以上谈及的政治要素中的某一类要素（不同主体、不同层次或不同主题等要素）对呈现的各种对象进行划分。在作出划分的前提下需要对对象的意义作出判断，进而选择目标对象。当然，选择目标对象，不仅要考虑它的价值，还要考虑研究者自己的能力，只有当两者相契合时，才能作出正确取舍，最后确立适合自己研究的目标对象，展开个性化的研究。但是，这个过程并不是一次性的，而是一个不断反复的过程。而且，研究的目标对象并非一旦确立就一成不变，而是需要不断调整的。这是因为，目标对象本身会发生变化，研究者会发生变化，研究者对目标对象的认识也会变化。因此，研究者需要不断地在呈现的对象中作出取舍然后调整自己的研究方向。只要研究者的意向活动过程是个性化的，他们确立的目标对象也就不会完全一致。不过，在政治哲学史上也常常出现研究者集中指向某种对象的情况。比如，在古希腊时期，政体或政制是苏格拉底、柏拉图和亚里士多德共同关注的对象；20世纪下半叶，社会公正成为西方研究者讨论的焦点。不同研究者选择相同的目标对象是正常的，这样学者间才有所谓形成共识的问题。意向性活动是一种个性化的自主构建对象的活动，研究者对同一对象的研究不能成为跟风式的研究，否则就会丧失意向性活动的个性化特性。

政治哲学的意向活动是对象呈现、作出取舍、展开研究、重构对象的有机统一活动。在布伦塔诺看来，意向性活动并不是单纯地对对象的反映，而是呈现、判断和情感三种意向活动形式的有机统一。呈现就是某物呈现给我们。无论某物什么时候出现在意识中，无论我们什么时候看见一种颜色，或听到一种声音，或在想象中构想一个形象，或理解一个词的意义，我们都是在经历呈现。判断是指我们接受或拒绝被呈现的某物。当我们判断时，我们接受真的某物或拒绝假的某物，这样的判断甚至在简单的知觉和记忆的情形下也会出现。情感（爱和恨）表示我们欲望某一对象或事态或对其反感。在爱和恨的情感中，某物作为好的被接受，或作为坏的被拒绝，对象在我们身上唤起了快乐和不快。这种快乐和不快又会产生欲望和希望，最后欲望在自愿的决定中终止。在布伦塔诺看来，这三种形式彼此之间处于单向的依赖关系之中，呈现在逻辑上先于所有其他的经验类型，判断是以呈现为基础的，但是它又独立于爱和恨的现象，爱和恨的现象则以判断和呈现为先决条件。政治哲学研究的目标对象也并不就是意向性活动所呈现的对象，而是经过判断和情感综合作用选择确立的对象。在这个过程中，研究者的主体性发挥着作用。判断正确与否是关键，根据不正确的判断确定的目标对象必定是错误的。情感也很重要，如果对目标对象热爱就会倾情投入，对它的研究其研究就不会是为了功名利禄而是为了求其真理。不过，从政治哲学研究看，其意向活动并不是呈现、判断和情感三种形式单向依赖的逻辑递进过程，而是体现为对象呈现、作出取舍、展开研究、重构对象四者有机统一的开放过程。

在对象呈现方面，政治哲学的意向活动与布伦塔诺所说的呈现大致相同。所有政治哲学研究者从起步开始的整个研究过程都会有不同的政治事物呈现在意识中，其中有些是没有呈现过的事物现在呈现出来，有些却是以往呈现过的事物再呈现出来。不过，政治哲学研究者不会停留于政治事物的呈现，或对它发表一些看法、议论，而是要对呈现的政治事物作出哪种或哪类是可以作出自己目标对象的判断，并在此基础上根据个人研究的目的和兴趣或志向作出取舍，从而确定自己的目标对象。所确定的目标可能是政治事物中的某一类（如政治主体）或某一种（如政党），也有可能是总体（政治）。确立目标对象以后，研究者就开始了自己的研究。他的研究是政治哲学研究，因而不是要像政治学等社会科学那样运用科学方法描述目标对象，也不是要透过现实政治事物去揭示它的本质（现实本质或实然本质），而是要通过哲学的思辨方法对目标对象进行反思和批判，并依据哲学的本体论、知识论和价值论原理构建政治的本性并阐明其实践要求，然后在此基础上形成重构目标对象的理论。这种理论可能是重构目标对象的原则（如罗尔斯的公正原则），也可能是重构目标对象的整体方案（如孔子的大同理想），其共同特点是这些原则或理想所体现的都不是现实政治事物的现实本质，而是现实政治事物的应然本质，按照这种应然本质或规定性重构的目标对象就是理想的或应然的政治事物。政治哲学意向活动的四个环节只是理论上的划分，在研究者个人那里是交织在一起的。在正常情况下，它们不断地交互作用、相互支撑，推进目标对象研究的深化和拓展。一些学者正是在这种深化和拓展的过程中构建起了令人叹为观止的政治哲学丰碑。

政治哲学的意向性活动是旨在超越目标对象所从事的政治哲学理论构建活动。当布伦塔诺把意向活动看作一个呈现、判断和情感的过程时，他实际上已经肯定了意向性活动不是描述活动或反映活动，而是除了有智能或理性参与之外还有意志（抉择）和情感（爱恶）两种主观因素参与其中。因此，对于他来说，意识中形成的目标对象已经不是原来的对象，而是对原来对象的超越，是一种人为的精神事物。就政治哲学研究而言，其目的也不是描述或反映对象，不是像政治学那样通过研究目标对象去揭示它的本质，而是根据政治哲学的本性及其实践要求去反思和批判目标对象，并在此基础上构建关于目标对象的政治哲学理论。有些研究者还有可能通过将一个目标对象扩展到其他目标对象，形成多种政治哲学理论，以至于形成完整系统的政治哲学体系。

从理论和实际情况看，对政治事物的意向活动事实上有三种不同类型。一是对某一对象纯粹的感知，在感知的过程中可能会经历布伦塔诺所说的呈现、判断和情感三个阶段，最后会形成对目标的态度。这样的层次其实也就是胡塞尔所说的现象学还原，只不过他强调在进行还原的过程中，要将意识中原有的各种观念、知识等"先见"悬置起来。这是平常人对待政治事物的意向活动。二是在对对象进行感知的基础上，通过科学方法（主要是归纳法）去揭示对象的本质以及它运动的规律性。这个过程只需布伦塔诺所说的"呈现"和"判断"两个阶段，无须进至第三阶段，相反还要排除情感因素。这是政治学研究者对待政治事物的意向活动。三是在对呈现给意识的对象作出取舍之后所形成的目标对象进行审视，通过思辨方法寻求其本性及其要求，从而揭示它的应然本质，并根据应然本质重构对象，形成政治哲学体系。但这个过程不是完全孤立的，而是需要依据有关政治（作为总体对象）的本性及其实践要求的政治哲学一般原理。当然，研究者自己也可以去构建自己的政治哲学原理。这是政治哲学研究者对待目标对象应有的意向活动。

从政治哲学史的情况看，普遍存在着这样一种情形：研究者选定某一目标对象后，就会局限于其中，不能兼顾其他，忽视了目标对象与总体对象的关系。罗尔斯就主要局限于国家的公正问题，虽然后来研究了万民法，但没有考虑公正在世界永久和平和人类普遍幸福这一政治哲学终极追求中的地位。不少政治哲学史研究者致力于某个历史上的政治哲学家或学派研究，则另当别论，因为他们的研究主要是学术史研究，而不是政治哲学理论研究。不过，他们的研究如果也运用政治哲学对待目标对象的应有意向活动，其研究成果会更有价值，列奥·施特劳斯就是这方面的一位成功典范。政治哲学的意向性活动不是一次性完成的，而是一个不断指向对象的过程，体现在研究上表现为对目标对象的深化和扩展，而这也正是研究的过程。如果死守某一目标对象，从一而终，其研究就会丧失创造性和生命力。布伦塔诺意向性学说给政治哲学研究的一个重要启示在于，政治哲学研究目标对象的确定应是个性化的、具有创造性的开放构建过程，这个过程不是一次完成的，而是与研究者的研究相伴始终的不断循环往复的持续过程。

三 政治哲学的方法

如果研究者研究政治哲学的立场是正确的，意向也是合理的，那么他能否成功地构建其合理性得到论证的政治哲学体系，就取决于其方法了。在中西政治哲学史上，研究者使用了各种研究政治哲学的方法，但似不见有多少系统而深入的研究，这应该说是一个缺憾。政治哲学作为哲学的专门学科必须运用哲学的基本方法，即得到公认的思辨方法。当然，它作为哲学的特殊领域和专门学科，也有一些不同于其他哲学分支的方法，或者方法相同，但含义和意义却有所不同。其中比较常用的有文献诠释法、历史审视法、现实质疑法等。

政治哲学必须以思辨方法作为基本方法，这原本是习以为常的，但西方近代以来大多数思想家丢掉了这一传统方法，而以科学方法（更准确地说是经验方法）研究政治哲学。这样做的一个严重后果就是政治哲学日益科学化，政治哲学与政治科学的界限模糊，两者之间失去了必要的张力。如此一来，政治哲学变得如同政治科学一样臣服于现实政治的需要，政治哲学的批判功能丧失，导致社会日益物化等诸多消极社会后果。鉴于这种情况，我们这里着重讨论思辨方法及其在政治哲学中的运用问题。

思辨方法究竟是一种什么样的方法，在中外哲学史上并没有明确的界定。至于政治哲学要不要运用思辨方法，可能还存在着很大分歧。如果将政治哲学理解为政治学的一个分支，它也许无须运用思辨方法。在这里，我们先对思辨方法作一点历史考察，然后再讨论它作为政治哲学研究方法意味着什么，它与政治科学研究的科学（经验）方法有什么区别。

思辨方法十分古老，可以说一有哲学就有了这种方法，因为哲学需要运用这种方法来进行研究。在中国古代文献就有"博学之，审问之，慎思之，明辨之，笃行之"（《中庸》）的记载，这说的是学者的为人之道，其中包含了哲学思辨方法的含义。清代王夫之更加明确地使用了"思辨"这一概念："故必极学问思辨之力……然后可以治天下国家。"(《薑斋诗话·夕堂永日绪论外编》二八)。但是，"思辨"作为一个哲学概念是西方最早明确提出的，思辨方法在西方哲学得到了更典型的运用。亚里士多德谈到过思辨，他说："可以说合乎本己德性的现实活动就是完满的幸福了。像所说的那样，这就是思辨活动。"①"思辨"在亚里士多德那里用的原文是theoretike（形容词），名词为theoria。对这个形容词有不同的英译，比较流行的是"contemplative"（汉语通常译为"沉思的"）②。根据范明生先生的解读，"思辨活动"在亚里士多德那里的主要含义是"以探求第一原理为目的"，"为知识自身而求取知识"的活动，也就是第一哲学的研究活动。③ 亚里士多德的思辨活动实际上是运用思辨方法沉思本体以获得第一哲学原理的活动。黑格尔是第一位有意识地运用思辨方法构建自己哲学体系的哲学家。他认为，以往的哲学方法都是知性方法，而他要建立的是超越知性、理性的思辨方法或辩证方法。这种方法以绝对真理为哲学研究的对象，把差异和矛盾作为事物发展的内在动力，并视"自否定"为推动事物向前发展的第一力量。这里说的"自否定"不是全盘否定，而是既抛弃又保留的"扬弃"。④ 黑格尔的思辨哲学体系就是这样建立起来的：将包含事物自身逻辑规定的理念作为出发点，理念在自然界和人类社会的演绎过程中展开自身，最终达到将主体与客体、形式与内容统一起来的绝对理念。

亚里士多德和黑格尔运用的思辨方法有很大的不同，但有一个共同特点，

---

① ［古希腊］亚里士多德：《尼各马科伦理学》，载苗力田主编《亚里士多德全集》第八卷，中国人民大学出版社1994年版，第226页。

② 在现代英语中，对应汉语中的"思辨"一词不是"contemplation"，而是"speculation"，意思是思考、思索、推断、推测的意思。该词的德文表达为"Spekulation"。(《马克思恩格斯选集》第4卷，人民出版社2012年版，第264页)

③ 参见范明生《亚里士多德论快乐、思辨和幸福》，台湾《哲学杂志》第21期（1997年8月出版）。

④ 参见符越《德国古典哲学形而上学方法论研究》，博士学位论文，辽宁大学，2019年。

就是这种方法不同于一般的科学方法或知性的方法，而是沉思的方法或辩证的方法。亚里士多德认为，灵魂获得真理有五种方式，即技术、科学、实践智慧、智慧、理智。他对科学与理智作出了明确区分。他认为，科学知识的对象是出于必然性的，因而也是永恒的，同时每一门科学都是可教的，科学知识的教学是从已知的东西开始，通过归纳法或演绎法获得新的知识。因此，科学具有可证明的品质。但所有可证明的东西和可知的东西都是从第一原理或最高原理（最初原因和本原）推导出来的，只有理智才能把握第一本原。这种理智在亚里士多德那里是灵魂的最高层次的能力，是人的思辨理性，也是完善幸福的源泉。① 黑格尔认为，以往的科学方法，无论是分析方法还是综合方法，都只是认识具体事物的方法，不是考察事物自身内容（实即普遍必然性或普遍真理）的方法，不能用这种认识有限事物的方法来考察事物自身的"内容"。在他看来，只有那种既分析又综合的辩证方法才能解决形而上学的构建问题，所以"哲学的方法既是分析的又是综合的"②。他指出："一切科学的方法总是基于直接的事实，给予的材料，或权宜的假设。在这两种情形之下，都不能满足必然性的形式。所以，凡是志在弥补这种缺陷以达到真正必然性的知识的反思，就是思辨的思维，亦即真正的哲学思维。"③ 他就是运用这种思辨的思维来构建他的思辨哲学体系的，即以事物自身（真正必然性）的逻辑规定为开端（正题），经过事物内容在经验中的展开环节（反题），最终在绝对理念中复归于自身（合题）。亚里士多德和黑格尔的这些论述告诉我们，哲学研究的基本方法是思辨方法，而不是科学方法。如果我们认为政治哲学属于哲学，那么它的基本方法就应当是思辨方法。

亚里士多德主要是运用思辨方法研究他的"第一哲学"（形而上学），黑格尔则运用思辨方法构建他的百科全书式思辨哲学体系（包括本体论、知识论和价值论），但他们都没有对思辨方法的含义作出明确的界定。笔者曾根据

---

① 参见江畅《西方德性思想史》古代卷，《江畅文集》第5卷，人民出版社2022年版，第277—278页。

② ［德］黑格尔：《小逻辑》，贺麟译，商务印书馆1980年版，第424页。

③ ［德］黑格尔：《小逻辑》，贺麟译，商务印书馆1980年版，第48页。

中西哲学史上哲学家构建哲学体系运用的思辨方法，从伦理学的角度将其概括为"反思、批判、构建的有机统一"，包括反思的方法、批判的方法、构建的方法。① 这一概括对于哲学来说具有一般性的意义，是一切哲学研究包括政治哲学研究都应当遵循的方法。

人们总是生活在既定的社会现实之中，既定的价值体系之中，既定的历史文化之中，他们不能不接受现实给予他们的这一切。哲学研究首先要从新的方向、新的角度、新的位置对现实所给予的这一切进行再审视、再认识、再思考。这就是所谓的反思。反思是哲学研究的逻辑起点，真正的哲学研究就是从对人们习以为常的观念和信念进行反思开始的。

哲学反思不是欣赏性的，而是批判性的，其目的是发现问题。因此，反思的过程同时也就是批判的过程。批判是怀疑、重验和突破的统一。怀疑是批判的前提。所谓怀疑，就是在未经过严格的审查之前，以怀疑的态度对待原有的一切。重验是批判的关键。所谓重验，就是对于一切怀疑对象的合理性进行重新验证。突破是批判的目的。所谓突破，就是要在重新验证之后纠正所发现的问题，突破所发现的局限。哲学批判不是一种纯理论的批判，而是广义的批判，包括对已有理论的批判、对大众常识的批判和对社会现实的批判。批判的目的不是全盘否定，而是创新、超越，不断更新哲学的内容或构建新的哲学体系。

创新是一切科学研究和学术研究的初衷，也是哲学研究的初衷。一般来说，创新包括两个方面：一是从无到有，即对原来没有出现的问题进行新的研究，作出新的回答；二是突破原有的理论和观念，对原有的问题作出新解释，提供新答案，从而超越原有的理论和观念。创新是以反思和批判为前提和基础的，同时又是构建新理论的前提和基础。创新可以是某一领域或某一问题方面的创新，哲学意义上的创新最终指向改造旧的哲学体系、构建新的哲学体系，为人们提供新的世界观、价值观和人生观或更新人们这些方面的观念，确立本体论原则、知识论原则、价值论原则。创新的过程就是改造的过程，改造的过程就是构建的过程。哲学研究就是要在不断创新、不断改造

---

① 参见江畅《理论伦理学》，湖北人民出版社2000年版，第7页。

的过程中不断构建哲学体系。

反思、批判和构建是哲学的灵魂，是哲学的根本精神。缺乏这种灵魂和精神，哲学就会丧失其生机和活力，哲学研究就可能会沦为原有理论、既定现实论证和辩护的御用工具。

政治哲学几乎是与哲学一同产生的，在轴心时代或古典时代，思想家都是运用思辨方法而不是运用科学方法研究政治。大多数古典思想家注意到，从现实政治事物（通常称为"政治现象"）去揭示其本质，必定会得出这样的结论：政治及其载体——国家的本质就是统治阶级运用以暴力机构为后盾的政治权力统治被统治阶级的工具。在他们看来，这种结论显然必定会导致对政治这种人为事物或社会现实的否定。事实上，历史上的无政府主义者就是因这样理解政治而走向了否定国家、否定政府存在的必要性的。轴心时代的思想家并没有停留在普通人都会基于经验得出的这种结论，他们一方面根据人的社会性肯定人必须生活在社会中，而社会需要凭借公共权力来治理；另一方面又力图弄清楚政治的真实本性。于是，他们从反思和批判现实政治及其本质入手，探讨政治所治理的社会和人的本性，进而探讨天地万物的本性或本体，然后又根据天地万物、人和社会的本性引申出政治的本性及其实践要求。这种要求就是政治应有的规定性或应然本质。

大多数古典思想家的探讨得出了两个方面的共同基本结论。其一，人具有不同于万物物性的人性（主要体现为自为性和社群性），正是人性决定了人必须而且能够在社会（基本共同体或社群）中生存。而社会需要治理，这种对社会进行的自觉治理就是政治，因此政治和作为政治载体的国家是有必要性的。其二，社会的本性就在于通过政治治理不仅使社会成员生存下去，而且使他们生存得好且越来越好，政治的本性则在于通过运用公共权力进行社会治理来实现社会本性的要求，使全体社会成员在社会中获得幸福。诺齐克说："政治哲学的基本问题，即一个先于有关国家应如何组织之问题的问题，是任何国家是否应当存在的问题。"[①] 古典思想家的第一个结论解决了这样

[①] ［美］罗伯特·诺齐克：《无政府、国家与乌托邦》，何怀宏等译，中国社会科学出版社1991年版，第11页。

一个政治哲学的基本问题,并得到了后来思想家的普遍认同,所以在中西政治哲学史上未见有无政府主义思潮流行。但是,对于古典思想家的第二个结论,西方近代以来的思想家大多不认同。马基雅维里开启了西方近现代政治哲学,他和其他大多数思想家都基于人性本恶把政治看作这样一种国家治理方式,即通过社会契约获得公共权力的国家,运用法律惩治人由本性恶导致的行为恶,以维护社会基本秩序,保障社会成员通过实力竞争获得自己幸福的权利。对于这种政治哲学来说,政治只需保证社会成员享有的平等权利不受到侵害,至于他们能否享受和利用自己的权利、能否最终过上幸福生活,则不是政治的责任。这种政治哲学的实践引发了西方社会的诸多社会问题,最明显的是经济上的贫富悬殊、两极分化,政治上的财团统治、对外扩张。西方近现代政治哲学实践上的严重后果是其政治哲学理论上的偏差导致的,而导致理论上偏差的重要原因之一在于他们的政治哲学研究采取的基本方法是经验方法或科学方法,而不是思辨方法或哲学方法。

从西方近现代政治哲学奠基人马基雅维里开始,许多思想家丢掉哲学的思辨方法,采用科学的经验方法。古典思想家为了认识政治本性而去探讨社会本性、探讨人类本性,进而探讨万物本性和宇宙本体,然后从宇宙本体、万物本性引申出人类本性、社会本性,再引申出政治本性。从马基雅维里开始,西方近现代思想家,不再作如此深远的探究,只是根据自己的观察、体验以及一些文献记载和科学知识进行分析综合、归纳推理,得出了人们只要有可能就会为了自己的利益而作恶的结论。于是,他们就从人们作恶的普遍性推论出人性是自私的、贪婪的。马基雅维里认为,如果从经验事实出发,那么可以看出人性是恶的,而这种恶的体现就是自私和贪婪。他对此有很多论述,比如:"关于人类,一般地可以这样说:他们是忘恩负义、容易变心的,是伪装者、冒牌货,是逃避危难、追逐利益的。当你对他们有好处的时候,他们是整个儿属于你的。"[①] 近现代西方思想家研究政治哲学大多采取这

---

① [意]尼科洛·马基雅维里:《君主论》,潘汉典译,商务印书馆1985年版,第80页。

种方法。霍布斯的自然状态说可以说是马基雅维里性恶论的系统化，洛克和卢梭的自然状态说描绘的美好自然状态，最终也都因人性自私及其导致的彼此伤害而遭到了破坏。正是为了防范自私贪婪的本性导致的人与人之间的战争状态，所以需要国家运用通过社会成员彼此之间订立的契约获得的公共权力来维护社会秩序。因此，国家的本性就是运用公共权力防范社会成员作恶以维护社会秩序的暴力机构。用霍布斯的话说，国家就是威力无比的"利维坦"或"活的上帝"，其本性在于，"这就是一大群人相互订立信约、每人都对它的行为授权，以便使它能按其认为有利于大家的和平与共同防卫的方式运用全体的力量和手段的一个人格"①。国家是政治载体，国家的本性也就是政治的本性。如此一来，西方近代思想家就由把人性理解为恶的，从而引出政治的本性就是运用暴力作为后盾的政治权力来惩治社会成员由性恶必然导致的恶行的社会治理方式。

近代以来西方思想家用经验方法取代思辨方法导致了两个方面的消极后果。其一，政治哲学与政治科学（政治学）无法分辨，政治哲学沦为政治科学的附庸。从西方的情况看，无论是马基雅维里、洛克，还是罗尔斯、诺齐克，他们的政治哲学都不是真正意义的哲学，只不过是政治科学中的基础理论，缺乏对政治科学的反思、批判，与政治科学之间不存在张力关系。其二，资产阶级取得统治地位后，政治哲学成为社会意识形态的一个组成部分，其功能是为既定现实（包括政治、经济、文化等）论证、辩护、修正、诊疗、完善，丧失了对现实政治的批判能力。例如，罗尔斯的公正理论就是对西方近代古典自由主义的完善，而古典自由主义实质上是为适应市场经济发展的需要产生的，为的是给当时遭到普遍非议的市场经济的合理性提供论证和辩护并使之完善。

政治哲学研究方法的科学化可以说是马尔库塞、阿伦特等人所批评的西方极权主义的重要体现，也是西方极权主义政治盛行的重要原因。"极权主义是指把整个社会囚禁在国家机器之中，对人的非政治生活的无孔不入的政治

---

① ［英］霍布斯：《利维坦》，黎思复、黎廷弼译，杨昌裕校，商务印书馆1985年版，第132页。

统治。"① 马尔库塞认为，资本主义社会成功地实现了对大众心理意识的操纵，使人们再也没有了否定和批判现实的想法，丧失了想象和实现与现状相反的生活形式的能力。人们内心批判向度的丧失，导致各个领域的一体化。在一定意义上可以说，西方近代以来的政治哲学既是这种极权主义的产物，又是它的重要体现。极权主义的奴役导致的社会否定和批判的丧失，固然是西方近现代政治哲学批判精神丧失的重要原因，但作为承载着对社会政治进行规导使命的政治哲学本身丧失其应有的批判性和规导性也负有重要责任。今天政治哲学要回归其应承担的使命和责任，必须改变至今仍在政治哲学研究领域非常流行的科学经验方法，在使思辨方法成为政治哲学的基本方法的同时，对政治科学和现实政治始终保持批判性的态度，不断推进政治复归其真实本性，体现政治本性的实践要求。

第三节　政治哲学与哲学

政治哲学是哲学的一个分支，而且是一个特殊的分支。这不仅是因为政治哲学与完全意义上的哲学（有理论体系的哲学）一起诞生，也因为政治哲学是哲学中一个不可或缺的领域，没有政治哲学的哲学不是系统完整的哲学。政治哲学与哲学的关系相当复杂，需要我们集中讨论，这样才能正确理解政治哲学的性质，准确把握作为其研究对象的特殊性和意义。

一　政治哲学在哲学中的地位

在应用哲学蓬勃兴起的当代，谈到政治哲学，人们会感觉它如同经济哲学、科学哲学、文化哲学之类的学科一样属于应用哲学的一个分支或领域。然而，政治哲学并不是应用学科，如果要把它与作为哲学的主干部分（本体论、知识论、价值论）区别开来的话，可以把它与伦理学（道德哲学）、精神哲学、美学等几个分支学科一样称为哲学的专门学科。从哲学史上看，政治

---

① ［美］乔万尼·萨托利：《民主新论》，冯克利、阎克文译，上海人民出版社2009年版，第220页。

哲学和伦理学与哲学的主干部分的关系非常密切，在哲学体系中，政治哲学和伦理学就其研究的基本问题而言就内在于哲学，与作为哲学主体部分的本体论、知识论和价值论有着不可分割的血肉联系。因此，政治哲学原本就在哲学中具有特殊地位。

一般都承认，哲学是关于智慧的学问，通常被称为"智慧之学"，但哲学家进一步对哲学作界定时就会见仁见智。一种比较流行的观点认为，哲学是关于世界观的学问。这种看法比较表面、肤浅，没有将世界观与价值观、人生观联系起来，也就没有表达哲学的学科性质。至少就古典哲学家而言，哲学研究世界①或宇宙的初衷、旨归和目的是从根本上、总体上回答人类怎样生存的问题或人类怎样生存得更好的问题。对于他们来说，哲学不是单纯的世界观，而是世界观、人生观、价值观三者的有机统一。如果说哲学是世界观，那也是以人生观为旨归、以价值观为实质内涵的世界观。只不过这里所说的"人生"不仅仅指个人的生活，还包括人类的生存。

人类的生存表现为作为人类个体的个人的生命过程，这个生命过程并不就是通常所说的日常生活过程，而是包含由表及里的三个层次的生命体延绵开展的过程。这三个层次是人生、人格和人性，其中人性是人之根本，人格是人性的现实化，人生是人格的发挥。人性由进化、遗传以及后天环境影响和个人作为等多种因素综合作用最终形成，人格通过开发人性逐渐形成和完善，人生则是人格发挥的结果。哲学要从根本上、总体上研究人类生存的问题，就不能局限于人生这一个层次，而要进一步深入人格、人性的层次，尤其是要着重研究人性这个人的根本问题，并立足于对人性来研究人格和人生问题，从而形成对人的总体性认识。今天，已经有许多学科研究人类生存问题，哲学研究与其他学科研究之不同主要在于，它着眼于宇宙本体研究人性，同时又着眼于人性研究人格和人生。人性问题在哲学中占据着基础地位，可以说哲学是由以对人性的研究和回答为根本而构建起来的研究和回答人类生存问题的知识体系。

---

① 在日常语言中，"世界"一词的含义十分广泛，其最广义的使用与"宇宙"同义，但"世界"更侧重于表达以人类为中心的宇宙，有突出人类社会的意味。

人性是人的潜在规定性，当它现实化后就成为人的现实规定性，即人格。人性是具体的，而不是抽象的，它因人生活的时代、基本共同体（当代的国家）以及人的经历不同而不同，存在着质和量的差异。但是，人性具有共同性或共享性，这种共同性就是一般人性，它隐藏并体现在具体人性之中。人性中的一般人性就是通常所说的人的本性或人类本性。人类本性是人类的根本规定性，也是使人性成为人性的根本规定性。一个人不具备人类本性，就不会有人性，也就不是真正意义上的人。这种一般人性不是独立存在的，而总是寓于特殊个体的具体人性之中，任何一个人的人性都是一般人性和具体人性的有机统一。关于人性，不同学科有不同的理解，同一学科的不同研究者也有不同看法。如果我们不是从人类现实状况（作为人性的体现）出发，从现实人生透过现象看人性（通常称为人的本质），而是着眼于宇宙万物的共同性和人类的特殊性考虑，通过反思和批判现实人生揭示人性，那么就会发现，人性的共同本性就是谋求生存得更好。

关于这一点，笔者曾在著述中作过多次论证。[①] 概括地说，人作为存在物要谋求存在，作为生物要谋求生存，作为动物要谋求生存得好，作为人类则要谋求生存得更好。因此，人性，涵盖了人类性、动物性、生物性和事物性，是所有这些潜在本质规定性的统一。动物性、生物性和事物性是人与动物、生物及其他事物不同层次的共享性，而谋求生存得更好则是人的独特性（区别于事物性、生物性和动物性的人类性），它内含且超越了动物性、生物性和事物性，是人类特有的人类性。人性是一个复杂的整体，隐含着人生的各种可能性，是人生复杂结构的深层结构，包括潜在的需要、潜在的能量、潜在的能力以及在开发潜在能力过程中积累成果和形成定势的潜在可能性。但是，从总体上看，人性具有主体性潜能，人因为具有主体性潜能而能够成为在现实生活中的主体。人性的主体性潜能体现为两个基本特性，即自为性和社群性或共同体性（通常也说"社会性"）。人性的自为性潜能包括能动性、主动

[①] 参见江畅《德性论》，人民出版社2011年版，第111—116页；《伦理学原理》，高等教育出版社2022年版，第127—129页；《人的自我实现——人性、人格与人生》，《求索》2019年第4期。

性和创造性等关涉自身的潜在规定性。人性的自为性潜能现实化后，人就具有了自为性，就能够自谋生存，自谋生存得好和更好，追求自我实现和人生境界不断提升。人性的社群性潜能包括家庭性、学校性、职场性、社会性等关涉环境的规定性，随着人类社会日益复杂，人性的社群性潜能也在日益丰富。人性的社群性潜能现实化后，人就具有了社群性，人就能够在家庭、学校、职场、社会中生活，能够通过社群实现自为性，能够在社群中自主地实现本性，成就自我，实现自我，超越自我，从而获得自由。人性的自为性和社会性潜能密不可分，就其现实化而言，人只有在社群中并通过社群自为，而社群又是其成员在其中自为的结果。

哲学几乎同时在古代中国和古代希腊诞生，那时的哲学家就注意到了人性的这两个基本方面，并将其作为思考和探索的重点，于是就有了重点关注人性自为性潜能及其现实化的伦理学或道德哲学和重点关注人性社群性潜能及其现实化的政治哲学。从古希腊看，道德哲学和政治哲学的鼻祖是苏格拉底，经过柏拉图的发展，到亚里士多德那里，就有了两个学科的明确划分，即伦理学和政治学。在中国，道德哲学和政治哲学的开创者至少有四个人，包括法家奠基人管仲（管子）、道家创始人李耳（老子）、儒家创始人孔丘（孔子）和墨家创始人墨翟（墨子）。他们及其春秋时代的继承者各自构建了自家的伦理学体系和政治哲学体系，但没有"伦理学""政治哲学"之类的名义，而且这两个方面的研究及其成果也难以作出清晰的划分。在中西哲学创立时期，亚里士多德已经作出了伦理学与政治学的划分，从总体上看，哲学这两方面的研究同对世界本体的研究直接关联，可以说是其中的两个基本部分或主要领域。因此，要准确把握轴心时代政治哲学与哲学的关系，需要联系当时哲学家的哲学研究及其创立的哲学体系来考察。

古中国和古希腊哲学家（统称为"古典哲学家"）研究哲学的主要原因，是当时的社会战乱不已、民不聊生，他们出于强烈的社会责任感和大爱情怀寻求拯救生民于水火之道。于是，他们通过对现实社会和人们行为的反思与批判，同时传承和弘扬前人的思想文化，一方面构想某种能够避免人间苦难且能够使人们普遍过上好生活的理想社会及其实现路径，另一方面又探寻宇宙万物的本体来为这种理想社会方案奠定根基。

理想社会的落脚点是人，理想社会是由理想的人构成的，于是古典哲学家把人与宇宙万物贯通起来，把人性或灵魂与万物的本体统一起来。一方面，他们把人性视为宇宙万物本体的体现，为所构想的人性提供本体论依据；另一方面，他们又把所构想的人性尤其是人性的要求投射到宇宙万物，使宇宙万物的本体人化或理想化，从而将两者统一起来为价值论提供基础。较为典型的是苏格拉底和孟子。苏格拉底把所构想的灵魂（人性）对好生活追求（目的）中的"好"（或"善"）视为宇宙万物的本体，并根据宇宙万物追求的"好"的本体来设定对好（生活）的追求是灵魂使然。孟子亦如此，他把所构想的人性（心）之"诚"（其实质内涵是"仁义礼智"）视为宇宙万物之道的内涵，并根据这种道来设定人心的本性。

与其他动物不同，人必须生存在社群之中，这是不争的事实。古典哲学家不仅承认这一点，而且为人的社群性提供了种种论证。亚里士多德通过论证得出了"人天生就是一种政治动物"[1]的结论，荀子则断定"人有气、有生、有知，亦且有义"（《荀子·王制》）。既然人性决定了人必须生活在社群之中，而社群必须稳定有序，也就需要管理，对于没有血缘亲情关系维系的基本共同体（古希腊的"城邦"，古中国的"王土"[2]）更是如此。这种基本共同体就是严格意义上的社会，其管理不同于其他共同体，用今天的话说就是"治理"，即用政治来管理，政治因此出场。古典哲学家认同这种常识观念，他们关注的问题是社会的本性是什么。在他们看来，社会的本性由它存在的意义决定，其存在的意义又取决于它存在的目的，就是说，社会追求的目的决定其意义和本性。古典哲学家认为，正是社会的目的、意义和本性决定着其治理即政治的目的、意义和本性，政治就是要通过实现社会的目的来实现其意义和本性，从而实现自身的目的、意义和本性。

那么，社会的目的是什么呢？古典哲学家一般都认为社会的目的就是使

---

[1] ［古希腊］亚里士多德：《政治学》，载苗力田主编《亚里士多德全集》第九卷，中国人民大学出版社1994年版，第85页。

[2] 在春秋时代以前，中国先民没有明确的国家概念，那时的基本共同体通常被看作天下，也可以说王朝统治的地域，可用《诗经·小雅·北山》中的"王土"加以表达。

作为其成员的个人的人性实现出来,其分歧在于是要复归到原初的人性还是要使原初的人性发扬光大。有些人认为,人性原本就是好的或善的,政治的目的或使命就是使所有社会成员恢复被现世或肉体(体现为情感和欲望)玷污的纯净而美好的人性。苏格拉底和柏拉图就是持这种观点,在他们看来,本性善的灵魂在人出世之前就已存在,但当它进入肉体后被肉体囚禁,从而无法发挥其善性。人生的目的是使灵魂的善性摆脱肉体的束缚得到发挥,这就是他们所理解的人的"德性"。政治的使命正是帮助所有社会成员都获得德性,具有德性就意味着过上了好生活,如此社会便达到了理想境界。老子、庄子与苏格拉底、柏拉图的观点大致相同,他们认为人禀受的本性与天地之道相通,原本是善的,只是受到现实的物质环境污染和人的情感欲望控制才发生了变异,人生的目的就是通过修身"返璞归真",而帮助所有人复归本性则是作为社会统治者的圣人的责任。还有一些古典哲学家则认为,人性所禀受的道或本体只是"善端"或"理性",政治的目的和使命是使所有的社会成员都通过修身让这些潜在的本性生长成熟。儒家是这种主张的典型代表,孟子对此作了充分的表达。他认为,人生来因禀受了道而具有仁义礼智的善端,这种善端需要呵护培育才能成为人的德性,人才能因此成为真正的人(君子以至于圣人)。在孔子看来,当所有社会成员都成为君子或圣人时,社会就达到了大同的理想状态,政治的根本使命就是要使大同社会得以实现。亚里士多德的观点与此类似,只不过他把理性视为人的本性,本性的实现就是德性,使自己获得德性是个人人生的目的和意义,使社会成员都成为德性之人则是社会的最终目的,也就是政治的根本使命。

  以上所述大致上是古典哲学家构建其哲学体系的逻辑进路。从他们探索的结果可以看出,他们的哲学体系实际上包含着三个基本部分。一是探讨宇宙万物本体的本体论。这种本体论并不是与人类脱离的,而是与人类本性(人性)和社会本性紧密联系在一起的,或者说它包含了人类本体论和社会本体论。二是探讨如何使个人人性实现出来的道德哲学或伦理学。这种道德哲学不是研究人类道德现象(实然道德)的学问,而是以本体论为基础构建的关于人类的应然道德的学问。三是探讨如何运用政治使社会成员的人性普遍实现出来的政治哲学或政治学,这种政治哲学不是研究人类政治现象(实然政治）的学问，而是以本体论为基础构建的人类的应然政治的学问。由此可见，至少在最具典型意义上的古典哲学家那里，政治哲学和道德哲学是与本体论一体的，并且一同产生，只不过他们没有都像亚里士多德那样，对其哲学体系作形而上学（本体论）、伦理学和政治学的区分。值得注意的是，政治哲学同道德哲学一样，是古典哲学家哲学体系中的有机组成部分，不能缺失，也不能与之分离，否则它们的哲学体系就是不完整的，甚至是不可理解的。

从古典时代到今天，政治哲学在哲学体系中的地位发生了比较大的变化。西方中世纪，政治哲学在哲学体系中的地位因为神学家不关心世俗政治事物而弱化，如果说有政治哲学，其主要关注的也是神权政治。西方近代由于民族国家独立的需要，政治哲学因比道德哲学重要而更早地凸显出来，马基雅维里的哲学就主要是政治哲学。一直到今天，西方的政治哲学在哲学中的地位都比道德哲学重要。需要注意的是，西方近现代的政治哲学大多再也没有宇宙本体论基础，而作为其基础的自然状态、自然法、社会契约等理论即使算作社会本体论也不那么典型。这种社会本体论实质上不过是一种根据感觉经验的总结归纳建立的，其方法主要是经验的或科学的，而不是思辨的或哲学的。不过，政治哲学在整个哲学中的地位仍然是最重要的。过去有一种说法，认为西方哲学在近代发生了从重视本体论到重视知识论的转向，这种看法值得商榷，因为在西方近现代哲学中也许政治哲学才是最为重要的。

与西方不同，在中国秦朝开启的皇权专制主义时代，古典哲学中三大部分的地位没有发生变化，但哲学和政治哲学由先秦时期的多元化走向了一元化。在中国社会从传统到现代的转换过程中，一直到改革开放前，学术性的政治哲学淡出了哲学，20世纪上半叶虽有对西方政治哲学的译介，但没有中国自己的政治哲学学术研究。改革开放以来，学术性尤其是学科性政治哲学兴起并获得迅速发展，但长期在主流的哲学体系中没有什么地位。值得庆幸的是，2024年1月国务院学位委员会公布的研究生招生目录中第一次列入了政治哲学专业，并对其学科性质作了界定，政治哲学终于正式成为哲学第九个二级学科。可以肯定，政治哲学从此在中国获得了大发展的广阔空间。

经过两千多年的发展，哲学获得了巨大发展，且发生了深刻变化。一是哲学的主体部分由古代的包含知识论和价值论的本体论发展出了三个主干学科，即本体论、知识论和价值论；二是政治哲学、伦理学、精神哲学、美学成为哲学的专门学科；三是逻辑学、哲学史、元哲学等成为哲学的基础学科；四是产生了应用哲学，如经济哲学、科学哲学、文化哲学等。今天，哲学已经从最初的以本体论为基础的浑然一体的哲学体系发展成为包括基础学科、主干学科、专门学科和应用学科四大部分的学科体系和学科门类。[①] 从哲学的学科结构来看，政治哲学和伦理学一样因为研究的领域特殊和使命特殊在哲学中仍然占有重要地位，不能简单地将其划入现代意义的应用哲学，也不能简单地等同于美学等专门学科。

基于中西古今思想家关于政治哲学与哲学之间关系的共识，着眼于两个学科共同追求的人类普遍过上更好生活的目的，我们可以根据政治哲学在哲学中的地位，对哲学的本体论、知识论和价值论三个主干学科与伦理学和政治哲学两个专门学科作如下概括性界定。（1）本体论着眼于人类对好生活的向往和追求，根据整个宇宙（包括人类及其社会）的本体研究回答人类的本性及其要求，为知识论和价值论提供终极依据。（2）知识论着眼于人类已掌握的知识和对真理的追求，根据人性潜能研究人类认识和实践的能力及其限度，谋划人类好生活的各种可能性，为价值论选择和描绘人类好生活蓝图提供参考方案。（3）价值论着眼于宇宙万物之间的价值关系，根据人性的要求研究回答人类好生活的总体构建问题，尤其是人类好生活的真实意涵以及人类普遍过上好生活所需要的好人格、好家庭、好学校、好职场、好社会、好自然等各个方面的主客观条件。（4）伦理学根据人性自为性的要求，从人类个人的角度研究回答个人过上好生活所需要的主观条件，其核心是完善人格的形成、内涵、培育和发挥问题。（5）政治哲学根据人性社群性的要求，从人类基本共同体的角度研究回答社会成员普遍过上好生活所需要的家庭、学校、职场、社会、自然几个方面的客观条件问题，其核心是揭示所有这些客观条件的社会治理（政治）的本性并阐明其实践要求。（6）伦理学和政治哲学都基于对人性要求的认识研究回答人类尤其是基本共同体成员的人性要求实现的问题。人性包括自为性和社群性两个基本方面，伦理学着重研究自为

[①] 参见江畅《伦理学原理》，高等教育出版社2022年版，第6页。

性要求实现的问题，政治哲学着重研究社群性要求实现的问题，两者互摄、交叉，区别只在于研究的视角和侧重点不同。

二 政治哲学与价值论

在哲学整个学科体系中，政治哲学与作为主干学科之一的价值论关系最为直接和密切。但谈到政治哲学与价值论的关系，是就现代哲学尤其是20世纪以来的哲学而言的，因为价值论作为哲学的三个主干学科之一是从19世纪才开始出现、到20世纪逐渐得到承认。哲学在西方最早产生的时候只有单纯的本体论，到了苏格拉底和柏拉图那里，开始有了包含本体论、知识论和价值论方面的内容，但它们仍然是浑然一体的。亚里士多德对哲学学科的分疏作出了重要贡献，他将他老师那里浑然一体的哲学体系划分为形而上学（本体论）、伦理学、政治学和逻辑学。其中伦理学、政治学是研究价值问题的学科，逻辑学是研究知识（包括哲学知识）的学科，被视为工具。因此，在亚里士多德那里已经有了哲学的三个主干部分，但并没有明确的本体论、知识论和价值论的称谓。[①] 在中世纪，哲学成为神学的婢女，伦理学和政治学总体上看也成为神学体系的一部分。现代政治哲学是由马基雅维里开启的，培根创立了知识论（其中包含逻辑学），在17—18世纪伦理学成为真正哲学意义上的独立学科[②]，到了19世纪逻辑学又从知识论中独立出来。

从以上简要考察可以看出，从苏格拉底到现代政治哲学产生前，政治哲学和伦理学基本上就是哲学的价值学科，它们有时在哲学的主干部分之中（中世纪），有时又相对独立。因此，在相当长的历史时段，不存在价值论与政治哲学的关系，只存在政治哲学与伦理学的关系。到19世纪情况发生了重大变化。德国哲学家洛采（Rudolf Hermann Lotze，1817—1881）主张将价值

---

① 亚里士多德把自己本体论方面的内容称为"第一哲学"，通常也被称为"形而上学"。"形而上学"（Metaphysics）这个词是在亚里士多德逝世200多年之后，其传人安德罗尼柯（逍遥学派吕克昂的第11任校长）在编纂他的著作时使用的名称，亚氏并未使用过。

② 在亚里士多德那里已经有了独立的伦理学学科，但他把它看作从属于政治学，而不是哲学。

作为哲学的主要对象，德国哲学家尼采主张哲学重估一切价值，奥地利哲学家迈农（Alexius Meinong，1853—1920）和艾伦菲尔斯（C. Ehrenfels，1850—1932）主张建立一般价值论，此后价值论就从传统的本体论中正式分离出来。此前，政治哲学与伦理学都已经存在，于是哲学中就出现了价值论与政治哲学和伦理学的关系问题。今天，价值论作为哲学的一个主干分支并未得到普遍承认，不少哲学家（主要是英国哲学家）仍然像19世纪那样把伦理学和政治哲学作为价值学科，而不承认价值论的相对独立地位。但把价值论作为哲学的主干学科越来越为哲学界所承认，因此我们需要专门讨论政治哲学与价值论的关系问题，尤其是要回答这样一个问题：为什么有了价值论学科还需要保留政治哲学以及伦理学专门学科，而不将它们归并到一起，或者将政治哲学和伦理学划入应用哲学？

价值论能够作为哲学的独立主干学科出现，洛采、尼采、迈农和艾伦菲尔斯等哲学家发挥了重要作用。洛采在19世纪哲学急剧衰落的情况下试图到价值领域中寻求哲学的出路。针对实证主义者想要建立一个不包含价值的实在世界，他力图将逻辑、伦理学和形而上学都归结为价值论，并认为概念的真理性就在于它是否有意义，是否有价值，而价值则是意义的标准。洛采的这些观点给价值赋予了极其重要的意义，把价值概念提到了哲学的中心地位，并引出了一个价值哲学流派，即以文德尔班和李凯尔特（H. Richert，1863—1936）为主要代表的新康德主义弗赖堡学派，即价值哲学学派，洛采因而被称为"价值哲学的创始人"。尼采对欧洲文明深为不满，认为它的最大弊病就是颓废，这种颓废的精神通过基督教及其道德渗透到西方的一切价值之中，于是他提出"重新评估一切价值"。尼采的价值重估主张进一步扩大了价值一词的用法，突出了价值问题的重要性。布伦塔诺（F. Brentano，1837—1917）的价值客观主义立场及对价值伦理学的重视和研究使他成为现代价值伦理学的奠基者。在布伦塔诺的"意向性"理论影响下，胡塞尔建立了现象学，从现象学又引出了舍勒（Max Scheler，1874—1928）和哈特曼（Nicolai Hartmann，1882—1950）等人的以客观主义、直觉主义为基本特征的价值伦理学或现象学价值论。布伦塔诺的思想还直接影响了他的两个学生，即迈农和艾伦菲尔斯，前者的《价值论的心理学——伦理学探讨》（1894）和后者的

《价值论体系》（1896）被看作建立一般价值论的最初尝试。① 以价值哲学取代哲学显然是不能为人们所普遍接受的，因此价值哲学在新康德主义之后就再无人主张了。一般价值论自 20 世纪初起在美国、20 世纪 80 年代起在中国普遍流行，成为哲学研究的一个重领域。笔者就是西方一般价值论进入中国的最初推动者，但后来随着研究的深入，越来越感觉到需要建立作为哲学主干分支的价值论。

从以上简要考察可以看出，价值论兴起和发展与政治哲学和伦理学并无直接关系，但作为价值论研究对象的价值被视为渗透社会生活各个领域的社会事实。政治是社会生活的一个重要领域，其价值也是价值论关注的一个重要问题。培里在《价值的领域：人类文明的批判》（1954）一书中就把价值划分为道德、艺术、科学、宗教、经济、政治、法律和习俗或礼仪八大领域。由此看来，价值论研究的领域涵盖政治哲学研究的政治领域。但是，从价值论和政治哲学研究的实际情况看，政治哲学并不是价值论的一个从属学科，而是一个比价值论古老得多的相对独立的哲学学科，价值论产生后，政治哲学家通常也不把价值论作为政治哲学的上位学科。一方面，价值论研究的价值问题包括但不限于研究政治领域，而政治哲学只研究政治领域的价值问题；另一方面，价值论只研究政治领域的价值问题，不研究政治领域的其他哲学问题，而政治哲学不仅研究政治价值问题（主要体现为社会的目的），还要研究政治的本性和意义、社会的治理结构和治理方式、政治权力的正当性等诸多深层次政治问题。就哲学所涵盖的无非是事实与价值两个基本方面而言，政治哲学研究的政治主要属于价值的领域，从这种意义上看，也可以说政治哲学属于价值学科。由此看来，政治哲学与价值论是一种交叉关系。

笔者根据中西哲学家对价值论的理解以及价值论在哲学中的地位，给价值论作了如下界定：价值论作为哲学的一个主干学科，它通过对自然和社会的价值现实和价值问题的反思和批判，构想价值的本性、本然本质，揭示人类认识和实现价值的规律，阐明价值世界的规定性及其对于人类的意义；在

---

① 参见江畅《现代西方价值理论研究》，陕西师范大学出版社 1992 年版，第 18—19 页。

此基础上为理想社会尤其是其价值体系及其构建提供方案并为之作论证和辩护，回答人类生活中的重大价值问题，为人类过上好生活提供价值论原则。① 这一界定有四个方面的主要内涵，我们可以从这四个方面阐述价值论与政治哲学之间的交叉关系。

其一，价值论研究的对象是价值，政治哲学研究的对象则是作为价值物的政治。宇宙中，任何一个事物都与其他事物存在着价值关系，但人类非常特殊，在人类的价值关系中包含其他事物不具有的个体（包括个人和组织群体）与个体、个体与社会、社会与社会之间的价值关系，而且人类还存在特有的从价值认识到价值实现的社会价值过程，在这个过程中会发生各种各样的价值问题。价值论就是要研究所有这些价值现象和价值问题，尤其是人类的特殊价值关系。政治哲学以政治为研究对象，而政治是一种人为事物，即施特劳斯所说的"政治事物"②，它可以成为政治价值的载体。人类创造政治事物原本是为了用它来为人类服务，或者说它是人类创造的一种承载政治价值的价值物。这种政治价值就在于政治是文明社会的社会成员普遍过上好生活的唯一方式或路径，所以亚里士多德说"人天生就是一种政治动物"③。然而，在人类文明史上，政治由于种种原因并未体现或实现其应有价值，发挥使基本共同体成员普遍过上好生活的作用，反而成了长期程度不同地伤害人类的工具。政治哲学的首要任务就是研究政治对于人类究竟有什么价值和意义，以及如何使之得到实现而防止它变质或异化。

其二，价值论要揭示价值的一般本性或应然本质，政治哲学则要揭示作为价值物的政治的本性或应然本质。价值论研究价值现象只是出发点，其目的是反思和批判价值现实，探讨价值的本性或应然本质。价值的本性是使事物具有价值性并成为价值物的那种根本性质。事物缺乏这种性质就不具有价

---

① 参见江畅、左家辉《重新认识价值论的性质》，《华中师范大学学报》（人文社会科学版）2021年第5期。

② ［美］列奥·施特劳斯：《什么是政治哲学》，李世祥等译，华夏出版社2019年版，第3页。

③ ［古希腊］亚里士多德：《政治学》，载苗力田主编《亚里士多德全集》第九卷，中国人民大学出版社1994年版，第85页。

值性，就不是价值物。政治哲学一方面要根据价值论关于价值本性的原理来认识和揭示政治价值的本性，研究政治价值本性与政治本性的关系；另一方面要根据这种关系研究如何使政治本性体现其价值本性、使政治体现其本性，也就是要研究政治的应然本质是什么及其怎样加以实现。

其三，价值论为理想社会尤其是其价值体系及其构建提供方案并为之作论证和辩护，政治哲学则为理想社会的政治体系及其构建提供方案并作论证和辩护。价值论研究自然和社会的价值现实，归根到底是为了人类，其使命在于通过对价值的本性、本然本质的构想和对人类认识和实现价值的规律的揭示，为理想社会尤其是其价值体系提供论证和辩护，这种论证和辩护以理想社会及其构建方案的构想为前提。政治哲学则是要基于政治本性的要求，以价值论提供的理想社会及其构建方案为依据，构想社会治理体系及其构建的方案，并为之作论证和辩护。社会治理体系是理想社会的核心部分，就这方面而言，政治哲学的内容是价值论着重关注的，当然价值论不只是关注理想社会的这个部分，还关注理想社会的其他部分。

其四，价值论着眼于理想社会及其价值体系构建参与人类生活中的重大现实问题研究并提供对策，政治哲学则更直接地肩负着研究解决重大现实问题的责任，其着眼点是社会治理，立足点是政治本性。当代人类出现了许多历史上未曾有过的全球性重大现实问题，这些问题不仅影响人类的福祉，甚至会对人类的生存产生威胁。作为哲学与现实最为接近的主干学科，价值论也会参与这些问题的研究，从哲学价值论的角度为解释和解决这些问题提供方案。政治作为社会治理活动，必须研究解决这些重大问题。政治哲学作为研究政治的实践性哲学学科，研究解决重大现实问题更是责无旁贷。它主要是从政治本性的角度反思和检讨社会治理是否体现了政治本性，并在此基础上提出问题解决的政治哲学原则和相应对策。

从以上具体分析可以看出，政治哲学与价值论相交叉的部分，是政治哲学必须遵循价值论的基本理念、基本原理、基本原则的部分；不与价值论相交叉的部分，则是政治哲学在坚持价值论观念、原理和原则的前提下独立作为的空间。而且，政治哲学还以价值论尤其是本体论提供的人性论作为立论的依据，从人性论引申出共同体的政治本性，并研究其实现。它运用价值论研究的领域是作为基本共同体的社会，是社会的政治领域或社会治理领域，其使命主要是在根据价值论揭示政治本性的基础上提供如何将政治本性实现出来的方案。因此，从与价值论的关系角度看，政治哲学一方面需要直接接受价值论的指导和规范，另一方面需要基于价值论而作为，这种作为就是价值论的创造性运用。如果政治哲学家不认同已有的价值论或者认为根本没有价值论可运用，他们也可以自己创造，轴心时代的政治哲学家就是因为没有现成的价值论而自己创立了价值论。当然，一位哲学家如果局限于价值论，而不去深入研究政治领域的哲学问题，在这方面无所作为，他就不可能成为政治哲学家。

三 政治哲学与道德哲学（伦理学）[①]

前文已谈及，政治哲学是与道德哲学一起诞生的，而且与本体论是一个不可分割的整体。从成体系的哲学看，这两个学科又是同哲学主干学科本体论（包含知识论和价值论）一起诞生的。如果说哲学主干学科是哲学的理论学科，那么可以说政治哲学与道德哲学是哲学的实践学科。至少从古代哲学看，哲学家研究本体论、知识论、价值论几乎都指向政治问题和道德问题的解决，从这种意义上可以说是为政治哲学和道德哲学服务的。在古代，政治哲学和道德哲学是一对孪生兄弟，分别从对人性的自为性和社群性的揭示来研究回答人类怎样过上好生活的问题。但是后来本体论与政治哲学、伦理学之间的关系发生了错综复杂的变化，总体上看，政治哲学和道德哲学都朝着脱离本体论而各自独立的道路发展。今天，无论在中国还是在西方，这两个学科都是分设的，彼此之间没有了古代那种水乳交融、血肉不分的深度关联。两个学科分立发展无疑有利于它们作为独立学科的发展，但并不利于它们的

[①] 道德哲学与伦理学在学界常常被混用，实际上两者之间是有区别的。哲学研究道德的分支学科称为道德哲学最恰当，而且就伦理学诞生之初而言，无论在中国还是在西方它都是研究道德的哲学。当时的道德包含以维护社会秩序为目的道德规范（伦理），但并不等于伦理（关于道德与伦理的关系，参见江畅《伦理学原理》，高等教育出版社2022年版，第22页）。只是日本学者在翻译英文"Ethics"时误用了"伦理学"一词，我国沿用了这一译法而一直以来流行使用"伦理学"而不使用"道德哲学"。

初衷和使命的实现。在人类面临着许多新的重大挑战、国际社会不确定因素不断增长的当代,总结政治哲学与道德哲学关系的历史经验教训,重新给两个学科的关系及其与哲学主干学科的关系定位,十分必要且非常迫切。

在中国古代,哲学的主干学科与政治哲学、伦理学一直都是完全一体的。先秦道儒墨法四家都有自己的具有哲学意义的思想理论体系,从今天学科分化的角度看,其共同特点在于:从本体论看它们是本体论体系,从知识论看它们是知识论体系,从价值论看它们是价值论体系,从伦理学看它们是伦理学体系,而从政治哲学看它们是政治哲学体系。之所以如此,是因为它们不是由彼此分离的独立分支构成的体系,而是有机统一的不可分割的整体。所以我们很难从中切割出一块说它是政治哲学或伦理学,如果生硬地切割,它们就不是真正的政治哲学或伦理学。正如黑格尔所言,"譬如一只手,如果从身体上割下来,按照名称虽仍然可叫做手,但按照实质来说,已不是手了"①。因此,政治哲学和伦理学都是整个哲学的一个部分,它们在哲学中执行着不同的功能,彼此不可分割、不可替代。当儒家成为"独尊"之后,其他诸家的哲学体系被废黜,而儒家哲学体系的整体性没有被破坏,只不过其本体论被作过神学和理学的修正,而且更突出了政治哲学的地位。

西方古代的情形要比中国古代复杂得多,主要是发生过古希腊罗马哲学到中世纪神学的重大转变。就成体系的哲学而言,古希腊罗马哲学产生和发展主要有两条线索。一条线索是从苏格拉底、柏拉图到亚里士多德。苏格拉底创立了西方哲学史上的第一个哲学体系,其中包括以目的(善)为核心的本体论、伦理学和政治哲学。他述而不著,其哲学体系主要是柏拉图在其对话集中表述的,他创立的本体论就是为他的伦理学和政治哲学主张提供理论根基。一般来说,这三者之间是内在关联的有机整体,只是没有得到完整而明确的表达。柏拉图在苏格拉底的基础上创立了理念论哲学体系,其中的本体论、伦理学和政治哲学都完整而系统地以对话的形式在其著作中得到了表达,而且苏格拉底是对话的主角。这就很难对他们两人的哲学体系作出明确

---

① [德]黑格尔:《小逻辑》,贺麟译,商务印书馆1980年版,第405页。

的划分，我们可以将其合称为"苏格拉底—柏拉图哲学"。这个哲学体系的中心问题就是人的好生活是什么、生活在社会中的人怎样才能过上好生活。解决这个问题的逻辑步骤是，从宇宙本体论证个人的好生活就是具有德性的生活，而个人的好生活只有在社会成为德性社会的条件才有可能。显然，从他们的逻辑可以看出，本体论、伦理学和政治哲学是一体的。亚里士多德与老师有所不同，他将本体论（形而上学）、伦理学、政治哲学（政治学）作了区分，虽然他的形而上学与伦理学、政治哲学的关系不那么密切，但后两者却是密不可分的。他明确说："如果某人要想在社会活动中有成功的行为，就必须有好的道德。可见，关于道德的讨论就似乎不仅是政治学的部分，而且还是它的起点。"① 他的逻辑推论是，人要在社会中很好地生存，就得行善，就得有德性、有道德，而在社会中生活是政治学研究的问题，因此关于道德的研究即伦理学属于政治学。另一条线索是斯多亚派创始人芝诺到持续几百年的罗马斯多亚派。以芝诺为代表的古希腊斯多亚派将赫拉克利特以"火"和"逻各斯"为本体的本体论改造为以"宇宙理性"为本体的本体论，并从"宇宙理性"引申出他们的伦理学和政治哲学。不过，该学派主要关注个人的德性完善，而且越往后发展越关心个人灵魂的安宁，政治哲学方面除了关注世界城邦问题外没有涉及多少其他问题。

  基督教诞生为西方哲学从古希腊罗马向中世纪演进提供了过渡。基督教的《圣经》是一部宗教经典，包含着丰富的伦理学思想和政治哲学思想，也包含本体论思想，但将这些思想阐释出来并建立基督教神学体系的是以奥古斯丁为主要代表的教父哲学家。从哲学的角度看，作为正统神学的奥古斯丁主义包括以上帝为本体的本体论，以神学德性（信仰、希望、爱）为核心内容的伦理学，以及以上帝之城和尘世之城的对立和斗争为主题的政治哲学。它们是浑然一体、不可分割的有机体系，类似于柏拉图的理念论。不过，他的政治哲学思想贬斥尘世之城而赞美上帝之城，他主张的上帝之城是一种理想社会，尽管人进入上帝之城（得救）最终取决于上帝的恩惠，但获得神学

---

① ［古希腊］亚里士多德：《大伦理学》，载苗力田主编《亚里士多德全集》第八卷，中国人民大学出版社1994年版，第241页。

德性被他看作人得救唯一能够做的事情，伦理学与政治哲学也就密不可分。奥古斯丁神学的哲学基础是柏拉图哲学，而托马斯·阿奎那神学的哲学基础是亚里士多德哲学。不过阿奎那并没有像亚里士多德那样将他的神学体系划分为形而上学、伦理学和政治学，也不像奥古斯丁那样完全排斥世俗国家，而是主张建立教权高于王权的君主国家，并在强调永恒法、自然法的基础上肯定人类法的合法地位。因此，他的神学体系像奥古斯丁的一样是有机整体，政治哲学与伦理学、本体论不可分割。

与中国不同，西方有一个相当长的近代，西方近代政治哲学与伦理学的关系扑朔迷离，其原因也许如麦金太尔所说的，西方近代的思想有一个历史起源意义上的广阔多样性。它们有的来自亚里士多德、托马斯·阿奎那，有的来自马基雅维里、卢梭、马克思等。这种起源上多元主义的情形，"既可以很好地适用于交叉着不同观点的有条理的对话，也可适用于杂章碎片的不和谐的杂烩"①。归结起来，这种复杂情形主要体现在三个方面。

一是自然法学派将关于道德的研究与关于政治的研究关联起来，但没有什么本体论作为基础。最典型的是霍布斯，他所说的"自然法"其实就是道德法则，属于伦理学，而他的"社会契约论"和国家学说则属于政治哲学。其他自然法学派思想家基本上遵循霍布斯的致思路径。他们没有古代哲学那样的本体论，只有根据感觉经验构想的自然状态，但他们的思想体系是伦理学和政治哲学一体的。

二是康德把关于道德问题的研究与关于本体的研究关联起来，但他关于政治问题的研究与他的哲学体系无内在关联。康德批判哲学的主题是，通过物自身与现象的划分以及人类义务存在的事实论证人的自由确实存在，他关于人类义务及其根据——道德法则的讨论属于伦理学范畴，但他的批判哲学没有政治哲学的内容。他在《道德形而上学的奠基》中谈到过目的王国，但并没有展开论述。当然，如果将关于自由的论证看作政治哲学的，也算是有政治哲学，但他的自由只是道德的基础，并没有被看作政治的基础和追求。

---

① ［美］阿拉斯代尔·麦金太尔：《德性之后》，龚群、戴扬毅等译，中国社会科学出版社 2020 年版，第 12 页。

他关于永久和平和世界公民的研究属于政治哲学，与他的批判哲学并无内在的关联。

三是一大批哲学家把道德问题作为独立的主题进行研究，他们可能有政治哲学，但与伦理学缺乏内在关联，而且几乎都没有本体论基础。这方面的哲学家有情感主义者（如沙夫兹伯里、哈奇森、休谟、亚当·斯密）、利己主义者（孟德威尔、爱尔维修等）、功利主义者（边沁、约翰·密尔、西季威克等）、进化论伦理学家（赫胥黎等）。他们几乎都是以人性为根据来论证和阐述道德原则的，不过他们所理解的人性并不是古代哲学家的那种与宇宙相通的人性，而是根据经验或反省理解的人性，所以不具有本体论意义。他们中有些人有政治哲学，约翰·密尔就是自由主义政治哲学的主要代表人物，但其政治哲学大多与伦理学关联并不紧密。

进入 20 世纪后，随着学科的分化，从主流的情况看，中西方伦理学和政治哲学都成为相对独立的学科，彼此的关联性不大，而且几乎都没有本体论基础。在中国，20 世纪上半叶伦理学受西方影响得到了初步发展，政治哲学只是译介了一些西方的著述，两者既没有关联，也没有本体论基础。中华人民共和国成立后，这两个学科一度消逝，伦理学在 20 世纪 60 年代初刚起步就停顿下来，一直到 70 年代末才得到恢复，政治哲学则一直到 20 世纪 80 年代末才开始兴起。两个学科都或多或少涉及对方的研究领域，但彼此之间仍然没有什么关联，如果说有本体论基础那也只有唯物史观。在西方，对于大多数哲学家来说，政治哲学与伦理学是相对独立的学科，他们从事其中的某一个学科的研究，但不关心它们的本体论基础。尤其值得注意的是，在 20 世纪上半叶兴盛的元伦理学只研究道德语言，不研究道德问题，与政治哲学没有任何联系。

20 世纪伦理学与政治哲学的关系问题有三点值得注意。一是西方 19 世纪开始兴起的非理性主义哲学本体论与政治哲学、伦理学是一体的。在这一点上它们与古代哲学体系相类似，但强调理性不能认识本体，本体只能通过非理性的途径把握。二是在当代中西方也有一些研究者强调政治哲学与道德哲学的内在关联性。例如，威尔·金里卡就说："我所理解的政治哲学是一种道德论证，而道德论证又得诉求我们深思熟虑的确信。"① 亚当·斯威夫特更明确地说："政治哲学家询问国家是如何运作的，什么样的道德原则应该主导国家对待其公民的方式，国家应该建立什么样的社会秩序。正如这些'应该'所暗示的，政治哲学是道德哲学的分支，它对正当性感兴趣，对国家应该或者不应该做什么感兴趣。"② 孙晓春教授基本上赞成这种观点，提出："政治哲学是关于社会政治生活的伦理学。"③ 姚大志教授也主张政治哲学需要道德基础："政治哲学的论证是道德的，也就是说，它在证明中归根结底诉诸的是道德理由。"④ 三是在中国自中国共产党成立后，她在领导中国人民进行革命、建设和改革的过程中，不断进行道德和政治问题的实践探索和理论研究，其理论成果具有伦理学和政治哲学性质。只不过从学科的角度看，这种意义上的伦理学和政治哲学长期处于自发、自在状态，直到改革开放后才逐渐从自发、自在状态走向自觉、自为状态，但两个学科建设尚未形成良性互动的格局。

总体上看，在中西古今哲学史上，大多数思想家虽然客观上也在处理政治哲学与伦理学的关系，但较少甚至完全没有反思、批判和构建这种关系。正因如此，他们在认识和处理两者之间的关系、态度和方式上没有达成共识，其后果是没有让两者协同起来形成合力，为人类普遍过上好生活更有效地发挥作用。中西古今哲学家在政治哲学与伦理学关系上存在分歧的一个重要原因是，几千年来思想家由于科技不发达，不便进行学术交流，不了解外面世界的研究情况，他们各自在自己的有限空间内进行研究，最终形成了闭门造车的状况。在世界学术交流日益广泛且十分方便的时代背景下，中外哲学工作者应打破政治哲学与伦理学研究彼此隔离的局限，通过广泛的学术交流讨论形成对两者关系的共识，以使它们应有的效能得到充分的发挥。

---

① ［加］威尔·金里卡：《当代政治哲学》，刘莘译，上海译文出版社2015年版，第8页。
② ［美］亚当·斯威夫特：《政治哲学导论》，佘江涛译，江苏人民出版社2008年版，第5页。
③ 孙晓春：《政治哲学的使命及其当下意义》，《天津社会科学》2016年第6期。
④ 姚大志：《什么是政治哲学》，《光明日报》2013年9月24日第11版。

虽然中西古今哲学家对待和处理政治哲学与伦理学关系的方式各不相同，但其中也有一些共同点。首先，除元伦理学，思想家都把伦理学和政治哲学看作能够为人过上好生活提供规导的学问，认为它们对于人类具有重要价值。其次，思想家几乎都以人性为根据论证道德和政治存在的合理性和意义，伦理学和政治哲学在他们那里有人性论的基础。最后，思想家都承认伦理学和政治哲学各自有自己的对象、使命，两者不能互相取代。这些共同点正是中外哲学家形成对两者之间应有关系共识的基础。

政治哲学和伦理学的共同目的是根据人性的要求研究人类怎样过上好生活，但两者之间存在着几个方面的区别。其一，政治哲学以政治为研究对象，重点研究政治的本性及其实践要求；伦理学则以道德为研究对象，重点研究道德的本性及其实践要求。其二，政治哲学研究什么样的社会才是其成员过上好生活的好社会，社会成员普遍过上好生活需要什么样的主客观条件尤其是社会客观条件；伦理学研究什么样的人格才是个人过上好生活的好人格，社会成员个人过上好生活需要什么样的主客观条件尤其是个人主观条件。其三，政治哲学研究政治怎样发挥作用使社会成员普遍过上好生活，关注的主要问题是政治本性的人民性、政治目的的合理性、政治制度的合法性、政治治理的公正性、政治权力的正当性等；伦理学则研究道德怎样发挥作用使个人过上好生活，关注的主要问题是道德观念的正确性、情感和品质的善性以及行为的正当性等。

显然，两者之间的区别是相对的，它们都有可能全口径地涉及社会成员好生活的各个方面，只是研究的侧重点不同，在两者各自研究的侧重点之间有宽阔的界限模糊的区域。因此，许多涉及人类好生活的研究成果很难说是政治哲学的还是伦理学的。比如，我国学校进行的学生品德教育，就既可以说是政治哲学的问题也可以说是伦理学的问题。这也表明政治哲学与伦理学之间有着密不可分的错综复杂关系。

第二章　政治哲学原理

在人类历史上，政治哲学与哲学一起几乎同时在中国和西方轴心时代诞生。两千多年来，思想家们创立了种种不同的政治哲学体系，形成了许多政治哲学原理，但彼此之间差异很大，甚至根本对立。即便在政治哲学是否存在能够得到普遍共识的基本原理或普遍真理的问题上，意见也不统一。如果我们承认哲学存在普遍真理，那么作为哲学专门学科的政治哲学当然也存在普遍真理。政治哲学研究的目的就是通过揭示政治哲学的真理建立能够得到普遍认同的基本原理。本书试图从政治本性、政治目的、政治制度、政治活动、政治权力五个主要方面揭示政治哲学的真理，阐述政治哲学的基本原理。

第一节　政治本性的人民性

政治的出现与人类文明社会的诞生相伴随，可以说是文明社会诞生的主要标志，社会因为有了政治才从原始社会进入文明社会。但是，从最早进入文明社会的几大文明古国的情况看，在进入文明社会后的两三千年里，政治似乎是自然而然的，人们缺乏对政治本身的自觉反思，因而那时虽然有政治活动和政治思考及其所形成的政治文化，但一直到轴心时代才提出了"政治是什么"的问题。这个问题由哲学家提出，要寻求这个问题的答案，就需要研究人类社会怎么会有政治、为什么要政治、要什么样的政治等问题。这些问题就是政治的本性问题，或者说，隐含着政治本性的问题。两千多年来，哲学家对于这一问题见仁见智，并未形成普遍共识。这就涉及一个新的问题：政治有没有某种共同的本性，这种共同本性是所有政治事物都应体现的本然本质或应然本质吗？或者说，有没有体现政治本性的政治真理，政治事物的存在只有体现了这种真理，其合理性才能得到论证和辩护？我们将这一问题归结为政治本性问题，并提出和论证这种本性就在于人民性。

一　政治本性及其实践要求

在汉语中，"政治"一词出自《尚书·毕命》："三后协心，同厎于道，道洽政治，泽润生民。"《周礼·地官·遂人》也有"掌其政治禁令"的说法。中国古代在更多的情况下是将"政"与"治"分开使用。"政"主要指国家的权力、制度、秩序和法令；"治"则主要指管理民众和教化民众，也指通过管理实现社会安定的状态等。英语中的politics（政治）一词源自希腊语πόλις（polis）。πόλις最早是指雅典人在小山顶上修筑的供避难用的堡垒，在城邦制形成过程中，被赋予了包含土地、人民及其政治生活等"邦"或"国"的含义，成为具有政治意义的城邦的代名词，后又衍生出政治、政治制度、政治家等词。因此，西文中的"政治"一词原指城邦中的公民参与统治、管理、斗争等各种公共生活行为的总和。从"政治"一词的中西方本来含义看，政治一般是指人类创造的一种复杂的社会事物。这里说的"事物"是指广义的事物，包括社会治理活动以及与之相关的社会治理机构、社会制度、法律、政策等政治性事物，其实质内涵是社会治理活动。

自古以来对政治这一复杂事物的理解可谓众说纷纭。前文将其归结为六种基本观点，这些观点分别看起来都各有道理，但是彼此之间并不能达成基本共识。其原因就在于它们各自都只看到了政治及其现实本质的某一个方面或某一个层次，而没有阐明政治的真实本性，或者对之有所触及但把握得不完整；即使看到了政治的本质，但这种本质只是政治的现实本质，而不是体现政治真实本性及其实践要求的应然本质。例如，孙中山将政治界定为管理众人之事，就是根据各种不同的政治活动概括的政治本质，这种本质是政治的现实本质，并没有体现政治的真正本性。那么，什么是政治的真实本性或政治本性呢？政治的本性要通过政治的定义来表达。在这里，我们给政治作如下定义：所谓政治，就是作为社会权力主体的全体社会成员（人民），为了社会中所有人的幸福而运用法律统治社会，并授权由其代表组成的社会治理机关，在法律范围内并依据法律行使公共权力治理社会的社会管理活动。从这一定义可以看出，政治的本性就在于人民性，即人民统治和治理社会，具体体现为作为社会主权者的人民，为了自身的幸福，运用法律统治社会，并授权其代表在法律范围内依据法律治理社会。这里说的政治本性包含以下几层主要意思。

第一，政治的终极目的是实现社会中所有人的幸福。政治的目的是一个系统，包括不同层次、不同维度，历史上的思想家往往因只注意到某一个方面而导致看法不尽一致。在政治的目的系统中，有一个终极的目的，它既是最后的目的，也是最高的目的，那就是让社会中所有人生活得越来越好。如前所述，政治是适应基本共同体（社会）关系复杂化构建社会和谐秩序的需要产生和持续存在的，构建这种秩序不仅是为了其成员不相互妨碍、相互伤害从而和平共处、友好相待，而且是为了使其成员过上幸福的生活。为此，政治要为其成员营造获得幸福创造机会、提供条件，给弱者提供基本生存保障。人类进入文明社会后，在社会生产不发达的情况下，经济上占统治地位的阶级利用其经济地位建立或夺取政治权力以维护和扩大自身的利益，政治的终极目的似乎成为实现统治阶级的利益。

历史诚然如此，但这并非政治真正的终极目的之所在。在社会生产或者说物质文明发达的社会条件下，当社会成员的主体意识觉醒并真正成为主体时，阶级就会消失，统治阶级和被统治阶级的划分不复存在，政治的终极目的就会回归到它的本来面目。事实上，早在轴心时代思想家就已经敏锐地觉察到政治的本来目的。柏拉图说："在建立我们的城邦时，我们关注的目标不是使任何一群人特别幸福，而是尽可能使整个城邦幸福。"[①] 柏拉图这里讲的建立城邦的目的其实就是政治应有的终极目的。经过现代文明洗礼的马克思则进一步深刻揭示了政治的终极目的，那就是自由人联合体中"每一个个人的全面而自由的发展"，而自由人联合体并不是指国家，而是指由全人类构成的基本共同体。马克思的这一论断不仅给"整个城邦幸福"的理想国或"天下为公"的大同社会赋予了具有现代时代特征的实质内涵，也是对历史上所

[①] ［古希腊］柏拉图：《国家篇》，载《柏拉图全集》（增订版）中卷，王晓朝译，人民出版社2018年版，第115页。

有政治哲学所确立的终极政治目的的革命性变革和历史性跨越。

第二，人民是政治主体，也是政治权力主体（主权者），拥有社会的一切政治权力。人民在社会中具有至高无上的地位，社会的一切政治权力均属于人民。人民享有的政治权力是为全体社会成员共同所有的权力，它是公共权力，而不是私人权力。在社会存在阶级划分的情况下，"天下为家"（《礼记·礼运》），政治主体是以君王为代表的统治阶级，《诗经·小雅·北山》中的诗句"溥天之下，莫非王土；率土之滨，莫非王臣"再明白不过地描述了这种情况。但是，社会本来是属于全体社会成员的，社会成员应是社会的真正主体，也自然应是政治的真正主体。历史上的统治阶级利用经济上的统治地位攫取政治上的统治权力，又运用政治权力确立和维护自己的政治主体地位，剥夺了广大被统治阶级的社会主体地位，将其置于从属的甚至奴仆的地位。马克思根据生产资料的集中和劳动的社会化与资本主义生产关系不相容，宣称"剥夺者就要被剥夺了"[①]，这个论断也适用于政治主体。

高度发达的现代文明已经给全体社会成员成为社会主体、政治主体提供了充分条件，全体社会成员也应该能够成为社会主人、政治主人。全体社会成员用今天中国的流行话语说，就是人民，"其含义有两个方面。一是它包含社会治理者在内的全体社会成员，而社会治理者不过是人民的代表，而不是统治者。这就克服了传统社会统治者与老百姓之间的对立。二是它不仅指公民个人，也指各种组织群体，但通常是指人民整体，具有共同体的含义，与民族的含义相通"[②]。就是说，作为政治主体的人民不仅指公民个人，也指家庭、企业、学校、政党、群团等各种组织群体，社会的最高权力属于所有这些政治主体构成的共同体，而不是属于任何一个阶级、阶层、组织群体，更不属于任何个人。既然政治的主体是人民，人民对社会的统治和治理实质上是人民自治、人民共治。不过，这里就出现了作为统治者的人民与作为被统治者的人民的关系问题，约翰·密尔对于这种关系提出了一种看法："运用权

---

① 《马克思恩格斯文集》第 5 卷，人民出版社 2009 年版，第 874 页。
② 江畅、卢蔡：《坚持和发展人民至上》，《华中科技大学学报》（社会科学版）2022 年第 1 期。

力的'人民'与权力所加的人民并不永是同一的；而所说的'自治政府'亦非每人管治自己的政府，而是每人都被其余的人管治的政府。"① 就是说，每一个人民个体都必须接受人民整体的统治和治理。伴随着第四次工业革命走向纵深，以人工智能为代表的科技革新在全球范围掀起了生产方式、生活方式和治理方式变革的现代化进程，社会的智能治理已经提上了议事日程。在今天的智能时代，一方面必须充分运用人工智能技术推进政治治理的现代化，建立和完善智能治理的理论模型：智能—智治—智效的智能治理模式；另一方面，智能治理也必须以人民为中心，坚守人工智能服务于人的根本宗旨。②

人民是政治主体，但并不直接统治社会，而是通过法律统治社会。这里就出现了一个人民对法律服从的问题。卢梭将法律理解为"全体人民对全体人民作出规定"，所规定的事物是公共的，而作出规定的意志是公意，全体人民既是制定法律的主权者，又是服从法律的臣民。③ 边沁曾经谈道："在法治之下，好公民的座右铭是什么？一丝不苟地服从，自由地责难。"④ 卢梭和边沁都是讲，只要法律体现了全体人民的意志，人民个体就必须服从法律。在法律体现人民意志的前提下，服从法律是每一个社会成员的道德义务。但是，即使是体现人民意志的法律也是可错的，这时社会成员也有义务遵守不那么完美的法律。不过，"法律体系并不能自动地获得我们通过服从给予的那种尊重，它必须赢得那种尊重"⑤，就是说法律体系必须不断完善。

第三，社会实行法治，法律体现人民的意志，法律具有最高权威。⑥ 人民统治和治理社会不是人民直接统治和治理，而是运用法律，法治是统治和治

---

① ［英］约翰·密尔：《论自由》，程崇华译，商务印书馆1959年版，第4页。
② 参见孟天广《智能治理：通用人工智能时代的治理命题》，《学海》2023年第2期。
③ 参见［法］卢梭《社会契约论》，何兆武译，商务印书馆1980年版，第50页。
④ ［英］边沁：《政府片论》，"序言"，转引自［美］大卫·莱昂斯《伦理学与法治》，葛四友译，商务印书馆2016年版，第220页。
⑤ ［美］大卫·莱昂斯：《伦理学与法治》，葛四友译，商务印书馆2016年版，第226页。
⑥ "权威"（authority）和"权力"（power）含义有所不同，权威是得到认同的权力（参见任剑涛《政治权力的权威性：来源、生成与限制》，《天府新论》2016年第3期）。

理社会的基本方式。人民在社会中具有至高无上的地位，体现人民意志的法律因而在社会治理中也具有至高无上地位。法律应当在社会中居于最高地位，对于这一点，柏拉图早在轴心时代针对雅典民主制的局限和问题就已明确提出。他说："法律一旦被滥用或废除，共同体的毁灭也就不远了；如果法律是政府的主人，政府是法律的奴隶，那么整个世道会充满应许，众神对城邦的赐福就会到来，人们将享有各种幸福。"① 此后，法律至上的观念在西方一直流行至今，成为一种普遍共识。早在1608年，英国大法官就针对英国国王詹姆士一世亲自进行司法审判的要求和威胁异常坚定地回答："国王在万人之上，但是在上帝和法律之下。"② 到了近代，卢梭则首次提出，"统治者是法律的臣仆，他的全部权力都建立在法律之上"③。潘恩也断定，真正的国王是法律而不是君主，"法律就是国王"④。马克思早年也曾说过"法官除了法律就没有别的上司"⑤，意指法律是至高无上的。这里说的"法律"应是充分体现人民意志的善法，其根据是作为生存智慧的道德，这种道德有利于且无害于全体社会成员更好地生存。实行法治就是要把人民的意志转变为法律，把人民的至上地位转变为法律的至上权力，让法律成为社会的真正统治者。

第四，社会治理机构代表全体人民在法律授权范围内并依据法律行使公共权力实施社会治理。人民共治社会不仅要运用法律统治，还要通过自己的代表即治理主体来治理社会。在君主至上的传统社会，社会的一切权力都属于君主。潘恩认为，把人们分成"国王"与"臣民"的差别是国王违反自然法人为造成的，"上帝制造了一个世界，而君王们从他手里把它抢了去"⑥。

---

① ［古希腊］柏拉图：《法篇》，载《柏拉图全集》（增订版）下卷，王晓朝译，人民出版社2018年版，第126页。

② 刘念国：《国王在上帝和法律之下》，《文化月刊》2003年第4期。

③ ［法］卢梭：《论政治经济学》，王运成译，商务印书馆1962年版，第9页。

④ Cf. "rule of law", in *Wikipedia, the Free Encyclopedia*, http://en.wikipedia.org/wiki/Rule_of_law.

⑤ 《马克思恩格斯全集》第1卷（上），人民出版社1995年版，第180—181页。

⑥ ［美］潘恩：《林中居民的信札》，载《潘恩选集》，马清槐等译，商务印书馆1981年版，第87页。

潘恩的这种观点虽不完全正确，但表达了传统社会君王控制着社会的一切权力的事实。政治的本性要求实行人民共治，但社会治理是一项极其复杂的工作，不可能由全体人民来担任，而只能由人民的代表来担任；社会的治理权力当然也不可能由全体人民来行使，而只能由其代表来行使。社会属于人民，社会的治理权力也属于人民，但需要交给人民自己选举出来的代表来行使。用孙中山的话说，人民拥有的治理权力是"政权"或"民权"，即西方近代学者所说的"主权"，交给人民代表行使的治理权力是"治权"或"政府权"。① 主权与治权分离实质上是在坚持主权在民的前提下将社会治理作为一项专业性很强的职业交给专业人士从事。从理论上看，治权是受托的权力，是受主权控制的权力。因此，主权与治权的分离不是治权脱离主权，而是有前提的分离，这个前提就是治权必须受到主权的有效控制，包括有效监督和制约。只有坚持这个前提，治权才不会游离在主权之外，成为法律之上统治人民的权力。对治权进行控制有很多途径或方式，但最重要的是要诉诸法律，社会治理机构必须在法律授权范围内行使治理权力，并且依据法律实施社会治理活动，其治理活动还要受到法律和人民的有效监督。治权通常被划分为立法权、司法权和行政权，不同治权之间还要在法律上建立相互制衡机制，只有这样才能防止治权滥用。这就是孟德斯鸠所说的："为了防止滥用权力，必须通过事物的统筹协调，以权力制止权力。"②

政治的本性是政治的本然本质或应然本质，人类的一切政治活动就是要将政治本性体现出来，使之转化为现实政治的实然本质。从政治本性的基本内涵可以看出，政治本性包含实践要求，现实政治要体现其应然本质，就必须按照政治本性的实践要求行事。概括地说，政治本性的实践要求包括六个主要方面。一是人民至上。在目前人类国家化的条件下，"人民在作为当代基本共同体的国家中处于至高无上的地位，拥有一切国家权力，没有任何群体、组织、机构与人民处于同等地位，拥有相同权力，人民的社会地位是最高的、

---

① 参见孙中山《三民主义》，东方出版社2014年版，第171页。
② [法]孟德斯鸠：《论法的精神》上卷，许明龙译，商务印书馆2009年版，第166页。

人民的国家权力是唯一的"①。二是法律统治。人民拥有的社会统治权和治理权凭借法律实现，法律因而在社会中具有最高权威，社会治理机构行使的一切权力必须由法律授予，必须依法行使，必须接受法律的监督。三是道德导向。道德是法律制定的基本依据，也是整个社会治理的导向机制。"法律是准绳，任何时候都必须遵循；道德是基石，任何时候都不可忽视。"② 四是清正廉洁。把社会治理者的权力关进法制的笼子，建立不敢腐、不能腐、不想腐一体化的常态机制，坚持无禁区、全覆盖、零容忍地持续开展反腐斗争。五是个人幸福。把全体社会成员个人过上美好生活作为社会治理的终极追求，为他们的幸福提供机会、平台和条件，努力实现"每一个个人的全面而自由的发展"③。为了实现全体社会成员个人幸福，必须消灭战争，减少犯罪，确保社会稳定、和谐、繁荣，增进社会公共利益，增加社会公共福利，促进社会沿着人类文明发展大道前行。六是社会公正。在为所有社会成员个人提供基本生活保障的前提下，建立公平竞争机制，最大限度地激发社会个体干事创业的热情和积极性，使全社会成员得其所应得，不断增强其成就感和获得感。政治本性的这六条实践要求就是政治的核心理念和基本原则，人类的一切政治活动都必须遵循这些原则。这些原则也是衡量任何一种政治好坏、优劣的一般标准。

二 政治与国家的关系

人是社会性的物类，人类一诞生就生活在社会之中，这种社会就是今天相对于人类的各种共同体而言的基本共同体。"所谓'基本共同体'，是指一个人生活或活动于其中的各种共同体中的那种为其提供基本生存保障的共同体。"④ 在人类历史上，不同时代不同区域的基本共同体不尽相同，大致上

---

① 江畅、卢蔡：《坚持和发展人民至上》，《华中科技大学学报》（社会科学版）2022年第1期。
② 《习近平谈治国理政》第二卷，外文出版社2017年版，第133页。
③ 《马克思恩格斯文集》第5卷，人民出版社2009年版，第683页。
④ 江畅：《论道德、价值与文化》，载《江畅文集》第11卷，人民出版社2022年版，第37页。

说，人类的基本共同体经历过原始人群、氏族公社、文明古国、现代国家四种基本形态，今天正在从国家走向世界。从人类历史发展看，政治并不是与人类诞生相伴随的，而是在人类基本共同体发展到氏族公社末期才以国家为特殊形式或形态开始出现，并一直存续到今天。

在漫长的原始人群阶段（距今约 300 万年至约 10 万年前）和氏族公社（约 10 万年至约 1 万年前），由于基本共同体的范围狭小，成员数量很少，且其社会秩序主要依赖血缘亲情维系，也就没有以公共权力作为凭借的政治。氏族公社末期（父系氏族公社时期），氏族范围扩大，成员数量增加，出现了由具有一定血缘关系的不同氏族组成的部落或部落联盟，不同部落之间为了扩大疆域或争夺资源经常发生战争。在战争中，胜利的部落成为统治阶级，失败的部落成为被统治阶级，于是基本共同体的范围就扩大了，形成了一种统治者与被统治者共同生存的非血缘性社会。这种社会已经不能凭借以前以血缘关系为基础的长者（家长或族长）的威信管理，而需要这样一个公共机关，即它不仅使正在开始的社会分裂为阶级的现象永久化，而且使有产者的权力及其对无产者的统治永久化。① 这个机关就是作为"公共机构"的国家，"国家无非是一个阶级镇压另一个阶级的机器"②，而此种镇压既包括政治压迫，也包括经济剥削。在国家出现的同时，社会的管理也就从以前的家族性管理转变为政治性管理（今天通常称为"治理"）。于是，政治就在国家"被发明出来"（恩格斯语）的同时也被发明出来了，并成为此后人类文明社会的治理方式。

从历史事实看，国家形态的政治从最初出现直到今天具有以下五个特点。其一，政治最初是为适应统治者统治被统治者的需要产生的。在基本共同体（社会）复杂化的情况下，社会成员有统治阶级（亲人），还有被统治阶级（生人）。社会矛盾的尖锐和社会事务的增加，需要有专门的社会治理者治理社会，政治就是为适应治理社会的需要产生的。其二，政治的主体是统治阶级。社会治理者是政治的主体，但政治主体不是全体社会成员，而是占人口

---

① 参见《马克思恩格斯选集》第 4 卷，人民出版社 2012 年版，第 123 页。
② 《马克思恩格斯选集》第 3 卷，人民出版社 2012 年版，第 55 页。

少数的统治阶级。政治主体是国家的统治者，同时也是国家的治理者，主权者与治权者、统治与治理没有区别（通常称为"统治"）。在通常情况下，统治阶级中最有经济实力的家族出任最高治理者（君王），但也有统治阶级内部其他家庭或被统治者篡夺王位的情形。其三，政治的主要目的是维护和扩大统治阶级的利益。统治阶级进行社会治理为的是维护和扩大自身的利益，防止被统治阶级的反抗。当然，为了维护和扩大统治阶级利益，统治阶级也可能适当兼顾被统治阶级的利益，通过促进经济发展来维护社会的稳定和秩序。其四，政治的手段是基于暴力机构的权力。统治阶级主要运用以暴力机构为后盾的政治权力（"政权"，近代以来通常称为"公共权力"）进行统治，而不是单凭基于血缘关系的个人威望，对于不服从统治的一切行为，统治阶级会运用权力进行打压和惩罚。其五，政治的载体和范围是国家。政治的载体在中国称为"国家"或"王国"①，在古希腊罗马称为"城邦"，今天在汉语中一般统称为"国家"。② 国家也是政治治理的范围或疆域，超出国家范围政治治理就会失效。总之，政治是在人类基本共同体日益复杂化的条件下，统治阶级为了实现自身利益和维护社会秩序，凭借以暴力机构为后盾的权力对社会实行统治的活动及其方式。在人类历史上，国家运用政治权力对社会进行统治是政治的最显著标志，但国家不过是政治的一种形态或载体，统治阶级是凭借国家的力量统治社会的。

政治伴随着国家的出现而出现，一直到今天都是以国家为载体来实现其社会统治和治理功能。因此，国家在社会中的地位特别突出，它既是基本共同体的代表者，也是其统治者、治理者。政治则成为国家统治和治理社会的统治方式和治理方式。这种情况使人们包括思想家常常将政治与国家联系起来，视其为不可分割，甚至二而一的事物。韦伯就说："我们打算只从一个政治团体——也就是今天的国家——的领导权或该领导权的影响力这个角度，

---

① 《尚书·立政》中就已有了这两个概念："继自今立政，其勿以憸人，其惟吉士，用励相我国家"；"太史，司寇苏公，式敬尔由狱，以长我王国"。

② 需要注意的是，中国古代的"国家""王国"与古希腊罗马的"城邦"不同：前者没有明确的疆域边界，所以也称为"天下"，即所谓"天子之国"；后者则有明确的疆域边界，如古代希腊城邦最多时约有200个城邦，希腊半岛上的城邦是彼此接壤的。

来理解政治。"① 在他看来，国家之所以拥有"领导权"是因为它拥有特殊手段，那就是使用暴力，国家正是使用暴力来实施政治统治和社会治理的。"国家这样一个人类团体，它在一定疆域之内（成功地）宣布了对正当使用暴力的垄断权。请注意，'疆域'也是国家的特征之一。现在的特点是，其他机构或个人被授予使用暴力的权利，只限于国家允许的范围之内。国家被认为是暴力使用'权'的唯一来源。因此对我们来说，'政治'就是指争取分享权力或影响权力分配的努力，这或是发生在国家之间，或是发生在一国之内的团体之间。"② 马克思和恩格斯认为，政治的产生是与国家相伴随的。"随着城市的出现，必然要有行政机关、警察、赋税等等，一句话，必然要有公共机构，从而也就必然要有一般政治。"③ 人类的初始国家都是以城市作为都邑，这里说的"城市的出现"指的就是国家的出现。诚然，政治伴随国家出现而产生，而且到目前为止的政治都是统治阶级以国家的形式而实现，但这绝不意味着政治必然与国家相伴随，更不意味着国家的本质就是政治的真实本性。如果将两者完全等同起来或混同起来，这种理解会误导人类的政治实践。

首先，政治与国家之间是目的与手段的关系，政治是目的，国家是实现政治目的的手段。作为一个人为事物，政治最初是适应社会关系从单一的亲情关系转变为复杂的非亲情关系后治理社会的需要产生的。只不过政治的产生采取了在部落战争中胜利的部落统治失败的部落的方式，而这种方式借助的是作为"暴力机构"的国家这种形式。后来，政治又演化为在经济上占统治地位的阶级通过控制国家来进行政治统治和社会治理。这就是恩格斯所说的，"由于国家是从控制阶级对立的需要中产生的，由于它同时又是在这些阶级的冲突中产生的，所以，它照例是最强大的、在经济上占统治地位的阶级的国家，这个阶级借助于国家而在政治上也成为占统治地位的阶级，因而获

---

① ［德］马克斯·韦伯：《学术与政治》，冯克利译，生活·读书·新知三联书店1998年版，第55页。
② ［德］马克斯·韦伯：《学术与政治》，冯克利译，生活·读书·新知三联书店1998年版，第55页。
③ 《马克思恩格斯文集》第1卷，人民出版社2009年版，第556页。

得了镇压和剥削被压迫阶级的新手段"①。可见，国家是政治采取的第一种治理形式，其目的是实行政治统治和社会治理。因此可以说，对于政治统治和社会治理而言，政治是国家的目的，国家是实现政治目的的手段。从人类历史发展的角度看，政治采取国家这种治理形式具有必然性，但它是政治真实本性的异化或恶化，从一定意义上可以说，是人类进入文明社会不得不付出的代价。国家的存在缺乏道义上的正当性，其合理性得不到论证和辩护，所以恩格斯称之为"祸害"。他指出，任何国家，无论是君主国还是民主共和国，其本质都是一样的，都是一个阶级"镇压"另一个阶级的机器。所以，他告诫当时欧洲的无产阶级："国家再好也不过是在争取阶级统治的斗争中获胜的无产阶级所继承下来的一个祸害；胜利了的无产阶级也将同公社（指'巴黎公社'——引者注）一样，不得不立即尽量除去这个祸害的最坏方面，直到在新的自由的社会条件下成长起来的一代有能力把这国家废物全部抛弃。"② 如果我们承认在政治与国家的关系中，政治是目的，国家是手段，而且这种手段是一个"祸害"，那么，人类完全可以寻找其他对人类有益无害的手段来实现政治这一目的。

其次，政治本身又是手段，其目的是通过治理社会谋求全体社会成员普遍过上好生活。对于国家来说，政治是目的，而政治本身又是实行社会治理的形式，其目的是实现全体社会成员的幸福。亚里士多德说："城邦是若干家庭和种族结合成的保障优良生活的共同体，以完美的、自足的生活为目标。"③ 又说："城邦是若干家族和村落的共同体，追求完美的、自足的生活。我们说，这就是幸福而高尚的生活。"④ 他还强调："所有人都应当是善良的公民，这样才能使城邦臻于优良"⑤。社群主义者桑德尔对亚里士多德关于政

---

① 《马克思恩格斯选集》第4卷，人民出版社2012年版，第188页。
② 《马克思恩格斯选集》第3卷，人民出版社2012年版，第55页。
③ ［古希腊］亚里士多德：《政治学》，载苗力田主编《亚里士多德全集》第九卷，中国人民大学出版社1994年版，第92页。
④ ［古希腊］亚里士多德：《政治学》，载苗力田主编《亚里士多德全集》第九卷，中国人民大学出版社1994年版，第92页。
⑤ ［古希腊］亚里士多德：《政治学》，载苗力田主编《亚里士多德全集》第九卷，中国人民大学出版社1994年版，第79页。

治目的的思想作了这样的解读：政治的目的完全在于，使人们能够发展各自独特的人类能力和德性——能够慎议共同善，能够获得实际的判断，能够共享自治，能够关心作为整体的共同体的命运。马克思和恩格斯在继承古典哲学家思想的基础上，对政治的目的作出了更为科学而又明确的规定：一方面，他们强调全人类的彻底解放，把使人成为自己的社会生活的主人，从而成为自然界的主人，成为自己本身的主人——自由的人，称为"解放世界的事业"①；另一方面，他们强调"每一个个人的全面而自由的发展"②，建立"每个人的自由发展是一切人的自由发展的条件"③ 的自由人联合体。马克思和恩格斯的这些论述讲的就是政治的目的，虽然它最初需要通过无产阶级革命和无产阶级专政来实现，但无产阶级专政不过是从资本主义到共产主义的"必然的过渡阶段"④，未来社会的政治目的不是由国家，而是由自由人联合体的政府或社会治理机构来实现。马克思提出了这样的设想："政府的压迫力量和统治社会的权威就随着它的纯粹压迫性机构的废除而被摧毁，而政府应执行的合理职能，则不是由凌驾于社会之上的机构，而是由社会本身的承担责任的勤务员来执行。"⑤

最后，政治将会与人类相伴始终，而国家在人类消灭阶级之后就会消失。国家是人类进入文明社会后特定历史阶段政治采取的一种统治形式，因此它不是从来就有的。恩格斯在考察国家的起源时指出："国家并不是从来就有的。曾经有过不需要国家，而且根本不知国家和国家权力为何物的社会。在经济发展到一定阶段而必然使社会分裂为阶级时，国家就由于这种分裂而成为必要了。"⑥ 同时，国家是在社会分裂了统治阶级和被统治阶级之后为了"控制阶级斗争"而产生的，"控制阶级斗争"的实质内涵在于作为统治阶级的少数人剥削、压迫作为被统治阶级的大多数人。但是，当社会生产发展到

---

① 《马克思恩格斯选集》第3卷，人民出版社2012年版，第817页。
② 《马克思恩格斯文集》第5卷，人民出版社2009年版，第683页。
③ 《马克思恩格斯选集》第2卷，人民出版社2012年版，第422页。
④ 《马克思恩格斯文集》第2卷，人民出版社2009年版，第166页。
⑤ 《马克思恩格斯文集》第3卷，人民出版社2009年版，第223页。
⑥ 《马克思恩格斯选集》第4卷，人民出版社2012年版，第190页。

了这些阶级的存在不仅不再必要，而且成为生产的障碍的时候，阶级就不可避免地要消失。"随着阶级的消失，国家也不可避免地要消失。在生产者自由平等的联合体的基础上按新方式来组织生产的社会，将把全部国家机器放到它应该去的地方，即放到古物陈列馆去，同纺车和青铜斧陈列在一起。"① 今天，中国倡导并大力推动人类命运共同体建设，人类命运共同体一旦真正成为基本共同体，或者说人类基本共同体最终从国家走向了世界，那么，作为"暴力机构"的国家就会灭亡，政治会采取完全不同于国家治理形式的新治理形式。不过，这种新形式必须克服国家这种使政治本性异化、恶化的形式，采取能够使政治本性复归、德化的新形式。

三 政治本性的社会本性基础及人类本性根基

政治是统治和治理社会的活动，它是文明社会人类基本共同体的存在方式，从一定意义上可以说，文明社会是以政治的方式存在的。但是，社会是政治的前提，没有社会就没有政治。政治本性就源自社会本性，而社会本性又源自人类本性，人类本性则是与万物相通的。社会本性是政治本性的直接基础，而人类本性是政治本性的深层根基。

文明社会有不同的形态，而且是不断变化的。西方人更多地将社会局限于城邦或国家，而古代中国人大多将"天下"视为社会，但社会的范围实际上还是王朝控制的疆域。不过，社会通常主要是指人类的基本生活共同体。这种意义上的社会是一个系统，社会系统如同天体系统、生态系统一样，有其本性或本然本质。② 在人类思想史上，关于社会本性有种种不同看法。孔子把所向往的"大同"社会描绘为"大道之行也，天下为公"（《礼记·礼运》），显然在他心目中社会本性是"为公"而不是"为家"的。柏拉图认

---

① 《马克思恩格斯选集》第4卷，人民出版社2012年版，第190页。
② 需要注意的是，社会的本性与社会的本质是两个不同的概念。社会的本性是社会本然本质或应该具备的本质，当这种本性体现出来，它才是社会的实然本质。社会本性需要根据人性来揭示，而不能根据现实社会去抽象，根据现实社会抽象出来的不是社会本性，而是现实社会的实然本质，但这种实然本质不同于体现社会本性或应然本质的那种实然本质。

为，正确地建立起来的城邦社会是全善的，其具体体现是，"它显然是智慧的、勇敢的、节制的和正义的"①，他的这种"理想国"就隐含着把统治者具有智慧德性、卫士具有勇敢德性、所有人尤其是平民具有节制德性以及三者达到和谐统一的公正德性视为社会的本性，理想社会就是要将其实现出来。马克思说："社会是人同自然界的完成了的本质的统一，是自然界的真正复活，是人的实现了的自然主义和自然界的实现了的人道主义。"② 马克思这里是把人同自然界达到和谐一致视为社会（包括整个人类社会和不同的具体社会形态）的本性。社会是由天体系统演化、生态系统进化的产物，如果我们将作为系统的社会与天体系统、生态系统相比较，就会发现社会的本性具有超越天体系统的自在性、生态系统自生性的自为性。社会是人类出于满足生存发展享受的需要而自觉构建并通过治理调控的基本共同体，具有人为性、属人性和为人性。就是说，社会是生存在一定地理空间中的人自觉不自觉地构建的，属于构建它的人，其存在和发展是为了构建它的人更好地生存。自为性就是社会系统的本性，也是社会的本然本质或应然本质。这种应然本质现实化了或得到了体现所形成的社会，才是真正意义的社会。

但是，社会本性并非自人类一诞生就已获得的，而是在漫长的人类进化过程中逐渐获得的。从人类历史看，社会的本性大约在氏族公社才初步形成，而到了文明社会才最终形成。黑格尔把精神视为宇宙的本性，但其实它是人类个体和整体的本性，是后发性的高层次人性，即精神性。他认为，精神显示自己有三种不同的形式，实即三个不同的阶段。第一种显示方式是"自在存在着的精神或逻辑理念"，这一阶段大致上相当于原始人群阶段；第二种显示方式是"在自身映现的、自为存在着的、有自我意识的、觉醒了的精神"，这一阶段可视为氏族公社阶段；第三种显示方式是"达到绝对的自为存在，达到它的自在存在和它的自为的存在、它的概念和它的现实性的绝对统一"

---

① ［古希腊］柏拉图：《国家篇》，载《柏拉图全集》（修订版）中卷，王晓朝译，人民出版社2018年版，第124页。

② 《马克思恩格斯文集》第1卷，人民出版社2009年版，第187页。

的精神，这一阶段则是从文明社会开始的。① 黑格尔用晦涩的思辨哲学语言表达了社会本性形成的事实，这就是社会的本性有一个从自在性到自为性的进化过程，同时也有一个从片面到全面的发展过程。但这个过程并不像黑格尔所说的那样已经终结，进入文明社会后社会的自为性虽然最终形成，但并不是从此固定不变的，由于人类处于不断进化之中，社会本性也许永远都不会有固定不变之日。

社会在本性上是人为的、属人的、为人的，这里的"人"存在着社会的个别人、少数人、多数人、所有人的问题。至少直到马克思和恩格斯生活的时代，文明社会一直被划分为阶级，不同阶级不仅存在着对立，甚至会发生尖锐的斗争。按照马克思、恩格斯的说法，"至今一切社会的历史都是阶级斗争的历史"②。在这种社会历史条件下，虽然社会的本性是自为的，但自为体现的不是所有人的意志，而是个别人、少数人的意志，充其量也只体现多数人的意志，而从未真正有过体现所有人的意志的社会自为。在中国传统社会，社会的自为是通过君王（封建时代的君主或专制时代的皇帝）的统治实现的，体现的是君王的意志，体现少数人的意志的情形也少见。西方社会的情形则较复杂，有过古希腊的民主制和古罗马的共和制、帝国制，后来又经历了罗马天主教会与世俗国王交错统治社会的情形，但可以肯定也曾有过真正意义上的体现多数人更不用说所有人意志的社会自为。在古雅典民主制下，虽然可以说城邦的自为体现了所有自由民的意志，但奴隶、妇女、儿童都不属于自由民范畴，因而社会自为所体现的也是少数人的意志。古罗马则无论在共和时代还是在帝国时代从未有过社会自为体现多数人意志的情形。显然，历史上社会的所有这些情形都没有真正体现社会的本性。虽然这些情形是历史上的客观事实，其存在也许具有某种历史必然性，但并不是合理的。作为社会本性自为性的主体不是个别人、少数人，甚至也不是多数人，而是社会中的所有人，即全体社会成员（包括所有个人和组织群体）。社会在本性上是全

---

① 参见［德］黑格尔《哲学全书·第三部分·精神哲学》，杨祖陶译，人民出版社2017年版，第23—25页。

② 《马克思恩格斯选集》第1卷，人民出版社2012年版，第400页。

体社会成员共建共治共享的生存共同体。

在人类思想史上，也有思想家为社会应为少数人所为的合理性提供论证。例如，亚里士多德就说过："有些人天生即是自由的，有些人天生就是奴隶，对于后者来说，被奴役不仅有益而且是公正。"① 但是，亚里士多德的这种主张自古以来为大多数思想家所不接受甚至反对。就西方而言，早在亚里士多德的同时代，斯多亚派的创始人芝诺就提出建立"把所有人都看作是我们的同胞和公民"② 的"世界城邦"，近代的卢梭针对亚里士多德的主张明确指出："假如真有什么天然的奴隶的话，那只是因为已经先有违反了天然的奴隶。强力造出了最初的奴隶，他们的怯懦则使他们永远当奴隶。"③ 春秋战国时期，孔子的弟子子夏就明确提出"四海之内皆兄弟"（《论语·颜渊》），孟子也主张"亲亲而仁民，仁民而爱物"（《孟子·尽心上》），后来北宋的张载将孟子的这一思想表达为"民吾同胞，物吾与也"（《西铭》）。古今中外的这种所有人乃至万物平等的思想最终在1948年联合国大会上通过的《世界人权宣言》中得到了明确表达："人人生而自由，在尊严和权利上一律平等。"从此，人人在尊严和权利上一律平等成为全世界的普遍共识。人人在尊严和权利上平等，最重要的体现就是人人在社会中享有平等的权利，而这种权利的最重要体现就在于人人都是社会的主人，也就是人人都应成为社会的自为者。

联合国的"人人生而自由，在尊严和权利上一律平等"的宣告表达了人类的普遍愿望和要求，有着深刻的人性论基础，体现了人类本性的要求。关于人类本性或人的本性是什么的问题，思想史上虽见仁见智，但也有基本共识，我们将其概括为谋求生存得更好。"人性是由谋求生存得更好的各种潜在特性构成的统一整体。这个整体就是一个人的人性，而谋求存在、生存、生存得好、生存得更好则是人性的根本特性，是人性的一般内涵（或者说一般人性），也是人之所以为人的根本规定性。这种人性的根本特性、人的一般内

---

① ［古希腊］亚里士多德：《政治学》，载苗力田主编《亚里士多德全集》第九卷，中国人民大学出版社1994年版，第12页。

② Plutarch, *On the Fortune of Alexander*, 329A – B.

③ ［法］卢梭：《社会契约论》，何兆武译，商务印书馆1980年版，第11页。

涵还是抽象的，而不是现实的。我们可以把这种人性称作'人的本性'（human essential nature），即人本来如此的规定性。"① 人类本性有两个基本特性：一是自为性；二是社群性或社会性。前者主要是指人的自主性、能动性和创造性等，这种特性需要通过教育、修养和实践才能转变为现实；后者则是指人必须生活在社会中，必须在社会中"自为"，也就是马克思所说的"在其现实性上，它是一切社会关系的总和"②，这种特性需要经过社会化后获得的社会身份和角色才能得到体现。自为性和社群性合而言之就是主体性，从这种意义看，人的本性或本然本质在于主体性。所有人生来具有人类性潜能，而人类性潜能意味着潜在的主体性，这正是所有人生而自由、在尊严和权利上平等的根据，也是所有人都是社会的主体、主人的根据。人作为自为个体的主体性是人独特的本性，这种独特本性以自生个体（生物）的自生性和自在个体（非生物）的自在性为基础，是对这两种人类与生物、非生物共享的本性的超越。因此，人的主体性与宇宙万物有着内在的深刻联系，而这正是人的主体性的本体论根基。

所有人共同具有人类本性和主体性，并非人类一诞生就如此，更不是人类一诞生就意识到的。人类本性与社会本性相互作用、相互生成。人类本性如同社会本性一样，它经历了长达 300 多万多年的孕育过程（原始人群时代）、约十万年的初步形成过程（氏族公社时代），进入文明社会才最终形成。随着自我意识的发展，在人类本性最终形成的同时人类已经能够意识到自己的本性。与此同时，随着部落的快速发展，社会从以血缘为纽带的亲情社会走向了"分裂为不可调和的对立面"的非亲情社会。"为了使这些对立面，这些经济利益互相冲突的阶级，不致在无谓的斗争中把自己和社会消灭"③，自觉构建不同于血缘亲情共同体的基本共同体以调解或控制社会矛盾和冲突就成为必要。这种基本共同体（文明社会）已经不同于此前的原始社会，其形成不再是自然而然的，而是人为构建的，体现了构建者的目的。于是，由人

---

① 江畅：《德性论》，载《江畅文集》第 4 卷，人民出版社 2022 年版，第 128 页。
② 《马克思恩格斯选集》第 1 卷，人民出版社 2012 年版，第 135 页。
③ 《马克思恩格斯选集》第 4 卷，人民出版社 2012 年版，第 187 页。

组成的社会就具有了人类的共同本性——自为性和社群性或两者的统一,即主体性,社会的作为其本性的自为性也就最终形成。人类构建社会的目的是要使其成员过上好生活,要实现这一目的就需要协调社会的矛盾和冲突,增强社会整体福利,为其成员幸福创造条件,简言之,需要社会治理,需要有代表全体社会成员进行社会治理的专门机构。于是,政治就出现了,并由此获得了它的本性。

由此可见,政治原本是社会治理机构为了社会的和谐和福祉代表全体社会成员对社会进行治理的活动。这就是政治的本性,它源自并体现社会的本性、人类的本性,以使其得以实现为目的。只不过政治本性在文明社会现实化为政治时采取了国家这种恩格斯称为"祸害"[①]的形式。而这一方面使政治本性因此受到严重扭曲,导致现实政治偏离了社会本性和人类本性;另一方面使政治本性也因此而被遮蔽、被湮没,导致人们很难看清其真面目。

四 政治与道德

政治与道德的关系特别密切且十分特殊。在政治出现之前,道德就已经存在很久,至少在氏族公社出现(约10万年前)时已经有了基本形态。"大量的人类学资料指出,人类的道德状态首先始于图腾、禁忌,图腾、禁忌就是原始人类所能有的最早的道德法典。"[②] 图腾、禁忌之类的原始道德在氏族公社发挥着社会治理作用,可以说是人类社会的第一种社会治理形式。与道德相比较,政治则是人类进入文明社会时(距今约1万年前后)才开始出现的一种新的社会治理形式,后来成为主要的社会治理形式。这是因为政治是为适应社会从亲情社会走向非亲情社会后社会日益复杂化需要产生的,它以有专门的社会治理机构(国家)为前提,是社会治理机构治理社会的活动。在复杂化的文明社会,传统的道德已经不足以处理复杂的社会治理事务,而必须诉诸具有强制力的政治来控制社会,通过发挥其功能实现其目的。从最早进入文明社会的文明古国到今天全世界国家化的社会治理情形看,没有一

---

① 《马克思恩格斯选集》第3卷,人民出版社2012年版,第55页。
② 张苓:《道德的起源》,博士学位论文,山东大学,2014年。

个国家不是采取政治这种社会治理形式,这一点也表明政治取代道德成为社会治理主要方式具有历史必然性。

政治作为社会治理的主要形式出现后,各种不同社会形态也都没有完全放弃道德这种古老的社会治理形式,而是在主要诉诸政治的同时,尽可能地利用道德进行社会治理。虽然近代西方占主导地位的自由主义理论主张"对于公民拥有的道德观和宗教观,国家应当持守中立"①,但西方近代以来道德在社会治理中仍然发挥着重要作用。一方面,西方近代以来以结果主义和道义论为主要代表的规范伦理学普遍流行,利己主义和功利主义道德观念成为社会普遍奉行的主导道德观念;另一方面,以推崇个人自由权利至上的自由主义核心价值观是西方近代以来社会意识形态的主导观念,而"核心价值观,其实就是一种德,既是个人的德,也是一种大德,就是国家的德、社会的德"②。进入文明社会后,道德对于社会治理所具有的作用和意义是不可否定的。如果一个社会的治理者忽视更不用说放弃道德,社会不仅不可能真正达到和谐状态,甚至还会出现许多问题。西方近代以来的社会治理者对道德的不重视就导致了许多严重的消极后果。美国伦理学家和政治哲学家迈克尔·斯托克尔认为,现代人普遍患上了一种被他称为"道德分裂症"(moral schizophrenia)的疾患,其极端症状是:一方面是一个人被驱动去做坏的、恶的、丑的、卑贱的事情;另一方面他想做的事情又使他感到厌恶、惊恐和沮丧。因此,他把我们的时代称为"一个把人们紧密地联系在一起而减轻他们各种不同事业间的摩擦的纽带越来越不再是温情的时代;一个商业关系取代家庭(或类似于家庭)关系的时代;一个生长着的个人主义的时代"③。

政治与道德会同时存在或者说政治要诉诸道德的原因比较复杂。道德本身也是一种社会治理形式,并在长期的治理实践中积累了许多有益的观念、原则、规范乃至治理经验,政治需要从中汲取营养,而且政治还需要利用道

---

① [美]桑德尔:《民主的不满:美国在寻求一种公共哲学》,曾纪茂译,刘训练校,江苏人民出版社2012年版,第4页。

② 《习近平谈治国理政》第一卷,外文出版社2018年版,第168页。

③ Michael Stocker, "The Schizophrenia of Modern Ethical Theories", in Roger Crisp, Michael Slote (eds.), *Virtue Ethics*, Oxford University Press, 1997, p. 77.

德的影响力、感召力等道义力量赢得社会公众对政治和社会的认同和支持。更为重要的是，道德本性和政治本性是相通的，而且在实践要求方面具有互补性和相互促进的作用。政治的本性在于人民主体出于全体社会成员幸福美好和社会发展繁荣运用法律统治社会并授权其代表在法制范围内依据法律治理社会，它在实践上要求人民至上、法律统治、道德导向、清正廉洁、个人幸福、社会公正，这些实践要求既具有规范性又具有指导性。"道德是人类适应谋求生存得更好本性的要求而形成和不断完善的，以个人人格完善和社会普遍幸福为终极追求，通过个人自觉和社会控制相互作用实现其功能，既具有规范性又具有导向性的价值体系。"① 道德的本性在于社会治理者诉诸个人自觉和社会控制相互作用实现个人格完善和社会普遍幸福目的的活动。显然，道德和政治的终极目的是一致的，只不过道德侧重个人人格完善，以个人普遍人格完善实现社会普遍幸福，而政治则侧重给社会成员提供幸福所需要的社会环境和条件，以社会普遍公平正义实现社会普遍幸福。两者的功能也是一致的，都既具有规范性又具有指导性，只是在现代社会道德更侧重指导性。两者在达到目的的手段上也基本一致，只不过道德侧重于个人自觉，而政治侧重于社会控制。道德和政治的实践要求更是完全一致的，如果说有差异的话，那也只在于政治更强调法律统治，道德更强调道德导向。因为道德更重视个人人格、个人自觉特别是自律和社会引导，再加上几百万年的道德基因和世代传承的风俗习惯的影响，所以道德对于人的生活来说无所不在，并且日用而不觉，而这是政治目前无法企及的。

  总体上看，道德和政治都是人类的生存智慧，虽然政治主要是用权力治理社会的政治智慧，而道德则主要是用道义治理社会的道德智慧，它们是人类生存智慧的两个最重要的方面。正因为道德和政治都是人类的生存智慧，所以作为智慧之学的哲学一诞生就十分关注道德和政治问题。道德哲学和政治哲学几乎与哲学同时诞生，甚至可以说哲学就是为了研究解决人类道德和政治问题才诞生的。哲学诞生之后，它们又成为哲学的两个特别重要的专门学科一直延续至今。从中西哲学史看，主流观点认为道德是政治的基础，而

---

① 江畅：《伦理学原理》，高等教育出版社2022年版，第21页。

且认为它们各自都具有不可替代的价值,两者是社会治理乃至社会生活不可或缺的。不过,也有极少数哲学家或哲学学派将两者对立起来,强调政治而贬抑道德。

在中国哲学史上,先秦儒家和道家都同等重视道德与政治,而且把道德看作政治的基础或根据。两家的共同特点是都通过探寻宇宙万物之"道"引申出"德",再引申出"政"。《老子》中包含丰富的"圣人之治"的思想,这里的"圣人"就是道德智慧和政治智慧高度统一的君王。不过,老子和庄子没有怎样直接讨论政治与道德的关系。与他们不同,孔子有很多这方面的直接论述,其典型表达是:"道之以政,齐之以刑,民免而无耻。道之以德,齐之以礼,有耻且格。"(《论语·为政》)这里重德轻政的思想观点很明显,不过他没有完全否认政治的作用,因为这里的"礼"包括政治制度,甚至可以说是中国传统政治制度的主体部分。针对早期儒家认为天人地"三才"都各有其道(《周易·系辞下》)而导致"道"不统一的问题,孟子把"诚"作为天道的内涵,并用"诚"将天道与人道打通。"诚者,天之道也;思诚者,人之道也。"(《孟子·离娄上》)而他赋予"诚"的含义是"仁义礼智",在人这里体现为性之"善端"。更为重要的是,孟子主张依从每个人的仁性来稳定政治及社会秩序,并对百姓进行人伦教化,引导他们自发向善,让百姓相互亲睦。[1]《大学》将孔孟的上述思想概括为"三纲领""八条目",集中表达了先秦关于道德和政治关系的基本观点,即由修身进而齐家、治国、平天下。汉武帝实行"推明孔氏,抑黜百家"(《汉书·董仲舒传》)政策之后,汉儒改造先秦儒家思想构建的一套伦理纲常成为整个皇权专制时代的基本政治原则,并进入法律体系("援礼入法"[2]),使中国传统社会政治具有鲜明的德化特色。

西方哲学的情况比中国哲学复杂得多,但把道德看作政治的基础仍然是主导观念。苏格拉底第一次"把哲学从天上带到了地上,带到了家庭中和市

---

[1] 参见林书任《孟子的仁政思想及其实践前提》,博士学位论文,北京大学,2022 年。
[2] 江畅:《中国传统价值观及其现代转换》,载《江畅文集》第 9 卷,人民出版社 2022 年版,第 34 页。

场上（带到了人们的日常生活中）"①，其实就是将道德（善）作为世界的本体，并由此引申人生的价值和幸福在于对灵魂之善（德性）的拥有。柏拉图在此基础上将"善"作为理念世界的最高理念，"善不是存在，而是在等级和力量上优于存在的东西"②。他将善理念作为他的理想国的最高追求，其具体体现就是由"哲人王"构建统治者具有智慧德性、护卫者具有勇敢德性、全体社会成员尤其是平民具有节制德性的公正社会，从而给全体社会成员带来普遍幸福。公正是智慧、勇敢、节制德性得以实现的一种总体性德性，他的理想国是一种德性国家，其治理也主要依赖"哲人王"的哲学智慧。苏格拉底和柏拉图的上述思想不仅影响了亚里士多德，也对奥古斯丁和托马斯·阿奎那产生了深远影响。中世纪思想家虽然不怎么讨论道德与尘世政治的关系，但把信仰、希望、爱三种神学德性视为凡人死后进天堂的主要路径，"上帝要我们以信、望、爱敬拜他"③。显然，这意味着"上帝之城"或天堂也是德化的社会。

西方近代自然法学派虽然也肯定政治尤其是法律源自道德，但改变了西方传统的致思路径。他们不是通过探讨本体为道德提供基础进而为政治和法律提供根据，而是假定存在某种自然状态，从自然状态引申出自然法，进而论证国家或政府的必要性。有人认为自然状态是"每一个人对每个人的战争"④状态，于是人的理智便提出可以使人同意的方便易行的和平条件，这种"和平条件"就是自然法；有人认为因为"有一种为人人所应遵守的自然法对它起着支配作用"⑤，自然状态是一种自由、平等和负责的完美无缺状

---

① 转引自［德］黑格尔《哲学史讲演录》第3卷，贺麟、王太庆译，商务印书馆1960年版，第43页。

② ［古希腊］柏拉图：《国家篇》，载《柏拉图全集》（增订版）中卷，人民出版社2018年版，第220页。

③ ［古罗马］奥古斯丁：《论信望爱手册》，载［古罗马］奥古斯丁《论信望爱》，许一新译，生活·读书·新知三联书店2009年版，第28页。

④ ［英］霍布斯：《利维坦》，黎思复、黎廷弼译，杨昌裕校，商务印书馆1985年版，第94页。

⑤ ［英］洛克：《政府论》下篇，叶启芳、瞿菊农译，商务印书馆1964年版，第4页。

态。但是，自然法因为缺乏强制力量作后盾而丧失约束力，因此人们便订立契约建立国家或政府，以保护人们的自由和权利。用洛克的话说，"人们联合成为国家和置身于政府之下的重大的和主要的目的，是保护他们的财产；在这方面，自然状态有着许多缺陷。"① 自然法学派所说的自然法或者是"理性所发现的戒条或一般法则"②，或者就是理性本身，"理性，也就是自然法"③，实质上就是道德。西方现代社会的整个政治体系主要就是依据自然法理论建立起来的，其基础就是道德。

不过，在中西方历史上否定道德是政治尤其是法律的基础的思想观点也一直存在，其中最有影响的是中国古代的韩非、西方近代的马基雅维里和西方现代的分析法学派。

在国家治理上，韩非明确主张法治，反对德治。他说："故明主之国，无书简之文，以法为教；无先王之语，以吏为师；无私剑之捍，以斩首为勇。是以境内之民，其言谈者必轨于法，动作者归之于功，为勇者尽之于军。"（《韩非子·五蠹》）韩非不仅否定道德与政治之间的内在联系，而且认为儒、墨两家宣扬的道德是虚伪的、有害的、行不通的，斥责"儒以文乱法，侠以武犯禁，而人主兼礼之，此所以乱也"（《韩非子·五蠹》）。

马基雅维里从人性恶出发，认为人不存在一种自然向善的本性，更不会择善而行，除非需要，人从来不会做什么好事，当他们有作恶的选择和自由而不会受到惩罚时，他们就会放纵于敌对和战争。④ 因此，在由人组成的社会里只有凭借一种外在的权力才能维持正常的秩序，人们也只有生活在有一个强有力的政府统治的社会里，才会不受他人的侵犯，才有安全感。他还告诫君主，为了建立强有力的政治统治，不能受道德的束缚，在必要时可以抛弃

---

① ［英］洛克：《政府论》下篇，叶启芳、瞿菊农译，商务印书馆1964年版，第77页。

② ［英］霍布斯：《利维坦》，黎思复、黎廷弼译，杨昌裕校，商务印书馆1985年版，第97页。

③ ［英］洛克：《政府论》下篇，叶启芳、瞿菊农译，商务印书馆1964年版，第4页。

④ 参见［意］马基雅维里《罗马史论》第1编第37章，转引自周辅成主编《西方著名伦理学家评传》，上海人民出版社1987年版，第174—175页。

道德,"必须是一头狐狸以便认识陷阱,同时又必须是一头狮子,以便使豺狼惊骇"①。马基雅维里的基本观点是,君主为了政治的目的可以不择手段。

分析法学派的先驱是19世纪的英国法学家奥斯丁(John Austin,1790—1859)。他认为,法律的存在是一回事,它的好坏则是另一回事,只要是实在的法律,人们就不能因为它是"恶法"而拒绝遵守或服从它。这即为后来大多数分析法学家所共同推崇的"恶法亦法"的观点。在奥地利法学家凯尔森(Hans Kelsen,1881—1973)看来,"法是一种手段,一个特种的社会手段,而不是一个目的"②,法的这种手段性质正是法与道德、宗教之间的区别之所在。在否定法律与道德之间存在联系方面,英国法学家哈特(Herbert L. A. Hart,1907—1993)旗帜更鲜明,态度更坚决。他说:"无论从任何意义去看,法律都不必复制或满足道德的要求,尽管事实上它们经常这么做。"③ 他直到晚年在为其《法理学与哲学论文集》写的导言中还明确宣称:"我不承认法律与道德之间可以存在许多必然的重要联系。"④

上述这些反对政治和法律源自道德,认为两者之间不具有内在一致性的观点,也许可以找到某种根据和辩护的理由,但它是违反常识道德的,在理论上也得不到论证,在实践上也十分有害。正如英国经济学家、诺贝尔经济学奖得主哈耶克在谈到法治时所指出的,法治所应关注的重点不是法律是什么的规则,而是法律应当是什么的规则,亦即一种"元法律原则"或一种政治理想。⑤ 这种元法律原则其实就是价值观,就是道德。

---

① [意]尼科洛·马基雅维里:《君主论》,潘汉典译,商务印书馆1985年版,第83—84页。

② [奥]汉斯·凯尔森:《法与国家的一般理论》,沈宗灵译,商务印书馆2013年版,第51页。

③ [英]H. L. A. 哈特:《法律的概念》,许家馨、李冠宜译,法律出版社2011年版,第166页。

④ [英]H. L. A. 哈特:《法理学与哲学论文集》,支振锋译,法律出版社2005年版,第7页。

⑤ [英]弗里德利希·冯·哈耶克:《自由秩序原理》上,邓正来译,生活·读书·新知三联书店1997年版,第261页。

五　结语

作为人为事物，政治一经人类创造出来就获得了它不同于世间其他任何事物的本性，这就是全体社会成员（现代意义上的人民）运用源自自己的公共权力统治和治理社会，以实现社会中所有人的幸福。正是在这种意义上我们将政治的本性称为"人民性"，即人民对社会的统治和治理。人民性是政治之所以成为政治的根本规定性，也就是政治的真理。政治是与人类进入文明社会相伴随的，那时世界上不同的文明社会形态都分化为统治阶级和被统治阶级，这种格局一直持续到今天，并且从几大古文明区域扩展到了整个世界。于是，政治采取了国家形式，社会的统治者利用经济上的实力控制着国家机器并以其强制力量统治和治理社会。政治采取国家形式，公共权力来自国家机器，这是政治在历史演进过程中发生的变异或异化。但是，政治本性并不因为政治这种异化而改变，近代以来的现代化运动，尤其是中国式现代化就是要克服政治的这种异化，使政治复归其人民性的本性。

黑格尔在《哲学史讲演录》中说，哲学的目的在于用思想和概念去把握真理，把它当作源泉。一切其他的事物，自然的一切规律，生活和意识的一切现象，都只是从这个源泉里面流出，它们只是真理的反映；或者把所有这些规律和现象依照着表面上似乎相反的路线，引回到那唯一源泉，但为的是根据真理来把握它们，认识它们是从真理派生出来的。在黑格尔看来，真理最初什么也看不出来，它是自在的，只具有抽象性，后来通过发展，即经过"自身超出、自身分离"，同时也是自身回复的过程，由自在取得自为的形式，最终达到自在与自为的同一，从而获得真理。这是一个潜在变成存在的变化过程，但在这个过程中它保持为同一物。[①] 黑格尔以植物为例对此作了说明。在植物的种子里，最初什么也看不出来，但种子有发展自身的冲力，这种冲力发挥其自身为存在，产生出许多东西，而这一切都早已潜伏在种子里。它的最高的外在化和先在的目的就是果实，即种子的长成或回复到最初的状况。

---

① 参见［德］黑格尔《哲学史讲演录》第 1 卷，贺麟、王太庆译，商务印书馆 1959 年版，第 24—25 页。

就是说，种子要发展它自身，回复到它自身。"它里面所含蕴的将要发挥出来，再回复到它所从出发的统一体。"①

黑格尔的上述观点给我们的重要启示在于，政治哲学研究政治，从根本上说就是要用思想和概念从纷繁复杂的现象和历史过程去把握政治原本具有的人民性本性，揭示和论证政治乃人民统治和治理这一真理，并为其实现指明道路。但是，我们关于政治本性在于人民性的观点，与黑格尔上述观点也存在着重要区别。我们承认政治本性存在着一个从抽象到具体、从种子到果实的历史生成和展开过程，但这并不是某种观念通过自身的发展或否定之否定最终得以实现的过程，而是文明史上人类几千年来不懈斗争所致力于追求的过程。黑格尔所说的用思想把握的真理其实就是他所说的理念或精神，这种精神可以通过人类的认识尤其是哲学家的探索达到从自在到自为、从抽象到具体的真理。但是，政治并不单纯是理念和精神，而是社会现实，由于各种复杂的切身利益的纠缠，其本性复归和现实化不仅需要认识，还需要为之斗争，而这种斗争人类还在进行着。对于今天的人类来说，复归政治本性，或者说充分彰显政治本性，仍然是一种社会理想。这种理想要到马克思、恩格斯所设想的共产主义社会才能最终实现，到那时，"在生产者自由平等的联合体的基础上按新方式来组织生产的社会，将把全部国家机器放到它应该去的地方，即放到古物陈列馆去，同纺车和青铜斧陈列在一起"②。这一天并非遥不可及，当代中国倡导并全力推动人类命运共同体构建，就反映了人类追求这种社会理想实现的巨大努力。

第二节　政治目的的合理性

人类创造政治是有目的的，社会治理者从事政治活动总是为了实现某种目的。人的一切意识活动都以目的为依据，目的贯穿意识活动过程的始终，

---

① ［德］黑格尔：《哲学史讲演录》第1卷，贺麟、王太庆译，商务印书馆1959年版，第72页。

② 《马克思恩格斯选集》第4卷，人民出版社2012年版，第190页。

作为人类重要活动的政治亦如此。"政治目的能够决定政治生活的性质、规定政治手段的选择、明确政治所要完成的根本任务与催生政治秩序"①，对于政治活动价值取向及其价值具有先导性、决定性意义。自古以来不同时代不同国家的政治目的大不相同，因此政治目的如同人类其他活动的目的一样，存在着合理与否的问题。作为"社会公共生活领域之基本政治主题及其价值意义的哲学探究"②，政治哲学不仅需要研究和回答政治目的的问题，而且要在此基础上研究什么样的政治目的才是合理的，并为之提供哲学论证。

一　政治目的与终极政治目的

有学者认为，"政治目的是人们所设计的并力求达到的政治生活的某种结果，它不仅使政治生活具有确定性和可预测性，标志着政治生活的质量，而且是动员所有政治力量、整合各种政治思想观念、协调一切政治主体的行为的前提性条件"③。一般来说，政治是有目的的社会治理活动，是政治主体通过社会治理者对社会实施的治理，其直接目的是使社会得到治理。"使社会得到治理"的含义十分丰富，随着社会日益复杂化，其含义更是纷纭杂呈，因此政治的目的不是单一的，而是多样的、复杂的。学界对政治目的有多种划分，如有学者将政治目的划分为常态下的政治目的和非常态下的政治目的。④这里我们从理论和现实相结合的角度把政治目的划分为以下一些类型：一般性目的（如"人民幸福"）和特殊性目的（"老有所养"）；抽象性目的（如"人人平等"）与具体性目的（如"性别平等"）；根本性目的（如"修身成人"）与派生性目的（如"少有所学"）、总体性政治目的（如"社会和谐"）与单一性政治目的（如"互助友爱"）。一般而言，政治的根本性目的和总体

---

① 彭定光：《论政治目的的道德定位》，《湖南师范大学社会科学学报》2006年第6期。
② 万俊人：《所谓政治哲学》，《中国社会科学评价》2022年第4期。
③ 彭定光：《论政治目的的道德定位》，《湖南师范大学社会科学学报》2006年第5期。
④ 参见张毅、霍伟华《常态和非常态下的政治目的和政治手段》，《北京师范大学学报》（社会科学版）2014年第3期。

性目的是政治的一般性目的和抽象性目的，而政治的派生性目的和单一性目的都是特殊性目的、具体性目的，而政治的根本性目的和总体性目的可视为政治的终极目的或终极政治目的。

终极目的是就两种意义而言的。一是就根本意义而言。所有其他目的都是由终极目的派生，最后又都指向终极目的。它既是根基，又是依归。二是就总体意义而言。所有其他的目的都从属于终极目的，服从于它，服务于它。它既是全体，又是核心。① 终极政治目的是所有各不相同的政治目的背后发生作用的目的，它规定着所有其他政治目的的选择和确定，同时又是所有其他政治目的的最后指向和最高追求。因此，终极政治目的在全部政治活动中具有至关重要的地位和决定性的意义。作为研究政治本性及其实践要求的专门学科，政治哲学并不是要研究所有的政治目的，而是要研究政治的终极目的，尤其是要研究什么样的终极政治目的才体现了政治的本性及其实践要求。从人类文明史看，所有的政治都存在着终极政治目的，无论社会治理者是否意识到它或对外宣示它，它都是客观存在并对政治活动发挥着决定性的作用。但是，并不是任何终极政治目的都是合理的，而合理与否的根据就在于它是否体现了政治本性，反映了政治本性的实践要求。只有那种体现了政治本性及其实践要求的终极政治目的才是合理的，或者说才具有合理性。因此，是否体现政治本性及其实践要求的问题，就是终极政治目的是否合理的问题。终极政治目的的合理性问题是政治哲学在政治目的上重点关注的问题，之所以如此，其理由可归结为以下三个方面。

首先，终极政治目的是政治的价值取向，其合理与否决定着社会的治乱。价值取向（value orientations）是指价值主体经过价值判断和选择所确定的根本价值追求，以及在处理各种价值关系和问题时所持的基本价值立场、所体现的价值态度。价值取向是作为价值主体的人类的一种特有的价值现象，其机制十分复杂。美国人类学家克拉克洪和斯特罗德贝克认为价值取向有五种基本类型，它们各自又包括三种情形：（1）对人类本性内部特征的概念（坏的、善恶混合

---

① 参见江畅《幸福与和谐》，载《江畅文集》第3卷，人民出版社2022年版，第117页。

的、可变的);(2)对人与自然及超自然关系的概念(人类服从自然、人与自然和谐相处、人统治自然);(3)对人类生命的时间的看法(以过去为中心、以现在为中心、以未来为中心);(4)对自我性质的看法(强调存在、强调顺其自然、强调行为);(5)对人际关系的看法(独处、合作、个人主义)。① 这是就价值取向的对象而言的。从价值取向的结构而言,大致上可以划分为根本价值取向、核心价值取向、总体价值取向。价值取向是价值主体的方向盘、风向标,对于任何一个价值主体都至关重要,事关其生死存亡。终极政治目的就是政治的价值取向,或者说是政治价值取向的决定性因素。终极政治目的就是政治主体的方向盘、风向标,终极政治目的不合理意味着政治价值取向不合理,必定会导致政治的乱象丛生。中西传统社会战乱不已是历史事实,而这种状况的根源就在于政治的终极目的不合理甚至根本错误。西方中世纪统治者把社会成员死后进天堂作为终极政治目的,这种错误的价值导向的后果就是整个中世纪几乎未曾有过和平时期,更不用谈社会成员的普遍幸福。不过,终极政治目的合理是社会治乱的必要条件,而非充分条件,在终极政治目的合理的前提下社会的治乱还取决于其他诸多因素。但可以肯定的是,终极政治目的不合理,社会不可能得到有效治理,最终只能在各种混乱中循环。

其次,终极政治目的是社会理想的核心内容,其合理与否决定着社会理想是否正确。进入文明社会后,社会治理者总会确定某种理想,作为社会发展的方向、追求的终极目标,也作为凝聚社会共识、增强社会认同、汇聚社会力量的精神标识。理想是人类特有的一种精神现象,是确立于人们观念之中的、有可能转化为奋斗目标的、有实现可能的构想或谋划,可划分为社会理想、道德理想、生活理想、职业理想等。几乎每一个人都有理想,有些人特别是思想家还会有社会理想,但一个社会的社会理想通常是由社会治理者确立的。关于社会理想,有学者将其界定为"人们对美好社会的设想和预见,其内容包括政治制度、经济制度、社会状况及整个社会结构等"②。这个界定

---

① Cf. Kluckhohn, F. R. & Strodtbeck, F. L., *Variations in Value Orientations*, Evanston IL: Row, Peterson, 1961.

② 徐光春主编:《马克思主义大辞典》,崇文书局2017年版,第83页。

抓住了社会理想的实质内容，即"对美好社会的设想和预见"。美好社会正是政治的终极目的之所在，终极政治目的就是政治主体所设想或预见的美好社会。但是，社会理想通常比较系统，可以是一个社会的理想蓝图，而终极政治目的则往往比较单一，主要规定社会一切追求的落脚点。马克思《资本论》中"以每一个个人的全面而自由的发展为基本原则的社会"① 的说法表达了社会理想与终极政治目的的关系，"每一个个人的全面而自由的发展"就是社会的终极目的，也是政治的终极目的，它就是马克思共产主义理想社会的核心内容。一般来说，终极政治目的合理，社会理想才可能正确；终极政治目的不合理，则不可能有正确的社会理想。在文明史上，至少在传统社会，政治主体是统治者而非全体社会成员，他们的终极政治目的总是自身的利益，尤其是家族或统治阶级统治的长治久安。这种终极政治目的决定了传统社会统治阶级所确立的社会理想不可能正确，即使看起来光鲜亮丽，但那也是虚幻的，如马克思所揭露的资本主义社会中发生的那样："自由！因为商品例如劳动力的买者和卖者，只取决于自己的自由意志。"②

最后，也是最重要的，终极政治目的是政治本性的根本实践要求，其合理与否事关政治本性从而社会本性能否实现。如前文所述，政治本性会体现为实践要求，其在现实政治生活中最重要的体现就是转化为终极政治目的。但从人类文明史看，政治本性并不是在任何时代都能转化为终极政治目的。这是因为政治的真实本性并不是显而易见的，通常需要思想家来揭示。如果不了解政治本性，社会治理者也就不可能将其转化为终极政治目的。这更有可能是因为，统治阶级意识到将政治本性的实践要求转化为终极政治目的会损害统治者的利益，而有意不这样做。洛克早在 17 世纪就已经意识到政治本性所要求的终极政治目的："这些法律除了为人民谋福利这一最终目的之外，不应再有其他目的。"③ 但是，一直到今天许多国家的政治还没有体现这一最

---

① 《马克思恩格斯文集》第 5 卷，人民出版社 2009 年版，第 683 页。
② 《马克思恩格斯文集》第 5 卷，人民出版社 2009 年版，第 204 页。
③ ［英］洛克：《政府论》下篇，叶启芳、瞿菊农译，商务印书馆 1964 年版，第 90 页。

终目的。终极政治目的只有体现政治的本性才是合理的,而政治的本性在于全体社会成员为了生活的幸福美好和社会的繁荣发展而授权社会治理机构治理社会的活动。显然,终极政治目的既不是少数人也不是大多数人的利益,而是全体社会成员的生活幸福及其所需要的社会发展繁荣。终极政治目的应是全体社会成员确立的,而且应是由全体社会成员通过自己的作为加以实现的,全体社会成员是终极政治目的的主体。终极政治目的的直接根据是政治本性,更深层的根据则是社会本性和人类本性,归根到底,终极政治目的根源于人谋求生存得更好本性的要求。一个人只有在社会中才能实现本性的要求,并且只有所有人的本性得到实现,他的本性才能得到实现。这就如同费希特所说的,"只有这样一种人才是自由的,这种人愿意使自己周围的一切都获得自由,而且通过某种影响,也真正使周围的一切都获得了自由,尽管这种影响的起因人们并不总是觉察到的"①。而要使所有人的本性得到实现就需要政治,需要社会治理,终极政治目的就是由此产生的。因此,终极政治目的合理与否取决于它是否体现了政治的本性,是否体现了社会本性,归根到底是否体现了人类本性。

终极政治目的合理与否是政治根本性、总体性价值有无和大小的根本前提和最终根据。终极政治目的本身存在着价值性的问题,合理的终极政治目的是有价值的,否则就没有价值或其价值不充分,但这只是一种思想理论的价值,而不是政治的价值。政治具有许多方面的价值,其中有一种是根本性的,那就是由终极政治目的的实现产生的价值。政治的根本性价值的有无和大小取决于终极价值目的是否合理和能否实现及实现的程度。终极政治目的合理是政治根本性价值的前提条件,只有终极政治目的合理,政治才会具有政治应具有的根本性价值,从而才会具有总体性价值。一种政治的终极目的不合理,该政治就无根本性价值,也就从总体上看不具有价值可言。例如,中国皇权专制时代的政治因其终极政治目的不合理而不可能具有政治的根本性价值,如果说有某些价值,那也只是一些次要的价值。当然,政治的价值不

---

① [德] 费希特:《论学者的使命人的使命》,梁志学、沈真译,商务印书馆 1984 年版,第 21 页。

仅取决于终极政治目的合理与否，也取决于合理的终极目的实现的程度，但终极政治目的是政治根本性、总体性价值的前提，而且政治价值的大小也取决于政治目的的合理程度。因此，合理的终极政治目的是衡量一种政治总体上是否有价值的终极根据。从人类文明史看，一些社会治理者并不明确宣示自己的终极政治目的，或者宣示的是一套而实行的是另一套，这就需要从社会治理的结果来衡量其政治价值。衡量政治价值有很多具体标准，但最终的根据只能是终极政治目的的合理性。而且用以衡量政治价值的标准本身需要根据合理的终极政治目的来确定，这样来确定的政治价值标准才可能是正确的。

二 人类对终极政治目的的实践和理论探索

如果我们承认终极政治目的存在合理不合理的问题，那么，什么样的终极政治目的是合理的？或者说，合理的终极政治目的是什么？这是政治哲学需要研究回答的问题。人类不同社会形态的政治实践隐含着终极政治目的，也可以说在人类历史客观上存在对什么是终极政治目的的实践回答。自轴心时代以来，思想家始终关注终极政治目的问题，并对这一问题作出了种种不同的理论回答。今天，政治哲学要研究回答合理的终极政治目的是什么的问题，需要对人类历史上实践和理论两个方面的回答进行反思、检视、比较和分析。

对社会进行自觉的治理是人类进入文明社会的主要标志和基本特征，人类一有了政治，其中就隐含着政治的终极目的。在轴心时代之前，人类尚未产生关于终极政治目的的理论，社会治理者只能根据传统、经验和自身的需要来确定终极政治目的，无相关的理论作为依据。轴心时代中西方思想家大多提出了终极政治目的的理论，社会治理者才开始从这些理论中选择自认为合适的理论作为依据。但是，社会治理者选择的理论也并不一定适合治理的需要，他们通常会对其进行必要的改造，所以最终确定的终极政治目的与思想家的主张总会存在着差异，甚至相去甚远。先秦儒家所确立的"天下平"这一终极政治目的，就被董仲舒根据汉武帝的意图改造成了"天下大一统"①，即"六合同风，九州共贯也"(《汉书·王吉传》)。因此，对终极政治目的的实践回答是不同于其理论回答的，尽管两者之间存在着错综复杂的关联。

综览中西方古今不同社会形态，社会治理者确定的实际终极政治目的大致上可以划分为五种主要类型。

一是社会成员普遍幸福。古希腊的雅典在这方面很典型，从古希腊雅典最高执政官伯利克里在阵亡将士国葬典礼上的演说中可以看到这一点。演说洋溢着他作为最高执政官对执政取得的成就的自信，这些成就正是雅典人追求终极政治目的的结果。如他所说，雅典的"政权是在全体人民手中，而不是在少数人手中"；"每个人在法律上都是平等的"；"我们是自由的和宽恕的"；"我们遵守法律""因为这种法律深使我们心服"；"我们可享受各种娱乐"；"我们的家庭中，我们有华丽而风雅的设备，每天怡娱心目"；城邦"使全世界各地一切好的东西都充分地带给我们"，等等②。不过，伯利克里所说的"全体人民"仅指自由民，不包括奴隶、妇女、儿童，因而不过是统治阶级。当代中国则彻底克服了雅典的这种政治局限，真正将全体社会成员的幸福作为终极的政治目的。"中国共产党一经诞生，就把为中国人民谋幸福、为中华民族谋复兴确立为自己的初心使命。"③ 中国共产党的初心使命就是社会主义中国政治的终极目的。更为重要的是，中国人民幸福所指向的是社会成员个人的全面而自由发展。党的二十大报告明确提出，中国式现代化是物质文明和精神文明相协调的现代化，"促进物的全面丰富和人的全面发展"④。

---

① 董仲舒的"大一统"概念虽然来自《公羊传·隐公元年》，但两者之间有着根本区别，参见孙磊《〈春秋〉"大一统"与国家秩序建构——以西汉国家治理为中心》，《东南学术》2022年第6期。

② 《伯利克里对于雅典人所理想的社会生活的解释》，载周辅成编《西方伦理学名著选辑》上卷，商务印书馆1964年版，第38—46页。

③ 习近平：《在庆祝中国共产党成立100周年大会上的讲话》，《求是》2021年第14期。

④ 习近平：《高举中国特色社会主义伟大旗帜 为全面建设社会主义现代化国家而团结奋斗——在中国共产党第二十次全国代表大会上的报告》，人民出版社2022年版，第23页。

二是称霸世界。这几乎是西方文明社会所有社会形态的共同的终极政治目的。公元前4世纪亚历山大大帝就通过征服开创了地跨亚欧非三洲的帝国，版图东起葱岭与印度河平原，南至波斯湾并包括埃及，西到色雷斯和希腊，北抵黑海及阿姆河。① 英国就曾自称日不落帝国。维多利亚时代的大英帝国步入了全盛时期，1938年人口达4.58亿，约占世界总人口的四分之一，1922年通过第一次世界大战获得德国殖民地后，国土面积达到3367万平方公里，约为世界陆地总面积的24.75%，地球上的24个时区均有大英帝国的领土。这些国家都把对外侵略扩张、称霸世界作为终极政治目的，一旦称霸世界就拥有了全世界的资源。

三是王朝长治久安。把王朝的巩固和延续作为政治的终极目的是中国传统政治最突出的特点。这一终极政治目的的确立与中国的宗法制（实质上是以嫡长子继承制为核心的家长制）从原始社会延续到文明社会有着直接关系，中国传统社会延续约5000年的君王制最早就是由氏族家长演变而成的，而且宗法制并没有随着君王制占主导地位而退出历史舞台，相反在君王制背后发生着作用，这就构成了家国同构的文化传统。家国同构的政治主体是家族，而家族的家长就是君王（自封为天子）。君王制是与中国传统社会相伴始终的。"春秋以前，天下的专制权力以分封制为基础；春秋以后，郡县制逐步确立，天子的专制权力通过直接指挥非世袭的朝廷官僚实现，向统一的专制主义君主集权制过渡。"② 但是，宗法制君王专制始终面临着多重挑战：长子之外诸弟及叔侄等亲属对权力的觊觎；外戚的专权篡位；百姓的不满乃至反抗；边境少数民族以及后来西方列强的入侵，等等。在这种种挑战面前，王族和君王不得不将天下的长治久安作为政治的头等大事和终极目的。为此，君王不断加强集权，从秦始皇开始，"天下之事无大小皆决于上"（《史记·秦始皇本纪》），最终从"治民"走向了"制民"。"能制天下者，必克制其民者也。能胜强敌者，必先胜其民者也。故胜民之本在制民，若冶于金，陶于土也。"（《商君书·画策》）

---

① 参见计秋枫《近代前期英国崛起的历史逻辑》，《中国社会科学》2013年第9期。
② 冯天瑜、何晓明、周积明：《中华文化史》，上海人民出版社1990年版，第212页。

四是死后进入天堂。"天堂地狱说"是基督教的基本教义,天堂就是《圣经》中所说的"新天新地",它是上帝对人类新的应许和赐福,所代表的是人与上帝永恒同在的状态、永恒相聚的状态,在那里人"与上帝面对面"①。基督教自4世纪末被罗马帝国定为国教之后,因拥有合法地位而获得了大规模的发展。公元476年西罗马帝国灭亡后,日耳曼人开始在废墟上安家,迅速将基督教纳入其信仰体系之下,此后基督教在欧洲占据了绝对的统治地位,并辐射影响到周围地区。基督教给自己确定的对欧洲社会进行治理的终极目的,是帮助人们进入天堂。当然,人是不可能死后进天堂的,但教会通过神秘仪式、网状结构、排除异己、反复灌输、简化理论、树立榜样等措施来使人们相信这一点,从而最终达到控制百姓的目的。

五是保护公民的自由和权利。近代以来,西方国家接受了自由主义理论,把社会成员个人(公民)充分享有自由和权利作为政治的终极追求,并且对世界产生了很大影响。在自由主义思想家看来,个人先于国家,追求不受任何限制和阻碍的自由是其自然权利;国家应该是保护个人自由权利的工具,国家存在的意义在于促进每一个社会成员的自由发展。因此,资本主义社会确立的"个人至上"理念,必然内含着个人自由权利至高无上的主张。洛克提出:"只有人民才能通过组成立法机关和指定由谁来行使立法权,选定国家的形式。"② 这就是说,个人的权利至高无上,立法权是人民的主权,制定法律要在公众的同意和委任下进行,也就保证了公众本身的自由。康德也提出:"人只有一种天赋的权利,即与生俱来的自由。自由是独立于别人的强制意志,而且根据普遍的法则,它能够和所有人的自由并存,它是每个人由于他的人性而具有的与生俱来的权利。"③ 自由主义思想家的思想中无不透露出一个主题:个人权利是前提,国家权力是结果。个人权利是先在的、自然的,

---

① [英]阿利斯特·E.麦格拉斯:《天堂简史:天堂概念与西方文化之探究》,高民贵、陈晓霞译,北京大学出版社2006年版,第172页。

② [英]洛克:《政府论》下卷,叶启芳、瞿菊农译,商务印书馆2005年版,第89页。

③ [德]康德:《法的形而上学原理:权利的科学》,沈叔平译,林荣远校,商务印书馆1991年版,第50页。

个人权利限定了国家权力的范围，设定了国家权力的界限，在个人权利的范围内，国家权力是无效的；国家权力是后发的、约定的，国家权力因个人权利而存在，其意义就在于保护和扩大个人权利。

自轴心时代开始，思想家提出了多种终极政治目的的方案，这里列举几种有广泛影响的方案。（1）"天下大同"。孔子认为在远古尧舜治理的社会是"大道之行"的时代，这时的社会是"天下为公"的人性化、人道化、人情化社会。天下大同实际上是孔子托古提供的一种终极政治目的。不过，孔子之后的先秦儒家不怎样讲天下大同，而将其降格为"天下平"（《礼记·大学》），"天下平"成为后世儒家所主张的终极政治目的。"天下大同"的主张后为康有为、孙中山等思想家所赞同并获得丰富发展。（2）全体社会成员过上幸福生活。这种主张最早由柏拉图提出。他说："在建立我们的城邦时，我们关注的目标并不是使任何一群人特别幸福，而是尽可能使整个城邦幸福。"① 不过，柏拉图所理解的幸福是具有德性或善，并非人生活的各方面都幸福，尤其不包括物质生活方面的幸福。"幸福的实现实际上必须等候善的到来，所以国家的建设者会以善和幸福的结合为目标。"②（3）进入上帝之城。奥古斯丁认为，尽管这个世界上有许许多多国家，但其实只有两种人类社会的秩序，按照《圣经》的说法可以正确地称之为两座城，一座城由按照肉体生活的人组成，即"属地之城"，另一座城由按照灵性生活的人组成，即"上帝之城"。③ "两座城是被两种爱创造的：一种是属地之爱，从自爱一直延伸到轻视上帝；一种是属天之爱，从爱上帝一直延伸到轻视自我。"④ 当然，奥古斯丁并没有明确把引导人进入上帝之城视为世俗社会治理的终极目的，但

---

① ［古希腊］柏拉图：《国家篇》，载《柏拉图全集》（增订版）中卷，王晓朝译，人民出版社2018年版，第115页。
② ［古希腊］柏拉图：《法篇》，载《柏拉图全集》（增订版）下卷，王晓朝译，人民出版社2018年版，第150页。
③ ［古罗马］奥古斯丁：《上帝之城》上卷，王晓朝译，人民出版社2006年版，第578—579页。
④ ［古罗马］奥古斯丁：《上帝之城》上卷，王晓朝译，人民出版社2006年版，第631页。

视为基督教教会的终极目的。（4）保护公民的自由和权利。这是西方近代以来的自由主义思想家的共同主张。在洛克看来，人们之所以要进入政治社会并放弃自然法的执行权而把它交给政府，是因为与其他人联合组成一个共同体可以确保自己的和平和安全、公众的福利，以及防止共同体以外任何人的侵犯。所有这一切也正是政治社会和政府的目的之所在。概言之，"政府的目的是为人民谋福利"①。在政府的所有目的中，洛克强调保护个人财产。他说，"人们联合成为国家和置身于政府之下重大的和主要的目的，是保护他们的财产"②。（5）个人的全面而自由发展。马克思和恩格斯认为，取代资产阶级旧社会的"将是这样一个联合体，在那里，每个个人的自由发展是一切人的自由发展的条件"③。后来马克思又强调这种联合体是"以每一个个人的全面而自由的发展为基本原则的社会形式"④。显然，这种社会如果需要政治的话，其终极目的就是促进其成员的全面而自由的发展。

以上所列方案，有些已经被历史否定，有些仍然在当代发生着作用。从实践追求方面看，王朝的长治久安、死后进入天堂已经退出历史舞台；称霸世界虽然还为个别国家所追求，但也几近强弩之末，为世界大多数国家所否定；个人充分享有自由和权利仍然是西方国家的政治追求；而社会成员普遍幸福作为终极政治目的则得到了以中国为代表的世界上大多数国家的认同，并至少在法制的层面得到肯定。从理论观点方面看，进入上帝之城的主张伴随着基督教政治地位的丧失已很少有思想家坚守；保护个人的自由和权利的主张已经成为西方的实践；天下大同、全体社会成员过上好生活、个人的全面而自由发展三种主张是相通的，只是强调的侧重点有所不同，而且在当代一些国家三者出现融合趋势，最终落脚到个人的全面而自由发展。无论从实践追求看还是从理论主张看，当代世界的终极政治目的主要有两种：一是个

---

① ［英］洛克：《政府论》下篇，叶启芳、瞿菊农译，商务印书馆1964年版，第144页。

② ［英］洛克：《政府论》下篇，叶启芳、瞿菊农译，商务印书馆1964年版，第77页。

③ 《马克思恩格斯选集》第1卷，人民出版社2012年版，第422页。

④ 《马克思恩格斯文集》第5卷，人民出版社2009年版，第683页。

人享有充分的自由和权利；二是个人获得全面而自由的发展。显然，后者包含前者，因为个人不享有充分的自由和权利就不可能获得全面而自由的发展。所以，从比较的角度看，后者更具有合理性应是不言而喻的。

三 合理的政治目的及其根据

通过以上对终极政治目的实践和理论的种种方案的考察和比较，我们认为，只有"每一个个人的全面而自由的发展"才是真正合理的终极政治目的。从政治哲学的角度看，这个命题可以转换为"社会中所有人的全面而自由的发展"。根据这一终极政治目的，政治的意义就在于追求或者说通过运用权力的力量使社会中所有人获得全面而自由的发展。

"社会中所有人的全面而自由的发展"作为终极政治目的，既意味着社会中所有人的潜能得到尽可能充分的开发和发挥，也意味着社会中所有人的生存需要、发展需要（特别是精神需要）和享受需要得到尽可能好的满足。对于这一终极目的，还需要作以下进一步的阐述，才能对其有更准确的把握。

其一，"社会中所有人"既不是指个别人、少数人，也不是指多数人，而是指社会中每一个个人。这是终极政治目的合理性的首要规定，只有符合这个规定的终极政治目的才是合理的。根据这一规定，一切以其中的部分人的利益为终极目的的社会都是不合理的，将其作为终极目的加以追求的政治也必定不合理。人类文明发展到今天，那些终极目的指向君王和少数统治阶级的政治已经被否弃，但在现实生活中仍然经常能听到政治为大多数或最大多数人服务的说法。这种说法是有问题的。一个社会的政治即便为最大多数人服务，那也存在在政治上谁对那些少数人负责的问题。更何况，这里说的"少数人"并非固定不变，因为每一个个人都有可能因为某种原因而进入"少数人"的范围。政治实践也表明，将社会中的个人划分为"多数人"和"少数人"是导致民主政治发生"多数人暴政"（托克维尔称之为"民主的专制"[①]）的重要原因之一。马克思提出自由人联合体要"以每一个个人的全面而自由的发展为基本原则"，也许所针对的就是西方历史上和现实中发生过的多数人

[①] 刘海超：《托克维尔论"民主的专制"》，《古典学研究》2022年第2期。

暴政问题。

需要注意的是，这里说的是"社会中所有人"，而不是"全体社会成员"。从现代社会看，社会成员包括个人，也包括家庭、企业、社团等组织个体，但只有个人才是社会的终极实体和终极主体，他们才是社会治理的终极目的对象。中国传统社会过分重视家庭，并将在家尽孝与为国尽忠联系起来，忽视了个人在社会中的终极主体地位，才会在专制社会发生那么多愚忠、愚孝、愚贞、愚节事件。① 妇女的命运尤其悲惨，必须终生"从人"："未嫁从父，既嫁从夫，夫死从子。故父者子之天也，夫者妻之天也。"（《仪礼·丧服》）。为了防止社会可能发生的这类异化问题，政治必须以社会中所有个人为终极服务对象，一方面要直接为社会中的每一个人更好地生存发展提供尽可能优越的条件，另一方面也要调动其他一切组织个体为实现这一终极政治目的服务，至少要采取有效措施防范它们对终极政治目的的实现产生消极和破坏作用。

其二，"全面而自由的发展"是既全面又自由的发展，这是合理终极政治目的在内涵上的规定。每一个人都全面发展是前提条件，它包括两个层次：一是每一个人的人性得到尽可能充分的开发，以获得完善人格，这需要通过充分而合适的教育实现；二是每一个人获得的完善人格都能够得到尽可能充分的发挥，这需要提供良好的社会条件。同时，每一个人都可以按照自由的意愿有重点地发展，以彰显自己发展的个性特色，而非千人一面，这样整个社会才会因个人多样化而和谐而美好。根据这种理解，一个全面而自由发展的人能通过努力奋斗逐步使其人性闪耀善和美的光辉，人格完善而高尚，个性获得健康而丰富的发展，生活充满乐趣、充满创意和充满魅力。由于人的全面发展不仅包含道德的完善，而且以道德完善为前提，因而为了凸显其道德的意义，可以将全面而自由发展的人理解为道德之人、自由之人和全面发展之人，是三者的有机统一。显然，人的全面而自由发展状态就是人的幸福，即美好生活状态。这里所说的"生活"是作为一个整体的生活，涵括家庭生

---

① 参见张锡勤《论宋元明清时代的愚忠、愚孝、愚贞、愚节》，《道德与文明》2006年第2期。

活、职业生活、个性生活、网络生活等生活的各个方面。① 当然，由于种种原因，任何社会，即使是共产主义社会也不可能达到这种十全十美的理想境界，但政治可以以此为终极目的加以追求，通过不懈的努力使这一目的尽可能得到充分的实现。

其三，合理的终极政治目的的实现必须依靠作为政治主体的全体社会成员的共同奋斗，尤其需要社会治理主体的有效治理。在人类历史上，政治主体主要是统治阶级，他们由于时代的局限以及自身利益的需要，而不可能把社会中所有人利益的实现作为社会治理的终极目的，即使他们中的一些人有心如此，也没有能力做到这一点。社会的政治主体原本是其社会成员，历史上统治阶级是凭借经济实力和军事实力获得政治主体地位的，在人类社会走向民主化的过程中，所有社会成员的政治主体地位正在逐渐得到恢复。在这种新的历史条件下，一方面社会中所有人全面而自由发展所需要的社会条件必须依赖全体社会成员的奋斗才能创造，任何统治阶级都不可能提供；另一方面在民主社会阶级的划分正在消失，全体社会成员成为主体和主人，也无所谓统治阶级可依赖。这就是《国际歌》里所唱的，"从来就没有什么救世主，也不靠神仙皇帝。要创造人类的幸福，全靠我们自己"。这里所说的"我们自己"在今天就是全体社会成员。全体社会成员包括社会中的所有个人、所有组织群体，以及社会治理主体（今天是国家或政府），即通常所说的"执政者"。所以，意大利著名政治思想家乔万尼·萨托利（Giovanni Sartori，1924—2017）称现代政治是"多头统治"。他说："'多头统治'站在'寡头统治'的对立面，因此多头统治一词本身只意味着寡头统治已被打败，它已转变为由各权力集团所组成的多元的、分散的和——充其量——开放的一团星云。"② 所有这些社会成员都是社会的政治主体，也是政治责任主体，都肩负着为社会中所有人全面而自由发展创造条件的责任。但是，在所有政治主

---

① 参见江畅《论道德、价值与文化》，载《江畅文集》第 11 卷，人民出版社 2022 年版，第 498 页。

② ［美］乔万尼·萨托利：《民主新论》，冯克利、阎克文译，上海人民出版社 2009 年版，第 172 页。

体中，社会治理主体是一种特殊政治主体，它代表全体政治主体行使社会治理权力，是直接的政治责任主体。他们是专业政治家阶层，对于终极政治目的实现具有关键性的作用。在当代人类民主化进程中，一些国家采取了以政府为主导的多元治理主体的模式，但专业政治家的作用不可替代，不可轻视。在今天的中国，"一切为了人民，一切依靠人民"已经成为社会普遍共识和基本政治原则，而为了人民和依靠人民需要执政者来组织实施。这里涉及两方面的问题：一是如何确保执政者做到清正廉洁，执政为民，真正掌好用好全体社会成员赋予他们的社会治理权力；二是如何确保执政者能够激发全体社会成员（所有个人和所有组织）通过努力奋斗为社会中所有人全面而自由发展提供社会条件。这正是当代民主社会面临的最大难题，需要从理论和实践的结合上加以解决。

"每一个个人的全面而自由的发展"是马克思针对西方社会的政治保护个人自由和权利的虚幻性提出的，也是为了从根本上解决资本主义社会个人发展异化、扭曲的现实问题，从而使人类彻底获得解放和自由。马克思对资本主义社会人的异化进行了深刻批判，认为劳动所生产的对象（劳动的产品）已经成为一种异己的存在物、一种不依赖生产者的力量，它们同劳动对立。对象的占有竟如此表现为异化，以致工人生产的对象越多，他能够占有的对象就越少，而且越受自己的产品即资本的统治。如此一来，"工人对自己的劳动的产品的关系就是对一个异己的对象的关系"①。工人在劳动中耗费的力量越多，他亲手创造出来反对自身的、异己的对象世界的力量就越强大，他自身、他的内部世界就越贫乏，归他所有的东西就越少。与此同时，马克思对资产阶级所宣扬的自由、平等、所有权的虚伪性进行了深刻的揭露和无情的批判。在他看来，对于广大的工人来说，他们的自由具有双重意义：一方面，工人是自由人，能够把自己的劳动当作自己的商品来支配；另一方面，他没有别的商品可以出卖，自由得一无所有，没有任何实现自己的劳动力所必需的东西。②马克思认为，要摒弃异化劳动和克服资产阶级宣扬的自由、平等、

---

① 《马克思恩格斯文集》第1卷，人民出版社2009年版，第157页。
② 参见《马克思恩格斯文集》第5卷，人民出版社2009年版，第197页。

所有权的虚伪性，"必须有现实的共产主义行动"①。在马克思和恩格斯看来，只有在共产主义社会形态里，才能实现"人的自由而全面的发展"，人才能够获得真正意义上的彻底解放。"人的自由而全面的发展"不仅是马克思主义哲学的核心概念，更是一个实践的、历史的、唯物辩证的命题，是马克思全部思想的出发点和归宿。

"社会中所有人的全面而自由的发展"作为终极政治目的是人类本性的根本要求，这是其合理性的根本之所在。人类本性是由人的各种潜在本质规定性构成的统一整体，其实质内涵在于谋求生存得更好。人类本性包括潜在的需要、潜在的能量、潜在的能力以及作为潜在能力积累成果和形成定势的潜在可能性。② 在这个整体结构中，潜在需要是最初的潜在目的，其核心就是谋求生存得更好，开发这种潜在的可能性，潜在需要就会使之转化为人产生现实需要的可能性。在这个过程中，它也有可能转化为人谋求生存得更好的现实的终极目的。不过，并不是每一个人在开发自己人性需要潜能时都会将其谋求生存得更好的需要转化为自己人生的终极目的，不少人会发生偏误。当人正常地将谋求生存得更好的需要转化为人生终极目的之后，就需要发挥其本性所具有的自为性加以追求以使之得以实现。但人性的自为性是与社群性联为一体的，它们是人类共同本性的两个基本方面，人只有在社会中通过为他者（他人、组织群体、基本共同体、人类）作出贡献才能充分实现自己的人性，实现全面而自由的发展。在这里，政治的意义就凸显出来，社会治理者只有将每一个社会成员的全面而自由发展作为终极政治目的，才会运用政治的力量为他们人性的尽可能充分实现提供所需要的社会条件。具体而言，这种社会条件主要包括五个方面：一是社会中所有人的潜能都能得到尽可能充分开发所需要的社会条件；二是社会中所有人开发出来的能力都能得到尽可能充分发挥所需要的社会条件；三是社会中所有人的生存需要都能得到尽可能充分满足所需要的社会条件；四是社会中所有人的发展需要都有得到满足的可能所需要的社会条件；五是社会中所有人都有安全感、获得感、公正

---

① 《马克思恩格斯文集》第 1 卷，人民出版社 2009 年版，第 232 页。
② 参见江畅《人的自我实现——人性、人格与人生》，《求索》2019 年第 4 期。

感、认同感等美好感受所需要的社会条件。这五个方面的条件都有底线要求和理想状况。一般来说，社会中所有人要普遍获得全面而自由发展必须在所有这些方面都达到底线要求，而这些条件越是接近理想状况，越是有利于社会中所有人普遍获得全面而自由的发展。而且，这些社会条件是一个相互关联的完整系统，其中的基本要素缺一不可，否则人们的全面而自由的发展就可能是有局限的或者是受强制的。①

"社会中所有人的全面而自由的发展"作为终极政治目的的合理性还在于，它具有综合性和超越性。如前所述，在人类历史上作为实践追求和理论主张的几种终极政治目的中，今天还存在并有活力的其实只有四种，即"天下大同""社会成员的普遍幸福""保护公民的自由和权利"和"每一个个人的全面而自由的发展"。在这四种目的中，"天下大同"并不是天下一统，而是天下（基本共同体）的所有人普遍过上幸福生活。自古以来，对于幸福的理解见仁见智，中国古代把幸福理解为"五福"，并且强调它是一个整体②；亚里士多德称"幸福就是合乎德性的现实活动"③；康德则认为"幸福是我们一切偏好的满足"④，如此等等。但所有这些对幸福的理解都有局限或偏误，只有马克思才真正揭示了幸福的正确内涵，这就是"每一个个人的自由而全面的发展"。马克思的这一论断不仅如前所述真正体现了人类本性的要求，而且也从历史上各种幸福观中吸取了养分。它明显包含了中国传统幸福观所强调的幸福的全面性，"全面发展"就是《礼记·祭统》中所说的"福者，备也"之中的"备"；"全面发展"无疑包含德性和人格方面的发展，而发展本身就是现实活动；个人全面而自由发展的前提是个人享有充分的自由和权利，

---

① 参见江畅《人民美好生活的内涵及实现条件》，《光明日报》2017年12月15日第11版，载《江畅文集》第11卷，人民出版社2022年版，第476—477页。

② "五福"："一曰寿，二曰富，三曰康宁，四曰攸好德，五曰考终命"（《尚书·洪范》）；《礼记·祭统》云："福者，备也；备者，百顺之名也。无所不顺者之谓备。"

③ ［古希腊］亚里士多德：《尼各马科伦理学》，载苗力田主编《亚里士多德全集》第八卷，中国人民大学出版社1994年版，第16页。

④ ［德］康德：《纯粹理性批判》（第2版），载李秋零主编《康德著作全集》第3卷，中国人民大学出版社2004年版，第514页。

否则个人就既无全面发展的权利，也不可能按照自己的自由意志发展。可以说，"每一个个人的全面而自由的发展"是马克思对人类历史上关于终极政治目的的理论和实践的综合性创新和创造性超越。

四　政治理想、政治目标与政治价值

无论在理论上还是在现实生活中，人们都不怎么谈论终极政治目的，而大多谈论政治理想。所谓政治理想，一般地说，就是对未来的美好社会的谋划或设计。它可能是粗略的，如孔子对他的"大同"社会只用了一段话加以描述；也可能是十分详尽的，如托马斯·莫尔为他的理想社会——"乌托邦"写了一本书。政治理想和社会理想常常交织在一起，政治理想是社会理想的核心内容。如果社会理想之中不包含政治理想，那么这种社会理想就纯粹是乌托邦，不具有任何实现的可能性。这是因为任何社会理想都需要通过社会治理来实现，而政治理想就是对如何实行社会治理的整体谋划。政治理念包含对理想社会整体图景的构想，但政治理想的内涵一般比社会理想丰富，其中常常包括对如何实现社会理想的内容。

政治理想中首要的是终极政治目标，终极政治目标则由终极政治目的而来，是终极政治目的的明确化、具体化甚至定量化。终极政治目的可以说就是政治理想的终极目标，两者实质上是一致的，并无明显区别。政治理想是对如何实现终极政治目的的谋划或设计，孔子的大同社会是一种政治理想，它就是对"大道之行也，天下为公"（《礼记·礼运》）这一终极政治目的实现景象的构想和描绘；马克思、恩格斯的共产主义社会则是对"每一个个人的全面而自由的发展"这一终极政治目的的系统谋划。一般来说，终极政治目的只有转化为政治理想才能从一种想象转变为政治蓝图，并进入政治实践环节。缺乏这一转化，终极政治目的就可能仅仅是一种主观愿望，即使直接将它作为政治目标，也很难真正实现，或者其实现的结果会因为缺乏对其作必要的谋划而产生许多问题。

终极政治目的转化为政治理想至少有四个方面的意义。一是这种转化其实是使政治宏愿转化为政治蓝图（总体图），有了这种总体图才可能进一步具体化为施工图，并进入施工环节。二是这种转化也可以检验终极政治目的实现的可能性。有许多人想象的终极政治目的是完全缺乏根据的，进行这种转化就可以发现其空想性。三是这种转化可以丰富完善终极政治目的。原初构想的终极政治目的可能有欠缺，一旦对它作实践的谋划，就会发现它的局限、缺陷和问题，也就可以对它进行修改完善。四是实现了这种转化之后，终极政治目的就转变成了政治理念，如此，社会就有了宣传教育它的依据，它也才有可能成为人们信仰和追求的对象，从而可以凝聚全社会实现终极政治目的的力量。因此，终极政治目的转化为政治理想是其实现的应有环节。当然，并非只要实现了这种转化，终极政治目的就一定能实现，但没有这种转化，终极政治目的就很难实现，即使实现了也会因为缺乏对政治理想的设计而不会完美。

政治理想所追求的是政治的终极目的，社会确立的终极政治目的通常是长久的，以之为终极目的的政治理想也因而是长远的或远大的。这里说的"长远"可能指三种情况。其一，政治理想需要经过一个漫长的历史过程才能实现，而一旦实现就达到了至善至美的境地。基督教的"新天新地"或"上帝之城"就是这样的理想。其二，政治理想很快就能够实现，但实现以后的过程是漫长的，而在这个过程中，社会虽然有进步，但不再有社会革命，不会有更高级的社会形态代替它。西方自由主义思想家的"理性王国"就是这种理想，他们相信人类一旦建立了理性王国，"从今以后，迷信、非正义、特权和压迫，必将为永恒的真理、永恒的正义、基于自然的平等和不可剥夺的人权所取代"[1]。其三，迈向终极政治目的是没有终点站的无限过程，可以不断接近，但不能尽善尽美地实现。马克思认为，无产阶级革命胜利后，人类就进入了共产主义社会，只不过这是"经过长久阵痛刚刚从资本主义社会产生出生来的共产主义社会第一阶段"[2]，即社会主义阶段。马克思、恩格斯把共产主义社会视为目前可预见的人类社会发展的最高阶段。从此，人类社会就进入了实现"每一个个人的全面而自由的发展"的过程，这是一个永无止境的过程，会不断朝着更美好的方向迈进。虽然作为一种社会形态它有其基本规定

---

[1]《马克思恩格斯文集》第3卷，人民出版社2009年版，第524页。
[2]《马克思恩格斯选集》第3卷，人民出版社2012年版，第364页。

性（生产资料公有制、按劳分配或按需分配、自由人联合体等），但它不像基督教的天堂那样是一个终点站，所以马克思、恩格斯把共产主义视为一种运动。①

无论从初步实现看还是从最终实现看，政治理想的实现都是一个相当漫长的过程，不能一蹴而就，必须分阶段实施。分阶段实施就需要阶段目标，阶段目标通常不是单一目标，而是总体目标，它也是一种谋划和设计，只不过是一个阶段的政治实践方案。例如，党的二十大报告就明确提出了到二〇三五年中国发展的总体目标，包括经济实力、科技实力、综合国力大幅跃升等七个方面。② 这就是二〇五〇年全面建成社会主义现代化强国的政治目标中到二〇三五年要实现的政治目标，而全面建成社会主义现代化强国又是中国实现共产主义理想的漫长过程中一个大阶段的政治目标。到二〇五〇年全面建成社会主义现代化强国之后，还会根据社会发展的情况确定以后不同阶段的政治目标。既然把共产主义理想的实现视为一个无限的过程，那么在以后漫长的历史过程中还会确立很多不同的阶段政治目标。我们前面把对政治理想的谋划和设计视为总体图，把对政治理想的实现的谋划和设计比作工程图，而对不同大小阶段的目标的谋划和设计则可以说是不同大小阶段的施工图。一般来说，政治理想是紧紧围绕终极政治目的展开的宏观谋划和设计，而政治目标则比较具体、详细、可行，而且阶段越小、越和当前靠近，而且政治目标越具体、越详细，就越能和现实对接，越可操作。

终极政治目的存在合理性问题，作为其体现的政治理想和政治目标也都存在合理性问题。前文已经论证过，只有一种终极政治目的是合理的，即马克思所提出的社会中所有人的全面而自由的发展。其理由主要在于，只有这一终极政治目的才真正体现了人类本性（谋求生存得更好）的根本要求，而所有其他关于终极政治目的的设定要么不合理，要么有这样或那样的局限和问题。如果我们承认社会中所有人的全面而自由的发展是唯一合理的终极政

---

① 参见赵荣锋《马克思恩格斯文本语境中共产主义话语的多重意蕴》，《湖北行政学院学报》2022年第6期。

② 参见习近平《高举中国特色社会主义伟大旗帜　为全面建设社会主义现代化国家而团结奋斗——在中国共产党第二十次全国代表大会上的报告》，人民出版社2022年版，第24页。

治目的，那么它就可以成为判断政治理想和各种政治目标是否合理的主要根据。因为政治理想是以终极政治目的为根据谋划和设计的，是其展开和具体化，如果政治理想没有体现合理的终极政治目的，它就缺乏其合理性的前提，也就不可能是合理的；政治目标则是根据政治理想确定的，是实现政治理想的阶段性方案，如果政治目标没有体现合理的政治理想，它就缺乏其合理性的前提，也就不可能是合理的。但是，与终极政治目的的合理性仅以是否体现人类本性来判断不同，政治理想、政治目标的合理性的判断涉及的因素要复杂得多，而政治目标又要比政治理想复杂。

我们先来看看政治理想的合理性问题。政治理想是否合理，前提是看它是否能体现合理的终极政治目的，只有贯彻了合理的终极政治目的，它才可能合理。但这只是政治理想合理的前提或必要条件，而非充分条件，政治理想合理的充分条件是转变为现实的可能性。一种政治理想如果不具有实现的可能性，它就是梦想或幻想，而不是理想。在人类历史上，有许多思想家提出的政治理想可能在一定程度上体现了合理的终极政治目的，但由于缺乏转变为现实的可能性而流于空想。马克思主义产生前的空想共产主义者的政治理想之所以被称为"空想共产主义"，就是因为它们无实现的可能性。不过，政治理想不具有转变为现实的可能性有两种不同的情形。其一，它因违背人类本性或人类能力而永远不可能实现。老子的政治理想是"安平太"（《老子》三十五章）[①]，其实现条件之一是"绝智巧"[②]，而有智能而且智能不断进化的人类永远都不可能如此，因此老子的政治理想不具有实现的可能性，只能是梦想。其二，虽然政治理想提出的时代不具有实现的可能性，但社会发展到一定阶段后具备了实现的可能性，政治理想就能从梦想变成理想。这种情况相当多。孔子提出的天下"大同"，连他自己都认为没有实现的可能性，因为在他生活的时代天下已经由"天下为公"变成了"天下为家"，所

[①] 有研究者认为，老子的政治理想不是"小国寡民"，而是"安平太"（参见蒋瑜、黎千驹《老子的社会政治理想及治理策略试探》，《武陵学刊》2022年第5期），笔者赞同这种观点。

[②] 老子曰："故以智治国，国之贼；不以智治国，国之福。"（《老子》第六十五章）

以他的真正政治理想并不是"大同"而是"小康"。但是，两千多年后，随着全球一体化时代，天下大同具备了实现的条件，而且中国共产党把"为世界谋大同"①作为自己的使命，领导中国人民全力推进人类命运共同体建设。于是，孔子的梦想已经变成了今天中国人民的政治理想。显然，后一种情形的政治理想就具有了合理性。

我们再来看看政治目标的合理性问题。合理的政治目标其前提条件是它必须体现合理的政治理想，就是说这种理想的终极政治目的是合理的，且这种终极政治目的具有实现的可能性。除此之外，合理的政治目标还必须具有可行性，这是它不同于合理的政治理想的一个规定性或充分条件。以上谈到的世界大同或天下大同，在孔子提出的时候不过是一个梦想，到马克思提出"解放全人类"②时，它就从一种梦想变成了理想。中国共产党成立之初就确立了这种理想，并首先致力于谋求中国人民的解放，当中国人民从站起来、富起来到强起来的时候，为世界谋大同就具备了可行性。于是，中国就提出了构建人类命运共同体的倡议，而且身体力行，采取诸多措施推动人类命运共同体构建，如稳步推进共建"一带一路"、弘扬全人类共同价值、提出三大全球性重要倡议（全球发展倡议、全球安全倡议、全球文明倡议）等。③这一切都表明当代中国已经把世界大同作为自己的政治目标之一，而这一目标因具备了合理性所需的必要条件和充分条件而是合理的。

当然，当代中国将世界大同作为政治目标是可行的，但从整个世界来看实现世界大同仍然困难重重。从国际共产主义运动史看，世界大同的理想形成之后，一直到东欧剧变、苏联解体之前，第一国际（1864—1876）、第二国际（1889—1914）、第三国际（1919—1943）先后解散，它们都没有实现世界大同的理想。④即使在今天，除中国之外，世界各国赞同世界大同

---

① 《心怀四海忧天下 矢志不渝为人民——中国共产党人的"三为"情怀》，《人民日报》（海外版）2018年4月25日。

② 参见李志军《马克思人类解放理论的三重意蕴》，《前线》2018年第4期。

③ 参见姚琨《坚定不移推动构建人类命运共同体》，《光明日报》2022年12月20日。

④ 参见黄济福《国际共产主义运动的回顾与展望》，《中国国际共运史学会2014年年会暨学术研讨会论文集》。

理想的只有共产党,而共产党的力量仍然比较弱小。当今在资本主义世界共产党虽有 130 多个,但只有大约 700 万党员,而且大多是势单力薄的小党。共产党如果不善于建立统一战线、联合斗争,只是单枪匹马、孤军奋战,很难推动这些国家将世界大同作为本国的政治理想并具体化为政治目标。①

合理的政治理想转化为合理的政治目标,或者说,政治目标要成为合理的,就可行性而言需要考虑以下四个要素。第一,政治目标要可行,必须把合理的政治理想同本国国情相结合。当代的世界大同理想其实就是共产主义理想,而共产主义理想是马克思、恩格斯构想的。在当代世界国家化的格局下,一个国家要将其作为政治目标,就必须把它同本国的文化传统相结合,使之植根于本国文化,同时也要把它同本国实际尤其是现实的经济、政治、文化制度相结合。第二,政治目标要可行,必须构建合理政治目标得以实现的政治条件。在当代社会条件下,政治目标要具有合理性,需要政治目的具有合理性、政治制度具有合法性、政治治理具有公正性、政治权力具有正当性这些政治条件与之配套。它们是相互生成的,所有这些政治条件需要在追求合理的政治目标实现的过程中才能得以生成。第三,政治目标要可行,还必须得到社会的普遍认同,并能够转化为公众信念。孟子曰:"得天下有道,得其民,斯得天下矣。得其民有道,得其心,斯得民矣。得其心有道,所欲与之聚之,所恶勿施尔也。"(《孟子·离娄上》)政治目标的终极指向是社会中所有人都获得全面而自由的发展,这就是政治得天下之道。但这种"道"并不是每一个社会成员都知道、理解和认同的,因此需要通过宣传、教育、制度、政策等途径解决这一问题。只有当所有人都认同政治目标,并将其转化为自己的信念时,政治目标才是真正可行的,也才能起到鼓舞人心、凝聚力量的作用。当然,政治目标要得人心,还需要全社会树立共同的政治理想,有了这种政治理想,人们更容易认同政治目标,并为之实现而共同奋斗。

合理的政治目标得以实现,政治就具有了价值。政治价值是政治哲学研

---

① 参见高放《当今国际共运有哪些新特征》,《新湘评论》2016 年第 13 期。

究的重要内容之一，有的学者甚至认为政治价值就是政治哲学的研究对象。①不过，政治价值并不是政治哲学研究的唯一对象，而只是属于政治哲学研究的对象范围。一般而言，政治具有价值，人类才创造了政治事物，这就如同人类创造了科学这种知识事物一样。但是，政治如同科学，也是一把"双刃剑"，好的政治造福人类，而坏的政治危害人类，因此只有好的政治才对人类有价值。当然，历史上的许多政治事物也有价值，但大多只对作为政治主体的统治阶级有价值，对于被统治阶级并没有价值，甚至还是剥削和压迫他们的工具。

这就提出了这样一个问题：什么样的政治才真正具有价值？或者说，如何判断和评价政治价值？一般而言，政治目标是否实现就是政治是否有价值的根据，实现了政治目标才具有价值，没有实现政治目标就不具有价值。当然，还可以根据政治目标确定更具体的价值标准。然而，如前文所言，政治目标自身也存在着合理性问题，其合理与否从根本上说取决于政治理想合理与否，进而取决于终极政治目的合理与否。我们已提出，合理的终极政治目的只能是社会中所有人获得全面而自由的发展。从这种意义上看，政治是否具有价值归根到底取决于它是否有利于社会中的所有人，而不是是否有利于社会中的一部分人或某个人。有利于社会中的一部分人或某个人的政治只是对这部分人或个人有价值，而这种价值并不是政治的真正价值，只有有利于社会中所有人的政治才真正具有价值。当然，这里说的"社会中所有人获得全面而自由发展"，是一种终极政治目的，而不是现实的政治目标，达到这一目的需要一个漫长的历史过程。但是，即使在目前的情况下，政治也要努力促进这一终极目的的实现，而不能阻碍更不能有害于它的实现，否则就不具有价值，甚至产生负面价值。

随着人类一体化的发展，人类的基本共同体正在从国家走向世界，所以到了世界成为人类基本共同体时，只有对整个人类或对于所有人类个体有利的政治才真正有价值。在目前人类社会国家化的情况下，任何一国的政治只

---

① 参见卫知唤《回归"政治"的规范研究：政治哲学的学科定位与基本价值》，《学海》2022年第6期。

有对本国所有人有利才具有价值。还必须加上一条要求，即对他国和整个世界无害。加上这条要求是有充分理据的，这就是如果每一个国家为了本国人的利益损害他国或整个世界，其结果，一方面，最终就会导致霍布斯所设想的"自然状态"，只不过不是"每一个人对每个人的战争"[①] 状况，而是每一个国家对每个国家的战争状态；另一方面，最终会导致英国经济学家加勒特·哈丁（Garrett Hardin，1915—2003）所谓的"公地悲剧"，各国拼命地从人类"公地"中掠夺，而又不顾一切地向人类"公地"排放。这种状态对整个人类危害更大。基于上述理由，整个人类要实现永久和平和普遍幸福，就必须形成这样的共识和信念，即一切有害于他国和整个世界的政治都不具有价值，这是与政治的本性相违背的。

第三节　政治制度的合法性

　　政治制度是伴随政治的出现而出现的，在政治出现之前即使有社会制度也不会有政治制度。政治制度一旦产生就显示了它对于政治生活乃至社会生活的重要性，所以它在人类社会存在了几千年，至今还在不断地完善和发展。政治制度像政治本身一样也是一把"双刃剑"，好政治制度造就好社会，而坏政治制度则导致社会变坏。[②] 政治制度的好坏取决于它是否合法，这里所说的"合法"并非单指符合法律，而主要是指符合社会存在和发展的法则，用中国传统文化加以表达就是充分体现了"王道"。人类社会的政治制度有一个从不成文走向成文、从习俗走向法律的漫长过程，人类政治文明的发展不断推动其法律化。两者走向完全一致势在必行而且意义重大，可以终结文明社会政治一直所处的混乱状态。法律化是政治制度合法化的首要体现和坚实基础，在此基础上，政治制度的合法性主要体现在其制定和更新的合法性、其运用

---

　　① ［英］霍布斯：《利维坦》，黎思复、黎廷弼译，杨昌裕校，商务印书馆1985年版，第94页。

　　② 韩东屏教授提出"制度决定国家兴衰存亡"，充分意识到了政治制度对于社会的极其重要的意义。（参见韩东屏《论制度决定国家兴衰存亡》，《阅江学刊》2020年第1期）

的合法性以及作为其具体化的政治政策的合法性几个基本方面。推动政治制度法律化进程,并将这一进程与政治制度制定、更新、运用和具体化的合法化统一起来,从而建成真正体现全体人类意志的法治社会,是当代人类政治文明建设面临的共同任务。

一 政治制度及其法律化的重要性

政治制度是制度的一种特殊类型,而制度是历史悠久又广泛存在的社会现象。《周易·节·彖》云:"天地节而四时成。节以制度,不伤财,不害民。"孔颖达疏曰:"王者以制度为节,使用之有道,役之有时,则不伤财,不害民也。"这里的"制度"体现了它的本义,即用于节制、节度的规范,这是中国古代制度的原初含义。《荀子·王霸》中的"政令制度,所以接下之人百姓",王安石《取材》中的"必也习典礼,明制度"也都有了政治制度的含义。冯天瑜先生认为,中国古时分称"制"与"度","制"的含义为规定、裁断、限定(止),"度"含衡量之义,指度量及度量标准。"制"与"度"合成"制度",指判断标准,本义为人们必须遵循的尺度,引申为建制内的规范以及形成规范的过程,多见于先秦以来的典籍。据此,冯先生给制度作了一个一般的界定:"制度是人类构建的约束自身行为之规则,是在物质生产、精神生产过程中结成的习惯、法规、戒律的集合,其在历史进程中发挥结构性功能。"[①] 冯先生主要是根据中国传统文化给制度作的界定,自19世纪社会科学兴起以来,政治学、法学、经济学、管理学、社会学等许多学科的学者从不同的角度、不同层次给制度下过无以计数的定义。

最一般地说,制度是社会或组织群体出于某种价值取向,根据维护社会或群体秩序和发展的需要,有意识规定的约束社会或群体成员的规范。首先,制度主要是社会或组织群体有意识规定的。个人对自己的规定一般不是制度,个人不是规定制度的主体,像君王这样的特殊主体可以规定制度,但他不是以个人的身份,而是以社会统治者的身份作出的规定。制度一般都是自觉规

[①] 冯天瑜:《中国史学的制度文化考释传统》,《湖北大学学报》(哲学社会科学版)2022年第6期。

定的，而不是自发形成的，因而它与习俗不完全相同，因为习俗通常是在一定社会范围内自发形成、相沿成习的。其次，制度的直接目的是对社会或群体成员的行为进行规范和引导，将他们的行为纳入制度规定者所期望的范围。虽然规定制度的主体很不相同，他们所规定的制度的内容也不相同，但有着共同的直接目的，这就是对社会或群体成员的行为进行规范或者进行引导，或者同时包含这两种目的，以使他们遵守或者不违反制度的规定，从而维护社会或群体的稳定和秩序。所以，道格拉斯·诺思说："制度在社会中的主要作用，是通过建立一个人们互动的稳定（但不一定是有效的）结构来减少不确定性。"[①] 最后，制度实质上是价值规范或要求，其中隐含着规定者的价值观和某种价值意图，指向某种终极价值目标。制度的直接目的虽然是规范人们的行为，但隐含着更深层次的目的或终极目的：或者为了社会或群体的秩序和谐，或者为了使社会或群体中成员团结协作，或者为了使社会或群体实现某种理想或目标，如此等等。

随着人类文明的发展，社会和组织群体日益复杂化，制度也非常复杂多样，可以从不同角度将制度划分为不同种类。例如，从制度规定的范围看，有社会制度（如资本主义制度、社会主义制度）、家庭或家族制度（如宗法制度、宗祠制度）、企业制度、政党制度等；从制度约束力来看，有法律、法规、条例、条令等；从制度的表达方式看，有不成文制度（如禁忌、宗法制度）、成文制度（如法律）；从制度性质看，有规范性制度（如《中华人民共和国民法典》）、指导性制度（如《新时代公民道德建设实施纲要》），等等。每一类制度中又可以划分为更细的类型，如规范性制度可以划分为实质性制度（如刑法）和程序性制度（如刑事诉讼法）、强制性的制度（如法律）和非强制性的制度（如社团章程）等。我们现在关注的政治制度属于政治主体规定的政治制度，它属于社会制度，但在内涵和外延上都与之不同。在政治制度出现之前就存在社会制度。比如，中国传统社会宗法制度是一种社会制度，但它不是政治制度，只是被统治者利用的社会制度。不过，人类进入文

---

① ［美］道格拉斯·诺思：《制度、制度变迁与经济绩效》，杭行译，格致出版社2008年版，第7页。

明社会以来，社会制度主要是政治主体规定或认可的，政治主体规定或认可的社会制度就既属于社会制度，又属于政治制度。

制度并不是与人类一起诞生的，而是人类发展到出现了组织群体时才有可能诞生。如果我们把氏族公社视为人类最早的组织群体，那么制度最早只能是在氏族公社出现后才开始出现的。图腾制是人类文明的起点，也是人类制度的起点。人类文明的一些主要标志，如社会禁忌、宗教崇拜、宗法制度、农业和国家起源等，都是图腾制直接或间接导致的结果。① 图腾与信仰、禁忌直接相关，或者不如说是氏族为其成员规定的信仰和禁忌。与图腾制不同，习俗作为相沿成习的规范，也许在原始人群那里就已经有了，而图腾制作为氏族公社自己规定的约束本氏族成员的规范，具有制度的性质。② 图腾制可视为人类制度的原始形态。在原始社会末期，中国又形成了宗法制，这可视为中国制度的第二种主要形态。中国进入文明社会前夕还出现了禅让制，进入文明社会后，禅让制为世袭制所取代，世袭制从政治哲学的角度看是一种君主制形态。以世袭制为前提的君王制是中国传统社会的基本制度，属于政治制度。世袭制又与宗法制的嫡长子继承制有密切的关系，在某种意义上可以说中国传统社会的君王制是一种混合性的基本政治制度。在中国君王制出现的同时出现了礼制、法律，从此，中国传统社会的制度架构基本上确定。

与中国不同，西方原始社会的制度除了图腾制之外，未见有宗法制。由于西方古代社会各氏族部落始终处于迁移和战争之中，进入文明社会后，各氏族部落形成了种种不同的基本政治制度③，其典型形态就是柏拉图和亚里士

---

① 参见赵敦华《图腾制是人类文明的起点》，《云南大学学报》（社会科学版）2003年第6期。

② 有学者把习俗视为社会中最先出现的制度，而习俗在氏族社会就已开始形成。（参见韩东屏《制度的本质与开端》，《江汉论坛》2014年第9期）这种看法还可以讨论，因为习俗在氏族社会出现之前就已经有了，而且通常是自发形成的，而图腾禁忌应是由氏族社会所作的规定，可视为原始的制度。

③ 按照古代的记载，亚里士多德曾经编写过158个城邦的政制史（参见刘玮主编《西方政治哲学史》第一卷，中国人民大学出版社2019年版，第163页），这些城邦的政制是各不相同的。

多德所归纳的六种政体（政制），即君主制、贵族制、好的民主制（共和制）、坏的民主制（平民制）、寡头制、僭主制①。这六种政体是西方后来社会政治制度的基本架构，不过君主制在古罗马后期和中世纪占据主导地位。当然，除了这种基本制度之外，还有一些其他制度，如古希腊的奴隶制，以及古罗马的奴隶制度、行省制度、地方自治制度等。西方有一个很长的近代，西方国家经过长达六百年的一系列革命运动，最终普遍确立了民主制（属于"好民主制"或"共和制"），各国在此基础上建立了不尽相同的政治制度体系，包括种类繁多的宪法、法律以及其他政治制度。与此同时，随着社会民主化的推进，社会主体日益多元化，除了国家制定的适用于全社会的社会制度之外，各种组织群体都建立了自己的制度，如各种政党的制度等。受西方现代化的影响，西方世界的复杂制度格局扩散到了世界许多国家，包括中国，以至于今天世界各国的各种制度极其复杂多样，很难厘清头绪，从而精确地划分出类型。

　　人类社会的制度在演进的历史过程中，经历了几次重大的变革或质的飞跃：一是原始社会末期出现的社会制度向政治制度的转变，社会制度发生了政治化；二是文字出现后产生的从非成文制度向成文制度的跨越，制度从此可以流传下去供后人参考借鉴；三是轴心时代思想家诞生引起的制度从单纯以政治经验为根据向同时以思想理论为依据的转变，制度能够得到理论上的论证和辩护；四是近代开始社会主体多元化催生的制度从比较单一的社会政治制度（包括家族制度）向多元的组织群体制度的扩展，社会出现制度丰富多彩但政治制度起主导作用的局面；五是第二次世界大战后受西方影响出现的政治制度法律化的重大变化，政治实行法治成为世界的潮流。

　　从人类制度产生和演进的简要考察，我们可以得出两点基本结论。其一，政治制度迄今已经发展成为日益完整的社会制度体系，社会制度政治化。虽然制度在氏族公社时代就已经产生，但政治制度是在原始社会向文明社会转型时期才萌生的，其正式诞生的标志是在文明社会初期君主制、贵族制、民

---

　　① ［古希腊］亚里士多德：《政治学》，载苗力田主编《亚里士多德全集》第九卷，中国人民大学出版社1994年版，第87页。

主制等社会基本政治制度在不同古代国家的确立。经过五千多年的历史演进，尤其是在人类走向现代化的进程中，政治制度日益复杂，各国的政治制度都已经成为完整的制度体系。例如，中国当代的政治制度就被明确划分为根本制度、基本制度、重要制度三种基本类型。其中根本制度是指在中国特色社会主义制度中起顶层决定性、全域覆盖性、全局指导性作用的制度；基本制度是指通过贯彻和体现国家政治生活、经济生活的基本原则，对国家经济社会发展等发挥重大影响的制度；重要制度是指由根本制度和基本制度派生而来的、国家治理各领域各方面各环节的具体的主体性制度，每一种类型的制度又包括多种具体的制度。① 而且，政治制度已经不是纯粹意义上或狭义上的政治制度，还包括经济制度、文化制度、社会制度、生态制度等各方面的制度。它是全景式的，而不是局部性的。显然，这种政治制度体系是覆盖整个社会生活的立体化社会制度，可谓"横向到边，纵向到底"，而不只是近代西方启蒙思想家设想的那样，政治制度只是社会制度的一个层面或方面。今天政治制度已经与社会制度体系融为一体，很难加以区分，可统称为"社会政治制度"②。

其二，伴随着政治正在加速从人治向法治转化，政治制度日益法律化。政治要从人治转向法治，这是近代启蒙思想家总结人类几千年历史形成的基本共识，他们还从自然法引申出人类法或人为法（法律），把法律作为社会统治和治理的唯一凭借和依据。对现代法治观念最早作出经典阐释的是19世纪英国法学家戴雪（Albert Venn Dicey，1835—1922）。他在《英宪精义》（1885）一书中用大量的篇幅来论述现代"法治"（the rule of law）的三条基本原则：一是人民只受法律的治理，只受法律的制裁，排除了一切独裁、专断；二是在法律面前人人平等，所有的人包括一切官员皆受制于普通法律和普通法院；三是宪章不是个人权利的渊源，相反，它只是法院规定和执行个人权利所产生的效果。③ 20世纪英国经济学家和政治思想家哈耶克则从自由主义的立场

---

① 参见齐卫平《中国特色社会主义制度体系：框架建构和结构层次——兼论根本制度、基本制度、重要制度的关系》，《思想理论教育》2020年第3期。
② 为了方便起见，本书中主要还是称"政治制度"。
③ 参见何均平《英国法学家戴雪法治思想探析》，《武汉理工大学学报》（社会科学版）2017年第6期。

对"法治"作了最为有力、最有影响的阐述。他明确提出法治有三个基本属性：一是"由于法治意味着政府除非实施众所周知的规则以外不得对个人实施强制，所以它构成了对政府机关的一切权力的限制，这当然也包括对立法机构的权力的限制"①；二是法律应当是公知且确定的；三是任何法律应当平等适用于每一个人。他还直接用 the rule of law 代替原来亚里士多德主张的"最好的法律的统治"（the rule of the best laws），这一短语今天已经成为现代意义上的"法治"的英文标准表达。② 差不多与哈耶克同时代的美国法学家富勒（Lon L. Fuller，1902—1978）对法治原则作了更为系统的阐述，他在《法律的道德性》（1964）一书中将法律系统要达到的八项形式要求作为法律的八种卓越品质，同时也是道德的八项要求或要件。③ 虽然戴雪、哈耶克、富勒等人的法治观点在当时以及后来都在学界引发了大量的争议，但政治只能实行法治而不能实行人治已经成为当代人类的普遍共识和政治实践。实行法治就是用法律而不是一般意义的制度统治和治理。当然，无论是最先实行法治的西方国家还是尚处于从人治转向法治的非西方国家，自由裁量权在政治中所占的比重仍然相当大，完全用法律统治和治理社会还有很长的路要走。

政治制度的出现并运用政治制度治理社会对于社会的发展和人类文明进步具有极其重要的意义。政治制度的出现标志着人类社会开始由政治主体进行自觉治理，从此人类开始真正成为社会的主人，自己掌握着自己的命运。有学者认为，有效的制度安排将人们的活动激励到与社会目的相一致的方向，推动社会按既定目的平稳而持续地发展，日益兴盛；失灵的制度安排则将人们的活动诱逼到背离社会目的的方向，不仅不能推动社会按既定目的发展，反而致使社会陷入混乱与离散，逐渐走向衰败。所以，决定"国之所以废兴存亡者"，并不是孟子所说的"仁"与"不仁"或更大范围的道德与不道德，

---

① ［英］弗里德利希·冯·哈耶克：《自由秩序原理》上，邓正来译，生活·读书·新知三联书店1997年版，第260页。
② 参见文兵《"法治"：译、名、实》，《外国哲学》第2辑，商务印书馆2022年版。
③ 参见江畅《西方德性思想史》现代卷（上），载《江畅文集》第7卷，人民出版社2022年版，第474—476页。

也不是制度之外的任何其他东西，而就是制度。① 这种看法一般而言是对的，但有两点需要补充。其一，政治制度好坏的根据不只在于它是否有效，更在于它是否体现政治的本性，即人民性。一种政治制度如果与政治的本性相背离，即使它有效也会给人民带来灾难，如中国的秦王朝的制度就是有效的，但却导致了民怨鼎沸。其二，即使是不好的政治制度对于社会发展也或多或少能起到推动作用。至少传统社会的政治制度几乎都是不合法的，因为它们没有体现作为政治本性的人民性。但依据这些有问题的制度进行治理，社会仍然获得了不同程度的发展。制度只是社会治乱兴衰的必要条件，而非充分条件，制度并不能决定一切。

几千年的政治制度发生作用的历史逻辑告诉我们三点。第一，人类社会有政治制度比没有政治制度更有利于社会进步，社会制度转化为政治制度社会才能得到有效治理。如果没有政治制度，人类可能还处于原始状态。在那种状态下，社会只有那些没有任何强制力的原始社会制度维护其自然进化，而不能运用政治制度的力量有效推动社会发展。世界上那些未进入文明社会的地区，就是因为没有出现政治，没有实现社会制度向政治制度的转化，一直到近现代才由外力推动进入文明社会。第二，政治制度必须体现政治的本性及其实践要求，把人民幸福作为政治追求的终极目的，这样的政治制度才能克服传统政治和政治制度的根本局限，才能得到人民的拥护和践履，如此，不仅可以维护社会的长治久安，而且可以不断增进社会福祉、推动社会进步。第三，政治制度要真正体现政治的本性及其实践要求，以人民幸福为终极目的，就必须推进政治制度法律化的进程。政治制度只有法律化，才能真正以法律制约权力，杜绝权力滥用，如此政治才能最终由人治转向法治。当然，政治制度的法律化并不是意味着将现有政治制度转换成法律，而是将作为主权者的人民的意志转换为法律，而这种法律就是政治制度。以往的一切政治制度乃至法律都必须经过重新审查视其是否体现人民意志确定其保留与否。因此，政治制度法律化的过程也就是人民意志法律化、人民主权法律化的过程。归根结底，政治制度法律化的过程其实就是人民统治转变为法律统治的过程。

---

① 参见韩东屏《论制度决定国家兴衰存亡》，《阅江学刊》2020年第1期。

二 政治制度制定和更新的合法依据

政治制度的制定和更新，在政治制度法律化的情况下，就是法律的制定和更新，在此我们对两者不加严格的区别，但仍在政治制度的名义下讨论其合法性问题。这里讨论政治制度的合法性，并不单纯是指政治制度的合法律性，而主要是指政治制度的合法则性。① 那么，什么是政治制度的合法则性，或者说，政治制度的合法则性在于什么呢？政治制度是政治的制度，或者说是一切政治活动（包括主权者的统治活动和治权者的治理活动）的规范，这种规范必须体现政治的本性及其实践要求。政治的本性及其实践要求就是政治的法则，这种法则就是政治制度合法与否的根据。符合政治本性及其实践要求，政治制度就是合法的，否则就是不合法的。合法的政治制度才可能是正确的，不合法的则肯定是不正确的，甚至是错误的。合法性是政治制度正确的终极根据或前提条件，并不是政治制度是否正确的唯一尺度，除了合法性之外，政治制度正确与否还依赖其他的条件。这里我们首先讨论政治制度制定和更新的合法根据问题，下面再讨论政治制度运用的合法与否问题。导致政治制度更新的原因有很多，比如政治制度的内容陈旧、程序不完善等，政治哲学所关注的主要是政治制度更新的合法根据问题。

制定和更新政治制度的直接合法根据无疑是体现人民的意志。如果我们承认政治的主体是人民，那么政治主体用来统治和治理社会的制度就必须体现政治主体的意志。霍布斯认为，人类社会的法律（不同于自然法的民约法）只能由国家制定，是主权者意志的体现。他说："在所有国家中，不论主权者像君主国家中那样是一个人，还是像民主与贵族国家中那样是多数人组成的会议，都唯有主权者能充当立法者。"② 卢梭将法律理解为"全体人民对全体

---

① 在英语中，表达汉语中的"法则"和"规律"的是同一个词"law"。在汉语中，这两个词虽然都指事物之间必然、稳定和反复出现的关系，但前者侧重指社会事物之间的关系，后者侧重指自然事物之间的关系，且前者具有某种合目的性的意味，而后者没有这种意味。

② ［英］霍布斯：《利维坦》，黎思复、黎廷弼译，杨昌裕校，商务印书馆1985年版，第206页。

人民作出规定"的行为。全体人民既是制定法律的主权者，又是服从法律的臣民，所规定的事物是公共的，而作出规定的意志是公意。① 所以，他说"法律乃是公意的行为"②。马克思明确提出法律或政治制度必须充分体现人民意志。他曾经指出，"人民是否有权为自己制定新的国家制度？对这个问题的回答应该是绝对肯定的，因为国家制度一旦不再是人民意志的现实表现，它就变成了事实上的幻想"，"必须使国家制度的实际承担者——人民成为国家制度的原则"。③ 有研究认为，国家制度的确立与实行中充分表达"人民意志"即"绝大多数人"的意志，是马克思深刻批判与根本颠覆传统法哲学并在此基础上重建法哲学的基石。④ 法律必须体现主权者的意志，如果主权者是人民就必须体现人民的意志，这是近代以来思想家的普遍共识。黑格尔说："法律是被设定的东西，源出于人类。"⑤ 这里所说的"人类"就是一定社会的全体人民。如果我们肯定人民是主权者，政治制度和法律就必须体现人民的意志，只有体现人民意志的政治制度或法律才是合法的。

但是，也有思想家在肯定政治制度或法律不仅要体现主权者的意志，还要有某种更深层次的根据，政治制度必须体现这种根据的要求。对于这种根据是什么，不同的学者有不同的观点。格劳秀斯认为人类法是源于同意的责任，但它要从自然法（他称之为"自然权利"）中汲取力量，更为重要的是，自然法决定了人必须生活在公民社会里，并必须接受公正等德性原则的指导。而"自然权利乃是正确理性的命令，它依据行为是否与理性的本性相一致，而断定其为道德上的恶劣，或道德上的必要"⑥。霍布斯认为，民约法与自然

---

① 参见［法］卢梭《社会契约论》，何兆武译，商务印书馆1980年版，第50页。
② ［法］卢梭：《社会契约论》，何兆武译，商务印书馆1980年版，第51页。
③ 《马克思恩格斯全集》第3卷，人民出版社2021年版，第73、72页。
④ 参见牟成文《人民意志：马克思法哲学的思想特质》，《中国社会科学》2020年第3期。
⑤ ［德］黑格尔：《法哲学原理》，范扬、张企泰译，商务印书馆1961年版，序言第17页。
⑥ Hugo Grotius, *The Rights of War and Peace*, New York & London: M. Walter Dunne, Publisher, 1901, p.21.

法互相包容而范围相同，自然法就是公道、公正、感恩以及根据它们所产生的其他道德，在国家成立之后，自然法转变成人们必须服从的民约法。实行这种转变"只是要以一种方式限制个人的天赋自由，使他们不互相伤害而互相协助，并联合起来防御共同敌人"①，因此两者是互相一致、相互补充的，它们都指向人类和平安全地生存。洛克也赞同这一点，他引用胡克尔的话说，"人类法是指导人类行动的尺度，而这些尺度还有更高的法则来加以规范，这些更高的法则有二：上帝的法条和自然法。所以，人类法必须依照一般的自然法来制定，并且不违背圣经中的任何明文法，否则就制定得不好"②。在哈耶克看来，法治所应关注的重点不是法律是什么的规则，而是法律应当是什么的规则，亦即一种"元法律原则"或一种政治理想。③ 他说，"法治的理想以人们对法之含义有着一种明确的界说为前提，而且并非立法机构所颁布的每一法规都是此一意义上的法"④。哈耶克所说的"元法律原则"其实指的就是"自然法"。自然法的本义是本性法，它其实就是人类本性的要求。就政治制度而言，这种要求就是体现人类本性的政治本性及其实践要求。

　　前文已对政治本性及其实践要求作过阐述，概言之，政治的本性就在于人民性，体现为人民至上、法律统治、道德导向、清正廉洁、个人幸福和社会公正六项基本实践要求。合法的政治制度就是在一定社会条件下，政治主体以制度的形式将政治本性及其实践要求表达出来，为其实现提供制度的保障。这六项实践要求就是判断政治制度合法与否的终极标准，也是建立合法政治制度的终极根据和根本原则。当已经制定的合理政治制度出现问题时，政治主体需要根据这些原则对其进行更新，使之重新获得合法性。

---

① ［英］霍布斯：《利维坦》，黎思复、黎廷弼译，杨昌裕校，商务印书馆1985年版，第208页。

② ［英］洛克：《政府论》下篇，叶启芳、瞿菊农译，商务印书馆1964年版，第85页。

③ 参见［英］弗里德利希·冯·哈耶克：《自由秩序原理》上，邓正来译，生活·读书·新知三联书店1997年版，第261页。

④ ［英］弗里德利希·冯·哈耶克：《自由秩序原理》上，邓正来译，生活·读书·新知三联书店1997年版，第263页。

第一，合法的政治制度必须贯彻和捍卫人民至上原则。人民至上是政治本性最重要的实践要求和根本原则，也是衡量政治制度合法与否的首要尺度。传统社会的政治制度之所以不合法，就是因为它们把统治阶级（通常以君主为代表）而不是全体人民置于社会和政治中的至上地位。西方近代以来的政治制度的合法性也因只将公民个人视为至高无上、忽视人民整体而受到质疑。鉴于君主至上和个人至上的局限及其导致的严重社会后果，人民至上的理念和原则不仅在理论上被提了出来，而且其合理性正在中国得到实践上的证明，中国共产党把人民至上作为中国共产党为什么能、中国特色社会主义为什么好的重要历史经验之一。[①] 因此，合理的政治制度必须将人民至上作为其制定和更新的核心理念和根本原则。要使政治制度合理，政治主体首先要坚持和贯彻人民至上原则，在此前提下还要运用制度的力量确保人民在社会中的主人地位、在政治中的主体地位和至高无上的统治地位，为政治共同体（今天是国家）的一切权力属于人民提供制度保障。

第二，合法的政治制度必须为人民运用法律进行统治提供制度保障。人民大致上是指一定基本共同体范围内的社会成员，包括个人和组织群体。当代大多数人类基本共同体的范围大、人口多、组织群体复杂，在这样的基本共同体中，人民几乎不可能直接对社会进行统治。当代人类正在走向世界共同体，一旦世界共同体建立，人民更无可能实行直接统治。正是鉴于这种情况以及历史上人民直接统治导致的消极后果，许多思想家深刻认识到人民统治必须通过法律统治实现，提出要将人民的统治转化为法律的统治，将人民至上转化为法律至上。洛克就曾告诫人们："无论国家采取什么形式，统治者应该以正式公布的和被接受的法律，而不是以临时的命令和未定的决议来进行统治。"[②] 思想家的这些主张为人民统治合理而有效地实现指明了方向。当然，人民统治如何转化为法律统治面临着许多实践上的难题。一个直接的现

---

① 参见《中共中央关于党的百年奋斗重大成就和历史经验的决议》，中华人民共和国中央人民政府网，https://www.gov.cn/xinwen/2021-11/16/content_5651269.htm?eqid=b31125cc0000ca5500000000４645b331b，2021年11月16日。

② ［英］洛克：《政府论》下篇，叶启芳、瞿菊农译，商务印书馆1964年版，第87页。

实难题是，西方国家的立法机关和司法机关、行政机关一样，都属于治理主体的范畴，这就存在立法机关能否真正代表人民、站在人民立场立法的问题。不过，人民应通过法律进行统治已成为普遍共识，政治哲学需要研究解决这些实践上的难题。

第三，合法的政治制度必须为道德导向机制的建立和发挥作用作出制度安排。"道德是人类适应谋求生存得更好本性的要求而形成和不断完善的，以个人人格完善和社会普遍幸福为终极追求，通过个人自觉和社会控制相互作用实现其功能，既具有规范性又具有导向性的价值体系。其实质内涵在于，它是人类得以更好地生存的智慧，是人类特有的生存方式。"① 道德不仅是社会价值体系的母体，而且是社会的价值导向机制。近现代西方在政治制度设计的过程中，受自由主义者所持的国家应在道德问题上中立的观点影响，完全忽视了道德导向机制的制度安排，社会缺乏主导道德，导致西方社会物化和个人单向度化等问题。事实表明，政治制度必须为道德导向机制的建立和运行作出制度安排，而且这种道德必须是作为人类更好生存智慧的道德。因此，合法政治制度的制定和更新要以追求个人人格完善和社会普遍幸福的道德为基本依据，使政治统治和治理具有鲜明的道德导向，并要建立相应机制为之提供保障。

第四，合法的政治制度必须建立防治权力滥用、确保政治清正廉洁的权力控制体系。无论是社会统治权还是社会治理权都有可能被滥用，权力滥用的最终受害者是社会成员。因此，防止权力滥用、使政治保持清正廉洁就成为政治本性的实践要求之一，也可以说是政治本性实践要求的底线。合理的政治制度必须体现政治本性的这一实践要求，一方面要建立直接预防和惩治权力滥用的体制和机制，使一切权力都关进法律的笼子；另一方面要在整个政治制度的安排和设计上杜绝滥用权力的可能性，不让任何政治腐败行为有机可乘。这后一方面的要求更为根本，在政治制度制定和更改的过程中更应该受到重视。比如，让人民统治转化为法律统治、实行主权与治权分离，就可以防止人民主权可能发生的滥用；建立治权分立和制衡机制，就可以防止

---

① 江畅：《伦理学原理》，高等教育出版社2022年版，第21页。

治权发生滥用。人类的政治实践已经证明，权力越是集中、越是不受制约，腐败的可能性就越大。正是有感于历史的教训，英国思想家阿克顿强调"权力趋向腐败，绝对权力绝对腐败"①。如果不从这些根本的方面着手，只有单纯地依靠防治权力滥用的体制机制，权力滥用的行为就会防不胜防，以致整个政治制度失效，最终导致政治崩溃。

第五，合法的政治制度必须促进社会全面进步和增进全体人民幸福。社会进步是人类谋求生存得更好的本性的要求，也是人类本性得以实现的社会条件。因此，社会进步是人类文明发展的总趋势，是好社会的主要标志，也是人民幸福的前提条件。这里用"社会进步"，而不用"社会繁荣"来表达合理政治制度的追求，是因为繁荣的社会不一定是进步的社会，而进步的社会必定会使社会繁荣。"得道者昌，逆道者亡。"（《太公兵法》）人类文明发展的总趋势就是人类发展之大道，促进社会进步才会大道之行，大道之行，社会才会获得持久繁荣昌盛。今天美国社会高度繁荣，但并不意味着美国代表了人类社会进步的方向，因为美国的繁荣所依仗的霸权主义是与人类发展大道背道而驰的，因此可以断定，美国的社会繁荣终究会因与人类文明总趋势相背离而衰败。西方近代史上靠武力侵略掠夺发家的西班牙帝国、葡萄牙帝国、大英帝国都先后衰败，这就印证了中国古人所说的"恃德者昌，恃力者亡"（《史记·商君列传》）。我们可以断言，美帝国也注定不可能逃脱这种噩运。合理的政治制度要运用其规范的力量促进社会进步，确保自己国家不被侵略也不侵略他国，防止社会陷入混乱，维护社会的持久和平和健康发展。

谋求社会进步是为了实现全体人民的幸福，全体人民幸福才是政治制度的终极目的。孟子曰："得天下有道：得其民，斯得天下矣；得其民有道：得其心，斯得民矣；得其心有道：所欲与之聚之，所恶勿施，尔也。"（《孟子·离娄上》）孟子这里所讲的政治之道，就是得民心，而要得民心就要为民造福。用今天的话讲，政治之道就是要为人民普遍获得幸福营造良好的社会环境，提供优越条件，增进公共福利。洛克强调，作为政治制度的法律"除了

---

① 转引自许良英《也谈阿克顿的名言》，《炎黄春秋》2010年第7期。

为人民谋福利这一最终目的之外，不应再有其他目的"①。合理的政治制度的根本使命就是为实施政治之道、实现终极政治目的提供保证，明确治理主体为人民谋幸福的责任，建立治理主体执政为民的激励机制。"正义是社会制度的首要价值，正像真理是思想体系的首要价值一样。"② 合理的政治制度在为实现终极政治目的提供保障方面必须坚持公正原则，一方面要给所有社会成员提供公平的竞争机会，另一方面又要给全体社会成员尤其是弱者提供基本生存保障，实现有差异的平等，使社会成员各得其所。

第六，合法的政治制度必须追求使社会个体得其所应得的社会公正。合法的政治制度不是所有社会成员享用等量社会资源的"大锅饭"制度，而是他们在社会物资和条件方面各得其所的制度。合法的政治制度一方面要使社会的所有物资和条件由全体社会成员共享，另一方面又要使他们享用的种类和份额因其贡献不同而有所差异。社会需要发展和进步，就要求社会成员始终保持开拓进取精神，积极主动地不断为社会创造物质财富和精神财富。因此，政治制度必须给正常成年人在有基本生活保障的前提下留下竞争空间，并形成公正的社会报偿机制。有了这种空间和报偿机制，人们就会为了获得更多更好的满足生存发展享受需要的物资和机会而奋斗，从而为社会繁荣和发展提供不竭的动力。如果一个社会让所有人获得相同的社会物资和条件，那么就会出现西方一些高福利国家已经出现的"福利病"。③ 合法的政治制度应是一方面能激励人们为社会作贡献，另一方面又能根据其贡献给予公平合理的应得，并能使两者实现良性循环的制度，应是在社会成员享用社会物资和机会方面实现普惠性与差异性有机统一的制度。

前面谈到政治制度要充分体现人民意志，这里又讲政治制度要充分体现政治本性及其实践要求，那么，对于政治制度制定和更新来说，两者之间是

---

① [英]洛克：《政府论》下篇，叶启芳、瞿菊农译，商务印书馆1964年版，第90页。

② [美]约翰·罗尔斯：《正义论》，何怀宏等译，中国社会科学出版社1988年版，第1页。

③ 参见江畅《好生活如何可能：基于价值论的思考》，社会科学文献出版社2023年版，第232页。

一种什么关系呢？政治制度要体现人民意志，主要是指要体现当代甚至当下的人民的意志，而政治制度要体现政治本性，则可以说是要体现一般意义上的人民意志。一般意义上的人民意志是人民意志的共性，它隐含在不同时代、不同时期的人民意志之中，也只能通过不同时代、不同时期具体的人民意志体现出来。比如，中国传统社会的人民意志不同于中国现代社会的人民意志，甚至中国特色社会主义新时代的人民意志也不同于改革开放前社会主义时期的人民意志，但不同时代、不同时期的人民意志有着共性的东西。这种共性就是人类本性和社会本性之所在，它是政治本性所要体现的实质内涵。政治实现其本性，就是实现这种共性的人民意志。但这种共性的人民意志体现在不同时代、不同时期，在当代，政治必须实现当代甚至当下人民的共同意志。由此看来，人民意志与政治本性实质上是一致的，只不过人民意志更体现人民的当下诉求，而政治本性则体现人民的长远利益。一种合法的政治制度必须兼顾两者，兼顾当下人民意志可以使政治制度满足现实需要，为当下人民过上幸福生活提供保障，而兼顾政治本性则可以使政治制度具有稳定性和长久性，从而实现政治的长治久安。

三　政治制度运用的合法性

制定和更新政治制度是为了运用政治制度，也就是运用制度来规导全体社会成员，包括用制度进行规导的政治主体（包括人民主体和治理主体）。所以，政治制度的合法性问题既包括政治制度制定和更新的合法性问题，也包括政治制度运用的合法性问题。政治制度运用是否合法的前提是制定和更新的政治制度是否合法，但政治制度本身合法并不能保证其运用合法。政治制度运用的合法性问题比政治制度制定和更新复杂得多，也更引起人们关注。政治制度运用的主体是政治主体，亦即政治权力主体，他们运用政治制度对全体社会成员进行规导，政治制度运用的合法性因而就是政治主体对政治制度的运用合法与否的问题。人民个体也有可能运用政治制度来捍卫自己的权利或伸张正义，但这通常只是个别的、零散的，因而并不是权力运用的主体，他们对政治制度的运用对社会的影响一般也不大，而且其合法性容易判定。因此，政治制度运用的合法性问题其实就是政治主体运用政治制度的合法性。

政治主体运用政治制度合法与否,事关重大,即使政治制度本身合法,他们运用政治制度合法与否仍然直接关系到政治本性和终极政治目的能否实现。

如果政治主体对政治制度的运用像运用工程施工图施工那样,只需严格按照施工图的要求实施就能完成工程建设,那么只要政治制度合法,其运用也就会合法,不存在合法性问题。然而,政治制度总会存在着解释的空间,而且政治制度适用的对象是多样且复杂的社会成员。社会成员有个人与组织群体的区别,个人有男女老少、不同身体状况、不同职业、不同需求等方面的无数区别,组织群体还有家庭、企业、政党、社团等的区别。这就在客观上要求给治理主体在运用制度的过程中留有自由裁量权(discretionary power),否则社会就不能正常运行。一般地说,自由裁量权是指权力主体对自己所拥有的权力在法律授权范围内进行自由处理的权力。自由裁量权的存在是为了连接抽象的法律和具体的事实,更有效地实现政治制度的要求和效能。哈耶克在谈到行政机构的自由裁量权时说:"任何人都不会否认这样一个事实,即政府为了有效地运用它所拥有的手段或资源,就必须行使大量的自由裁量权。"[1] "的确,行政机构在法治下行事,也常常不得不行使自由裁量权,正如法官在解释法律时要行使自由裁量权一般。"[2] 在政治制度运用的过程中,需要重视和解决好政治主体的自由裁量权问题。这个问题得不到合理的解决,社会成员的权利就得不到充分的保障,合法的政治制度和法治就会落空。哈耶克认为,对政治主体的自由裁量权施以法律限制,是现代社会中一个至关重要的问题。如果这个问题处理不当,"每个人的自由都迟早会丧失"[3]。在国家干预主义盛行的当代,能否在法律上严格限制自由裁量权,不仅关系到政府是有限政府还是无限政府的问题,而且直接关系到国家能否真正法治化、能否实现法律之下治理的重大问题。自由裁量权不纳入法律的范围,不受到

---

[1] [英]弗里德利希·冯·哈耶克:《自由秩序原理》上,邓正来译,生活·读书·新知三联书店1997年版,第271页。

[2] [英]弗里德利希·冯·哈耶克:《自由秩序原理》上,邓正来译,生活·读书·新知三联书店1997年版,第271页。

[3] 参见[英]弗里德利希·冯·哈耶克《自由秩序原理》上,邓正来译,生活·读书·新知三联书店1997年版,第269页。

法律的有效限制，法治社会就可能名存实亡。自由裁量权不受限制或限制的范围和力度很小，这正是实行法律之上治理的国家的实质性特征。

政治制度的直接功能之一就是规范政治权力的运用。人们通常将政治权力理解为治权，政治制度对政治权力的规范似乎只是对治权的规范，这是一种误解。如前文所言，政治权力可划分为主权和治权，既然如此，政治制度对政治权力的规范就包括对这两种权力的规范。对两种权力的规范主要是对两种权力主体的规范，而最重要的就是对拥有自由裁量权的主体进行规范，将其限定在一定范围和一定程度。这种范围和限度就是政治制度对拥有自由裁量权的主体的授权。政治制度运用过程中的一切自由裁量权，都存在着合法不合法的问题，而合法与否的根据在于自由裁量权是否得到了政治制度或法律的授权。一种自由裁量权得到了法律的授权，并且其运用没有超过合法限度，它就是合法的，否则就是不合法的。法律授权、不超过合法限度，这是自由裁量权的合法根据，但在授权范围内的自由裁量权仍然存在合法性问题。

一般而言，主权和治权都存在自由裁量权的问题。当人民统治没有转化为法律统治的情况下，作为政治主体的全体人民享有最高的绝对权力，自由裁量权也是无限的。但是，如果人民统治转化为法律统治，全体人民就因其统治权力转化为法律权力而不再拥有自由裁量权。如果说他们还有自由裁量权的话，那也局限于法律需不需要更新或修订以及如何更新的问题。显然，这种权力不是严格意义的自由裁量权。但是，掌握治权的治理机构拥有很大的自由裁量权，主要体现为行政自由裁量权和司法自由裁量权。需要注意的是，自由裁量权不仅仅为治理机构所拥有，治理机构的工作人员，特别是基层工作人员（迈克尔·李普斯基称之为"街头官僚"①）也掌握着相当大的自由裁量权。行政自由裁量权是政治权力主体赋予行政机关在法律法规规定的幅度、范围内有一定选择余地的处置权力，涵盖行政许可、行政处罚等多个方面。司法自由裁量权是指法官或审判机关在事实认定正确的基础上，根据

---

① ［美］迈克尔·李普斯基（Michael Lipsky）:《街头官僚：公共服务中的个人困境》，韩志明、颜昌武译，中国人民大学出版社2024年版，第XIX页。

自己的认识、经验、态度、价值观以及对法律规范的理解而选择司法行为和对案件作出裁判的权力。此外，自由裁量权还包括法律解释权。例如，法官就不能完全依靠制定法（成文法）和宪法解决疑难案件，其原因有许多方面，如立法机构的有限性、词意的模糊性和矛盾性、尖锐问题难以解决、法律的妥协性、作为手段的法律含有限制性因素等①，因此法官就需要对法律作出解释，从而拥有法律解释权。不过，法律解释权通常并不划入自由裁量权，自由裁量权重在"裁量"，即自行决定。

对于行政自由裁量权，学者有不同的解释。例如，美国第七巡回上诉法院法官、芝加哥大学高级讲师赫里·布莱克认为，自由裁量权是指在相应条件下按照一定的职权并以最为恰当的方式做出行为的权力②；王珉灿教授认为，在法律中并没有具体规定的情况下，行政机关在处理相关案例时就可以按照自己的主观标准并选取最为恰当的方式，而这种措施就是自由裁量的行政举措③。一般而言，行政自由裁量权主要表示的是行政机关在处理相关法律文件没有授权的具体事项时，可以根据自己的主观判断，并结合实际状况行使相应的权力。行政自由裁量权在应用的过程中，主要有三个特点：一是其行政主体是行政机关，这类行政机关有较大的公共权力；二是其应用要确保符合法律，同时也要在一定的法律范围内进行；三是其要综合考虑，合理分析。④ 随着社会生活日益复杂化，行政管理范围内的事务也随之增多且日益复杂。现代政府的行政权范围不断扩大，不仅涉及经济、文化领域，还涉及医疗、教育、就业、民生等方面。在面对复杂事件又无具体法律依据和前例时，行政机关在法律范围内行使自由裁量权，能够快速、公正、公平地作出反应，可以弥补法律体系的不足，满足现代行政对效率的要求。因此，行政自由裁

---

① 参见［美］弗兰克·伊斯特布鲁克、邱小航《法律解释与司法权力》，《法律方法》2022 年第 2 期。

② Cf. Hery Campbell Blak, *M. A. Black's Law Dictionary*, St. Paul, Minn: West Publishing Co., 1979, p. 419.

③ 参见王珉灿《行政法概要》，法律出版社 1969 年版，第 4 页。

④ 参见陶彦均《法治政府建设中行政自由裁量权的控制探析》，《学理论》2021 年第 10 期。

量权的存在具有合理性。但是，在法律概念不明确、行政自由裁量权过于宽泛、监督机制不够健全的情况下，行政自由裁量权容易被滥用，如处罚不公平、拖延履行职责、侵犯公民私人生活等。行政自由裁量权被不合理使用，就会违背法律意志，损害行政相对人的合法权益，违背公平正义，从而对人民、社会、政府形象造成严重危害，因此需要对行政自由裁量权进行合理控制。

对行政自由裁量权进行合理控制问题从根本上说就是要解决其合法性问题。对此，哈耶克提出了两种值得高度重视的措施。一是给行政自由裁量权划界，它不能涉足公民私人生活领域，不能侵犯个体的合法权利。他特别重申说："在法治之下，私人公民及其财产并不是政府行政的对象，也不是政府为了实现其目的而应加以运用的手段。因此，只是在行政干涉公民私域的时候，自由裁量权的问题才与我们的讨论相关。法治原则实际上意味着，行政机构在这方面不得享有任何自由裁量权。"[①] 二是建立一个独立的法院来对行政机关行使自由裁量权实行监管。在他看来，自由裁量权是一种能够而且必须受到控制的权力，而控制的方式便是由一个独立的法院对行政机构经由这种自由裁量权而形成的决定的实质内容进行审查。[②] 这一措施实际上就是对自由裁量权进行司法控制。是否设立独立的法院不是主要的问题，关键是要有司法机关监管。在监管的过程中，重点是对相应内容进行核实，看其是否符合法律的要求，对于不符合法律要求行使的行政自由裁量权要给予及时纠正并追究相关责任人责任。除哈耶克提出的两条措施之外，解决行政自由裁量权不合法问题，最重要的是要有立法依据，因此要高度重视立法控制。法律是一切合法行政行为的根本，立法控制是通过制定相应的法律从根本上解决行政自由裁量权过量的相关问题。立法机关对于行政机关管辖内的事务要尽可能地予以立法，对于法律法规无法作出具体、明确的规定，需要权力行使

---

① ［英］弗里德利希·冯·哈耶克：《自由秩序原理》上，邓正来译，生活·读书·新知三联书店1997年版，第271页。

② 参见［英］弗里德利希·冯·哈耶克《自由秩序原理》上，邓正来译，生活·读书·新知三联书店1997年版，第271页。

第二章 政治哲学原理

机关依据具体情况作出判断的,要在法律中尽可能成文化、明确化,将范围缩小到最小,避免用词模糊,产生歧义。① 这是从源头控制行政权力滥用,使行政自由裁量权能够在一个相对稳定的环境中行使的根本举措。

司法自由裁量权没有行政自由裁量权那么复杂,其涉及范围也没有行政自由裁量权那么大,但也存在合法性的问题。同行政自由裁量权一样,司法自由裁量权也是法律适用过程中的一种客观现象。由于法律规则对社会生活调整的局限性,法律的统治不可避免地蕴含了自由裁量权的存在。对司法自由裁量权有种种不同理解,有人将其理解为"决策者在缺乏法律条款的情况下自己对案件作出的判决",有人将其理解为在一系列彼此平等的法律解释结果中作选择时行使的判断。② 一般而言,所谓司法自由裁量权就是司法人员(法院及法官、检察院及检察官)在处理具体的司法案件的过程中,拥有在法律规定的合理范围内,根据自己对法律的理解自由地去选择如何认定案件的事实、如何运用证据、如何运用法律去处理一个案件的权限。有研究者认为,司法的自由裁量权与法律的不确定性有关,如果法律是不确定的,其结果具有多元性,那么司法人员就有自由裁量权来裁决案件。关于为什么法律会存在不确定的问题存在不同回答:一是认为法律结果的多元性是因为有多种法律材料来解释法律③;二是认为法律多元性主要是因为自然语言本身具有不确定性,自然语言本身是含糊且不确定的,法律也就具有不确定性④;三是认为在一个典型的理性法律体系中存在解释规范汇编,而该汇编包含了多条解释指令和裁决规则,所以存在自由裁量权⑤。从法律的不确定性解释司法自由裁

---

① 参见陶彦均《法治政府建设中行政自由裁量权的控制探析》,《学理论》2021年第31期。

② 参见[瑞典]塞巴斯蒂安·雷耶·莫里纳《司法自由裁量权——系统不确定性的结果》,张海斌、金慧婷译,《厦门大学法律评论》总第33期(2022年)。

③ Cf. Karl LIewellyn, "Remarks on the Theory of Appellate Decision and the Rules or Canons about How Statutes Are to Be Construed", *Vanderbilt L Rev.*, Vol. 3, No. 3, 1950, p. 395.

④ Cf. Timothy Endicott, "Law Is Necessarily Vague", *Legal Theory*, 7 (2021), pp. 379–385.

⑤ 参见[瑞典]塞巴斯蒂安·雷耶·莫里纳《司法自由裁量权——系统不确定性的结果》,张海斌、金慧婷译,《厦门大学法律评论》总第33期(2022年)。

量权虽然有道理,但并不全面。实际上,司法自由裁量权的存在与立法的不完备、法律实施需要发挥人的主观能动性、法律存在很大的灵活性或者说是有一定的弹性幅度和空间都有关。司法自由裁量权像行政自由裁量权一样,在实际的运用过程中存在着很大的危险性。例如,它会导致法官造法问题,引起与分权理论的冲突;使得人们认为法官在适用法律上随心所欲,从而会削弱对法律至上的信仰并置司法机关于危险之地,等等。这些危险性的存在将会在很大程度上限制和阻碍司法自由裁量权的正确行使,因此必须确定司法自由裁量权的合法根据并据此处理好所涉及的一些基本关系。司法自由裁量权的合法根据同样是法律本身,一切司法自由权的行使都要在法律的范围内并依据法律行使,一旦超出法律的限制,司法自由裁量权就失去了合法性。在此基础上,司法自由裁量权的行使还要处理好四种关系,做到四个"统一":一是自由裁量与程序规范有机统一;二是合法与合理有机统一;三是自由裁量与统一裁判有机统一;四是法律效果与社会效果有机统一。①

自由裁量权是政治制度运用合法性中最突出的问题,而政治制度运用合法性的最大问题则是对政治主体自身的规导问题。政治制度规导的对象是全体社会成员,当全体社会成员是政治主体时,政治制度是一种对自身的规定,法律就是"全体人民对全体人民作出规定"的行为,即全体人民既是立法者又是守法者。全体人民既是制定法律的主权者,又是服从法律的臣民,所规定的事物是公共的,而作出规定的意志是公意。② 合理的政治制度包括对政治主体的规导,这对于政治主体来说就是自我规导。能够真正起到这种规导作用的其实不是卢梭所说的公意,而是公意所凝聚的法律。但是,能够对全体人民起到自己规导作用的法律不能只是当下公意(人民意志)的结晶,还必须体现政治的本性,指向政治的终极目的,即全体人民幸福。此外,还需要立法家对法律的专业制定和更新。在这样三种因素共同作用下形成的法律,才能成为真正对政治主体起到自我规导作用的法律。有了这样的法律,作为

---

① 参见王璟贤《司法的自由裁量权》,《人民法治》2016年第8期。
② 参见[法]卢梭《社会契约论》,何兆武译,商务印书馆1980年版,第50页。

全体人民代表的治理机构运用政治制度的合法性就有了评判的依据，其自由裁量权也因此就可以限定在合法的限度之内。

四 公共政策与政治制度的关系及其合法性

政策是与政治制度（包括法律）密切相关的一种社会控制机制。"政策是国家、政党或者其他社会政治集团为了实现一定历史时期的路线和任务而制定的国家机关或者政党组织的行动依据和准则。"[①] 政策的主体通常是多元的，包括作为治理主体的政府（从中央政府到地方政府）及其部门、政治性组织（如政党）、社团等；从国际的角度看，还包括国际组织，如世界贸易组织、奥组委会等。这里讨论的主要是作为社会治理主体的政府的政策，为了区别起见，我们将这类政策称为公共政策。公共政策的制定者是治理主体，政策实施所凭借的力量是政治权力。今天，世界上各国的公共政策种类有很大的不同。根据我国政府职能及其政策所涉及的领域划分，公共政策可以分为政治政策、经济政策、文化政策、社会政策、生态政策等。公共政策的主体是政府，而不是立法机关，因而它不属于政治制度的范畴，但与政治制度有着密切的关系，是政府运用政治制度的主要方式。因此，讨论政治制度的合法性需要讨论政策与政治制度的关系以及政策的合法性问题。

在现代社会，政治制度（包括法律）、政策和道德是社会治理或国家治理的三种主要手段，或者说控制机制。在信奉自由主义的西方国家，道德并不被看作社会控制机制，但政策仍然发挥着重要作用。这就是说，无论是西方国家还是非西方国家，政策都是社会治理的主要手段之一。不少现代国家是法治国家，那为什么在法治之外还要有公共政策呢？这是由社会生活的复杂性和变动性决定的。社会生活复杂而又多变，它需要法律来确保社会生活的基本秩序以及这种秩序的可持续性，同时又需要政策来应对社会生活复杂而又变动的情况，处理生活中出现的各种影响人们正常生活和社会秩序的问题，

[①] 江畅、周海春、徐瑾等：《当代中国主流价值文化及其构建》，科学出版社2017年版，第337页。

从而减少社会矛盾、冲突和震荡，使社会保持和谐状态。法律是人们行为的最基本规则，因其具有强制性而能保证这些基本规则得到有效实行，其必要性是不言而喻的。但是，法律只规定人们行为的"底线"，而且比较稳定、僵硬，不能用来处理在法制范围内的那些特殊的、具体的和变化的问题。公共政策的意义正在于它可以相对灵活地处理这些具体问题。①

在现代法治社会，政府所制定的政策必须在法制的范围内，不能违背法制，而且政策的制定也需要依据法定的程序。只有这样，社会才是法治社会。然而，人类社会并不总是法治社会，直至今天也并不是所有国家都是法治国家。当代世界各国都有法律，也都有政策，不过两者在不同国家中的地位很不相同。在法制健全的法治国家，政策是完全在法制范围内制定和实施的，而在其他一些国家，情形则不完全相同。有的国家的政策不完全受法制的约束，当二者不一致甚至相冲突时，政策可能成为社会治理的主要依据。有的国家的政策完全不受法制的约束，政策在国家生活中具有最高的权威，制定和实施政策甚至可以置法制于不顾。在一些法制不健全的国家，社会生活的一些方面甚至根本没有法制可以用来约束政策的制定和实施。所有这样的国家都不是完全意义上的法治国家，这样的国家在今日世界可能还占有相当大的比重。从政治哲学的角度看，公共政策是法制的具体化，也可以说是对法制的重要补充，在法制不健全的国家，公共政策的地位和作用更为显著。关于政策对于政党和国家工作的重要性，毛泽东同志作过很多阐述，他甚至认为政党的任何活动都是实行政策。"政策是革命政党一切实际行动的出发点，并且表现于行动的过程和归宿。一个革命政党的任何行动都是实行政策。不是实行正确的政策，就是实行错误的政策；不是自觉地，就是盲目地实行某种政策。"② 所以，政策对于政党来说性命攸关。他强调："政策和策略是党的生命，各级领导同志务必充分注意，万万不可粗心大意。"③

---

① 参见江畅《中国传统价值观及其现代转换》，载《江畅文集》第9卷，人民出版社2022年版，第696页。

② 《毛泽东选集》第4卷，人民出版社1991年版，第1286页。

③ 《毛泽东选集》第4卷，人民出版社1991年版，第1298页。

公共政策作为政府治理社会的主要手段，像政治制度一样存在着合法性问题。那么，政府根据什么制定政策、实施政策和检验政策才是合法的？或者简单地，政策的合法性何在？一般而言，公共政策的根据与政治制度不同，政治制度主要根据政治本性和人民意志制定，而公共政策的主要根据是政治制度和现实需要。公共政策的合法性需要从这两个方面进行考察。

任何公共政策都是根据一定时期内社会治理的现实需要制定的，这种现实需要是政策制定和实施的事实根据或现实根据。这种需要通常不是长久的，而是一定时期内的。当现实需要变化了，就应修改或更新公共政策，以适应变化了的需要，因此政策具有时效性。例如，我国为了全面建成小康社会从2015年11月开始采取了一系列脱贫攻坚政策，其中的一些特殊政策到2021年中国共产党成立一百周年时因脱贫攻坚的任务基本完成就完成了它们的使命。实际上，公共政策不仅有时效性，而且还有很强的针对性，它总是针对特定的区域、特定的对象、特定的目标等。以上所说的脱贫攻坚政策，就限定于我国贫困地区的贫困人口，而且其目标主要是农村贫困人口不愁吃、不愁穿，农村贫困人口的义务教育、基本医疗、住房安全有保障，即所谓"两不愁三保障"[①]。所有这一切都表明，公共政策有很强的时效性和针对性，正因如此，公共政策制定的程序没有立法那么严格。

公共政策是适应社会治理的现实需要制定的，具有时效性、针对性，但也存在着合理性问题。其合理性包括有效性和公正性，其中公正性是社会公众最为关注的，对其公正性作判断的根据主要是政策的实施效果。公共政策公正性的前提是作为其合法性根据的政治制度，其公正性也在相当程度上取决于公共政策本身。公共政策的制定与立法有所不同，其程序没有立法那么严格，而且针对性、时效性较强，因此公共政策的制定更容易发生不公正的问题。政策从制定到落实要经历一个复杂的过程，通过政策的细化或再规划，才能实现其目标。这样，就会形成中央统一性和地方多样性的格局，因而公共政策往往具有层次性。同时，任何一项重大的公共政策还具有多属性的特

[①] 《中共中央 国务院关于打赢脱贫攻坚战的决定》，中华人民共和国中央人民政府网，https://www.gov.cn/zhengce/2015-12/07/content_5020963.htm，2015年12月7日。

征，它同时承载着经济、政治、社会、文化和生态等多项任务，其目标实现取决于多部门的合作与配套政策的供给。① 由此看来，公正政策即便是公正的，在其落实过程中也有发生误差的可能。加尔通（Johan Galtung）将社会决策结构分成核心层、中心层和边缘层。核心层是对政策决策起决定性作用的掌握决策权的人，中心层主要包括有一定政策影响力的媒体以及企业界、学术界等社会精英，边缘层则是指数量庞大但离政策制定的核心和中心较远的普通大众，他们对政策的影响力比较小。② 这种政策制定模式表明，由于公众参与不够、公益诉求复杂等因素，很难使政策制定做到公正。不过，公共政策公正性问题的解决最终还是取决于它的合法性问题的解决。

公共政策公正性的前提在于合法性。公共政策的合法性与政治制度的合法性不同，后者的根据是政治本性及其实践要求，前者的根据是政治制度。一般来说，一个社会只有政治制度合法，公共政策才会合法，政治制度不合法，公共政策就不会合法，也就无公正可言。不过，实际情况比较复杂。一是政治制度总体上不合法，但一些政策具有一定的合理性。《礼记·王制》记载："五十养于乡，六十养于国，七十养于学，达于诸侯。八十拜君命，一坐再至，瞽亦如之。九十使人受。"中国传统社会政治制度总体上是不合法的，但这种敬老政策显然是公正合理的。二是政治制度不健全，缺乏与公共政策相关的政治制度，在这种情况下制定的某些政策也有可能是公正的。前文谈到的中国打赢的脱贫攻坚战，在最初制定这一政策时中国缺乏这方面的制度，但这一政策深得人心，而且创造了脱贫的世界奇迹，为全球减贫事业作出了重大贡献。这一政策因从总体上解决了中国最大的社会不公问题而是公正合理的。三是一些合理的政策可能转化为政治制度。在党中央作出脱贫攻坚重大决策时，脱贫攻坚只是一项重大政策，但在开展脱贫攻坚战的过程中中国逐渐建立以脱贫攻坚的责任体系、政策体系、投入体系、动员体系、监督体

---

① 参见贺东航、孔繁斌《公共政策执行的中国经验》，《中国社会科学》2011年第5期。

② 参见 Johan Galtung, "Foreign Policy Opinion as a Function of Social Position", *Peace Research Society* (International), Vol. 2, 1965, pp. 206–231。

系和考核体系为主要内容的制度体系，这一制度体系为最终打赢脱贫攻坚战提供了制度保障。① 这是公共政策转化为政治制度的一个典型事例。

虽然存在着以上复杂的情形，但这些情形并不能否定合法性作为公共政策前提的意义。就第一种情形而言，在一个社会的政治制度总体上不合理的情况下，即使制定了公正的公共政策，这样的公共政策也只能是局部的，而且因缺乏政治制度的支持而很难持久。第二种情形则有两种可能。其一，如果一个社会的政治制度是合法的，但在某方面或某些方面有制度缺失，现实治理过程中制定出台某种公正的政策就可以弥补制度方面的缺失，这种政策最后有可能转化为制度，从而使制度得到完善。其二，一个社会的政治制度是不合法的，而且在某方面有制度缺失，这时制定出台这方面的政策即使是公正的，也会因与整个制度相冲突而难以实施，即使实施也难以有效以至于最后不得不放弃或不了了之。第三种情形其实就是第二种情形中的第一种可能，在这种可能的情形下，制定出台的政策实际上是制度完善的先声或尝试，其公正性得到证实，该政策就可以获得合法性，并转化为制度。

公共政策的合法性问题虽然其情形比较复杂，且因其是隐含的而往往被制定政策者忽视，但它特别重要，是制定政策以及实施政策过程中至关重要的问题。公正政策的合法性在于政治制度的合法性。在政治制度合法的情况下，任何政策都必须在政治制度的框架内依据政治制度来制定，这样的政策才可能是合法的。但是，政策不是消极的，而是积极的。政治治理之所以在制度之外还需要政策，就是因为制度要通过政策来体现和实施，因为只有政策才能将合理的制度优势转化为治理效能，而且政策还可以释放制度红利。制度优势转化为治理效能的可能性及其程度高低，主要取决于公共政策的制定及其实施。中国特色的民生保障制度体系就通过一系列民生政策转化为人民群众的获得感、幸福感、安全感极大提升的巨大治理效能。② 合

---

① 参见张占斌《中国特色脱贫攻坚制度体系：历史逻辑、实践特征和贡献影响》，《理论视野》2021年第7期。

② 参见姜晓萍《制度优势转化为民生治理效能的中国经验》，《国家治理》2022年第19期。

法制度的优势也需要通过政策来释放。"一国两制"就具有巨大的制度红利，这种红利是通过我国一系列的相关政策释放出来的。有研究者称，香港、澳门回归祖国是"一国两制"1.0版，内地与港澳更紧密的经贸安排是"一国两制"2.0版，粤港澳大湾区建设是"一国两制"3.0版。① 这里说的1.0版、2.0版、3.0版就是我国出台的与"一国两制"相应的政策，"一国两制"制度红利就是通过这样一些重大政策释放出来的。从这种意义上看，公共政策的合法性不仅仅在于它在政治制度框架内依据政治制度制定和实施，而且在于通过有效性来体现，即它能将合法制度的优势转化为治理效能并释放合法制度红利。

今天，从全球来看，政治制度不合法的情况普遍存在，对于这种情况，人民主体和治理主体面临的最紧要任务不是制定出台政策，而是要更新或重建政治制度，使政治制度回归政治本性及其实践要求。在一时无法更新政治制度的情况下，政策制定者可以着眼于全体人民幸福来制定某项具体政策。前文已经指出，公共政策的合法性在于所根据的政治制度的合法性，而政治制度的合法性的根据在于政治本性及其实践要求。因此，公共政策的合法性的终极根据在于政治本性即人民性及其实践要求，尤其是追求人民幸福的要求。有了这种终极根据，制定政策者制定政策时就有了定海神针，制定某项具体政策就可以着眼于政策的预期效果是否有利于全体人民幸福。根据这一终极根据，任何一项政策只有对一部分人有利而对所有其他人无害甚至有益，它才是合法的，也才是真正公正的。如果一项政策对一部分人（即使是大部分人）有利而对另一部分人（即使是小部分人）有害，它就是不合法、不公正的。当然，在某些时候和某些情况下，政府可能为了全体人民的整体利益而不得不出台某项会损害部分人甚至全体人民的政策。但对于这样的政策，政府需要给予部分受害者适应补偿，或者得到全体人民的理解和支持。如此制定出台政策，政策才会获得合法性和公正性，也才会得民心。

---

① 参见刘金山《新时代"一国两制"制度红利与粤港澳大湾区建设》，《统一战线学研究》2019年第3期。

第四节　政治活动的公正性

　　政治的本性及其实践要求要由政治主体的政治活动来实现，政治主体就是政治活动主体，政治活动是政治活动主体作为的过程。政治主体划分为政治统治主体和政治治理主体，政治活动也相应包括政治统治活动和政治治理活动。政治活动的终极目的是实现全体人民的幸福，而其现实价值要求是实现政治公正。政治公正是社会公正的决定性因素，也是社会公正的充分必要条件，有政治公正才有社会公正、就有社会公正。政治公正是政治活动公正的结果，政治活动公正包括政治统治活动公正和政治治理活动公正，而政治活动公正取决于政治活动主体公正。政治活动主体公正是政治主体政治智慧的集中体现，但人民主体和治理主体的政治智慧不是自发形成的，而是通过教育培养形成的，也需要通过政治的作为来凝聚。

一　政治活动主体的作为及其意义

　　政治是一种人为事物，列奥·施特劳斯称之为"政治事物"[1]。但它并不是或不完全是实体事物，而是涵盖政治权力、政治权利、政治斗争、政治统治、政治管理、政治参与、政治心理、政治思想、政治革命、政治改革、政治民主，以及作为政治实体和主体的国家、政党、政治社团等诸多事物。[2] 所有这一切政治事物都是政治活动的结果，所以政治实质上是政治活动，是人类有意识、有目的的特有主体性活动。政治活动是政治主体的活动，政治主体在政治活动中呈现其身份并发挥其作用，因而政治主体就是政治活动主体[3]，是政治作为的主体。

　　政治主体因其在政治活动中的地位和作用不同可划分为统治主体和治理

---

[1]　[美]列奥·施特劳斯：《什么是政治哲学》，李世祥等译，华夏出版社2019年版，第3页。

[2]　参见王浦劬等《政治学基础》，北京大学出版社2018年版。

[3]　本书中"政治主体"与"政治活动主体"不作严格区分，为了叙述方便，一般使用"政治主体"。

主体。前者统治社会，后者由前者授权治理社会。在传统社会，政治主体和政治活动主体都是统治阶级，而且一般政治主体没有统治主体和治理主体之分。在现代民主社会，政治主体正在由过去的一元化走向多元化，包括个人、组织群体、国家、作为整体的人民等，一般划分为统治主体和治理主体两大类。这种走向是政治本性及其实践要求的体现，是人类政治文明演进的重大进步。按照政治本性及其实践要求，人民运用法律统治社会，并授权由其代表组成的社会治理机关，在法律范围内并依据法律行使公共权力治理社会。统治主体是全体人民，包括个人和组织群体，因而是多元的，可以称为人民主体或人民；治理主体则是单一的，即社会治理者，人们通常称其为"政府"。因此，政治活动主体包括统治主体（人民）和治理主体（政府）。两类政治主体活动都要有所作为，它们因肩负着不同的使命而应有的作为彼此不同。

从政治哲学的角度看，人民（包括人民整体和人民个体）政治活动所应有的作为有许多方面，如选举自己的代表组建立法机关、参与法律制定和更新、资政建言、对政府（立法机关、司法机关、执行机关）进行监督，但最主要的作为是将自己的意志转化为法律，将自己的统治转化为法律的统治。无论从理论上看还是从实践上看，这都是一个重大的政治难题，理论上并没有形成得到普遍认同的主张，实践上虽然一些国家在进行探索，但尚未有成功的先例。从目前的实践看，实现这种转变的主要方式是民主政治的代议制，即人民选举自己的代表组成立法机关制定法律，由立法机关构建的行政机关实施社会行政管理，而由立法机关构建的司法机关实施法律，这三种机关实际上行使着统治和治理社会的权力。这样一种西方近代西方启蒙思想家设计的人民统治架构在今天世界上普遍流行，它看起来很完善，但从理论上看存在着四个问题：一是人民能否以及怎样才能选出真正表达自己意志的代表；二是人民代表能否以及怎样才能真正表达选民的意志；三是人民代表能否以及怎样有效约束执行机关执行法律以及发挥应有的职能；四是人民能否以及怎样有效约束自己的代表。近代以来的实践也表明，这些问题解决不好，人民民主或人民统治就会落空。

解决这四个问题的关键在于，确立并有效维护人民与人民代表之间委托与受托的关系。作为社会统治者的人民是委托人，人民代表是受托人，受托人组成社会的权力机关（今天广义的政府），权力机关制定和实施法律，并监督法律的实施。权力机关并不是立法机关，但可兼有立法的职能。法律体系中的宪法要明确规定人民与其代表之间的委托与受托关系，以及立法机关与司法机关、立法机关及司法机关与行政机关的关系，并制定相应的实体法和程序法，尤其是制定人民与人民代表之间关系的法律实施细则。立法机关制定的一切法律都必须广泛吸纳人民参与并充分听取社会各方的意见，使法律真正体现人民的意志。今天，尤其要适应现代社会组织群体多元化的新情况，让组织群体（主要是政党、社团和企业）积极参与法律的制定和更新，充分发挥它们汇集人民意志、表达人民愿望的作用，让它们成为社会的骨干成员。法律一旦制定出来，就要运用法律统治全社会，包括人民自己及其代表。如此，社会的一切政治关系就都法律化了，人民统治就转化为了法律统治。

需要注意的是，这里说的"权力机关"不同于立法机关，而是融立法权、行政权和司法权为一体的权力机关，只不过立法机关属于权力机关内设机关，而行政机关和司法机关则是由权力机关授权并监督的外设机关。中国的人民代表大会就是这样的权力机关。《中华人民共和国宪法》第二条规定："中华人民共和国的一切权力属于人民。人民行使国家权力的机关是全国人民代表大会和地方各级人民代表大会。人民依照法律规定，通过各种途径和形式，管理国家事务，管理经济和文化事业，管理社会事务。"[①] 这一条规定明确了人民与人民代表的关系以及人民政治参与的权利，明确了人民代表大会是人民行使国家权力的机关。与中国不同，美国的作为人民代表的国会只是立法机关，而不是国家权力机关。美国宪法规定"本宪法所授予的全部立法权均属于由参议院和众议院组成的合众国国会"，而行政权属于总统、司法权属于最高法院以及由国会随时下令设立的低级法院。美国宪法给国会规定了十四项权力，但规定"制定为执行以上各项权力和依据本宪法授予合众国政府或

[①] 《中华人民共和国宪法》，中华人民共和国中央人民政府网，https://www.gov.cn/xinwen/2018-03/22/content_5276319.htm，2018年3月22日。

政府中任何机关或官员的其他一切权力所必要的和恰当的法律"①。从美国宪法的规定看,美国事实上没有完全意义上的权力机关,它的"三权"是完全分设的,并且产生的途径不同,各自的权力由宪法规定。所以,美国缺乏统一的权力机关来行使对社会的统治和治理,而且法律也不是至上的,因为总统虽然要宣誓竭尽全力恪守、维护和捍卫合众国宪法,但可以否决国会通过的法律。

政府的政治活动也就是治理主体的社会治理活动,但"政府"一词既可以在狭义上使用,也可以在广义上使用。前者指行政机关,中国日常生活中讲的"政府"是指"国家各级行政机关",不包括立法机关和司法机关。中国国务院总理在每年全国人民代表大会上所作的报告被称为《政府工作报告》,这里的"政府"指的就是国家行政机关。后者指整个治理主体掌握治权的权力机关,涵盖立法机关、行政机关、司法机关,它与国家没有实质性的区别。② 中西方都使用政府概念,但彼此之间存在着很大的区别。

在中国传统社会,统治主体与治理主体之间没有作出严格的区分,政府不过是皇帝处理日常事务的官僚机构。在汉语中,"政",政治、政务、政权;"府",官署之通称。"政府"的本义原指掌握政权、负责为政之道(政策)、处理行政事务的百官之汇集处,即政事堂。唐宋时期,专指宰相的总办公处。据史料记载,唐朝时,朝廷设三省六部制。"三省"分别指中书省、门下省、尚书省,是南北朝至唐代的三个最高中央政务机构。"三省"之长,依次为中书令、侍中(门下)、尚书令,均为宰相级官职,共议国事。具体分工是:中书省负责决策,门下省负责审议,尚书省负责执行。"六部"分别指吏、户、礼、兵、刑、工六个主要部门(亦称"六行"),它们各自的最高长官为尚书,统称"六官"。三省的尚书令和六部的尚书以及尚书下属的百官办公汇集之处即政事堂,在此商讨政事,布置政务,修订或颁布政策。宋代司马光的

---

① 《美利坚合众国宪法》,百度百科,https://baike.baidu.com/item/%E7%BE%8E%E5%88%A9%E5%9D%9A%E5%90%88%E4%BC%97%E5%9B%BD%E5%AE%AA%E6%B3%95/3455012?fr=ge_ala。

② 将国家与政府不加区别地使用,最典型的是洛克,他的政治哲学代表作被称为《政府论》,他所讲的"政府"与"国家"大致同义。

《资治通鉴》云："李林甫宰相领吏部尚书，日在政府。"宋代史学家胡三省所撰之《资治通鉴广注》注曰："'政府'即政事堂。"此为"政府"一词的出处，可见其本义是官署名，即百官汇集办公的地方，再由官署名演变为专指国家行政机关。按行政范围和职权大小，又细分为中央、省市、县区、乡镇等各级政府。① 显然，这种意义的"政府"充其量不过是狭义的政府。从整个传统社会来看，无论是封建专制时代还是皇权专制时代，真正的政府是作为社会统治者的王朝。它既掌握主权又掌握治权，控制着国家的一切权力，所有权力部门都不过是王朝的执行机构。

西方传统社会的政府情形很复杂。在古希腊时代有很多不同的政体或政制，比较典型的是雅典民主制。这种政制实行三权分立，公民大会掌握立法权，陪审法庭掌握司法权，五百人会议掌握行政权，它们相对独立、互相制约，它们一起可视为广义的政府。古罗马共和国时期，政权制度的结构有三个层次：元老院是最高权力和决策机构，总揽行政、立法、外交、军事、财政、司法等大权，并设有保民官、财政官、监察官、司法官等；公民大会选举高级官吏，决定是否对外宣战，表决执政官提交的一切议案，但大会通过的所有议案须经元老院最后批准方能生效；执政官掌管最高军事和民政权力，有点类似今天的行政机构。罗马帝国前期实行普林斯制（Principatus，元首制），其基本特点是公民大会、执政官、保民官、元老院等共和时代的国家机构名义上继续存在，但元首可以援引共和时代的政治制度为依据而拥有各项权力。到了罗马帝国后期，皇帝强化个人专制权力，建立起了更强有力的独裁军事统治，政治制度由普林斯制转向多米那特制（Dominatus，君主制）。最高统治者自诩其权力起源于神，其命令具有法律效力，对臣民拥有生杀予夺之权，而且采用古代东方君主的宫廷朝仪。欧洲中世纪实行封建君主制，先后出现过三种主要形式：封建割据君主制（9—13世纪），国王只是形式上的一国君主，实际上只是一个大领主，其统治权仅限于自己的领地；等级（议会）君主制（13—15世纪），国王设立等级代表机关，由高级骑士、世俗

---

① 参见张永元《"政府"语义的演变》，《新语文学习》（教师版）2009年第2期；王敬松《中国的"政府"一词溯源》，《国学》2013年第7期。

贵族、富裕市民三个等级选派代表组成,它是国王的咨询机关;君主专制制(16—17世纪中叶),国王依靠掌握的军队和税收取消各封建领主的一切权力,控制国家全部权力,建立起中央集权的君主专制制这种政府形式。这种专制制与中国皇权专制制类似,具有绝对主义的特点,国家机器操控在君主一人之手。[1] 近代西方国家根据自由主义理论普遍建立了立法权、行政权和司法权"三权分立"的政府,这种政府大致上与国家同义。洛克最早提出立法权、执行权(行政权)和对外权三权分立的思想,并且反复强调立法权是国家的最高权力,其余一切权力都是而且必须处于从属地位。他说:"在一切场合,只要政府存在,立法权是最高的权力,因为谁能够对另一个人制定法律就必须是在他之上。"[2] 不过,他所说的对外权实际上也是执行权,所以他所说的分权不是三权分立而是两权分立。后来孟德斯鸠将洛克的对外权修改为司法权,从而最终完成了"三权分立"理论的构建。

"三权分立"肯定主权在民,主张法治和以权力制约权力,相对于中西方传统社会的绝对主义王权统治是一个巨大的进步,但也存在无法克服的问题。按照"三权分立"架构,虽然立法权被视为最高权力,但不可能建立真正代表人民行使公共权力的治权机关,立法权、行政权和司法权不仅是分立的,而且不是一个统一的治权整体。如此,不统一的治权无法对主权负责,人民统治实际上被架空,特别是当人民代表的选举被金钱、资本绑架的时候,人民统治就名存实亡,更谈不上人民统治转化为法律统治,倒是资本统治取代人民统治并转化为了法律统治。克服西方"三权分立"的问题需要重构整个政府的治权结构。为此,笔者提出以下初步构想:政府治权结构的中心或中枢是类似于中国的人民代表大会的最高权力机关,它由人民选举的代表组成,代表人民行使公共权力,为人民服务,对人民负责,接受人民监督。它直接负责立法,同时负责设立行政机关和司法机关对社会进行治理,它们都是从

---

[1] 参见徐爽《权力关系中的法治秩序——对西欧中世纪政治结构的分析》,《现代法学》2001年第2期。

[2] [英]洛克:《政府论》下篇,叶启芳、瞿菊农译,商务印书馆1964年版,第94—95页。

属于最高权力机关治理权力机关,对其负责,接受其监督。因此,社会的政治结构有三个层次:人民是社会的统治者,最高权力机关代表人民进行统治,行政机关和司法机关代表由最高权力机关授权进行社会治理。最高权力机关和行政机关、司法机关构成广义的政府,行政机关为狭义的政府。

在人民统治转化为法律统治的条件下,法律在一切权力之上,在社会中具有最高的权威,政府的一切活动都必须在法律的范围内并依据法律进行。但是,在整个社会结构中,法律对于政府像对于个体一样,只是其活动或行为的底线,是一切权力运行的准则而非蓝图,在法律的底线之上,政府具有广阔的作为空间,而且必须有所作为、有大作为。人类之所以要政治就是要通过政府的活动和作为改变人类的自然状态,一方面运用法律的武器防止人们为了生存得更好可能产生的相互妨碍和相互伤害,以及一些人可能对他者(他人、组织群体、基本共同体、人类)进行的侵犯,保护个体的自由和权利,从而维护社会的稳定和谐,使人民和睦相处;另一方面运用政治的力量引导人们为增进共同幸福而努力奋斗,通过为他者作贡献获得自己的人生价值和自己幸福所需要的客观条件,从而增进社会的共同福利,使人民自我实现和生活幸福。如果没有拥有公共权力的政府,人类只会处于人对人是狼的战争状态。洛克虽然把自然状态看作一种自由、平等和负责的完美无缺的状态,但也强调不能没有拥有公共权力的政府。"不存在具有权力的共同裁判者的情况使人们都处于自然状态;不基于权利以强力加诸别人,不论有无共同裁判者,都造成一种战争状态。"①

在追求有为的治理过程中,政府活动的公正性问题即治理公正问题就会凸显出来。治理公正和法律公正是政治公正的两个基本方面。一般来说,在法治社会,法律公正是政府治理公正的前提,没有法律的公正,政府不可能做到真正的公正。但是,政府即使严格在法律范围内并依据法律进行社会治理也仍然有巨大的作为空间(尤其是自由裁量权),因此政府的活动仍然存在着公正性问题。不仅如此,在现代社会,法律是政府制定的,法律是否公正

---

① [英]洛克:《政府论》下篇,叶启芳、瞿菊农译,商务印书馆1964年版,第13页。

也与政府有直接关系。公正是政府作为的另一个价值向度，就是说，政府不仅要积极有为，而且其作为还必须公正。政府作为公正是政治公正的重要体现，甚至可以说，政治公正需要通过政府作为公正来加以实现。一个政府积极有为而其作为不公正，就会产生政治不公、社会不公，从而导致整个社会的冲突和混乱。因此，政府作为或活动的公正是政治公正从而也是社会公正的决定性、关键性因素。无政府活动的公正，就无政治公正，亦无社会公正可言。

二 公正、社会公正与政治公正

公正是一个十分古老的观念，"公正像自由、平等一样，也是人类历来向往和追求的美好理想"①。但思想家们对"公正"提出了各不相同的解释，正如美国法哲学家博登海默所说："正义有一张普洛透斯似的脸，变幻无常，随时可呈不同的形状并具有极不相同的面貌。当我们仔细查看这张脸并试图解开隐藏其表面背后的秘密时，我们往往会深感迷惑。"② 尽管如此，到今天人们还是逐渐形成了关于公正的某种共识。这种共识体现为对公正的最一般定义，即所谓公正，就是使相关者得其所应得，或者说，使相关者各得其所。这个定义看起来简单，内涵却十分丰富：首先，公正的主体是具有某种分配、立规、裁定、评价和奖惩等权力的人或机构；其次，公正所涉及的内容是与人们的利益相关的东西，或者说就是利益（包括机会和资源）；再次，公正是一种价值要求或价值原则，其基本含义是公平合理或公平③；最后，公正要求公正主体对于那些恶意破坏公平的邪恶行为给予处罚，正是在这种意义上，人们将公正理解为公平正义。公正的公平要求具体体现为使相关者得其所应得或各得其所。使相关者得其所应得，就是公正的实质，也是

---

① 江畅：《幸福与和谐》，载《江畅文集》第3卷，人民出版社2022年版，第271页。
② ［美］E. 博登海默：《法理学：法律哲学与法律方法》，邓正来译，中国政法大学出版社2004年版，第261页。
③ 在汉语中，"公平合理"通常连用，实际上"合理"比"公平"含义更宽泛，它是哲学价值论的基本概念。从哲学价值论看，公平是合理的一种要求或体现，它更准确地表达了公正的实质内涵。

公正的根本尺度。①

公正体现在社会及其成员生活的各个方面，但人们普遍关心的是社会公正。"公正是构建和谐社会的基础和根本保证。没有社会公正，就不会有和谐社会。"② 早在古代，思想家就高度重视社会公正问题，孔子明确表达过"不患寡而患不均"（《论语·季氏》）的担忧。与传统社会的成员相比，现代人愈益离不开社会公正。在现代社会条件下，平等及社会归属感成为每一个个体人的必需，成为其安身立命的必要条件。同样，按照自己的意愿而不是别人的意志去自主地、自由地、"合意"地生存和发展也是现代人的普遍需求。现代人平等、社会归属感以及自由生存和发展的普遍需求，只有通过国家对社会公正的维护和促进方能得到。现代人面临的社会矛盾纠纷不但数量庞大，种类繁多，成因复杂，而且演化速度较快。这一切表明，现代社会也只有基于社会公正，社会矛盾纠纷方能得以有效化解或缓解。③

"所谓社会公正，是指给每个人所应得，亦即社会成员应当'得其所应得'。"④ 这里的"应得"（deserve）是社会公正的核心概念，而且主要是就利益或资源分配而言的，不涉及负担的分配。何为应得？应得就是接受分配者得到自己应该得到的被分配价值物的份额。各分配接受者应得的份额不是分配者随意确定的，通常总是有某种依据，即使没有相应的明确规定，分配者也有某种分配的合理理由，"应得"就是一般意义的依据或理由。在现实生活中，判断"应得"的依据主要是各种法律、法规、制度、政策等主要社会规范，也包括良心、德性、道德情感和道德规范等道德要求。但是，在价值多元化和社会急剧变化的今天，我们还需要从理论上对"应得"究竟意指什么作出回答，以作为解决现实分配公正问题的依据。

从社会公正的角度看，"应得"有两个方面的问题：一是公正主体对已

---

① 参见江畅《教育考试公正论》，载《江畅文集》第10卷，人民出版社2022年版，第26—28页。
② 江畅：《幸福与和谐》，载《江畅文集》第3卷，人民出版社2022年版，第271页。
③ 参见吴忠民《现代人何以愈益离不开社会》，《社会科学》2018年第10期。
④ 吴忠民：《普惠性公正与差异性公正的平衡发展逻辑》，《中国社会科学》2017年第9期。

有价值物进行分配面临的"应得"问题；二是公正主体给应该得到价值物者分配价值物的"应得"问题。前一方面的"应得"是报偿性应得，后一方面的"应得"是奖励性应得。奖励性应得也是一种分配，不过是过去关于分配及其公正的研究重视不够的一种分配。关于第一方面的"应得"需要考虑的因素主要有历史文化的惯例、接受分配者对被分配价值物的贡献和人道主义的要求；关于第二方面的"应得"需要考虑的因素只有一个，那就是接受分配者对社会的贡献，包括物质方面的贡献和精神方面的贡献。"应得"原则要求"依据人们在社会竞争中的'表现'进行分配，表现越优者，其分配份额越大"[①]。在社会分配中，"应得"是根本分配原则，主导着各行各业的资源分配。

　　社会公正包括的内容十分丰富。概括地说，主要有以下几个方面。一是品行公正。社会公正主体普遍树立公正观念，形成公正德性，他们对待所有社会成员能够一视同仁。"没有行事不公正的人，也就没有人受不公正待遇。没有行事公正的人，也就没有人受公正待遇。"[②] 二是机会公正。"机会平等是社会公正的一项重要理念和准则，是公正的底线。"[③] 社会在现有条件下给其成员最大可能地提供机会，疏通社会竞争和淘汰渠道，不让机会被少数人垄断，不让机会受到不正常的堵塞，保证人人都有机会，人人都能抓住机会，保证社会流动渠道畅通。三是规则公正。每一个领域都有相应的规则，没有规则的真空，也没有规则的冲突，形成规则的正常完善更新机制，使规则始终不落后于社会现实。社会尤其要通过制度确认社会公正，为社会营造和保持一个有利于每个人各尽所能、各尽其才的环境，从而使每个人不同的才能得到最有效、最充分的发挥，最终实现每个个人的全面而自由的发展。[④] 四是结果公正。结果公正并不是绝对平等，而是有差异的平等。社会在分配、立

---

　　① 李石：《"应得原则"与社会公正》，《北京大学学报》（哲学社会科学版）2019年第2期。

　　② ［古希腊］亚里士多德：《尼各马科伦理学》，载苗力田主编《亚里士多德全集》第八卷，中国人民大学出版社1994年版，第113页。

　　③ 刘强：《实践机会平等理念推进社会公正进展》，《科学社会主义》2008年第4期。

　　④ 参见霍秀媚《制度公正与民主政治》，《探求》2003年第2期。

规、裁定、评价和奖惩等各个方面都追求有差异平等的结果，将这种结果保持在可控制范围内，防止社会无限度地分化，建立和完善社会公正支持体系，不断增强社会成员的社会公正感。结果公正需要程序公正提供保证，因此社会要以程序公正促结果公正。公正作为一个价值理念和原则，隐含着实践要求，社会公正的这四个基本方面也就是其价值要求。对于人民统治的民主社会来说，这四个方面的公正都不可缺乏、不可忽视，需要相互配套、相互促进。

　　社会公正通常是一个结果，这种结果在文明社会是由政治公正产生的。有政治公正才有社会公正，政治不公正绝无社会公正可言。正因为政治公正对于社会公正具有决定性的意义，所以中西思想家历来十分重视政治公正。就中国而言，早在春秋战国时期思想家就高度重视政治公正。① 孔子讲的"政者，正也"（《论语·颜渊》），指的就是从政者必须公正。荀子认为，"上者"为"下之仪""下之本"，"上公正，则下易直矣"（《荀子·正论》）。在中国传统文化中，公正常常与无私相关联，强调从政者要公私分明、公正无私。例如，《白虎通德论》卷一释"公"这一爵名时说"公者通公正无私之意也"，《孔子家语》在评价孔子的弟子澹台灭明时也说"然其为人公正无私，以取与去就以诺为名"。柏拉图把政治公正作为立国的原则："正义就是我们在建立城邦时说的必须在整个城邦建立起来的东西——要么是正义，要么是正义的某种形式。"② 亚里士多德认为，"政治上的善即是公正，也就是全体公民的共同利益"③。他强调，首先，统治者需要公正，统治者公正，就会实行法治，就不会成为暴君。"公正是为政的准绳，因为实施公正可以确定是非曲直，而这就是一个政治共同体秩序的基础。"④ 其次，公民也需要公

---

① 参见冯兵《我国古代的"公正"观念》，《中国纪检监察报》2016年4月11日。
② ［古希腊］柏拉图：《国家篇》，载《柏拉图全集》（增订版）中卷，王晓朝译，人民出版社2018年版，第131页。
③ ［古希腊］亚里士多德：《政治学》，载苗力田主编《亚里士多德全集》第九卷，中国人民大学出版社1994年版，第98页。
④ ［古希腊］亚里士多德：《政治学》，载苗力田主编《亚里士多德全集》第九卷，中国人民大学出版社1994年版，第7页。

正，公民公正，就会更优秀、更高尚。"公正即是共同生活中的德性，凡具备这种德性，其他的所有德性就会随之而来。"① 罗尔斯则将政治公正看作社会制度的最重要价值："正义是社会制度的首要价值，正像真理是思想体系的首要价值一样。"② 万俊人教授对罗尔斯的这一论断作了这样的解读："罗尔斯将正义视为社会制度'第一美德'的真正本义在于：作为建构社会基本秩序和规范社会公共行为的制度体系，社会制度所应追求和可能达到的最高目标，首先且最终是社会制度安排本身的公平正义。"③ 中西思想家对政治公正的重视给我们的重要启示在于，要建立公正的社会，就必须追求政治公正。

"政治公正是人类不懈追求的政治理想"④，但在存在着统治阶级与被统治阶级对立的传统社会不可有真正的政治公正，如果存在的话，那也是"强权就是正义"。当然，历史上也有过局部的或小范围的政治公正，例如，中国历史上就有包拯秉公执法之类的事例。但这样的事例不过是沙漠里的绿洲，完全不能改变政治总体上极端不公正的格局，也正因罕见，他们才被人们千古传颂。政治公正只有在全体人民成为社会主人、政治主体的民主社会中才会存在。

那么，在民主社会为什么还需要政治公正呢？这是因为在这样的社会自由和平等对于全体社会成员的普遍幸福是必需的，但要使每一个人都自由平等，就会出现这样两个问题：一是一些人的自由可能妨碍或伤害其他人的自由，这样就可能出现一些人自由而另一些人不自由；二是每一个人都有平等地成为社会角色的权利，但人们天资、作为、条件等方面的不平等必然导致享有这种权利的不平等，这样就会出现形式上平等而事实上不平等。这两个问题不能得到妥善解决，社会同样会陷入不公。政治公正就是要着眼于全体人民的普遍幸福，对人们的自由作出适当的限定，对人们由享有平等权利所

---

① ［古希腊］亚里士多德：《政治学》，载苗力田主编《亚里士多德全集》第九卷，中国人民大学出版社 1994 年版，第 100 页。

② ［美］约翰·罗尔斯：《正义论》，何怀宏等译，中国社会科学出版社 1988 年版，第 1 页。

③ 万俊人：《论正义之为社会制度的第一美德》，《哲学研究》2009 年第 2 期。

④ 霍秀媚：《制度公正与民主政治》，《探求》2003 年第 2 期。

引起的事实上的不平等作适当的调整，并以一定的制约机制使这种限定和调整得以有效施行，从而保证全体人民的自由和平等权利在总体上得到最大限度的实现，使每一个公民得其所应得，不得其所不应得。其重要意义在于，通过公正的政治活动保证每一个公民都能自由地追求幸福，防止自由成为一部分人的特权；保证每一个公民平等地享有权利和履行义务，防止权利与义务的不匹配；调整由自由和平等引起的事实上的社会不平等，防止社会发生严重的两极分化；惩治妨碍和伤害他人自由和平等的行为，即伸张正义，防止社会秩序遭到破坏。[1]

由以上可见，所谓政治公正，是指在人民民主的社会条件下，政治主体通过政治活动使每一社会成员得其所应得，其自由和平等权利在总体上得到最大限度的实现。西方近现代思想家通常从权利出发界定政治公正，认为对权利的侵犯就是典型的政治不公，公正就是要尊重权利，而当权利遭到侵犯时应予以补偿。于是，"公正即各人得其应得"这一传统的原则就被解释为"公正即各人享有各自的权利"。他们强调的个人权利主要包括自由和平等两个方面。[2] 因此，政治公正对于社会政治生活、对于政治本性及其实践要求的实现具有极其重要的意义。政治公正居于政治生活的"元价值"地位，可以统摄诸如自由与平等、民主与法治、竞争与协商、个人与集体、权利与权力等政治生态诸因素的价值取向，可以平衡和规约相互歧向或冲突的价值和目的之间的错综复杂的关系，并为之提供价值依归，以阐明具体政治实践和理想政治构建的价值目标和应然性标准，为政治生活的正当性提供价值判断和实践遵循，从而催生公共精神，调适社会冲突，规导人们的思想和行动，更好地促进政治实践的健康发展。[3]

政治公正是一种综合性的价值要求，它不仅包含对自由和平等的要求，而且包含对自由和平等可能导致的社会问题给予适当解决的要求。作为一

---

[1] 参见江畅《幸福与和谐》，载《江畅文集》第 3 卷，人民出版社 2022 年版，第 274—275 页。

[2] 参见霍秀媚《制度公正与民主政治》，《探求》2003 年第 2 期。

[3] 参见王岩、陈绍辉《政治正义的中国境界》，《中国社会科学》2019 年第 3 期。

种综合性的价值要求，政治公正包含以下几条相互联系、不可或缺的基本原则。(1) 普遍自由原则，即每一个公民都应该是自由的，除非妨碍或伤害了他人的自由。这条原则反对在任何时候、任何情况下把人划分为主人和奴隶。(2) 人人平等原则，即每一个公民在承当社会角色以及享有角色权利和履行角色义务方面都应该是平等的。这条原则反对在任何时候、任何情况下把某些角色作为某些人的特权，否定只享有权利不履行义务的特殊公民的合法性。(3) 所得限制原则，即在同一社会内部，一个人不应该拥有过多的资源，以至于剩下的部分不够分配给所有其他的人或家庭使他们能维持在生存的基础线上。这条原则防止社会财富个人垄断。(4) 最低保障原则，即在同一社会内部，没有人拥有的比他足够达到正常生活所需要的还少。这条原则防止社会出现无法生存的穷人。(5) 侵害补偿原则，即任何一个公民，只要他有意侵犯了他人的权利，他就必须对被伤害人或社会作出必要的补偿。这五条原则是实现政治公正必须同时遵循的基本原则，其中任何一条原则都是必要的。作为公正社会的基本原则，它们也是衡量一个社会或国家公正与否、是好是坏的基本标准。① 一个社会要成为公正的，其政治就必须始终坚持和贯彻这五条原则。这种坚持和贯彻的过程也就是政治公正实现的过程。

三 政治活动公正的含义及要求

社会公正取决于政治公正，政治公正则是政治活动的结果，政治活动公正才会有政治公正，而且必定会有政治公正，政治活动不公正绝无政治公正可言。政治活动公正是政治公正的必要条件，也是社会公正的充分条件。政治活动公正如同政治公正一样，其大前提在于社会是全体人民真正当家作主的民主社会，否则即便有个别决策和个别政治家的政治活动公正，也不可能有整个社会政治活动的公正。鉴于这种情况，我们这里只讨论民主社会的政治活动公正，不考虑非民主社会中偶发的政治活动公正。

所谓政治活动公正，是指在真正的民主社会，作为政治主体的人民和政府，根据政治本性及其实践要求，以政治公正原则为依据从事一切政治活动，

---

① 参见江畅《理论伦理学》，湖北人民出版社2000年版，第293—294页。

并产生政治公正的结果。关于这一界定有几点需要加以阐述。

第一,公正的政治活动的主体必须是全体人民和作为其代表的政府。一定基本共同体的政治活动主体就是它的政治主体。在民主社会,政治主体包括主权主体即全体人民和治权主体即政府,它们同时也是政治活动的主体。全体人民包括个人和组织群体,指的主要是由全体社会个体构成的共同体。[①]他们的政治活动可能是不同层次的,如中央、地方和基层;也可能是不同方面的,如选举活动、参政议政活动、监督政府活动等。政府也包括从中央政府到基层政府,立法、行政、司法及其相关部门。一切不属于人民和政府的其他政治主体不属于公正的政治活动主体的范畴,无论其政治活动是否公正,如试图对基本共同体产生政治影响的境外政治势力就不是其公正的政治活动主体。

第二,公正的政治活动是以政治的本性及其实践要求为根据的政治活动。公正的政治活动必须体现政治的人民性本性,以谋求社会中所有个人的幸福为终极目的。体现政治的人民性本性是政治活动应始终坚持的根本政治立场,只有坚持这一根本政治立场的政治活动才是公正的,否则不仅是不公正的,而且是根本错误的。所以,习近平同志从中国共产党作为执政党的角度强调:"人民立场是中国共产党的根本政治立场,是马克思主义政党区别于其他政党的显著标志。"[②] 公正的政治活动还必须充分体现政治本性的实践要求,以人民至上、法律统治、道德导向、清正廉洁、人民幸福、社会公正为活动的核心理念和基本原则,努力使之得到实现。当然,在追求这些实践要求实现的过程中,政治活动主体还必须考虑历史文化传统和现实社会条件,使政治活动既具有终极追求又切实可行、稳步推进。

第三,公正的政治活动必须以政治公正原则为基本遵循。政治活动的直接目标是实现当下的政治公正,从而实现社会公正。因此,政治活动必须始终坚持和贯彻政治公正原则。罗尔斯提出了著名的两个公正原则:"第一个原则:每个人对与所有人所拥有的最广泛平等的基本自由体系相容的类似自由

---

① 参见江畅、卢蔡《坚持和发展人民至上》,《华中科技大学学报》(社会科学版) 2022 年第 1 期。

② 习近平:《在庆祝中国共产党成立 95 周年大会上的讲话》,《求是》2021 年第 8 期。

体系都应有一种平等的权利。""第二个原则：社会和经济的不平等应这样安排，使它们：（1）在与正义的储存原则（它在要求某一代为后代的福利储存的可能数量方面提出了一个上限——引者注）一致的情况下，适合于最少受惠者的最大利益；并且（2）依系于在机会公平平等的条件下职务和地位向所有人开放。"① 这两条原则虽然已得到普遍公认，但不够全面。笔者提出的普遍自由、人人平等、所得限制、最低保障和侵害补偿五项基本原则，不仅是作为政治本性实践要求的社会公正的直接体现，而且是整个政治本性得以实现的保障条件，需要加以坚持和贯彻。只有坚持这五项基本原则的政治活动才是公正的，才能够体现政治本性的实践要求，违反其中任何一条都是不公正且有害的。

第四，政治活动公正既包括活动结果公正也包括活动过程公正。政治活动追求的是其结果的公正，这就是政治公正。政治公正是政治活动公正的直接目的，实现了这一目的政治活动才能算得上是公正的。但政治活动公正要求实践政治公正目的的活动过程（包括程序）也必须公正，必须在道义上是正当的，就是说符合道德要求。如果政治活动过程不公正、不正当、不道德，即使其结果公正也不是真正的公正。任何为了公正目的而不择手段的政治活动都是不公正的。马基雅维里主张，为了建立强有力的政治统治，君主可以不受道德的束缚，在必要时可以抛弃道德。② 但是，如此建立的政治统治，无论多么强有力、多么有利于国家统一，都不具有公正性。

一个社会的政治活动极其复杂，包括不同层次、不同方面，政治活动追求和实现公正的情形因而就十分复杂。有学者根据美国政治学家大卫·伊斯顿提出的"政治体系"理论中蕴含的分析政治行为及其社会基础的方法，以及更侧重于结构—功能分析的美国政治学家阿尔蒙德、鲍威尔等人提出的新政治体系的运作模型，将政治活动公正划分为五个方面。（1）政治录用公正，

---

① ［美］约翰·罗尔斯：《正义论》，何怀宏等译，中国社会科学出版社1988年版，第292页。

② 参见江畅《西方德性思想史》近代卷，载《江畅文集》第6卷，人民出版社2022年版，第95页。

即政治体系通过特定方式选用人员在政治结构中担当各种角色的公正。（2）政治输入公正，其核心问题是利益表达公正，即利益集团或个人提出某种利益要求的公正。（3）政治转换过程公正，包括利益综合公正和政策制定公正。利益综合公正是指在这些利益综合的过程中各个利益综合主体的相互关系、政治环境、政治资源等方面的公正。政策制定公正是指权威性政策的制定过程、执行和裁决的公正。（4）政治输出公正，即政治体系内部当局所履行的决策和行为的公正，狭义上特指政府作为的公正。政治输出公正可进一步划分为四个方面：一是提取性公正，即政治体系从国内国际环境中提取资源的公正，也就是政治体系提取国内税收、服役以及从国际环境中提取原料、商品、外援、索赔等其他资源的公正；二是分配性公正，即政治体系向国内国际环境分配金钱、商品、服务、机会、荣誉、地位等的公正；三是管制性公正，即政治体系在国内国际环境对人类行为进行管制（如惩处犯罪、强制履行责任和义务、准许开展各项活动、统一规定度量衡、反垄断、保护环境等）的公正；四是象征性公正，即政治体系为增强自身在其他方面的作为能力而输出的象征作为的公正。（5）政治反馈公正，即有关政治系统内源自输出的相关信息向当局回归的机制及结果的公正。[①] 这五类政治活动公正，隐含着政治公正五个方面的基本要求，其分类是有根据的，而且比较详尽、周全，但不便于人们理解和掌握。如果我们从政治主体活动的基本领域的角度来考虑，政治活动的公正可以归结为统治活动公正、立法活动公正、行政活动公正和司法活动公正，其中第一类政治活动公正的主体是人民，后三类政治活动公正的主体是政府。我们可以从这四个大的方面来考虑政治活动公正的基本类型和相应要求。

人类已经找到了实现统治活动公正的形式，这就是民主和法治，即人民用法律统治。民主和法治就是统治活动公正的基本要求。以人民统治为实质内涵的民主制是古希腊雅典城邦的发明，但作为民主产儿的苏格拉底、柏拉图和亚里士多德师徒三人都不怎么看好民主制或民主政体，他们还将民主政

[①] 参见段志超《政治公正的系统分析与和谐社会建设》，《学习与探索》2009 年第 4 期。

体划分为好的民主政体或共和政体和坏的民主政体或平民政体,划分的根据就在于是否实行法治。在亚里士多德看来,平民政体因为法律失效而根本就不成其为一个政体,"因为在法律失去其权威的地方,政体也就不复存在了"①。近代西方启蒙思想家吸取古雅典民主的教训,将直接民主改变为间接民主,强调法律是社会最高权威,实现了民主与法治的统一,并且在西方被付诸政治实践。但是,西方的代议制民主制又暴露出许多问题,而根本问题就在于资本家与无产者之间的对立,以至于马克思戏称它们是"两种极不相同的商品占有者":前者是"货币、生产资料和生活资料的所有者";后者是"自由劳动者,自己劳动力的出卖者,也就是劳动的出卖者"。②显然,虽然这样的劳动出卖者和资本家一样也是公民,但他们的经济状况决定了他们没有能力享受公民权利,于是,他们的权利汇聚成为资本家的政治统治权力。这就是说,西方资本主义社会克服了雅典民主的缺陷,实现了民主与法治的统一,但占人口绝大多数的无产者并没有成为社会的统治者,他们的意志也没有可能充分转化为法律,社会真正的统治者是资本家,而最高权威是体现资本家意志的法律。按亚里士多德的说法,真正意义的公民,"就是参与法庭审判和行政统治的人,除此之外没有任何其他要求"③。亚里士多德这里讲的是直接民主的要求,现代社会不可能做到,但如果大多数公民不能成为统治者,人民统治就成了空话。今天,要真正实现统治活动的公正,就必须克服西方国家民主存在的形式上人民统治而实质上资本统治的问题,让人民真正成为社会的主人,并将人民统治转化为法律统治。

这种转化需要通过立法活动来加以实现,这就提出了立法活动的公正问题。前文已指出,立法活动的主体不可能是全体人民,只能是立法机关,因此立法活动公正的主体是立法机关。党的二十大报告要求"推进科学立法、民主立法、依法立法、统筹立改废释纂,增强立法系统性、整体性、协同性、

---

① [古希腊]亚里士多德:《政治学》,载苗力田主编《亚里士多德全集》第八卷,中国人民大学出版社1994年版,第130页。
② 《马克思恩格斯文集》第5卷,人民出版社2009年版,第821页。
③ [古希腊]亚里士多德:《政治学》,载苗力田主编《亚里士多德全集》第九卷,中国人民大学出版社1994年版,第74页。

时效性"①，这为今天中国的立法活动公正提供了基本遵循。立法活动公正才会有立法公正，立法活动及其结果如果不公正，法律就不仅仅是有问题的法律，更是恶法。立法活动公正涉及两个方面的问题：一是法律与统治主体的关系问题；二是法律与统治对象的关系问题。社会统治主体与统治对象看起来在外延上完全相同，但其实质内涵和外延都不相同。作为统治主体的人民指的是人民整体，是由各类人民个体组成的基本共同体，而作为统治对象的人民指的是人民个体，包括单个个人和各类组织群体。从与统治主体关系的角度看，立法活动的公正性主要要求通过各种途径使法律真正体现统治主体的共同意志。例如，我国过去采取的一种重要的民主形式是社会主义协商民主，近年来又推出了全过程社会主义民主的新形式，这种新形式被看作社会主义民主政治的本质属性。② 这些形式都是中国特色社会主义民主政治的特有形式，旨在充分体现作为政治主体的人民的意志，增进全体人民的福祉。从与统治对象的关系角度看，立法活动的公正性主要要求所制定和实施的法律能够为人民个体所遵守，能够转化为人民个体的真诚信仰。对此，亚里士多德有过经典论述："我们应该注意到邦国虽有良法，要是人民不能全都遵循，仍然不能实现法治。法治应包含两重意义：已成立的法律获得普遍的服从，而大家所服从的法律又应该本身是制定得良好的法律。"③ 亚里士多德在这里告诉我们，要让全民守法，所制定的法律必须是公正的良法。

在所有政治活动中，行政活动公正最为复杂，且因与社会公众利益直接相关而被普遍关切。"与私人企业以赢利为基本目标不同，公共管理的最高价值准则不是效率，而是公正。"④ 行政活动公正的主体是政府的行政机关，而行政机关发生不公正问题的风险最大。其原因有三：一是行政机关十分庞大，

---

① 习近平：《高举中国特色社会主义伟大旗帜　为全面建设社会主义现代化国家而团结奋斗——在中国共产党第二十次全国代表大会上的报告》，人民出版社2022年版，第41页。

② 参见梅荣政《坚持和发展全过程人民民主》，《中国社会科学报》2023年3月21日，第1版。

③ ［古希腊］亚里士多德：《政治学》，吴寿彭译，商务印书馆1965年版，第199页。

④ 高国希：《制度公正与政府责任》，《文史哲》2008年第6期。

工作人员多,也就更有可能发生滥用权力的问题;二是负责人以外的工作人员都是选聘的,他们绝大多数并不是人民代表,他们不存在对选民负责的问题,他们从事行政活动不过是职业而已;三是他们掌握着广泛的权力,尤其是政策的制定权和实施权,而且拥有相当大的自由裁量权,容易受到外在力量的腐蚀而滥用权力。行政活动的公正有两个方面的基本要求。其一,必须依法行政,在法律授权范围内并依据法律行使权力,推进法治政府建设。① 行政机关是法律执行机关,必须忠实履行法律赋予的职责,在法律范围内依法行使权力,这是行政活动公正的基本要求。违背这一要求的一切行政活动都是不公正的,都属于滥用权力。其二,必须为民造福,在法律允许的范围内运用权力的力量增进公共利益。这一要求并不是法律的规范要求,而是行政机关的职责要求。它可能是以法律或制度的形式明确规定的,也可能没有明确规定,而且弹性极大,行政机关可以积极有为、开拓进取,也可以维持现状、得过且过,还可以消极懈怠、崽卖爷田。在这几种情形中,只有不断谋求发展的行政活动才是公正的,其他行政活动都是不公正的。谋求发展也存在着公正性的问题。从发展的角度来看,行政公正有四个不同方面的要求。一是要求发展本身具有公正性,要对发展的方向和重点给予正确定位,防止错误的发展、迷失方向的发展;二是要求保证发展方式选择和实施的科学性,其战略和策略切实可行,用最好的方法取得最好的效果,使社会资源得到最大限度的利用;三是要求在一个共同的运行体系内形成社会合作,能够形成发展的整体效应;四是要求发展的成果能够为人民群众所共享,形成强弱适当平衡的机制,在效率与补偿相结合的原则下确保发展的目标不会偏离。②

司法活动公正追求的是司法公正,司法公正与社会个体的关系最为直接,事关公众的切身利益,所以说"公正司法是维护社会公平正义的最后一道防线"③。司法公正包括实体公正和程序公正两个方面。司法实体公正是司法公

---

① 参见肖捷《扎实推进依法行政》,《人民日报》2022年11月17日,第6版。
② 参见彭劲松《发展与公正》,《哲学与中国》2017年秋季号。
③ 习近平:《高举中国特色社会主义伟大旗帜　为全面建设社会主义现代化国家而团结奋斗——在中国共产党第二十次全国代表大会上的报告》,人民出版社2022年版,第42页。

平正义在裁判结果意义上的体现，对社会公众关于司法公平正义的感受具有更强烈的冲击力与影响力。程序公正是司法公平正义在审理过程中的体现，对人民群众司法公平正义的感受所造成的影响更具持续性。司法程序公正像司法实质公正一样重要且与之相互作用、相辅相成。没有司法程序公正制约与保障的司法实质公正，往往容易沦为被操控的工具，甚至制造出不公正的不良后果；而缺乏司法实质公正追求的司法程序公正，也无法实质性地保障社会公正秩序。[①] 但是，司法程序所依赖的一系列制度规范离不开法官的具体实施和具体司法活动。在司法权力运行从程序启动到作出裁判的整个过程中，司法人员行为的公正至关重要，司法人员的行为公正是让人民群众得以"感受"司法的实体公正和程序公正的重要桥梁与必要媒介。司法是人和制度的有机结合，即使有最明晰的规则、最透明的程序、最精巧的法庭技术，司法人员仍是最关键的因素。因此，司法活动公正的要求实质上就是对司法人员行为公正的要求。这些要求包括法律信仰的自觉尊崇、职业素养的自觉修炼、职业形象的自觉维护等。当然，也还需要通过制度建设强化对司法人员的外部监督和制约。[②]

四　政治智慧与政治活动公正

政治活动公正取决于政治活动主体的公正，而政治活动主体虽然是指整体性主体，即作为整体的人民和作为整体的政府，但人民是由个人组成的，政府也是由工作人员个人组成的。因此，政治活动最终都是由个人所从事的活动汇集而成，政治活动的公正也就最终取决于从事政治活动的个人。可以这么说，从事政治活动的个人越公正，政治活动就越公正。公正对于个人来说，不只是一种原则，而且是一种德性品质。只有当从事政治活动的人具备了公正德性，他才会使公正办事成为无意识动机，而不是外在的约束。因此，

[①] 参见孙辙、张奂《司法的实体公正、程序公正及法官的行为公正》，《法律适用》2022年第3期。

[②] 参见孙辙、张奂《行为公正：司法公正的"第三种样态"》，《学海》2020年第6期。

要提高政治活动公正的程度,从而提高政治公正和社会公正的程度,必须从提高从事政治活动的个人的公正德性水平着手。公正在苏格拉底和柏拉图那里,乃至在整个古代希腊,都被看作德性的总体,在一定意义上是德性的代名词,即所谓"公正是一切德性的总汇"①。一个人具备了公正德性就意味着具备了所有的德性,他就是德性之人。当然,从事政治活动的个人尤其是政府工作人员要真正做到公正或使政治活动的结果公正,还要求综合素质高、专业能力强。从事政治活动的个人的公正德性、综合素质、专业能力的有机统一就是个人的政治智慧,而所有从事政治活动的个人的智慧凝聚到一起就构成了政治主体的政治智慧。政治主体的政治智慧是政治活动公正乃至政治公正的充分必要条件,可以说政治活动公正就是政治智慧的体现。政治活动过程和结果要公正,政治活动主体必须具有政治智慧。

"智慧是自古代以来一直作为运用过好生活所需要的知识来歌颂的理想。'智慧'超出简单地知道/理解什么事物是可供选择的,而提供在它们之间进行辨别的能力,选择其中最好的。"② 智慧是人特有的一种复杂机能,是人的灵性的集中体现,是理智的优化和德化所达到的最佳状态。"智慧是适应人更好生存需要形成的,观念正确、知识丰富、能力卓越和品质优良在经验基础上实现有机协调的,注重整体观照、恪守推己及人、践行中庸之道、既入世又出世的,明智审慎并重、使所有活动恰当合理的综合统一机能和活动调控机制。"③ 人的智慧只有一种,但作为一种综合机能会体现在人生活的方方面面,因此可以从不同角度对智慧进行划分,政治智慧属于从社会生活角度划分的一种类型,它是人的智慧在政治生活领域中的运用和体现。从以上智慧的定义来看,政治智慧就是政治主体在对政治的人民性本性及其实践要求有深刻理解的基础上,具有正确的政治观念、丰富的政治知识、卓越的政治能力和优良的政治德性,在政治实践上既明智又审慎,能做到恰如其分、公平

---

① [古希腊]亚里士多德:《尼各马科伦理学》,载苗力田主编《亚里士多德全集》第八卷,中国人民大学出版社1994年版,第96页。

② "Wisdom", in *Wikipedia, the Free Encyclopedia*, http://en.wikipedia.org/wiki/Wisdom.

③ 江畅:《德性论》,载《江畅文集》第4卷,人民出版社2022年版,第315页。

合理。这里说的政治主体可能是一个人（君主）、统治阶级、全体人民或政府。政治智慧大致上可以划分为认识智慧和实践智慧，对政治的人民性本性及其实践要求具有真理性知识可以说是认识政治智慧，而政治判断明智和政治选择审慎是实践政治智慧。政治上观念正确、知识丰富、能力卓越和品质优良可以说是政治智慧的基础，但它们需要在政治经验中融为一体。

政治要实现公正，需要政治活动公正，而政治活动要做到公正，则需要政治主体具有智慧。这一点在中国最早是老子和孔子发现并论述的，在西方则是柏拉图、亚里士多德师徒二人最早提出并加以论证的。通常认为，孔子的社会理想是"大同"，其实并非如此。"大同"只是孔子的向往，他认为在"天下为家"的社会条件下实现不了，他真正的社会理想是"小康"，其范本就是西周："周监于二代，郁郁乎文哉！吾从周。"（《论语·八佾》）他关于小康社会有很多论述，后来儒家将其概括为"天下平"。"天下平"就是天下太平，即社会安定和谐，而天下平的基础是政治公正。《吕氏春秋·贵公》云："昔先圣王之治天下也，必先公，公则天下平矣。平得于公。"这里说的"平"，就是社会安定和谐；"公"则是指政治公正。《大学》则根据圣王之治的经验概括出"天下平"的路径："身修而后家齐，家齐而后国治，国治而后天下平。"这是儒家给人们指出的如何成为圣王的"内圣外王"之道。在先秦儒家看来，圣王就是圣人之王，圣王之治实际上就是圣人之治。从《易传》中的有关论述看，孔子和儒家所描述的圣人（圣王）之圣主要体现在他们德才兼备，具有政治智慧。在儒家看来，圣王具有三个特点：一是目光敏锐，能顺应天地人之道；二是智慧超凡，创制八卦以昭示吉凶；三是德性高尚，顺应天道以德养民。[①] 道家的政治理想与儒家不尽相同，但也认为要实现天下平，君王必须是具有智慧的圣王。老子眼中的圣王或圣人以无为实现有为，"以百姓心为心"（《老子》四十九章），顺从自然，朴实无华，富有智慧，品质高尚。[②]

[①] 参见江畅《中国传统价值观及其现代转换》，载《江畅文集》第9卷，人民出版社2022年版，第102—103页。

[②] 参见江畅《中国传统价值观及其现代转换》，载《江畅文集》第9卷，人民出版社2022年版，第104—105页。

虽然儒家和道家对圣王和圣王之治的理解不尽相同，但他们都强调具有政治智慧的圣王的政治活动对于天下公、天下平的决定性意义。

与老子、孔子重视圣王、圣王之治不同，柏拉图推崇"哲人王"、哲王之治。柏拉图的理想国有三个特征：一是追求整个城邦的最大幸福；二是具备基于智慧、勇敢、节制德性的公正的德性；三是由"哲人王"统治。他的逻辑思路是，城邦的最大幸福是社会的终极目的，最大幸福体现为社会具有公正德性，而社会的公正德性在于哲人王的政治活动。他认为，正确地建立起来的城邦"显然是智慧的、勇敢的、节制的和正义的"①，其智慧的最重要体现就是少数统治者富有智慧；而它被称为勇敢的是因为保卫城邦、为城邦打仗的人是勇敢的；它具有节制德性则体现为国家或所有公民的天性优秀部分统治天性低劣部分。社会中的这三部分各自具备自己的德性，整个社会就具有了公正的德性，具体体现为他们各守本位、各司其职。"挣工钱的人、辅助者和护卫者在城邦里各自做他自己的工作，是正义的。"② 但这种公正的格局不是自然形成的，而是具有哲学智慧的人即"哲人王"实行统治的结果。"哲人王"因有哲学智慧而会认识终极实在并获得绝对真理，即能掌握最高的理念即善理念，并按照善的原则进行国家管理，革除陈规陋习，追求国家的最高德性和德性总体即公正的实现，从而使整个社会达到所有成员在承担最适合其天性的职务的前提下各守本位、各司其职、各得其所的和谐状态。"一位或者多位真正的哲学家掌握城邦的权力，他们藐视现今的荣耀，认为它们是奴性的、无价值的，他们重视正义和由正义而来的光荣，把正义看得高于一切，不可或缺，他们通过维护正义重整和管理他们的城邦。"③

上述古典时代思想家心目中的政治主体基本上都是君王，推崇的是圣王之治或哲王之治，这是有历史局限性的。几千年的文明史已一再证明，实行

---

① ［古希腊］柏拉图：《国家篇》，载《柏拉图全集》（增订版）中卷，王晓朝译，人民出版社2018年版，第124页。

② ［古希腊］柏拉图：《国家篇》，载《柏拉图全集》（增订版）中卷，王晓朝译，人民出版社2018年版，第133页。

③ ［古希腊］柏拉图：《国家篇》，载《柏拉图全集》（增订版）中卷，王晓朝译，人民出版社2018年版，第253页。

君主政制，无论君主是圣人还是哲人，即使他们的政治活动是智慧的、公正的，都不可能使社会真正成为公正的社会。而且，中西传统社会似乎也从未见有真正的圣王或哲王，从这个意义上看，古典思想家的圣王之治或哲王之治不过是空想。但是，值得高度重视的是，他们主张政治主体必须具有智慧，既要有高尚的德性，又要有卓越的才能，深刻揭示了政治活动的真谛。社会政治主体可以由君王转变为全体人民，但政治主体必须具有智慧，其政治活动必须运用和体现智慧，这却是不可改变的。即使全体人民成为政治主体，如果人民主体和治理主体没有智慧，其政治活动绝无可能成为公正的，也不可能由此产生政治公正和社会公正。

在人民成为政治主体的情况下，政治主体具有智慧既包括全体人民有智慧，也包括作为人民代表的治理主体即政府有智慧，其中治理主体的智慧对于整个社会的政治活动的意义更重要、更关键。全体人民的智慧主要体现在两个方面。一是选举代表有智慧。选举代表有智慧不仅在于全体社会成员整体智慧水平高，而且在于在选举的过程中运用智慧，如此他们才能产生智慧水平高的代表。二是参政议政有智慧。在规模普遍宏大的现代社会，不可能实行直接民主，不可能让全体人民直接制定法律和参与决策。即使全体人民直接参政，他们也必须具有智慧才能使政治活动公正。与人民主体不同，政府直接从事社会治理，包括立法、行政和司法等各个方面和全过程的政治活动。他们具有智慧，才能制定公正的法律，作出公正的决策，才能在立法、行政和司法的具体活动中公正无私，实现政治公正和社会公正。无论是人民主体还是治理主体，构成它们的个人的智慧无疑是根本性的，但政治主体的智慧、政治主体活动的智慧并不等于他们各自智慧的总和，而是他们的智慧的汇聚整合。这种汇聚整合起来的智慧才会产生整体大于个体之和的效应。无论是人民主体的智慧还是治理主体的智慧都应是这种汇聚整合的智慧，这种智慧而非单个人个别的智慧才是完整意义上的政治智慧。

君主统治只需要他一人具有智慧就能运用于其政治活动，但在政治主体多元的情况下，就存在如何将所有从事政治活动的个人以及组织群体的政治智慧汇聚整合到一起的问题。那么，由谁来发挥这种汇聚整合作用呢？在亚里士多德看来，汇聚整合民智的人只能是统治者，而统治者要做到这一点，他自己不仅最应该是善良之人，而且还必须具有智慧尤其是实践智慧（明智）。"贤明的统治者就是善良和明智之人，而且一位政治家必须是明智的。"①他认为，不管在哪种政体之下，统治者的职责都是管理，要管理好就必须具有实践智慧，即明智，对被统治者来说则不需要这种德性。"统治者独特的德性是明智；因为其他诸种德性似乎都必然为统治者和被统治者所共有。被统治者的德性当然不是明智，而不过是真实的意见；因为被统治者就同制笛的人一样，统治者则是吹笛或用笛的人。"②按照亚里士多德的逻辑，如果所有社会成员都是统治者，那么他们都应该具备实践智慧德性。在传统社会，没有也不可能有社会中的所有人（包括社会中所有人和组织群体）都成为统治者的先例，统治者即使有实践智慧，充其量也只是汇聚整合了少数统治者的智慧，甚至只是君王个人的智慧，不可能汇聚整合社会中所有人的智慧。但在全体人民成为统治者的真正民主社会，所有社会成员都应具备实践智慧，由政府来履行汇聚整合民智的职责。政府一方面可以利用立法机构在汇聚整合民意的同时汇聚整合民智，将其凝聚于法律；另一方面可以通过行政机关和司法机关汇聚整合民智并将其落实到社会治理的政治活动中去。

在汇聚整合民智方面，近代兴起的政党发挥了重要作用，今天许多西方国家的民主政治实质上是政党政治，政党成为社会中的重要政治主体。政党政治是从传统专制社会走向民主社会过程中出现的一种特殊政治现象，只有在一个国家的范围内出现了多种不同的利益集团时才可能出现代表其利益的政治代表——政党。因此，政党政治的出现与社会利益主体多元化直接相关，政党不过是一定的利益集团在政治上的代表，而政党政治是党派利益与全民利益兼顾的多党竞争政治。政党政治对于打破集权制政治、建立分权制政治，对于国家的全民化具有重要的意义。政党政治的最大问题是政治常常会成为少数大的利益集团的政治，这些利益集团为政党执政提供支持，政党执政

---

① ［古希腊］亚里士多德：《政治学》，载苗力田主编《亚里士多德全集》第九卷，中国人民大学出版社1994年版，第80页。

② ［古希腊］亚里士多德：《政治学》，载苗力田主编《亚里士多德全集》第九卷，中国人民大学出版社1994年版，第82页。

时就不能不考虑其所代表的利益集团的特殊利益，因此它们不可能完全代表全民利益，也不可能集中全社会智慧。针对西方政党政治存在的弊端，中国创立了一种中国共产党领导的多党合作和政治协商制度。"说它是新型政党制度，新就新在它是马克思主义政党理论同中国实际相结合的产物，能够真实、广泛、持久代表和实现最广大人民根本利益、全国各族各界根本利益，有效避免了旧式政党制度代表少数人、少数利益集团的弊端；新就新在它把各个政党和无党派人士紧密团结起来、为着共同目标而奋斗，有效避免了一党缺乏监督或者多党轮流坐庄、恶性竞争的弊端；新就新在它通过制度化、程序化、规范化的安排集中各种意见和建议，推动决策科学化民主化，有效避免了旧式政党制度囿于党派利益、阶级利益、区域和集团利益决策施政导致社会撕裂的弊端。"[①] 从根本上说，这种新型政党制度之"新"在于其核心——中国共产党是中国工人阶级的先锋队，同时是中国人民和中华民族的先锋队。它不仅能够代表中国最广大人民的根本利益，而且能够集中全体人民的政治智慧，引导全体中国人民追求真正政治本性所指向的终极目的即"以每一个个人的全面而自由的发展为基本原则"的共产主义社会的实现。

第五节　政治权力的正当性

作为社会管理方式，政治与氏族管理方式以及其他社会管理方式最明显的不同是它凭借具有强制性的政治权力进行整个社会的管理（administration）。正因如此，政治管理通常就被称为"治理"（governance）。政治权力是政治的决定性、关键性要素。政治权力强制的对象是全体人民（包括所有个人和所有组织群体），全体人民要服从社会治理机构凭借权力实行的管理，就存在着政治何以有权力强制成员、权力本性是什么、权力怎样产生和怎样行使才是正当的、具有强制力的政治权力与作为政治主体个人的权利之间的关系应当怎样、全体人民拥有的最高社会权力如何通过法律来体现和通过社会治理机

[①] 齐惠：《新型政党制度"新"在何处？》，《学习时报》2022年7月20日。

构来行使等事关政治权力的基本问题。政治权力的强制性来自其正当性,因此上述这些问题可归结为政治权力的正当性问题。政治权力的正当性是政治哲学需要研究回答的根本性问题。

一　政治权力的概念及其本性

在人类历史上,权力(power)是一种十分古老的社会事物,当社会需要管理者进行管理时权力就产生了,因此权力至少可追溯到氏族公社的产生。进入文明社会后,人们赋予了权力种种含义,形成了不同的权力观念或概念。① 但是,政治权力作为一种社会事物和思想观念是伴随着人类进入文明社会才出现的,而对政治权力进行理论探讨并形成概念则到轴心时代才开始。政治权力是政治之所以为政治的决定性、关键性因素,政治作为社会管理的一种方式凭借政治权力而生成,因此,没有政治权力也就无所谓政治,更无所谓到目前为止的文明社会的政治载体——国家。

关于政治权力是什么的问题,有种种不同的理解。在我国,《马克思主义大辞典》把"政治权力"称为"政权",并对政权作了这样的解释:政权亦称"国家政权""国家权力","即统治阶级凭借国家机器对被统治阶级实行政治统治的权力,通常由军队、警察、监狱、法庭等暴力机关保证其实施。有时也指体现国家权力、行使国家职能的相关机关的总称。它是阶级斗争的产物和工具,具有强制性和普遍的约束性"。② 在这种观点看来,国家政权是社会政治结构即政治上层建筑的核心和主体,是国家政治体系运行的基本设置。国家政权把整个政治结构结合起来,成为控制社会的强大机构,并且通过这个机构来控制和管理全部社会生活。国家政权在不同领域表现为不同形式。在阶级社会里,政治集中代表一个阶级的根本利益。因此,政权掌握在哪个阶级手中,执行哪一个阶级的路线、方针、政策,是区分不同上层建筑的一个重要标志。这种对政治权力的解释全面而准确,在我国理论界和学术界得到了普遍认同。然而,这种解释的问题在于,它是对政治权力这一现实

---

① 参见王浦劬等《政治学基础》,北京大学出版社2018年版,第79页。
② 徐光春主编:《马克思主义大辞典》,崇文书局2017年版,第165页。

事物或现象的概括总结，所反映的是政治权力的现实本质，而没有反映它的本然本质，没有揭示它的本性。如果我们不把政治理解为"以经济为基础的上层建筑，是经济的集中表现，是以国家权力为核心展开的各种社会活动和社会关系的总和"①，而像本书这样，把它理解为社会主权者凭借政治权力、运用法律、通过其代表治理社会的社会管理活动，那么，我们对政治权力及其本性就会有不同的理解。

在恩格斯看来，政治权力就是公共权力。② 他在分析国家产生时认为国家与旧的氏族组织（它们都是社会管理机构）有两点不同。一是国家按地区来划分它的国民，改变了氏族成员被束缚在一定地区的格局。地区依然，但不同氏族的人们已经是流动的了。二是公共权力的设立。"构成这种权力的，不仅有武装的人，而且还有物质的附属物，如监狱和各种强制设施，这些东西是以前的氏族社会所没有的。"③ 那么，为什么需要这种公共权力呢？恩格斯认为，人类进入文明社会时，社会陷入了不可解决的自我矛盾，分裂为不可调和的对立面而又无力摆脱这种局面。为了使这些对立面、这些经济利益互相冲突的阶级不致在无谓的斗争中把自己和社会消灭，就需要有一种表面上凌驾于社会之上的力量。于是，公共权力就产生了。不过，在那时以及后来的文明社会里，这种公共权力采取了国家这种形式，而国家被经济上占统治地位的阶级掌握。恩格斯的考察分析告诉我们，公共权力是人类从氏族社会（他也称之为"野蛮时代"）走向文明社会（他也称之为"文明时代"）的必然产物。这时社会范围突破了有血缘关系的氏族，包括没有血缘关系的其他氏族，而且它们彼此之间有利益冲突，需要公共权力来调和利益冲突，对社会进行治理。这一点是人民普遍认可的，就是说，社会各方都同意设立公共权力来治理社会。至于谁最后掌握了这种公共权力，用这种权力干什么，则是后续的问题。当然，按恩格斯的观点，后来是那些经济占统治地位的阶级

---

① 《政治：政府、政党等治理国家的行为》，百度百科，https://baike.baidu.com/item/%E6%94%BF%E6%B2%BB/169778? fr=ge_ala。

② 参见《马克思恩格斯选集》第4卷，人民出版社2012年版，第187页。

③ 《马克思恩格斯选集》第4卷，人民出版社2012年版，第187页。

掌握了公共权力，成为统治阶级，并因要用公共权力剥削压迫被统治阶级而又采用了各种强制设施。公共权力就转变成了国家，即"从社会中产生但又自居于社会之上并且日益同社会相异化的力量"①。

从恩格斯的论述我们大致可得出三点结论。其一，政治权力原本是公共权力，后来因为成为国家的统治权力而被称为"国家权力"或"国家政治权力"（"政权"）。今天来看，政治权力在历史上有两种基本形态，即原初的公共权力和后来的国家权力。国家权力可以视为公共权力的异化形式，但仍然属于政治权力的范畴。其二，公共权力的主体原本不是某一个阶级或个人，而是全体人民，后来统治阶级因独掌了公共权力而成为公共权力真正的主体。不过，这时的公共权力已异化为国家权力，严格来说，统治阶级掌握的不是公共权力，而是国家权力。其三，当公共权力主体由全体人民转变为统治阶级、公共权力转变为国家权力或政治权力时，为了使被统治阶级服从，必须有军队、监狱等各种强制设施作为后盾。如果阶级对立消失，公共权力就会复归于全体人民，国家的这些后盾大多也就会成为多余的。黑格尔说："暴力和暴政可能是实定法的一个要素，但这种情况对实定法说来不过是偶然的，与它的本质无关。"② 国家的强制设施对公共权力来说也是如此。

当然，恩格斯这里所说的公共权力是原始社会末期或文明社会初期最原初的公共权力，在后来几千年的文明社会，公共权力虽然被异化为国家权力，在传统社会完全被统治阶级利用来实现自己的利益，但随着人类文明的进步，公共权力无论在内容上还是在形式上都获得了发展。尤其是近代以来，一些国家逐渐走上了民主化道路，在国家内部出现了国家权力回归公共权力，或者说政治权力同时兼具两种权力性质的新态势，而且适应现代生活的要求，公共权力获得了更为丰富的现代内涵和实现形式。比较重要的有五个方面。一是在不少国家至少名义上肯定全体人民是社会的主体、主人，国家的统治者被认定为全体人民，而不是统治阶级。掌握国家权力的统治阶级或其政党也公开宣称自己是人民或公民的代表，执政是为了增进全体人民的利益和

---

① 《马克思恩格斯选集》第4卷，人民出版社2012年版，第187页。
② ［德］黑格尔：《法哲学原理》，范扬、张企泰译，商务印书馆1961年版，第5页。

福祉，而且他们实际上也注意兼顾全体人民的利益，不再赤裸裸地利用国家权力巧取豪夺。二是将公共权力转换为法律权力，特别是在那些实行现代法制的国家，法律是国家的最高权威，法律是国王。虽然这些国家的法律可能体现的只是统治者的意志，而不是全体人民的意志，但用法律统治社会为公共权力的实现找到了一个最好的方式。历史事实已经证明，不用法律治国，即使公共权力掌握在全体人民手中也是危险的。① 三是将公共权力划分为主权和治权，主权属于全体人民（人民主体），治权属于社会治理机构（治理主体），后者是前者的代表，代表前者行使社会治理权，受前者制约。四是将治权分立，通常划分为立法权、司法权和行政权，孟德斯鸠的为了防止滥用权力必须"以权力制止权力"②的主张得到了全世界的认同，已经成为普遍共识。五是公共权力不得侵犯个人权利。在孟德斯鸠看来，所有拥有权力的人，都倾向于滥用权力，而且不用到极限决不罢休。他特别重视以权力制约权力主要也是为了建立一种保护公民政治自由权利的政治体制，这种体制"不强迫任何人去做法律不强制他做的事，也不强迫任何人不去做法律允许他做的事"③。

从以上对政治权力产生和发展的考察不难发现，经过几千年人类文明社会的发展，政治权力作为概念已经形成。就其真实本性或本然本质而言，我们可以给政治权力作这样一个基本界定：所谓政治权力，就是某一特定社会的全体成员（全体人民）为了自身的福祉所建立并拥有，运用法律对社会实行统治，授予社会治理主体代表自己行使共同拥有的公共权力。政治权力的

---

① 苏格拉底之死就是一个典型的事例，他是雅典民主制的产儿，也是它的牺牲品。没有法律，权力就受不到应有的制约。英国历史学家阿克顿勋爵认为，多数人具有的不受制约的权力，是苏格拉底被判处死刑的原因。"全体人民的统治，即人数最多、势力最大的阶层的统治，有着和纯粹的君主制一样邪恶的本性，因而基于近乎相同的理由，需要自我制约的保障制度。"（牟治伟：《从苏格拉底之死说起》，《人民法院报》2019年11月22日）

② ［法］孟德斯鸠：《论法的精神》上卷，许明龙译，商务印书馆2009年版，第166页。

③ ［法］孟德斯鸠：《论法的精神》上卷，许明龙译，商务印书馆2009年版，第166页。

本性在于，它是全体人民共同拥有的统治和治理社会的公共权力。关于政治的这个界定，还可以从政治权力本性的角度作以下进一步阐述。

第一，政治权力的主体就是政治的主体，真正的政治主体是全体人民，而不只是社会治理者，更不只是统治阶级或君主。无论从政治权力的最初起源来看，从政治的终极目的的实现来看，还是从其异化为国家权力导致的灾难性后果看，政治权力的主体都只能是全体人民，包括社会中所有个人和组织群体。如前所述，政治权力源自人类社会在从原始社会走向文明社会过程中管理日益复杂化的社会的需要，这时如果不建立公共权力，社会及其成员就无法生存下去。正是在这种历史条件下，社会中的所有成员都赞同或默认建立具有强制性的公共权力。政治权力归根到底是实现终极政治目的的手段，如果政治权力不掌握在全体人民手中，它就不可能用于实现政治的终极目的。人类文明史也表明，政治权力掌握在统治阶级或君主手中的结果，充其量只能实现统治阶级或君主的利益，而不可能实现全体人民的利益。而且，由于统治阶级对被统治阶级的剥削压迫会遭到后者的强烈反抗，统治阶级的利益也最终不可能得到长久的、充分的实现，起义、政变等始终与统治阶级的统治相伴随。正是针对人类社会的历史教训，美国《独立宣言》宣称，人们建立政府原本是为了保障包括生命权、自由权和追求幸福的权利，而"政府之正当权力，是经被治理者的同意而产生的"[①]。

第二，政治权力是实现终极政治目的的手段，而不是目的本身，真正的终极政治目的是为全体人民谋幸福。前文已谈及，在中国古代，孔子就已经意识到社会精英应当"修己以敬""修己以安人""修己以安姓"（《论语·宪问》），柏拉图强调建立城邦的目标"是尽可能使整个城邦幸福"[②]。近代美国政治思想家潘恩则针对掌握政治权力而不为公众谋利益的政府指出："任何一个政府，如果不按共和国的原则办事，或者换句话说，不以公众的利益作为

[①] 《独立宣言》，百度百科，https://baike.baidu.com/item/%E7%8B%AC%E7%AB%8B%E5%AE%A3%E8%A8%80/53146？fr=ge_ala。

[②] ［古希腊］柏拉图：《国家篇》，载《柏拉图全集》（增订版）中卷，王晓朝译，人民出版社2018年版，第115页。

其独一无二的目的，都不是好政府。"① 当代中国领导人提出"权为民所用、情为民所系、利为民所谋"②；"要守住权力关，始终保持对权力的敬畏感，坚持公正用权、依法用权、为民用权、廉洁用权"③。所有这些古今重要论述所强调的都是权力本身不是目的，而是手段，造福社会、造福人民才是政治权力的终极目的。

第三，政治权力本应是全体人民共同建立的，也应是共同拥有的，而不应为任何阶级、政党、家族或个人等所单独建立或拥有。在中国历史上，孔子就已经意识到这一点，他所憧憬的大道之行的时代就是"天下为公"（《礼记·礼运》）的社会。明清之际的黄宗羲将这一思想表达为"古者以天下为主，君为客，凡君之所毕世而经营者，为天下也"（《明夷待访录·原君》）。孙中山受西方近代启蒙思想的影响，将"天下为公"解释为"国家是人民所共有，政治是人民所共管，利益是人民所共享"④。在当代中国，"江山就是人民，人民就是江山"已经成为中国人民的共同信念。在西方，自柏拉图时代起就存在着君主政体好还是民主政体好的争论。有一种比较流行的观点认为，假如能保证有一个好的专制君主，君主专制政体就会是最好的政体。约翰·密尔坚决反对这种观点，认为它是一种极端的也是有害的误解。好的专制政治完全是一种虚假的理想，它甚至比坏的专制政治更有害，因为它更加松懈和消磨人民的思想、感情和精力。⑤ 针对君主专制政体，密尔提出，"理想上最好的政府形式就是主权或作为最后手段的最高支配权力属于社会整个集体的那种政府；每个公民不仅对该最终的主权的行使有发言权，而且，至少是有时，被要求实际上参加政府，亲自担任某种地方的或一般的公共职务"⑥。因此，他旗帜鲜明地

---

① ［美］潘恩：《人权论》，载《潘恩选集》，马清槐等译，商务印书馆1981年版，第245页。

② 竹立家：《权为民所用，情为民所系，利为民所谋》，《人民论坛》2009年第1期。

③ 《习近平在中央党校（国家行政学院）中青年干部培训班开幕式上发表重要讲话》，新华网，2022年3月1日。

④ 孙中山：《三民主义》，东方出版社2014年版，第222页。

⑤ 参见［英］J. S. 密尔《代议制政府》，汪瑄译，商务印书馆1982年版，第40页。

⑥ ［英］J. S. 密尔：《代议制政府》，汪瑄译，商务印书馆1982年版，第40页。

反对君主专制政体，主张民主代议制政体。以上中西古今的论述不同，但都肯定政治权力的真正主体是人民，只有人民才是当之无愧的主权者。

第四，政治权力主体应运用法律统治社会，而不是直接统治社会。全体人民享有社会的最高权力，是社会的主人、政治的主体，他们才是社会的真正统治者。但是，他们并不直接统治社会，而是将自己的意志转变为法律，用法律统治社会。因此，法律才是国家的最高统治者。早在18世纪，潘恩就已经注意到政治的这种特殊本性，他提出："在专制政府中国王便是法律，同样地，在自由国家中法律便应该成为国王，而且不应该有其他的情况。"① 人类一进入文明社会，法律就已经出现。《左传·昭公六年》就有"夏有乱政，而作禹刑"的记载，这表明我国的第一个文明朝代就有了《禹刑》。但是，在中国传统社会，法律始终都是统治者治理国家的手段，他们实行法治，但只是以法律为手段进行统治（rule by law）。近代以来在民主化运动的推动下，法治由传统的以法律为手段进行统治转变为实行法律的统治（rule of law），而法律的主体是全体人民，所体现的是他们的意志，法律就成了人民实现统治的形式。这种转变才真正体现了政治权力本性的要求，是人类找到的实现人民统治社会的最佳形式。

第五，社会统治主体（全体人民）应授权给自己的代表（政府）在法律范围内，依据法律进行社会治理。作为社会统治者的全体人民，拥有一切政治权力，但应将社会治理权授予自己的代表行使，而不是自己直接行使。现代许多国家实行的"代议制"民主政治基本上体现了政治权力的这种本性要求。约翰·密尔认为"能够充分满足社会所有要求的唯一政府是全体人民参加的政府"②，但他也注意到，在面积大和人口多的国家，所有的人都亲自参加公共事务管理是不可能的，因此"一个完善政府的理想类型一定是代议制政府了"③。代议制实质上就是由人民选举出来的代表行使社会治理权力，但

---

① ［美］潘恩：《常识》，载《潘恩选集》，马清槐等译，商务印书馆1981年版，第36页。
② ［英］J. S. 密尔：《代议制政府》，汪瑄译，商务印书馆1982年版，第52页。
③ ［英］J. S. 密尔：《代议制政府》，汪瑄译，商务印书馆1982年版，第52页。

他们必须在法律授权范围内，依据法律治理社会，对于他们来说，"法定职责必须为、法无授权不可为"①。代议制面临的最大难题是政府掌握的权力可能不受控制而被滥用，导致对公民权利的伤害，所以思想家们提出了种种解决这一问题的办法。洛克认为，行使越权的、任何人没有权利行使的权力就是"暴政"②，人民有权反抗这种暴政；孟德斯鸠提出，为了防止滥用权力，必须"以权力制止权力"③；约翰·密尔则主张全体人民对其代表行使最后的控制权，"他们就是支配政府一切行动的主人。不需要由宪法本身给他们以这种控制权"④。今天的社会主义中国努力在实践上解决这一问题。"权为民所赋，权为民所用"，"把权力关进制度的笼子里"，"让权力在阳光下运行"已成为中国的普遍共识和实践遵循，中国正在努力从理论和实践相结合上寻求破解代议制民主政治的难题的密钥。

二 政治权力正当性的根据和理由

从前面对政治权力概念及其本性的分析可以看出，在现代社会，政治权力既是人民主体统治社会的权力（主权），又是治理主体治理社会的权力（治权），这两种权力都是政治权力，都涉及权力主体对于权力对象的控制（统治或治理）。那么，这就提出了主权者何以有权力控制政治对象、治权者何以有权力控制社会治理对象的问题。这就是政治权力正当性的理由问题，而这个问题又涉及更深层次的问题，即政治主体何以拥有主权、社会治理主体何以拥有治权的权力正当性根据。治权者拥有治权是因为他们是主权者的代表，其运用权力治理社会是得到法律授权并依据法律进行的。因此，如果实际情

---

① 《中共中央关于全面推进依法治国若干重大问题的决定》，中国共产党新闻网，http://cpc.people.com.cn/n/2014/1028/c64387 - 25926125.html? &from = androidqq，2014年10月28日。

② [英]洛克：《政府论》下篇，叶启芳、瞿菊农译，商务印书馆1964年版，第127页。

③ [法]孟德斯鸠：《论法的精神》上卷，许明龙译，商务印书馆2009年版，第166页。

④ [英]J. S. 密尔：《代议制政府》，汪瑄译，商务印书馆1982年版，第65页。

形确实如此,他们拥有的治权并运用治权进行社会治理的根据和理由就是自明的,无须我们进一步讨论。但是,主权者拥有主权的根据、他们运用主权统治社会的理由并不是自明的,需要阐明,而且从人类历史看,对这个问题无论是理论上还是实践上都存在着重大的分歧,甚至对立,因而也需要对这个问题加以澄清,以求形成共识。因此,我们讨论政治权力正当性的根据和理由问题,主要是就统治权力而言的。

政治权力的正当性取决于其根据和理由的正当性,因此政治权力的根据和理由正当与否事关重大,只有理由和根据正当,人民主体拥有的主权和运用主权统治社会才能够为被统治对象或人民所普遍认同乃至支持。否则,主权就无法维持下去,即使能够维持,也必须借助强制力(暴力),但即便如此,拥有主权的政治主体也不可能长治久安,相反,坐在统治者的高位上就如同坐在火山口,随时都有可能因火山爆发而毁灭。中国近代史上袁世凯称帝的闹剧,典型地说明了没有正当理由攫取的统治权,其结局终归是悲剧。[①]我们提出社会的政治权力应由全体人民建立和拥有、全体人民应运用法律统治社会,也必须提供正当根据和正当理由。唯有如此,全体人民建立和拥有主权、运用主权进行统治的正当性才能得到论证和辩护,才能得到全体人民的认同和支持。近代以来,主权应由全体人民建立和拥有、应通过法律来实行统治,逐渐得到了许多国家的认可,但尚未成为世界各国的普遍共识。更值得注意的是,一些国家虽然认可了这一点,但并未真正贯彻落实,使之转化为制度和文化;还有不少国家名义上甚至法律上肯定这一点,其实却是虚幻的,主权仍然掌握在少数富人手中。有研究认为,号称最民主国家的美国,其民主离民众的诉求越来越远,其本质就是金钱民主。美国追踪竞选资金的网站"公开的秘密"分析,过半的竞选资金来自富豪及其企业的大额捐款。美国民间组织"共同事业"的戴尔·艾斯曼早就明言,"这些巨额捐赠……背后都存在今后需要政客兑现的附加条件"[②]。因此,从政治哲学的角度为人民拥有主权、主权通过法律实现提供合理性论证仍然是十分必要的。这是使之

[①] 参见刘耀《袁世凯称帝的心理悲剧》,《南方论刊》2015年第9期。
[②] 郭言:《党争不断暴露美式民主虚伪》,《经济日报》2022年11月21日。

转化为政治实践和社会现实的前提。

首先看看人民建立和拥有政治权力的正当性根据问题。自人类进入社会后，社会的政治权力一直为一定的政治主体所建立和拥有，而且为了使其政治权力得到全社会认同，掌权者一直通过各种途径为掌握的权力作论证或辩护。在中西文明史上，论证和辩护的方式主要有以下四种。

第一种是上天授权。中国传统社会的统治者历来都将自己掌握的政治权力看作上天授予的，以此证明自己政治权力的正当性。在秦代以前的封建专制时代，君王就自诩"天子"，即"上天之子"。《尚书·洪范》中就有"天子作民父母，以为天下王"的说法，《礼记·曲记》对天子作了"君天下曰天子"的解释，后来《白虎通·爵篇》对此又作了进一步的阐明："爵所以称天子者何？王者父天母地，为天之子也。"这些表述都是表达君王的权力来自上天。在皇权专制时代，政治权力天授的最典型表达是皇帝在颁布诏书时打着"奉天承运"的旗号。"奉天承运"的意思是指皇帝受命于天，以此表明自己做皇帝的"正当性"，他下的诏书是遵从天意。有考察研究认为，最早使用"奉天承运皇帝诏曰"八个字作为圣旨开头语是从明太祖朱元璋开始的，这八个字的断句应为"奉天承运皇帝，诏曰"[①]。"奉天承运皇帝"的表达虽然出现在明代，但皇权专制时代的皇帝一直都以自己受命于天来为自己的政治权力作论证。

第二种是公民授权。这是一种通过将政治权力视为来自作为社会成员的公民来论证政治权力的正当性的方式。古希腊雅典和古罗马采取这种论证方式，近代以来西方国家也这样做，但情形有很大的不同。在古代雅典城邦实行的民主制度下，所有的社会成员即自由民或公民（本邦的成年男子）都是城邦的主人，城邦的政治权力主要是他们凭借武力和经济实力自己建立起来并掌控的。当时虽然也有执政官之类的官职，但他们只有治理权，而无统治权。古罗马经历过王政时期、共和时期和帝国时期的历史演进，自共和国时期开始，政治权力的形成和掌控与古雅典相似，但复杂得多。其政治有点类似现代的代议制民主，但实际的权力掌控在执政官或皇帝手中。在共和国时

---

① 参见刘绍义《"奉天承运皇帝诏曰"的来历》，《国学》2013年第9期。

期，权力主体是罗马公民，权力客体是全体人民，而全体人民包括罗马公民和非公民；到了罗马帝国时期，权力主体演化为元首+元老+罗马公民，权力客体还是全体人民；公元284年戴克里实行的政治改革使政治结构又发生了很大变化。① 由此可以看出，罗马的政治权力还是来自公民的共建。在西方近代，多位启蒙思想家提出了社会契约论，他们以自己构想的"自然状态"需要治理引申出建立政治权力的必要性，进而采用订立契约的方式为政治权力的产生和维持的正当性提供论证。社会契约论随即就成了西方国家建立政治权力的依据，也成为启蒙思想家为政治权力的正当性辩护的根据。按照这种理论与实践，政治权力源自公民的自然权利，是公民为了保障造物主赋予他们若干不可剥夺的权利，才建立政府，而"政府之正当权力，是经被治理者的同意而产生的"②。显然，根据公民授权的政治权力正当性论证，政治权力实际上是公民建立的，然后交给政府（有执政官、元老院、皇帝、议会、总统等种种不同形式）行使。

第三种是上帝授权。基督教统治欧洲中世纪的一千多年间，欧洲的世俗政治权力其实还存在，只不过在彼此之间以及与基督教教会之间不断进行着争斗和战争。总体上看，基督教教会势力强大，世俗政治权力不得不屈从于其淫威之下，日耳曼人原本凭借武力获取的政治权力，教会却说他们的权力是上帝授予的，借此来对世俗国家实行控制。托马斯·阿奎那认为，上帝的统治只能属于既是人又是神的君主，即属于耶稣基督。耶稣基督的政治权力是一种必然永远不会终止的政治权力，而且他正是由于拥有这种权力才不仅被称为神父，还被称为君主。所有基督的信徒既然是基督教徒，就都成了神父和君王，这种神父和君王身份就是从耶稣基督产生的。这个王国的统治职务不是交给现实世界的统治者，而是交托给神父，是委托给祭司长、彼得的继承者以及教皇、罗马教皇。基督教世界的一切世俗国家的君王都应当受他

---

① 参见韩海莲《从古罗马的政权权力分配看其政治民主程度》，《科学大众》（科学教育）2014年第7期。

② 《独立宣言》，百度百科，https://baike.baidu.com/item/%E7%8B%AC%E7%AB%8B%E5%AE%A3%E8%A8%80/53146?fr=ge_ala。

们的支配，就像受耶稣基督本人的支配一样。①

第四种是人民授权。今天的中国把政治权力看作人民通过革命建立的，并且属于全体人民，政治权力的正当性源自政治权力是人民建立的，它属于人民、为了人民。《中华人民共和国宪法》宣称，中国共产党领导中国各族人民建立了中华人民共和国，从此中国人民掌握了国家的权力，成为国家的主人，并且明确规定"中华人民共和国的一切权力属于人民"②。这里所说的"人民"不同于前面所说的"公民"，它不仅指作为社会成员的个体（包括个人、家庭、企业、政党、社团等），而且指由全社会所有成员构成的整体。这种论证的主要理论根据是马克思主义的群众史观，群众史观认为人民群众是社会物质财富和精神财富的创造者，是社会发展和变革的决定力量，其典型表达就是"人民，只有人民，才是创造世界历史的动力"③。正因如此，人民群众应该成为社会的主体、主人，应该共同参与社会建设和社会治理，应该共同享有共同治理的成果，尤其是应该拥有对社会的统治权，使社会按照自己的意志进行治理。

在以上四种论证中，前三种都难以成立或有问题。上天授权的论证因科学证明并不存在中国传统社会所谓的"上天"而不能成立。上帝授权的论证随着基督教在西方世界乃至整个人类世界退出政治历史舞台，今天已经既无人主张也没有现实的事例。公民授权在西方国家以及部分非西方国家仍然是其政治权力正当性辩护的理由，但这种论证最大的问题在于，单个的公民无法真正建立主权，宣称他们拥有主权实际上是虚幻的。无论从理论上看还是从实践上看，公民一旦通过契约建立起主权，主权实际上便转化成了治权，他们代表的立法权其实仍然是治权的一部分。西方自由主义思想家都把立法权视为三权分立的治权之中的一种，在西方国家政治现实中拥有立法权的议会也是治权之一，只不过它真正掌握着国家的治权。

---

① 参见江畅《西方德性思想史》古代卷，载《江畅文集》第5卷，人民出版社2022年版，第685页。
② 《中华人民共和国宪法》，中华人民共和国中央人民政府网，https://www.gov.cn/guoqing/2018–03/22/content_5276318.htm，2018年3月22日。
③ 《毛泽东选集》第3卷，人民出版社1991年版，第1031页。

至于上帝授权说,那只是基督教神学家为教会攫取世俗政权编撰的一种无法得到证实的说法。

与前三种论证不同,人民授权的论证则是具有正当根据的论证。这种论证是对上天和上帝授权的直接否定,同时又吸收到公民授权的合理因素,最重要的是主张主权与治权加以区分、运用法律进行统治、治权分立并相互制约等。但是,它与公民授权存在着根本区别。首先,这种论证认为,政治权力来自作为整体的人民,而且其中还包括所有的组织群体(包括不同民族),或者说,政治权力来自全体人民生活于其中的基本共同体。人民是社会物质财富和精神财富的创造者,是社会发展和变革的决定力量,社会乃至整个世界都应属于人民。因此,政治权力应由人民建立,也应由他们拥有,整个社会应由他们统治,社会治理应体现他们的意志。他们是统治者也是被统治者,是政治主体也是政治对象或客体,所以他们的统治实际上是他们的自治。更为重要的是,政治权力因为是人民建立并拥有的,它就会把自身的现实利益(政治目标)和长远利益(政治理想)的实现作为政治权力的追求,这样就能体现政治的终极目的,即社会中所有人获得全面而自由的发展。如此,这种政治权力就不再因其主体是单个公民而对于全体人民是虚幻的,而因其主体是一个人民整体(基本共同体)和社会个体而对于全体人民是实在的。其正当性就在于它来自全体人民、为全体人民所拥有、用于实现终极政治目的即社会中所有人获得全面而自由的发展。

其次看看人民运用法律实行统治的正当理由问题。如前文所言,人民统治并不是人民直接实行统治,而是运用法律进行统治,其实质在于法律统治,属于法治。关于法治,有研究者认为人类社会历史中存在过三种法治。一是以法治国的法治,这是指统治者用法律来统治,法律是统治者手中的统治工具,统治权力的根据是统治者。二是依法治国的法治,指法律统治着国家,统治者根据法律获得其统治权力,并且依照法律进行统治,统治权力来源于法律。但是,依法治国的法治有两种:一种是以权力为本位,权力意味的是支配和强制;另一种是以权利为本位,权利意味的是自主和自由。于是就有了第三种法治,即以权利为本位而赋予、尊重和维护着权利的法律来统治,由这样的法律成为国家的统治者。① 这种观点一般来说是对的，但它没有对政治权力作主权与治权的划分，它主要是根据治权者的意义理解统治者。第一意义的法治主体通常是主权者与治权者统一或同一的；第二、三种法治的主体则实际上是治权主体。现在我们要关注的是主权主体如何实行法律统治的问题，如果主权主体是人民，那么问题就是人民如何将自己的统治转变为法律统治的问题。

牛津大学教授恩迪科特（Timothy A. O. Endicott）对法治持十分悲观的态度，认为法治不可能实现，其理由是"法治只是一种理想，它从未被哪个社会完全实现过"②。他提供的理由是法治的首要条件是政府官员遵守法律，但官员们可能并不这般行事，而在大型社会中，情况或许还要糟糕。由于官员们都程度不一地背离法律，社会就难以实现法治这一目标，也许压根就没有哪个社会曾非常逼近过这一目标，因为人们并不总是遵守规则。虽然恩迪科特提供支持其观点的理由难以成立，因为在任何社会都会有政府官员不遵守法律的问题，但他提出的法治不可能的观点则反映了人类历史的事实。从中西文明史看，政治主体不直接统治而运用法律统治的社会并不多见。

早在古希腊时代，柏拉图就已提出实行法律统治。他说："人们为自己制定法律，并且以此规范自己的生活，这是至关重要的；否则的话，他们与最野蛮的野兽无异。"③ 亚里士多德进一步提出"由最优秀的人来统治比由最良好的法律来统治是否对城邦或国家更为有利"④。在他看来，"统治者并不比被统治者具有更正当的权利，所以应该由大家轮流统治和被统治"⑤，而要作

---

① 参见崔宜明《论第三种法治》，《华东师范大学学报》（哲学社会科学版）2006年第1期。

② ［英］T·A·O·恩迪科特：《论法治的不可能性》，《比较法研究》2004年第3期。

③ ［古希腊］柏拉图：《法篇》，载《柏拉图全集》（增订版）下卷，王晓朝译，人民出版社2018年版，第278页。

④ ［古希腊］亚里士多德：《政治学》，载苗力田主编《亚里士多德全集》第九卷，中国人民大学出版社1994年版，第108页。

⑤ ［古希腊］亚里士多德：《政治学》，载苗力田主编《亚里士多德全集》第九卷，中国人民大学出版社1994年版，第112页。

这样的制度安排就需要诉诸法律。柏拉图和亚里士多德的这些观点在很大程度上是总结古代雅典直接民主制导致苏格拉底之死悲剧的教训提出来的。罗马人在共和国的前三个世纪里就形成了法律至上的观念，为防止公权力对私权利的干涉而划清了国家和社会的界限，也完成了政治体制的法治化过程，在随后的几个世纪里又形成了完整的私法体系，从而创造了辉煌的罗马法成就。在古希腊罗马的很长一段时间内，法律是宗教上的习俗，而不是理性的规定，后来发生了多次民主变革，民众大会取得了制定法律的权力，法律表现为民众大会的决议，民众的投票就可以创立法律。这种公众的决议并不是宪法意义上的理性的法律，所以在古希腊罗马并不存在法律的统治，而只有公众决议的统治。① 西方近代以来实行了用法律实行统治的民主制度，但如前所述，由于没有形成以人民整体为政治主体的法律主体，人民既不能实行直接统治，也不能实行法律统治，统治社会的法律是作为立法机构的议会制定的，往往体现的是在经济上占统治地位阶级的利益。所以，西方近代以来的法治并不是主权意义上的统治，而是治权意义上的治理。

但是，历史上没有真正的法治，并不意味着恩迪科特所说法治完全不可能，实际上，几千年的文明史就是人类不断探索实现真正法治的历史。洛克第一次明确提出了用人民通过自己的代表（立法机构）制定的法律实行统治。他说："它们（指立法机关——引者）应该以正式公布的既定的法律来进行统治，这些法律不论贫富、不论权贵和庄稼人都一视同仁，并不因特殊情况而有出入。"② 到今天，国家应该由全体人民统治，人民应该通过法律来统治，而法律由人民代表组成的立法机关制定和更新，越来越成为普遍共识，这就是人类法治的重大进步。

从政治哲学的角度看，即使人民是政治主体，社会实行人民统治，人民也必须通过由立法机构制定的体现政治本性和人民意志的法律实行社会统治。首先，法律是理性的象征。政治要实现其终极目的，政治权力必须做到不偏

---

① 参见杨莹《论古希腊罗马没有"宪政"》，《南京大学法律评论》（2018年春季卷）。
② ［英］洛克：《政府论》下篇，叶启芳、瞿菊农译，商务印书馆1964年版，第89页。

不倚，不带感情色彩和主观偏好。无论是单个的人，还是作为整体的人民，在一些情况下都有可能受到情感和欲望的左右而作出错误的决策。法律则是理性的产物，它不仅体现全体人民的意志，还必须有理论根据，由立法家制定，因而法律是没有感情的，天生具备"公正性质"，法律条款的明确规定不会因为时间、空间、对象的不同而有所差异。而且，法律本身就能很好地约束人的感情，限制人的欲望。法治能彰显理性的光辉，是实现善治的最佳选择。其次，法律是集体智慧的结晶。真正的法律不是一人制定的，而应是充分体现全体人民的意志并经过法定的程序由立法机构制定出来的，应凝聚全体人民的智慧。法治意味着全体人民之治，全体人民的智慧和力量可以使他们理性地议事并作出合理的规定。总之，体现人民意志的法治比起任何范围的直接决策来得更理智。最后，法律是制约权力的利剑。权力是稀缺性资源，且具有扩张性和排他性的特征，再加上人的欲望的膨胀性和理性的有限性，不受约束的权力往往导致独断、偏执和腐化。正如法国启蒙思想家孟德斯鸠所言，"所有拥有权力的人，都倾向于滥用权力，而且不用到极限绝不罢休"[1]。历史事实证明，不只是个人可能滥用权力，人民也有可能滥用权力。正因如此，柏拉图将民主制区分为好的民主制和坏的民主制，亚里士多德则将民主制区分为共和制（好的）和平民制（坏的），他们作出这种区分的共同根据就在于城邦是否实行法律统治。[2]

三 政治权力与个体权利

任何政治权力都具有以强制性为基础的规范和指导的力量，政治权力规范和指导的对象主要是社会的个体，包括个人和组织群体。政治学和政治哲学过去大多关注个人或公民的权利，近一些年来开始有学者研究集体权利[3]问题。的确，政治权力规导的对象不只是个人，也包括各种组织群体（家庭、

---

[1] ［法］孟德斯鸠：《论法的精神》上卷，许明龙译，商务印书馆2009年版，第166页。

[2] 参见汪燕《亚里士多德法治思想解读》，《法制与社会》2018年第3期（上）。

[3] 参见鲍墨尔根《集体权利概念辨析》，博士学位论文，吉林大学，2022年。

企业、政党、社团等），这种规导关涉他们的权利。所有社会个体的权利也可以称为公众的权利或人民的权利。即使政治权力的主体是人民，也存在着作为权力主体的人民与作为权力对象或客体的人民的关系问题。政治权力体现的是人民整体的意志，但所面对的却是人民个体，其功能主要就在于对人民个体进行规导，此外也包括对政治权力自身的制约。政治权力对个体的规导是以尊重和保护个体权利为前提和目的的，个体权利可以说就是政治权力的边界或阈限。这就需要讨论政治权力与个体权利的关系问题，包括个体权利是什么、为什么政治权力要尊重和保护个体、政治权力如何规导才不至于伤害个体权利、个体权利与个体义务的关系以及个体义务与基本共同体义务的关系怎样等问题。

"权利"一词在中国古代早已有之。《荀子》曰："接之于声色、权利、愤怒、患险而观其能无离守也"（《君道》）；"是故权利不能倾也，群众不能移也，天下不能荡也"（《劝学》）。桓宽的《盐铁论·杂论篇》云："观乎公卿、文学贤良之论，或尚仁义，或务权利。"这里的"权利"是消极的或贬义的，大体上与"仁义"相对，指权力和利益。中国古代法律语言里没有像英文中"权利""义务"那样的词汇。19世纪中期，当美国学者丁韪良（W. A. P. Martin）和他的中国助手们把亨利·惠顿（Henry Wheaton）的《万国律例》（Elements of International Law）翻译成中文时，他们选择了"权利"这个古词来对译英文"rights"，并说服朝廷接受它。从此以后，"权利"在中国逐渐成了一个褒义的，至少是中性的词，并且被广泛使用。① 在传统上，权利一直主要是指人的权利，即通常所说的"人权"，黑格尔还曾经明确说过"动物没有权利"②，但从20世纪70年代开始，一些西方学者开始讨论动物的权利问题。到今天，问题已经不是动物有没有权利的问题，而是动物为什么有权利、有什么样的权利、与人的权利有什么样的区别这样的问题。③ 不过，我们

---

① 参见夏勇《权利哲学的基本问题》，《法学研究》2004年第3期。
② [德]黑格尔：《法哲学原理》，范扬、张企泰译，商务印书馆1961年版，第64页。
③ 参见李剑《动物为何拥有权利？——兼论强、弱两种动物权利论》，《哲学动态》2020年第11期。

这里只讨论人的权利问题，不涉及动物的权利。

对于究竟什么是权利，思想史上有许多不同的解释，大致上可以归纳为从自由和利益两个角度界定权利。西方近代以来有不少思想家把权利理解为自由或把自由看作权利的本质。黑格尔认为，"个人只有成为良好国家的公民，才能获得自己的权利"①，而且权利应该和义务统一起来。"通过伦理性的东西，一个人负有多少义务，就享有多少权利；他享有多少权利，也就负有多少义务。"② 在他那里，权利的基础是精神，它们的确定地位和出发点是意志。意志是自由的，所以意志既是权利的实质又是权利的目标，而权利体系则是已成现实的自由王国。"权利并非是多数人或所有人的意志之和，它渊源于意志内在的必然性，是普遍意志的客观化。"③ 也有许多思想家从现实利益的角度解释权利。德国法学家耶林（Rudolph von Jhering, 1818—1892）认为，不是所有的利益都是权利，只有为法律所承认和保障的利益才是权利。功利主义者用社会功利规定全部的权利和义务，并由此派生所有的道德标准，权利的实质被看作普遍的功利。国内也有学者持这种观点，如断定"权利是道德与法律认定的正当利益"④。上述观点都有一定的局限，要全面、正确地理解权利概念，关键在于把握权利的要素，给权利下定义需要考虑这些要素。

有研究者认为构成权利的要素有五个方面。（1）利益（interest）。确定权利是为了保护某种利益，权利通常是为道德和法律所认可或保护的利益。利益可能是个人的，也可能是群体的、社会的；可能是物质的，也可能是精神的；可能是权利主体自己的，也可能是与权利主体相关的他人的。（2）诉求

---

① ［德］黑格尔：《法哲学原理》，范扬、张企泰译，商务印书馆1961年版，第172页。

② ［德］黑格尔：《法哲学原理》，范扬、张企泰译，商务印书馆1961年版，第172—173页。

③ 曲波、齐向东：《黑格尔权利观浅析》，《山东大学学报》（哲学社会科学版）2003年第5期。

④ 定国：《权利是道德与法律认定的正当利益》，《深圳特区报》2016年8月30日，第C03版。

(claim)。一种利益若无人提出对它的诉求或主张，就不可能成为权利，而利益主体之所以表达这种利益诉求，往往是因为它可能受到侵犯或随时处在受侵犯的威胁中。(3) 资格（entitlement）。提出利益要求要有所凭据，即要有资格提出诉求，在现代社会主要包括法律资格和道德资格。西方启蒙思想家主张人生而自由，就是肯定人有要求自由这种权利的资格。(4) 力量（power）。这是从权利主体能力的意义上讲的，权利主体必须具备享有和实现其利益、诉求或资格的实际能力或可能性。(5) 自由（freedom）。自由是指权利主体可以按个人意志去行使或放弃该项权利，不受外来的干预或胁迫。自由是权利的构成要素，也是权利的本质属性，还是权利的内容（如言论自由、人身自由）。这些权利内容通常称为"自由权利"（liberty），它是一种权利，而不属于权利的要素。五个要素中的任何一个要素都是权利本性的一个方面，它们共同构成权利的应然本质。根据权利的本性或构成要素，我们可以对权利作如下界定：所谓权利，就是为道德、法律或习俗所认定为正当的利益、诉求、资格、力量或自由。①

权利现象十分复杂，可以从主体、内容、范围以及与义务的关系等不同角度对它作出多种分类。从主体来看，权利可以划分为个人权利、组织群体权利、人类权利与公民权利等，而个人权利还可以从性别、年龄、健康等作出进一步的区分，组织群体还可以区分为家庭权利、企业权利、政党权利等。从内容来看，权利可以划分为经济权利、政治权利、法律权利、道德权利、社会权利、文化权利、人类权利，这些权利还可以细分，如法律权利可以划分为宪法性权利与非宪法性权利、公法权利与私法权利等。从范围来看，权利可以划分为私人权利与公共权利。从与义务的关系来看，权利可分为与义务相对的权利与无义务相对的权利，社会规定的权利通常是与义务相对应的（如法定权利），而非社会规定的权利不一定有义务与之对应（如人权）。此外，权利还可以划分为应有权利、法有权利和实有权利，基本权利与派生权利，行动权利与接受权利，积极权利与消极权利，有选择的权利与无选择的权利，等等。权利分类都只是相对的，不同的权利理论有着不尽相同的划分。

---

① 参见夏勇《权利哲学的基本问题》，《法学研究》2004年第3期。

个体权利存在着正当性问题，其根据在于它得到作为社会的控制机制的道德和法律的认定，得到道德和法律认定的就是正当的。得到道德（包括习俗）认可的权利就是道德权利（或德定权利）①，得到法律认定的权利就是法定权利，但两者之间存在着密切关系。法定权利通常可以看作道德权利在法律上的体现。一个人对自己的生命、尊严、人格应该享有不被专制侵犯的权利，这首先是一种道德要求，然后才由法律规定，借助国家的强制力来加以支持和保护。法定权利通过国家意志来表现，但不能仅仅视为统治者的任意安排，其根据是道德权利。在不同的历史阶段，道德体系不同，法律权利的配置也不同。不过，道德权利与法定权利之间也存在着差别，有些权利是道德的，而非法定的，法律一般只规定人们的最基本的权利；有些权利是法定的，而非道德的，法律规定的许多财产方面的权利是非道德的；有些权利则既是道德的，又是法定的，如中国规定的首要基本人权——生存权和发展权。法定权利由于是由国家法律规定的，因而也可以通过立法来改变或取消，道德权利则不仅不可能为国家权力和立法所取消，而且还是确证或批判国家权力和法定权利的根据。两者的区别还体现在效力上。"甲对乙享有一项法定权利"，这意味着乙对甲负有一项可以依靠法庭来履行的义务，甲对乙享有一项由实在法所确认的要求权。"甲对乙享有一项道德权利"，虽然也意味着乙对甲负有某种义务，但这种义务不是必然具有法律效力的义务。例如，在道德上甲有权要求乙讲真话，乙对甲负有讲真话的义务，但除了法律规定的特殊场合（如订立契约），甲无权借助国家强制力迫使乙讲真话。② 虽然德定权利与法定权利存在以上区别，但在现实生活中，只要得到两者之一认定的权利

---

① 需要注意的是，有两种意义的道德权利：一是个体享有的道德权利；二是道德认可的个人享有的权利。传统道德一般不讲个人享有道德权利，但 20 世纪以来，不少学者认为道德不能只规定人们应履行的义务，也应肯定人们应享有的道德权利（参见时统君《道德权利研究三十年》，《理论界》2011 年第 6 期）。其实，法律权利也有同样的情况，但通常将法律认定的权利称为"法定权利"，将人们享有的法律权利称为"法律权利"，这样就将两者区别开来了。我们可以考虑参照法律权利的这种处理办法，将道德规定的权利称为"德定权利"。

② 参见夏勇《权利哲学的基本问题》，《法学研究》2004 年第 3 期。

就是正当的。

得到道德和法律认定的权利，也就是道德和法律要尊重和保护的个体权利。这种权利是神圣不可侵犯的。洛克在提出个人财产权的不可侵犯性时对为什么必须如此的原因进行了分析。他认为，在社会中享有财产权的人们，对于那些根据社会的法律是属于他们的财产，就享有这样一种权利，即未经他们本人的同意，任何人无权从他们那里夺去他们的财产或其中的任何一部分，否则他们就不享有财产权。即使在必要时设立的专制权力，也并非因为它是绝对的所以就是专断的，它仍然受着为什么在某些场合需要绝对权力的理由的限制，并必须以达到这些目的为限，不能借此机会侵犯个人的财产权。所以，他指出："如果以为任何国家的最高权力或立法权能够为所欲为，任意处分人民的产业或随意取走其任何部分，这是错误的想法。"① 洛克的这种观点并不仅仅适用个人的财产权，而且适用所有个体的权利。

那么，道德和法律为什么要保护个体权利？这就涉及权利的根据或基础问题。对这个问题最有影响的回答是自然权利（natural rights）理论。在汉语里，"natural rights"又被译为"天赋权利""天赋人权""天然权利"或"天权"。② 自然权利理论认为，每个人在作为人的意义上享有某些权利，这些权利与生俱来、不可转让、不可剥夺，其根据不是现实社会里的道德、法律，而是所谓自然法或本性法（natural law）③ 和自然状态。自然法理论源自古希腊罗马，在近代启蒙思想家那里获得了比较完整的理论形式，自然状态学说则是启蒙思想家关于进入社会前的人类状态的想象。按照自然权利理论，自然法来自人的本性，普遍适用，永恒不变，它给人赋予自然权利（或本性权利），这种权利在自然状态中得到充分体现。自然权利出自人的本性，是本性的权利，自然法是道德和法律的根据，道德和法律的意义就在于防止自然状

---

① ［英］洛克：《政府论》下篇，叶启芳、瞿菊农译，商务印书馆1964年版，第87—88页。

② 关于该词的译法，参见夏勇《人权概念起源——权利的历史哲学》，中国政法大学出版社2000年版，第32、167—169、262页。

③ 关于该词的译法，参见江畅《西方德性思想史》古代卷，载《江畅文集》第5卷，人民出版社2022年版，第116页。

态对自然权利的伤害，保护自然法赋予人的本性权利。这样一种理论从一开始就注定会受到质疑和挑战，因为作为其根据的自然法理论和自然状态学说都是启蒙思想家的假设，并没有在理论上得到有说服力的论证。

其实，个体权利的根据不在于自然状态或自然法，而在于个体存在的价值。每一个人来到世界上就意味着他将对他者（他人、组织群体、基本共同体和人类）作出贡献，而这既是由个人存在的意义决定的，又是由人类本性决定的。一方面，每一个人来到世界上就成了社会的一员，而且还要繁衍后代，这就为人类社会的存在作出了贡献。另一方面，人类谋求生存得更好的本性具有自为性和社群性两种特性，自为性决定了人成人之后可以自己解决自己生存得更好的问题，而这又只能通过为他者创造价值来实现，也就是他必须为他者作出贡献，才能使自己生存得更好。如果没有每一个人的这种贡献，社会就无法存在，人类就会像其他动物一样没有社会。正因为每一个人的存在是社会存在的前提，所以他就拥有他生活得更好所需要的各种权利，这些权利都具有正当性。其中生存权和发展权等基本人类权利一出生就必须拥有，否则人就无法生存下去，从这种意义上看，基本人类权利因与生命诞生相伴随而可以说是天赋的。由人存在及其价值所赋予人的权利具有正当性，但这种正当性需要得到道德和法律的认定，才最终确认为正当的。而且，个人生存、发展和享受所需要的各种权利都有可能受到他者的伤害，所以需要道德和法律这两种社会控制机制提供保护。社会的组织群体作为社会个体，也有基于其存在和发展需要产生的权利，其正当性也在于它们的存在和发展对于他者（个人、组织群体、基本共同体和人类）具有价值，可以从不同方面对他者作出贡献，从而促进整个社会的发展。但组织群体权利的正当性也要得到道德和法律的认定，才最终确认为正当的，其正当权利同样可能受到他者的伤害，因此也需要道德和法律加以保护。

道德和法律作为社会控制机制是以政治权力作为后盾发挥功能和作用的，因此，道德和法律对社会个体权利的认定和保护其实是政治权力的认定和保护，而道德和法律是政治权力认定和保护的两种基本形式。不过，除了法律、道德，还有其他认定和保护个人权利的形式或途径，如各种政治措施。但值得注意的是，一个社会越是通过道德和法律认定和保护权利，社会的法治化程度越高。同时，政治权力归根到底来自社会成员，在传统社会它来自占统治地位的阶级或家族，而在现代社会它则来自社会个体所共同建立、共同拥有并对自己进行统治的国家。政治权力实行统治和进行治理的对象是社会个体，社会个体则通过履行义务的途径使政治权力生效，而政治权力生效后又反过来认定和保护个体权利。个体履行义务可以说是其享受权利的代价，只不过两者之间并非完全对应。由此看来，政治权力与个体权利的关系不是对立的，而是紧密相关的。可以说个体义务是政治权力的基础，而政治权力是个体权利的保障。

认同和保护个体权利是政治权力的基本功能，但并不是它的全部功能。亚当·斯密认为，政府应尽的义务只有三条。"第一，保护社会，使其不受其他独立社会的扰害侵犯。第二，尽其所能，保护社会上各个人，使其不受社会上任何其他个人的虐待压迫，即设立严正的司法机关。第三，建设并维持一定的公共土木事业及一定的公共设施。"① 这是自由主义思想家所主张的"守夜人"式的政府或十分有限的政治权力。在人民真正作为主体、主人的社会，政治权力，尤其是行使社会治理权力的政府，其义务或功能和作用并不限于这三项，还包括更多方面，如规划社会发展、增进公共利益、解决社会问题、协调利益冲突、提供社会保障等。所有这些方面不是为了缩小或限制个体的权利，而是为了扩大和发展个体权利，使个体权利得到更充分的实现。当然，认定和保护个体权利是政治权力的基本功能，也是社会稳定和发展的基石，这一点是在任何情况下都是不能忽视的。

四 政治权力的滥用与防治

人类社会一开始出现政治，就存在政治权力滥用的问题，政治权力滥用是人类历史上政治的最大痼疾，给社会带来的只有伤害甚至灾难。因此，政治权力滥用的问题早在政治出现时就已经被人们注意到。《尚书·泰誓中》就有"天视自我民视，天听自我民听"，"人无于水监，当于民监"（《尚书·酒

---

① ［英］亚当·斯密：《国富论》下，郭大力、王亚南译，译林出版社2011年版，第240页。

诰》）的记载，这是当时的统治者将民心民意视为观察政治得失、社会治乱的标准。进入轴心时代，如何防治政治权力滥用的问题成为思想家关注的重点之一。古希腊的柏拉图已经意识到"法律一旦被滥用或废除，共同体的毁灭也就不远了"，所以强调要用"法律支配着权力"，使"权力成为法律的驯服的奴仆"。① 中国先秦儒家不怎么重视法律，但主张以天制君、以道制君、以民本制君。② 如孔子曰"唯天为大，唯尧则之"（《论语·泰伯》），意思是尧能实现天下大治，是他根据天道行事；孟子云"顺天者存，逆天者亡"（《孟子·离娄上》），也是强调统治者要顺天道而行，否则就会走向覆灭。西方近代启蒙思想家更是痛感权力滥用的危害，以至于几乎异口同声地呼吁"权力必须制约"。他们或者强调"以权力制止权力"③；或者告诫人们"只有当一个政府受到有效的限制时，它才是合法的"④。

对于政治权力滥用，历史上有许多探讨，思想家从不同方面、不同层次研究和回答了政治权力滥用的界定、原因、危害和预防等问题。从政治哲学的角度看，政治权力滥用主要是指政治主体或社会治理主体使用手中掌握的权力时没有受到法律的制约而超过了正当界限，导致伤害个体权利或损害自身和社会利益的社会后果的政治行为。这一界定有几个要件。

其一，滥用政治权力的主体是社会的统治主体和治理主体，在这两种主体同一的情况下，就是政治主体。在传统专制社会，君王及其代表的统治阶级通常既是统治主体也是治理主体，而在现代社会这两类主体有所分离。政治权力滥用指的是统治主体和治理主体（包括政治机构，也包括其中的个人）滥用手中掌握的统治权力或治理权力。这种权力可能是法律赋予的，也可能

---

① ［古希腊］柏拉图：《法篇》，载《柏拉图全集》第 3 卷，王晓朝译，人民出版社 2003 年版，第 475 页。

② 参见成云雷《中国古代政治文化中的君权制约传统及其启示》，《廉政文化研究》2014 年第 6 期。

③ ［法］孟德斯鸠：《论法的精神》上卷，许明龙译，商务印书馆 2009 年版，第 166 页。

④ ［英］约翰·埃默里克·爱德华·达尔伯格-阿克顿：《自由与权力》，侯建、范亚峰译，译林出版社 2011 年版，第 295 页。

是通过强力获取的。

其二，政治权力滥用的原因在于统治主体或治理主体的权力没有受到法律的制约而超越了正当界限。这里说的"没有受到法律的制约"可能有几种情形。一是社会完全没有法律。在欧洲中世纪早期的世俗国家只有记载各部族习惯的蛮族法典，没有严格意义上的法律，一直到12世纪才出现罗马法复兴的迹象。① 二是有法律，但没有规制统治主体或治理主体的法律。中国传统社会的法律（刑法）几乎都是对付老百姓的，而不适用统治者，即所谓"礼不下庶人，刑不上大夫"（《礼记·曲礼上》）②。至于最高统治者——君王，法律则完全不适用，相反他们的圣旨甚至所说的话倒是具有法律的效力。三是有法律而不受法律约束，肆意妄为。这种情况在现代社会普遍存在。作为治理主体的官员违法情况在世界各国普遍存在，在中国市场经济最初兴起的二三十年官员腐败问题还特别严重。问题在于，不只是官员个人违法，社会治理机关违法的情况也常常发生。有报道称，2003年，全国共查处土地违法案件16.8万件，属于地方政府行为的占80%。③ 权利是否滥用不能单纯以是否违法来加以衡量，而应以是否超过权力使用的正当限度来判断，这种正当限度就在于权力的使用是否对终极政治目的的实现有害，有害就是不正当的。因此，政治权力是否滥用的终极根据是道义性，而不仅仅是法律。

其三，政治权力滥用导致了有害的社会后果。政治权力滥用导致的有害的社会后果有很多方面，而最直接的是侵犯了社会个体的权利。无论是哪一种滥用政治权力的行为，都会对社会个体产生伤害，只不过有些是直接的、显性的、短期的，有些是间接的、隐性的、长远的。比如，权力直接伤害了

---

① 参见敏振海《中世纪西欧的罗马法复兴运动及其影响》，《湖北警官学院学报》2012年第11期。

② 丁四新教授对这句话提出新释，认为从用意看，贾谊、司马迁认为"刑不上大夫"的主张是为了"励节"，以保持士大夫阶层的人格尊严；而郑玄、张逸则将其理解为"《刑书》不上大夫"，且与"励节"说不相冲突（参见丁四新《"礼不下庶人，刑不上大夫"问题检讨与新论》，《江汉学术》2020年第4期）。但是，即使这样解释也表明当时人们认为刑法不应该用于官员。

③ 参见《违法用地政府行为占八成》，《公民导刊》2004年第4期。

个人，也就会伤害到他的家庭，可能还会伤害他的职场。以往的思想家注意的主要是权力对公民个人的伤害，在现代市场经济条件下，权力对企业的伤害也特别大。政府出台一个政策，可能导致一大批企业亏损、破产，出台的政策不一定都是权力滥用，但滥用的权力不在少数。对个体权利的侵犯会产生许多消极后果，比如个体对政府心有怨恨从而与政府离心离德，大面积地伤害个体还会引发群体事件等。现实生活中有许多滥用权力的行为并没有对某个个体权利造成直接伤害，官员腐败、暴政恶治、胡乱作为、渎职失职、懒政怠政庸政等行为就是如此，但这些行为会给社会从而给广大人民带来损害，其损害的范围更大、程度更深。无论是对个体造成的伤害，还是对社会、对人民造成的损害，最终都会给治理主体乃至政治主体造成伤害。可以说，中国传统社会的朝代改换除了外敌入侵，几乎都与政治权力滥用有一定甚至直接的关系。

西方近代一些启蒙思想家认为，将政治权力交给公民就能够从根本上解决传统社会普遍存在的权力滥用问题。尤其是洛克考虑得十分简单，他以为通过契约授权的政府，只要它滥用权力，人民就可以推翻它。他说："统治者无论有怎样正当的资格，如果不以法律而以他的意志为准则，如果他的命令和行动不以保护他的人民的财产而以满足他的野心、私愤、贪欲和任何其他不正当的情欲为目的，那就是暴政。"[①] 在他看来，对于暴政，人民有时可以反抗，使权力重归社会。然而，实际的情形并非如此。西方近代国家的"暴政"时有发生，但未见有权力重归社会。事实证明，即使主权在民，政治权力仍然有可能被滥用，法国大革命期间雅各宾派"多数的暴政"，给个人自由乃至生存带来的严重伤害就是典型的事例。[②] 在民主制度下发生暴政的情形绝不只是法国大革命这种特殊时期。在古希腊雅典民主制下，公民大会就经常发生权力滥用问题，正因如此，柏拉图和亚里士多德都对民主政体作了区分，认为坏的民主制或平民制就是权力没有法律约束的制度，其突出问题在于多

[①] ［英］洛克：《政府论》下篇，叶启芳、瞿菊农译，商务印书馆1964年版，第127页。

[②] 参见楚梦《罗伯斯庇尔与法国大革命》，《同舟共进》2016年第5期。

数的暴政。

"多数的暴政"的概念是托克维尔基于"多数"在民主政治中的作用提出的。托克维尔认为,民主政府的本质在于多数对政府的统治是绝对的,因为在民主制度下,在选举中获胜,多数选民选举政治人物,所以,只有多数一方的选民的意愿才可能通过。这种多数决定一切的权力具有无限的权威,不仅控制了立法、行政、司法等公共领域的事务,甚至还控制着社会舆论和人们的思想。因此,多数具有压倒一切争议的权力。他说:"任何一个权威被授以决定一切的权利和能力时,不管人们把这个权威称做人民还是国王,或者称做民主政府还是贵族政府,或者这个权威是在君主国行使还是在共和国行使,我都要说:这是给暴政播下种子。"而借助于多数的无限权威实行统治的政府,必然会侵害少数人的利益和自由。托克维尔曾经这样说,"民主国家的另一个非常自然,而又非常危险的本能,就是使人轻视和不太考虑个人的权利"[1]。有人甚至说,简单的多数原则就是51%的专政。[2]

事实表明,即使全体人民是政治主体、统治者、主权者,也存在着可能滥用权力的问题,而且这种滥用由于人民是政治主体而很难纠正,因此需要研究如何在政治权力建立和配置的过程中就建立防止滥用权力的制约机制问题。对此思想家和政治家已经提供了很多研究成果和实践经验,虽然它们不一定是着眼于人民作为政治主体研究提供的,但对于我们今天研究回答这一问题仍富有借鉴和启示意义。从政治哲学的角度看,并结合已有研究成果和实践经验,防止人民主权滥用需要遵循以下六条原则,并要使之成为长效机制从而得到贯彻落实。

第一,使主权法律化,将人民统治转化为法律统治。无论从政治本性看,还是从人类的政治经验看,全体人民必须成为政治的主体、社会的主人、自己的统治者。为了防止政治主体(作为统治者的人民整体)可能对自身(作为被统治者的人民个体)由于种种原因可能发生的伤害,必须将政治主体的

---

[1] [法]阿列克西·德·托克维尔:《论美国的民主》上卷,董果良译,译林出版社2019年版,第289页。

[2] 参见胡曦嘉《解读"多数的暴政"》,《学理论》2010年第32期。

主权法律化，一方面运用法律确保其政治地位，另一方面运用法律统治社会和治理社会。关于这一点前文已多有论及，这里不再赘述。

第二，确保治权在法律授权的范围内依法进行社会治理。治权是人民代表行使的治理社会的权力，属于政治权力的一种特殊权力。治权涉及社会个体的方方面面，而且可以对个体生杀予夺，因此这种权力必须受到限制，这种限制就是体现全体人民意志的法律。治权是在主权之下代表主权行使社会治理的权力，它必须在体现主权者意志的法律的授权范围之内运行而不可僭越，而且必须依据法律进行社会治理。治权有可能践踏主权，违反法律，即滥用权力，因此一方面要建立有效防范的法律，另一方面要有有效惩治的法律，使之不敢滥用权力、不能滥用权力，最终达到不想滥用权力的目的。正因如此，当代中国把确保治权在法律授权的范围内依法进行社会治理作为法治国家建设的重要内容，党的二十大报告强调"必须更好发挥法治固根本、稳预期、利长远的保障作用，在法治轨道上全面建设社会主义现代化国家"，"坚持依法治国、依法执政、依法行政共同推进，坚持法治国家、法治政府、法治社会一体建设，全面推进科学立法、严格执法、公正司法、全民守法，全面推进国家各方面工作法治化"。①

第三，实行权力分立，以权力制约权力。权力分立并不只是几种治权的分立，也包括主权与治权之间的分立。近代以来人类已经大致上形成了主权与治权分立的格局，并得到了普遍认同。例如，美国宪法就将权力分立和权力制衡作为两项基本原则，美国的治权也形成了国会、行政部门、联邦法院的权力相互分离且又相互重叠的格局。② 权力分立与权力制衡制度的建立是人类政治的重大进步，但仍然存在人民主权虚化问题，其突出体现在于人民的意志没有真正转换为统治国家的法律，而且法律不能有效约束治权。因此，实行权力分立首先要解决主权与治权合理地分立并使主权有效制约治权的问

---

① 习近平：《高举中国特色社会主义伟大旗帜　为全面建设社会主义现代化国家而团结奋斗——在中国共产党第二十次全国代表大会上的报告》，人民出版社2022年版，第40页。

② 参见荆赛红、姜路远《美国法律制度的形成与发展》，《商》2014年第25期。

题。治权的分立自洛克最初提出、孟德斯鸠进一步完善以来，得到了世界的普遍认同并被广泛采用。治权分立面临的最大问题是作为治权的立法权与主权法律化的关系问题，其实质在于立法者制定法律时如何真正体现人民的意志。

第四，将个人权利置于至上地位，把人民至上落实到个人权利至上。人民是统治者，也是被统治者，但作为统治者的人民是整体的人民，而作为被统治者的人民是个体的人民，前者是强大的，后者是脆弱的，而且强大的整体人民统治的目的和意义从根本上说是人民的权利得到实现。这就要求作为统治者的人民将作为被统治者的个人的权利置于统治和治理的至上地位。关于这一点，英国法学家威廉·布莱克斯通（Sir William Blackstone, 1723—1780）认为，得到良好治理的共同体，法律会更关注公众的和平，关心公民的生命，不会泰然地用死刑来遏制犯罪。基于这种观点，他提出了法学思想史上的一个被称为"布莱克斯通公式"或"布莱克斯通比率"（Blackstone's Ratio）的命题，即"十个有罪的人逃跑比一个无辜的人遭殃要好"。这个命题虽然是一个法学命题，但它体现了布莱克斯通对个人权利的尊重和保护。他说："所有罪犯的推定证据应该被谨慎地承认，因为法律认为，十个有罪的人逃跑比一个无辜的人遭殃要好。"[1] 他强调，只有法律而不是议会或一般的人民才是"每个人的生活、自由和财产等的至高无上的仲裁者"。在他看来，一个国家要有独立于立法权和行政权的司法权，正是这种司法权的独立存在才能为公众的自由提供主要的保护手段，除非司法在某种程度上与立法权和行政权分离，否则这种公众自由在任何国家都不会保持长久。特别是如果它与立法权结合在一起，那么，他们的决定只由他们自己的意见而不由任何基本的法律原则所控制，这样臣民的生命、自由和财产也就落在了专断的法官之手。"布莱克斯通公式"给我们最重要的启示在于，在社会生活中，在一切社会治理活动中，没有比作为社会终极个体的正当权利更为重要的东西，政治权力要以保护个人权利为社会统治和社会治理的底线，这一底线在任何情

---

[1] 转引自江畅《西方德性思想史》近代卷，《江畅文集》第 6 卷，人民出版社 2022 年版，第 443 页。

况下都不能被践踏。

第五,健全权力运行的制约和监督体系,让权力在阳光下运行。让权力在阳光下运行就是要确保政府按照法定权限和程序行使权力,强化权力制约,合理分解和配置权力,不同性质的权力由不同部门、单位、个人行使,形成合理的权力结构和运行机制。要强化权力公开,推行各级政府及其工作部门权力清单制度,依法公开权力运行流程。政治权力尤其是治理权力是需要监督的,否则随时都可能被滥用,因此要建立全方位、立体化的权力监督机制。最重要的是要运用法律监督权力,有完善的法律监督体系,权力滥用的可能性就很小。在信息化社会条件下,舆论监督权力的作用日益凸显,舆论监督已成为监督权力滥用的利器。公众监督权力具有广泛性、全方位性,在这方面也要鼓励公众参与。"公众参与就是更广泛意义上的公众主动地建议、讨论或者通过法律规定的机制进行选举,从而真正介入到决策作出和实施的整个过程中,实现资源公平、合理配置和有效管理的一套机制。它对社会公权力的制约与增益作用不可忽视。"[1] 上述几种监督要有机结合起来,形成完整严密的权力监督网络。增强权力制约和监督效果,还必须保证权力监督机关的相对独立性和权威性。

第六,强化政治主体自我监督与自我革命。政治主体尤其是治理主体可以自我监督,这种监督更专业、更有针对性和时效性。政府机构的自我监督也是权力监督的重要方式,它主要是治权自身对自己的约束,这种监督更具体、更方便。我国党和国家机关内部都设有监察机构,这些监察机构取得的良好效果表明,这种监督是有效的,今天尤其要加强监察监督和审计监督。[2]党的二十大报告提出中国共产党要不断自我革命,这是一种更为彻底的自我监督方式。"党找到了自我革命这一跳出治乱兴衰历史周期率的第二个答案,自我净化、自我完善、自我革新、自我提高能力显著增强,管党治党宽松软

---

[1] 胡肖华、聂辛东:《论社会公权力制约的新元素:公众参与引入的动因、机理、优势与进路》,《行政法论丛》第18辑(2015年)。

[2] 参见李睿《监察监督与审计监督制约机制的构建——基于构建权威高效的权力监督体系视角》,《商业会计》2022年第10期。

状况得到根本扭转，风清气正的党内政治生态不断形成和发展，确保党永远不变质、不变色、不变味。"① 这应该说是政治权力监督的创举，可以从另一个侧面有效地防止全社会性的政治权力滥用。

---

① 习近平：《高举中国特色社会主义伟大旗帜　为全面建设社会主义现代化国家而团结奋斗——在中国共产党第二十次全国代表大会上的报告》，人民出版社2022年版，第14页。

第三章　中国政治哲学

中国政治哲学诞生于春秋战国时期，但在中国传统社会，政治哲学并没有像西方那样成为相对独立的学科，相关思想主要包含在"经史子集"之中。直至20世纪80年代，它才开始作为哲学的一个相对独立的专门学科出现，2024年1月首次被列入我国研究生招生专业目录，正式成为哲学学科的第九个二级学科。中国政治哲学最初是由谁开创的？国内学界似乎没有谈论这个问题。从有系统的哲学体系看，当推老子（前571—前501）、孔子（前551—前497）和墨子（前476或前480—前390或前420）。与西方不同，中国政治哲学在诞生时期是一种所谓的"诸子百家"格局，除了老子创立的道家、孔子创立的儒家、墨子创立的墨家，还有以管仲为先驱的法家，以及其他诸子创立的学派。然而，自汉武帝"推明孔氏，抑黜百家"（《汉书·董仲舒传》）开始，除了外来的中国化佛教政治哲学，传统社会基本上没有儒家以外的政治哲学，中国的政治哲学基本上只有儒家内部的学派分殊。在从传统社会向现代社会转换的初期，中国政治哲学曾出现过短暂的类似于春秋战国时期的百家争鸣的局面，但没有多少原创性的思想，学界流行和讨论的主要还是外来思想或传统思想。马克思主义传入后，出现了把马克思主义同中国具体实际相结合、同中华优秀传统文化相结合的中国现代政治哲学形态，但这一形态也一直到20世纪80年代才显现出来。总体上看，中国政治哲学虽然没有西方那样多元复杂，但其中包含了十分丰富、极其深刻的思想理论。在两千多年的历史发展过程中形成的政治哲学，对中国政治生活和社会发展以及文化传统产生了深远影响，其中有精华也有糟粕，需要挖掘整理，值得批判地继承。

第一节　中国政治哲学的复杂意涵与总体特征

本书所说的中国政治哲学，主要是指自春秋战国时期以来，中国思想家对政治现象和政治问题进行哲学思考和探讨所形成的理论形态的政治哲学。其中既包括不是在政治哲学名义下而是隐含在理论成果（如《老子》《论语》）之中的政治哲学思想，也包括在政治哲学名义下研究形成的政治哲学理论成果（主要是20世纪80年代以来的相关学术成果）。中国政治哲学内容博大精深、丰富多彩，但不像西方政治哲学那样斑驳陆离、复杂多变。与西方不同，在20世纪80年代以前，中国思想家几乎都没有谈及对政治哲学性质的理解，甚至没有政治哲学的概念，也没有西方古典政治学那样的政治学概念。但是，以丰富的历史文献和当代研究成果为根据，我们还是可以对中国政治哲学作一个一般性的界定，以便对中国政治哲学的性质和特点有一个总体性的把握。

一　中国政治哲学的复杂情形

西方自古至今的政治哲学研究没有统一的范式，中国传统社会的政治哲学研究更是如此。20世纪80年代中国政治哲学作为一个学科开始兴起，中国学者一直在围绕着什么是政治哲学的问题展开讨论，以求达成基本共识，但收效甚微。出现这种情况的原因很多，归根到底是"哲学无定论"[①] 的特性决定的。春秋战国时期以后，中国政治哲学几乎始终都在意识形态内发展，因此虽然在政治哲学领域也存在观点分歧，但对立和冲突较少。不过，由于历史条件的变化，以及外来文化的传入、冲击和影响，中国政治哲学演进的情形有其特殊的复杂性。充分认识这种复杂性是我们从总体上把握中国政治哲学性质和特征的前提。

中华文明被认为是世界上唯一未曾中断过的文明，绵延五千多年，源远

[①] 陈修斋：《关于哲学本性问题的思考》，《武汉大学学报》（社会科学版）1988年第2期。

流长、博大精深。它既是中国政治哲学孕育、生长的丰厚土壤，也是其丰富、发展、沿革的不竭动力。冯天瑜先生认为，中国历史发展经历了原始时代、封建时代、皇权时代和共和时代。[①] 根据冯先生的观点，中国政治哲学可以说诞生于封建解体时代（春秋、战国），经历了皇权时代前期（秦至中唐）、皇权时代后期（中唐至清）和共和时代（民国、人民共和国）等不同时代，在清代末期开始从传统向现代转变，今天进入了兴盛时期。伴随着时代的演进，中国从政治上看在周秦之际发生了宗法封建制向宗法专制帝制的转型，这是一种由地主经济、官僚政治构成的"君主专制制度"；在近代又发生了从宗法专制向民主共和的转化，最终建立了人民当家作主的社会主义制度。[②] 正是在这个政治历史发展过程中，作为中华文明主体的中华民族，也经历一个漫长的形成过程。自古居于中原的华夏—汉族与周边少数民族长期共存互动，经频繁的民族融合、民族迁徙，中国境内之诸民族汇聚成"多元一体格局"的中华民族。[③] 从思想文化看，华夏本土文化的形成过程也是不断吸取外来文化的过程，佛教、西方文化都对中国产生过深远影响，马克思主义更是成为当代中国立党立国、兴党兴国的根本指导思想。马克思说："物质生活的生产方式制约着整个社会生活、政治生活和精神生活的过程。"[④] 中华文明植根于农耕文明，其历史演进归根结底是中华民族的生产方式尤其是生产资料所有制的演进和变革的结果。西周以后，中国生产资料所有制经过领主制到非领主制（周秦之间）的土地制度变革，形成了土地王有（国有）制约下的土地私有制[⑤]，经过社会主义革命和建设，最终建立了"生产资料的社会主义公有制，即全民所有制和劳动群众集体所有制"（《中华人民共和国宪法》）。中国

[①] 参见冯天瑜《"封建"考论》（修订版），中国社会科学出版社2010年版，第423页。

[②] 参见冯天瑜《"封建"考论》（修订版），中国社会科学出版社2010年版，第424页。

[③] 参见冯天瑜《中国文化生成史》上册，武汉大学出版社2013年版，第67页。

[④] ［德］马克思：《〈政治经济学批判〉序言》，《马克思恩格斯选集》第2卷，人民出版社2012年版，第2页。

[⑤] 参见冯天瑜《中国文化生成史》上册，武汉大学出版社2013年版，第367页。

政治哲学就是生长于这种复杂的文明形态之中，而这种文明形态变迁的复杂性正是中国政治哲学复杂多样的背景和根源。哲学是"被把握在思想中的它的时代"①，政治哲学作为实践哲学尤其如此。中国政治哲学就是中华文明在不同时代延展的丰富性、多样性和复杂性在思想中的提炼和提升。

从历史演进的角度看，中国政治哲学的发展可以大致上划分为孕育时期（夏商西周时期）、形成时期（春秋战国时期）、儒家独尊时期（包括秦汉时期、魏晋隋唐时期、宋明清时期）和现代化时期（包括民国时期、共和国时期）四个大的不同历史时段。中国理论形态的政治哲学产生于春秋时代，但在春秋前长达两千多年的夏商西周"三代"②，就已经有了丰富的政治思想观念，其中包含政治哲学元素。《尚书》的记载中就凝聚了从尧舜时代到西周时代统治者的政治哲理和政治智慧，《诗经》中也包含了一些政治诉求和政治期盼。在这两千多年的历史过程中，中国政治哲学经历了与西方不同但也十分坎坷的历程。在春秋战国时期，中国政治哲学一诞生旋就形成了诸子百家并争鸣的局面，分属"百家"的思想家犹如夏夜晴空的群星，璀璨夺目，他们为中国和世界留下了丰富多彩、思想深邃的宝贵政治哲学资源。这种局面持续了五百多年后，汉武帝在以经过汉儒改造过的儒家思想作为正统政治哲学理论的同时，对非正统的政治哲学理论进行打压甚至扼杀，即所谓"推明孔氏，抑黜百家"（《汉书·董仲舒传》）。在这种皇权专制时代，中国政治哲学虽然在内容上得到了极大的丰富，但其研究基本上是在儒家思想的框架之内展开的，宋代以前甚至只局限于儒家经典，政治哲学从属于经学。宋明理学兴起给儒家政治哲学提供了深刻的本体论论证，但基本政治主张仍然是汉儒确立的伦理纲常尤其是"三纲五常"。但即便在这个理学占据主导地位的时期，理学内部也存在着以二程、朱熹为代表的理学和以陆九渊、王阳明为代表的心学之间的分歧。这时还有以陈亮、叶适为代表的事功学派不满足于理

---

① ［德］黑格尔：《法哲学原理》，范扬、张企泰译，商务印书馆1961年版，序言第14页。

② "三代"一词最早见于春秋时期的《论语·卫灵公》："斯民也，三代之所以直道而行也。"该词一直到战国时期都是指夏、商、西周。秦朝之后，"三代"的含义才开始包括东周，并一直沿用下来。

学空言性理天命而注重实际事功和实际利益，试图把事功作为不违背天理而又区别于空言天理的另一标准。[①] 鸦片战争以后，中国政治哲学伴随着中国社会从传统向现代的转换而走上了现代化之路。在国门被洋枪洋炮打开后，西方各种政治哲学学说纷至沓来，在中国学术和政治舞台上竞相亮相，最终马克思主义政治哲学占据了主导地位。马克思主义政治哲学主要是被运用于中国政治实践中，并在政治实践中不断中国化、时代化，这种政治哲学在某种意义上可以说主要是一种实践形态的政治哲学。改革开放以后，作为学科的、自觉形态的政治哲学开始兴起并不断走向繁荣。中国不同历史时期有不同的政治哲学，不仅理论性质不同，而且其价值指向、实质内涵也存在着相当大的差异。

即使在同一历史时段，中国政治哲学学说也是斑驳杂陈，最为典型的是春秋战国时期。春秋战国时期的中国政治哲学与同时期的古希腊政治哲学有很大的差别。古希腊这个时期的哲学家不少，但真正留下理论政治哲学的思想家主要是苏格拉底、柏拉图和亚里士多德师徒三人，此外，早期斯多亚派也有一些有影响的政治哲学学说。与古希腊时期那种学派一家独大不同，中国春秋战国时期各种学派如雨后春笋般涌现，它们大多出于救民于乱世而特别关注政治问题，思想家纷纷著书立说，办学授徒，于是就出现了人类思想史上的政治哲学学说井喷现象。不同学派的诞生虽然在时间上有先后，但它们之间一般没有苏格拉底、柏拉图、亚里士多德那样的直接师承关系。在汉武帝"罢黜百家，表章《六经》"（《汉书·武帝纪》）以后，虽然其他政治哲学学派被排斥、打压，但在儒家内部仍然存在着极其复杂的情形：一是儒家思想遭到非正统的政治哲学的冲击，道教、佛教、谶纬神学、魏晋玄学就是反对儒家思想的强大力量；二是正统儒家思想遭到内部异端思想的反对，如以陈亮、叶适为主要代表的事功学派与空谈心、性、命、理的理学相抗衡，黄宗羲、戴震等思想家更是对"以理杀人"的程朱理学进行了无情的批判；三是在正统思想家阵营内也存在着士人与官方之间、不同正统政治家之间、士人之间，以及保守派与改革派、洋务派与守旧派、保皇派与革命派之间的

[①] 参见郭齐勇编著《中国哲学史》，高等教育出版社2006年版，第284页。

对立和斗争。在中国社会从传统向现代转化的过程中，新文化运动和五四运动彻底打破了皇权专制时代一家独尊的学术格局，出现了现代版的百家争鸣时代，不同思想家都力图用自己所信奉的西方政治哲学或儒家政治哲学重构中国政治社会。经过几十年的战争、革命和建设，中国迎来了前所未有的自觉进行政治哲学学科建设的时代，从此中国有了现代政治哲学的学理形态，但对于政治哲学及其与政治现实的关系问题仍然见仁见智，莫衷一是。中国政治哲学在不同时期呈现的多元性、多样性，正是中国政治哲学复杂情形的重要体现。

中国政治哲学的历史阶段性、同一历史阶段的多元性和多样性，从内容上看，是中国思想家政治哲学思想、理论或学说、观点多元多样的必然结果或外在显现。春秋战国时期的政治哲学理论观点是中国历史上最为丰富的，其丰富性也是世界上罕见的。西方近代（从14世纪文艺复兴运动兴起到19世纪德国启蒙运动结束）与中国春秋战国时间跨度大致相当，但其学派远没有那时的中国多，思想理论观点也没有中国丰富。"诸子百家"中的"百家"最初指学者，后也指学派。这些学者和学派大多有自己的政治思想和政治哲学学说，莫说最有影响的儒家、道家、墨家、法家，即便是因注重农业生产而得名的农家，虽然其书的内容多为农圃之技而非学理，但也论及君民并耕，把君王与臣民同耕作为最高理想。先秦诸家可以说大多是研究政治的学派，因为他们的基本宗旨主要是为君王出谋划策，如儒家主张以德化民、道家主张无为而治、墨家主张兼爱尚同、法家主张以法治国、名家主张去尊偃兵，如此等等。所有这些主张与政治家的政治主张不同，它们都有一定的政治哲学学说作为其主张的理据和基础。由于政治和思想大一统的缘故，汉代以后墨家和名家成为绝学，农家独立成一门技术性学科，阴阳家演化为神秘的方术，只有儒、道、法三家对后来的大一统王朝政治产生过直接影响。但是，其他诸家的许多政治哲学思想理论观点已经成为积淀在中华民族心理深层的传统观念和文化基因，而且他们的诸多著述始终都是可供人们阅读和解释的历史文本。

春秋战国以后，中国政治哲学思想理论观点发展呈现为三种基本样式。一是对占统治地位的儒家政治哲学理论和主张进行阐发和创新。在历史上有所谓先秦儒家、汉儒、宋儒、明儒之别，也有古文经学与今文经学之争，这都表明儒学有不同的历史形态，它们有弘扬亦有创新。二是外来的政治哲学思想理论观点的影响。其中重要的是佛教的传入并与中国本土文化的融合、西方现代思想文化对中国主导文化的冲击，尤其是马克思主义的中国化对中国现当代社会的深刻影响。外来政治哲学思想理论的影响，是一个中国政治哲学向外域思想文化学习并在此基础上借鉴、融合、创新的过程。三是传统社会结束几十年之后政治哲学学科的兴起和发展。这是20世纪80年代以来出现的中国历史上从未有过的新情况，政治哲学除了传统的基本理念或原理研究，还出现了元理论研究（包括政治哲学史研究）和应用理论研究，政治哲学逐渐成为由三个不同层次构成的学科体系。春秋战国以后，各种新政治哲学思想理论观点的产生大多不是否定性的，而是积累性的。随着时代的发展，中国政治哲学的思想理论观点越来越丰富，结构也日渐完善，已经成为世界上规模最为宏大、资源最为丰厚的政治哲学宝库。

理论形态的中国政治哲学以文献为载体，而中国的政治哲学文献尤其是历史文献极其复杂，这种复杂性是中国政治哲学复杂情形的最突出表现。中华文化源远流长，历代产生的典籍难以计数，据不完全统计，留存至今的古籍尚有8万余种之多。对古籍的分类整理在很早就已开始。最早是刘向、刘歆父子先后主持编成的国家图书馆目录《七略》，该书早已亡佚，但它的基本内容都被保存在班固的《汉书·艺文志》中，《汉书·艺文志》是今存最早的古籍分类目录。《隋书·经籍志》正式标注经、史、子、集四部的名称，四部体制最终确立，并一直延续至清代编纂的《四库全书总目》。不过，在这四部古籍中找不到属于政治哲学的类目，更找不到像柏拉图对话集中的《国家篇》、亚里士多德的《政治学》那样典型的政治哲学著作，这是因为中国传统社会政治哲学没有作为专门学科独立出来。中国政治哲学思想在归属于经史子集四大部类的文献中都有所体现，但体现的程度存在着很大的差异。大致上说，经部、史部、子部包含比较完整的政治哲学思想，而集部只是隐含着某些政治哲学元素。"四部"主要是站在儒家的立场上划分的，从文献学的角度看，其中的经部完全没有理由单独作为一类，它们大多属于子类，少数可划入史类。显然，就作为载体的历史文献而言，中国传统社会政治哲学比西方传统社会要复杂得多。

在中国现代社会，由于采取了现代图书分类法，政治哲学的边界明确很多，但许多问题不是单靠图书分类能够划分得清楚的。首先，政治哲学与政治学（主要是政治科学）的界限不清晰，许多著述属于两可，论文尤其如此。除了那些研究元政治哲学理论、政治哲学史以及政治哲学原理的著述比较好辨识，那些研究一般政治问题和具体政治问题的著述就很难说是政治哲学的还是政治科学（现代政治学）的。比如，近些年来国内发表了大量研究中国社会公正的文章，它们就既可以划入政治哲学也可以划入政治科学。其次，政治哲学与伦理学（道德哲学）之间也没有明确界线，同一问题常常会成为两者的共同对象。在亚里士多德那里，政治哲学与伦理学的关系是清楚的，它们不是两个学科，而是一个学科的两个部分，关于道德的讨论"不仅是政治学的部分，而且还是它的起点"①。在今天，政治哲学和伦理学是两个学科，但许多问题同时属于两者的研究范围，如道德治理问题就是如此。最后，政治家的政治思想存在属不属于政治哲学的问题。辛亥革命后，中国政治家（其中重要的代表人物有李大钊、毛泽东、邓小平等）都有系统的政治思想，有不少政治思想还见诸著作，具有理论形态，其中或多或少包含政治哲学思想，有些著述就是政治哲学著作②，那么就存在这些思想属不属于政治哲学范畴的问题。除了上述问题，还有一些学界似乎没有关注的问题，如政治哲学与法哲学、军事哲学、社会哲学等相关学科的关系等。所涉及的问题是，这些学科是不是属于政治哲学的应用学科。

以上所述的各种复杂情形表明，我们研究中国政治哲学及其历史演进，需要从外延和内涵上对中国政治哲学作出明确的界定。只有这样，当代中国政治哲学研究才能明确方向和中心，避免步入歧途，防范顾此失彼。

二 外延意义上的中国政治哲学

中国政治哲学史的复杂情形表明，中国政治哲学纵向上涵盖夏商西周

---

① ［古希腊］亚里士多德：《尼各马科伦理学》，载苗力田主编《亚里士多德全集》第八卷，中国人民大学出版社1994年版，第241页。

② 如毛泽东的《中国革命和中国共产党》《新民主主义论》（载《毛泽东选集》第2卷，人民出版社1991年版，第621、662页）等。

"三代"、春秋战国时期、皇权专制统治时期、现当代不同时期的政治哲学，横向上包括理论形态的政治哲学（现代体现在政治学、法学、社会学、教育学等学科中的政治哲学思想也可划入其中）、隐含在"经史子集"以及其他载体（如政治实践、现当代政治家的讲话等）中的非理论形态的政治哲学、不同层次的政治哲学等不同形态的政治哲学。所有这些形态的政治哲学各不相同，各具价值和特色，彼此之间有矛盾和冲突，也有一些相同或相通的内容和精神，都程度不同地具有中国文化和哲学的性质和特色。它们都属于中国政治哲学的范畴，这种意义上的政治哲学是广义的中国政治哲学，其中有许多有价值的资源可以不断挖掘。然而，我们今天所主要关注的不是这些形态各异的政治哲学，而是这样的政治哲学——它们在中国和世界历史上具有一定影响，在今天仍然具有学术价值或现实价值，而且继承了中国文化传统，富有中国历史和文化个性和特色，可视为狭义的中国政治哲学。这种中国政治哲学是对于今天政治哲学和政治学研究、对于当代政治实践和政治生活最具价值而又尚未得到应有的挖掘、整理和阐释的政治哲学，需要我们给予重点关注。

对这种狭义的中国政治哲学，我们可以进一步作出外延上的界定：中国政治哲学是指在中国不同历史时期产生的各种政治哲学中，那些具有中国历史背景和文化根基，对当时和后世产生过一定学术影响和现实影响，至今仍然具有思想价值和启示意义的不同层次的理论政治哲学。这里所说的"中国"，指源自"三皇五帝"时代以至于夏商西周时代文化传统的中华民族，包括统一的中国国家（如秦汉、隋唐、元明清等朝代），也包括春秋战国时代的不同诸侯国，以及历史上分裂时期的三国、南北朝、十六国、五代十国等。中国政治哲学指的就是中华民族历史上自春秋战国时期以来近三千年思想家关于政治的哲学理论。对于这一外延界定，需要作以下阐述。

第一，中国政治哲学主要是指理论形态的政治哲学，那些散见于各种载体中的政治哲学思想、观点、看法均不属于严格意义的中国政治哲学。今天人们所说的政治哲学通常是指政治哲学思想，其成果是不一定得到确证的政治哲学知识。但政治哲学思想可能是指政治哲学理论，也可能是指政治哲学观点、看法。政治哲学观点和看法都可以说是政治哲学思想，但并不一定是政治哲学理论，或者说不是真正意义上的政治哲学。例如，《诗经》中的"溥天之下，莫非王土，率土之滨，莫非王臣"（《小雅·北山》）诗句，就是一个政治哲学命题，认为普天之下都是君王的土地和管辖范围，而在这片土地上生活的人民都是君王的臣民。诸如此类的政治哲学观点、看法不属于中国政治哲学理论，不是狭义的政治哲学。从历史文献看，中国传统政治哲学思想主要包含在以下四类的文献中：一是部分子部文献，这些诸子的著述直接表达了他们的政治哲学理论和思想；二是部分史部文献，这些记载历史上政治家活动的文献中包含了他们的政治哲学思想；三是儒家经典的注疏，其中包含了阐发性的零散政治哲学观点；四是集部以及那些不属于春秋战国"十家的子部文献"，其中隐含一些政治哲学元素。在这四类文献中，只有第一类才具有政治哲学理论形态，因而属于狭义的中国政治哲学。

狭义的中国政治哲学主要是指中国思想家以政治为对象进行思考和探求形成的具有理论形态的政治哲学，如《老子》、《论语》、《墨子》、《韩非子》、董仲舒的《春秋繁露》、康有为的《大同书》、孙中山的《三民主义》，以及当代张志伟等主编的《中国政治哲学史》等。这里所说的"思想家"是广义的，主要是指中国历史上的诸子（如老子、孔子等）、政治思想家（如商鞅、王安石等）、学者（王夫之、黄宗羲、新儒家等）。中国传统社会没有典型意义的哲学家，更没有典型意义的政治哲学家，所以我们把提供政治哲学理论的人统称为思想家。中国现代社会虽然有了典型意义的哲学研究者，但提供政治哲学思想的并非只有他们，还有政治家、政治学家以及法学家等。不过，理论形态的中国政治哲学往往会从非理论形态的政治哲学的文献（如《周易》《诗经》《史记》等）中吸取营养，这样的重要历史文献也就会进入中国政治哲学史研究的视野。比如，研究中国政治哲学的起源时要研究《易经》《诗经》中的政治哲学思想，研究秦汉时期政治哲学时要研究《白虎通义》中的政治哲学思想。这样一些文献中的政治哲学观点、看法是政治哲学理论的重要源泉和灵感，可以成为政治哲学理论的元素。

第二，中国政治哲学的主体部分是基本理论（原理），20世纪80年代以来，元理论和应用理论获得快速发展，它们都属于中国政治哲学的范围。如同西方政治哲学一样，中国政治哲学从诞生开始，很长时间关注的主要是政治哲学的基本问题，只不过这些问题具有中国特色，如理想人格与理想社会及其关系、身家国天下的关系、王道与霸道等。在传统社会，对于这些问题的回答形成了法家、道家、儒家、墨家、佛家的政治哲学理论，在儒家成为"独尊"之学后又产生了汉儒、宋儒、明儒等不同形态。鸦片战争之后，受西学的影响，无政府主义、自由主义、列宁主义（布尔什维克主义）、马克思主义（科学社会主义）、新儒学等是中国有代表性的政治哲学理论。中国共产党信奉的马克思主义最终成为新中国占主导地位的思想理论或指导思想，科学社会主义可以说是马克思主义政治哲学的主体部分，而历史唯物主义则是其理论基础。李佃来教授指出："历史唯物主义与政治哲学并不是互为他者乃至相互对立的，而是内在会通在一起的。"① 这种看法是正确的，不过从马克思主义体系本身来看，马克思主义政治哲学是以历史唯物主义为理论基础的。中国共产党成立以后，对马克思主义政治哲学的实践探索和理论研究从未间断过，而且在其中国化、时代化的过程中不断深化和扩展。由此看来，从春秋战国时代到改革开放前，我国的政治哲学延绵不断，只是其本体论从宇宙意义的道德论转向了社会意义的唯物史观。

改革开放以后，中国的政治哲学发生了巨大的变化：一是马克思主义基本原理进一步中国化和时代化，不仅同中国具体实际相结合，也同中华优秀传统文化相结合，马克思主义政治哲学已成为一个相对独立的研究领域，属于中国政治哲学基本理论方面的研究；二是受西方政治哲学的影响和启示，对政治哲学性质和中西马政治哲学史的研究兴起，出现了中国政治哲学的元理论，而且方兴未艾；三是为了应对当代中国和世界出现的诸多重大社会问题，将政治哲学观念、原理和方法应用于这些问题的研究，出现了应用政治哲学理论，如法律哲学、管理哲学、军事哲学等，这是当前中国政治哲学研究备受关注的领域。这些变化表明，当代中国政治哲学一方面在中国历史上第一次公开打出了"政治哲学"的旗号，另一方面已形成了比较完善的政治哲学研究元理论、基本理论（原理）和应用理论的结构体系。在这方面，中

---

① 李佃来：《论历史唯物主义与政治哲学的内在会通》，《中国人民大学学报》2015年第1期。

国与西方具有明显的趋同走向。

第三，对中国历史上乃至世界历史上已经产生和可能产生学术影响和现实意义的中国政治哲学是我们主要关注的中国政治哲学。在近三千年来的中国历史上，产生过不少政治哲学理论成果，但它们不一定受到人们的重视。历史上产生的不少政治哲学理论成果湮没在历史长河之中，只有那些有学术影响和现实影响的理论才流传下来并将流传下去。政治哲学没有可能也没有必要关注所有政治哲学理论，只需重点关注那些在历史上有学术影响和现实意义的政治哲学理论。这里所说的"学术影响"并不限于对当时和后来的政治哲学的影响，也包括对其他学科的影响，尤其是对与政治相关的学科的影响。孟子的"亲亲仁民爱物"学说到了张载那里发展成为"民胞物与"学说，董仲舒建立的"三纲五常"学说成了宋明理学的核心内容和实质蕴涵，这些都是政治哲学学术影响的事例。这里所说的"现实意义"主要是指政治哲学对国家构建和运行、对社会政治生活所具有的规范和指导作用。孔子的"大同"和"小康"社会理想两千多年来一直都对中国社会发生着影响，当代中国把全面建成小康社会作为奋斗目标、中国共产党把为世界谋大同作为三大使命之一就是强有力的证明。有些政治哲学理论既有学术影响又有现实影响，如老子的《道德经》就是如此。早在1788年，当时的西方传教士将该书翻译成拉丁文，作为礼物献给伦敦皇家学会。迄今为止，《道德经》的翻译语种已经超过了50种，《道德经》的再版热成为21世纪以来一个重要的文化现象，仅2010年至2017年，就新增了136个版本，涉及语种16种。《道德经》是迄今为止世界传播范围最广的中国图书之一。[1] 历史上还有一些因为特殊原因而湮没的文献，它们对学术和社会都没有发生多大影响，但仍然具有重要的学术价值和现实意义。汉代一些被称为"古文经"的文献一被发现就受到了广泛重视，今天考古发掘出的一些失传的历史文献也引起学界高度关注，其原因就是这些文献具有多方面的价值。政治哲学的学术影响和现实意义归根到底取决于政治哲学本身的价值，因此一切有价值的中国政治哲学理论都终将受到重视。

---

[1] 参见何明星《〈道德经〉：影响世界的中国智慧》，《人民论坛》2018年第20期。

三 内涵意义上的中国政治哲学

中国政治哲学涵盖的范围虽然在空间上没有西方那样广泛，但在时间上更长，历史更悠久，因此要对中国政治哲学在内涵上作出界定无疑是一件十分困难的事情，需要以对中国的相关历史文献和社会现实状况及其相互关系进行深入研究并形成完整的研究成果为前提。为了便于从总体上把握中国政治哲学，笔者在这里根据自己对中国古今文献资料和社会现实的粗浅了解，从内涵上对中国政治哲学作一个初步的界定，供学界同仁讨论和批评。在笔者看来，中国政治哲学是以身、家、国、天下一体为研究对象，以天下平、国治、家和、民乐的社会理想及其实现为核心主题，以道与德、理想人格与理想社会、等级尊卑与众生平等、身家国天下关系、王道与霸道、尚民爱民与人民至上、内圣外王与人民民主以及德治、礼治与法治等问题为关注重点，运用经验体悟、理智直觉和思辨构想一体的方法探求社会治理之道的哲学理论。对于这个内涵界定，我们可以从以下四个方面展开论述。

第一，中国政治哲学以身、家、国、天下及其相互关系为主要研究对象。与西方政治哲学以国家为面向不同，中国政治哲学以社会为面向。中国是以一个家族（部落或部落联盟）战胜其他家族成为统治者而进入文明社会的，胜利的家族占据的范围就是它的地盘，被视为它的天下。这个天下是没有固定边界的，统治者只要有意愿和可能随时都会去扩大地盘，占领地盘外的土地、财富和人口。在夏商两代，人们似乎既没有国家的概念，也没有天下的概念。西周实行分封制，诸侯的封地被视为国，而所有的国构成天下，周朝统治者（天子）则是所谓"天下共主"。这时仍然没有现代意义的国家概念，但已经有了明确的天下概念，即周朝统治的地盘。统治者所关心的也不是国家问题，而是天下（世界）的问题。正如赵汀阳教授所指出的："与西方的政治思路完全不同，中国政治不是从国家问题开始的，而是从世界问题开始的。"[1] "天下"一词最早出现于《尚书·大禹谟》，"奄有四海，为天下君"。

---

[1] 赵汀阳：《坏世界研究：作为第一哲学的政治哲学》，中国人民大学出版社2009年版，第76页。

这表明夏代中国人就有了朦胧的天下观念。对于春秋战国时期的思想家而言，他们考虑问题的视域就是天下，而不是他们所在的诸侯国。但是，中国以血缘亲情为纽带的宗法制社会背景和文化传统，使他们同时意识到，天下是由国构成的，而国是由家构成的，天下和国都以家为本位。于是，他们将天下与国、家作为一个有机体来考虑社会治理问题，一方面着眼于天下考虑国和家的问题，另一方面又立足于家来解决国和天下的问题，而解决问题的根本被认为是统治者个人的人格（成为圣人）。先秦儒家设计的社会治理路线图"修身、齐家、治国、平天下"就是这种考虑的典型表达。伴随着儒家政治哲学上升为统治思想，这一治理路径尽管在政治实践中没有得到充分贯彻，但得到了普遍认同。这种身家国天下一体、着眼于天下治理家国并立足于修身以"齐家治国平天下"的政治哲学观念成为传统，并对现代政治哲学有着深远的影响。现代中国政治哲学致力于研究和回答政治如何为人民谋幸福、为民族谋复兴、为世界谋大同的问题，就是这一传统政治哲学观念的现代转换。

第二，中国政治哲学以天下太平、国家兴盛、家庭和睦、民众喜乐（幸福）的社会理想及其实现提供哲学论证为核心主题。追求家齐、国治、天下平是十分古老的中国传统观念。《尚书·尧典》云："克明俊德，以亲九族。九族既睦，平章百姓。百姓昭明，协和万邦。"这是讲尧帝通过推行大德，由家族和睦实现社会和睦，由社会和睦再协调万邦诸侯，所形成的和谐一体的地缘关系和天下秩序。春秋战国时期的思想家继承和弘扬这种传统观念，明确将家齐、国治、天下平作为社会理想，同时又将民乐（相对于统治者而言的"民心"）作为这种社会理想的落脚点。这就是孟子依据古训"民之所欲，天必从之"（《尚书·泰誓上》）所提出的统治者必须"与民同乐"的主张。"乐民之乐者，民亦乐其乐；忧民之忧者，民亦忧其忧。乐以天下，忧以天下，然而不王者，未之有也。"（《孟子·梁惠王下》）至此，中国传统哲学政治便完成了家庭和睦、国家兴盛、天下太平、民众喜乐四位一体完整社会理想的构建。从此，研究和回答如何实现这种理想蓝图便成为传统社会历代思想家政治哲学的核心主题。传统政治哲学追求民乐、家齐、国治、天下平的社会理想，现代政治哲学将传统的这种价值追求转换为现代意义上的为人民谋幸福、为民族谋复兴、为世界谋大同。虽然两者对社会价值目标的表述有所不同，但其实质内涵是相通的。改革开放以来，当代中国政治哲学根据马克思、恩格斯的社会理想和现代社会的时代精神，把实现社会主义现代化和中华民族伟大复兴的中国梦作为现阶段的价值目标，其主要内涵是国家富强、民族振兴和人民幸福，而人民幸福的实质内涵就是马克思作为共产主义实质内涵的"每一个个人的全面而自由的发展"①。同时，中国梦也是维护世界和平、促进世界发展、加强世界合作、倡导世界共赢的世界梦，它追求造福中国人民，也追求造福世界人民，内蕴世界大同的伟大梦想。研究和回答这个当代中国的伟大梦想及其实现的问题，正是当前中国政治哲学的最重要主题和最崇高使命。

第三，中国政治哲学重点关注和探索道与德、理想人格与理想社会、等级尊卑与众生平等、身家国天下关系、王道与霸道、尚民爱民与人民至上、内圣外王与人民民主以及德治、礼治与法治等问题。西方政治哲学以国家为主要研究对象，正是这种研究取向决定了理想国家、政府形式及治理方式、国家权力、公民德性和权利等与国家相关的问题成为西方政治哲学家始终关注的主要问题。② 与西方不同，中国政治哲学以家、国、天下、民众一体为研究对象，以社会和谐为研究取向，关注的问题并不仅仅局限于国家，而是广泛涉及社会的各个方面。中国思想家将研究的重点放在如何实现社会理想上，主要研究回答社会及其治理的根基、政治追求的理想、社会成员的身份地位、社会的基本结构、社会治理之道、社会治理者与社会成员的关系，以及社会治理的治理方式等主要问题。中国政治哲学研究回答的问题涉及五个基本政治哲学理论问题：一是社会的价值取向，涉及社会追求道德还是功利、富国还是富民、整体和谐还是个人自由等问题；二是社会优劣的标准，涉及如何判断社会治乱、国家兴衰、民众苦乐、官员廉腐、民心向背等问题；三是社会治理方式，涉及社会治理是重有为还是重无为、重王道还是重霸道、重德治还是重法治、重义还是重利、重德教还是重刑赏、重教化还是重修身等问题；四是官民应有的关系，主要涉及以民为本还是以官为本、以民为天还是

---

① 《马克思恩格斯文集》第 5 卷，人民出版社 2009 年版，第 683 页。
② 参见江畅《西方政治哲学重点关注的八大问题》，《理论月刊》2022 年第 8 期。

以王为天、王权至上还是人民至上、为民作主还是人民自主等问题；五是官员权力制约问题，主要涉及社会治理应重自我修身还是重制度防范、重廉洁自律还是重法律制约、重奖励激励还是重惩治威慑等问题。对于这些问题的研究，中国政治哲学和政治学并无明显的界限，事实上中国历史上不少政治哲学家，同时也是政治学家，有的还同时是政治家，即使在今天两者之间的界限也不十分分明。如果说有所区别的话，政治哲学家更重视从哲学方面考虑有关问题的合理性、正当性和合法性，并提出一般性的原则，而不研究具体的实务。

第四，中国政治哲学尤其是传统政治哲学注重运用经验体悟、理智直觉和思辨构想一体的方法探求社会治理之道。这种方法是以经验体悟为基础，以理智直觉为路径，以思辨构想为目的的中国哲学特有的方法。张岱年先生将中国哲学致知的方法概括为六种：一是"验行"，即以实际活动或实际应用为依据，这是墨子以及清代颜习斋的方法；二是"体道"，即直接体会宇宙根本之道，老子、庄子常常使用这种方法；三是"析物"，即对于外物加以观察辨析，这是惠施、公孙龙以及后期墨家的方法，清代戴震也采取这种方法；四是"体物或穷理"，即对物进行体察以获得对于宇宙的根本原理，直觉与思辨并重，荀子、《易传》，以及后来的邵雍、张载、二程、朱熹等人的方法属于此类；五是"尽心"，即反省内求以发明本心，孟子以及陆九渊、王阳明推崇此方法；六是"两一或辩证"，即注重事物两方面的对立统一，这是一种思想家运用较多而论述较少的方法，只有《易传》和庄子对此方法有较详细的论述。张岱年先生认为，体道与尽心都是直觉的方法，不过一个向外一个向内；体物或穷理则是直觉与理智合用的方法；验行是实验的方法；两一则与哲学中的辩证法有类似之点。[①] 所有这些方法大多也是中国传统思想家研究政治哲学的方法，他们正是运用这种方法基于对宇宙本体的构想来构想社会本体，基于社会本体谋划社会理想及其实现。与苏格拉底之前西方并无社会理想不同，中国在先秦思想家产生之前就已经有了比较完整的社会理想观念，天下平、国治、家和、民乐并不是先秦思想家的发明，而是他们凭借经验体悟和理智直觉从现实中认知，然后运用思辨构想概括提炼出来的。至于实现社会理想的社会

---

① 参见张岱年《中国哲学大纲》，中国社会科学出版社1982年版，第528—529页。

治理之道，则是思想家运用哲学思辨方法通过反思批判社会现实揭示的。

马克思主义传入中国后，唯物史观逐渐成为中国政治哲学研究的根本方法论，中国现代政治哲学在运用这种方法论的过程中不断促进其丰富和发展。"人们首先必须吃、喝、住、穿，然后才能从事政治、科学、艺术、宗教等等；所以，直接的物质的生活资料的生产，从而一个民族或一个时代的一定的经济发展阶段，便构成基础，人们的国家设施、法的观点、艺术以至宗教观念，就是在这个基础上发展起来的，因而，也必须由这个基础来解释，而不是像过去那样做得相反。"① 唯物史观这一基本原理和基本方法成为20世纪初以来的中国政治哲学理论及其实践的指导思想和基本遵循。从陈独秀、李大钊、毛泽东等中国共产党的创始人到中华人民共和国成立后的历代中共领导人都从理论与实践相结合上运用唯物史观观察、研究、解决中国政治问题，在使唯物史观中国化时代化的过程中，揭示了共产党的执政规律、社会主义的建设规律，实现了对人类社会发展规律认识的新飞跃，这些都是唯物史观中国化时代化的最新成果。政治哲学在中国成为相对独立的学科以后，唯物史观又成了当代中国政治哲学研究的学术立场、理论依据和方法指南。"马克思政治哲学的决定性根基不是观念世界之任何一部或全部，而是社会——历史的现实"②，这是许多当代中国政治哲学学者的共识。以唯物史观为方法论是中国政治哲学历史进程中的重大变革，我们也应看到，唯物史观在中国化时代化的过程中，注重同中国传统政治哲学方法相结合，形成了唯物史观中国化的理论和方法形态。

四 中国政治哲学的总体特征

中国政治哲学诞生于以发达的传统农耕文明著称的广袤的华夏大地，拥有数千年中华文化传统作为其思想观念的滋养。它由一大批献身于"为天地立心，为生民立命，为往圣继绝学"的古圣先贤所原创，之后又有一代又一

---

① 《马克思恩格斯选集》第3卷，人民出版社2012年版，第1002页。
② 吴晓明：《论马克思政治哲学的唯物史观基础》，《马克思主义与现实》2020年第1期。

代追求立德、立言、立功"三不朽"的仁人志士不断革故鼎新,创造性地推进其丰富发展。经过近三千年的发展,中国政治哲学形成了具有独特性和原创性的理论特质和显著特点。

第一,历史演进的一贯性。产生于西方历史文化土壤中的政治哲学,因西方社会演进发生过从古希腊罗马社会到中世纪社会,再到现代社会的巨大变化而呈现断裂性。就政治哲学而言,中世纪从根本上不同于古希腊罗马,而西方现代更是完全不同于中世纪。虽然后来的政治哲学在对以前政治哲学否定的过程中吸取了一些有价值的元素,尤其是现代西方政治哲学从古希腊罗马政治哲学中吸取了丰富的滋养,但这也改变不了几个时代的政治哲学在性质上完全不同的历史事实。与西方不同,中国政治哲学的演进具有不间断性,后一历史时段的政治哲学是对以前历史时段政治哲学的继承、批判和发展,有中华文化的基因和血脉贯穿其中,整个中国政治哲学从深层次上看可被视为一个完整的思想观念体系。先秦时期的政治哲学虽然百花齐放,但它们都源自春秋时代以前的文化传统。正如司马谈在《论六家要旨》中所指出的:"《易大传》:'天下一致而百虑,同归而殊涂。'夫阴阳、儒、墨、名、法、道德,此务为治者也。"儒家政治哲学在皇权专制时代占据统治地位,也并非像西方中世纪政治哲学对待古希腊罗马政治哲学那样从根本上给予否定,倒可以说是从先秦诸家中脱颖而出。马克思主义政治哲学最终取代儒家政治哲学成为中国占据主导地位的政治哲学以后,虽然曾有过对儒家政治哲学全盘否定的过激做法,但在深层次上依然是对接的。党的十八大以来,中国当代政治哲学更是自觉地对传统政治哲学进行创造性转化和创新性发展。今天,马克思主义政治哲学正在全面地致力于同中华优秀传统政治哲学相结合。从这方面来看,西方政治哲学因西方历史文化演进的断裂性[①]而呈现历史演进的断裂性,基督教神学政治哲学与古希腊罗马政治哲学之间、近现代西方哲学与基督教神学政治哲学之间在实质内涵上存在着根本性的区别;中国政治哲学的历史演进则一以贯之,始终以宇宙、天下、国、家、身及其关系问题为

[①] 参见江畅《西方德性思想史》古代卷,载《江畅文集》第5卷,人民出版社2022年版,第31页。

中心展开和沿革，具有内在的历史逻辑。

第二，理论根基的深厚性。政治哲学作为哲学的特殊领域，是有其理论根基的，这就是本体论。中国政治哲学从诞生时起就有深厚的本体论根基。无论是儒家、道家，还是其他诸家，其政治哲学都是基于远古以来形成的道观念或道德观念提出的，其中儒道两家更是在此基础上建立了道与德一体的道德论本体论，以作为政治哲学的基础。儒家政治哲学占据主导地位后，其本体论发生了一些变化，尤其是宋明理学家建立了以"天理"为核心的天理论本体论，但这种本体论实质上是与先秦儒家的道德本体论一脉相承的宇宙本体论。马克思主义政治哲学在现代中国占据主导地位之后，其直接的理论根据是历史唯物主义。历史唯物主义是作为宇宙本体论的唯物主义在社会历史领域的应用，是一种社会本体论。尤其是在中国政治哲学现代化过程的早期，许多思想家在民族生存危机日益深重的紧要关头仍然致力于构建本体论，以为他们提出的政治哲学主张提供论证和辩护，如康有为的"元气—仁说"、谭嗣同的"以太—仁—心力说"、严复的"气一元论"、章太炎的"以太阿屯说"、熊十力的"体用不二"本体论、冯友兰的"新理学"本体论等。总之，探寻本体论作为政治哲学的根基，这是中国政治哲学不同于西方的一贯做法和重要特征。正因如此，中国的政治哲学才具有历史的贯通性和理论的深刻性。

第三，思想旨趣的道德性。中国的政治哲学历来都是道德性政治哲学，伦理学具有明显的政治性，政治哲学则具有鲜明的道德性。孔子所说的"为政以德，譬如北辰，居其所而众星共之"，"道之以政，齐之以刑，民免而无耻；道之以德，齐之以礼，有耻且格"（《论语·为政》）等表述，典型地表达了中国政治哲学强调政治与道德之间的紧密关系，当代中国把以德治国作为治国方略之一也体现了中国政治哲学对德治的强烈诉求。在中国历史上几乎没有任何政治哲学理论反对道德对于政治的极端重要性，即使历来被认为是非道德主义者的韩非其实也仅仅是反对腐儒的道德，并非完全否定道德的价值。[1] 他肯定道德的论述很多，如"安术有七，危道有六。安术……七曰有信而无诈"（《韩非子·安危》），"明主之道，必明于公私之分"

---

[1] 参见魏偵《韩非并非"非道德主义者"辨析》，《文教资料》2016年第9期。

(《韩非子·饰邪》），"修身洁白而行公行正，居官无私，人臣之公义也"（《韩非子·饰邪》）等，只不过他认为道德仅可用作治国的辅助，不能作为治国的原则。

第四，理想追求的崇高性。中西方政治哲学都把构想理想社会并为之提供论证作为自己的重要使命，但中国政治哲学所构建的理想社会与西方有几点明显的不同。一是社会理想尽善尽美。传统社会儒家政治哲学所构想的"大同"社会、当代中国政治哲学所推崇的共产主义社会，都被设想为尽善尽美的社会，孔子所描绘的"小康"社会虽不完善但被看作完美社会的衰退形态，而当代中国追求的"小康"社会则是向完美社会的过渡。西方政治哲学所构想的"理想国"或"理性王国"等理想社会则都不是尽善尽美的，基督教政治哲学构想的"天堂"虽然尽善尽美，但它并不是世俗的理想社会。二是社会理想与人格理想相贯通。古希腊罗马政治哲学也谈到公民德性对于理想社会的意义，但两者之间没有必然联系。基督教政治哲学肯定个人神学德性对于进天堂的意义，但个人德性并不是进天堂的充分条件，一切最终都取决于上帝的恩惠。现代西方政治哲学除了20世纪下半叶出现的社群主义和德性伦理学注意到社会共同体需要公民具有德性外，其他的政治哲学几乎都不谈个人德性，更不谈理想人格。与西方不同，中国政治哲学尤其是儒家政治哲学把个人人格与社会理想紧密关联起来，认为一个人只有达到人格完善才能齐家治国平天下，所有人都达到人格完善就能实现天下大同的理想。三是把修身作为实现社会理想的根本。《大学》中的"三纲领""八条目"典型地表达了修身对于治国安邦的重要性。今天中国共产党强调党员党性的先进性，追求马克思、恩格斯所主张的"每一个个人的全面而自由的发展"，都是把修身作为治国安邦的根本。因此，对于中国政治哲学来说，修身不仅是个人完善之本，也是天下安泰之本，研究修身是政治哲学的题中应有之义。

第五，学术观点的归宗性。中国文化历来讲道统[①]，讲认祖归宗，中国政

[①] "道统"是唐朝哲学家韩愈提出并论证的一个概念，原指儒家的先王之教（仁义道德）在各个历史时期薪火相传的统绪，后来成为中国传统文化辨别思想观点正统与否的重要根据。

治哲学亦如此。中国政治哲学虽然诞生时就多门多派，即所谓"诸子百家"，但它们都生存在华夏大地，沐浴着三皇五帝沿袭下来的悠久文化传统。因此，中国古代的不同学派像一个大家庭的兄弟，他们都把自己看作文化传统的真正传人并努力证明这一点。值得注意的是，这种"百花齐放"的格局只有在社会四分五裂或社会转型时期才会出现，而在中国历史上这种时期比较少。从春秋战国以后的传统社会历史看，一旦社会统一，在政治力量的作用下，政治哲学百花齐放的局面就会结束，一切不能认祖归宗的政治哲学学说都得不到承认而被排挤或被打压。在这样的社会统一时期，中国政治哲学主体体现为多样性而非多元性，其重要原因在于那些与主导政治哲学相左的政治哲学不能归宗。学术观点所要归的"宗"，指的是"正宗"或"正统"。从中国历史看，正宗包括两个方面：一是道统之正宗或学术之正宗；二是政治之正宗。道统之正宗在先秦是三皇五帝以降以"道"为核心的传统，在儒家成为官方意识形态之后是儒家思想，在中华人民共和国成立之后则是马克思主义；政治之正宗则是国家所确立的社会意识形态，主要是其中的思想理论，包括政治哲学。从中国历史看，在社会统一稳定时期，学术之正宗与政治之正宗是重合的，一切不能进入学术之正宗的政治哲学也不能进入政治之正宗，反之亦然。无论是传统社会还是现代社会，两种正宗都具有中国文化传统的共同渊源，今天中国强调把马克思主义基本原理同中华优秀传统文化相结合，就是要将马克思主义植根于中国文化传统。西方政治哲学只有中世纪才有真正意义上的道统之正宗，而且是与政治之正宗同一的，其他时期基本上不存在这两种"正宗"。显然，中国政治哲学与西方不同，春秋战国以降，这两种"正宗"在中国一直存在，只不过其内容有所更新。

第二节　中国政治哲学的产生和历史演进

如果承认老子、孔子和墨子等思想家是中国政治哲学理论形态的共同创始人，中国政治哲学距今已有2800多年的历史。在他们之前中国政治哲学还有一个长达5000年以上的悠久孕育过程，这是中国政治哲学萌生的阶段。诞生之后，其演进历史大致可以划分为理论化（春秋战国时期）、经学化（汉代到唐代)、理学化(宋代至清代)、现代化(鸦片战争到改革开放以来)四个阶段。① 前三个阶段是中国政治哲学在传统社会中的演进过程,后一个阶段是中国政治哲学的现代化过程,这一过程尚未完结。相较于西方政治哲学,中国哲学孕育的时间要长5000多年,诞生的时间早300年左右,理论化完成的时间长达400年,在轴心时代以后的传统社会时间长1500年左右(分别以康有为和马基雅维里为中西政治哲学现代化过程的起点),而中国政治哲学现代化过程开始的时间比西方晚约400年。从产生和演进的历史看,中国政治哲学有久远的孕育过程、充分的理论化过程、长久的意识形态化过程和相当晚起步的现代化过程。20世纪80年代是中国政治哲学现代化的重要节点,其主要标志是现代意义的政治学(作为社会科学分支之一的政治科学)的诞生,从此中国政治哲学才与政治科学分离,成为相对独立的哲学学科。以上这些数据对于今天认识和研究中国政治哲学历史和现实具有十分重要的意义,值得我们重视。

一 中国政治哲学的萌生

如果我们承认中国政治哲学是由老子和孔子最早分别创立的,那么在他们之前中国已有6000多年的政治活动。政治活动是人类在政治思想指导下进行的自觉活动,因而有政治活动就有政治思想,其中也会包含政治哲学思想或元素。政治活动的出现是人类进入文明社会的重要标志之一,在一定意义上可以说文明社会是运用政治权力进行治理的结果。中国国家重大科研项目"中华文明起源与早期发展综合研究"(简称"中华文明探源工程")得出了这样的基本结论:中华文明"距今万年奠基,八千年起源,六千年加速,五千多年进入(文明社会),四千三百年中原崛起,四千年王朝建立,三千年王

---

① 有学者将中国政治哲学史划分这样四个阶段:第一阶段是古代典型中所传述的唐虞三代;第二阶段是从礼崩乐坏到"独崇六经";第三阶段是从"独尊儒术"到近代以前;第四阶段则是从清末西欧国家主导的全球化时代对中国产生的"天崩地裂"开始,到重构中国人生活世界的时代(参见彭永捷主编《中国政治哲学史》第二卷,中国人民大学出版社2019年版,第3—4页)。这种划分将中国政治哲学萌生也算作一个阶段,本书如果加上这一阶段就是五个阶段。

权巩固，两千两百年统一多民族国家形成"①。中华文明是世界四大古文明中唯一延绵至今、未曾中断的文明，因此中国政治哲学的萌生最早可追溯到中华文明的起源（以贾湖文化为标志）。中国政治哲学就孕育于中华文明产生的过程，最终在"王权巩固"与"民族国家形成"期间诞生。

在距今11000年前后，全球气候变暖，促使东亚和西亚的农业产生，农业的产生使华夏大地出现了小型的定居村落，为文明的产生奠定了基础。自9000年前开始，原始的刀耕火种农业发展为耜耕农业，社会进步加速。贾湖、兴隆洼等遗址发掘表明，那时人口增长、村落增加、手工业发展，社会已经出现分化，中华文明起源的进程由此开启。到了6000年前，中华文明起源的节奏加速，人口显著增加，出现了由数十个村落构成的聚落群和中心性聚落。手工业取得了显著进步，出现了质地坚实、表面光滑的精致陶器，彩陶艺术在我国中东部地区流行，琢玉、髹漆和建筑技术也取得了长足进步。社会分化加剧，已经出现统治阶层，大中型聚落有用于军事防卫的环绕的壕沟。聚落群的出现，表明当时已经有了政治性的社会治理，有了比较原始的政治思想，其中也必定包含某些政治哲学原始因素。中国政治哲学产生前的6000年左右的时间，可以看作它的孕育早期。

距今5000年前后，长江中下游等地区相继进入了文明阶段，宗教、政治、经济、军事等社会基本要素得到全面发展。这时已出现超乎想象的稻作农业以及由此拥有的经济力量，各地都出现了高技术含量的手工业制品，如精美的玉器、陶器、漆器和绿松石装饰品等。这时还出现了面积达100多万平方米的中心城市和原始宗教圣地，长江下游超大型的都邑良渚古城就是当时世界上规模最大的都邑，内城面积近300万平方米，外城面积约630万平方米。考古发掘发现，这时有面积数百乃至上千平方米的大型高等级建筑，有顶级墓葬，墓中有上百甚至数百件精致玉琮、玉璧等高等级随葬品，这与一般社会成员的小型房子和小型墓葬相差悬殊。这说明这时阶级加速分化，统治阶层掌握了大量社会财富，并掌握了贵重物品的生产和分配。这时还形成了以某些高技术含量的珍贵物品作为礼器、以墓葬规模体现墓主人地位的

---

① 王巍：《中华文明探源研究主要成果及启示》，《求是》2022年第14期。

等级制度——礼制。随葬品中有精致的武器——玉石钺，有象征军事权力的权杖，这表明统治阶层因军权而不断增强权威，由氏族部落的首领变为具有生杀予夺大权的王者。各地出现被扔弃在垃圾坑中、埋在大型建筑的基础里作为奠基或在大墓中作为殉人的人骨架，这表明一部分人已开始奴役另一部分人。到了4300年前，中华各地的文明进程出现转型，其重要特征是中原崛起。黄河中游的势力集团在与周围其他集团的力量对比中逐渐占据优势，山西陶寺和陕西石峁两座巨型都邑相继出现，陕北地区的阶级分化已相当严重，出现了拥有强大军事力量的王权国家。夏王朝建立前的1000多年是中国进入文明社会前夕，早期国家诞生。这段历史史称"邦国"时代，传说中的"三皇五帝"就生活在这个时代。中国政治哲学产生前的4000年左右时间是它的孕育中期。

约公元前2070年夏王朝建立是中国进入文明社会的标志，中国从"邦国"时代进至"王国"时代①，中华文明也由此进入以中原为中心的新阶段，形成了涉及范围广泛的天下观。夏王朝建立初期，其势力就已经扩展至黄河中下游和长江中下游，经过了约200年的发展，其实力不断增强，中原的引领地位形成，影响范围空前广阔。但尚无文献显示夏王朝的政治体系和格局。商王朝继承了夏王朝开创的礼制，形成了以甲骨文为代表的成熟文字体系。有甲骨文记载显示，商王是国家的最高统治者，商王之下有相对完善的行政机构，有以王畿为中心的直接控制区（被称为"古国"）和间接控制区（被称为"方国"，即联合城邦制国），商王朝是一种古国与方国的联合体。商代的青铜礼器在广阔区域出土表明，商王朝的政治势力与文化的影响已涵盖东到大海、西及陇山、南跨江汉、北至燕山的广大区域。西周王朝初年，周王实行分封制，通过"封邦建国"册封自己的至亲和功臣到各地建立诸侯国，实现了王朝对王畿之外广大地区的稳固统治。在继承夏商礼制的基础上，西

---

① 需要注意的是，当时并没有"国"的概念，无论是"邦国"概念，还是"王国"概念都是今人使用的。从夏朝开始，华夏民族有了"王"但没有"国"，有的只是"天下"，即《诗经·小雅·北山》所说的"溥天之下，莫非王土"。到春秋战国时期，中国文化才有了"国"的概念，但那时的"国"并不是严格意义上的国家，而是周王朝统治的天下中的诸侯国。

周王朝完善了礼制体系，形成了以青铜器的种类和数量差别构成的器用礼制，以此明确等级。这种器用等级差异后来被不断强化，以至于扩展到衣食住行的各个方面，甚至穿着颜色、服装款式、佩戴玉器、驾乘马车、编钟乐器组合的种类与数量都有制度差别。这时，除了礼制，周王朝还运用法律来维护社会秩序。西周初年即有刑法，分"轻典""中典""重典"，合称"三典"。西周中期制定了《吕刑》（因吕侯主持制定而得名），其内容据说共分三章合计三千条。《吕刑》的原件已失传，只有《尚书·吕刑》一篇得以保存下来。"西周是中华文明进程中十分关键的时期，以分封制、宗法制、礼乐制为特征的文明形态，以周天子为核心的天下共主的国家结构，进一步强化了夏商以来的中央集权制度，为秦汉统一多民族国家的形成奠定了坚实基础。"[1] 夏商西周时期可看作中国政治哲学的孕育晚期。

由分封制、宗法制和井田制三大制度所维系的西周社会秩序，经过270余年时光的腐蚀，到公元前8世纪末，已经是千疮百孔、支离破碎，社会中各种矛盾并存，整个社会处于动荡之中。周幽王被杀后，郑、卫、晋等诸侯立周幽王太子宜臼为王，是为周平王。平王东迁，定都洛邑（今河南洛阳），史称东周，中华文明进入春秋战国时期。在公元前770年至公元前476年的春秋时期，一些较大的诸侯国，为了争夺土地、人口以及对其他诸侯国的支配权，不断进行兼并战争。谁战胜了，谁就召开诸侯国会盟，强迫诸侯承认其"霸主"地位。在诸侯间漫长的争霸过程中，各个族群不断杂处融合，东周的天下进一步扩大。正是在这种历史背景下，孕育了6000多年的中国政治哲学在这个战乱的时代一朝分娩。

随着周天子权力的衰落，各国诸侯纷纷雄起争霸，在实行国内改革的同时四处征伐，以期称霸一方。为此各国到处延揽人才，打破了原来的贵族政治体制，使得原本几乎没有资格参与政治的庶民可以发表自己的政见并参与政治决策，原本在官府的"学"也逐步走向民间。于是，"士"逐渐成为新的阶层并迅速崛起。士人们胸怀大志，或著书立说，或奔走游说，为诸侯出谋划策，形成了"百家争鸣"的局面。据《汉书·艺文志》的记载，"诸子

---

[1] 王巍：《中华文明探源研究主要成果及启示》，《求是》2022年第14期。

百家"共有189家，著作4324篇，《隋书·经籍志》《四库全书总目》等书记载多达上千家。但影响较大、流传较广、最为著名者只有几十家，其中阴阳、儒、墨、名、法、道、纵横、杂、农、小说、兵、医十二家发展成为学派。诸子百家大多关注如何统一天下、治理国家、教化民众等现实问题，政治思想十分丰富，但真正创立自己政治哲学的主要是法家、道家、儒家、墨家。在四家之中，法家萌生得最早，春秋初年的政治家、政治思想家管仲是其先驱，因此法家当为春秋战国时期最早产生的政治哲学学派。不过，法家的政治哲学体系是由战国末期的韩非完成的。道家和儒家几乎同时产生，但据历史文献记载，孔子曾经请教过老子，而且老子也比孔子年长20岁，道家应先于儒家产生。墨家创始人墨翟的年龄比老子小近百岁，墨家当数四家之中产生最晚的学派。这四派都是彼此独立的学派，彼此之间虽然有过一些纷争和互鉴，但它们都建立了自己较完整的政治哲学。从广义上看，这四派都可以说是中国政治哲学的始祖，不过，到了汉武帝时代，经过汉儒改造后的儒家政治哲学才是皇权专制时代的官方政治哲学。

从以上简述可见，中国政治哲学的萌生过程与西方有明显的不同。中国有"百万年的人类史、一万年的文化史、五千多年的文明史"①，在进入文明社会之前还有一段时间很长的文明社会孕育史，而且五千多年的文明史是连绵不断的。中国政治哲学的产生可以追溯到被称为"人类从愚昧迈向文明的第一道门槛"的贾湖文化（以舞阳贾湖遗址为代表的中国新石器时代早期的重要文化类型，年代范围为前7000—前5800年）②。从那时到老子、孔子和墨子等人创立政治哲学，中国政治哲学孕育了长达5000多年的时间，即使从夏朝建立（约前2070）算起，到老子和孔子生活的时代，中国政治哲学也有1500多年的萌生历史。

西方政治哲学的历史虽然可以追溯到约兴起于公元前2850年克里特文明

---

① 《习近平主持中共中央政治局第三十九次集体学习并发表重要讲话》，中华人民共和国中央人民政府网，http://www.gov.cn/xinwen/2022-05/28/content_5692807.htm，2022年5月28日。

② 参见赵慎珠《去贾湖，叩响人类文明之门》，《河南日报》2017年2月24日。

(亦称米诺斯文明），克里特文明后来融入了迈锡尼文明，但迈锡尼文明于公元前12世纪末被北方游牧民族多利安人毁灭之后，出现了约400年的"黑暗时代"，希腊文明从奴隶制社会倒退到了军事制社会。这说明古希腊城邦时代的文明与迈锡尼文明之间是断裂的，《荷马史诗》通过描述特洛伊战争才让人们了解迈锡尼文明的一些状况。因此，西方政治哲学只能追溯到公元前12世纪，其孕育的时间实际上不过六七百年历史。它与更早的迈锡尼文明没有直接关系，只是通过《荷马史诗》这部文学作品才受到那时的一些文明元素的影响。因此可以肯定，中国政治哲学比西方政治哲学孕育的时间长，产生的时间早。了解中西政治哲学萌生过程之间的不同，有助于我们更好地把握中西政治哲学诞生的异同，也有助于我们更深刻地理解中国政治哲学的丰厚文明滋养，从而增强中国政治哲学自信。

二 中国政治哲学的理论化

在中国政治哲学诞生之前的中华文明中，已经包含了丰富的政治思想和政治哲学元素。在这方面，中国与西方也有所不同。在西方，得到比较公认的最早历史文献主要是前9—前8世纪诗人荷马创作的《荷马史诗》（《伊利亚特》和《奥德赛》），以及前8—前7世纪诗人赫西俄德创作的《工作与时日》和《神谱》，它们是西方政治哲学产生的思想源泉。与之相较，作为中国政治哲学产生源泉的历史文献要丰富得多，具体而言包括以下三个方面。

第一，夏商西周三代直接留下来的历史文献，主要有《易经》和《诗经》。《易经》是阐述天地世间万象变化的古老经典，包括《连山》《归藏》《周易》三部易书，其中《连山》《归藏》已经失传，现存于世的只有公元前11世纪周文王创作的《周易》。《易经》是包含博大精深哲学思想的历史文献，它为中国政治哲学产生提供了道德本体论的观念滋养，并且成为道家政治哲学产生的直接思想源泉，其中的"天人合一""尊道贵德""自强不息""厚德载物"等诸多观念奠定了中国政治哲学道德取向的基调。收集西周初年至春秋中叶（前11世纪至前6世纪）的诗歌《诗经》，虽然是一部诗歌总集，但其中蕴含着丰富的政治哲学思想。《小雅·北山》中"溥天之下，莫非王土；率土之滨，莫非王臣"的诗句就表达了为后世政治哲学所弘扬的天下观念。《魏风·硕鼠》则生动地表达了普通百姓对社会不公的强烈愤慨和对美好生活的深切向往，它是春秋战国时期思想家构想理想社会的重要观念源泉。

第二，从春秋战国到秦汉时期还有很多记载"三代"政治文化的历史文献，其中最重要的有《尚书》和"三礼"。《尚书》所录的是虞、夏、商、西周各代的典、谟、训、诰、誓、命等文献，其主旨是明仁君治民之道和明贤臣事君之道。《尚书》以天命观念解释历史兴亡，以为现实提供借鉴，而敬德和重民是其内核，这种天命观念为中国政治哲学产生提供了坚实的观念基础和思想来源。"三礼"包括偏重政治制度的《周礼》，偏重行为规范的《仪礼》，偏重对礼仪解释、论述的《礼记》，它们记录和保存了周代的礼仪制度，被称为中国古代礼仪制度百科全书。"三礼"是中国政治哲学产生的直接制度依据，其中的《礼记》对礼仪的解释和论述充分地表达了儒家的政治哲学思想，在某种意义上可以说是早期儒家政治哲学的集大成之作。儒家早期的政治哲学在很大程度上是在对源自周代礼仪进行阐释基础上的创新。

第三，中国政治哲学诞生前后的当代文献，尤其是《春秋》及对其作阐述和补充形成的文献。《春秋》是我国周朝时期鲁国的国史，现存版本据传是由孔子修订而成的，它记述的是鲁国从鲁隐公至鲁哀公二十七年长达240多年春秋各国大事。司马迁对《春秋》的理论价值和历史意义作了这样的评价，"夫春秋，上明三王之道，下辨人事之纪，别嫌疑，明是非，定犹豫，善善恶恶，贤贤贱不肖，存亡国，继绝世，补敝起废，王道之大者也"（《史记·太史公自序》）。《春秋》用于记事的语言极为简练（被后人称为"春秋笔法""微言大义"），后来出现了很多对《春秋》所记载的历史进行补充、解释、阐发的作品，被称为"传"，其中具有代表性的作品是被称为"春秋三传"的《左传》《公羊传》《谷梁传》。《左传》（亦称《春秋左氏传》）以《春秋》为本，通过记述春秋时期的具体史实来说明《春秋》；《公羊传》（亦称《春秋公羊传》）用问答的方式阐释《春秋》的"微言大义"；《谷梁传》（又称《春秋谷梁传》）则以语录体和对话文体为主注解《春秋》并记载春秋时期的重大史事。除上述之外，还有记录春秋时代周王室和鲁、齐、晋、郑、楚、吴、越八国的《国语》（又称《春秋外传》），记述春秋后期齐国政治家、思想家晏婴言行事迹的《晏子春秋》，以及以"道家学说"为主干，以名家、法家、儒家、墨家、农家、兵家、阴阳家等诸家思想学说为素材，熔诸子百家学说于一炉的《吕氏春秋》，等等。所有这些春秋战国时期出现的历史文献都为中国政治哲学产生提供了学术资源和文化土壤。

由以上简要列举可以看出，在政治哲学形成方面中国比西方有更广泛、更深厚的思想观念和历史文化资源。所有这些历史文献包含的政治哲学思想构成了道儒墨法政治哲学的共同思想来源，它们的政治哲学可以说是根据时代精神对这些政治哲学思想的理论化创造和系统性构建。严格意义上的政治哲学是理论形态的政治哲学，因此中国政治哲学产生的过程如同西方一样，也就是它的理论化过程。

中国政治哲学的理论化是多种不同政治哲学各自的理论化，它们的创立者自身情况不同、理论旨趣不同、关注重点不同，使得他们的政治哲学理论不仅独具个性，甚至大相径庭，其结果就形成了不同的政治哲学理论体系。但是，各种不同政治哲学是在以上所述的相同文化传统和思想资源的前提下，在大致相同的时代针对相同的时代问题创立的，因此它们的理论化都是从不同的立场、视角和选择不同路径回应时代问题。这就是司马迁所说的"天下一致而百虑，同归而殊途"（《史记·太史公自序》）。因此，春秋战国时期不同政治哲学理论化也有一些共同性，这些共同性与西方政治哲学理论化有一些类似之处。

一是深切关注时代问题。西周时期，周天子保持着天下共主的威权，平王东迁以后，周王室迅速衰微，只保有天下共主的名义，而无实际控制能力。于是，各诸侯国纷纷自立为王，大诸侯国之间兼并争霸，导致战争频发，结果是："人民被国君强迫，不得不服极重的兵役"；"人民平时受经济剥削，战时受生命危险……人民只有死，才算得到休息"。[①] 中国政治哲学正是当时的一些士人面对这种严重的时代问题为拯救民众于水火而苦心创立的。这些士人大多出身于贵族，自己的生活不一定悲惨，但他们对天下生民充满怜悯、同情、炽爱，终生无悔地致力于解救他们，寻求使他们过上好生活的道路。他们著书立说，讲学传道，甚至知其不可而为之，在中国政治哲学史上建立

---

① 范文澜：《中国通史》，人民出版社2009年版，第1册，第132—133页。

了对后世产生深远影响的政治哲学体系,最有影响的是以"自然无为"为核心的道家政治哲学体系、以"仁爱"为核心的儒家政治哲学体系、以"兼相爱交相利"为核心的墨家政治哲学体系和以"以法为本"为核心的法家政治哲学体系。他们的著述是时代精神的精华和升华,字里行间显现了他们的崇高境界和伟大情怀,中国政治哲学也因此一诞生就浸润着对人类的大爱和对天下的责任。

二是构想替代现实社会的理想社会。面对灾难深重的春秋战国时期的乱世,政治哲学家们在对现实世界进行反思批判并探寻导致这种局面的根源的同时,积极思考应该用一种什么样的社会取代现实的社会。于是,他们学习、整理、钻研历史文化,从其中寻求灵感和启示,构想他们认为最好的那种社会。老子从《易经》得到启发,构想了一种以"自然无为"为根本原则的小国寡民的理想社会。在他看来,天地万物和谐有序并且生生不已,就是因为它们守护本性,顺任自然,尊道贵德,像水那样"利万物而不争,处众人之所恶"(《老子》八章);而现实社会之所以纷争不竭,祸患无穷,是因为人类违背了"道"的那种自然无为的本性。孔子面对现世的混乱,憧憬人类进入文明社会前夕那种温情脉脉的氏族部落社会,并使之美化为"天下为公"的"大同"。孔子很务实,没有梦想从春秋乱世直接进入大同社会,在他看来,如果能够像"三代"英王那样实行礼治而达到小康社会,那就已经很了不起了。所以,他终生追求恢复周礼,以求社会从乱世走向小康。墨子认为,天下的祸乱起自人们之间不相爱,"天下之人不相爱,强必执弱,富必侮穷,贵必敖贱,诈必欺愚"(《墨子·兼爱上》)。因此,他希望建立一个人人"兼相爱""交相利"的理想社会,在那里"视人之国,若视其国;视人之家,若视其家;视人之身,若视其身"(《墨子·兼爱上》)。韩非一方面继承了自管仲以来一大批主张法治的政治思想家的思想,同时又深受老子思想的影响,成为法家的集大成者。面对战国末年"天下无道,攻击不休"(《韩非子·喻老》)的战乱局面,他深刻总结天子弱小而诸侯强大的历史教训,主张以统一代替分裂,以集权代替割据,建立统一的君主集权的法治国家。在这个国家,"以法为本"(《韩非子·饰邪》),"以法为教"(《韩非子·五蠹》),"法不阿贵","刑过不避大臣"(《韩非子·有度》),"明君无为于上,君臣竦俱乎下"(《韩非子·主道》),"事在四方要在中央,圣人执要四方来效"(《韩非子·扬权》)。这种法治国家就是韩非理想社会——"至安之世",其特点在于"法如朝露,纯朴不散;心无结怨,口无烦言",而"长利积,大功立,名成于前,德垂之后,治之至也"(《韩非子·有度》)。

三是寻求济世救民的政治良方。春秋战国时期的思想家有着强烈的"救民于水火之中"(《孟子·滕文公下》)的现实关切,他们不像西方近代的空想社会主义者那样只构想某种乌托邦式的理想社会,而是努力寻求实现理想社会的现实路径并谋划拯救苦难民众的有效对策。这两者之间有时是一致的,有时不完全一致。道家以"道"为核心,认为大道无为,道法自然,所以主张"尊道贵德"(《老子》五十一章)。在老子看来,现实社会之所以祸乱无穷,其根本原因在于"失道","失道而后德,失德而后仁,失仁而后义,失义而后礼"(《老子》三十八章),而礼的出现意味人们的忠信淡薄、衰落,而这正是祸乱的开端。为此,老子主张"惟道是从"(《老子》二十一章),体现在政治上要自然无为、以雌守雄、刚柔相济,"无为而无不为"(《老子》三十八章)。儒家更提出了治理乱世的种种政治方案,最直接的方案就是恢复周礼:"克己复礼为仁。一日克己复礼,天下归仁焉!"(《论语·颜渊》)儒家还从个人修身的角度提出了"明明德于天下"的路径,即格物、致知、诚意、正心、修身、齐家、治国、平天下,强调"自天子以至于庶人,壹是皆以修身为本"。墨家提出"兴天下之利,除天下之害"(《墨子·兼爱下》)的完整治理方案:在政治上"尚同""尚贤""法天";在经济上"节用""节葬""非乐";在外交上"非攻",等等。作为春秋战国诸家之中显学的儒家、墨家[①]均崇尚"法先王""法圣王"和"复古",法家则反对复古,主张因时制宜。韩非根据当时的情况,提出重赏、重罚、重农、重战"四策",主张皇权专制、中央集权、改革变法、改革图强、以法为本、法不阿贵、以法为教,其政治主张基本上是与儒家对立的。

四是探讨理想社会方案的本体论根基。中国政治哲学理论化的一个重要

[①] 韩非称儒墨两家为春秋战国时期诸子百家中的"显学":"世之显学,儒、墨也。儒之所至,孔丘也。墨之所至,墨翟也。"(《韩非子·显学》)

特点，是诸子们都努力将自己的社会理想和治世方案奠基于本体论的基础之上，道儒墨法四家都有自己的哲学本体论或信奉的本体论。正因如此，他们的政治思想才成为政治哲学，他们在使政治哲学理论化的同时使之本体论化。虽然中国政治哲学同时有多家诞生，但它们自觉不自觉地都继承了古老的"道""德"本体论观念，其中道儒两家还在此基础上创建了自己的本体论理论，并以之作为自己政治哲学的根基。"道""德"观念是《周易》的基本观念，虽然《周易》出自周文王，但无疑受到过更早的《连山》《归藏》的影响，而《连山》据传为距今五千年左右的"三皇"之首天皇氏所创。这既表明《周易》的"道""德"观念源自更古老的《易经》的观念，也表明中国政治哲学的本体论基础之久远、深厚。

在上述四家之中，道家构建了最完整、最系统的本体论，而且与《易经》的精神最相一致，可以说是《易经》本体观念的理论化和时代化。道家第一次明确将"道"视为万物的本根和法则，认为天地万物都是对"道"的"得"或者说是"道"的体现，即"德"。人类像万物一样，是道的产物并禀受了道性，但人有自主性，而且有欲望、情感，因而人会偏道、失道，所以返璞归真、回归本性就应成为人的追求，而政治的意义就在于实行无为而治，为人回归本性提供条件。

儒家也认为"道"是天地万物的本根、法则，人的本性是对道的禀赋，但这种本性只是"端"，需要人的修身才能成为"德"，人的修身成人的过程就是齐家治国平天下的政治过程。儒家还将"诚"赋予"道"，并把"诚"解释为"仁义礼智"之类的人类道德，从而使天道与人道统一起来。

墨子是中国历史上唯一一位农民哲学家，他创立的墨学缺乏道儒两家那种深厚的文化底蕴，因而不怎么谈"道"，但还是有本体论根基，这就是"天志"。墨子所说的"天志"，是指在人伦社会秩序之上有一个非人层次的高级存在即"天"，它具有主宰人伦秩序、施与赏善罚恶的意志。因此，顺从天意的人彼此都相爱，交互都得利，必定得到上天的赏赐；违反天意的人，分别都相恶，交互都残害，必定受到上天的惩罚。政治亦如此："顺天意者，义政也；反天意者，力政也。"（《墨子·天志》）

法家政治哲学孕育得最早，成熟得最晚，到战国末期韩非这里才最终形成系统的政治哲学理论。法家虽然没有系统的本体论，但从道家吸取了"道""德"思想，道家关注的主要是"道"在个人身上体现的"德"，而法家则主要关注"道"在社稷、政权上的体现——"法"。法家的"法"其实就是"道"在政治中的体现，即"所谓'有国之母'，母者，道也"（《韩非子·解老》）。对于法家来说，法就是国家的道，道就是宇宙的法。

三　中国政治哲学的经学化

在中国政治哲学演进的过程中，有一个从多元走向一元的经学化过程。这一过程从汉武帝"罢黜百家，独尊儒术"正式开启，此前有一个曲折的过程，此后一直延续至唐代。经学，简单地说，就是把儒家经典作为研究对象的学问，或者说是注解儒家经书的学问。所谓儒家经典，一般是指儒学十三经，亦即《周易》《尚书》《诗经》《周礼》《仪礼》《礼记》《春秋左传》《春秋公羊传》《春秋谷梁传》《论语》《孝经》《尔雅》《孟子》。除《孝经》和《尔雅》成书可能在秦汉之间外，其他的十一经都是先秦的经典。所谓"经学化"，是指使一切学问都从属于、服务于经学，不能如此的学问就没有存在的空间，其结果是学问就是经学、经学就是学问。经学产生和演变的过程是中国古代思想文化经学化的过程，也是中国政治哲学经学化的过程。

儒学十三经是宋代最终确定的，此前儒家经典的确立经过了一个漫长而复杂的过程。春秋末年，儒家的创始人孔子在他的政治活动屡遭失败返回故乡鲁国后，便开始编订和整理传统文献。司马迁《史记·孔子世家》记载，孔子编辑了《书》，删定了《诗》，为《周易》编写了《易传》，并根据鲁国的史料创作了《春秋》，并以《诗》《书》《礼》《乐》为课本教育学生。孔子整理、撰写和传授的六部著作当时被称为"六艺"，《史记·滑稽列传》以孔子的名义称："六艺于治一也。《礼》以节人，《乐》以发和，《书》以道事，《诗》以达意，《易》以神化，《春秋》以义。"这六艺到汉武帝时代才被称为"六经"，其中《乐》失传，实际上只有五经。到了东汉，除上述五经，增加了两经，据王国维《汉魏博士考》，应为《孝经》与《论语》。到了唐代，五经中的《礼》拆为《仪礼》《周礼》与《礼记》，《春秋》拆作《左传》《公羊传》与《谷梁传》，形成九经；唐文宗开成十二年（847），于九经上添加《尔雅》《孝经》，并刻作石经。北宋时，承继唐代九经定制，但是《孟子》的地位有所上升，南迁以后，《孟子》的地位已经不可动摇，升格为经，与开成石经合作十三经。这个时期，朱熹又在汉代五经之外将《论语》《孟子》和《礼记》中的《大学》《中庸》称为"四书"，并分别为这四部书作了注释。其中《大学》《中庸》的注释称为"章句"，《论语》《孟子》的注释因为引用他人的说法较多，所以称为"集注"。从此，就有了"四书五经"的说法。① 五经中的《春秋》由于文字过于简略，通常与解释《春秋》的《左传》《公羊传》《谷梁传》合刊。从总体上看，十三经就是经学的研究对象。

作为经学研究对象的"经"有"今文经"和"古文经"之别，经学也因而有今文经学和古文经学两个学派。秦始皇采纳李斯的建议焚书坑儒，不到30天时间，秦代以前的古典文献，都化为灰烬，留下来的只有石室（皇家图书馆）内的一套藏书，秦亡后项羽火烧咸阳，致使石室内的大量先秦典籍焚毁。除了《周易》，六经中的其他经典均未能幸免于难。汉文景时期开展收集古籍工作，一些年长的秦朝博士和儒生，以口述方式默诵已遭焚毁的经典，或者把秦时冒险隐藏的典籍重新拿出，使之传世。这样收集到的经典后来统称为今文经，研究今文经的经学被称为今文经学。汉景帝末年鲁恭王兴建王府，拆孔家老宅，从旧宅墙中发现一批经典；汉武帝时河间献王刘德从民间收集了大批的古典文献，其中最重要的就是《周官》；汉宣帝时又有河内女子拆老屋，得到几篇《尚书》。这些出土的文献都是用战国古文字书写的，与今文经中的五经相比，不仅篇数、字数不同，而且内容上也有相当大的差异，它们被统称为古文经，研究古文经的经学被称为古文经学。今文经学与古文经学不仅研究的经文在文字、篇目、内容、版本上有区别，更重要的是它们对孔子与尧、舜、禹、汤、周公的关系有着不同的看法，其背后隐含的分歧则是，中国文明的立法者是孔子还是孔子之前的历代圣王。今文经学认为历

---

① 值得注意的是，朱熹是按照由浅入深进修的顺序排列《四书》次序，即《大学》《论语》《孟子》《中庸》，后人为了刻写出版的方便把篇幅较短的《中庸》提到《论语》之前，于是就有了通行的《大学》《中庸》《论语》《孟子》顺序。

代圣王并无真人，它们都是孔子托古改制的虚构，经学不过是一套未曾实行的理论。该学派注重阐发经文的"微言大义"，主张通经致用，最重视的经典是《春秋公羊传》，董仲舒、刘向和何休等是其主要代表。古文经学崇奉周公，认为经学所述的历代圣王皆为实事，孔子只是"述而不作，信而好古"的先师。该学派偏重训诂，与现实政治问题联系较弱，最重视的经典是《周礼》，其主要代表有刘歆、贾逵、王符和仲长统等。因此，对孔子所言"古代"的不同理解，是两个经学学派分歧的症结之所在。

先秦儒家的政治哲学问世几百年后受到了汉武帝的重视。汉武帝出于建立大统一的专制帝国的需要，下诏征求治国方略，董仲舒在应诏提交的《举贤良对策》中系统地阐述了"天人感应""大一统"学说，并提出了"诸不在六艺之科、孔子之术者，皆绝其道，勿使并进"，"推明孔氏，抑黜百家"（《汉书·董仲舒传》）的主张。这些主张为汉武帝所采纳，于是经过董仲舒等汉儒改造过的儒学成为汉代及此后两千多年的正统思想。董仲舒在吸取阴阳五行说的基础上，将先秦儒学的道德论政治哲学，改造成神权、君权、父权、夫权相互贯通的具有神学色彩的政治哲学体系，其主旨是为汉朝统治者建立天下皆统系于王朝、由王朝对社会实行全面统治的"大一统"政治服务。这种主旨与先秦儒家的"天下为公""内圣外王""明明德于天下"的政治哲学主旨完全不同，所以汉儒需要重新为他们的政治主张寻求新的本体论根据。为此，董仲舒赋予"天"以至高无上的神的性质，认为人无论在肉体还是精神上都是天的副本，即所谓"人副天数"（《春秋繁露·人副天数》），而人与其他生物之所以不同是人得了"天地之精""受命于天"之故。他的结论是："天亦有喜怒之气，哀乐之心，与人相副，以类合之，天人一也。"（《春秋繁露·阴阳义》）虽然"天人合一""人像天"，但"天"高于人，"天"的本质决定人的本质，人类的道德规范也取决于"天"，而且"天"握有赏善罚恶的权力。即使是"受命于天"的天子，也必须"承天意"，否则就会受到惩罚。由于天人相通，天与人之间也就能够相互感应。人们的行为如果不体现"天意之仁"，那么"天"就会通过灾异来谴责，不听谴责则必遭"殃咎"；反之，若"人理"能"副天道"，则能"参天"，"天"也必将赐福于人。正是根据天人感应说，董仲舒提出了"王道之三纲，可求于天"（《春秋繁露·基义》)的著名结论,以为以"三纲五常"为核心的专制主义伦理纲常提供论证和辩护。

中国政治哲学经学化的关键在于确立"三纲五常"这一专制主义伦理纲常的核心内容,并为之提供本体论论证。董仲舒认为,三纲皆取于阴阳之道,君、父、夫体现的是天的"阳"面,而臣、子、妻体现的是天的"阴"面;阳永远处于尊贵、主宰的地位,阴永远处于卑贱、服从的地位。董仲舒据此确立了君权、父权、夫权的统治地位,把宗法皇权专制主义的等级制度和政治秩序神圣化,使之成为宇宙的根本法则。在董仲舒那里,"五常之道"不过是"三纲"的具体化和体现。董仲舒不仅在孟子所说的"仁义礼智"之后加上了"信",于是有了"五常",而且还用"五常"作为处理君臣、父子、夫妻之间的上下、尊卑、主从关系的基本规范,强调治国者应对其给予足够的重视。在他看来,人不同于宇宙万物的重要特征之一,就在于人有与生俱来的五常之道,只要坚持五常之道就能够维持社会秩序和人际和谐。

中国政治哲学经学化的推动力完全在于朝廷。汉武帝即位后,为了适应大一统的政治局面和加强中央集权统治,实行了罢黜百家,独尊儒术,从此儒学独尊,《诗》《书》《礼》《易》《春秋》五经超出了一般典籍的地位,成为崇高的法定经典,也成为士子必读的教材。汉代儒生们即以传习、解释五经为主业,自此经学正式宣告诞生。更为重要的是汉武帝设置的五经博士官职在学术(包括政治哲学)经学化的过程中发挥了极其重要的作用。博士职务源于战国,秦始皇时有博士七十人,主要职责是掌管图书,通古今以备顾问。汉文帝时,始置《书》《诗》的一经博士,并立诸子传记博士,有博士七十余人。景帝时,又置《春秋》博士。此时,博士虽百家杂陈而儒家独多,不仅《书》《诗》《春秋》有博士,《论语》《孝经》《孟子》《尔雅》也有博士,并且《诗》博士有齐、鲁、韩三家,《春秋》博士有胡毋生、董仲舒两家。建元五年(前136),武帝罢传记博士,又为《易》和《礼》增置博士,与文、景时所立的《书》《诗》《春秋》合为五经博士。每经只有一家,每经置一博士,各以家法教授,故称五经博士。五经博士的设置是汉朝廷掌握经学的重要标志,此后经学成为官学。宋代以前的经学统称为"汉学",宋儒吸收佛、道思想,使经学哲学化,以义理论证伦常,以适应宋王朝巩固集权统治的需要，形成与汉学不同的宋学，其主体是程朱理学。明代初期继续提倡理学，后来又倡导心学，明末反理学和心学的各种学说兴起。清代早期再次倡导程朱理学，作为巩固集权统治的思想武器，但理学家因因相承，殊少新创，后来遭到戴震等人的反驳。乾隆时期，古文经学派曾经风靡一时，考据学成为显学。但考据学到后来逐渐走偏，过分重视文本资料的琐碎探究，为学问而学问，知古不知今。鸦片战争后考据学因西学大量流入中国而逐渐式微。在嘉庆年间，今文经学在沉默千余年后再次兴起，春秋公羊学代替已陷入绝境的经学成为新兴学术，这为后来的变法思想产生开辟了道路。①

中国政治哲学经学化的过程也是它政治化、官方化、意识形态化的过程。其积极作用是为皇权专制统治下的国家统一提供了哲学支撑，对儒家经典作了极其深入细致的解释和阐述，使之成为中国传统政治文化的主体，并深入人心；其消极后果则是使儒家政治哲学一家独大，其他政治哲学沉寂甚至灭绝，且无任何生长空间。中国政治哲学经学化是皇权专制主义的结果，也是皇权专制主义的体现，其经验教训值得深入反思和总结。政治哲学经学化导致了许多消极后果，具体而言有以下三个明显的方面。

第一，政治文化的专制主义。从汉武帝到辛亥革命两千多年的皇权专制主义时代，都可以说是经学统治的时代，而经学化过程一直持续到唐代。经学的论证和辩护使皇权专制统治获得了合理性、合法性论证，而皇权专制统治者又极力维护经学在思想和学术上的绝对统治地位，对于一切有违经学的观点、学说都进行严厉的压制和打击，其中最极端的做法就是"文字狱"。所谓文字狱，是指因文字犯禁或借文字罗织罪名清除异己而设置的刑狱，轻者入狱，重者砍头。自西汉杨恽因《报孙会宗书》中之文字触怒汉宣帝刘询而遭腰斩以后，文字狱在历朝时有发生，清朝最为严重，而乾隆年间尤烈。② 文字狱的推行，禁锢了人们的思想言论，严重阻碍了学术和科学的发展和进步。在皇权专制时代，不仅与经学相左的言论被禁止、被打压，即便是经学内部也以是否有利于专制统治作为理论学术正确与否的标准。今文经学与古文经

---

① 参见蔡美彪等《中国通史》，人民出版社2009年版，第10册，第460—461页。
② 参见陈燕雯、陈文日《清朝文字狱鉴》，《法制博览》2018年第8期（中）。

学的兴衰史就表明了这一点。今文经学在董仲舒时代是占主导地位的经学，但由于继承了较多的原初儒学的色彩，其理论内在地包含着对现实的批判，后来越来越不能为逐渐强化的君主专制所容忍，其主导地位为当时在民间传授的古文经学所取代。整个皇权专制时代，是文化专制主义时代，尤其是政治文化专制主义时代，在这种文化氛围中没有反经学的政治哲学家生长的余地，只是到了专制王朝解体前才出现了例外。

第二，政治哲学研究停滞不前，没有创新和发展。在皇权专制统治之下，政治哲学完全固置于儒家经典，政治哲学研究就是对儒家经典作注释（注），然后对经典的注释再作注释（疏）。无论对儒家经典作多少注疏，都不可能超出儒家经典既定的思想和观点。从两千多年的漫长皇权专制时代看，只是在魏晋时期、明清之际和清朝末期这样少数的有限时段产生过一些与经学相左的政治哲学学说，如魏晋玄学，黄宗羲、戴震、魏源、康有为等人的学说，除此之外的历史时空再也没有产生过先秦那样的对中国社会历史发展产生深刻影响的政治哲学家。宋明时期虽然产生了程朱理学和陆王心学，但从根本上说，这种理学不过是经学的一种翻版，是经学在遭受佛教和道教严重冲击后的中兴，完全没有超脱传统经学思想观念的窠臼，无实质性的思想理论创新。或者可以这样说，汉儒的政治哲学的基本立场和观点没变，变的只是其本体论基础。经学化导致政治哲学停滞不前的根本原因有三个方面。其一，它只是把官方或经学自身认定的经典作为经典，而排除其他经典，自己成为真理的代表和化身，其他一切与之不一致但有价值的学术著作，不仅不被看作经典而且被看作异端。这种做法使经学一家独大、唯我独尊，其他政治哲学理论无法生长和存在。其二，它把经典作为万古不变的普遍真理，固守它们而不进行理论创新，导致中国政治哲学停滞两千多年。其三，它全神贯注地研究经典，不考虑时代的变化，不注重提炼和提升时代精神，使政治哲学不能发挥"密纳发的猫头鹰"和"高卢雄鸡"的应有作用。政治哲学经学化是导致中国皇权专制统治长期延续，而没有发生西方近代那样的深刻社会变革的根本原因。当然，皇权专制统治无疑是政治哲学经学化的罪魁祸首。两者之间相互依赖、相互支撑、相互牵制，导致中国无法自身摆脱专制主义政治文化的长期统治。

第三，政治哲学思维方式教条主义化。传统经学研究是对经典作注释、对注释再作注释式的研究，其前提是经典乃万古不变的普遍真理。研究的任务不是发展它，也不是丰富它，更不是反思和批判它，而是要在坚持和维护其真理性、权威性的前提下解释其本义。如果说有所创新的话，那就是对本义加以阐发，寻求所谓"微言大义"。当然，这里所说的"大义"仍然是作为文本的经典的意义，只是那些隐而不显的意义，不加以阐发人们就有可能读不出来或不能被理解。在中国传统经学界有所谓"六经注我"和"我注六经"的不同价值取向，但其共同点都是围绕儒家经典打转。因此，经学可以说是把经典作为固定不变的真理教条来加以阐发的学问。人类的认识有认知、评价、理解、构想等基本形式或方式[①]，经学的研究方式属于理解的认识方式，其基本特点是把经典作为文本来解释它的意义，包括明显的和隐含的意义。理解是人类的一种极为重要的认识活动，而且随着人类文明的积累和知识的爆炸性增长，理解活动的重要性更为突出。儒家经典是中国传统文化的宝贵财富，把它们作为文本解释其意义在任何时代都是必要的。但是，如果只把经学看作知识，以经学作为判断知识的唯一标准，把一切认识活动都归结为对经典的注释，或者把理解作为唯一的认识方式，那就是人们常说的教条主义，这种思维方式会导致非常严重的消极后果。中国两千多年皇权专制时代政治哲学停滞不前，而且不断走向僵化和极端化，就是强有力的例证。传统经学的教条主义思维方式对今天的政治哲学研究乃至整个学术研究仍然有深层次的消极影响，值得我们高度警惕。

四　中国政治哲学的理学化

两汉时期经学最为昌盛，朝野内外诵读经书蔚然成风。儒生通过司法实践、官学私学教育，移风易俗，把经学思想深深地植入普通民众之中。东汉末年，古文经学的集大成者郑玄网罗众家，遍注群经，对今古文经学进行了全面总结，自成一家之言，自此以后郑学兴盛。这不仅标志着今古文经学之争的终结，也标志着汉代经学的衰亡，之后今文经学随之消失。魏晋时期出

[①] 参见江畅、宋进斗《重新认识知识论的性质》，《江汉论坛》2022年第7期。

现了王肃所创立的经学体系即王学与郑学之争，南北朝时期经学也随着政治上的南北对立而分立为南学经学和北学经学，经学由衰落走向分离。

在经学走向衰落的过程中，中国本土的宗教——道教也逐渐得到发展和流传。作为正式宗教组织的道教，始于东汉末年的"太平道"和"五斗米道"（后改称"天师道"）。道教的这两种最初形态在魏晋南北朝时期获得较大发展，到隋唐时期道教得到官方的青睐，因而发展很快，影响陡增。道教是以黄老道家思想为理论依据，以"道"为最高信仰，把由"道"人格化的"三清"（玉清、上清、太清）尊神作为崇拜的最高神，认为众生皆可通过修炼方法修道而得道成仙。在道教兴起和流传的过程中，佛教在两汉时期开始传入中国并逐渐盛行，到隋唐时中国化，成为中国意识形态的一个组成部分。佛教认为现实世界是个苦难的世界，其根源是人有生命而产生了贪欲、情爱和嗔恚（指仇视、怨恨和损害他人的心理）。人因在贪欲、情爱和嗔恚的因果轮回中翻来覆去而陷入痛苦之中。要摆脱这种痛苦，并进入尽善尽美的涅槃境界，就必须通过"戒""定""慧"等修行方式，断绝贪欲、情爱、嗔恚。

魏晋隋唐时期，玄学和佛学相继成为时代思潮的中心。面对佛、道的挑战，统治者意识到儒学仍然是最适合皇权专制统治需要的思想理论。所以，在这个时期朝廷设立的国子学里，儒家经典仍然是国子学学生修习的主要科目。与此同时，儒家经典的整理和注疏也取得了一些新成就，孔颖达的《五经正义》是这个时代的代表著作，同时也是郑玄以来经学的总结与高峰，但这时的儒学并未提出足以与道教、佛学相抗衡的新思想、新理论。到了唐代，当统治者意识到佛教的出世思想与正统的入世思想有严重冲突时，开始迫切希望有一种理论来辟邪说、正人心，以维护和巩固宗法皇权制度。然而，这时经学已经陷入绝境，孔颖达的《五经正义》之后，汉学不再有前进的可能，儒学要发展必须另辟蹊径。这时的韩愈、李翱虽然在以激烈的态度批判道学和佛学的同时相继提出"道统"与"性命"之说，试图重振儒家"道统"，但他们没有提供新的思想理论，也就不能挽救经学衰落的颓势。正是在这种历史背景下，宋明理学兴起，以二程、朱熹、陆九渊、王阳明等人为主要代表的理学家，以儒学为主干，融摄佛道两家的思想和智慧，通过综合创新创立了一种新的儒学形态，即"理学"。理学最终在与在儒、佛、道的激烈竞争中胜出，成为皇权专制时代新的意识形态。从此，中国政治哲学也就由经学化阶段进入理学化阶段。

宋明理学创立于北宋，在金元时期得到传播，并开始为官方所提倡，到明代中后期陆九渊、王阳明为代表的"心学"占据主导地位。宋明理学研究主要沿着三条路径展开：一是以张载为代表的"气"学路径；二是以程颐、朱熹为代表的"理"学路径；三是以陆九渊和王阳明为代表的"心"学路径。理学的最大贡献在于给传统儒家政治哲学提供了完整系统的本体论基础。在宋明理学产生之前，儒家的政治哲学的本体论基础经历了从道德论本体论到神学本体论的转变。先秦儒家政治哲学的本体论是道德论，其观念根基和思想资源是《周易》中隐含的道德本体观。先秦儒家像道家一样肯定道是万物的本根和法则，但并不像道家那样认为天地万物只有同一个道，而是认为从前圣人创造的《易经》"顺性命之理"，并为此确立了天道、地道和人道的含义，即"立天之道曰阴与阳，立地之道曰柔与刚，立人之道曰仁与义"（《说卦传》）。为了使天地人"三道"统一起来，孟子提出了"诚"的概念，即所谓"诚者，天之道也；思诚者，人之道也"（《孟子·离娄上》）。孟子所谓"诚"，不仅有真实不欺之意，还有至德的意思。天是有至德的，这是天道；人追求至德，则是人道。于是，"诚"就与"道""德"联系了起来，"诚"意味着天道，也被视为人能够达到的最高人生境界。按照孟子的理解，诚的实质内涵就是"仁义礼智"，如此，孟子就给天道赋予了道德含义。他认为，人一出生就禀赋了"仁义礼智"，但这种禀赋只是善端，必须通过修身才能使之成为"德"。由此，先秦儒家就引申出了他们的政治哲学，这就是要由修身成圣的君王来"明明德于天下"，从而实现"家齐、国治、天下平"。然而，以董仲舒为代表的汉儒将先秦儒家以仁爱为内核的丰富思想内容片面地归结为以"三纲五常"为核心的伦理纲常，使丰富多彩、充满活力的"儒学"变成了僵化、固化的"儒术"。更为糟糕的是，为了迎合皇权专制统治的需要，汉儒将先秦儒家深厚的道德论本体论转化为简单粗陋的神学本体论，实际上使"儒术"成为无根基的政治主张。这种缺乏本体论支持或者说以简单粗陋的神学为本体论根基的政治主张，显然是非常缺乏说服力的，因此"儒术"在遭到拥有深厚本体论基础的道教和佛教的冲击和挑战时，很难给予有力的回应。

　　为了振兴儒家政治哲学，维护儒学的思想统治地位，宋明理学家在对传统儒学继承改造的基础上重建宇宙本体论和心性修养论，形成了一种与先秦儒学、汉代经学差别较大的完整理学本体论体系，其关注的主题是"性与天道"问题。针对佛道通过一套系统完备的心性论本体论否定儒家的价值观念和原则，理学家们以儒家经典为依据，重新发掘先秦心性论本体论资源，着重对孟子性善论进行了重构和阐发。他们将孟子的性善之性亦即仁义之性与天道、天理相贯通，强调性天不二、性道不二、仁义之性与天道、天理通而为一。在他们看来，天以"生"为"道"为"理"，此"生道""生理"即"仁"就是宇宙的本体，人与万物皆秉此而生，人的"仁心""仁性"则是其在人身上的体现，所以天之"生德"与人之"仁德"相通，它们在本质上是相同的。如此，人之"仁心""仁性"就具有了超越个人的生死而与天道、天理同在的绝对性、普遍性和恒常性，因而也就具有了本体论意义。当人自觉其"仁心""仁性"时，人就成为"仁者"。仁者之"仁心""仁性"具有一种万物一体之情，因而能与天地万物为一体，把天下生民万物看成与自己息息相关的一部分而给予关切和关爱。同时，仁者之"仁心""仁性"的发动和展开表现为"亲亲而仁民，仁民而爱物"这样一种自然的次第和条理，其在社会生活中则体现为"五伦"，具体表现为礼。① 宋明理学不仅为传统儒家提供了本体论的支撑，而且以这种本体论为前提和出发点，为人如何成为"仁者"提供了种种方案。经过这样一番努力，儒家的仁爱原则以及仁义道德就具有了新的本体论基础，中国政治哲学也获得了从经常化转向理学化的理论基础。

　　理学在推进儒学深化的过程中给传统儒学补充了不少新的内容。（1）在天人观与境界论方面明确提出了关于天人合一、性天合一、性道合一、心理合一等新观点。（2）在人生论与心性论方面阐述了关于性与命、心与性、性与情、天命之性与气质之性、未发与已发、道心与人心、天理与人欲等关系问题的新见解。（3）在知行观和修养论方面推出了对知与行、格物与致知、

---

① 参见郭齐勇编著《中国哲学史》，高等教育出版社2006年版，第248页。

德性之知与见闻之知、涵养与省察、主敬与主静等关系研究取得的新成果。①
(4) 在研究的经典方面凸显了先秦儒家尤其是孔子和孟子在儒家历史上的地位。宋代以前的经书中没有《孟子》，《论语》直到晚唐唐文宗才被列入经典。朱熹第一次将《大学》《论语》《孟子》《中庸》汇集到一起作为一套经书刊刻问世，把"四子"（四子之书，即"四书"）作为进入"六经"之阶梯（《朱子语类》卷十四），并作《四书章句集注》。从此，汉代至唐代注疏"五经"义理的传统变为讲究"四书"义理的传统，汉唐的"五经"时代自宋开始转向了"四书"时代，"四书"成为超越"五经"的著作，经学也不再是主流意识形态和官方政治哲学，取而代之的是理学。

宋明理学家根据其理学将人伦社会关系解释为一种自然关系，认为社会的等级秩序与宇宙的自然秩序是一致的、相通的，社会的等级秩序由天注定，不可更改。程颢说："事事物物各有其所，得其所则安，失其所则悖。圣人所以使天下顺治，非能为物作则也，惟止之各于其所而已。止之不得其所，则无可止之理。"（《二程集·河南程氏粹言》卷一《论政道》）。程颐也说："'天尊、地尊'，尊卑之位定，而乾坤之义明矣。高卑既别，贵贱之位分矣。"（《二程集·河南程氏经说》卷一《易说·系辞》）张栻说："贵贱贫富之不同，小大多寡之或异，则是皆天之所为也。"（《张栻全集·孟子说》卷七）吕祖谦对《周易》咸卦的"取女吉也"作了这样的解释："君尊而臣卑，夫倡而妇和，上天下地，止理之常也；然下天而上地则为泰，男下女则为'咸'；盖以位言，则上下之分一定而不可易。"（《吕东莱文集》卷十三《易说·咸》）在宋明理学家看来，自然秩序的本根和控制自然秩序的法则就是天理，而天理在人类社会的体现就是"三纲五常"。据此，宋明理学家把"三纲五常"视为"人伦"的整体法则和道德原则，是社会秩序之"理"、社会的本体论原则，因而是社会存在永恒不变的根本，也是判断社会好坏的标准。所以朱熹说："虽损益有所不当，然三纲、五常终变不得"（《朱子语类》卷二十四《论语六》）；"盖三纲五常，天理民彝之大节，而治道之本根"（《朱熹文集》卷十四《戊申延和奏札》）。就是说，建立政治制度和社会秩序必须

---

① 参见郭齐勇编著《中国哲学史》，高等教育出版社2006年版，第247页。

遵循天理，以"三纲五常"为根本。吕祖谦更是把"三纲五常"看作圣人遗留给后世的恩惠德泽，人类赖以存在下去依靠的就是剩余未尽的"三纲五常"。"圣人之遗泽三纲五常者之犹未亡者，阴有以扶持之也。向若圣人皆效后世之欲速，蹶其根，涸其源，以争旦暮之利，则大经大法殄来无贵，人之类灭久矣。"（《东莱博议》卷三《宋人围曹》）

明成祖即位后组织学者编撰《五经全书》《四书全书》《性理全书》（宋儒性理学说汇编）并颁行天下，这标志着宋明理学成为官方意识形态和政治哲学。清初期诸帝都提倡程朱理学，明确将其作为官方的意识形态，以巩固其集权统治，程朱理学也因其官方学术的身份而在学术领域占据统治地位。但这个时期的理学家们因循守旧，无多少创新，加上清朝实行"文字狱"，学者也不敢有所突破。不过，对于传统儒学来说，宋明理学可谓力挽狂澜于既倒，扶之大厦于将倾，使儒学在中国历史上从低谷再次走向高峰，并且使其统治地位又维系了几百年。但是，宋明理学在政治哲学方面没有什么实质性的突破和创新，其主旨和核心是汉儒所确立的以"三纲五常"为核心内容的专制主义伦理纲常，并且将其推向极端。从政治哲学的角度看，它的根本性问题在于运用理学为专制等级制提供的论证和辩护，推迟了皇权专制统治的灭亡，延缓了中国现代化进程，最终导致中华民族遭受西方列强的侵略和凌辱。

宋明理学是儒家政治哲学家在传统社会为传统儒家政治哲学振兴作出的最后努力。在当时的条件下，它不可能克服先秦儒家尤其是汉儒的局限，更不可能改变并非真正按照先秦儒学构建的皇权专制政治。相反，它把汉儒所确立的以"三纲五常"为核心的专制主义伦理纲常推向了极端，主张"存天理，灭人欲"（《朱子语类》卷十一），导致"以理杀人"（戴震《孟子字义疏证》）的消极社会后果。戴震指出："酷吏以法杀人，后儒以理杀人，浸浸乎舍法而论理，死矣，更无可救矣！""人死于法，犹有怜之者；死于理，其谁怜之！"（《孟子字义疏证》）戴震对理学的批判，是对宋明理学割裂理欲的批判，也是对传统宗法皇权专制主义政治哲学的批判。这种批判在占统治地位的官方儒家政治哲学的坚冰上打开了第一个缺口，对辛亥革命和新文化运动产生了重要影响。

清朝定鼎中原后，鉴于晚明政治腐败、内忧外患不断，宋明理学流于空泛虚伪，顾炎武、黄宗羲、方以智、顾炎武、王夫之等明末清初思想家痛定思痛，拒斥空谈心性的程朱理学与陆王心学，更多留心经世致用的学问，实学思潮兴起。同时，他们研究历朝历代治乱兴衰的历史过程和经验教训，提出各种改革政治、振兴社会的理论方案，推动了清初实用主义学术风尚的形成。这时以民为主的思想也开始萌芽生长，一批思想家深刻反思和揭露皇权专制主义的弊端和消极社会后果，大力提倡民权、法治。黄宗羲就曾明确指出，"古者以天下为主，君为客"，"今也以君为主，天下为客"，而且往往"视天下为莫大之产业，传之子孙，受享无穷"（《明夷待访录·原君》），这样，统治者内部争权夺利的斗争就会极其激烈。在他看来，王位是王室争夺的对象，其他官职特别是重要官职则是官员以及有可能成为官员的那些人争夺的对象，秦汉之后的传统社会历史，可以说就是一个争夺王位和官位的谋权篡位的历史。传统社会之所以会不断发生朝代更替和谋权篡位，社会长期动荡不安，其根本原因就在这里。顾炎武反对明末空谈心性的空疏学风，强调学以经世，自一身以至于天下国家之事都应探究原委，提出"保天下者，匹夫之贱，与有责焉耳矣"（《日知录》卷十三）的名言，后人将其概括为"天下兴亡，匹夫有责"。王夫之对程朱理学的"存天理，灭人欲"提出批评，明确反对禁欲主义，认为天理即在人欲之中，不能离开人欲空谈天理，提出"平天下者，均天下而已"的主张。他还将自己的政治主张建立在"理势合一"的历史观的基础之上，对前人所提出的"复古论历史观""循环论历史观"进行了全面的反思和批判。这些思想可以说是中国政治哲学现代化的源头，开启了中国政治哲学从传统走向现代的破冰之旅。

五 中国政治哲学的现代化

鸦片战争后，面临着日益深重的民族危机，一些学者提出要学习西方国家的长处，以增强国力，抵御外敌侵略，先后出现了洋务运动、维新变法运动和旧民主主义革命运动，正式开启了中国政治哲学从传统向现代转换的序幕。经过一百多年的现代化过程，作为马克思主义政治哲学中国化、时代化产物的中国现代政治哲学，已经成为中国占主导地位的政治哲学。作为中国政治哲学的现代形态,它使古老的中国政治哲学焕发了勃勃生机,获得了史无前例的发展和繁荣。这是一种本质上不同于西方现代政治哲学的中国现代政治哲学。两者之间的根本区别在于,中国现代政治哲学的理论基础不是社会契约论,而是唯物史观,其终极追求不是理性王国,而是共产主义。

维新变法运动是现代中国第一次思想启蒙运动,维新派可以说是中国现代政治哲学的第一个学派。它针对中日甲午战争后民族面临的严重危机,主张变君主专制为君主立宪制,通过变法维新救亡图存、振兴国家,并且提倡新文化,建立强学会、时务学堂、南学会,积极从事变法的理论宣传和组织活动。康有为因为推崇"大同"理想而费时十余年写成了《大同书》,以民主主义的平等精神和某些社会主义的空想因素,描绘了一幅理想的大同世界蓝图,它可以说是对传统大同理想的现代弘扬和创新。革命派领导人孙中山以西方天赋人权、自由平等观念作为思想武器,结合中国国情,提出三民主义的理论纲领,主张用暴力推翻清政府,建立民主共和国——"中华民国"。孙中山把"天下为公"作为自己的理想追求,并给这一理想赋予了更深邃、更宽广的内涵,其核心是民有、民治、民享。它是这样一种社会:天下为人民所共有,政治为人民所共管,利益为人民所共享。他的这一理想社会是对孔子的"大同"的弘扬,他自己明确宣称:"真正的民生主义,就是孔子所希望之大同世界。"①

辛亥革命后,中国封闭的国门被彻底打开,古今中外的各种思潮纷至沓来,出现了思想理论百家争鸣和政治主张多元化的格局。在西方思想文化在中国进一步得到传播的同时,北洋军阀大搞尊孔复古活动,于是民主共和观念与尊孔复古逆流形成水火不容之势。针对复古派为支持袁世凯帝制复辟活动掀起的一股尊孔复古逆流,胡适、陈独秀、李大钊、鲁迅、钱玄同等一批受过西方教育的知识分子发起了一场"反传统、反孔教、反文言"的思想文化革新和文学革命运动,他们大张旗鼓地宣传资产阶级民主思想,同尊孔复古思潮展开了激烈的斗争。陈独秀任主编的《青年杂志》(后改名《新青年》)一问世就提出"打倒孔家店"的口号,大张旗鼓地倡导新思想、新文

---

① 孙中山:《三民主义》,东方出版社2014年版,第222页。

化、新道德，反对旧思想、旧文化、旧道德，并宣称："所谓新者无他，即外来之西洋文化也；所谓旧者无他，即中国固有之文化也。……两者根本相违，绝无折中之余地。"① 1917 年俄国爆发的十月社会主义革命，震动了全世界，也"给我们送来了马克思列宁主义"②。十月革命的胜利使中国先进的知识分子看到了民族解放和民族复兴的希望，于是宣传十月革命和马克思主义，成为新文化运动的新内容。

在马克思主义刚刚传入中国之际，中国思想文化界发生了关于"问题与主义""社会主义是否适合中国国情""马克思主义与无政府主义"的三次论战。胡适于 1919 年 7 月在《每周评论》上发表的《多研究些问题，少谈些主义》一文，在当时思想文化界引起了"问题"与"主义"之争。在这篇文章中，胡适基于杜威的实用主义立场主张要多研究这个问题如何解决，那个问题如何解决，不要高谈这种主义如何新奇，那种主义如何玄妙。其矛头所指向的是马克思主义传播。同年 8 月，李大钊发表《再论问题与主义》给予回应，系统地批驳了胡适的观点，旗帜鲜明地宣布"我是喜欢谈谈布尔什维克主义的"，并阐述了传播马克思主义的重要性。1920 年 11 月，张东荪发表《由内地旅行而得之又一教训》等文，赞同罗素中国暂不主张社会主义，当务之急是发展实业的言论。梁启超也发文相呼应，反对中国实行社会主义。陈独秀、李大钊、李达等随即纷纷发表文章回应，对反对社会主义的言论进行了批判。1919 年 9 月，北京大学学生黄凌霜发表《马克思学说的批判》一文，反对无产阶级专政和社会主义分配原则，主张个人至上、个人万能，反对一切国家、一切强权政治。以后无政府主义者又陆续发表了一些反马克思主义的文章。1920 年 9 月，陈独秀等马克思主义者对无政府主义的基本观点进行了批判，双方进行了激烈的论争，直到 1922 年年初才结束。

五四运动的爆发和三次思想论战促进了马克思主义在中国知识界的广泛传播，对马克思主义中国化起了重要作用，也推动了马克思主义与中国工人运动的结合，中国共产党由此诞生。从此，中国共产党在领导中国人民进行

---

① 陈独秀：《今日中国之政治问题》，《新青年》第 5 卷第 1 号，1918 年。
② 《毛泽东选集》第 4 卷，人民出版社 1991 年版，第 1471 页。

革命、建设和改革的过程中，对中国现代政治哲学进行了理论与实践相结合的开创性探索，找到了一种不同于西方式的中国式现代化以及中国式政治哲学现代化的新路，正在开创人类文明的新形态。

从中国共产党成立到今天，中国政治哲学现代化过程大致上经历了三个时期或阶段，即革命战争时期、社会主义建设时期和改革开放时期，与之相适应的有革命政治哲学、建设政治哲学和改革政治哲学。三个时期政治哲学的共同特点是将马克思主义基本原理同中国具体实际相结合、同中华优秀传统文化相结合，形成了毛泽东思想、邓小平理论、"三个代表"重要思想、科学发展观、习近平新时代中国特色社会主义思想。所有这些理论作为马克思主义中国化时代化的创新理论成果，从实质内涵看，其理论基础就是马克思主义政治哲学中国化、时代化。

革命战争时期是指中国共产党成立到中华人民共和国成立的时期，这是真正意义上的中国政治哲学现代化的第一阶段。中国共产党成立之前中国政治哲学经历了约半个世纪的急剧变革过程，各种政治哲学主张竞相亮相于中国思想舞台，最终以中国共产党成立为标志，马克思主义政治哲学逐渐在中国取得主导地位。中国共产党在领导中国人民革命的过程中，虽然没有以政治哲学名义展开理论研究，但其理论和实践体现了中国共产党的革命政治哲学。革命政治哲学的特点最突出地体现在两个方面：一是中国共产党的初心和使命，即"为中国人民谋幸福，为中华民族谋复兴"；二是中国共产党的建党精神，即坚持真理、坚守理想，践行初心、担当使命，不怕牺牲、英勇斗争，对党忠诚、不负人民。其实践体现就是推翻帝国主义、封建主义和官僚资本主义这三座压在中国人民头上的大山，使中国人民获得翻身解放，并建立民主主义共和国。

建设时期是指中华人民共和国成立至党的十一届三中全会召开，这是中国政治哲学现代化的艰难探索时期。中华人民共和国成立时所确立的社会制度是新民主主义制度，而不是社会主义制度，严格来说，社会主义制度是在1956年社会主义改造完成时才正式确立的。中华人民共和国成立前夕召开的中国人民政治协商会议第一届全体会议通过的、起临时宪法作用的《中国人民政治协商会议共同纲领》，宣告了封建主义和官僚资本主义在中国统治的结束和人民民主共和国的成立，并确认中国人民民主专政是中国工人阶级、农民阶级、小资产阶级、民族资产阶级及其他爱国民主分子的人民民主统一战线的政权，政权以工农联盟为基础，以工人阶级为领导。党的八大确立了建立先进的工业国家、满足人民对于经济文化迅速发展的需要的目标，并要求通过发展社会生产力、进行大规模经济建设实现上述目标。虽然它只是一个基本框架，并没有具体落实到党和国家的各项制度、政策和具体工作中，但其基本价值取向是社会主义的，基本立场是以人民为本位、主体、中心的，所坚持的是马克思主义立场。特别是当时实行的以公有制为基础的计划经济体制虽然主要是照搬苏联的模式，但它基本上是马克思、恩格斯所设想的社会主义经济形态。像革命时期一样，这个时期的政治哲学主要包含在执政党领导人的讲话和学者的非政治哲学名义的著述之中，也体现在社会主义革命和建设的实践之中。其命运如同中国社会的命运一样经历了一个坎坷的过程，在党的八大前，政治哲学主要是为新生的社会主义国家及其制度的合理性、合法性和正当性提供论证和辩护；在党的八大后，政治哲学逐渐政治化、口号化，其主张缺乏理论论证和哲学特色。

改革开放时期是指党的十一届三中全会到今天的这个时期，这是中国政治哲学现代化的成熟时期，现代意义上的中国特色政治哲学体系逐渐形成。中华人民共和国成立后，党的八大确立了我国社会发展的正确路线，但遗憾的是未能完全坚持下去，先后出现"大跃进"运动、人民公社化运动等错误，反右派斗争也被严重扩大化。尤其是毛泽东同志对当时我国阶级形势以及党和国家政治状况作出完全错误的估计，发动和领导了"文化大革命"，林彪、江青两个反革命集团利用毛泽东同志的错误，进行了大量祸国殃民的罪恶活动，酿成十年内乱，使党、国家、人民遭到中华人民共和国成立以来最严重的挫折和损失。① 为了拨乱反正，谋求发展，党的十一届三中全会决定把全党工作重点转移到社会主义现代化建设，开始实行对内改革、对外开放的基本

---

① 参见《中共中央关于党的百年奋斗重大成就和历史经验的决议》，新华网，https://baijiahao.baidu.com/s?id=1716574999792985193&wfr=spider&for=pc，2021年11月16日。

国策,后来又用市场经济体制替代了计划经济体制。改革开放和市场经济以及与之相伴随的思想解放和观念更新运动使中国社会面貌发生了深刻变化,正是在这样的历史背景下,党中央提出了构建社会主义核心价值体系和核心价值观的重大战略任务。经过四十多年的理论和实践探索,初步形成了以唯物史观和马克思主义中国化时代化理论为基础,以"人民至上"为根本价值理念,以人民生活更加美好为奋斗目标,以社会主义民主和法治为根本保证的中国特色社会主义政治哲学体系。

中国政治哲学现代化不仅体现在中国共产党的创新理论和伟大实践中,而且体现在政治哲学学术研究兴起和繁荣方面。在中国古代社会,我国没有西方那样的在政治学名义下的政治哲学研究,传统社会的政治哲学包含在"经史子集"之中。在洋务运动后,维新派人士开始翻译西方的《政治学》《政治学史》方面的著作,从1901年到1904年,中国翻印出版西方政治学的专著就有66本之多。在1903年京师大学堂开设的八科课程中包括"政治科",这是中国在大学中开设的第一门政治学课程。随后,陆续兴办起来的一些大学设立了政治学系。但是,所有这些政治学方面的书籍和课程基本上都是现代意义上的政治学(政治科学),其中没有多少政治哲学的内容。在现代中国,政治哲学作为一个学科或专门研究领域是实行改革开放后约十年才出现,1988年由中国社会科学出版社出版的罗尔斯的《正义论》可以说是现代中国政治哲学学术研究的重要标志。三十多年来,政治哲学学术研究在我国日益兴盛,到今天,我国不仅已经翻译出版了大量西方政治哲学著作,出版了许多研究西方古代和现代政治哲学以及中国传统政治哲学方面的著作,发表了大量这方面的论文,还涌现了许多原创性的著作和论文。

从总体上看,中国现代政治哲学初步形成了西方政治哲学20世纪上半叶业已形成的元理论、基本理论(原理)和应用理论的三个研究层次或基本研究领域。到目前为止,作为元理论的政治哲学史研究最为兴旺,出版了不少学术专著、发表了大量学术论文。其中比较重要的专著有中国人民大学出版社出版的《马克思主义政治哲学史》(2017年)、《中国政治哲学史》(三卷本,2019年)、《西方政治哲学史》(三卷本,2019年),华中师范大学政治学部政治哲学研究中心组织撰写的《中西政治哲学通史》,其中《中国政治哲学通史》（九卷本）、《西方政治哲学通史》（十卷本）以及《中西政治哲学通史》总论卷。政治哲学原理方面的研究方兴未艾，著作和论文不断推出。其中著作比较有影响的有赵汀阳的《坏世界研究：作为第一哲学的政治哲学》（中国人民大学出版社2009年版）、任剑涛的《公共的政治哲学》（商务印书馆2016年版）、俞可平的《权力与权威：政治若干重要问题》（商务印书馆2020年版）、李石的《政治哲学导论》（中国人民大学出版社2022年版）等。相比较而言，应用政治哲学研究发展相对迟缓，但也有不少法律哲学、管理哲学、军事哲学、人权哲学等方面的著作和论文问世。与此同时，一些高校建立了政治哲学研究中心或政治哲学教研室，开设了政治哲学课程，招收政治哲学专业的硕士研究生和博士研究生。今天，中国政治哲学在现代化的过程中正在朝着学科化、专业化方面发展。

六　结语

中国政治哲学自产生开始历经了理论化、经学化、理学化和现代化四个阶段，发生过从理论化到经学化和理学化、从理学化到现代化两次重大转变。其中经学化和理学化两个阶段实质上是一个阶段，它们研究的对象主要是儒家经典，主旨都是维护皇权专制制度，而且唯我独尊，不容许异端甚至不同的观点存在。因此，严格地说，经学化阶段到理学化阶段并不是重大转变。不过，两者之间确实存在着重大差别：两者的本体论基础不同，经学化政治哲学的本体论是神学，而理学化政治哲学的本体论是理学；两者研究的重点也有所不同，经学化阶段重视的是"五经"，而理学化阶段重视的是"四书"。由此看来，也可以把经学化和理学化视为两个阶段。在这两次大的转变中，第一次重大转变主要是国内力量推动的，第二次重大转变则主要是外部力量促成的，而两次转变的最终完成主要凭借的都是政治力量。第一次重大转变无论是在政治哲学理论本身还是在政治哲学的本体论基础方面，都发生了重大偏差，或者说步入了误区；第二次重大转变则可以说是走上了中国式政治哲学现代化的新道路，克服了西方现代政治哲学的诸多问题，不过，仍然有许多问题需要研究。

政治哲学作为哲学的专门学科，其使命不是为现实政治或实然政治的合理性、正当性提供论证和辩护，而是要通过反思和批判现实政治来构想具有理想性的应然政治，并运用这种应然政治规导现实政治，使之朝着应然政治转变或发展。在中国政治哲学诞生的春秋战国时期，诸子百家就是这样做的，于是形成了诸多政治哲学学派，尤其是道、儒、墨、法四家。他们都是针对当时的乱世通过反思和批判现实政治构想自己的理想政治，并以之作为标准衡量和批判现实政治。虽然各家的政治哲学的立场、观点、特色不同，但它们都不是为既定的政治服务的，都不曾成为统治者的御用工具。然而，从董仲舒开始，经学家开始向统治者投怀送抱。一方面，他们极力为已经形成的政治现实的合理性提供论证，如董仲舒就明确为汉代的大一统天下的合理性提供了这样的论证："《春秋》大一统者，天地之常经，古今之通谊也。"（《汉书·董仲舒传》）另一方面，他们又根据统治者的需要和利益来为统治者出谋划策，以使现实政治走向完善，"三纲五常"就是董仲舒为汉朝的大一统更为牢固而提出的以天人感应说为之提供论证的主张。显然，这种政治哲学完全丧失了哲学应有的反思性和批判性，正因为缺乏这两性，经学就完全成了御用性的学术。这样一种纯粹御用性且以简单粗陋的神学为基础的经学，是根本无法抵抗更体现人性要求且具有深厚神学本体论基础的具有普遍性的佛教和道教，所以在佛教和道教的渗透和冲击下走向了衰落。宋明理学虽然看到了经学衰落的根本原因之一在于缺乏本体论根基，因而为经学的政治主张（以"三纲五常"为核心内容的专制主义伦理纲常）提供了理学本体论基础，但完全没有改变经学的御用性质。它仍然致力于为现实政治的合理性提供论证和辩护，并为之完善提供方略，完全缺乏对政治现实以及经学理论的反思和批判。正因如此，理学像经学一样走向衰落是不可避免的，以之作为主导意识形态的中国后期传统社会走向衰落也确定无疑。

与西方不同，中国政治哲学从传统向现代的转换不是中国社会内部新生长的因素促成的，而是在西方列强侵略和掠夺的过程中接受西方政治哲学的影响引起的。经过一个曲折但并不太长的时间的选择，中国人从西方接受了在西方产生但并没有成为西方社会主导意识形态的马克思主义政治哲学。这是一种既不同于西方自由主义也不同于儒家道德主义的、以唯物史观为根基的政治哲学。对于马克思主义，现代中国也不是全盘照搬，而是同中国具体实际相结合，同中华优秀传统文化相结合，形成了中国化时代化的马克思主义。中国化时代化的马克思主义是对中国传统专制主义政治哲学（经学和理学）的彻底批判和否定，同时又从中华优秀传统文化尤其是先秦文化中吸取了精华。由于种种社会历史的原因，它在相当长的时间内不是一种单纯的理论构建，而是理论与实践相结合的互动构建，是一种前无古人的实践探索和理论创造。不过，随着中国式现代化的推进，学术形态的政治哲学已然兴起且蓬勃发展。从中国政治哲学的历史经验教训看，即使国家再强大、政治再完善，政治哲学也不能沦为为现实政治合理性论证和辩护的御用工具，相反要始终对政治现实和政治理论保持反思、批判的态度，通过反思和批判构建应然的、理想的政治方案，并以这种方案规导政治现实，使政治现实不断走向完善。

第三节　中国政治哲学重点关注的问题

在两千多年的中国学术史上，思想家关注和研究了许多政治哲学问题。其中有些问题是自古至今始终都被关注的，有些问题随着时代的变化发生了转换，有些问题是在实践探索中呈现出来的，这些问题之间存在着极其复杂的关联。这里列举中国政治哲学重点关注的"道与德""理想人格与理想社会""平等与等级""身家国天下的关系""王道与霸道""尚民爱民与人民至上""内圣外王与人民民主""德治、礼治、法法"八个重点问题，既考虑到问题出现的时间先后和历史的演进，同时也尽量兼顾问题之间的内在逻辑关联，尽可能做到历史与逻辑的统一。中国政治哲学重点关注的这些问题既具有普遍的理论意义又具有鲜明的中国特色，值得今天构建当代中国特色政治哲学高度重视，即使是那些古代关注的重点问题对于今天政治哲学研究也具有借鉴和启示意义。

一　道与德问题

道与德问题是中国两千多年古代社会思想家始终高度关注的政治哲学本体论基础问题。人类的政治实质上是一种社会管理活动，其目的是使作为基本共同体的社会成为能够更好地满足其成员生存发展享受需要的好社会。政治好不好决定着社会的好坏，使社会成为好社会的政治就是好政治。好社会应是其本性的体现，好政治也应是其本性的体现，体现其本性的好政治才能使社会成为体现其本性的好社会。因此，探索和把握政治的本性是政治哲学的关键性、前提性问题。然而，要弄清政治的本性或本然本质，首先必须弄清楚社会的本性；社会是由人构成的，要弄清楚社会的本性，就必须弄清楚人类本性（人性）；人是万物的一个种类，要弄清人类本性，就需要弄清楚万物的本性（物性），以及人与万物在本性上的异同。先秦思想家在开始进行政治哲学思考和探索的时候就已经意识到这一点，于是着眼于宇宙万物本性或本然本质（包括规定性和规律性）及其与人类本性的关系，探讨政治本性或政治本然本质，从而使他们的政治哲学具有深厚的本体论根基。在儒家获得独尊独霸地位之后，先秦思想家的这种致思方式仍然得到了坚持。

在中国古典哲学中，"道"与"德"是紧密关联的两个本体论概念。先秦各家对"道"的理解不尽相同，从"道"引申出来的政治哲学体系也不同，但一般都把它视作天地万物的本根或本体，同时具有始基、本性和根本规律的意义，它产生天地万物，又主宰着天地万物，同时也是万物的共同本性。它在天（指整个天地万物，即自然）为天道，即根本性的自然规律，在万物体现为物性的共性，通常称为"物性"（其实，不同的事物也有自身不同于他物的个性，物性是共性和个性的统一），在人这种特殊的事物身上体现为人性。在中国传统哲学中，"道"不仅被看作宇宙和人类的本体、本根，是终极实体，而且被赋予了善的含义，求道就是求真，求真就是求善，行道就是行善。这就是张岱年先生所说的："道兼赅真善：道是宇宙之基本大法，而亦是人生之至善准则。求道是求真，同时亦是求善。真善是不可分的。"[1] 天地万物将自己禀受的道或性体现出来就是"德"，而它得以充分体现就是大德或至德。"道"通过阴阳二气化生宇宙万物，万物因此生生不已，和谐有序，而这正是宇宙万物之德，即老子所谓的"道生之，德畜之，物形之，势成之"（《老子》五十一章）。所以，"万物莫不尊道而贵德"（《老子》五十一章）。

---

[1] 张岱年：《中国哲学大纲》，中国社会科学出版社1982年版，序论第7页。

就人而言，"德"是指对道有所得。这里所说的"道"既指宇宙万物之道（天道），也指对自己禀受天道所获得的人性；这里所说的"得"虽然指人在生命过程中对道有所领悟、体认和践行的那种"心得"意义上的"得"，但首先是指生命对作为天地万物本根之道的获得，或可谓之"天赋之德"。在人孕育的过程中生命就禀受了"道"，有生命就有这种"得"，人的生命本身就意味这种"得"，它是人人具有的，与生俱来的，不可剥夺的，人正是在这一点上是完全平等的。人禀受的道本身是善的，所以人性本身是善的，或者是"上善"（道家），或者是"善端"（儒家）。因人有先天禀受的道，人后来才有可能对道有所领悟以至于得道。相对于这种"天赋之德"，那种对道的领悟、体认和践行以及对人性的弘扬或复归之"得"，或可称为"人为之德"。① 先秦各家大多"推天道以明人事"，从对"道"的研究引申出政治的本性和目的，认为社会管理或政治的意义就在于使社会成员最终获得人为之德，成为有德之人，最终实现天人合一。

"道"作为观念最早蕴含在《周易》之中，按照儒家的解释，《周易》中就包含了"太极即道"的观念。《周易·系辞》中有"形而上者谓之道""一阴一阳之谓道"的说法，两者统一在一起就有了"《易》有太极，是生两仪"的结论，其中"两仪"乃"阴阳"。儒家对"道"的这种解释道家应是认同的，老子的"万物负阴而抱阳，冲气以为和"（《老子》四十二章）论断与儒家的上述解释基本一致。② 但是，儒道两家在对禀受道的人性的看法上存在着分歧。儒家认为，人禀受道而形成的人性只是"善端"，"善端"需要人通过修养使之发扬光大才能成为人之德；道家则认为，人禀受道而形成的人性本身就是善的，人由于外界以及自身的情感欲望的消极影响而玷污或损毁了人性，因此人要通过"返璞归真"获得"上德"。这就是说，对于儒家而言，人性是种子，需要耕种才能成为果实，这种果实就是德，有了这种德人就从自然之人转变成道德之人，即成为真正的人；对于道家而言，人性本身就是

---

① 参见江畅《中国传统价值观及其现代转换》，载《江畅文集》第9卷，人民出版社2022年版，第333页。

② 参见史少博《〈周易〉的"宇宙论"和"本体论"》，《东方论坛》2020年第1期。

果实,但被蒙蔽,需要耕种才能使它彰显,所获得的果实才是德,有了这种德的人就从社会之人转变成道德之人,也才成为真正的人。这种耕种的过程就是儒道两家共同推崇的修身。相较而言,儒家的修身很复杂,其比较公认的过程和方法就是格物、致知、诚意、正心;道家的修身方法则简单得多,只需要"致虚极,守静笃"(《老子》十六章),或者更简单地说"复归于婴儿"(《老子》二十八章)。但是,无论修身的方法复杂还是简单,并不是所有人都能够通过修身成为真正的德性之人或圣人,只有少数人才能如此。因此,儒道两家都主张社会需要先知先觉且修身成功的圣人来治理,一方面他们可以在修身方面作出示范,另一方面他们可以引导其他社会成员修身成人。

汉武帝"罢黜百家,独尊儒术"之后,道家以及其他先秦各家的道德论本体论思想被废黜,只有儒家的道德论本体论思想才得到了传承和改造,但也经历了一个十分曲折的过程。汉儒董仲舒基本上放弃了儒家的道德论本体论,他为了给大一统的皇权专制主义的合理性提供论证,杜撰了一种简单粗陋的神学本体论。不过,汉儒所推崇的"五经"中包含《周易》和《礼记》,在这两部著作中,先秦儒家的道德论本体论得到了比较完整的表达。就是说,作为汉儒政治哲学的经学中含有哲学本体论,只不过被董仲舒创立的粗陋的神学遮蔽、掩盖了。到了宋明理学那里,儒家的道德论本体论被改造为理学本体论。先秦儒家在解释《周易》时认为,道有天道、人道和地道的区别,孟子第一次用"诚"将"三道"统一起来,并将"诚"具体化为"仁义礼智",这样天道就与人道贯通起来了。宋明理学家则将天道改造成天理,进而将天理与人伦道德等同起来。二程明确说:"人伦者,天理也。"(《程氏外卷》卷七)朱熹后来对这一思想作了系统的阐发,一方面将"天道"(道)与"天理"(理)等同起来;另一方面又把"理"解释为仁义道德。他首先将"道"解释为"理",于是就有了"道理"的概念。他说:"道者,古今共由之理,如父之慈,子之孝,君仁,臣忠,是一个公共底道理。"(《朱子全书》卷四十六)他接着又将这种"道"与"德"沟通起来,认为得到此"道"就是"德","德"是"道"的必然体现。"德,便是得此道于身,则为君必仁,为臣必忠之类,皆是自有得于己,方解恁地。"(《朱子语类》卷十三）在他看来，这个道理是亘古不易的通则。尧修此道成就了尧之德，舜修此道成就了舜之德，自伏羲、黄帝以降都是这个道理，不曾有异。他据此批评老子所说的"失道而后德"，认为他不懂得这个道理，把道与德看作两个东西，这实际上使道变成了虚无缥缈的东西。他指出，与老子不同，儒家认为"道"和"德"原本是一个东西，当它不体现在人身上时，它就是"道"，而如果一个人全得此道于己，它就是"德"。这样，朱熹就将"道""德""仁义"等同了起来。"若离了仁义，便是无道理了，又更如何是道！"（《朱子语类》卷十三）[1]

宋明理学家重建儒家政治哲学的道德论本体论基础，中国政治哲学以道德论作为基础的传统得到了传承。在中国政治哲学从传统到现代转变的过程中，本体论非常受重视，有不少思想家提出过本体论，如康有为的"元气—仁说"、谭嗣同的"以太—仁—心力说"、严复的"气一元论"、章太炎的"以太阿屯说"、熊十力的"体用不二"本体论、冯友兰的"新理学"本体论等，但他们并没有以自己的本体论为基础建立有影响的政治哲学。马克思主义在意识形态领域占据统治地位后，历史唯物主义成为中国主导政治哲学的本体论基础。历史唯物主义无疑是哲学真理，但如何将其与中国传统的道德论本体论结合起来，使中国政治哲学的本体论根基更广阔、更深厚，仍然是当代中国特色政治哲学构建面临的重大课题。改革开放以来，中国学者在重建本体论方面作出了不少的努力，张世英先生建立了"横向超越"的本体论、陈来教授建立了"仁学"本体论、杨国荣教授建立了"具体的形而上学"[2]，笔者也建立了"本然本质本体论"[3]。这些建立本体论的努力为中国未来政治哲学本体论基础的构建提供了学术资源。

---

[1] 参见江畅《中国传统价值观及其现代转换》，载《江畅文集》第9卷，人民出版社2022年版，第89页。

[2] 参见吴根友《当代中国哲学现状的鸟瞰及其反思》，《思想与文化》第23辑（2019年）。

[3] 参见江畅《本体的含义及其与"道""德"的关系》，《湖北大学学报》（哲学社会科学版）2021年第1期。

二 理想人格与理想社会问题

中国政治哲学家大多着眼于天地万物思考和探讨社会和政治的本性或本然本质问题。他们致思的逻辑进路大致是：宇宙万物的本体或本性—人类的本性—社会的本性—政治的本性。本性是事物本来如此的本然本质，也是事物应当如此的应然本质，应然本质往往具有理想性。事物的应然本质是事物本然本质的内在要求和追求目标，事物在应然本质变为现实时就获得了实然本质，也就实现了自身的价值。人以外的事物不具有体现为自为性和社群性的主体性，它们可以在适当的条件下自然而然地实现其本性，它们的本然本质、应然本质和实然本质是同一的，无所谓理想问题。与其他事物不同，人具有主体性，能够认识到自己的本性，能够将自己的本然本质转变为应然本质来规定自己的活动。但是，这种转变不具有必然性，由于种种主客观原因，本然本质有可能转化不了应然本质、实然本质。所以，对于人类来说就存在着修身成人的问题，当我们把"成人"理解为人的自我实现、人的好生活时，修身成人问题也就是自我实现问题或过上好生活问题。中国哲学（包括政治哲学和伦理学）所要解决的就是这个问题。这个问题首先是一个人成为什么样的人的问题，这就是人的应然本质或理想人格问题；由于人具有社群性，人要实现理想人格离不开社会，需要让所有社会成员都形成理想人格的好社会，这就是社会的应然本质或理想社会问题。正因如此，中国政治哲学的逻辑进路决定了它必须把个人与社会、人格理想与社会理想结合起来思考和探讨。从中国哲学史看，几乎所有哲学家都同时关注这两个问题，提出或认同某种理想人格和理想社会。

中国政治哲学史关于理想人格和理想社会的研究大致可以划分为三个时期：一是春秋战国时期，这是理想人格和理想社会思想多元化时期；二是皇权专制时代，这是理想人格和理想社会思想一元化时期；三是中国式现代化时期，这是理想人格和理想社会思想"主旋律"与"多样化"相得益彰的时期。

春秋战国时期是一个百花齐放的时代，许多先哲提出过自己所憧憬的理想人格和理想社会，以儒道两家最典型。先秦儒家的理想人格和理想社会最早是孔子提出的，他所向往的理想社会是"大道之行，天下为公"的"大同"社会，这是一种人性化、人道化、人情化的理想社会。孔子意识到，要实现这样一种理想社会，就必须考虑这一理想社会应由什么样的人组成，所以他高度关注人格，把人格主要划分为小人、君子、圣人三个层次，其中君子和圣人是理想人格。在这两种人格中，君子是每一个人都应该成为的人，成不了君子那就是小人，而圣人则是君子中的佼佼者。在孔子看来，大同社会就是由具有君子人格的人构成的社会，这就是后来周敦颐所说的"善人多，则朝廷正，而天下治矣"（《周敦颐集·通书》卷二）。孔子的这种理想人格与理想社会相统一的思想在先秦虽然得到了丰富，但并没有大的突破。道家的理想人格和理想社会是老子最初提出的，后来在庄子那里得到了发挥。老子的理想社会是众所周知的"小邦（国）寡民"，但这种"小邦寡民"不是原始人群或氏族部落，而是"圣人之治"的社会。如果社会没有圣人来治理，那么人就会任性而为，最终导致社会战乱不已，内心也不能宁静。因此，只有圣人治理社会，社会才能达到理想境界。这里所说的圣人，正是老子所推崇的理想人格，其最突出的特征就是充满智慧，具有这种人格的人就是智慧之人。庄子从内容上对老子的"小邦寡民"理想社会作了补充和完善。这种理想社会是这样一种"至德之世"：人类能够去除肆意妄为，顺应物之本性，达到天人平等、和谐、合一；君主能够清静寡欲，摒弃礼义法度，确保人民率性而为。庄子在老子的"圣人"之外增加了真人、至人、神人等几个理想人格，它们并非不同的理想人格，而不过是实质相同的理想人格的个性化体现，或者说是理想人格的不同面向。

　　自汉武帝开始，儒家的独尊导致了两千多年中国思想理论界"万马齐喑"的局面，儒家发展到汉儒董仲舒那里，孔子所确立的理想人格和理想社会也发生了很大变化。董仲舒不怎么谈那种乌托邦式的大同社会，也不怎么谈君子、圣人的理想人格。他所关注的重点问题有二：一是如何巩固汉代已经形成的大一统格局，或者说如何为这种大一统格局的合理性提供论证和辩护；二是如何突出君王（皇帝）的至尊地位及其权力的绝对性。为此，董仲舒从对先秦儒家的人性论改造着手构建自己的理论体系。他既不同意孟子的性善论，也不同意荀子的性恶论，认为人性是人的自然禀赋，但存在着圣人之性、斗筲之性、中民之性之别。圣人之性天生就善，不用教化；斗筲之性天生就恶，不可教化；最需要着力开发的是中民之性，只有中民之性才需要教化也可以教化，而这样的人占社会的大多数。董仲舒认为，人除了有"性"，还有"情"。他所说的"情"指的是"欲望"，"人欲之谓情"（《汉书·董仲舒传》）。他肯定欲望的合理性，认为正因为有欲望，人们才构成社会，过上群体生活。但是他强调，欲望必须有个"度"来加以限制，欲望超过了度就会导致社会混乱，这个"度"的核心内容就是"三纲五常"。董仲舒正是以这种人性为依据构想了一种以至尊至贵的君王为最高层次的、等级分明的大一统专制社会。在他看来，这个理想社会是顺天意形成的，它由对百姓有仁爱之心的国君统治，轻徭薄赋，人与人之间关系和谐，其成员都能"修德而美好"，不羡慕富贵，也无越轨行为。董仲舒的理想社会思想虽然偏离孔子相当远，但它仍保留了"仁义""仁爱""仁政"这些先秦儒家的基本元素，而且它很务实，能为朝廷提供直接的现实服务，所以才会得到汉武帝的欣赏和独尊。

宋代理学家并没有沿着董仲舒的理想社会思想走下去，而是从先秦儒家那里汲取有价值的资源，到朱熹那里最终完成了儒家理想人格和理想社会思想体系的构建。朱熹以理学为依据，把先秦儒家的"天下平"作为社会的理想状态，赋予了更丰富的含义。他所理解的"天下平"，有"天下为公""明明德于天下""天下无讼"和"天下一统"等含义，这些含义均来自以前不同的儒家。"天下为公"源自《礼记·礼运》。朱熹解释说："善与人同，公天下之善而不为私也。"（《孟子集注·公孙丑章句上》）他认为，皇帝有权为天下人立法，但同时也应与天下人共同守法，即所谓"天下之法"，不是皇帝"一人之法"。"明明德于天下"直接来源于儒家经典《大学》。朱熹对《大学》给予了特别关注，视之为"入德之门"，称"我平生精力尽在此书，先须通此，方可读书"（《朱子语类》卷十四）。他解释说，《大学》"三纲领"中的"明明德"统摄八条目中的"格物""致知""诚意""正心""修身"，是讲内圣的理论；"亲民"则统摄"齐家""治国""平天下"。"天下无讼"来自《论语》，是讲外王的理论。朱熹赞同这样一种说法："听讼者，治其末，塞其流也。正其本，清其源，则无讼矣。"（《论语集注》卷六《颜渊》第十二）他认为，通过礼教达到无讼才是"本"，而听讼只能起到"塞其流"的末梢作用。"天下一统"则直接承继的是董仲舒，不过，朱熹根据天下万物一统于理的本体论立场强调天下社稷一统于王。他明确说："诸侯土地人民，受之天子，传之先君。私以与人，则与者受皆有罪也。"（《孟子集注》卷四《公孙丑句下》）显然，朱熹的理想社会思想是在汲取以前儒家理想社会思想之精华基础上进行的综合创新，可以说是儒家理想社会的集中而完整的表达。

在理想人格方面，朱熹以及其他宋明理学家尤其是以王阳明为代表的心学家没有提出新的类型，但提出了许多如何成为君子圣人的修身理论和方法。不过，这些修身理论和方法指向的是以"三纲五常"为核心内容的理想人格，而这种人格是与人性相违背的，必然导致消极的社会后果。自宋代开始，社会出现大量口是心非的"伪君子"和愚忠、愚孝、愚贞的"奴才"，很难说与宋明理学成为官方意识形态没有关系。

先秦儒家的理想人格和理想社会经过一千多年的演进变化到朱熹那里已经达到了最高成就，在皇权专制时代被赋予了许多专制主义的内涵并演化成"唯我独尊"的理想人格和理想社会。它们完全是为皇权专制服务的，当皇权专制垮台时也就终结了自己的使命。鸦片战争以后，近现代中国思想家并没有丢弃古代思想家将理想人格和理想社会有机统一起来的传统，而是在接受西方相关思想影响的同时将其转换成新时代的理想人格和理想社会。康有为因推崇孔子的"大同"理想而费时十余年写成了描绘理想的大同世界蓝图的《大同书》，其中包含了社会教化和孩子教育的内容。该书广泛采纳了古今中外各种先进的思想，但主要还是源自儒家的"大同"理想，并从中吸取了丰富的养分，可以说是对中国传统大同理想的弘扬和创新。孙中山把三民主义的民主社会作为自己的理想社会，并为之实现奋斗终身。三民主义社会是"天下为公"的社会，与孔子的大同理想一脉相承，孙中山自己也明确指出，"真正的民生主义，就是孔子所希望之大同世界"[①]。但是，三民主义不是对孔子的大同社会的回归，而是在新时代对它的创造性超越。孙中山为"天下为公"赋予了更深邃、更宽广的内涵，其核心是民有、民治、民享。它是这

[①] 孙中山：《三民主义》，东方出版社2014年版，第222页。

样一种社会：天下为人民所共有，政治为人民所共管，利益为人民所共享。

马克思主义传入中国后，中国共产党以马克思主义的理想社会——共产主义作为自己的终极追求，形成了中国化、时代化的共产主义理想。一百多年来，中国共产党领导中国人民不断为实现这一伟大理想而不懈奋斗，绘就了人类发展史上的壮美画卷。中国共产党所确立的中国化、时代化共产主义理想社会具有以下几个特点。其一，它以"每一个个人的全面而自由的发展"为根本原则，理想社会与理想人格是统一的。人的全面而自由的发展意味着人性得到充分实现，这既要求社会以此为目的，也要求社会为这一目的的实现创新一切可能的条件。其二，它关注的焦点是人的完善和发展问题，即"成人"的问题，并且认为人的完善和发展不是一种自然而然的过程，而是自我建构或造就的结果。[①] 其三，它不是某个"终点站"，而是一个永无止境的实现过程，一代又一代人的接续奋斗会使它更完美，其规定性在这个过程中不断得到丰富发展。其四，其实现过程具有阶段性，一个阶段有一个阶段的奋斗目标，这些奋斗目标都指向共产主义远大理想的实现。显然，中国化、时代化共产主义理想与中国传统的"大同"理想有着内在的一致性，是马克思主义理想同中华优秀传统理想相结合的结晶，两者在深层次上存在着一致性和相通性。作为马克思主义中国化、时代化的重要组成部分，中国化、时代化共产主义理想从理论与实践相结合上解决了人类历史上始终没有解决好的个人与社会、理想与现实之间关系的问题，其经验值得其他国家包括西方国家借鉴。

三 差序格局与众生平等问题

社会成员在社会中的地位问题是中国政治哲学始终关注的一个重要问题，这个问题是确定理想人格和理想社会的重要前提，也与中国政治哲学家关注的一系列政治哲学问题关系密切。总体上看，中国政治哲学在这个问题上有两种不同的观点。一种观点是源自氏族社会末期宗法观念的观点，认为社会成员之间存在着男与女、长子与次子、亲与疏、近与远的差别，以及由此而

[①] 参见江畅《儒家道德与中国社会主义精神》，《思想理论教育》2017年第2期。

产生的尊卑贵贱等级差别。这种观点被社会学家费孝通称为"差序格局"。所谓差序格局,是指在以宗法群体为本位的中国乡土社会,每个人都以自己为中心、以亲属关系为主轴所结成的人际网络关系。"每个人都是他社会影响所推出去的圈子的中心。被圈子的波纹所推及的就发生联系。每个人在某一时间某一地点所动用的圈子是不一定相同的。"①儒家总体上认同这种关系并为之提供了理论上的论证和辩护,孔子的"君君、臣臣、父父、子子"(《论语·颜渊》)是等级观念最早的理论表达,董仲舒提出的"三纲"则使之极端化。不过,儒家内部的观点也不尽一致,有的儒家学者承认所有人都有成为君子、圣人的可能,孟子认为"人皆可以为尧舜"(《孟子·告子下》),荀子亦称"涂之人可以为禹"(《荀子·性恶》)。孔子自己的思想也不尽一致,他说的"不患寡而患不均"(《论语·季氏》)显然有平等的意蕴。这一切表明儒家也有人人生而平等的观念。另外一种观点则主要源自《周易》的万物皆产生于道,都是道的体现和弘扬,它们在本性上是平等的,所以所有人应当复归或弘扬本性,从而实现事实上的平等。道家更倾向这种天地万物生而平等的观点,其典型表达是"天道无亲,常与善人"(《老子》七十九章),"以道观之,物无贵贱"(《庄子·秋水》)。佛家也持这种观点,认为"自性平等"②,并将其通俗表达为"众生平等"(《妙法莲华经文句》)。中国社会在从传统转向现代过程中,受西方人人平等观念的影响,逐渐确立了人在本性上、人格上、权利上平等的观念,这种平等观念成为中国现代民主理论与实践的重要依据。

在中国原始社会后期,形成了以血缘关系为基础的父权制。在父权制家庭中的各项事务都由父亲或年长男人决定,父亲是家长,是家庭的统治者,妻子及其子女处于附属地位,亲属传袭依父系并按父系计算。不过,在尧舜禹的时代,虽然部落(或部落联盟)的成员存在对英明部落首领的尊敬、服从,但首领与普通部落成员之间并无明显的尊卑贵贱之分。自夏启将原始部

---

① 费孝通:《乡土中国》,载《乡土中国 生育制度 乡土重建》,商务印书馆2011年版,第27页。
② (东晋十六国)鸠摩罗什等:《佛教十三经》,中华书局2010年版,第123页。

落的禅让制改变为世袭制、将部落扩大为国家之后，传统的父权制演变为宗法制，王朝内部有嫡子与庶子、嫡长子与非嫡长子之间的等级区别，也相应有了统治者内部的等级区别。按照周代的宗法制度，宗族中分为大宗（宗子）和小宗，自称天子的周王宣称自己为天下的大宗。天子王位由嫡长子继承，其他儿子被封为诸侯，诸侯相对天子是小宗，而在其封国内却是大宗。诸侯王位也由嫡长子继承，其他儿子被分封为卿大夫，卿大夫相对诸侯是小宗，但在其采邑内却是大宗。卿大夫到士亦如此。因此，王族的嫡长子总是不同等级的大宗。大宗不仅享有对宗族成员的统治权，而且享有政治上的特权。与此同时，王权制应运而生，君王是最高统治者，于是，不仅王朝家族与外族有了等级区别，而且两者的关系成为统治者与被统治者的关系。从此，宗法制与王权制结合为一体，形成了两种制度共同维护的社会等级秩序。

根据这种社会的等级秩序，等级高的是尊贵的，等级低的则是卑贱的，等级最高的君王是最尊贵的，等级最低的平民则是最卑贱的。在最尊贵者与最卑贱者之间存在着不同的尊卑贵贱的等级。这种政治上尊卑贵贱的等级观影响到传统社会生活，形成了各种形式不同但实质相同的尊卑贵贱等级观念和现实，如男尊女卑、父尊子卑、夫尊妻卑、长尊幼卑，以及相应的男主女从、父主子从、夫主妻从、长主幼从等。"天有十日，人有十等，下所以事上，上所以共神"（《左传·昭公七年》）就是一种典型的表达。为了维护社会的等级尊卑，统治者利用国家机器制定和推行礼法制度来规范和约束社会成员。然而，历史事实证明，这种缺乏合法性基础的政治制度是不会长久的，最终导致了春秋战国时期"礼崩乐坏"的乱局。

面对这种乱局，以孔子为代表的儒家认为周礼是好的，问题在于人们不受礼制的约束而听任自己的自私贪婪之心膨胀，最终导致仁爱之心丧失。孔子憧憬尧舜时代的"大同社会"，但意识到在"天下为家"的社会不可能达到那种理想境界，无奈退而求其次，追求三代英王所达到的那种"小康"社会，而其最重要的经验就是实行礼治。于是，他一方面诉诸人的仁爱之心，构想由具有仁爱之心的君子构成、由最富仁爱之心的圣人治理的理想社会；另一方面将恢复周礼作为实现理想社会的主要途径甚至唯一途径，宣称"克己复礼"为仁，认为"一日克己复礼，天下归仁焉"，要求人们"非礼勿视，非礼勿听,非礼勿言,非礼勿动"(《论语·颜渊》)。礼制规定的等级秩序之核心内容就是"五伦",孔子维护礼制实质上就是为了维护五伦关系。《论语·颜渊》记载,齐景公问政于孔子,孔子对曰:"君君,臣臣,父父,子子。"公曰:"善哉!信如君不君,臣不臣,子不子,虽有粟,吾得而食诸?"这是说,仁君为政,必须端正君臣父子的等级名分,使各自循礼而行,如此,国家就会和谐有序。孔子还强调这种等级名分的重要性,把它看作礼乐刑罚的根基。他说:"名不正,则言不顺;言不顺,则事不成;事不成,则礼乐不兴;礼乐不兴,则刑罚不中;刑罚不中,则民无所措手足。"(《论语·子路》)

孔子的等级名分思想在孟子那里得到了强化,他不仅把政治等级关系归结为统治与被统治关系,而且视之为天经地义的,从而为等级制提供了更强有力的论证和辩护。他说:"劳心者治人,劳力者治于人;治于人者,食人,治人者食于人,天下之通义也。"(《孟子·滕文公上》)荀子则把等级关系扩展到社会生活的各个方面并赋予主从含义,认为人们不仅存在等级差别,而且存在天经地义的从属关系:"少事长,贱事贵,不肖事贤,是天下之通义也。"(《荀子·仲尼》)董仲舒则将"五伦"转化为"三纲"并为之提供了论证。他说:"礼者,继天地、体阴阳,而慎主客、序尊卑、贵贱、大小之位,而差外内、远近、新故之级者也,以德多为象。"(《春秋繁露·奉本》)一言以蔽之,礼制就是要"明尊卑,异贵贱,而劝有德也"(《汉书·董仲舒传》)。汉武帝将儒家思想奉为统治思想之后,得到儒家论证、概括、提炼的尊卑等级观念对传统社会各个方面都产生了深刻影响。在皇权专制时代,政治上的尊卑等级贯穿到社会生活各个方面,形成了以辈分、年龄、亲戚、性别等为基础的尊卑、贵贱、长幼、亲疏等复杂的社会关系。其中男尊女卑、重男轻女观念影响尤为广泛而深远,导致两千多年女性在家庭中处于最底层,更无任何社会地位。

与儒家政治哲学侧重从历史上的政治实践吸取思想资源并用自己的政治哲学观点解释《周易》不同,道家政治哲学对历史上的政治实践持批判否定的态度,主要从《周易》(指其中的《易经》)中吸取思想资源,弘扬其本义。《易经》以"穷理尽性以至于命"①为宗旨，以卦爻及其说明的形式，表达天地万物都在自然而然的规律作用下处在永不停息的发展之中。老子从天地万物的变化中揭示在其中发挥作用的"道"，虽然道的本性是自然无为，但道是万物的本根和法则。万物由道产生并受道的制约，"道生一，一生二，二生三，三生万物"（《老子》四十二章）。既然万物都同样起源于道，那么它们就是平等的，人亦如此，即所谓"天道无亲，常与善人"（《老子》七十九章）。庄子将老子的这种基于道的平等观发展成为齐物论，认为万物都是浑然一体的，并且不断向其对立面转化，因而没有什么差别，也无所谓是非、美丑、善恶、贵贱之分。庄子根据这种平等观对贵贱作了解释："以道观之，物无贵贱；以物观之，自贵而相贱；以俗观之，贵贱不在己。"（《庄子·秋水》）就是说，贵贱可以从三个层次看：从平常的观点看，贵贱不是由自身决定的；从物自身的角度看，物各以自己为贵而又以他物为贱；从道的角度看，物无所谓贵贱之分。不过，道家的重点在于确立平等观，而没有考虑如何用现实制度确保平等。

佛教的众生平等观与道家的万物平等观不谋而合，成为中国传统社会民间普遍流行的一种平等观念。佛教众生平等观的本意是一切有情众生都在三世六道中轮回，它认为有情众生无一例外地要在过去、现在、未来三世之间无穷流转，每一世又有地狱、饿鬼、畜生、阿修罗②、人、天六道之分。"道"的意思是往来住所，阿修罗、人、天是善道，地狱、饿鬼、畜生是恶道。有情众生在三世中的"业力"各不相同，他们在每一世的六道中的位置也因此不同，有情众生在不断重复经历三世过程的同时在六道中不断轮回，所以称作三世六道轮回。《妙法莲华经文句》云："若言处处受生，故名众生者。此据业力五道流转也。"这里说的"五道"指六道中除阿修罗以外的五道，意思是有情众生可以在地狱、饿鬼、畜生、人、天五道中轮回。显然，对于佛教来说，三世六道意义上的众生本质上是相同的，否则，六道之间就

---

① 崔波注译《周易》，中州古籍出版社2007年版，第415页。
② 阿修罗（Asura）是吠陀教和印度教神话中具有魔法力量而与天神为敌的天上人物。阿修罗的字面意思是非天神，天神则称为修罗。

不能互换角色，民间"今生为人，来世做牛做马"的说法也就没有了依据。因此，在佛教的观念中，一切有生命的物种在本性上是相同的，没有高下贵贱之分。佛教在传入中国后，受中国传统文化的影响，为其"众生"观念注入了新的内容，把有情众生平等的观念由"有情众生"进一步扩展到了"无情众生"，提出了"无情有性"的观点。按照这一观点，不但一切有情众生有佛性，而且如草木山川等无情众生亦有佛性。

在中国社会从传统向现代转换的过程中，中国共产党领导中国人民彻底破除了儒家的等级尊卑观念及皇权专制时代的等级尊卑制度，确立了全体社会成员人人平等的观念和政治平等的制度。中国现代社会的平等观念可追溯到马克思和恩格斯的人的自由发展的思想。马恩针对一切专制社会特别是资本主义社会把人不当人看的社会制度，构想了一种共产主义社会，这是一种"以每一个个人的全面而自由的发展为基本原则"① 的自由人联合体。在共产主义社会，社会成员是普遍自由的，而且"每个人的自由发展是一切人的自由发展的条件"②。显然，这种普遍自由是人人平等地享有的权利，其中隐含着社会成员的普遍平等。马恩的这一思想是中国现代平等观念的直接源泉和理论依据。

在革命战争年代，现代平等观念开始形成。当时在革命队伍内部、在革命根据地和解放区普遍实行官兵平等、男女平等和党内民主制度，并建立了民主政权。追求平等是毛泽东同志一生的理想和奋斗目标，他在领导中国革命和建设的过程中，直面中国的社会实际，从政治、经济、社会等方面提出了自己独特的平等思想，并为此进行了不懈的实践探索。中华人民共和国成立后于1954年制定的第一部宪法明确规定：中华人民共和国是工人阶级领导的、以工农联盟为基础的人民民主国家；中华人民共和国的一切权力属于人民；各民族一律平等；中华人民共和国公民在法律上一律平等。宪法还针对男尊女卑的文化传统，特别规定了妇女在政治、经济、文化、社会和家庭各方面享有同男子平等的权利。这些规定在破除传统社会宗法制与王权制相统

---

① 《马克思恩格斯文集》第5卷，人民出版社2009年版，第683页。
② 《马克思恩格斯选集》第1卷，人民出版社2012年版，第422页。

一的传统社会制度的基础上确立了人民民主制度；在破除传统社会尊卑贵贱等级制的基础上确立了全体公民在法律上平等的社会主人身份，规定了全社会所有公民具有法律上的平等权利；在破除传统社会男尊女卑惯例的基础上确定了妇女在社会和家庭生活中与男子享有平等的权利。这些现代价值观念是对传统尊卑贵贱观念的深刻变革，也可以说是传统价值观的一种创造性转化。

改革开放以来，伴随着思想解放和观念更新的不断深化，传统的尊卑贵贱观念进一步被破除，平等观念得到全社会的普遍认同。党的十八大把平等作为社会主义核心价值观的重要内容加以倡导，中共中央办公厅和国务院办公厅印发的《关于进一步把社会主义核心价值观融入法治建设的指导意见》还要求把平等等内容进一步融入法治建设、国家治理和社会生活之中，这必将更强有力地促进社会公众平等观念的形成和完善。与此同时，有情众生平等、无情众生平等的传统观念也转化成为生态文明的理论及其实践。2005年胡锦涛同志在中央人口资源环境工作座谈会上首次提出了"生态文明"；党的十八大报告提出建设生态文明是关系人民福祉、关乎民族未来的长远大计，要求把生态文明建设放在突出位置，融入经济建设、政治建设、文化建设、社会建设各方面和全过程；党的十九大报告中提出加快生态文明体制改革，建设美丽中国；党的二十大报告提出推动绿色发展，站在人与自然和谐共生的高度谋划发展。

四　身家国天下关系问题

政治的对象是没有血缘关系的基本共同体。原始社会没有政治，因为那时的基本共同体是有血缘关系的原始人群或氏族公社，政治就出现在人类社会从原始社会的氏族高级形态——部落或部落联盟转向文明社会的初级形态——奴隶社会或封建社会[1]的过程中。从那时到今天的政治，其基本特点就

---

[1] 当时西方的社会是比较典型的奴隶社会，而按冯天瑜先生的观点，中国的社会从经济的角度看是领主制社会，而从政治的角度看是封建制社会［参见冯天瑜《中国文化生成史》，武汉大学出版社2013年版，上册，第352页；《"封建"考论》（修订版），中国社会科学出版社2010年版，第423页］。

是运用以强力为后盾的权力来治理基本共同体（严格意义上的社会）。但是，人类在从原始社会过渡到文明的方式和路径很不相同，其中古希腊罗马和古中国具有典型性意义。

古希腊罗马及其周边地区大多是游牧部落或猎渔部落，这些部落受生活所迫，尤其是由于外族入侵而经常迁徙，在迁徙过程中又不断发生战争。这一切促进了不同部落之间的交流、混杂和融合，因此它们在进入文明的过程中氏族部落的血缘关系已然淡化，血缘性的社会组织就为地缘性社会组织所代替。这样的基本共同体的社会治理一般不会有多少家庭血缘关系的羁绊，所形成的是一种地缘政治而非血缘政治。与古希腊罗马不同，古中国的主体区域是一些农耕部落，其重要特点是安土重迁，在原始社会末期部落为了争夺土地、财富和人口而经常发生战争。战胜的部落会占领战败部落的资源，一方面战胜部落内部的血缘关系以及由父族制演化而来的宗法制被保留下来，另一方面战胜部落通常派遣战胜部落首领的宗亲去进行管理，或者将那些战败的部落分封给他们，而派去或分封的管理者由于治理的力量有限，不得不利用战败部落原有的血缘关系和宗法制进行管理。于是，血缘关系和宗法制就被带进了文明社会，文明社会也就在相当大程度上保留了原始社会的那种血缘社会的特点，尤其是后来君王对文明社会进行的也是家长式管理。据冯天瑜先生的考察，中国传统社会是宗法性的血缘组织与非宗法性的地缘组织并存，宗法性组织和地缘性组织的实际作用此消彼长，但始终没有一方全然取代另一方。[①] 正因如此，中国的家和国就没有明确的界限，国家就成了君王家族的扩大，家族至少从结构（宗法关系）上看与国家相同，于是就有了所谓"家国同构""家国一体"的观念。

古中国与古希腊罗马进入文明社会还有一个重要的不同，那就是前者几乎始终都没有国家概念，后者则有明确的国家概念。在古希腊罗马时代，那些获胜的部落占领一块资源足以维持其生存的地盘就会安营扎寨，圈地为国，即所谓"城邦国家"，古希腊自公元前2800多年出现米诺斯文明直到希腊化时期历来如此。当然，后来一些国家因国力强盛而开始对外扩张，才有了古

[①] 参见冯天瑜《中国文化生成史》，武汉大学出版社2013年版，下册，第470页。

希腊的亚历山大帝国和罗马共和国、罗马帝国等大国。与古希腊罗马不同，古中国也有过古希腊罗马那样的以一个城市为中心的邦国，它们的都城有坚固的围墙和护城河，但它们并不把都城看作自己的国家，而是所管辖的疆域无确定的边界，是对外开放的。它们一有机会就对外扩张，或者因为自己强大而让别的部落或国家称臣，到了西周时代，周成为"万邦之方，下民之王"(《诗经·大雅》)。而且，当时的华夏民族又地处华夏大地的中央，周边的民族、部落落后于华夏民族，最终形成了统一的华夏民族之后，统治者就把称臣的部落视为本族，而把尚未降服的部落称为"蛮夷"，于是就有了"华夷之辨"。因此，在春秋战国之前，古中国人没有古希腊人那样明确的国家观念，而只有"天下"观念。与国家观念相比较，天下观念的最突出特点是没有边界，指的是中国古人心目中的世界，这就是《诗经·北风》所表达的"溥天之下，莫非王土；率土之滨，莫非王臣"。古中国"国"的概念主要是在春秋战国时期出现的，那时周王朝的诸侯拥兵自重，自立为王，这就有了众多国家，即诸侯国。不过，虽然这时候有了国家的概念，但天下的概念更深入人心，由于国家与天下在结构上相似，家国同构也就有了家国天下同构的意义。

中国文明社会的这种社会历史条件对中国政治哲学产生了深远影响，其重要体现之一是中国政治哲学始终将家、国和天下联系起来考虑，具有天下情怀的鲜明民族个性。

先秦儒家具有最典型的身家国天下观念，主张通过个人修身使家国天下得到治理，最终实现"天下平"。这一思想在《大学》中得到了集中阐述。作为《大学》中心内容的"大学之道"其实就是儒家从修身到平天下的"内圣外王"之道。《大学》开篇就说明了大学之道是什么："大学之道，在明明德，在亲民，在止于至善。"接着又进一步阐明了实现上述目标规划的路线图，这就是："古之欲明明德于天下者，先治其国；欲治其国者，先齐其家；欲齐其家者，先修其身；欲修其身者，先正其心；欲正其心者，先诚其意；欲诚其意者，先致其知。"在这个路线图中，修身是一个中心环节，也是关键环节，而就社会治理而言，家是起点，只有治好家才能治好国和天下。先秦儒家的这种思想在宋代周敦颐那里得到了进一步明确的表达："治天下有本，身之谓也；治天下有则，家之谓也。""是治天下观于家，治家观身而已矣。"

(《周敦颐集》卷二《通书·家人睽复无妄》）在儒家以外，先秦诸子百家的其他各派也都有关于天下的论述，如墨子就说过"若使天下兼相爱，国与国不相攻，家与家不相乱，盗贼无有，君臣父子皆能慈孝，若此，则天下治"（《墨子·兼爱上》）。不过，这些派别较少将天下家国与身联系起来，所以身家国天下一体主要是儒家的政治哲学主张。

法家的天下观着眼于政治现实，尤其从天下治理和天下强盛之道出发，主张以"霸天下"为目标，以"法"为手段进行天下治理。受这种主张的影响，自秦朝开始，以中央集权国家的"大一统"代替"天下"，从而将"天下"抽空而降级为国家。自儒家成为官方意识形态之后，儒家学者关注更多的是家与国之间的关系，即"孝"与"忠"的关系，以至于将其发展到愚孝愚忠。不过，先秦儒家的身家国天下一体的观念影响深远，即使在皇权专制统治之下，不少儒者仍有深厚的天下情怀，他们生存于家，活动于国，而胸怀天下。这种情怀在宋代范仲淹的名句"先天下之忧而忧，后天下之乐而乐"中得到了充分表达。康有为在《大同书》中还提出过无国家、全世界置一总政府、分若干区域、总政府及区政府皆由民选等一系列关于天下治理的构想。

中国传统的身家国天下一体的天下治理观在当代中国得到了传承和弘扬。这种弘扬是全方位的，被赋予了丰富的时代内涵。一是弘扬传统对"平天下"的追求，努力维护国家统一和民族团结，推动人类命运共同体建设，为世界谋大同。二是弘扬传统以民为本、以民为天的根本理念，确立人民在国家的至上地位、主体地位、中心地位。三是弘扬传统的仁爱精神，执政为民，把全心全意为人民服务作为执政党的宗旨，党和国家把全体人民对美好生活的向往作为奋斗目标，"把人民拥护不拥护、赞成不赞成、高兴不高兴、答应不答应作为衡量一切工作得失的根本标准，着力解决好人民最关心最直接最现实的利益问题"[①]。四是弘扬传统的修己安人的道德要求，不断加强执政党的建设、干部队伍建设和公民道德建设。党的二十大又进一步强调必须坚持胸怀天下，积极回应各国人民的普遍关切，为解决人类面临的共同问题作出贡献。

当代中国的社会治理观也对先秦家国天下一体的天下治理观进行了许多

---

① 《习近平谈治国理政》第三卷，外文出版社2020年版，第142页。

方面的创新，其中尤其值得注意的是以下三个转变。其一，将作为传统社会被统治者的"臣民"转变为作为现代社会主人的"人民"。"人民至上"是中国共产党确立和始终践行的根本价值理念，这里说的"人民"是指作为国家主人的公民、全体社会成员，既有人民个体的含义，也有人民整体的含义。这种观念的转换从根本上克服了传统社会统治者与老百姓之间的对立。其二，将大同社会由传统社会的美好向往转变为党和国家的奋斗目标。中国共产党一经成立，就把建立马克思和恩格斯所构想的其成员得到全面而自由发展的共产主义社会作为最高理想，并为了实现这一崇高理想自觉担负起为人民谋幸福、为民族谋复兴、为世界谋大同的历史使命，这样就使先秦时代并不明确的大同理想变成了实实在在的现实追求。其三，将实现大同社会的依靠力量从"圣王"转变为全体中国人民。人民被视为国家和社会的主体、主人和主角，认为人民的美好生活要依靠人民自己的奋斗来实现，必须一切为了人民，一切依靠人民。

五 王道与霸道问题

楼宇烈先生指出，"道"在中国文化中的意义十分特殊，甚至可以说居于至高无上的地位，在某种意义上把中国文化称为"道文化"也不为过。"离开'道'，中国文化就失去了它的灵魂。"[1] 中国政治和政治哲学也讲"道"，但通常不用"政治之道"（政道）表达，而用"王道"和"霸道"表达两种对立的政治之道。王道和霸道不是一般意义上的统治术，而是基于对政治与天道关系的不同理解所选择的两种不同的政治价值取向，价值取向不同，政治形成的格局就会完全不同。于是，王道和霸道问题也就成为中国政治哲学重点关注的焦点问题之一。

有学者认为，"无论是王道还是霸道，都是君主政治，而非民主政治，而且中国传统政治并没有沿此道走向现代民主"[2]。这是一种主要从字面上来理

---

[1] 楼宇烈：《离开"道"，中国文化就失去了它的灵魂》，《养生阅刊》2018年第9期。
[2] 王鸿生：《中国传统政治的王道和霸道》，《武汉大学学报》（哲学社会科学版）2009年第1期。

解这两个术语所形成的看法。这里的"王"不是指君王,而是指的价值取向,即与"霸"相对立的价值取向,否则就无法与"霸"对应。在中国传统文化中,"王"本来是指上天之子,他代表上天来庇护护卫百姓,他体现上天的意志,而上天的意志就是民众的意志,因此他必须体现民众的意志,也就是要讲仁道、行德政。《礼记·经解》云:"天子者,与天地参。故德配天地,兼利万物,与日月并明,明照四海而不遗微小。"这段话可以视作对王道含义的界定。实际上,《尚书》的开篇《尧典》就表达了尧的"王道"治理实践,即"克明俊德,以亲九族。九族既睦,平章百姓。百姓昭明,协和万邦",而行王道的结果是"黎民于变时雍"。由此看来,传统政治哲学讲的"王道""霸道"都不是特指传统社会君王的治理之道,而是泛指社会治理者的治理之道,只不过前者施仁政,是道义之治、德治,后者施暴政(至少对外扩张),是暴虐之治、力治。总体上看,主张王道是中国政治和政治哲学的显著特色,值得深入研究。

中国王道观念的产生有着深厚的历史文化根源。从有关历史文献看,王道观念可追溯到尧舜禹时代,尧舜禹实行德治仁政被认为是王道的体现。他们之所以能够实行王道,且没有后来日益复杂的礼制和法制,社会治理却达到了孔子最推崇的"大同"社会,其原因有三个方面。一是他们成为君王不是通过宗法继承或武力,而是因他们已经成为"圣人"而被民众推选出来,他们担任君王是众望所归,百姓对他们有充分的信任。二是他们在位期间,其言行举止表明他们的德性和人格高尚,他们严格要求自己,以身作则,率先垂范,以自己的崇高德性和人格感召天下,公众不仅认同他们,而且十分称道和推崇他们。三是他们实行王道仁政,勤政为民,不辞辛劳,深切关怀百姓疾苦,全心全意为民众谋福祉,如大禹就要求"德惟善政,政在养民"(《尚书·大禹谟》)。正是这三方面的有机统一成就了传说中的尧舜禹的黄金时代。这三个条件之所以能同时具备,与当时的社会基本上是氏族部落有重要关系。虽然当时的社会已经超出部落,但这些圣王以仁爱之心像对待本部落一样对待本部之外的部落,也就赢得了统治范围内外民众的一致赞颂。然而,自大禹之子夏启自行袭位而开启世袭制之后,传统社会的黄金时代就终结了,此后再也没有这样的机缘,尽管历代统治者号称实行王道仁政,但事实上王道从未贯彻到底,霸道倒成了治理的常态。

王道与霸道的矛盾是在周朝凸显出来的。周朝的天子称"王","王道"也就成为周礼所确定的政治理念,但周朝王道政治理念中存在着一个无法排除的隐忧:周人是以属国的身份取代原来的宗主称王的,虽然借抽象的"天命"来进行所谓"顺天应人"的革命,而实际上是以"霸道"取天下的;既然周人可借"天意民心"来进行"革命",推翻殷商的统治,那么就面临着如何能够保证自己的统治始终得到"天意民心"的眷顾而不被另一次"革命"推翻的问题。① 为此,周人为了防止新革命的发生采取了两方面的措施:一是以殷为鉴,制定了周礼,尊一统又尚分权,使统治的正当性建立在以宗亲为基础的人伦价值之上,并通过一套有约束力的礼仪制度来落实;二是从得民心的角度获得统治的正当性,因而对统治者自身提出了"德"的要求。然而,这些政治设计都没有达到预想的效果,礼制不能克服分封必然导致的各自为政的问题,宗法制无法保证"受命于天"的周天子始终做到"为政以德""明德慎罚",结果是礼崩乐坏、天下大乱,最终霸道完全取代了王道。秦国采取霸道之治最终统一了中国,而政治手段十分"霸道"的汉武帝"独尊儒术",又体现了在主流意识形态上对王道的认同。汉武帝之后的王道和霸道都成了政治统治所需要的"术",是工具性的东西。按照汉宣帝的说法,汉朝的政治实际上还是"霸王道杂之"②,汉朝以后的各朝各代的政治应更是如此。鲁迅指出,在中国其实彻底地未曾有过王道,"在中国的王道,看去虽然好像是和霸道对立的东西,其实却是兄弟,在这之前和之后,一定要有霸道跑来的"③。鲁迅的话虽然有些偏激,但非常精辟,深刻揭示了中国皇权专制社会统治者虽然标榜以儒学为正统思想,却从没有哪一位皇帝真正施行过"仁政"。

---

① 参见王鸿生《中国传统政治的王道和霸道》,《武汉大学学报》(哲学社会科学版) 2009 年第 1 期。

② 汉宣帝于公元前 51 年主持石渠阁会议,解决经学中的《公羊》与《谷梁》之争,在会上道出了传统社会政治的玄机。

③ 鲁迅:《且介亭杂文·关于中国的两三件事》,载《鲁迅全集》第 6 卷,人民文学出版社 1981 年版,第 10 页。

第三章 中国政治哲学

从政治哲学的角度看，王道是儒家针对春秋战国时期"无义战"的乱局提出的治世之道，是孔子、孟子、荀子等人在总结归纳尧舜禹等古代圣王治世之道（"先王之道"）的基础之上提出的政治理想。王道实质上是一种社会治理之道，所指向和追求的目标是完美的德化社会秩序。儒家所主张的王道以孔子的"仁爱"为基本精神，以孟子的"仁政"为基本主张，其基本内涵就是以仁爱之心实行仁政。儒家的王道之仁政涵盖了政治、经济、军事方面的具体内容：在政治上集中表现为"为政以德"；在经济上要求养民富民，并且强调"先富后教"；在军事上要求仁战仁兵，认为仁义之战就是"救民于水火"的安民之战，"彼兵者，所以禁暴除害也，非争夺也"（《荀子·议兵》）。

霸道则是法家痛感王道无力救世的情况下提出的治世之道。在周王室走向衰微的过程中，诸侯实力不断增强，各诸侯不再听命于周天子，而是纷纷采取措施实现富国强兵，并发动兼并战争，以求称霸于各诸侯国，成为霸主。在法家看来，春秋战国时期各国诸侯的这种政治追求就是霸道的体现，要结束这种乱局，必须以暴制暴，建立大一统的王权国家。所以，他们主张推行力政，诉诸武力，追求以强大的政治、经济和军事力量为基础的强权政治，不考虑甚至公然反对仁义道德。法家直言不讳地宣扬并奉行"霸王之道"，奉行霸道靠武力，而不是道德仁义。商鞅说："国之所以重，主之所以尊，力也。"[1] 若要国力强盛超越别国，在政治措施上一要富国，二要强兵，富国是强兵的基础。

关于霸道与王道之间的区别，孟子曾作过明确的阐述。他说："以力假仁者霸，霸必有大国。以德行仁者王，王不待大。汤以七十里，文王以百里。以力服人者，非心服也，力不赡也；以德服人者，中心悦而诚服也，如七十子之服孔子也。"（《孟子·公孙丑上》）根据孟子的界定，霸道与王道的区别在于是"以力假仁""以力服人"还是"以德行仁""以德服人"。王道实行他所讲的仁政，霸道则可能会以仁义为标榜，但实际上靠武力实行强权政治。在孟子看来，王道不一定需要广大的土地，也不太在意国家的大小，而霸道所追求的是成为大国，拥有足够多的人口和大量的土地。在古代，土地是国

---

[1] 高亨：《商君书注译》，中华书局1974年版，第182页。

家实力的基础和保障。土地越多粮食就越多，也就可以供养更多的兵士，建立更庞大的军队，从而为实现霸权奠定坚实的基础。强兵与富国紧密联系，富国才可以强兵，强兵必先国富，只有国家有充裕的财富，才会有经费来扩大军事力量和应付战争损耗。霸道除了靠兼并和战争来扩大土地，还主张通过财税聚敛增加国库财政收入，把社会财富控制在国家手里，以为对外扩张提供经济保障。从"以德行仁"还是"以力假仁"的意义上看，王道与霸道是对立的，这是孟子强调的重点。不过，孟子并不认为这种对立是绝对的。他说："尧舜，性之也；汤武，身之也；五霸，假之也。久假而不归，恶知其非有也？"（《孟子·尽心上》）这是认为"以力假仁"犹胜于不假，因为他感到在他生活的时代诸侯们连"假仁"也做不到。

实行霸道的秦朝覆灭和汉朝儒家被奉为独尊，使"王道"和"霸道"之争平息，王道成为传统中国的主导思想观念。王道强调政以仁义为本，以仁义治天下，重视民生，注重从正面对人进行积极的道德教育和行为引导，用仁义去感化人、善化人际关系，高度弘扬并执着追求道义，对于形成中华民族的文明和道德精神，具有重大的历史意义。然而，纵观整个传统社会的治政历史，王道理论自提出后其实不曾见之用于治世。春秋五霸，干戈四起，战国七雄，合纵连横，弱者之肉，强者之食，所行的治世之道就是霸道。秦统一中国之后的皇权专制时代，现世的乱象虽然没有春秋战国时期那么严重，但也从未间断过，其原因就在于历代统治者几乎都以王道之名行霸道之实，最终导致朝代不间断更替。汉代贾谊在《过秦论》中总结秦朝覆灭的根本原因时指出："仁义不施而攻守之势异也。"这一论断击中了霸道弊病之要害。历史事实证明，无论统治者是否明火执仗地弃仁专刑、弃德专力，只要他们为了少数统治者的利益而不惜牺牲广大民众的利益，即使暂时赢得治世，也是不会长久的。

在中国从传统社会向现代社会转换的过程中，中国共产党彻底摒弃了历史上的霸道观念和实践，同时对历史上的王道理论实行了创造性转化和创新性发展，将帝王以"仁义治天下"的传统"王道"转变为"为人民谋幸福，为民族谋复兴，为世界谋大同"的现代"王道"，行王道者不再是传统社会的少数统治者，而是中国共产党领导下当家作主的全体人民。这种新"王道"

理论才是真正能够得到理论论证和辩护的正确理论，因为它真正体现了天道，而真正的天道就是人道，就是人民之道，即民主。它是对"天视自我民视，天听自我民听"（《尚书·泰誓中》）这一古老观念和信念的现代弘扬和创新。正是对传统的"王道"理论和观念实行了这种的现代转换，中国才从根本上摆脱了黄炎培先生所说的"历史周期率"的支配，走上了民主这条新路。中国共产党成立百年来率领中国人民进行革命、建设和改革所取得的辉煌历史成就表明，这条民主新路才是中国乃至人类走向永久和平和普遍幸福的人间正道。

六　尚民爱民与人民至上问题

人民在社会中的地位问题就是社会的治理者与被治理者的关系问题，这一问题与政治及其权力的合法性、正当性直接相关，深层次上涉及政治本性或本然本质能否体现出来的问题。中国有极其悠久的尚民爱民传统，从文字记载的文献看，这一传统至少可以追溯到尧舜时代。经过几千年的传承，这一传统到了春秋战国时期被理论化，形成了系统的以民为本的政治哲学理论。然而，在两千多年的皇权专制时代，这一理论虽然得到传承和弘扬，但并没有真正转化为政治实践，即使有一些这方面的政治措施，但目的也是维护皇权专制统治。中国共产党成立后，在唯物史观特别是群众史观的指导下，确立并始终践行"人民至上"的根本价值理念，使中国人民真正成为国家的主体、主人、主角，国家的一切权力回归于人民。人民至上理念是中国传统社会尚民爱民观念尤其是以民为本观念的现代转换，它的确立和践行对于中国社会的未来发展具有根本性的意义，对于当代世界各国解决国内问题，对于构建人类命运共同体也具有重要的借鉴和启示意义。

尚民爱民是中华民族的古老观念，可追溯到中华文化的最早经典《易经》。《易经》第一卦《乾卦》九五云："飞龙在天，利见大人。"《易传·文言》对这一爻辞作了这样的解释："夫'大人'者，与天地合其德，与日月合其明，与四时合其序，与鬼神合其吉凶。"这里讲了圣王应有天地的德性，无私地化育万物，如同日月一样光明普照。《尚书》则明确表达了尚民爱民观念。其中记载，尧在位时不仅德性高尚，"克明俊德"，而且为政以德，"以亲九族""平章百姓""协和万邦"(《尧典》),因此深得人民的爱戴。舜也因为其"玄德"上闻于朝廷而尧将帝位禅让于他。舜相信"柔远能迩,惇德允元,而难任人,蛮夷率服"(《舜典》),因此他像尧一样,热爱民众,善待百姓,取信于民。禹后来把尧舜的这种尚民爱民观念概括为"德惟善政,政在养民"(《大禹谟》),并一如既往地加以贯彻。

为政者之所以必须尚民爱民,是因为民众是社稷之根本。《尚书》对此有诸多记载,如:"民可近,不可下。民惟邦本,本固邦宁"(《虞夏书·五子之歌》);"古人有言曰:'人无于水监,当于民监。'"(《周书·酒诰》)"天视自我民视,天听自我民听";"皇天无亲,惟德是辅"(《尚书·蔡仲之命》);"民之所欲,天必从之"(《尚书·泰誓上》),等等。《史记·郦生陆贾列传》中写道:"王者以民人为天,而民人以食为天。"唐代司马贞作《史记》的"索隐"时注明此话出自管子,断定管子曾说过"王者以民为天,民以食为天,能知天之天者,斯可矣"。《汉书·郦食其传》也有"王者以民为天"的记载。可见,以民为天观念在中国源远流长,并且得到了相当普遍的认同。

《左传》也有不少记载表达了尚民爱民思想。《哀公元年》云:"国之兴也,视民如伤,是其福也;其亡也,以民为土芥,是其祸也。"这是讲国君对待臣民如同对待受伤害的人,国家就会兴旺,这是国家的福分;国君对待臣民如同泥土草芥,国家就会衰亡,这是国家的祸患。又云:"国之兴也以福,其亡也以祸。"就是说,国家兴旺是因为福分,国家衰亡则是由于祸患。《左传·桓公六年》中说:"所谓道,忠于民而信于神也。上思利民,忠也;祝史正辞,信也。""夫民,神之主也,是以圣王先成民而后致力于神。"这里强调国君要把百姓作为神灵的主宰,首先要为百姓谋福祉,使百姓安居乐业,然后再祭祀神灵,这才是忠。

春秋战国时期的思想家开始为古老的尚民爱民观念提供论证,使之理论化。老子说:"圣人(无常)[常无]心,以百姓心为心。"(《老子》四十九章)老子讲的是圣人从来没有私心,以民心为自己的心,而背后隐含的意思则是内圣外王之人应当如此。老子所说的那种"治大国若烹小鲜"的举重若轻,其关键就在于"与民同心"。孔子则把"仁爱"作为思想体系的核心,而仁爱的主要对象就是民众。他提出"泛爱众,而亲仁"(《论语·学而》)、"博施于民而能济众"(《论语·雍也》),要求"修己以敬""修己以安人""修己以安百姓"(《论语·宪问》)。《礼记》对孔子的爱民思想有诸多记述,如:"古之为政,爱人为大。……是故君子兴敬为亲,舍敬是遗亲也。弗爱不亲,弗敬不正。爱与敬,其政之本与。""古之为政,爱人为大。不能爱人,不能有其身。不能有其身,不能安土。不能安土,不能乐天。不能乐天,不能成其身。"(《哀公问》)孔子认为,如果国君能够做到由敬重自身推广到敬重百姓,由敬重妻子推广到敬重百姓的妻子,由敬重自己的孩子推广到敬重百姓的孩子,那么,他就会得到普天下的尊敬。

孟子把传统民本观念发展成为完整的思想体系,其核心是主张"民贵君轻":"民为贵,社稷次之,君为轻。是故得乎丘民而为天子。"(《孟子·尽心下》)孟子将孔子仁爱思想的精髓概括为"仁者爱人"(《孟子·离娄下》),进而强调"亲亲而仁民,仁民而爱物",后来张载进一步将这一思想概括为"民吾同胞,物吾与也"(《正蒙·乾称》)。孟子把孔子的仁爱思想推广到社会,提出了仁政学说。他说:"老吾老,以及人之老;幼吾幼,以及人之幼。天下可运于掌。"(《孟子·梁惠王上》)这一论述的中心意思是治理国家要实行仁政,要把"人之常情"推而广之,以普惠天下民众。孟子在总结中国历史经验教训的基础上得出了这样一个结论:"得天下有道:得其民,斯得天下矣;得其民有道:得其心,斯得民矣;得其心有道:所欲与之聚之,所恶勿施,尔也。"(《孟子·离娄上》)这是告诫君王要获得天下就要得到民众拥护,就要赢得民心,就要为民谋利。在孟子看来,得民心的关键在"保民":"保民而王,莫之能御也。"(《孟子·梁惠王上》)他主张君王要实行王道,认为王道者顺乎民心,使民有道,以"道"使人"服"。而要行王道,就要知道百姓喜欢什么,以顺从民心,"乐以天下";知道百姓忧虑什么,并且和他们有一样的忧虑,再努力创造条件,以让他们消除这些忧虑,"忧以天下"。孟子认为,统治者"乐民之乐者,民亦乐其乐;忧民之忧者,民亦忧其忧","乐以天下,忧以天下,然而不王者,未之有也"。(《孟子·梁惠王下》)在孟子看来,民众快乐,是统治者享乐的前提。若人民生活困苦、妻离子散,统治者却酒池肉林、花天酒地,那他们就不是"乐",而是败亡的征兆。

关于得民心者得天下的道理，荀子讲得十分充分、透彻。他说："用国者，得百姓之力者富，得百姓之死者强，得百姓之誉者荣。三得者具而天下归之，三得者亡而天下去之。天下归之之谓王，天下去之之谓亡。"（《荀子·王霸》）所以，"君人者爱民而安，好士而荣，两者无一焉而亡"（《荀子·强国》）。在荀子看来，得到民众的欢迎和拥护可以感动上苍，得到老天的庇佑，即所谓"得众动天，美意延年"（《荀子·致士》）。《荀子·大略》云："天之生民，非为君也。天之立君，以为民也。"荀子的这句话把以民为天的思想表达得十分明白：上天育民，并不是为了君主，但上天立君主，却是要他为人民做事。荀子还把君王比作人民的源头，源头清澈，则下游的流水也清澈；源头浑浊，则下游的水也浑浊。掌握国家政权的君王如果不能够爱护人民，让民众获得利益，就不可能要求他们对自己亲近、爱戴自己。"君者，民之原也；原清则流清，原浊则流浊。故有社稷者而不能爱民，不能利民，而求民之亲爱己，不可得也。"（《荀子·君道》）如此，也就不可能让民众为自己所用，为国牺牲，从而使国家强大，城防巩固。荀子曾用生动的事例阐述了统治者与老百姓之间的关系，强调得民心的极端重要性。其中有一个影响深远的水与船的例子："君者，舟也；庶人者，水也。水则载舟，水则覆舟。"（《荀子·王制》）唐朝名臣魏征曾引用这一观点劝谏唐太宗，唐太宗时刻以此警醒自己，才有了中国历史上著名的"贞观之治"。

概言之，先秦的尚民爱民观念和理论，主要包括以下四个方面：一是民惟邦本观念，即把人民看作国家之根本，根本牢固了，国家才会长治久安；二是以民为天观念，即把人民的意志视为上天的意志，顺之者昌，逆之者亡；三是仁民爱物观念，即要求把爱亲人扩展到人民以至于万物；四是得民心者得天下观念，即把民心向背视为国家是否长治久安的决定性力量。先秦的尚民爱民观念尤其是民本观念得到了皇权专制时代思想家的普遍弘扬和阐发，历史上也有不少统治者以此观念作为治国兴邦的基本信念。但从总体上看，传统社会的统治者治理国家归根到底是为了自身的利益，很难真正做到尚民爱民，尤其是以民为天。中国共产党对传统的尚民爱民观念和理论实行了创造性转化和创新性发展，确立并始终践行"人民至上"的根本价值理念。这是中国政治哲学观念史上的一次巨大的历史性跨越，也是中国实现从传统社会向现代社会转换的首要的实质性标志。

人民至上的思想和理念对传统尚民爱民观念的超越和创新是全方位的、系统的,并且还在持续地进行着。从所取得的成果看,以下四个方面是主要的,而且意义重大。一是将传统尚民爱民观念系统化为以人民为中心的理论与实践相统一的思想理论体系,系统回答了立国之本、立党之本等一系列重大问题,充分体现了中国特色社会主义理论与实践的人民性、时代性和先进性。二是对传统尚民爱民观念的内涵实行了创造性转化和创新性发展,更新了传统文化中"民"的观念,明确把人民幸福作为党和国家一切工作的奋斗目标,找准了实现全体中国人民幸福的主体和力量。三是确立了检验党和国家一切工作是否坚持以人民为中心的根本准则,将尚民爱民的要求转化为检验治理国家的工作标准。四是构建了以人民为中心的国家制度和治理体系,人民至上的根本价值理念已经渗透到国家制度的各方面、国家治理的全过程,成为全国各族人民的普遍共识。这四个方面作为当代中国人民至上根本价值理念的体现,既是马克思主义群众史观中国化、时代化的理论成果,同时又深深植根于中华优秀传统文化,具有十分鲜明的中国特色。它之所以能得到全国各族人民的普遍认同和衷心拥护,无疑是因为它深刻地反映和代表了全体中国人民的根本的总体的利益,也是因为它植根于中华优秀传统文化,极大地激活了曾被长期湮没的古老尚民爱民基因和传统。

七 内圣外王与人民民主问题

人类文明史表明,政治共同体存在着由谁治理的问题,在政治共同体与社会同构的情况下,这个问题又与谁是社会的主体、主人直接相关。从政治哲学理论和现实社会实际看,中国在社会主体及其治理者的问题上大致经历了四个主要的历史过程,形成了四种不同的政治模式。

一是先秦儒家建立的以"内圣外王"为核心内容的圣王德治模式,其突出特点是社会由圣人担任君王,实行德治,圣人就是社会的治理者,圣人因为人格完善而能够齐家、治国、平天下,因而能够成为圣王。圣王有点类似柏拉图的"哲人王",他不是天生的,而是通过修身而成就的。这种圣王模式实质上是一种君主制模式,社会真正的主人和治理者是圣王。

二是汉儒改造先秦圣王模式所形成的君主独裁模式，其突出特点是通过嫡长子继承王位的皇帝集一切政权于一身，并凭借其至高无上的权力对社会实行专制统治。皇帝继位和治理的合法性不是其德性和能力，而是其天生的皇家嫡长子。这是一种极端的君主制模式，唯有皇帝才是社会的真正主人，拥有一切政治权力。

三是近代孙中山建立的以"三民主义"为主要内容的中国特色资产阶级治理模式，其特点是社会"民有、民治、民享"。这是中国从传统社会向现代社会转换过程中提出的一种民主政治模式，但这种模式本身并未在理论上构建完成，且在实践上走向了反面，最终被历史抛弃。

四是中国共产党确立的全体人民当家作主的人民民主模式，其特点是人民至上，人民是社会主体、主人，国家的一切权力属于人民。这种模式是中国共产党在领导中国人民进行革命、建设和改革的过程中探索而最终形成的理论与实践相统一的中国特色社会主义民主政治模式，与西方的民主政治模式存在着根本性的区别。今天，这种模式的正确性已经得到了实践充分证明，但它还需要在实践的过程中不断丰富完善。

进入文明社会后，中国的基本共同体由氏族部落演变为古代国家，社会治理也相应由酋长治理演变为君王治理，原始部落的父权制转化为宗法制，在部落战争中获胜的首领成为国家的君王，实行社会治理的方式主要是家长制。中国国家诞生前最后的三任首领尧舜禹德性高尚，实行德治，且采取禅让制延续这种治理方式。禅让制是中国原始社会后期形成的一种以德和能选择首领的制度。后来传统社会历代思想家、政治家都把尧舜禹三人视为圣人或圣王，从这种意义上看，禅让制大致上可以说就是一种原始的内圣外王制度模式。但是，禹继位后在部落的拥戴下正式即王位，以此为标志，中国进入文明社会。禹去世后由其子启继天子位，从此尧舜禹三代君王的禅让制转变成世袭的嫡长子继承制，宗法制也由此最终形成。在这种情况下，继承王位的君王无须什么德性，也不一定实行德治，权力合法性的根据是宗法制规定的长子身份。这样一种治理模式一直延续到春秋时期前，因春秋时期陷入战乱而被打破。如此看来，传统的内圣外王的制度模式事实上已经被废弃。

在夏商西周时期，社会的主体或主人是凭借武力获得政权的王朝（统治者），其合法性、正当性都得不到证明和辩护，王朝不稳定是不可避免的。当西周王朝控制力废弛后，就出现诸侯争雄的春秋战国乱世。在这个乱世之中涌现出来的诸子百家开始思考和探索谁应成为社会的主人以及治理社会的权力应由谁掌握的问题。为了结束诸侯争霸、建立大一统君主专制国家，法家主张权力应由奉法、具有权势、能驾驭君臣的集政权于一身的君主掌握，其实践体现就是中国皇权专制时代的皇家天下和皇帝统治。道家和儒家则诉诸圣人来平定天下，实现各自的理想社会，先秦儒家更设计了"内圣外王"的实现理想社会的实践方案。正是尧舜禹成功的经验和夏商周均由兴到亡，尤其是春秋战国诸侯混战的教训，使孔子和先秦儒家力图复兴尧舜禹治理模式，并以之为蓝本设想了一套"内圣外王"的治理模式（《大学》）。

"内圣外王"模式的基本设计是由通过修身而达到圣人境界的人担任君王，他死之前挑选好能够接任的圣人接任他的君王之位，如此类推，以至于无穷。君王是圣人，也就永远能够保持高尚的德性，并出于高尚的德性治理天下，"仁民爱物"，使天下达到"大同"的理想状态。这套方案看起来十分精美且非常诱人，但历史事实证明，自禹之后再也没有这样的圣人出现，即使有个别像孔子这样的圣人出现也没有君王把王位禅让给他，因为他生活的时代没有一位君王是像尧舜那样的圣王。战国以后的中国传统社会也从未有过朝代按先秦儒家的方案实行治理，相反基本上沿袭了夏商周的治理模式，主要的改动是将分封制改成中央集权制。所以，在中国传统社会，普遍认同的内圣外王之道，只不过是一种儒家部分思想家的理论观念，在皇权专制时代从未变成社会现实。"内圣外王之道，本质上是君王制模式，是一种道德化的家长制。"[①] 先秦儒家的"内圣外王"理论其实不过是给家长制的君王制模式提供的论证，其结果是后来的传统社会只采用了君王制模式，但不可能使之道德化。历史事实证明，中国皇权专制时代虽然实行的是王治，但王内

[①] 江畅：《中国传统价值观及其现代转换》，载《江畅文集》第9卷，人民出版社2022年版，第610页。

无圣。

汉儒为了迎合大一统皇权统治的需要,实际上抛弃了先秦儒家设计的"内圣外王"方案,为皇权专制提供论证并出谋划策,儒家政治哲学成为御用政治哲学。以董仲舒为代表的汉儒其实已经意识到,在宗法制之下,皇帝的产生只能靠运气,而不可能凭借其德性和能力。就是说,皇帝在国家中的主人(家长)地位、拥有的最高权力的根据只是他是父皇的嫡长子,而不是别的。在这种情况下,要建立和维护国家的大一统,防止国家分裂给人民带来的灾难,只有靠建立皇帝的绝对权威,让皇帝掌握国家的一切权力。为此,他们就极力主张皇帝地位和权力的至上性、绝对性,并为此提供各种牵强附会的论证,如"王道之三纲,可求于天"(《春秋繁露·基义》)之类的荒诞论证。汉儒的政治哲学所提供的政治治理模式是一种维护皇帝绝对地位和权力的君主专制模式,这种模式在理论上得到了后世儒家的不断辩护和完善,最终在宋明理学那里得到了哲学本体论的论证和辩护。然而,这种政治治理模式是违背政治本性、社会本性、人类本性的,因此无论给它提供什么样的论证和辩护、无论怎样使它不断完善,都不可能挽救其被历史淘汰的命运。

在中国从传统社会向现代社会转换的过程中,中国资产阶级革命的先行者孙中山为了挽救民族危亡,立足中国传统文化、借鉴西方现代民主制提出了"三民主义"民主革命纲领,其目的是建立天下为公、国富民强的大同社会。这是中国历史上的第一个人民民主的社会治理模式。"三民主义"是孙中山针对中华民族面临亡国灭种危险提出来的挽救民族危亡的治国方略,所以他称"三民主义就是救国主义"[①]。关于三民主义实质内涵而言,孙中山指出:"我们三民主义的意思,就是民有、民治、民享。这个民有、民治、民享的意思,就是国家是人民所共有,政治是人民所共管,利益是人民所共享。照这样的说法,人民对于国家不只是共产,一切事权都是要共的。这才是真正的民生主义,就是孔子所希望之大同世界。"[②] 三民主义由民族主

[①] 孙中山:《三民主义》,东方出版社2014年版,第2页。

[②] 孙中山:《三民主义》,东方出版社2014年版,第222页。

义、民权主义、民生主义组成：民族主义是指反对清朝封建专制和列强的侵略，打倒与帝国主义相勾结之军阀，求得国内各民族之平等，承认民族自决权；民权主义是指实行为一般平民所共有的民主政治，而防止欧美现行制度之流弊，人民有选举、罢免、创制、复决四权（政权）以管理政府，政府则有立法、司法、行政、考试、监察五权（治权）以治理国家，其核心在于政府拥有治权，人民则拥有政权；民生主义内涵非常丰富，而其中有两个最重要的原则，一为平均地权，二为节制资本（私人不能操纵国民生计）。三民主义与马克思主义在实践和理论上的互动以及孙中山所主张的在中国实行资本主义的开拓性尝试，使这一理论本身在马克思主义与中国传统文化之间架起一座桥梁，对马克思主义中国化时代化的历史进程发生了直接影响。

中国共产党根据唯物史观尤其是群众史观，确立并始终践行人民至上的根本理念，通过长期的革命斗争最终使中国人民成为国家的主人，建立了中国特色社会主义民主政治制度。社会主义民主政治实质上是人民民主，它是中国特色社会主义政治文明的集中体现，中国共产党把实现和发展社会主义民主政治作为始终不渝的奋斗目标。早在革命战争年代，以毛泽东同志为代表的中国共产党人，在创建人民政权、发展民主政治方面进行了卓有成效的探索，积累了丰富的经验。中华人民共和国成立后，人民翻身得解放，成为国家主人，并建立了人民当家作主的制度保障。这些制度包括人民代表大会的根本政治制度、中国共产党领导的多党合作和政治协商制度、民族区域自治制度及基层群众自治制度等基本政治民主制度。党的十一届三中全会在我党历史上对如何加强民主和法治建设提出了系统要求：宪法规定的公民权利，必须坚决保障，任何人不得侵犯；为了保障人民民主，必须加强社会主义法治建设，使民主制度化、法律化，使这种制度和法律具有稳定性、连续性和极大的权威，做到有法可依，有法必依，执法必严，违法必究；必须保证人民在自己的法律面前人人平等，不允许任何人有超越于法律之上的特权。党的二十大更明确地提出了我国民主法治建设的近期奋斗目标：到2035年，基本实现国家治理体系和治理能力现代化，全过程人民民主制度更加健全，基本建成法治国家、法治政府、法治社会。① 这一目标的实现是新时代政治实践探索和政治哲学研究面临的重大任务。

改革开放四十多年来，中国一直致力于发展社会主义协商民主和全过程社会主义民主，健全民主制度，丰富民主形式，拓宽民主渠道，以保证把人民当家作主落实到国家政治生活和社会生活之中。党的二十大报告指出："我们坚持走中国特色社会主义政治发展道路，全面发展全过程人民民主，社会主义民主政治制度化、规范化、程序化全面推进，社会主义协商民主广泛开展，人民当家作主更为扎实，基层民主活力增强，爱国统一战线巩固拓展，民族团结进步呈现新气象，党的宗教工作基本方针得到全面贯彻，人权得到更好保障。"② 这是对今天中国民主法制状况的概括性总结，是中国特色政治哲学成功实践的体现。

八　德治、礼治与法治问题

与国家由谁作主问题直接相联系的另一个问题是作主者如何作主的国家治理方式问题，这也是中国政治哲学重点关注的问题。在这个问题上，中国的政治现实和政治哲学经历了一个复杂的演进变化过程。在先秦，儒家主张德治和礼治，法家则反对德治、礼治而主张法治，但无论是德治还是法治实质上都是人治，而不是现代意义上的法治。自汉代开始，汉儒虽然表面上仍然主张德治、礼治，而实际上主张一种与夏商西周时代的人治不同的人治，这就是君主运用礼制和法律实行专制统治。在创造中国式现代化的过程中，中国逐渐形成了以"依法治国"与"以德治国"为治国方略的具有中国特色的现代法治和德治相统一的治理方式。

在中国进入文明前夕的尧舜禹时代，社会实行的是人治，即社会由部落

---

① 参见习近平《高举中国特色社会主义伟大旗帜　为全面建设社会主义现代化国家而团结奋斗——在中国共产党第二十次全国代表大会上的报告》，人民出版社2022年版，第24页。

② 习近平：《高举中国特色社会主义伟大旗帜　为全面建设社会主义现代化国家而团结奋斗——在中国共产党第二十次全国代表大会上的报告》，人民出版社2022年版，第9—10页。

首领治理。这种人治是有效的，甚至出现了孔子所向往的黄金时代。那时的人治之所以有效，是因为这种人治实质上是德治，即凭借道德进行治理，因而这时的人治与德治是一体的。然而，自大禹之子夏启自行袭位而开启世袭制之后，通过嫡长子继承制获得王位的君王不再具备尧舜禹所具备的大德，也就不可能做到以德感召民众和治理天下；而且国家范围的扩大和国家事务的复杂化，仅仅凭统治者个人的德性也无法实施治理。因此，自夏启开始，德治虽然被要求，但徒有其表而事实上已不复存在，只有不断得到完善的非德治的礼治。这种德礼共治仍然是一种人治，只不过主要不是凭借德性，而是凭借作为规范的礼制来实施社会治理。然而，到了西周末年，沿袭了1300多年的礼治模式由于分封制导致的诸侯割据而遭到严重的破坏，导致了一种"礼崩乐坏"的乱局。

为了结束春秋时期的乱局，达到天下太平，孔子力图恢复他认为最完善的礼制即周礼。为了能够恢复周礼，孔子给礼赋予了仁爱的内涵，因此他所要恢复的周礼已经不是真正的周礼，而是富含仁爱的儒家之礼。孔子心目中理想的治理方式是一种德礼融合的治理方式，他对这种治理方式充满了自信，宣称："道之以政，齐之以刑，民免而无耻；道之以德，齐之以礼，有耻且格。"（《论语·为政》）他的这种治理方式，一方面要求君王用道德引导民众，用礼制规范民众，认为只有这样民众才会因知羞耻而守规矩；另一方面又要求君王本人德性高尚，像尧舜那样成为圣人，认为只有这样，对民众导之以德才能有效实现，这就是他所说的："政者，正也。子帅以正，孰敢不正？"（《论语·颜渊》）显然，孔子所倡导的治理方式仍然是一种人治，人治是德治和礼治的前提和实质内涵。从有关的历史文献看，孔子似乎完全没有意识到将法律置于君权之上。孟子继承了孔子的这一思想，一方面进一步强化君王自身必须仁义的意义，认为"一正君而国定矣"（《孟子·离娄上》）；另一方面大大发挥了孔子以德治国的思想，提出了一系列影响深远的德治观点和系统的仁政学说，认为"尧舜之道，不以仁政，不能平治天下"（《孟子·离娄上》）。至此，儒家以人治为实质内涵的德礼融合治理方式得到了进一步完善。

然而，经过董仲舒及其他汉儒改造过的儒学，适应宗法皇权专制主义的需要，剔除了先秦儒家赋予礼之中的仁爱内涵，而且将传统的"五伦"中的君臣、父子、夫妇三伦极端化为"三纲"。最终，汉儒给汉武帝提供了一种皇权至高无上且神圣不可侵犯的皇权专制模式，在这种模式下，不仅民众是皇帝的奴仆，甚至皇族成员和官员也都是皇帝的奴才，皇帝掌握着其他所有社会成员的生杀予夺大权。不过，为了让皇族内部人员和广大百姓心悦诚服地服从统治，皇帝也用儒家尤其是先秦儒家的学说来感召人、教化人。如此一来，先秦的儒学就演变成了汉儒的作为统治之术的"儒术"，汉儒的政治哲学（经学）也就成为为皇权专制主义论证、辩护和出谋划策的皇家御用政治哲学。自汉武帝起一直到清朝灭亡，儒家的仁义道德被统治者用来安抚和奴化百姓，而抽掉了仁爱内涵的礼制则被用来规范人、控制人，形成了一种礼治与德治相互补充、相互凭借的德礼共治新模式。这种模式与春秋时期以前的德礼共治模式并无本质不同，差别只在于这种模式有了汉代儒学作为理论依据，而且历代都有一大批儒家学者为之辩护，使它披上了合法性的外衣。

在传统社会，在德治和礼治之外，也有法治这种治理方式。《左传·昭公六年》记载："夏有乱政，而作《禹》刑。商有乱政，而作《汤刑》。"韩非在总结法家先驱管仲以来法治思想的基础上，把商鞅的法、申不害的术和慎到的势融为一体，构建了以法为中心的法、术、势相结合的政治哲学体系。在这三者之中，韩非最强调的是法，主张实行法治。他说："故明主之道，一法而不求智，固术而不慕信。故法不败，而群官无奸诈矣。"（《韩非子·五蠹》）韩非十分鄙薄仁义道德，极力反对儒家"以德去刑""德主刑辅"的主张，认为仁义道德势必助长奸邪犯罪。他说："故文王行仁义而王天下，偃王行仁义而丧其国，是仁义用于古不用于今也。"（《韩非子·五蠹》）他指责主张德治的儒家"以文乱法，侠以武犯禁"（《韩非子·五蠹》）。以韩非为代表的法家思想为后来建立的秦朝中央集权制提供了理论依据，以后历朝历代都继承了秦朝的中央集权制以及基本法律制度。不过，由于儒家的影响，自汉武帝开始并没有贯彻法家所强调的以法治国的思想，法治不过是礼治的一种补充和保障，即所谓"援礼入法"或"以礼入法"。相较于现代法治，传统法治有三个特点。其一，传统法治体现的是统治者的意志，是统治者用来统治人们的工具，王权在法律之上，甚至不受法律的控制。其二，传统法律主要是刑法，刑法属于实体法，传统法律体系中没有程序法。其三，传统法律都是礼的法律化，从属于礼制，为礼制服务，因而传统法治实质上是礼治。总之，礼治才是传统国家的真正治理方式，德治和法治都从属于礼治，而礼治不过是人治的基本形式。① 需要指出的是，无论是儒家的法治还是法家的法治，都不是把体现人民意志的法律作为国家最高权威的现代法治，而是把法律（尤其是刑法）作为统治人民的工具的传统法治。

辛亥革命的胜利在推翻了长达两千多年的皇权专制统治的同时，也终结了近四千年的礼制治理模式。南京临时政府于1912年1月1日宣告成立后，在其存在的三个多月里颁布了一系列有利于推行民主政治、发展资本主义和实行社会改革的法令，如《保护人民财产令》《大总统令内务部禁止买卖人口文》《文官试验章程草案》等，而其最重要的成果则是1912年2月7日由参议院制定并于3月11日颁布的《中华民国临时约法》。这是具有"宪法"性质的根本大法，它通过立法程序确立了中华民国的国家政治制度和政权组织形式，规定中华民国的主权属于人民，并且对人民的民主权利作出了规定。《中华民国临时约法》的制定和颁布在中国开创了依法治国的先河，促进了人民的觉醒，鼓舞人民起来为维护自己的权利而斗争，而且开始使民主共和观念深入人心，为以后民主革命进一步发展准备了条件。但是，《中华民国临时约法》颁布两年多就被袁世凯主持制定和颁布的《中华民国约法》取代，后来又经过多次反复，最终还是没有真正落实到位，其实践结果就是以蒋介石为代表的国民党反动派攫取的政权垮台。

中国共产党在领导中国人民进行革命、建设和改革的过程中从理论和实践的结合上对国家治理方式进行了艰难的探索，当代正在致力于构建中国特

---

① 需要提及的是，戊戌变法失败后，清朝光绪三十四年八月初一（1908年8月27日），晚清政府颁布了中国历史上第一部宪法性文件《钦定宪法大纲》。它是参照1889年日本明治天皇颁布的《日本帝国宪法》制定的，但删去了其中限制君权的有关条款，充分体现了"大权统于朝廷"的立法旨意。《钦定宪法大纲》打破了中华法系的传统结构，使宪法作为根本大法独立于刑法、民法等普通法律之外，规定了国家与社会制度的基本原则。它所确立的君主立宪政制在当时的历史条件下，不失民主政治的成分，对当时人们思想产生了不小的冲击。然而这部宪法还没有来得及实施就因为辛亥革命的爆发而被废止。

色社会主义民主国家。在革命战争年代，尚不存在国家治理方式问题，但在革命队伍内部以及党领导的根据地和解放区仍然存在管理方式问题。在革命队伍内部彻底抛弃了传统礼制，建立了组织制度和法律制度，实行民主管理。在根据地和解放区，德治以及以德治为基础的法治受到高度重视，同时还有行政治理、政策治理、纪律治理发生作用。在计划经济时代，革命战争年代的治理方式仍然在发挥作用，不同的是这时的法治有了独立的地位，但当时的法治尚不健全，因此才有了"文化大革命"的悲剧。

实行改革开放后，对"文化大革命"的深刻反思，使中国人意识到法治对于保障基本人权和社会秩序稳定所具有的极其重要的作用，于是开始重视法治，党中央将依法治国作为基本治国方略。2014年党的十八届四中全会通过的《中共中央关于全面推进依法治国若干重大问题的决定》指出："依法治国，是坚持和发展中国特色社会主义的本质要求和重要保障，是实现国家治理体系和治理能力现代化的必然要求，事关我们党执政兴国，事关人民幸福安康，事关党和国家长治久安。"①《决定》还提出了以下要求：完善以宪法为核心的中国特色社会主义法律体系，加强宪法实施；深入推进依法行政，加快建设法治政府；保证司法公正，提高司法公信力；加强法治工作队伍建设；加强和改进党对全面推进依法治国的领导。这样的重大决定，不仅在中华人民共和国和中国共产党的历史上没有过，在整个中国历史上也未曾有过。鉴于改革开放和实行市场经济体制后出现的严重道德问题，2001年江泽民同志明确提出"把依法治国与以德治国紧密结合起来"的治国方略。关于两者之间的关系，习近平总书记指出："法律是准绳，任何时候都必须遵循；道德是基石，任何时候都不可忽视"；"法律是成文的道德，道德是内心的法律"；"法安天下，德润人心"②。他进一步强调，法治和德治不可分割、不可偏废，国家治理需要法律和道德协同发力。党的二十大进一步强调坚持全面依法治国，推进法治中国建设，提出全面依法治国是国家治理的一场深刻革命，要

---

① 《中共中央关于全面推进依法治国若干重大问题的决定》，《十八大以来重要文献选编》（中卷），中央文献出版社2016年版，第115页。

② 《习近平谈治国理政》第二卷，外文出版社2017年版，第133页。

求在法治轨道上全面建设社会主义现代化国家。①

在党中央的高度重视和强力推进下，中国的法治取得了重大进步："社会主义法治国家建设深入推进，全面依法治国总体格局基本形成，中国特色社会主义法治体系加快建设，司法体制改革取得重大进展，社会公平正义保障更为坚实，法治中国建设开创新局面。"② 当然，实现全面依法治国，特别是确立法律在国家中最高权威的地位，同时，处理好依法治国与以德治国的关系，还有许多问题需要研究解决。但是，中国已经从传统以人治为实质内涵的德、礼、法合治转向了现代的中国特色社会主义法治与德治相统一的治理，这是中国社会治理方式的根本变革，也是中国政治哲学取得的最新成果，代表了人类社会治理进步的历史大趋势。

第四节　中国政治哲学的贡献、经验和当代任务

中国政治哲学历史悠久，其间经历过从春秋战国时代的多元政治哲学到皇权专制时代的一元政治哲学，再到当代"主旋律"与"多样化"相统一的政治哲学的两次重大转变。从历史演进的角度看，中国政治哲学的发展可以划分为孕育时期（夏商西周时期）、形成时期（春秋战国时期）、儒家独尊时期（秦汉、魏晋隋唐、宋明清时期）和现代化时期（民国、共和国时期）四个历史时段。作为理论形态的中国政治哲学诞生于春秋战国时期，而作为学科的中国政治哲学则起步较晚，"政治哲学的学科建设和学术研究，严格地说，就是在改革开放之后才开始的"③，但四十多年来，中国政治哲学获得了

---

① 参见习近平《高举中国特色社会主义伟大旗帜　为全面建设社会主义现代化国家而团结奋斗——在中国共产党第二十次全国代表大会上的报告》，人民出版社2022年版，第40页。

② 习近平：《高举中国特色社会主义伟大旗帜　为全面建设社会主义现代化国家而团结奋斗——在中国共产党第二十次全国代表大会上的报告》，人民出版社2022年版，第10页。

③ 李佃来：《新中国成立70年来政治哲学的发展》，《武汉大学学报》（哲学社会科学版）2019年第6期。

蓬勃发展，政治哲学学术研究方兴未艾。为了彰显中国政治哲学的成就和优势、凸显其特色、总结其经验教训，推动当代中国特色政治哲学构建，从传统与现代结合、中西方对比的角度对中国政治哲学进行综合性考察研究十分必要。

一 中国政治哲学的主要贡献

理论形态的中国政治哲学在诞生后的两千多年经过了一个从"百花齐放"到"万马齐喑"再到"守正创新"的曲折演进过程，在今天达到了前所未有的繁荣。虽然中国历史上有些思想家创立的政治哲学学说对于社会发展产生过负面作用或消极影响，但他们的研究都是出于民族兴旺、天下太平和民众安乐的善良愿望，而且他们的学说中或多或少包含有益的内容，即便是失误也可以为后人提供教训。中国思想家在政治哲学研究方面所作的努力不仅给民族和人类留下了宝贵的财富，也反映了他们为人类幸福苦心孤诣地追求政治真理的精神，记录了人类不断追求政治进步和完善的心路历程。中国政治哲学成就巨大，内容丰富而深刻，对中国政治发展、民族兴旺和世界和平作出了重要贡献。这里主要从对人类文明发展、人类命运共同体构建、为人类重大政治问题的解决提供中国智慧以及为人类政治清明提供中国经验四个方面粗略阐述中国政治哲学的贡献。

第一，构想并追求世界大同的理想社会，为人类政治文明发展指明了方向。人类进入文明社会的重要标志之一，就是作为基本共同体的社会不再自发地谋求生存，而是开始自觉地为社会运行和发展确定某种共同目标，并运用政治权力调动一切力量追求共同目标的实现。但是，在轴心时代以前，社会的共同目标主要是由统治者出于自身利益或统治需要确立的，缺乏充分的理论论证，通常狭隘而短视。这也是那段历史长期政局不稳、改朝换代频繁的重要原因之一。我国周朝存在 790 年，就有三分之二的时间处于诸侯争雄、天下大乱的局面。不过，也正是这种前所未有的乱局催生了前所未有的思想家（诸子百家）问世，他们面对生民的苦难，在反思和批判文明历史、总结历朝历代经验教训的基础上，力图构想一种不仅能使民众脱离苦海而且能使民众永享太平和喜乐的理想社会。诸子百家中多家都有自己对理想社会的构想，其中儒家创始人孔子构想的大同社会最具生命力和影响力。在中国历史上，孙中山第一次明确将大同社会作为政治追求的目标，称"真正的民生主义，就是孔子所希望之大同世界"①；习近平主席代表中国共产党向世界宣告："我们所做的一切都是为人民谋幸福，为民族谋复兴，为世界谋大同。"②

大同社会是在《礼记·礼运》中借孔子之口首次明确表达的一种天下为公的美好社会图景。"大同社会作为理想社会的代名词，体现了中国人对人类社会未来发展的美好愿望和基本设计。天下意识是大同社会的世界观基础，忠恕之道是大同社会的方法论依据，天下为公是大同社会的价值目标。"③ 大同理想社会一经提出就成了中国社会发展的不懈追求，虽然其间经过了漫长的皇权专制统治时期，但这种理想始终埋藏在中国人心中。在皇权专制统治摇摇欲坠的清朝末期，中国资产阶级改良派代表人物康有为就构想了一个"人皆独立，即人得自由，人得平等"④ 的"太平之世"。差不多同时，中国资产阶级革命先行者孙中山将"天下为公"的大同社会理想具体化为以"民有、民治、民享"为基本内涵的"三民主义"⑤，并毕生致力于这一理想社会的构建。中国共产党成立后给中国传统的大同社会理想注入了马克思、恩格斯的共产主义社会理想的现代内涵，形成了中国化的共产主义理想，并且领导中国人民为之奋斗，使之开始在中国变成现实。大同理想社会之所以被世代中国人渴望和追求，根本原因在于这种理想社会是最适合人类生存的社会。人是社会性动物，只能在社会中生存。但历史事实表明，作为人类基本共同体的社会是一把"双刃剑"，好社会是人间天堂，坏社会则是人间地狱。大同社会就是中华文化意义上的好社会。

大同社会作为好社会，其"好"有诸多体现，尤其重要的有以下几个方

---

① 孙中山：《三民主义》，东方出版社2014年版，第222页。
② 《习近平会见联合国秘书长古特雷斯》，《人民日报》2018年4月9日，第1版。
③ 郭清香：《大同社会理想与人类命运共同体构建》，《道德与文明》2019年第6期。
④ 康有为：《大同书》，载《康有为全集》第7集，姜义华、张荣华编校，中国人民大学出版社2007年版，第77页。
⑤ 参见孙中山《三民主义》，东方出版社2014年版，第222页。

面。其一，它是天下，而不是国家。大同社会就是大同世界，意味着天下大同、"天下（太）平"（《礼记·大学》），在这个世界里不会有国家之间的战争与侵略。其二，它是公天下，而不是家天下。用今天的话说，公天下就是全体社会成员"共建共治共享"的社会①，没有统治阶级和被统治阶级的划分。其三，它是"大道之行"的人间正道。大同社会顺应天道自然规律，遵循人类社会发展规律，体现人类的本性要求和价值诉求，是合目的性与规律性的统一。作为"大道之行"的人间正道，它是古圣先贤对"王道荡荡""王道正直"（《尚书·洪范》）的向往，饱含着中华文化"从容中道"（《礼记·中庸》）的精神。其四，它是各尽其能、各得其所的公正社会。在这里，"老有所终，壮有所用，幼有所长，鳏寡孤独废疾者，皆有所养"（《礼记·礼运》）。其五，它是真情友爱的美好家园。大同社会是"老吾老，以及人之老；幼吾幼，以及人之幼"（《孟子·梁惠王上》）的社会。简言之，大同社会是人性化、人道化、人情化的人间天堂。在中外历史上，不少思想家提出过不同的理想社会，如柏拉图的"理想国"、斯多亚派的"世界城邦"、基督教的"新天新地"、西方自由主义者的"理性王国"等。② 这些理想社会方案各有针对性和特色，但中国"天下为公"的大同社会和马克思、恩格斯"以每一个个人的全面而自由的发展为基本原则"③ 的共产主义社会真正体现了人类本性的要求，能为人类本性的实现提供社会条件。古今两个时代，中德两个国度的思想家对理想社会的构想不谋而合，也充分表明了这种理想的真理性。虽然"大同"社会理想尚未得到人类的普遍认同，但这种理想本身的真理性、合理性，以及中国提出的构建人类命运共同体倡议在世界上得到越来越多的响应，表明"世界大同"是人间"王道"，反映了人类文明发展的必然趋势。

第二，阐明和构建身家国天下一体的关系，为人类命运共同体构建提供了中国模式。人类社会（基本共同体）的最初形态是家庭，原始人群是家庭

---

① 参见《习近平谈治国理政》第四卷，外文出版社2022年版，第338页。
② 参见江畅《西方政治哲学重点关注的八大问题》，《理论月刊》2022年第8期。
③ 《马克思恩格斯文集》第5卷，人民出版社2009年版，第683页。

的原始形态，氏族社会已经有了比较完全意义上的家庭以及家庭的扩大形态家族（部落）。① 世界上一些地区部落之间的战争和融合催生了几大文明古国，市场经济的兴起和发展促进了西方现代国家的形成，而西方殖民主义者的海外扩张，尤其是西方市场经济向全世界的渗透，则促进了世界国家化。今天，国家已经成为人类的基本共同体，全人类都生活在不同国家之中。市场经济和现代科技带来的经济全球化、交往全球化和信息全球化，已经将居住在不同国度的人类联系成为一个整体，国家化和现代文明暴露的全球性问题已然不再可能仅由一个国家或各个国家自行解决，人类的命运被更紧密地联系在一起。面对这样的历史发展态势，中国率先提出构建人类命运共同体的政治主张，这一主张顺应了人类共同体正在迈向其最终形态——世界共同体（天下）的历史发展总趋势。如此，家、国、天下将会成为人类社会或世界共同体的未来基本架构。当代中国能够率先提出构建人类命运共同体的主张，与中国政治哲学一以贯之地主张身家国天下一体、追求世界大同的优良传统有着深刻的内在关系。

身家国天下一体的理论主张虽然是春秋战国时期由儒家首次提出和阐述的，但还有更深厚的文化传统根基。中国进入文明社会以前是以马克思所说的"亚细亚的"生产方式②为基础的亚细亚社会形态，国家主权与土地所有权合一的土地国有制、手工劳动为基础的小农经济、自给自足的自然经济、全面干涉的政府职能与君主专制的国家制度等是其基本特征。③ 这种社会形态一直延续到文明社会，其变化主要体现在部落战争中取胜的部落成为统治者，以及被统治的部落又试图通过战争夺取统治权。由于时代局限，统治者以为自己统治的地域就是世界、天下，于是就有了"溥天之下，莫非王土；率土之滨，莫非王臣"（《诗经·小雅·北山》）的观念。最高统治者宣称自己是

---

① 按照恩格斯的观点，原始社会的蒙昧时代和野蛮时代（大致相当于原始人群时代和氏族公社时代）已经有了与之相适应或并行的群婚制、对偶婚制两种婚姻家庭形式（参见《马克思恩格斯选集》第4卷，人民出版社2012年版，第29、85—86页）。

② 参见《马克思恩格斯选集》第2卷，人民出版社2012年版，第3页。

③ 参见于金富、郑锦阳《马克思亚细亚生产方式理论探析》，《河南大学学报》（社会科学版）2022年第5期。

上天之子，受上天之命治理天下、护佑生民，即所谓"天子作民父母，以为天下王"（《尚书·洪范》）；"王者父天母地，为天之子也"（《白虎通义》卷一）。于是，人们就把统治者所在地视为天下的中央，而把其他辖地称为地方，统治以外的地区则被视为胡地或夷地。中华民族的"天下"拥有特定的土地，也就是天赐的自然地理空间，先秦时期称为"九州""四海"等；拥有相对稳定的居民——"五方之民"或"夏夷之民"；拥有源自《易经》以"天人合一"为最高追求的华夏文化；大部分时期拥有正统、合法的政权——中央王朝；具有管理"天下"的"天下观"和"大一统"思想；具有统治"天下"的具体政策——"五服制"和"修其教，不易其俗，齐其政，不易其宜"（《礼记·王制》）原则之下的诸多管理政策。因此，"天下"空间覆盖的既是一个地域共同体，也是一个政治共同体和文化共同体，与辛亥革命后终结王朝国家的历史并开启民族国家[①]的构建形成了一种演化关系。[②]在夏商西周时期，人们心目中并无国家概念，春秋时期诸侯称霸、自立为王，国家的社会地位凸显，而这时周王名义上还是"天下共主"，国家属于天下之国家。先秦儒家继承这种文化传统，明确提出"齐家、治国、平天下"的社会治理模式，形成了身家国天下一体的思想体系。中华人民共和国成立后，传承并创新了传统的"家国天下"兼治的社会治理模式，在实行依法治国和以德治国的同时，注意家庭家教家风建设并推动人类命运共同体构建。

家庭、国家、世界是人类从分离的原始人群走向更大共同体的三大步骤，是人类形成更大创造力量、扩展更大活动空间、过上更丰富的物质和文化生活的历史过程。"家庭是人类自身再生产的基地，也是最基本的社会单元，因

---

① 赵轶峰认为，"国族国家"（nation state）是达到高度文化、制度、利益认同的国民组成的拥有主权地位的社会共同体，也是现代国际体系中普遍承认的唯一主权主体。这个概念长期被许多文献书写为"民族国家"，然以"国族国家"更得本意，且有助于理解nation 与 ethnic group（族群）的关系（参见赵轶峰《王朝、天下、政权、文明——中国古代国家形态问题的若干概念》，《中国史研究动态》2022年第5期）。

② 参见都永浩《"天下"内涵及与近现代中华民族的关系》，《中国边疆史地研究》2022年第4期。

而也是社会稳定发展的基石,即所谓'家和国兴'。"① 国家的建立并不是要消灭家庭,而是要保护家庭,使家庭和睦,从而使个人幸福。从当代的情况看,人类命运共同体构建不会,也不可能消灭国家,相反要根据国家发展的方向以及构建人类命运共同体的内在要求,规约和塑造好的国家和好的国际关系。② 国家将来也许会成为世界共同体中的民族,这种民族有点类似孙中山所说的"国族"③。因此,人类的社会治理不能只考虑个人,也不能只考虑国家,而必须着眼于个人普遍幸福,考虑家庭、国家和世界的建设。中国政治哲学历来重视身家国天下一体建设,这种四位一体的社会结构为当代世界共同体建设提供了中国智慧和中国经验。

第三,研究和回答政治活动的一系列深层次问题,为当代中国和人类社会现实政治问题的解决提供了理念和原则。政治学作为一种社会科学,是客观地研究比较具体的政治现象、政治过程和政治问题,因而具有很强的实证性和经验性,对其研究对象采取一种不含有研究者任何主观偏好的客观态度;而政治哲学的核心问题是政治的合理性、合法性、正当性问题,因而它对政治问题的研究必然包含价值判断和价值要求,其基本使命是要为政治活动提供根本理念和基本原则,以对政治活动进行规导,使之不偏离或不违背政治的本性或应然本质。④ 两千多年来,中国政治哲学家提供了诸多重要的核心政治理念和基本政治原则,由于中国政治哲学具有深厚的本体论根基,而且从身家国天下的广阔视域研究政治,所提供的理念和原则能够从更深层次上解决问题,因而更具有普适性。这些核心理念和基本原则是政治治理活动不可违背的,一旦违背,就会导致黄炎培先生所说的"政息人亡"。这里仅根据构建人类命运共同体的需要列举其中最重要的四个核心政治理念,它们也是最重要的四条基本政治原则。

---

① 江畅:《好生活如何可能——基于价值论的思考》,社会科学文献出版社 2023 年版,第 129 页。

② 参见杜志章、田秀华《人类命运共同体构建中的国家角色与方位》,《西北师大学报》(社会科学版) 2022 年第 5 期。

③ 参见孙中山《三民主义》,东方出版社 2014 年版,第 4 页。

④ 参见张红妹《政治哲学与政治学辨析》,《理论与现代化》2011 年第 1 期。

其一，天下为公。"天下为公"作为政治原则是孔子针对"天下为家"的现实明确提出的一种构想，他认为只有天下是公天下时，才会出现天下大同的美好社会格局。古代人所理解的"公"指的是"天下非一人之天下也，天下之天下也"（《吕氏春秋·贵公》），即天下是所有天下人的天下，而非君王一人的天下。在孔子看来，如果天下为家，即使像夏禹、商汤、周文王那样的杰出贤王也只能把社会治理成为小康社会，而不可能达到天下大同。明末清初之际三大思想家在皇权专制主义走向衰败、资本主义开始萌生的时代背景下进一步阐述了"天下为公"的实质内涵和价值要求。黄宗羲提出"天下为主君为客"（《明夷待访录·原君》），顾炎武倡言"以天下之权寄之天下之人"（《日知录·守令》），王夫之主张"不以一人疑天下，不以天下私一人"（《黄书·宰制》）等，其目的就是要求君主鞠躬尽瘁，做天下人的公仆，承担天下兴亡的重任，真正做到立君为民、立君为公。从政治哲学的角度看，"天下为公"既是一种理论主张，也是一种价值诉求，其基本含义是天下属于人民，人民是天下的主体、主人，天下由人民共建、共治、共享。"江山就是人民，人民就是江山"[①] 是"天下为公"的当代表达。

其二，天下太平。"天下太平"出自《吕氏春秋·大乐》："天下太平，万物安宁。"意思是音乐产生于天地和谐、阴阳和谐。儒家将天下太平即"天下平"作为人类社会的一种理想状态，认为政治的使命就是要通过"齐家、治国、平天下"达到"家齐、国治、天下平"，最终实现天下大同。众所周知，"天下平"是儒家政治哲学的政治追求，其实源自道家的道教也高度重视天下太平，其主要经典就取名为《太平经》。该书明确提出"自然"的核心价值理念，并主张遵循"大顺之道"的自然无为方式，去追求"天下太平"的理想之世。[②] 基于儒家的政治地位，天下太平后来成了中国政治哲学的基本原则，也是中国政治哲学用来衡量政治成功与否的基本标准。传统社会的统治者也追求天下太平，但其终极目的是追求家天下的长治久安，因而从未真

[①] 《习近平谈治国理政》第四卷，外文出版社2022年版，第63页。

[②] 参见彭永捷主编《中国政治哲学史》第二卷，中国人民大学出版社2019年版，第141页。

正实现过天下太平的理想状态。中华人民共和国成立之后，实现共产主义被确定为社会理想，社会主义现代化和中华民族伟大复兴被确定为奋斗目标，而天下太平、国泰民安仍然是理想社会的基础。

其三，人民至上。"人民至上"的概念虽然是中国进入中国特色社会主义新时代才被明确提出来，但其思想渊源非常久远，可追溯到《尚书》中"民惟邦本，本固邦宁"（《尚书·五子之歌》），"天视自我民视，天听自我民听"（《尚书·泰誓中》）的观念。这种观念后来被概括为"以民为天"①的原则，并被孟子归结为"以民为本"。其实这两个原则并不相同，也许孟子意识到"天下为家"的王朝不可能以民为天，所以打了一个折扣，将其降低为以民为本的要求，但其含义包含在以民为天的原则之中。在后来的中国传统社会，有的统治者也认同以民为本原则，有的统治者还程度不同地做到了这一点，但未见有统治者真正达到以民为天的高度，更没有建立相应的政治制度。正是针对历代君王把整个国家和天下都视为己有，清初思想家黄宗羲明确指出，"古者以天下为主，君为客"，"今也以君为主，天下为客"，而且往往"视天下为莫大之产业，传之子孙，受享无穷"。（《明夷待访录·原君》）中国共产党在领导中国人民进行革命、建设和改革的过程中，将古老的"以民为天"和"以民为本"的政治原则转换为"人民至上"，并加以践行。事实证明，只有坚持人民至上，才能真正实现天下太平、国泰民安的基本政治目标并追求世界永久和平、人类普遍幸福的崇高理想。

其四，德法兼治。在中国政治哲学史上，儒家主张德治和礼治，法家则主张实行单纯的法治，否定德治。总体上看，中国传统社会实行的是人治，但在人治的背景下强调以德为基础的礼治，并辅之以法治，可以说是"礼主刑（法）辅"。孔子认为，"道之以政，齐之以刑，民免而无耻；道之以德，齐之以礼，有耻且格"（《论语·为政》）；司马光说得更明白，"国家之治乱

---

① 《史记·郦生陆贾列传》中写道："王者以民人为天，而民人以食为天。"唐代司马贞作《史记》的"索隐"时注明此话出自管子。他断定管子曾说过"王者以民为天，民以食为天，能知天之天者，斯可矣"的话。《汉书·郦食其传》也有"王者以民为天"的记载。可见，"以民为天"观念在中国源远流长，并且得到了相当普遍的认同。

本于礼"(《司马光奏议》卷七《谨习疏》)。也有部分儒家学者肯定法治的必要性,如荀子针对当时的礼法、王霸之争提出"隆礼、尊贤而王,重法、爱民而霸"(《荀子·天论》),董仲舒"为人君者,其法取象于天"(《春秋繁露·天地之行》)的断定也隐含了法存在的必要性。不过,他们都把礼作为治之本,荀子就断定"礼义之谓治,非礼义之谓乱也"(《荀子·不苟》),董仲舒说得更清楚,"使德之厚于刑也,如阳之多于阴也"(《春秋繁露·阴阳义》),于是就有了儒家主张"德主刑辅"的说法。不过,中国传统社会的法,不仅限于刑法,而且使礼制规范和伦理纲常刑法化,借助刑法的力量来维护礼制,即后来所说的"以礼入法"或"援礼入法",导致中国古代始终处在有法律而无法治的人治阶段。[①] 传统社会的"人治"是君王治理,中华人民共和国成立之后,"中国人民掌握了国家的权力,成为国家的主人"(《中华人民共和国宪法》),传统的君王至上转变成为人民至上,过去的君王专制治理转变成为人民民主治理。在"国家的一切权力属于人民、人民当家作主"的治理前提之下,国家确立了依法治国和以德治国的两大治国方略,形成了德法兼治的现代社会治理模式。这种模式不仅从根本上克服了传统人治的弊端和消极后果,而且可以克服西方国家片面强调法治导致的种种社会问题。中国的实践证明,以人民至上为前提的德法兼治模式是政治哲学不可动摇的基本原则。

第四,高度重视廉洁自律和廉政建设研究,为人类政治清明提供了中国经验和智慧。就政治治理而言,无论是人治还是法治抑或德法兼治,治理权力或政治权力总是由个人掌握的,因此就会存在利用政治权力牟取私利的问题。事实也表明,人类自从有了政治活动以后,腐败问题就成了一直挥之不去的政治阴霾。而且权力越是集中、越是不受制约,腐败的可能性就越大,这就是英国思想家阿克顿所说的"权力趋向腐败,绝对权力绝对腐败"[②]。中国传统社会是王权制社会,秦代之前是封建专制社会,秦代开始是皇权专制

---

① 参见赵世超《中国古代引礼入法的得与失》,《陕西师范大学学报》(哲学社会科学版)2011年第1期。

② 转引自许良英《也谈阿克顿的名言》,《炎黄春秋》2010年第7期。

社会，由于政治权力高度集中，贪污腐败、滥用权力的问题屡禁不止，而且上行下效，常呈愈演愈烈之势。因此，反腐防腐是中国传统政治的艰巨任务，也是君王和学者极为关注的问题，一些君王还采取了各种反腐防腐的措施，积累了丰富的理论和经验。不过，传统社会的专制主义本身是政治腐败产生的土壤，不可能彻底清除腐败现象，建立清明政治。"分析几千年的传统社会、文化，人治主宰一切，而法治却难觅其踪，这是导致腐败滋生、多发、层出不穷的根源。"① 在社会主义社会，由于传统政治文化的消极影响、掌权者私欲膨胀、市场经济的利益最大化原则的浸染，现代社会腐败问题依然存在，有些时候还相当严重，对政治治理和社会风气产生了极大的破坏作用。因此，官员腐败问题是当代中国政治学和政治哲学高度重视的重大社会问题。政治哲学与政治学不同的特点在于，政治哲学主要是从政治本性的角度阐明廉洁自律和防腐机制问题的重要性，并提出从根本上、源头上治理腐败的原则和对策。在可预见的范围内，人类还不可能彻底铲除腐败这颗政治毒瘤，因此中国政治哲学廉政建设方面的理论成果可以为其他国家反腐防腐提供重要的经验和有益的启示。

先秦儒家充分认识到君主昏庸残暴、官吏贪污腐化的极大危害，根据政治的本性和应然本质对官员提出了政治上清正廉洁的要求。据《论语·颜渊》记载，季康子问政于孔子，孔子对曰："政者，正也。子帅以正，孰敢不正？"孔子的话言简意赅地道明了政治的本性。《管子·法法》亦云："政者，政也。"可见先秦思想家对政治的本质已经形成共识。这里的"正"含义非常丰富，虽然历来对它有不同的理解，但都承认它指的是政治的本性和应然本质。"正"的本义为位置居中，不斜偏为正，故持中即守正。《管子·法法》中谈道，"止过而逮不及也"，而"过与不及也，皆非正也"。持中守正是中华伦理道德的根本观念，这种观念认为，天地万物皆有其中正之位，万物唯有各守其道，各尽其责，在各自中正之位行事，做应该做的事，而不去妄为，不干扰和影响他物或他人，宇宙和社会就会和谐有序。所以中国古代思想家认

---

① 上官春晓：《历史遗风与时代之弊——传统文化视域下的腐败问题浅析》，《理论观察》2016年第5期。

为,"正"并不是人为的要求,而是天道、天命的体现和要求,即"正也者,所以正定万物之命也"(《管子·法法》)。正是根据这种正的要求,古代思想家对统治者尤其是君王提出了明确的"正"的要求,如朱熹曰:"害仁者,凶暴淫虐,灭绝天理,故谓之贼。害义者,颠倒错乱,伤败彝伦,故谓之残。一夫,言众叛亲离,不复以为君也。"(《四书章句集注》)

正是从政治的本性出发,中国古代思想家建立了一整套清正廉洁的政治哲学思想体系:清廉离不开法律保障,"非廉无以行法,非法无以佐廉"(陈宏谋《从政遗规》上),"治国无法,则乱;有法而不能用,则乱"(《尹文子·大道上》);清廉的关键在"慎独","莫见乎隐,莫显乎微,故君子慎其独也"(《中庸》);慎独不是出于畏惧,而应是修身的结果,所以"自天子以至于庶人,壹是皆以修身为本"(《大学》);修身需要"格物、致知、诚意、正心",需要追求"明明德、亲民、止于至善"的境界,以"明明德于天下"(《大学》),等等。中华人民共和国成立以后,作为执政党的中国共产党为了保持党和国家工作人员的廉洁,一直致力于加强党风廉政建设。一方面,大力弘扬中华优秀廉政文化中包含的深刻政治哲理,强调党政干部加强自身修养,提高自身的免疫力;另一方面,几十年如一日地进行反腐斗争,且力度不断加大。党的十八大以来,中国采取了更为系统完整的腐败治理措施,如把权力关进制度的笼子,逐步健全国家法律法规建设,尤其是坚持不敢腐、不能腐、不想腐一体推进,落实无禁区、全覆盖、零容忍深入开展反腐斗争。"反腐败斗争取得压倒性胜利并全面巩固,消除了党、国家、军队内部存在的严重隐患,确保党和人民赋予的权力始终用来为人民谋幸福。"[①] 中国共产党的廉政建设的理论和经验不仅对于其他国家构建清明政治具有借鉴和启示意义,而且丰富了当代中国应用政治哲学理论。

需要指出的是,中国政治哲学的上述贡献不单纯是理论上的,其中的一些基本观点和原则已经转变成为中国人的观念和信念,成为中华优秀文化传

[①] 习近平:《高举中国特色社会主义伟大旗帜 为全面建设社会主义现代化国家而团结奋斗——在中国共产党第二十次全国代表大会上的报告》,人民出版社2022年版,第14页。

统的核心内容。它们源自中国文化传统，又通过提炼和提升创新和丰富中国文化传统，其中有些一经产生就融入中国人的实践和生活（如"身家国天下一体""德法兼治"），有些在历史演进过程中不断完善并最终成为中华文化的根本理念（如"以民为本""人民至上"），有些由于时代的局限而不能变成现实，但中国人念兹在兹，不懈追求其实现，直至梦想成真（如"天下大同""天下为公""天下太平"）。这是中国政治哲学的显著特色，也是中国文化推崇"知行合一"的特质在政治哲学上的体现。

二 中国政治哲学的基本经验

中国政治哲学能够对中国政治发展和世界政治文明进步作出独特而重要的贡献，是因为它在形成和演进的过程中创造了自己独特的研究视角、研究对象和研究范式，积累了独具特色的研究经验。在构建中国特色政治哲学已成为学界普遍共识的今天，很有必要在对其历史进行检视和反思的基础之上，弘扬其经验，发挥其优势，并通过与西方政治哲学的比照，完善当代中国特色政治哲学的构建，使之既具有中国特色又彰显政治真理。这里着重从当代中国特色政治哲学构建的角度阐述几条值得弘扬的基本经验。

第一，中国政治哲学立足于人类本性和社会本体探求政治的应然本质，而不局限于对政治现象的观察分析。中国政治哲学充分肯定政治对于人类生活的必要性和重要性。严复对此作过明确的阐述："凡是人群，莫不有治人、治于人之伦理。治人者君，治于人者臣。君臣之相维以政府。有政府者，谓之国家。"[1] 中国历史上反对政治的无政府主义主张比较少见。20世纪初，无政府主义曾登陆中国，但传入不久就受到了本土学者的抵制。章太炎曾批评说，"言无政府主义不如言无生主义"[2]。无政府主义仅在中国知识界流传过四十多年，就因缺乏合适的文化土壤而退出了中国历史舞台。[3] 在肯定政治必

---

[1] 严复:《政治讲义》，载王栻主编《严复集》第5册，中华书局1986年版，第1253页。

[2] 太炎（章太炎）:《排满平议》，《民报》第21号，1908年6月10日，第1页。

[3] 参见张全之《无政府主义与中国近现代文学》，博士学位论文，南京大学，2004年。

要的前提下，中国政治哲学通过反思和批判现实政治或实然政治（包括政治关系、政治行为、政治体系、政治文化等①），着眼于天地万物的本性，揭示人类政治的真实本性及应然本质，目的是使政治的应然本质体现为优越于既定政治的理想政治。王安石说："先王之道德出于性命之理，而性命之理，出于人心。"（《临川先生文集·虔州学记》）被誉为"治国之本"的黄老之学经典《黄帝四经》，法天地以尽人事，其中的"法"很大程度上表现为"法天地"，或者说以天地之道作为人事之"法"，人间的"法"被看作天道的投影或者说对天道的效仿。② 在中国政治哲学家看来，政治实质上是治理社会的活动，而社会是由个人作为终极实体和终极主体的。因此，政治哲学要通过揭示社会的本性或本然本质（通常被看作社会本体）以及构成社会的人的本性来揭示政治的真实本性，进而阐明政治的应然本质。

先秦道家和儒家就是在反思批判现实政治的基础上构建宇宙本体并引申出人类本性的，虽然他们的结论不尽相同，但都认为人类本性与天地万物的本性相通，而且实质上都是善的，或者是"含德之厚［者］，比于赤子"（《老子》五十五章），或者是"仁义礼智，非由外铄我也，我固有之也"（《孟子·告子上》）。基于这种看法，儒家认为社会就其本性而言是天下为公的仁爱共同体，而政治的本性或应然本质就是构建这种共同体之"道"，体现为"齐家、治国、平天下"；道家认为人类社会就其本性而言是效法道构建的与道、天、地具有同等地位的共同体，社会治理必须"以道莅天下"（《老子》六十章），实行无为而治，"自然无为"是政治本性之所在。秦朝以后传统社会的思想家对人类本性、社会本体都存在将伦理纲常本体化的共同问题。韩愈反先秦儒家道德之形而上学传统，认为儒家之道并非本于天道，而是源自尧舜的人道。③ 二程更是宣称："人伦者，天理也"，"礼即是理也"（《二程集·河南程氏遗书》卷十五）。值得注意的是，儒道两家的主流观点都是从宇宙本

---

① 参见王浦劬等《政治学基础》，北京大学出版社2018年版。
② 参见梁涛主编《中国政治哲学史》第一卷，中国人民大学出版社2019年版，第177页。
③ 参见邓国坤、贾睿《传统与偏传统——韩愈道统思想新探》，《船山学刊》2018年第6期。

体引申出人类本性和社会本体，从而揭示政治的本性或应然本质，而不是通过观察分析政治现象来揭示政治的现实本质。

中国政治哲学在从传统到现代的转换过程中接受了马克思主义政治哲学并使之发展成为现代中国的主导政治哲学。马克思主义政治哲学产生于19世纪的德国，虽然没有受到多少中国传统政治哲学的影响，但在致思路径和方法论上却与之不谋而合。这就是在反思批判现实政治的过程中，从人类本性和社会本体追寻政治的本性或应然本质。马克思关于人类本质的著名论述"人的本质不是单个人所固有的抽象物，在其现实性上，它是一切社会关系的总和"①，揭示的就是人类本性的社会特性。人类本性的社会性与自为性是在社会实践中相互生成的，因此马克思提出"社会生活在本质上是实践的"②。马克思以此为基础建立的唯物史观进一步揭示了社会的应然本质及其发展规律，为马克思主义政治哲学奠定了坚实的社会本体论基础。当代中国的主导政治哲学就是马克思主义政治哲学同中国政治实际和中华优秀传统政治文化相结合的产物，它对中国传统政治哲学本体论基础实行了革命性变革，与此同时又坚持从人类本性和社会本体揭示政治应然本质的致思路径和方法论。如此，当代中国政治哲学就走上了一条弘扬和创新传统中国政治哲学的新路。

中国政治哲学研究的这种致思路径和方法论，既不同于近代以来西方政治哲学基于人和社会的现实本质来揭示政治本质的做法，也不同于现代政治科学主要着眼于政治现象揭示政治本质的做法。马基雅维里说："关于人类，一般地可以这样说：他们是忘恩负义、容易变心的，是伪装者、冒牌货，是逃避危难、追逐利益的。"③ 他认为，自私贪婪的本性必然会导致人与人之间的战争状态，因此在由人组成的社会里只有凭借一种外在的权力（国家，特别是强有力的君主）才能维持正常的秩序。在霍布斯眼里，国家的本性就在于，"这就是一大群人相互订立信约、每人都对它的行为授权，以便使它能按

---

① 《马克思恩格斯选集》第1卷，人民出版社2012年版，第135页。
② 《马克思恩格斯选集》第1卷，人民出版社2012年版，第139页。
③ ［意］尼科洛·马基雅维里：《君主论》，潘汉典译，商务印书馆1985年版，第80页。

其认为有利于大家的和平与共同防卫的方式运用全体的力量和手段的一个人格"①。西方近代以来的政治哲学以及现代政治科学（政治学）在方法论上的最大问题在于，从人类现实生活中普遍存在的自私行为得出人的本性是自私的结论，并据此提出政治的本质在于遏制人的自私本性导致的极端利己行为，从而维护社会的基本秩序。如此一来，它就忽视了人的社会性必然要求的政治的积极性一面，即政治是人实现其社会性进而实现整个人类本性（包括自为性和社会性）的生存方式。在文明社会，如果没有政治，人就不能实现本性、实现自我，也就不可能形成完善的人格，从而获得幸福。现代新儒家熊十力先生有云："凡政治哲学上大思想家，其立论足开学派者，必其思想于形而上学有根据。"② 这是熊先生对中国政治哲学经验和特点有充分根据的概括总结。中国政治哲学由人类本性和社会本体引申出政治真实本性和应然本质的致思路径和方法论，避免了西方近代以来政治哲学和现代政治科学的上述问题，使政治哲学更重视政治对于社会成员人性实现的重要意义，这也是中国政治哲学非常重视道德在社会治理中的重要作用的深层原因。

　　第二，中国政治哲学视天下即世界为其研究对象，而不只是专注于对国家问题的研究。一般而言，政治哲学的使命是研究人类基本共同体治理的哲学问题。然而，进入文明社会后人类基本共同体的情形比较复杂，基本共同体在西方学者看来是有很明显疆域边界的国家，在中国则并不是国家，而是天下。这种情况导致政治哲学在西方产生时关注的是国家治理，而在中国产生时关注的是天下治理，这种情形后来成为西方和中国政治哲学研究对象范围的两种不同传统和观念。"与西方的政治思路完全不同，中国政治不是从国家问题开始的，而是从世界问题开始的。"③ 中国政治哲学可以说是天下主义的，它所理解的天下是"非一人之天下，天下之天下"，所追求的是"天下平"，而"公则天下平"，所以治天下"必先公"（《吕氏春秋·贵公》）。在

---

　　① ［英］霍布斯：《利维坦》，黎思复、黎廷弼译，杨昌裕校，商务印书馆1985年版，第132页。
　　② 《熊十力全集》第5卷，湖北教育出版社2001年版，第306页。
　　③ 赵汀阳：《坏世界研究：作为第一哲学的政治哲学》，中国人民大学出版社2009年版，第76页。

长达两千多年的漫长历史时期，"天下主义"逐渐演化为一个内容丰富的思想体系，包含社会理想、核心理念、基本原则和实践要求等。

在中国传统哲学史上，儒家是力倡天下主义的典型代表。针对春秋晚期"礼崩乐坏"的局面，孔子冀望回到他所想象的西周初期的礼乐秩序。他认为，西周之所以能够"协和万邦"就在于"天下有道"（《论语·季氏》），因而"天下之民归心"（《论语·尧曰》）。他主张通过"克己复礼"实现"天下归仁"，从礼乐之道走向天下有道。"至礼不让而天下治，至赏不费而天下士悦，至乐无声而天下民和。"（《孔子家语》）孔子开创的儒家"天下主义"传统，在孟子和荀子那里得到了发扬。但从孔子到孟子和荀子，"天下"概念发生了政治上的质变，从一个基于血缘的宗亲分封体系，即孔子的西周楷模，发展为一个等级制的政治共同体，它是由家、国（邦）、天下几个不同层次组成的等级制政治结构，而"天下"在政治上分为国（邦）、天下两个层级。两汉之后，"大一统天下秩序"成为儒家"天下主义"的主线，"海内郡县即中国""中国即天下"以及"天下一家""王天下"（"德化天下"）成为处理中国与蛮夷关系的政治指南。[1]

作为数千年的政治文化以及政治哲学传统，"天下主义"所包含的丰富而系统的观念、原则、规范和制度因素，始终未曾离开中国人的精神生活与社会实践。中华人民共和国成立后，传统天下主义中的"和而不同""协和万邦""天下一家""天下大同"等观念仍是中国人的身家国天下认知和世界情怀，影响着当代中国的对外关系实践和国际秩序追求。今天，从马克思主义视域下的世界历史的时代转换和中华优秀传统文化视域下的天下观念的现代构建出发，有助于更深刻准确地为人类命运共同体构建开创新的理论空间和实践可能。[2] 天下主义是中华民族文化的优秀传统，更是中国政治哲学的宝贵经验，这种经验隐蕴着天下情怀、人类大爱，是政治哲学追求世界永久和平和人类普遍幸福

---

[1] 参见周桂银《中国古代"天下主义"的千年传统：演进、内涵和特征》，《世界经济与政治论坛》2021年第2期。

[2] 参见彭秋归《世界历史、天下观念与人类命运共同体构建》，《世界社会主义研究》2019年第10期。

的基调。在今天，政治哲学的重要任务之一就是通过弘扬和创新天下主义观念，构建全新的世界治理理论体系，为人类走向世界大同提供中国政治方案。

第三，中国政治哲学将个人人格完善与社会整体和谐紧密关联起来研究，而不局限于对政治社会的探讨。政治哲学的直接对象是基本共同体或社会，其使命是为社会治理提供哲学依据。政治哲学的这一特点很容易使研究者的眼光仅限于社会（国家）本身，而忽视构成社会的终极主体——个人。从历史角度看，在政治哲学产生的时候，生活在苦难时世的思想家们都是着眼于受苦受难的民众，考虑应该有什么的社会以及如何构建和治理这样的社会，因此，他们的眼中都有民众个体，其目的是他们过上好生活。同时，由于社会是由个人组成的，好社会的构建和存续也需要好个人或好公民，好个人的问题也就自然地进入了政治哲学家的研究视野。不过，自近代开始，西方思想家不再关注个人人格尤其是德性是否完善，而只关注个人行为是否违规。美国学者斯蒂芬·达沃尔指出："对于亚里士多德来说，基本问题不是像对于密尔、霍布斯或康德来说的，什么是道德正当或责任的基本原则，以及这怎么可能在哲学上得到辩护的问题。相反，亚里士多德会问：什么是生活的目的？什么类型的生活对于人类是最好的？"[1] 在中国则不同，人格完善和社会和谐这两者自始至终都受到思想家和政治家的重视，当今中国更要求"更好推动人的全面发展、社会全面进步"[2]。将个人问题与社会问题紧密关联起来研究，也是中国政治哲学的独特研究范式和宝贵经验。

在传统社会，先秦儒家最早注意到且最重视"个人—家庭—国家—天下"之间的内在关联，其政治哲学乃至整个思想体系实质上就是一条通过修身成人实现经邦济世的"内圣外王之道"。在儒家看来，社会是由精英（君子）治理的，这些精英如果能够达到圣人境界，社会就能实现大同的理想，这就是儒家倡导的"圣人之治"[3]。然而，君子和圣人是不会自然长成的，必须通

---

[1] Stephen Darwall (ed.), *Virtue Ethics*, Oxford: Blackwell Publishing, 2003, p.1.
[2] 《习近平谈治国理政》第三卷，外文出版社2020年版，第9页。
[3] 参见刘志、上官酒瑞《孔子"圣人之治"与柏拉图"哲学王统治"比较分析》，《船山学刊》2016年第5期。

过修身才能成就。因此，如何引导人们通过修身成为君子以至于圣人就成了儒家关注的焦点。孔子清楚地表达了这一点，他在回答学生提出的怎样成为君子的问题时指出修身的三重目的，即"修己以敬""修己以安人""修己以安百姓"（《论语·宪问》）。《大学》则明确提出以"修身"为核心的"三纲八目"作为实现社会理想的根本路径，从而使修身与齐家、治国、平天下打通。从此，内圣外王之道就成了儒家政治哲学的根本遵循，也成为中国政治哲学研究的基本定势。道家也主张"圣人之治"，但与儒家重视"修身齐家治国平天下"的积极作为不同，老子强调"无为而无不为"。梁启超从道德的角度阐明了个人与国家之间的这种内在关联，他在《新民说·论私德》一文中说："是故欲铸国民，必以培养个人之私德为第一义；欲从事于铸国民者，必以自培养其个人之私德为第一义。"[①] 中华人民共和国成立之后，中国政治哲学不仅继承了传统政治哲学将个人人格完善与社会整体和谐紧密关联的经验，而且在许多方面对这一经验进行了提升、创新并付诸实践。尤其值得注意的是，高度重视学生的思想政治教育，高度重视公民道德建设，高度重视依法治国与以德治国相结合。仅就个人道德建设而言，改革开放以来党中央先后出台了《公民道德建设纲要》（2001年）和《新时代公民道德建设实施纲要》（2019年）。从国家治理和政治哲学的角度看，将个人人格完善与社会整体和谐有机结合起来作为政治追求的最终目的，是中国式现代化和人类文明新形态的基本内容和重要标志，也是中国传统政治哲学研究和国家治理实践的基本经验的现代弘扬和创造。

第四，中国政治哲学注重在实践探索中构建和完善其体系，而不仅仅专注于纯粹的学术研究。政治哲学作为实践哲学从来都不仅仅是单纯的学术研究，而是指向政治实践的，旨在改变和完善政治现实，在这一点上中国政治哲学尤其如此。中国的政治哲学家具有强烈的天下情怀，他们都出于改善社会政治现实、使社会更加美好的初衷来研究政治哲学问题。

纵观辛亥革命前的中国历史，真正有作为、有影响的政治哲学家（如二程、朱熹、王阳明等）大多有或长或短的从政经历，甚至一些政治家（如汉

[①] 梁启超：《新民说·论私德》，《新民丛报》1930（38—39），第1—2页。

武帝、唐太宗、范仲淹、王安石、康熙帝、孙中山等）也有自己独到的政治哲学思想。可以说，中国传统政治哲学在相当大程度上源自创立者的政治实践，纯粹的政治哲学学术研究并不多见。思想家正是在政治实践中洞察政治问题并从哲学上提出根本性的解决方案，进而构想理想社会并寻求实现路径。在从传统社会向现代社会转换的过程中，中国走的是一条不同于西方的中国式现代化新路，而这条新路没有现成的政治哲学理论可供应用，必须在实践的过程中探索。这是一个政治哲学和政治实践双重构建、相互生成的过程，现代中国主导政治哲学因而始终与实践紧密缠绕，许多政治哲学观点和主张隐含在政治话语和政治实践之中，需要通过分析概括加以阐明。毛泽东政治哲学就体现在他领导中国人民从事革命和建设的复杂政治实践和丰富政治思想理论之中，而其博大精深的内容、厚重深邃的意蕴是由后来的研究者阐明和揭示的。[①]

改革开放以来，作为学科的政治哲学兴起，但其研究整体上看也主要是围绕着执政党中国共产党的政治主张展开的，许多研究得到了国家的指导和支持。因此，注重在政治实践中寻找政治的时代课题展开政治哲学研究，仍然是当代中国政治哲学的显著特色和独特优势。在从传统社会向现代社会转换的过程中，中国主导政治哲学更是中国共产党在领导中国人民革命、建设和改革的伟大奋斗实践中形成的，是马克思主义政治哲学同中国具体实际、中华优秀传统文化在奋斗实践中相结合的产物。在奋斗实践中探索和创立政治哲学，又运用政治哲学指导奋斗实践，这是中国现代主导政治哲学生成和发展的重要经验。这一现代经验无疑是对传统经验的弘扬，但也有了根本性的创新。这主要体现在，中国现代主导政治哲学再也不像古代政治哲学那样主要是由单个思想家创立的学说，而是中国共产党的领导人集中全中国人民的政治哲学智慧，尤其是汇聚学术界、理论界学者的相关研究成果创立的理论体系。因此，中国现代主导政治哲学不再是纯然个人性的，而是人民性的，是中国共产党和广大人民群众的实践探索与理论创造良性互动的结晶。

---

① 参见范湘涛、范贤超《论毛泽东政治哲学及其当代价值》，《湖湘论坛》2013年第5期。

中国历代政治哲学家都把改变现实世界当作自己的神圣使命，追求"为天地立心，为生民立命，为往圣继绝学，为万世开太平"（《宋元学案》卷十七《横渠学案上》），体现了高度的社会责任感和深厚的仁爱情怀。对于肩负着为改变世界出谋划策使命的政治哲学家而言，这种责任感和情怀任何时候都是不可缺少的，否则，政治哲学就有可能成为经院哲学那样的无果之花。因此，中国政治哲学注重政治实践与政治哲学相互生成和促进的经验体现了政治哲学的本性要求和使命担当。

三 中国政治哲学的当代任务

中国政治哲学内容丰富而深刻，与西方政治哲学一起堪称人类政治哲学史上的双雄，为人类政治哲学的发展和政治实践的完善留下了丰富的思想资源，并将持续对中国乃至整个人类发展产生深远影响。中国政治哲学的成果具有重要的学术价值和实践意义，但也有不少局限、不足甚至糟粕。例如，对政治的本性及其实践要求缺乏系统构建；重视对权力的外部制约和掌权者的自我制约，而对权力内部的相互制衡没有给予充分重视；关注个人德性和人格，但对个人政治权利关注不够，等等。这些局限和问题需要中国政治哲学在未来发展的过程中加以突破和改进。同时，构建当代中国特色政治哲学体系也要求中国政治哲学自身与时俱进，形成与中国式现代化推进和人类文明新形态完善的良性互动，努力使之既具有中国特色又具有普适性质。

针对中国政治哲学存在的局限和不足，着眼于中国式现代化推进和人类文明新形态完善，当代中国政治哲学的发展需要着重研究解决以下四个重大问题。

第一，着眼于时代精神和实践需要揭示政治的真实本性或本然本质，为政治的意义及其使命共识的形成提供理论基础。列宁认为，政治活动的重要内容，"就是参与国家事务，给国家定方向，确定国家活动的形式、任务和内容"[①]。政治是一种人为事物，它的创造是有目的、有意义的，否则人类就不

[①] 《列宁全集》第31卷，人民出版社1985年版，第128页。

会创造并不断改进它。政治的目的和意义决定着政治的本性，而政治的本性是政治的本然本质，这种本然本质的要求就体现为政治的应然本质。如果对政治的真实本性或应然本质认识不清楚，或者人类不能对它形成共识，也就不能真正认识政治的意义和使命，政治实践就会发生偏差甚至步入歧途。政治哲学的根本使命就是要弄清政治的本性及其实践要求，从而为人类的政治活动提供规导和智慧。施特劳斯曾经指出"政治哲学是用关于政治事物本性的知识取代关于政治事物本性的意见的尝试"[1]，万俊人教授认为"所谓政治哲学，简要说来即是国家政治生活及其基本秩序与意义，以及社会公共生活领域之基本政治主题及其价值意义的哲学探究"[2]，他们的界定都表达了政治哲学的规导性。中西政治哲学的历史已有两千多年，政治哲学家研究了许多政治方面的哲学问题，但是对"政治的本性究竟是什么"，至今未见多少直接的研究，更没有在这个问题上形成共识，即使在施特劳斯提出上述观点之后依然如此。由于人们没有在政治的本性是什么的问题上形成真理性知识，即使获得了某种真理性知识也没有达成普遍共识，所以人类社会至今的情况仍然是"政治生活的实质由政治知识与政治意见的混合所引导"[3]。从一定意义上可以说，当代人类社会存在的诸多重大问题都与缺乏对政治本性的真理性知识有着直接关系。今天，在弄清政治本性的前提下，形成对政治的意义和使命的共识，无论是对于中国国家治理现代化还是对于人类命运共同体构建都具有根本性意义。

政治的本性问题也就是通常所说的政治是什么的问题。从中西政治哲学史看，对这个问题的回答存在着一个共同倾向，即把政治活动理解为国家治理，因而政治哲学家大多从国家治理的角度理解政治。国家治理凭借权力进行，权力也就成了政治哲学关注的焦点，于是许多政治哲学家把政治的本性理解为国家运用权力进行社会治理以使社会有序的活动。按照恩格斯的设想，

---

[1] ［美］列奥·施特劳斯：《什么是政治哲学》，李世祥等译，华夏出版社2019年版，第3页。

[2] 万俊人：《所谓政治哲学》，《中国社会科学评价》2022年第4期。

[3] ［美］列奥·施特劳斯：《什么是政治哲学》，李世祥等译，华夏出版社2019年版，第6页。

"随着阶级的消失，国家也不可避免地要消失"①。但在国家消灭后社会还需要治理，政治仍将存在，只不过这种政治不是以国家机器作后盾，而是以人民作后盾。因此，将政治理解为国家凭借国家机器进行社会治理的流行观念是有局限的。在我国已经由人民当家作主的情况下，在人类基本共同体正在从国家走向世界的新的历史时代，必须重新着眼于人类本性和社会本性认识政治的真正本性，并在此基础上促进人类在政治的意义和使命问题上形成基本共识。显然，这是当代中国政治哲学研究面临的根本性任务，也是世界各国政治哲学家着力推进的政治哲学发展需要回答的重大课题。施特劳斯曾批评西方政治哲学"明确导致永恒概念被彻底遗忘"②，他所谓的"永恒概念"其实就是政治哲学研究政治的本性及其实践要求这一根本宗旨和初心使命。中国政治哲学要通过提炼和提升时代精神，不断对这一根本问题作出回答。

　　第二，着眼于政治本性及其实践要求，探索人民当家作主的实现问题，为"人民至上"这一根本价值理念的实现提供理论指导。中国共产党在领导中国人民革命、建设和改革的过程中确立并始终践行"人民至上"的根本价值理念。这一理念的确立和践行是中国政治哲学从传统到现代的根本性转变，也是中国国家治理区别于西方的最重要标志。人民至上就是人民在国家中具有至高无上的地位，国家的一切权力属于人民。就是说，人民拥有国家的主权，或者说人民是国家的主权者。"人民至上"中的"人民"指的是中国全体社会成员，"它不仅指社会基本成员个人，也指各种组织群体，但通常是指人民整体，具有共同体的含义，与民族的含义相通"③。人民至上就是作为整体的人民在国家中具有至上地位，其关键在于人民真正当家作主，建立马克思所主张的以人民当家作主为核心内容的"真正民主制度"④。马克思的民主制度思想是他对未来共产主义社会基本构想的核心内容，其中确立的一些民

---

① 《马克思恩格斯选集》第 4 卷，人民出版社 2012 年版，第 190 页。
② ［美］列奥·施特劳斯：《什么是政治哲学》，华夏出版社 2019 年版，第 46 页。
③ 江畅、卢蔡：《坚持和发展人民至上》，《华中科技大学学报》（社会科学版）2022 年第 1 期。
④ 《马克思恩格斯选集》第 3 卷，人民出版社 2012 年版，第 101—102 页。

主理念和原则在今天看来仍然有强大的生命力，对于当代如何实现人民当家作主、如何坚持和贯彻人民至上理念具有重要的指导意义。

马克思人民当家作主的民主制度思想是在揭露和批判西方近代启蒙思想家民主理论和资产阶级民主实践的虚伪性的过程中形成的。早在《黑格尔法哲学批判》中，马克思就提出了"真正的民主制"概念，初步建构了自己的民主思想。马克思把人民主权和君主主权看作两个完全对立的主权概念，批判了黑格尔抬高君主主权、贬低人民主权的观点，通过否定黑格尔的君主主权论确立了人民主权论，奠定了真正的民主制的理论基础。① 青年马克思已经看到正在生成中的新世界的主体将是人民，宣称"无产者对正在生成的世界所享有的权利就同德国国王对已经生成的世界所享有的权利一样"②，并把民主制作为与君主制相对立的实行人民主权的政治形式。马克思在总结巴黎公社经验的基础上系统回答了"真正民主"究竟是什么样的民主，从理论与实践的结合上对"真正民主"的实质内涵、实现条件和实现路径进行了阐述。马克思认为，巴黎公社的真正秘密就在于，"它实质上是工人阶级的政府，是生产者阶级同占有者阶级斗争的产物，是终于发现的可以使劳动在经济上获得解放的政治形式"③。在他看来，公社采取的各种措施使人民第一次成为社会的真正主体，真正实现了人民当家作主。"人们对公社有多种多样的解释，多种多样的人把公社看成自己利益的代表者，这证明公社完全是一个具有广泛代表性的政治形式"④，"它所采取的各项具体措施，只能显示出走向属于人民、由人民掌权的政府的趋势"⑤。巴黎公社存在的时间很短，地域范围也有限，所建立的人民当家作主的真正民主制度只是一个尝试，马克思基于巴黎公社经验总结提出的民主制度思想也在很大程度上是预见性的。我国实行人民当家作主的社会主义制度已七十多年，积累了丰富的经验并形成了大量

---

① 参见刘洪刚、赵洁伟《"真正的民主制"：马克思民主思想的初步建构——重读〈黑格尔法哲学批判〉》，《宁夏党校学报》2018 年第 3 期。
② 《马克思恩格斯选集》第 1 卷，人民出版社 2012 年版，第 16 页。
③ 《马克思恩格斯选集》第 3 卷，人民出版社 2012 年版，第 102 页。
④ 《马克思恩格斯选集》第 3 卷，人民出版社 2012 年版，第 102 页。
⑤ 《马克思恩格斯选集》第 3 卷，人民出版社 2012 年版，第 107 页。

的理论研究成果。中国式现代化推进和人类文明新形态完善的时代课题和实践需要,对如何将人民当家作主这一马克思和恩格斯的基本主张和深切期盼落到实处提出了更高的要求。当代中国政治哲学需要深化这方面的研究,尤其要深刻阐明中国式现代化的民主制度与西方现代化的民主制度的本质区别,着重研究回答如何通过加强中国特色社会主义政治民主制度建设使人民当家作主制度化、法律化,从而为人民至上的根本理念得到全面贯彻落实提供学理支持和总体方案。

第三,着眼于社会稳定有序和和谐美好深化德治与法治关系的研究,为进一步完善社会治理方式提供哲学理据。习近平总书记在庆祝中国共产党成立100周年大会上的讲话中指出,我们创造了中国式现代化新道路,创造了人类文明新形态①。这种创造的重要体现之一就是我国不仅实行法治,而且实行德治。原始社会晚期世界各地的部落通常实行的是德治,进入文明社会后,因社会分化为统治阶级和被统治阶级以及社会生活的复杂化,各文明古国程度不同地运用法律来统治社会,但德治的传统并未完全丢失,至少统治者会打着德治的旗号。中国古代思想家注意到,要实行仁政,就需要道德教化和相应的制度设计。孟子说:"徒善不足以为政,徒法不能以自行。"(《孟子·离娄上》)朱熹解释说:"有其心,无其政,是谓徒善;有其政,无其心,是为徒法。"(《四书章句集注》卷七《离娄章句上》)西方国家在现代化的过程中,因认为道德会给个人自由带来障碍而主张以法律为唯一的国家治理方式,强调国家在道德上保持中立,不为社会确立主导道德体系。几百年来的历史事实证明,社会单纯实行法治而丢掉德治导致了许多问题,其中最直接且最突出的问题是社会生活物化,其成员因道德混乱、精神世界荒芜而成为马尔库塞所说的"单向度的人"。对于他们来说,理想"已被从心灵、精神或内心世界的高尚领域里拽了出来,并被转换为操作性术语和问题"②。中国在现代化的过程中清楚地意识到西方现代化

---

① 《习近平谈治国理政》第四卷,外文出版社2022年版,第10页。
② [美]赫伯特·马尔库塞:《单向度的人:发达工业社会意识形态研究》,刘继译,上海译文出版社2008年版,第47页。

丢掉德治导致的诸多社会问题，因而在确立依法治国的治国方略的同时确立了以德治国的方略，并将两者有机结合起来。法治使社会稳定有序，德治使社会和谐美好。"法治和德治不可分离、不可偏废，国家治理需要法律和道德协同发力。"①

有少数学者认为法律与道德无关，无须道德作为基础，即所谓"恶法亦法"②，但大多数学者都承认法律要以道德为基础。这就提出了如何理解道德的问题。道德的含义在人类历史上是变化的，轴心时代的思想家大多把道德理解为人性尤其是人的理性的要求或体现，又认为人性与宇宙本体相通，但轴心时代以后的中西传统社会对道德的理解都发生了重大变化。中国从汉武帝"推明孔氏，抑黜百家"（《汉书·董仲舒传》）开始，道德就被归结为以"三纲五常"为核心内容的伦理纲常，而西方至少从托马斯·阿奎那开始，道德就主要被理解为以"摩西十诫"为主要内容的律法。这些纲常和律法体现的都是社会统治者的意志，而与人性的要求相背离，它们实际上就成了束缚人们身心的枷锁，后来又成为市场经济发展所需要的个人充分自由的严重障碍。正因如此，西方启蒙思想家极力主张废除这些枷锁，只用控制人们行为底线的法律而不用道德来治理社会。中国共产党自成立之日起就把马克思、恩格斯的共产主义理想作为崇高理想，而共产主义社会是一种"以每一个个人的全面而自由的发展为基本原则"的自由人联合体。个人全面而自由的发展是"通过人并且为了人而对人的本质的真正占有"，因而是"人向自身、也就是向社会的即合乎人性的人的复归"③，它是"人以一种全面的方式，就是说，作为一个完整的人，占有自己全面的本质"④。个人全面而自由的发展才是道德所追求的目标，这种道德与先秦儒家主张的修身成人、道家主张的"返璞归真"相贯通，真正体现了道德本性和道德真理。这种道德真理也就是

---

① 《习近平谈治国理政》第二卷，外文出版社2017年版，第133页。
② 新分析法学学派持这种观点，其重要代表人物汉斯·凯尔森就明确说过，"法律问题，作为一个科学问题，是社会技术问题，并不是一个道德问题"（［奥］凯尔森：《法与国家的一般理论》，沈宗灵译，商务印书馆2013年版，第32页）。
③ 《马克思恩格斯文集》第1卷，人民出版社2009年版，第185页。
④ 《马克思恩格斯文集》第1卷，人民出版社2009年版，第189页。

法律的"元法律原则"①，法律是维护和弘扬这种道德真理的，而不能与之相背离。

今天，中国已经确立了依法治国和以德治国的治国方略，这既是对中华民族"德法兼治"政治文化的弘扬，也深刻反映了政治治理的本然本质，代表了人类政治文化的前进方向。在这种时代背景下，如何构建真正体现这种道德真理的现代道德体系，以这种道德体系为基础构建体现人民意志的法制体系，并运用这种道德体系和法制体系来治理国家和天下，仍然是需要中国政治实践探索和政治哲学研究的重大课题，当代中国政治哲学应为这一重大课题的实践提供系统而又可行的理论依据。当代中国政治哲学要根据人类本性揭示社会本性，着眼于为全体社会成员谋求幸福的终极目的论证法治和德治的深刻内在关联，阐明它们的应有地位、作用及彼此之间的应有关系，为两者良性互动机制的构建和完善提供理论依据和基本原则。

第四，着眼于人类社会发展的历史必然性和人类政治文明进步的总趋势，从理论上构建人类社会应有的政治模式，为世界共同体的构建提供中国方案。中国政治哲学具有着眼天下（世界）研究政治治理的传统，人类国家化后，中国政治哲学家仍然拥有天下情怀、世界情怀，可以说他们"胸怀祖国，放眼世界"，但重点也转向了国家，着重研究中国的国家治理。这是可以理解的，无疑也是应该的。不过值得注意的是，我国率先提出并致力于推动人类命运共同体构建，因此中国政治哲学需要着眼于世界治理来研究中国特色政治治理，以使中国国家治理模式能成为其他国家可复制、可借鉴的政治模式，从而为世界治理体系的构建奠定基础。这是中国作为构建人类命运共同体倡导者的使命担当，也是中国政治哲学家应承担的学术责任。

在数百万年的历史上，人类在很长时间里都是以分散的人群生活在世界各地，彼此之间没有多少交往。到了原始社会末期，随着人口的增长，世界上一些地区的部落开始向外扩张，通过战争等途径建立了一些文明古国，这应该就是人类世界化的起点。政治哲学也自轴心时代在这些国家诞生，最终

---

① ［英］弗里德利希·冯·哈耶克：《自由秩序原理》上，邓正来译，生活·读书·新知三联书店1997年版，第261页。

在中国和西欧兴盛起来。西方市场经济的兴起和发展一方面推动了世界国家化过程，另一方面又破坏了自然经济使世界走向了经济一体化，形成了今天世界的经济全球化、政治多极化、文化多元化的格局。这种格局已经导致了诸多全球性问题，使人类面临着日益严重的生存挑战。因此，克服人类国家化导致的全球性问题，使世界政治适应经济运行和发展的需要已经势在必行。但是，如何从当代国家化现状走向世界一体化是当代人类面临的最大难题。

从当代人类的情况看，西方式现代化模式完全没有可能做到这一点。这是因为西方式现代化是完全建立在市场经济的基础之上的，而市场经济以利益最大化为原则，因而可能会为了获得更大的利益而不择手段，甚至铤而走险。在法律比较健全的国家内部，因为有法律的约束，市场主体尚能约束自己的行为，但在没有法律约束的世界，市场主体就有可能肆意妄为。现代西方国家从"拥有一种市场经济"最终滑入了"一个市场社会"。① 在这些国家，市场主体在国家的保护下一方面拼命掠夺那些落后国家，另一方面拼命攫取人类共同的资源。因此，以市场经济为基础的市场国家及其代言人无意于甚至会反对建立必定会给它们造成约束的世界共同体。今天西方就有一些学者把人类命运共同体看作一种意识形态，是对西方制度和价值观的挑战；有的激进派甚至认为中国倡议构建人类命运共同体是要在全球治理体系改革中取代西方的主导性地位，因而对人类命运共同体持完全否定的态度。②

与西方国家不同，当代中国是信奉马克思主义的社会主义国家，有着深厚的天下情怀和礼义传统，不仅追求国家富强、民族振兴、人民幸福，而且谋求世界大同。今天，中国不仅清醒地意识到世界一体化的必要性，提出构建人类命运共同体的主张，而且在全球构建人类命运共同体的过程中一直发挥着重要作用，体现出大国担当。③ 为此，中国政治哲学要从人类社会发展的

---

① ［美］迈克尔·桑德尔：《金钱不能买什么——金钱与公正的正面交锋》，邓正来译，中信出版社2012年版，引言第XV页。

② 参见罗云等《西方学者对人类命运共同体的认知和评介》，《社会主义研究》2020年第1期。

③ 参见《科威特中国文化研究者阿努德：中国在构建人类命运共同体过程中发挥重要作用》，外交部网，2022年11月12日。

历史必然性和人类政治文明进步的总趋势着眼，一方面加强对构建人类命运共同体的必然性、合理性和正当性的研究，为世界共同体的构建提供哲学论证和辩护；另一方面也要研究中国特色政治治理如何与世界共同体政治治理接轨的问题，为中国政治治理成为世界政治治理的先行区和示范区提供哲学理据和支持。人类发展的历史必然性和人类文明进步的总趋势就是："随着社会生产的无政府状态的消失，国家的政治权威也将消失。人终于成为自己的社会结合的主人，从而也就成为自然界的主人，成为自身的主人——自由的人。"[①] 这种"自由的人"就是马克思所说的"全面而自由的发展"的个人[②]，由他们所构成的社会是"自由人联合体"。这就是当代中国政治哲学研究和回答人类命运共同体构建问题的主要理论依据。

---

① 《马克思恩格斯选集》第3卷，人民出版社2012年版，第817页。
② 参见《马克思恩格斯文集》第5卷，人民出版社2009年版，第683页。

第四章　西方政治哲学

西方政治哲学的正式诞生可追溯到苏格拉底，迄今约 2500 年。在这个漫长的历史时段，有无数政治哲学家思考、探索政治哲学问题，他们给后人留下了丰富的政治哲学思想遗产，其中饱含政治哲学智慧。这些思想遗产给今人和后人研究政治哲学提供了深厚的学术滋养和取之不尽的思想宝库，也为当代和未来人类构建美好政治社会、实现人类永久和平和普遍幸福提供了丰富多彩的理论方案和精彩纷呈的智慧源泉。不可否认，由于时代的变迁以及政治哲学家个人的局限，西方政治哲学思想中也有一些陈旧的甚至糟粕的成分。这就需要我们以反思批判的态度研究西方政治哲学史，吸取精华、剔除糟粕，总结其经验教训，使之更好地为今天的理论研究和社会现实服务。

第一节　西方政治哲学的复杂意涵与总体特征

本书所说的西方政治哲学，主要是指自希腊古典时代和罗马共和国以来，西方政治哲学家对政治现象和政治问题进行哲学思考和探讨所形成的理论形态的政治哲学。其中既包括在政治哲学名义下研究形成的政治哲学理论成果（如亚里士多德的《政治学》），也包括不在政治哲学名义下而隐含在其他理论成果之中的政治哲学思想（如柏拉图的对话集中的《国家篇》）。两千多年来，西方政治哲学成果浩如烟海，呈现出复杂多样的情形。陈修斋先生认为"哲学无定论"[①]，其含义之一是说对于哲学的性质不同哲学家有不同的看法，

[①] 陈修斋：《关于哲学本性问题的思考》，《武汉大学学报》（社会科学版）1988 年第 2 期。

没有一个得到普遍公认的定义。作为哲学的专门学科，政治哲学就其性质而言亦无定论。但是，关于政治哲学的各种不同理解中还是隐含着关于其外延和内涵的一些共识。我们可以根据这些共识对复杂多元的西方政治哲学作出一般性的界定，以便对西方政治哲学性质和特点有一个总体性的把握。

一　西方政治哲学的复杂情形

西方政治哲学自古至今都不是遵循政治哲学家应视之为共同信念的某种范式进行研究的。库恩认为，科学研究存在着科学家普遍认同的某种研究范式（科学研究活动中某些被公认的模型或模式），而且他们的研究遵从范式的规导。然而，西方政治哲学乃至整个西方哲学从无此类范式，甚至同一个学派的政治哲学家亦如此，从整个西方政治哲学史看，其情形十分复杂。

西方的历史大致上经历了从原始社会到文明社会的过渡时期、古希腊罗马时期、中世纪、近代、现代几个大的时期。文明社会前夕没有系统的政治哲学思想，只有一些政治哲学元素包含在史诗等文献之中，自由轴心时代开始的其他历史时期都有比较自觉的对政治的思考与探索，并且大多有文献记载。古希腊理论形态的政治哲学是从苏格拉底开始的，虽然他本人述而不作，但他的弟子尤其柏拉图对他的谈论作了记述或追述。不同学生的记述或追述有所不同，于是有了所谓苏格拉底问题的三个面相之说。[①] 柏拉图在阐述苏格拉底政治哲学思想的过程中，越来越多地表达了自己的政治哲学思想，以至于到了晚期柏拉图对话已经没有多少苏格拉底思想的成分，所以柏拉图将苏格拉底政治哲学思想发展成了一种源自苏格拉底而又不同于他的政治哲学体系。亚里士多德则在批判地继承柏拉图的政治哲学思想的基础上建立了西方历史上第一个而且是世界历史上第一个冠名为"政治学"的政治哲学理论体系。在亚里士多德之后，芝诺建立的斯多亚派也有自己的政治哲学，提出了

---

① 参见高山奎《政治哲学的起源与苏格拉底问题》，《哲学研究》2010 年第 12 期。该文认为，苏格拉底的思想在阿里斯托芬、色诺芬和柏拉图眼中有三种不同的面相：阿里斯托芬笔下的苏格拉底是缺乏自我知识和实践智慧的自然哲人，色诺芬著述中的苏格拉底是与城邦和谐相处的好人，柏拉图对话中的苏格拉底是一个深谙政治的本质特征和限度、追求完美生活又兼具诗性智慧、倡导完美正义又兼施高贵谎言的政治哲人。

著名的"世界城邦"理想。古罗马时期除了罗马斯多亚派,还有一些哲学家对政治哲学进行了自觉探讨,其中最具代表性的是西塞罗。此外教父哲学家在提炼《圣经》政治思想元素的基础上建立了基督教神学政治哲学体系。中世纪总体上不太关心世俗政治,但托马斯·阿奎那为适应天主教教会在城市兴起条件下统治的需要,在继承亚里士多德的基础上对奥古斯丁主义进行了改造,建立了一种后来成为天主教官方哲学的新政治哲学体系。从文艺复兴到19世纪的六个世纪中,西方政治哲学因适应资产阶级获得政治统治的需要获得了空前的大发展,形成了以马基雅维里和卢梭为主要代表的共和主义、以洛克和约翰·密尔为主要代表的自由主义、以托马斯·莫尔和马克思为主要代表的共产主义三大政治哲学流派,自由主义后来成为西方主流政治哲学。进入20世纪后,针对近代以来社会出现的严重两极分化问题,罗尔斯建立了一种"作为公平的公正"的政治哲学体系,对近代的古典自由主义进行了某种纠偏。这种"纠偏"遭到了以诺齐克为主要代表的新古典自由主义的强烈反对。与此同时,共和主义的现代翻版社群主义、西方马克思主义也十分活跃。其间还出现了以施特劳斯为主要代表的具有元理论性质的政治哲学。西方政治哲学曲折多变的历史演进是西方政治哲学复杂性的首要表现。这种复杂性告诉我们,谈到西方政治哲学时就必须说明它是哪个时代的政治哲学,否则就会让人感到不知所云。

不仅不同时代有不同的政治哲学,同一个时代也有不同的政治哲学,这一点在西方近现代尤其突出。在古希腊时期,苏格拉底述而不作,但他为西方政治哲学研究开了先河,其思想在柏拉图那里得到了系统阐述和发挥,形成了西方第一个政治哲学思想体系。从现有文献中很难看到二人在政治哲学思想上的差异。但亚里士多德政治哲学与其老师柏拉图的政治哲学之间就有了比较明显的不同。以著作《政治学》的问世为标志,亚里士多德第一次正式创立了政治哲学学科,构建了一种政治哲学体系的完整理论形态。他与老师的政治哲学在社会理想、最佳政体形式、理想社会实现路径等方面存在着相当大的分歧。古罗马时期和中世纪政治哲学不发达,只有主流政治哲学思想,非主流政治思想被视为异端而被压制或被消灭。近代开始西方走向国家化,直至今天西方各国的政治哲学仍有很大的不同,同一个国度的政治哲学也有很大差异甚至完全对立。例如，美国自立国开始就逐渐形成了实用主义的政治哲学传统，不同时代的实用主义政治哲学在基本立场上大致相同，但有不同的形态，如有以詹姆斯、杜威为代表的实用主义政治哲学，有以普特南、罗蒂等为代表的新实用主义政治哲学。[①] 实用主义虽然本质上是自由主义的，但有十分鲜明的美国特色。与美国不同，西欧以及其他西方国家占主导地位的是比较本原意义上的自由主义政治哲学，当然在不同国家也都有自己的民族特色。现代社会是开放多元的社会，同一社会中也有不同的政治哲学。在美国虽然实用主义政治哲学占据主导地位，但罗尔斯的新自由主义和诺齐克的新古典自由主义在美国乃至在全世界都有很大的影响，而且美国的社群主义政治哲学也十分活跃。德国近现代占主导地位的是康德、黑格尔的自由主义政治哲学，同时也诞生了与自由主义对立的马克思主义、意志主义和存在主义等很有影响的政治哲学思想或流派。法国在近代有共和主义与自由主义的对立，后来又出现了与这两大派别根本对立的非理性主义政治哲学，如生命哲学、存在主义、法兰克福学派、后现代主义等。除了实用主义仅限于美国，西方近代以来有影响的政治哲学往往都超出了国界。自17世纪至今这一历史时段，整个西方社会存在着众多基本立场和观点不同的甚至对立的政治哲学，其情形十分复杂。各种政治哲学不仅在观点上不一致，甚至对政治哲学本身的理解也差异很大。

  20世纪以前，西方政治哲学基本上都是对政治本身的研究，虽然哲学家也许会对政治哲学作出不同的界定，但其对象都是政治现象和政治问题，研究范围包括社会共同体的目标、国家、政体、自由、平等、公正等问题。自20世纪开始，受哲学中的科学主义思潮和分析哲学的影响，一些哲学家开始以政治哲学本身为对象进行反思性研究。他们试图在对历史和现实中存在的政治哲学研究成果进行分析的基础上构建政治哲学的某种范式，以规导政治哲学家对政治哲学的研究。这种研究有些像伦理学中的元伦理学研究，但比元伦理学兴起得晚。这方面最具代表性的是列奥·施特劳斯。他原本是一位政治哲学史家，以1954年在希伯来大学所作的题为《什么是

---

① 参见张国清《实用主义政治哲学》，商务印书馆2018年版，第12页。

政治哲学》①的讲演为标志，开启了他的元政治哲学研究历程，也开创了西方元政治哲学研究的历史。此后，西方对政治哲学的反思性研究逐渐多了起来，只不过没有元伦理学领域那么多的派别，而且这些反思性研究大多将对政治哲学家的政治哲学思想研究、对政治哲学史的研究混杂在一起，典型的元政治哲学研究著作十分鲜见。元政治哲学研究的出现，不仅标志着政治哲学研究的自觉，对政治哲学研究也具有一定的规导作用，今天的对象性研究者或政治哲学原理的研究者更加注重研究的学科规范性。

政治哲学的对象性研究与反思性研究不同，其使命是以人类生活中的政治现象和政治问题为对象，研究和回答涉及政治的现实和理论问题，以给国家治理和政治生活提供规范和指导。因此，这种对象性研究也可以说是规导性研究。纵观西方政治哲学史，对象性研究是主体、主流。元政治哲学研究虽曾一度受到了重视，但时间很短，特别是罗尔斯的正义《政治自由主义》等划时代著作出版后，元政治哲学乃至元伦理学发展的态势受到了遏制，大多数研究者的兴趣又回到了对象性研究。从古至今，西方政治哲学家对政治哲学应主要研究哪些政治现象和政治问题的看法相当不一致。古希腊的政治哲学家关注的重点问题是政体问题，把政体问题视为构建好社会的关键。基督教神学家关注的重点是人如何通过获得神学德性进入天堂的问题，世俗政治甚至被视为导致尘世苦难的根源，他们主张在不能消灭现实国家的情况下也必须让教权驾驭王权。近代普遍关注的是好社会的规定性，只不过有的把自由、平等等人的权利作为政治追求的理想目标，有的把消灭私有制、建立财产或生产资料公有制作为实现理想社会的根本路径。20世纪后，政治哲学研究更趋多元化，既有传统的规导性政治哲学理论研究，又兴起了元政治哲学理论研究，后来还兴起了应用性政治哲学问题研究，如战争、饥馑、社会不公、公民服从、难民、恐怖主义等。政治哲学对象性研究的问题域是与政治现象同构的，上述各种问题都能够被划入政治哲学的研究范围，但西方政治哲学家大多没有这种问题意识，通常也不考虑自己研究的理论方位。如此，

---

① 参见［美］列奥·施特劳斯《什么是政治哲学》，李世祥等译，华夏出版社2019年版，前言。

政治哲学领域就显得相当繁杂，即使是相关研究者也难以对西方政治哲学研究的对象说清道明。

如果我们将西方政治哲学史研究的范围确定为政治哲学思想，而非严格意义上的政治哲学理论，那么就还有一种复杂情形，即除了政治哲学方面的专门著述，还有很多包含政治哲学思想的载体或文本。一是史诗性的作品中包含的政治哲学元素，重要的有《荷马史诗》《古希腊罗马神话》《圣经》等；二是非政治哲学家的思想家著述中包含的政治哲学思想，如爱因斯坦的建立一个超越联合国组织的"世界政府"的主张、哈耶克的以市场秩序为轴心组织社会的观点等；三是在政治家思想中隐含的政治哲学思想，如伯里克利的《在阵亡将士葬礼上的讲话》、马丁·路德·金《我有一个梦想》的演讲等；四是政治实践中隐含的政治哲学思想，如古罗马时期政治实践中包含了公民自由、政治共和、法律统治、公正至上等政治哲学观念，这些观念在古罗马社会得到了普遍公认；五是政治科学中包含的政治哲学思想。其中第五种政治哲学载体尤为复杂。"从传统上看，政治哲学和政治科学是一回事"①，通常称为政治学。政治学有传统意义与现代意义的区别。传统政治学侧重于政治哲学研究，但也包含现代政治学研究的内容；现代政治学产生于19世纪80年代②，其特点是把自然科学实验、实证的研究方法运用于政治研究领域，以揭示政治的本质及规律，因此现代政治学也被认为是政治科学。不过，政治科学之中也包含着政治哲学的内容，至少隐含了政治哲学的承诺，而且现代政治学也在不断地向政治哲学深化，政治哲学正在成为政治科学的基础理论。以上五个方面的政治哲学思想观念无疑是人类宝贵的政治哲学财富，只是这方面的资源零散且隐蔽，其情形十分复杂。

以上所述各种复杂情形表明，在我们研究西方政治哲学及其历史的时候，需要从外延和内涵上对西方政治哲学作出明确的界定。只有这样，才能明确对西方政治哲学的研究方向和中心，避免误入歧途，防范捡了芝麻丢了西瓜。

---

① ［美］列奥·施特劳斯、［美］约瑟夫·克罗波西主编：《政治哲学史》，李洪润等译，法律出版社2009年版，绪论第1页。

② 参见张红妹《政治哲学与政治学辨析》，《理论与现代化》2011年第1期。

二 西方政治哲学的外延

西方政治哲学的复杂情形告诉我们,西方政治哲学纵向涵盖古希腊罗马时期、中世纪、近代、现当代等不同时代的政治哲学,横向包括不同层次的政治哲学(包括政治哲学原理、元政治哲学及政治哲学史、应用政治哲学)、其他理论形态的政治哲学思想(包括现代体现在政治学、法学、社会学、教育学等学科中的政治哲学思想)、隐含在其他各种载体(史诗、政治家讲话、政治实践)中的非理论形态的政治哲学等不同形态的政治哲学。这些形态的政治哲学各不相同、各具价值、各有个性,彼此之间有矛盾、冲突,也有一些相同或相通的内容和精神,而且都程度不同地具有西方文化和哲学的性质和特色。所有这些政治哲学形态都属于西方政治哲学的范畴,这种意义上的政治哲学是广义的西方政治哲学,其中许多有价值的资源还有待不断挖掘。然而,我们今天所主要关注的不是所有这些政治哲学,而是这样的政治哲学:它们在西方和世界历史上具有一定影响,对于今天仍然具有学术价值或现实意义,而且继承了西方文化传统,富有西方历史和文化个性和特色。这种意义上的政治哲学可视为狭义的西方政治哲学,这是对于今天政治哲学和政治学研究、对于政治活动和政治生活最具有价值,而又尚未得到应有的挖掘、整理和阐释的政治哲学,需要我们给予重点关注。

对于这种狭义的西方政治哲学,我们可以进一步作出外延上的界定:西方政治哲学是指在轴心时代以来西方社会不同历史时期产生的各种政治哲学中,那些具有西方历史背景和文化根基的,对当时和后世产生过一定学术影响和现实影响的,至今仍然具有重要价值或启示意义的不同层次的理论政治哲学。这里所说的"西方社会"指源自古希腊罗马文化传统的国家,自古以来包括古希腊和古罗马、中世纪罗马天主教教廷统治的西欧国家,近现代西欧各国以及主要继承了西欧文化传统的国家,如美国、加拿大、澳大利亚、新西兰等。西方政治哲学指的就是这些国家自轴心时代以来约2500年西方政治哲学家关于政治的哲学理论。对于这一外延界定,需要作以下进一步阐述。

第一,西方政治哲学主要是就理论形态的政治哲学而言的,那些散见于各种载体中的政治哲学思想、观点、看法不属于严格意义上的西方政治哲学。

今天人们所说的政治哲学主要是指政治哲学思想,其成果不一定是得到确证的政治哲学知识。政治哲学思想可能是指政治哲学理论,也可能是指政治哲学观点、看法。政治哲学观点和看法都可以说是政治哲学思想,但不一定是政治哲学理论,或者不是真正意义上的"哲学"。比如,《圣经》中的"在上有权柄的,人人当顺服他,因为没有权柄不是出于上帝的"(《圣经·罗马书》13:1)说法,就是一种政治哲学观点,认为一切权力都出自上帝,所以所有人都要顺服上帝。诸如此类的政治哲学观点、看法就不属于西方政治哲学理论,不是狭义的政治哲学,而是政治哲学观点。狭义或严格意义上的西方政治哲学主要是指西方政治哲学家以政治为对象进行思考和探求形成的具有理论形态的政治哲学,如柏拉图的《国家篇》《法篇》,亚里士多德的《政治学》,奥古斯丁的《上帝之城》,洛克的《政府论》,罗尔斯的《公正论》等。这里所说的"政治哲学家",主要指有政治哲学理论的哲学家(如亚里士多德)、神学家(如奥古斯丁)、政治理论家(如马基雅维里)、法学家(如汉斯·凯尔森)等,以及当代西方的政治科学(现代政治学)研究者。需要注意的是,本书所谈的政治哲学家不一定是典型的哲学家,而是具有政治哲学理论的思想家,哲学家与政治哲学家不是包含关系,而是交叉关系。西方理论形态的政治哲学往往会从非理论形态的政治哲学的文献(如《荷马史诗》《圣经》《人权宣言》等)中吸取营养,因此这样的重要历史文献也会进入西方政治哲学史研究的视野。比如,研究古希腊政治哲学的起源时要研究《荷马史诗》中的政治哲学思想,研究基督教政治哲学的起源时要研究《圣经》中的政治哲学思想。

第二,西方政治哲学包括元理论、基本理论(原理)和应用理论三个基本层次,但主要是指政治哲学的基本理论。最初的西方政治哲学都是直接研究政治现象和政治问题的原理性研究或对象性研究。例如,亚里士多德的《政治学》就是研究城邦问题,它以"人是天生的政治动物"为前提,分析城邦的形成及基础,探讨各种城邦的政体、制度,研究各政体的分类和变革,并提出了他关于理想城邦的设想。从政治哲学诞生开始一直到今天,基本理论研究是政治哲学的主体部分。关于政治哲学的元理论研究可追溯到黑格尔死后出版的《哲学史讲演录》,这部哲学史中包含了对历史上的政治哲学思想的阐述。但真正对政治哲学史进行专门研究的是列奥·施特劳斯，他从20世纪40年代就开始对政治哲学进行反思，先后发表了《论古典政治哲学》（1945）、《政治哲学与历史》（1949）等论文，到50年代发表了具有代表性的论文《论霍布斯政治哲学的基础》（1954）、《什么是政治哲学》（1955）、《洛克的自然法学说》（1958），上述这些论文后收集到了《什么是政治哲学》（1959）一书。以这本书出版为标志，施特劳斯开创了对政治哲学本身的反思性研究，创立了元政治哲学。1963年，他和约瑟夫·克罗波西共同主编了人类历史上的第一部《政治哲学史》。与其他哲学史不同，《政治哲学史》是一部反思性的著作，根据他们的元政治哲学理论对西方历史上重要的政治哲学家进行了阐述。在20世纪70年代，伴随着全球性重大问题的日益凸显，这些问题既进入了伦理学的视野，也为政治哲学家所关注，在应用伦理学诞生的同时，应用政治哲学也相伴而行。其中最为突出的重大问题就是社会公正，罗尔斯的公正论严格说就是一种应用政治哲学研究，因为他所针对的是西方国家现实存在的严重两极分化问题，而不是像柏拉图、亚里士多德那样研究一般意义上的公正。其他还有很多问题也属于应用政治哲学研究的范畴，如战争、饥馑、难民、恐怖主义、公民不服从等，只不过这些问题也为应用伦理学所关注。实际上，20世纪应用哲学的发展就主要体现在政治哲学和伦理学方面，而且两者之间并无严格界限。所以，到了今天，理论形态的政治哲学实际上包括元理论、基本理论（原理）和应用理论三个层次，或者说存在基础领域、主体领域和应用领域三个领域。它们的研究对象不同，元理论以政治哲学基本理论为对象，基本理论以政治现象和政治问题为对象，应用理论则以现实中突出的政治问题为对象，但它们都属于理论形态的政治哲学，只是研究的对象、层次或领域不同。

第三，在西方历史乃至世界历史上具有一定学术影响和现实意义的西方政治哲学才是我们关注的西方政治哲学。自古至今，西方的政治哲学理论丰富多彩，其中有许多湮没在历史长河之中，只有那些有学术影响和现实影响的理论才会流传下来并将继续流传下去，这样的理论也才会为政治哲学研究者所关注、所采用、所传承和创新。这里所说的"学术影响"并不限于对当时和后来的政治哲学的影响，也包括对其他学科的影响，尤其是对与政治相关的学科的影响。罗尔斯的公正论就已经成为当代政治学的重要理论依据，任何政治学理论研究都需要参照或借鉴其观念和原则。这里所说的"现实意义"主要是指对国家的构建和运行、对社会政治生活具有规范和指导作用。马克思主义政治哲学虽然产生于西方社会，但对西方社会现实没有多少直接影响，而对社会主义国家影响重大。因此，考察西方政治哲学的影响和意义不能仅限于西方社会，而要着眼于人类、世界。当然，也有一些在历史上被湮没的有价值的政治哲学文献后来被发现、被挖掘，它们同样会产生学术影响或具有现实意义。亚里士多德曾作过马其顿国王亚历山大大帝的老师，亚历山大死于征战途中后，雅典人开始反对马其顿的统治，亚里士多德因此逃到加尔西斯避难，他的著作也被查禁，以至于有哲学史家称"600年西方学者无人见过亚里士多德的作品"。直到12世纪之后，西方人才通过阿拉伯哲学家阿维洛伊重新见到了亚里士多德的著作，并从希伯来语转译为拉丁语。亚里士多德著作（包括政治哲学著作）重现于世，对中世纪经院哲学大师托马斯·阿奎那产生了直接的深刻影响，也对后来西方的政治实践乃至整个世界的政治实践产生了深远影响。

第四，产生于西方的政治哲学不一定是真正的西方政治哲学，具有西方文化底蕴和特色是西方政治哲学的重要标志。西方政治哲学像西方文化一样，有古希腊的世俗文化、古罗马的法制文化、古希伯来的宗教文化、意大利的市场文化四个源头。这些文化都会以基因的形式在西方人的血脉中传承，对于今天的西方人来说，这四种文化基因都会或隐或显地体现出来，它们可以通过教育被激活并在西方人的人生中得到体现。真正的西方价值哲学是以这种文化基因为深厚土壤的，具有不可磨灭的西方文化印记，其中隐含着西方文化的基因，不是在这种土壤中生长的政治哲学就不是地道的西方政治哲学。对于不是西方人的政治哲学家，他们也只有长期在西方世界生活并真正西方化，他的政治哲学才可能算是真正的西方政治哲学，否则，即使他在西方写的政治哲学著作属于政治哲学，也很难称得上西方政治哲学。20世纪以来，中国有不少学者长期生活在美国，也写了许多著作，包括政治哲学著作，但他们的政治哲学似乎未见得到西方学者的普遍认可。阿马蒂亚·森的政治哲学思想得到西方世界的认可，他虽然不是西方人，但他生活在英国长期统治的印度，英国的奴化教育也为他注入了一些西方文化基因。

三　西方政治哲学的一般内涵

我们从外延上将西方政治哲学界定为从轴心时代一直到今天西方世界不同层次的政治哲学理论，但这个范围仍然很宽广，涉及约2500年的历史上西方世界不同国家和地区的各种政治哲学理论。为了便于从总体上把握西方政治哲学，我们有必要再从内涵上对西方政治哲学作出一般性的界定。作出这个内涵上的界定无疑是一件十分困难的事情，需要以对西方社会的相关历史文献和社会现实状况及其相互关系进行深入研究并形成完整的研究成果为前提。这里笔者根据自己对西方文献资料和社会现实的粗浅了解作出初步的界定，供学界同仁讨论和批评。

在笔者看来，西方政治哲学是以国家为主要研究对象，以为国家治理提供社会理想、价值目标、核心理念和基本原则为主要使命，以理想社会、社会公正、政体和制度的合理性、权力的合法性和制约、法治的重要性及其与自然法的关系、公民社会及其与国家的关系、公民的德性和权利等问题为重点，以思辨构想为主要方法的哲学理论。对于这个内涵界定，我们可以从以下四个方面加以展开。

第一，西方政治哲学是一种哲学理论。政治哲学首先存在着一个学科属性问题。从其最初诞生时的本义看，西方古典政治学（政治哲学）是属于哲学的一个特殊领域或专门学科。古典政治哲学在苏格拉底、柏拉图那里诞生时就与哲学本体论、伦理学紧密联系在一起，本体论是哲学的根基，而伦理学和政治学（政治哲学）是哲学的两个特殊领域。本体论从宇宙、社会、人类三者关系的角度研究人性及其体现的人生问题。人性有两个根本特性，即自为性和社群性，自为性主要是伦理学研究的领域，社群性则是政治学研究的领域。显然，这种古典政治学并不是现代意义上的政治学的一个层次，如同西方古典伦理学不是现代伦理学的一个层次（道德哲学）一样，而是哲学的一个特殊领域。西方古典政治学作为本来意义的政治哲学，也不是与现代意义上的政治学相交叉的学科，而是哲学研究的专门学科，是哲学的一个内在分支。当然，西方古典政治哲学更不是哲学的应用学科，因为应用哲学是

20世纪70年代才出现的新领域。今天的西方政治哲学应该是古典政治哲学的现代化，而不是在它之外的作为政治学一个层次或基础的学科。只有让政治哲学保持其哲学的性质，才能与政治以及政治科学保持一定的张力，通过反思和批判来规导政治及政治科学。相反，如果把政治哲学作为政治学的一个层次或基础，它就会丧失反思力、批判力和规导力，最终成为服务政治和政治学的工具。

第二，西方政治哲学实质上是一种哲学政治价值观，它为国家治理提供社会理想（价值目标）、核心理念和基本原则。进入文明社会后，国家治理都有某种政治价值观作为终极的依据，但国家治理者并不都对此有意识。自轴心时代开始，西方政治哲学理论中包含的核心内容和实质内涵就是政治价值观，政治哲学家创立政治哲学的初衷就是给统治者提供这种价值观。这种价值观与统治者自发形成的甚至政治科学家创立的价值观的根本区别在于，它们是有哲学尤其是哲学价值论（在古代主要体现为伦理学或道德哲学）作为其理论基础和根据的，其合理性通常是得到了哲学论证的，因而我们可称之为哲学政治价值观。

哲学政治价值观一般包含三大要素，即社会理想或终极目标、核心理念和基本原则。社会理想是政治哲学家所构想的理想社会，它可能是最好的（如柏拉图的"理想国"），也可能是次好的（如柏拉图的"次佳城邦"——马格尼西亚），将它具体化就成了以终极价值目标为终极追求的价值目标体系。核心理念是一定历史阶段实现社会理想或价值目标所需要解决的重要问题，如西方启蒙时代的自由、平等问题。基本原则则是实现价值目标和贯彻价值理念的过程中所必须遵循的一些原则。西方政治哲学理论体系形形色色，但究其实质，无非是就社会理想、价值理念、基本原则而言的。不过，一些政治哲学家的政治哲学体系不那么完整，其中可能只有哲学政治价值观的某些因素，如有理想蓝图而没有使之得以实现的实施方案。

当国家统治者接受政治哲学理论时也就接受了包含于其中的政治价值观。当然，从两千多年的西方历史看，一方面，并不是所有的统治者都接受政治哲学家提供的政治价值观；另一方面，他们即使接受，也并非全盘接受，而是根据自己统治的需要有选择地或加以改造地接受，所接受的部分在实施的过程中还可能有很大的变动。中世纪基督教教会统治者接受了奥古斯丁的政治价值观，但他们实际奉行的政治价值观与之还是有很大的差异，它更强调教徒现世对教会的服从，而不是对来世的追求。近代以来西方各国所选择的哲学政治价值观虽然大致相同，但各国政治家将它同本国实际和传统相结合后所形成的主导政治价值观却不尽相同甚至差异很大。

第三，国家始终都是西方政治哲学研究的主要对象，与国家直接相关的问题是西方政治哲学始终关注的主题。西方政治哲学从诞生开始就主要关注城邦，即古代意义上的国家，后来罗马共和国和罗马帝国成为古罗马政治哲学家的研究视域。基督教虽然看起来面向全人类，但后来的历史事实表明，基督教在其教会的控制之下把一切异教都视为仇敌，甚至严厉打击异端思想。在西罗马帝国分崩离析之后长达千年的时间里，西欧始终处于由代表世俗权力的王权（皇权）和代表宗教权力的教权（神权）构成的二元统治局面。两种权力相互依存、相互制约，在漫长的中世纪黑暗时期此消彼长，形成了一种错综复杂的政治局面。其间经历了 5 世纪至 10 世纪的王权教权合作、11 世纪至 13 世纪的教权居于上风、13 世纪至 15 世纪教权开始衰落的历史过程。从政治哲学的角度看，直接研究世俗国家的政治哲学几乎没有，只是一些神学家特别是托马斯·阿奎那从政治哲学的角度论及王权与教权的关系问题。近代政治哲学家更是以国家为关注对象，马基雅维里政治哲学指向的就是建立统一的意大利，后来的启蒙思想家也大多着眼于民族国家考虑政治问题，其理想是构建不同于封建王国的理性王国。近代的民族解放运动不断强化政治哲学家的国家意识，一些著名的政治哲学家（如霍布斯、洛克、亚当·斯密、约翰·密尔等）都是着眼于国家构建自己的政治哲学。只有少数政治哲学家有世界视野和人类情怀，如斯多亚派提出过"世界城邦"的构想，康德研究了世界公民和世界永久和平等问题，马克思把人类的解放作为终极追求，但这些思想在当时并没有引起人们的注意。进入 20 世纪之后，国家仍然是西方有影响的政治哲学家关注的中心，罗尔斯的新自由主义、诺齐克的新古典自由主义、桑德尔的社群主义等都是研究国家的政治哲学。不过，在全球化的背景之下，一系列新出现的全球性问题也引起了一些西方政治哲学家对世界共同体的重视和探讨，如哈贝马斯就提出过民族国家扬弃论，倡导建立

"无世界政府的世界内政"(实即世界共同体)。① 由以上阐述可见,西方的政治哲学总体上看是一种以国家治理为主要研究内容的国家政治哲学,比较缺乏世界视野和人类情怀。这种政治哲学与西方一直以来流行的国家至上主义有某种深刻的内在关联。

西方政治哲学以国家为主要研究对象,他们眼中的社会主要是国家,只是国家随着历史的变迁发生了由小到大、由简单到复杂、由奴隶制到封建制再到民主制的变化。于是,怎样使那种苦难的、战乱的或社会问题重重的现实国家变成理想国家是西方政治哲学的核心主题。围绕这一主题,政治哲学家们关注的第一个问题是"什么样的国家是好国家",而社会公正又是这个问题的焦点,几乎每一位政治哲学家都关注这个问题并提供了答案。在西方政治哲学家看来,好国家的决定性因素在于政治制度及其体现——政治体制,这在古希腊被称为"政体"或"政制",在近现代被称为"政府形式"。政治制度决定治理方式,这两个问题在西方是一体两面的问题,古希腊政治哲学家在最初着手研究政治哲学时就注意到这一重大问题。在西方最终确立了现代民主制度之后,由于这一制度仍然存在着诸多问题,当代西方政治哲学家还在苦苦探索民主制的完善路径,迄今为止这一问题仍然没有得到很好的解决。国家和政府依靠政治权力实行社会治理,政治权力是公权力,它存在着产生的正当性、运用的合法性问题以及权力的制约问题,这是西方政治哲学家始终思考的焦点问题。柏拉图晚年已经意识到了法治的重要性,近代启蒙思想家更将法治作为国家治理的唯一方式。法治理论将法律视为"国王",那么就涉及法律产生的根据问题,西方政治哲学家注重从宇宙中或人性中寻求法律的根据,这就是自然法或本性法,因此对自然法的研究几乎贯穿西方古今。在两千多年的历史上,很长时间公民社会被看作同构同质的,但到了当代一些政治哲学家提出了公民社会与国家的分离问题,两者之间关系的历史也因此被重新加以审视。国家以公民为基本的或终极的社会成员,又以公民的好生活为终极追求,两者之间相互依存、相互制约,好则共生共荣,坏则

---

① 参见曹兴、樊沛《哈贝马斯"无世界政府的世界内政"理念述评》,《世界民族》2015年第1期。

鱼死网破，这一极为复杂的关系问题始终被古今西方政治哲学家高度重视。总体上看，古代高度重视公民的德性问题，认为公民应成为国家的好公民，而近现代更强调公民权利是天赋的，而且至高无上，国家存在的意义就在于维护和扩大公民的权利。当然，古今政治哲学家研究了无以计数的政治哲学问题，以上所述只是其中的一些焦点性问题，把握了关于这些问题的西方政治哲学才能抓住其要害。

第四，西方政治哲学主要是西方政治哲学家运用思辨方法构建的哲学知识。施特劳斯说："政治哲学就是理解政治事物本性的尝试。"[1] 这种说法非常正确，他强调的是理解政治事物的本性，而非它们的本质。自然科学也好，社会科学也好，它们的一个共同特点是采取对现象观察、实验、调查等方法揭示事物的本质。这种现象的本质不一定是事物的真正本性即本然本质，而是事物的实然本质，事物的真正本性是采取这些方法所不能揭示的。一般来说，自然现象背后的本质是与其本性相一致的。比如，我们通过观察可以发现所有的动物都谋求生存得好，鸟建窝，蚁筑巢无不如此，于是我们就可以从这些现象揭示动物的本质在于谋求生存得好。从哲学上看，动物的这种实然本质就是它的本性或本然本质的体现，因为动物是是其所是的自在存在，其实然本质就是其本性即本然本质的体现。施特劳斯所说的"政治事物"[2]完全是人为事物，而创造这些事物的人作为自为存在，可以是其所不是，其实然本质可能不是本性即本然本质的体现。例如，人们常常从许多人的自私自利、贪得无厌、见利忘义等行为得到人的本性是恶的。这种看法实际上是混淆了人的实然本质与其本然本质即人性之间的区别，他们所看到的是人的实然本质，但它并不是人的本然本质的体现。人的本然本质是谋求生存得更好，人在实现本性的过程中受环境的影响可能会变得邪恶，但这不是本性使然，而是人与环境相互作用的结果。因为如果人性本恶，人类就不可能进化

---

[1] ［美］列奥·施特劳斯：《什么是政治哲学》，李世祥译，华夏出版社2019年版，第6页。

[2] ［美］列奥·施特劳斯：《什么是政治哲学》，李世祥译，华夏出版社2019年版，第3页。

到今天，成为宇宙中的最高贵者。政治哲学，就其探讨活动的根本任务而言，就是哲学家运用思辨的方法探讨人的政治本性的学问，这种政治本性其实就是人性的社会性的典型形态。哲学家的思辨方法，主要不是观察、实验、调查等科学方法，而是对政治现象和政治问题以及政治理论进行反思、批判，并在此基础上根据理论逻辑构建政治哲学理论的非科学方法。只不过这种思辨方法在古代主要体现为从宇宙本体引申出社会本体或社会本性（如苏格拉底从宇宙的善目的引申出社会的善目的），而近现代主要体现为从自然状态引申出社会状态。其方法论在本质上是一致的，它们都不是科学的经验归纳，而是哲学的思辨构想。

四 西方政治哲学的总体特征

由以上考察可以发现，西方政治哲学历史悠久、内容丰富，其思想观点宛如晴夜星空精彩纷呈，与同样历史悠久的中国政治哲学相比较，有其自身标志性的总体特征。概括地说，其最突出的特征有以下四个方面。

其一，历史演进的多源性与断裂性。与中国政治哲学都源于以《易经》为代表的文化传统不同，西方政治哲学在演进的过程中不断有不同的文化传统加入，而这种加入又往往否定了先前的传统。西方政治哲学最早的文化渊源是古希腊的人文文化，紧接着古罗马的法治文化取而代之，古罗马文化深受古希腊文化的影响又独具个性，成为西方政治哲学的新背景。伴随着罗马帝国版图的扩大，古希伯来的宗教文化汇入古希腊罗马文化之中，并与之相结合形成了基督教文化，从而为西方政治哲学提供了与希腊罗马文化实质上不同的宗教文化资源。13世纪开始在意大利兴起的市场文化是对基督教文化的否定，但其在发展过程中又深受基督教文化的影响，后来在文艺复兴运动中吸取了古希腊罗马文化丰富的滋养。[①] 总体上看，古希腊的人文文化、古罗马的法治文化、古希伯来的宗教文化和近代早期意大利的市场文化的先后更替使西方政治哲学具有多源性特征。

---

① 参见江畅《西方德性思想史》古代卷，载《江畅文集》第5卷，人民出版社2022年版，第31—33页。

文化渊源的多源性使西方政治哲学具有明显的断裂性特征。西方政治哲学从诞生到今天长达2500年，其间经历过古希腊罗马、中世纪和近现代三个大的历史阶段，社会形态发生过从奴隶社会到封建社会、从封建社会到资本主义社会两次断裂性变化。作为时代政治精神的精华和升华，西方政治哲学也有相应的古希腊罗马政治哲学、中世纪政治哲学和近现代政治哲学三种基本形态，并且发生了从古希腊罗马政治哲学到基督教神学政治哲学，再到近现代政治哲学的重大转变。这种演进断裂性的最显著标志是社会理想由人间转向天国再转向人间、价值取向从德性幸福转向天堂幸福再转向世俗幸福。虽然后来的西方政治哲学在深层次上隐含着古希腊罗马的精神元素，尤其是以个体为本位，追求个人幸福，崇尚自由、公正、法治，但这三个阶段的政治哲学是性质上完全不同的政治哲学形态。

正是在这种复杂多变的文化背景和社会形态的断裂性变革中，西方政治哲学总体上呈现出内容丰富庞杂、观点多元对立的状态。这种状况在西方近现代尤其明显。麦金太尔认为，在我们的文化中，似乎没有任何确保道德上一致的合理方法，而且这些争论没完没了，显然无法找到终点，相互对立的论证具有概念上的不可通约性。之所以如此的前提在于，它们有一个历史起源意义上的广阔多样性。它们有的来自亚里士多德、托马斯·阿奎那，有的来自马基雅维里、卢梭、马克思等。这种前提多元主义的情形"既可以很好地适用于交叉着不同观点的有条理的对话，也可适用于杂章碎片的不和谐的杂烩"①。道德哲学的情形如此，政治哲学的情形甚至更为突出，如共产主义政治哲学与自由主义政治哲学就是完全对立的。

其二，理论根基的多变性与迥异性。哲学起源于对世界本体的思考，这种思考的理论形态就是哲学本体论，本体论不仅是哲学最早的学科，而且是哲学的根基或支撑，任何一种政治哲学之为哲学，就是基于某种本体论对政治进行思考和探讨。有些政治哲学家的政治哲学虽然表面看起来没有本体论作为根据，实际上隐含了本体论的承诺。西方政治哲学同样有其本体论根基，但是不同时

---

① ［美］阿拉斯代尔·麦金太尔：《德性之后》，龚群、戴扬毅等译，中国社会科学出版社2020年版，第12页。

代的政治哲学甚至同一时代的政治哲学所创立或依循的本体论很不相同。

从历史发展看，西方政治哲学的本体论根基发生了一个从包含社会本体在内的宇宙本体到单纯的社会本体的重大变化。在西方政治哲学开创者苏格拉底那里，政治哲学的根基是目的论本体论。他认为，宇宙万物的本体不是始基而是目的，这种目的就是善或好。根据这种目的论本体论，城邦的目的被确定为让其公民过上好生活或幸福生活，而幸福就在于灵魂的善即德性，如何使公民有德性从而获得幸福就成了政治哲学的核心问题。苏格拉底的这种思想为柏拉图和亚里士多德所传承，也被基督教神学家部分吸收，因此西方古代的政治哲学被称为目的论的政治哲学。然而，从西方现代早期开始，政治哲学家不再关心宇宙本体而只关心社会本体，从社会本体论引申出政治哲学。霍布斯、洛克等自由主义政治哲学家构想了一种事实上不存在的自然状态，这种自然状态不是整个自然的状态，而是社会的原初状态。自然状态都是危害人类生存的，于是人们通过理性的权衡根据自然法订立契约、组建社会、制定法律。这种社会本体论的主旨是寻求国家产生和存在的正当性、权力的合法性和限度的本体论根据，为作为理想社会的"理性王国"构建提供哲学论证和理论依据。这种政治哲学没有宇宙本体作为根基，更不考虑苏格拉底的那种作为本体的目的，因而被称为契约论的政治哲学。以契约论为基础的政治哲学取向一直影响到今天，以罗尔斯的公正论政治哲学为典型代表。这是西方政治哲学本体论根基的一次重大变化，除此之外还有不少重要变化，如从目的论本体论转向宇宙理性论本体论（斯多亚派）、从宇宙理性论本体论转向上帝论本体论（基督教神学家）、从古典的"先道德后契约"的契约论（洛克）转向"先契约后道德"的契约论（罗尔斯）[1] 等。

从同一时代看，不同政治哲学的本体论根基也有很大差异。不用说西方近现代有霍布斯、洛克、卢梭、康德、罗尔斯等人不尽相同的契约论，即便是苏格拉底、柏拉图和亚里士多德师徒三人的目的论本体论也有很大的差别。苏格拉底的本体论是典型的目的论本体论。他将"目的"引入对宇宙万物存在的解释，认为事物的产生和存在不仅是有目的的，或者不如说被赋予了目

---

[1] 参见应奇《罗尔斯与近代西方政治文化传统》，《浙江社会科学》1999 年第 6 期。

的，而且这种目的就是成为最好的。这里的"最好"就是"善"。追求"最好"就是事物的本性，也是所有事物的共同的本然本质，成为最好的就是使事物自己的本然本质得到充分的实现。柏拉图的本体论是理念论，他认为作为世界之共同本然本质的理念才是世界的真正根源，由理念构成的世界是原型世界，现实世界则是理念世界的影子。①苏格拉底那里作为事物本然本质的"善"变成了理念世界中最高的理念，它是所有事物追求的终极目的，这种目的只有哲学家才能认识，所以也只有哲学家（或有哲学智慧的人）才能够担当国王的大任。亚里士多德在批判自己老师的理念论的基础上建立了实体论本体论，他先把个体事物视为实体，后来又把构成事物的形式视为实体。在他看来，以往哲学关于世界本原的探讨其实就是关于世界原因的探讨，他从中归纳出了质料因、形式因、动力因、目的因，后来又将这四因归结为质料因和包含动力因和目的因的形式因。显然，亚里士多德的本体论仍然保留了目的论的特点，但目的只是本原之一，其本体论地位大大下降。正是因为三位哲学家的本体论有所不同，他们的政治哲学也就有了明显的差异。

其三，思想旨趣的理想性与实践性。哲学既要构建本体世界、可能世界又要构建理想世界（主要是理想社会）。一般而言，构建理想世界是价值论的使命，但作为学科形态的价值论出现之前，这一使命主要由政治哲学担当。在西方，自柏拉图第一次提供了一个理想社会即所谓"理想国"之后，历代具有开创性的政治哲学家都基于对现实社会的反思和批判，致力于理想社会的构建，提供了一个又一个理想社会的模型。其中最为著名的有斯多亚派的"世界城邦"、奥古斯丁的"上帝之城"、托马斯·莫尔的"乌托邦"、自由主义者的"理性王国"、马克思恩格斯的"共产主义社会"等。大多数提供理想社会的政治哲学家都为理想社会的实现设计了实践方案，如马克思就有无产阶级革命和无产阶级专政理论。一些信奉某种理想社会的政治哲学家也参与这种实践方案的修改完善，罗尔斯就是一位典型的代表，他不仅给理性王国增添了公正元素，而且为其实现构建了完整的理论体系。正因为西方政治哲学家高度重视政治哲学的实践性，西方政治哲学和伦理学一样在西方历来

---

① 参见强以华、唐东哲《西方形而上学思想史》Ⅰ，人民出版社 2018 年版，第 58 页。

被视为实践哲学。整体上看，西方政治哲学史可以说就是根据不同时代的时代精神，针对不同时代的重大问题，致力于谋划理想社会及其实现方案的历史过程，整体上兼备理想性和实践性。即使是基督教神学家也一方面不断完善天国理想的蓝图，另一方面又不断完善走向天国的路径。

其四，学术观点的多元性与对立性。在西方多元思想文化渊源和断裂性历史演进过程中生长和发展的政治哲学，无论是从纵向看还是从横向看，其基本观点呈现为多种多样的面貌，而且许多基本观点完全对立。

从纵向看，古希腊有苏格拉底和柏拉图的政治哲学、亚里士多德的政治哲学，古罗马有罗马斯多亚派政治哲学、西塞罗政治哲学、基督教教父政治哲学，中世纪有基督教或天主教神学政治哲学，近代有共和主义政治哲学、自由主义政治哲学、马克思主义政治哲学，现当代有罗尔斯政治哲学、诺齐克政治哲学、桑德尔政治哲学等。在这些政治哲学中，虽然其中有某些共同的观点和精神，但总体上看它们都是彼此不同的，属于性质迥异的政治哲学，其中有的是完全对立的。教父政治哲学就是与苏格拉底—柏拉图政治哲学完全对立的，近代的几种主要政治哲学则都对中世纪神学政治哲学持完全否定的态度。当然，在多元的政治哲学之间，有的一致性大于差异性和对立性，有的则反之。前者如苏格拉底—柏拉图政治哲学与亚里士多德政治哲学，后者如神学政治哲学与自由主义政治哲学。

从横向看，西方政治哲学的多元性和对立性更为突出。西方古代的政治哲学往往并没有因为时代巨变而完全死亡，或隐或显地得到了传承。如此一来，到了现当代，西方政治哲学的种类、派别越来越多，它们多元并存，彼此对峙，甚至相互对立。比如，由基督教分裂而形成的许多教派都有自己的政治哲学主张，它们今天都存在于西方社会，对人们和社会不同程度地发生着影响。这些政治哲学主张都是基督教神学政治哲学与时代和区域实际相结合的产物，这是显性的传承。近代的共和主义政治哲学源自古希腊罗马政治哲学，虽然变化很大，但其中包含着古典政治哲学的一些基因和元素，这是隐性的传承。于是，到了当代西方，各种政治哲学都活跃在西方世界的舞台，都力图对西方社会的国家治理和政治生活发生影响。在这种多元对立的政治哲学环境中，政治家往往只能采取罗尔斯所说的寻求"重叠共识"的方式以求其政治主张上的平衡和协调，这实乃无奈之举。

第二节　西方政治哲学的产生和历史演进

西方政治哲学如果从苏格拉底创立算起，迄今已有2500多年的历史。其渊源虽然最早可追溯到米诺斯文明或克里特文明（前2850—前1450），但由于迈锡尼文明（前1900—前1200）的毁灭，以前文明留下的只有《荷马史诗》的部分记载，因而其真正的孕育期不过600多年。西方政治哲学诞生以后的演进大致上可划分为理论化时期（公元前5世纪至基督教诞生）、宗教化时期（基督教诞生至15世纪）、现代化时期（16世纪至19世纪）和学科化时期（19世纪至现代）四个大的时期。相较于中国政治哲学，它的孕育时期短，诞生时间晚，理论化时期短，而现代化起步早。自19世纪80年代，西方国家开始培养政治学博士研究生并进行具有学科意义的政治学研究，现代意义的政治学（作为社会科学的分支的政治科学）正式诞生。从此，西方政治哲学与政治科学发生了分离，西方政治哲学不再在政治学的母体之中，而成为真正现代意义的政治哲学。西方政治哲学几千年产生和演进的历史有不少经验需要总结，也有一些教训需要反思，在构建当代中国特色政治哲学的今天，西方政治哲学经验教训值得借鉴和记取。

一　西方政治哲学的萌生

一般认为，理论形态的西方政治哲学是苏格拉底创立的，但在他之前很早就已经有了政治活动，有政治活动就有政治思想，其中就会包含政治哲学思想或元素。这种非理论形态的政治哲学思想，有的可能已经比较系统，但更多的是比较零碎的观点、看法。文明社会有许多标志，其中最重要的标志就是社会关系突破了纯粹的血缘亲情关系，出现了统治者和被统治者，因而需要凭借某种强力（最初主要是军队）的统治者而不是德高望重的族长来治理社会。这种治理活动就是在政治思想支配下从事的政治活动，而政治思想中包含诸如社会价值目标的合理性、统治的正当性、治理方式的合法性等思想，这些思想无疑是政治哲学的一些元素。随着文明的进步，古希腊文明社会早期政治思想中的政治哲学元素越来越丰富、系统，为政治哲学的诞生准备了条件。

19世纪末以前，人们谈到古希腊文明的起源通常只是追溯到《荷马史诗》所描述的时代，即发生在前1193—前1183年以阿伽门农、墨涅拉俄斯为首的希腊联军进攻以普里阿摩斯为国王的特洛伊城的十年攻城战，史称特洛伊战争时期。就是说，古希腊文明在19世纪末以前只追溯到了古希腊早期的迈锡尼文明（前1900—前1150）。但是，迈锡尼人曾经占领过克里特岛，克里特文明被迈锡尼人继承和发扬，从而融入迈锡尼文明。因此，古希腊文明实际上可追溯到克里特文明。

克里特文明（亦称米诺斯文明）大约在公元前2850年兴起，一直持续到约公元前1450年克里特岛被迈锡尼人占领而结束。如此一来，希腊文明的历史就可以追溯到克里特文明的兴起。19世纪末期，考古学家在克里特岛上发现了众多宫殿遗址，其中作为首都的克诺萨斯的王宫最为宏大华丽，这表明那时已经有了明显的阶级阶层分化，形成了等级制度，可能演化成了君主制。传说中名叫米诺斯的国王在岛上建立了自己的奴隶制王国。克里特岛人还开始了殖民掠夺，组建了历史上最早的海军。考古发现证明了克里特文明的存在，从此克里特文明被认为是古希腊文明的源头所在，是欧洲最为古老的文明。从历史的角度看，当迈锡尼人将希腊的文明史推前到克里特文明时，西方政治哲学的源头也就要追溯到克里特文明。

与克里特的米诺斯人不同，迈锡尼人是希腊人中最早的一支，其本土迈锡尼比已建立米诺斯文明的克里特落后，但在克里特的影响下逐渐向文明过渡，到公元前1600年才建立王国。迈锡尼统治克里特后，承袭了克里特掌握的爱琴海商业贸易网的控制权，也全面吸收了克里特文明的遗产。此后从公元前1400年至公元前1200年，迈锡尼文明达到鼎盛时期。迈锡尼文明遗址考古发现了大量的线形文字——泥版文书，从中可以了解到当时迈锡尼文明的人口状况、牲畜和农产品的数量、土地的数量、祭品的多寡、武器数量等，据此可以推断出当时的经济、政治、宗教和社会结构。人们惊讶地发现，当时已经是奴隶制国家的成熟阶段，社会已经有了很大的贫富悬殊。十年特洛伊战争使迈锡尼诸国国力大伤，加上北方游牧民族多利安人南下攻城略地，最终导致了迈锡尼文明的衰亡。公元前12世纪末"似乎有一只巨手突然将辉煌的迈锡尼文明抹去，留下的仅有孤立和贫困"①，从此希腊历史进入长达四百年的"黑暗时代"（公元前1200年至公元前800年）。

　　黑暗时期实质上是希腊文明从奴隶制社会倒退到了军事制社会的时期。这时的政治统治多实行军事民主制，一般分为军事首领、议事会和民众大会三个机构。军事首领是民众公开选举出来的部落领袖，和平时期管理祭祀和解决诉讼争端，战争时期负责统领军队外出作战。议事会由部落的长老们组成，有广泛的权利，遇到重大问题首先在议事会进行讨论作出决定。民众大会是全体成年男子都可以参加的大会，对重大问题比如战争、议和、迁徙和推举军事首领等作出决定，并以呼声高低的方式进行表决。民众大会原则上拥有最高的权力，但是随着时间的推移，氏族部落内部分化加剧，军事首领和长老们的权力越来越大，重大问题往往先由议事会决定后，再由民众大会进行形式上的表决。部落贵族为了压制普通氏族成员的意见，长期不召开民众大会。在黑暗时代的后期，部落的管理机构开始向国家统治机关过渡，古希腊再次进入了文明时代的门槛。流传千古的《荷马史诗》成书于这个黑暗时期，所以这个时期史称"荷马时代"，但需要注意的是，它描述的不是这个时代，而是荷马所称颂的"英雄时代"即迈锡尼文明鼎盛的时代。

　　从以上简要考察可以发现，西方政治哲学的萌生虽然可以追溯到克里特文明和迈锡尼文明，但迈锡尼因为早已衰亡而没有得到古希腊人的直接传承。古希腊社会直接承接的是黑暗时代军事制的原始社会，从这种意义上看，黑暗时代结束后的古希腊文明才是西方的第一个文明形态。但是，《荷马史诗》描述的特洛伊战争在一定程度上再现了迈锡尼文明中的思想文化以及政治文化。② 从这种意义上看，古希腊文明虽然可以说与迈锡尼文明以至于克里特文明有关联，但这种关联仅仅体现在荷马史诗这部文学作品对古希腊文明的影响，与迈锡尼文明并无直接承继关系。荷马史诗的主题是歌颂英雄们的德性，

---

　　① ［美］萨拉·B.波默罗伊等：《古希腊政治、社会和文化史》（第二版），傅洁莹、龚萍、周平译，上海三联书店2010年版，第51页。

　　② 当时迈锡尼文明已经毁灭，而且也没有考古，希腊人不可能知道迈锡尼的物质文明。

而这种德性主要是在战争中体现出来的,具有鲜明的政治性质。

从政治哲学的角度看,《荷马史诗》中包含的政治哲学元素主要体现在两个方面。一是战争的正义性问题。虽然史诗并没有表明希腊和特洛伊中的哪一方是正义的,但在希腊联军将士中拥有为正义而战的强烈信念。二是英雄的德性问题。《荷马史诗》对作战双方没有明显的倾向性,力图对战争作出客观的描述,但对双方将士的英雄德性给予了高度的歌颂和赞美。作为正义的公正在《荷马史诗》中其实也被看作德性,因此德性问题是《荷马史诗》中包含的最重要的或中心性的政治哲学元素。德性的具体体现是成就,而成就概念有两个尽管密切相关但却互不相同的尺度:"获得成就就是获得优秀,但取得成就也就是取得胜利。"① 要对竞争中的优胜作出评价,就需要公正的概念,而公正的概念是与实践推理的概念相互联系的。《荷马史诗》中的德性思想对古典时期乃至后来西方的伦理学和政治哲学都产生了深远的影响。麦金太尔指出:"无论'正义'还指别的什么,它都是指一种美德;而无论实践推理还要求别的什么,它都要求在那些能展示它的人身上有某种确定的美德。所以后续的历史都将不可避免地是一种实践推理和正义与美德——更一般地说是与人类善——的关系史。"② 但是,史诗并没有提供作为西方政治哲学核心内容的有关国家的内容。西方政治哲学有关国家的内容并不是源自史前文明,而是源自由黑暗时期的军事制部落演进而来的奴隶制城邦。

黑暗时期之后,希腊经历了一个古风时期(前700—前480)。在此200多年间,希腊社会脱离了黑暗时代,发展变化的速度不断加快,新的城邦国家纷纷建立。随着人口增长,希腊人开始向外殖民,新的希腊城邦遍及包括小亚细亚和北非在内的地中海沿岸,其中势力最大的是斯巴达和雅典。古风时期许多希腊城邦面临着诸多问题,如贵族间的派系斗争不断、实行债务奴隶制、实施残酷法律等。经过梭伦(前640—前558)改革和克利斯提尼(前

---

① [美]阿拉斯代尔·麦金太尔:《谁之正义?何种合理性?》,万俊人、吴海针、王今一译,当代中国出版社1996年版,第40页。

② [美]阿拉斯代尔·麦金太尔:《谁之正义?何种合理性?》,万俊人、吴海针、王今一译,当代中国出版社1996年版,第35页。

570—前508）改革，到公元前伯里克利（前495—前429）执政的时代，雅典的大部分问题已经解决，民主制度建立起来。抵抗波斯胜利后，雅典进入了政治、经济、文化全面繁荣的古典时期（前480—前323），成为古希腊世界的经济、政治和文化中心。然而，长达27年的伯罗奔尼撒战争（前431—前404）使成千上万的人丧生，由战争引发的经济问题加剧了希腊许多城邦已有的阶级矛盾，并激发了血腥的内战，城邦之间的战争成为生活的常态。

古希腊社会的繁荣催生了古希腊哲学。公元前6世纪到公元前5世纪在希腊本土以及地中海沿岸，特别是小亚细亚西部、意大利南部涌现了一大批本体论哲学家。他们的本体论思想为古希腊政治哲学的诞生提供了沃土和深厚的根基。公元前6世纪，东方伊奥尼亚出现了提出世界的本原问题的哲学家，如米利都的泰利斯、阿那克西曼德、阿那克西米尼和爱非斯的赫拉克利特。他们反对过去流传的种种神话创世说，认为世界的本原是一些物质性的元素，如水、气、火等，他们最早用自然本身来解释世界的生成。在意大利南部出现了一些认为万物的本体不是物质性的元素，而是一些具有普遍性质的哲学学派。毕达哥拉斯学派认为是"数"，以巴门尼德为代表的爱利亚学派认为是"存在"，并认为"存在"是不变的，不生不灭的，运动变化的只是事物的现象。后来的自然哲学家在承认运动变化的同时，企图在它们背后找出永恒不变的因素来。恩培多克勒认为是水、火、土、气四种"元素"；阿那克萨戈拉则认为，万物是由各种不同性质的"种子"以不同的比例结合而成的，而"努斯"是事物运动的最后原因；德谟克利特把万物的本原归结为最小的不可再分的"原子"，它们没有性质上的差异，只有形状、排列、状态的不同。与此同时，适应民主政治的需要，雅典城邦出现了一批以教授演说的论辩术为业的"智者"。他们讨论的中心不再是自然界和宇宙生成等问题，而是集中到人类社会政治和伦理方面来，"人"成为研究的中心。智者的主要代表普罗泰戈拉提出了"人是万物的尺度"的著名命题，认为判断是非善恶的标准只能是个人的感觉和利害，不存在所谓的客观真理。这种相对主义思想发展到极端，产生了智者高尔吉亚等人的怀疑论和不可知论。

正是在这种社会背景和哲学氛围中，苏格拉底脱颖而出，创立了西方历史上第一个理论形态的政治哲学——目的论政治哲学。苏格拉底早年也对万物的"始因"感兴趣，研究过"天文""地理"，但不久他就在探索自然的因果联系时感到按照早期自然哲学的路径不能找到令人满意的答案。自然的因果系列是不可穷尽的，在自然本身中并不存在早期哲学家所追求的"始因"，当然也不可能由此发现万物的本原。苏格拉底在阿那克萨戈拉的启发下从根本上调整了探索的方向，不再从万物的"始因"而是从万物的"目的"去寻找宇宙的"本原"。他虽然也在寻找万物的终极原因，但不是找"始因"，而是找"目的因"。在他看来，世界万物的存在都源于某种目的，其存在的意义也在于实现某种目的，"目的"才是事物存在的终极原因，也才是万物的真正本原。这样，他就将"目的"引入了对宇宙万物存在的解释，使哲学探讨的目光由"始因"转向了"目的因"，建立了目的论本体论。

在苏格拉底生活的时代，所有的哲学都不能解释和解决当时严峻的社会问题。公元前430年雅典突然发生了严重的瘟疫，病魔肆虐，尸体横陈。雅典人心混乱，怨声四起。第二次伯罗奔尼撒战争（第一次前460—前445年，第二次前431—前404年）的失败，导致雅典社会战祸连绵，争权夺利，动荡不安。生活在雅典社会中的人们生活失去了目标、希望和信心，精神失去了寄托，普遍感到压抑、苦闷。什么是幸福、如何获得幸福的人生问题以及与此相关的什么是公正、如何实现公正的社会问题，便成为人们最为关心的问题。苏格拉底就生活在这样的时代，严酷的社会现实促使他将目光从天上回到了人间，"把哲学从天上带到了地上，带到了家庭中和市场上（带到了人们的日常生活中）"[1]，开始关注人的幸福，关注幸福所必需的个人德性，关注个人幸福所必需的社会公正。于是，苏格拉底就着眼于社会现实问题追问世界的本原，建立了目的论本体论，同时又以目的论为基础建立他的道德哲学和政治哲学，西方政治哲学由此诞生。"他被尊为第一个伟大哲学时代的开启者，因此在某种意义上，他就代表哲学本身"[2]，因此他既是西方道德哲学的

---

[1] 转引自［德］黑格尔《哲学史讲演录》第2卷，贺麟、王太庆译，商务印书馆1960年版，第43页。

[2] ［英］安东尼·肯尼：《牛津哲学史》第1卷《古代哲学》，王柯平译，吉林出版集团有限责任公司2010年版，第38页。

鼻祖，也是西方政治哲学的鼻祖。

二 西方政治哲学的理论化

西方政治哲学诞生最重要的标志是它的理论化。以前西方思想中包含不少政治哲学观点、看法之类的政治哲学元素，但它们是一种素朴的、自在的形态。一方面，它们是零散的，不系统的；另一方面，它们缺乏哲学的论证，尤其是没有本体论的根基。到了轴心时代，一些思想家以本体论为根基建立系统的政治哲学理论，从而克服了以往政治哲学思想的素朴性，使政治哲学具有了理论形态，这种理论形态的政治哲学的出现才意味着真正意义上的政治哲学诞生。在西方历史上，苏格拉底之所以被公认为西方政治哲学的鼻祖就是因为他建立了政治哲学理论。虽然他述而不作，但他的学生柏拉图等人记录了他的思想，使之得到了理论上的表达。苏格拉底创立了政治哲学，同时也开启了西方政治哲学演进的第一阶段，即理论化阶段。

政治哲学理论化阶段最重要的特点在于，过去以观点、意见、看法等素朴形态存在的政治哲学元素转变成为得到论证的、系统的政治哲学理论。这种转变是一个历史过程，中西政治哲学都经历了这样的一个过程。西方政治哲学理论化阶段大致上从苏格拉底生活的时代开始，一直到早期基督教哲学即教父哲学出现前，约800年的时间。在这个阶段，西方政治哲学的理论化是沿着两条进路展开的。一是苏格拉底开启的构建目的论政治哲学的路线。这条路线比较短，到亚里士多德去世就结束了，以后再无有影响的传人，前后只有百年左右。二是出生于塞浦路斯岛的斯多亚派创始人芝诺（前334—前262）开启的构建自然法政治哲学的路线。这条路线比较长，从芝诺生活的时代一直到教父哲学出现，长达700年。芝诺比苏格拉底晚出生100多年，比亚里士多德晚出生50年，他的政治哲学似乎没有太多地受他们的目的论影响。他在继承赫拉克利特（前544—前483）以火为本原的本体论的基础上创立了斯多亚派，其政治哲学的本体论根基是自然法理论。从现有中西方有关西方政治哲学史的著述看，西方政治哲学理论化阶段的这一路线似乎被忽视，谈到斯多亚派政治哲学只谈西塞罗，而不谈其他斯多亚派政治哲学家①，这不得不说是一个很大的缺憾。

在西方政治哲学理论化阶段，苏格拉底的最大贡献在于为政治哲学奠定了作为本体论的目的论基础。施特劳斯认为苏格拉底之所以成为政治哲学的创始人，是因为他追问事物的自然（本性），其中包括政治事物（如公正）的本性。②这种看法并不准确。苏格拉底确实追问宇宙万物的自然，在这一点上他与以前的哲学家没有什么区别，但他把这种自然理解为目的，而目的的内涵在于好（善）或最好（至善）。正是在这种意义上，他的本体论是目的论的，也就与以前的本体论有了根本性区别。对于政治哲学来说，这种目的论在于为人类追求好（善）生活（幸福）提供了本体论论证。他的逻辑思路是：神给宇宙万物赋予了各自的目的，而对人特别眷顾，不仅把那些使人认识和享受不同事物的感官和才能赋予人，甚至以人为中心来设计安排宇宙万物，所以人要敬畏神、服从神，"对神明存敬畏的心"，"讨神的喜悦"③；而敬畏神、服从神就要最大限度地实现神赋予人的目的，即过上好生活，用苏格拉底自己的话说，就是"活得高尚、活得正当"④。这样，苏格拉底就以本体论为根据提出和论证了好生活的理想，它不仅是个人的理想也是社会的理想。

苏格拉底虽然注意到个人要过上好生活，社会就必须具备公正的德性，而且每一个公民"应该抱着使公民自身尽可能地变好这个目的去关心城邦及其公民"⑤，但他关注的重点是个人的好生活及其实质内涵灵魂善，即德性，而较少关注个人好生活实现的社会条件，即好社会。面对伯罗奔尼撒战后雅

---

① 例如，在西方和中国都有广泛影响的列奥·施特劳斯、约瑟夫·克罗波西主编的《政治哲学史》就是如此（参见［美］列奥·施特劳斯、［美］约瑟夫·克罗波西主编《政治哲学史》，李洪润等译，法律出版社2009年版，目录）。

② 参见［美］列奥·施特劳斯、［美］约瑟夫·克罗波西主编《政治哲学史》，李洪润等译，法律出版社2009年版，绪论第4页。

③ ［古希腊］色诺芬：《回忆苏格拉底》，吴永泉译，商务印书馆1984年版，第160页。

④ ［古希腊］柏拉图：《克里托篇》，载《柏拉图全集》第1卷，王晓朝译，人民出版社2002年版，第41页。

⑤ ［古希腊］柏拉图：《高尔吉亚篇》，载《柏拉图全集》第1卷，王晓朝译，人民出版社2002年版，第409—410页。

典城邦的内乱,"苏格拉底将其政治改革方案落在了个体灵魂的自我完善上面"①,而柏拉图则更关注理想社会及其实现的方案谋划方面。雅典城邦内乱,尤其是苏格拉底之死,使柏拉图深刻意识到,如果没有好社会提供保障,个人的好生活完全不可能实现,于是他在西方历史上提出并系统论证了第一个理想社会的方案,即理想国。在推进西方政治哲学理论化方面,柏拉图不只是继承了老师的衣钵,而且对老师的思想进行了深刻的改造和重构。一方面,他将苏格拉底的万物皆有目的的自然目的论改造成为理念目的论。苏格拉底认为万物都有目的、都追求目的,人亦如此,柏拉图则将苏格拉底所说的"万物"改造成万物的"理念"或"共相",而且把"善"作为所有"理念"追求的最高理念或宇宙的终极实在。在柏拉图看来,只有哲人王才有能力观看到理念世界中的善理念,因而才能洞晓公正、善和秩序,从而为城邦提供一种生活范式,并以这种范式重置整城邦的秩序,将城邦中的不同阶层的公民凝聚为统一的情感共同体。另一方面,他基于理念论提出并论证了一个完整的理想国及其构建的方案。这个理想国追求整个城邦的最大幸福或最大善,具备智慧、勇敢、节制和公正的德性,由"哲人王"统治。在《国家篇》中,柏拉图还对理想国作了具体的描述,不过这些描述属于现代意义上的政治学的内容。在经过政治生活的坎坷之后,柏拉图晚年在《法篇》中又构想了一个"次佳政体"(马格尼西亚),放弃了哲人王统治而转向了法治,它可以说是理想国的一个现实版。总体上看,理想国不过是理念世界的一个缩影,所追求的目的仍然是至善,只不过是共同体的至善。

柏拉图的理念论在一般理念与个体事件之间的关系上面临重大困难,他晚年已经意识到这些困难并进行了反思和探索,亚里士多德正是在此基础上,进一步展开了深入而详细的批判,建立了以"四因"说为核心内容的实体论本体论。在他看来,没有个体事物之外独立存在的作为实体的"形式"或"理念",个体事物就是实体。实体存在有四种原因:实体是其所是的原因即形式因,实体的质料和载体即质料因,实体运动的最终源泉即动力因,事物生成和运动的目的或所追求的善即目的因。不过,他还是肯定目的因的特别

---

① 刘玮主编:《西方政治哲学史》第一卷,中国人民大学出版社2019年版,第82页。

意义。一方面，作为事物本质的形式因是使一事物成为一事物的东西，所追求的就是目的实现，而形式因对目的的追求同时也是引导事物趋向它的动力（他因此将目的因、动力因归结为形式因）；另一方面他把个体事物的存在视为从潜在到现实的生成过程，这个过程就是追求其本性的实现，实现其本性就是实现其目的。显然，亚里士多德的本体论实质上还是目的论的。他将这种目的论运用于人类，认为人类存在的过程就是追求其本性（理性）实现的过程，理性得到充分实现就是具有圆满性和自足性的幸福，而"幸福就是合乎德性的现实活动"①，"幸福生活可以说就是合乎德性的生活"②。但是，人不仅是理性动物，同时也是政治动物。人天生就具有社会本能，需要生活在能够保障优良生活的政治共同体之中，而政治共同体"以完美的、自足的生活为目标"③。城邦就是政治共同体，它需要采取一定的政体或政制。他像柏拉图一样认为现存的政体都有弊端，所以要研究什么样的政体是最佳政体。亚里士多德曾经编写过158个城邦的政制史④，对当时存在的各种政体进行过深入细致的研究，并构想了他心目中的最佳政体。他对这种最佳政体提出三条基本要求：其一，它能使它的人民有最善良的行为，过最幸福的生活；其二，它应该由中产阶层执掌政权；其三，它必须是采取依法治理的法治政体。⑤

从本体论的角度看，芝诺开创的西方政治哲学理论化的第二进路，可追溯到爱菲斯学派的创始人赫拉克利特。赫拉克利特认为，这个有秩序的宇宙对于万物来说都是相同的，它既不是神也不是人创造的，过去、现在和将来

---

① ［古希腊］亚里士多德：《尼各马科伦理学》，载苗力田主编《亚里士多德全集》第八卷，中国人民大学出版社1994年版，第16页。

② ［古希腊］亚里士多德：《尼各马科伦理学》，载苗力田主编《亚里士多德全集》第八卷，中国人民大学出版社1994年版，第226页。

③ ［古希腊］亚里士多德：《政治学》，载苗力田主编《亚里士多德全集》第九卷，中国人民大学出版社1994年版，第92页。

④ 参见刘玮主编《西方政治哲学史》第一卷，中国人民大学出版社2019年版，第163页。

⑤ 参见江畅《西方德性思想史》古代卷，载《江畅文集》第5卷，人民出版社2022年版，第308—311页。

它都是一团永恒的活火，按一定尺度燃烧，按一定尺度熄灭。这个尺度就是"逻各斯"。从他的著作残篇看，逻各斯一般指世界的一切可以理解的规律，也有语言、比例、尺度、理性等多种含义。以芝诺为代表的早期斯多亚派像赫拉克利特一样，将宇宙定义为"一团有自行其道的创造之火"①，但把"火"看作"世界灵魂""世界理性"，将整个自然看作"神"。世界万物都是由原初的火创造的，最终又要回归到这一原初的存在，整个世界处于周而复始的循环链条之中，每一个事物都是作为这一链条的一个环节而存在的，预先已设定并不可更改地服从因果关系法则，完全不能脱离这一链条。这是一种绝对的必然性，也就是斯多亚派所说的"命运"或"神意"，它决定着世界上一切事物的产生、存在和变化。这种"命运"就是自然的法则或自然法。理性是人的本性（自然），也就是人的必然性，它是合乎宇宙理性的，是自然的一部分。理性的必然性就是人的自然法，因为理性是人的本性，自然法也就可以说是人的本性法。既然理性是人的必然性，那么合乎理性地生活就应当成为人类生活追求的目的，而合乎理性地生活就是德性或至善，于是德性就成了使我们达到与自然相一致地生活的东西。

斯多亚派认为，根据自然法，原有的各城邦国家应结成"世界城邦"，这个城邦必须有一个总法规，一部法律，它们所体现的是自然的理性的命令。世界城邦是由天命支配的大城邦，每一个人都是这个世界中的一分子，每一个人都要维护我们全体的共同利益。早期斯多亚派世界城邦的思想为后来的斯多亚派所继承。塞涅卡明确指出："存在着两个王国——一个是巨大的、真正的共同国度，神与人都包括在内，在其中，我们不能只照顾到世界的这一隅或那一隅，而要以太阳运行的路线来衡量我们的公民身份界限；另一个是我们偶然降生于其中的国度。"② 西塞罗对斯多亚派的这种理想的城邦国家作了这样的描述："斯多葛派所认为的大地上生长的一切都是为了满足人类的需

---

① ［古罗马］西塞罗：《论神性》第 2 卷 XXII，石敏敏译，上海三联书店 2007 年版，第 70 页。
② ［古罗马］塞涅卡：《论闲暇》，载《哲学的治疗——塞涅卡伦理文选之二》，吴欲波译，包利民校，中国社会科学出版社 2007 年版，第 70 页。

要，而人类是为了人类而出生，为了人们之间能互相有益，由此我们应该遵从自然作为指导者，为公共利益服务，互相尽义务，给予和得到，或用技艺、或用劳动、或尽自己的能力使人们相互更紧密地联系起来。"[1] 芝诺曾经针对柏拉图的《理想国》（亦译《国家篇》）也写了一部同名著作，其目的是描绘基于斯多亚派原则的理想社会，这是一个完全由理性统治的无政府的乌托邦。后来克律西波又写了《论〈理想国〉》，其他斯多亚主义者也写过社会政治哲学方面的著作。这些著作根据他们的理性主义自然观和德性主义幸福说提出了哲学史上第一个成形的世界主义社会政治理想，其立足点是昔尼克派的第欧根尼及其老师苏格拉底的"我是世界公民"的观念。

西塞罗并不是典型的斯多亚主义者，但受斯多亚主义的影响较大，而且在一定程度上肯定和阐发了斯多亚主义哲学，尤其是其政治哲学。西塞罗虽然不赞成早期斯多亚派将德性等同于至善，但认为幸福只在于德性，就是说具有德性就足以使人获得幸福。不过，一个人具有了德性还不够，还必须加以运用，"德性的全部荣誉在于行动"[2]。德性的运用和行为就体现在履行责任上，人们是高尚还是耻辱全在于对待责任的态度。西塞罗对斯多亚派的自然法思想进行了充分的阐发。斯多亚派认为，宇宙本身就是服从自然法则的万物的起源、种子和父亲。如果宇宙的各个部分服从自然法，那么宇宙本身也必定服从这个法则。[3] 西塞罗也认为，宇宙本身存在着自然法，无论是宇宙本身还是宇宙中的万物都服从自然法，受自然法的制约。自然法存在的根据就是理性，具有了理性，也就具有了理性的法则，这种法则就是自然法。人类法律并不就是自然法，但应当源自自然法，应当是由正确理性赋予人的。自然是法律的源泉，理性是法律的依据，一切不是源自自然的法律，一切不

---

[1] ［古罗马］西塞罗：《论义务》第1卷，载《西塞罗文集》（政治学卷），王焕生译，中央编译出版社2010年版，第332—333页。

[2] ［古罗马］西塞罗：《论义务》第1卷，载《西塞罗文集》（政治学卷），王焕生译，中央编译出版社2010年版，第331页。请注意，此中译本将"责任"译为"义务"，直接引文译法均不改变。

[3] 参见［古罗马］西塞罗《论神性》第2卷XXXIV，石敏敏译，上海三联书店2007年版，第4页。

是以理性为依据的法律，都不是符合自然法的，也都不会是公正的。既然人和神都具有共同的理性，那么他们就具有共同的法律，因而也就应该属于一个社会共同体，于是他把"世界城邦"的范围扩大到了神的领域，使之成为人神共在的共同体。

晚期斯多亚派主要关注个人的德性完善和心灵安宁，但在政治哲学理论方面也作出了一些贡献。比如，塞涅卡在《论仁慈》中专门讨论君主应具备的德性以及臣民应有的善良行为，着重论述了仁慈对于君主的意义。他将仁慈看作人的福祉之一，认为别的福祉是因人而异的，取决于人们的不同境遇、经历或期望，而仁慈则给所有人一样的希望，因为没有谁能保证自己不犯错误。正是因为人会有过错，仁慈才是必要的。出身于奴隶的爱比克泰德特别推崇自由，认为"自由是最美好的东西"①，因此我们要维护我们的自由。"你要维持的东西可不是什么微不足道的小事，你力图要维持的是自尊，是忠诚，是镇定自若，是心灵平静没有任何烦扰，是毫无恐惧和安宁，一句话，是'自由'。"② 他还强调，人作为世界公民既具有崇高的地位，也有应承担的义务或责任。履行世界公民的责任，关键是要把个人自己的利益与他人、国家、世界的利益紧紧地联系起来，捆绑在一起。马可·奥勒留认为，遵从理性本性并非消极，而是具有积极意义的，也就是说，要排除各种因素对理性的干扰，让理性更充分地发挥作用，而这种作用就体现在履行职责方面。如果一个人积极地履行自己的职责，他就顺应了本性的要求。③

三　西方政治哲学的神学化

由于基督教的诞生和影响日益扩大和立为国教，西方政治哲学在演进过程中发生了一个重大的转变，即从世俗政治哲学转向了宗教或神学政治哲学，

---

① ［古罗马］爱比克泰德：《爱比克泰德论说集》第 4 卷，王文华译，商务印书馆 2009 年版，第 466 页。

② ［古罗马］爱比克泰德：《爱比克泰德论说集》第 4 卷，王文华译，商务印书馆 2009 年版，第 500 页。

③ 参见［古罗马］马可·奥勒留《沉思录》，何怀宏译，中央编译出版社 2008 年版，第 147 页。

进入宗教化或神学化阶段。在这个阶段，西方政治哲学又经历了两次大的浪潮：一次是公元 3 世纪到 5 世纪适应基督教成为国教的需要发生的教父哲学浪潮；另一次是从 11 世纪开始为应对伊斯兰哲学影响的冲击而产生的经院哲学浪潮。第二次浪潮兴起不久，市场经济便悄然生长，与之相适应的现代政治哲学开始萌生。

基督教产生后被罗马人看作邪教，其创始人耶稣也被罗马帝国钉死在十字架上。但是，基督教不但没有被消灭，相反信徒越来越多，罗马皇帝君士坦丁于是采取怀柔政策，于 313 年 2 月颁布了"米兰敕令"，宣布帝国境内所有宗教同享自由，不受歧视，他自己也成了基督徒。325 年君士坦丁召集各个地方的 1800 多名基督教主教开会统一对基督教义的理解，并完善教会的制度、组织框架和宗教仪式，这便是"大公会"。在历次"大公会"的努力下，基督教的教义、经书等才逐渐被统一，这为基督教的传播起到了至关重要的作用。380 年，罗马帝国皇帝格拉提安正式将基督教确立为国教，教徒正式定名为"Catholic Christians"（普世的基督徒）。正是在这种历史背景下，罗马帝国出现了一批阐释基督教教义并为其辩护的神学家。他们主要是根据《圣经》，利用古希腊罗马哲学特别是新柏拉图派、斯多亚派学说阐释和论证上帝存在、三位一体、创世、原罪、救赎、预定、天国等基督教教义。他们是既宣讲又著述的护教者，为基督教教义的形成作出了极其重要的贡献，因而被尊称为"教会之父"，简称"教父"，其学说被称为"教父哲学"。正是这批教父推动并实现了西方政治哲学的宗教化或神学化转向。

教父哲学的代表人物主要分为希腊派和拉丁派两大派：希腊派是出生在东方并用希腊文著述的东方希腊教父，代表人物有查士丁、塔提安、伊雷纳乌斯、克莱门、奥里根等。他们最早意识到哲学的作用，把哲学作为为基督教教义辩护的工具。他们推崇柏拉图，称他为神派遣的先知。拉丁派是生长在西方并用拉丁文宣讲和著书的西方拉丁教父，代表人物有德尔图良、杰罗姆、安布罗斯、奥古斯丁、格雷高里等。他们主要把新柏拉图主义融入基督教教义，使哲学和神学混为一体。两派教父哲学家都对西方政治哲学的宗教化或者说对于基督教政治哲学的创立作出了不同程度的贡献，而作为教父哲学的最后完成者奥古斯丁则把教父哲学推向了全盛时期，也正是由于他的努力和贡献,西方政治哲学完成了宗教化的过程。

奥古斯丁不只是《圣经》的阐释者,更是一位非常具有创造性的政治哲学家,可以说是基督教历史上最伟大的神学家。从广义上看,奥古斯丁的庞大神学体系就是一个人类如何从尘世之城走向上帝之城的政治哲学,其中包括作为本体论根基的"三位一体"上帝论、意志自由与犯罪说、上帝恩典与救赎说、神学德性(信仰、希望、爱)论、幸福论、上帝之城与尘世之城说等丰富内容。从狭义上看,奥古斯丁的政治哲学是以上帝论本体论为基础、以上帝之城与尘世之城及其相互关系为核心内容的政治哲学。

奥古斯丁的政治哲学与他的上帝论密不可分,离开了他的上帝论,就完全无法理解他的政治哲学。奥古斯丁是西方历史上以及基督教史上第一位对上帝的存在及其真理性、善性和能力提出系统论证的政治哲学家。他将上帝视为至高无上的真善美,认为上帝是全智全能全善的,是一切真理、智慧、幸福、善和美的终极源泉,也是宇宙万物的创造者和管理者。他的这些看法和结论,主要是根据《圣经》概括、总结、提炼和阐发的,其前提是对上帝的信仰,所以与其说是研究的结论,不如说是对上帝的颂歌。这里突出体现了奥古斯丁上帝论的神学而非哲学的特征,从这种意义上看,他的本体论是神学本体论,而不是严格意义的哲学本体论,信仰主义而非理性主义是其主要特征。

受古希腊哲学的影响,奥古斯丁也把幸福作为人生的目的。他认为,幸福不在于物质,而在于拥有至善,幸福生活是一种永生的生活,"仅当生活是永恒的时候,生活才是真正的幸福"①,而人作为上帝的宠儿是有可能得到永生的。他将基督徒生活划分为在律法之前、在律法之下、在恩典之下、在平安之中四个阶段②,并且宣称只有达到了第四阶段,人才能获得真正的幸福,即永福。因为平安之境是一个没有邪恶、不缺乏善的地方,是一个我们自由

---

① [古罗马]奥古斯丁:《上帝之城》上卷,王晓朝译,人民出版社2006年版,第627页。

② 参见[古罗马]奥古斯丁《论信望爱手册》,载《论信望爱》,许一新译,生活·读书·新知三联书店2009年版,第113—114页。

地赞美上帝的地方，是一个上帝在一切事物中的一切的地方。幸福必须以善良意志为前提，其前提是知晓善恶，其关键在于正直地生活，但真正的幸福只属于爱上帝且敬奉上帝的人。爱且敬奉上帝，就是要信奉上帝，因为"凡投靠他的，都是有福的"（《圣经·诗篇》2：12）。爱上帝、敬奉上帝，也就是要按上帝生活。奥古斯丁将人的生活方式划分为两种，一种是按凡人生活，另一种是按上帝生活。当一个人按凡人生活，他就像魔鬼一样；而按上帝生活，他则会进入上帝之城，把三位一体的上帝作为其享受的唯一对象。

公元476年西罗马帝国灭亡后，西欧进入了封建社会。封建割据带来频繁的战争，处于原始部落阶段的日耳曼民族对罗马文化的破坏，基督教教会对人思想的禁锢，使人民生活在毫无希望的痛苦中，所以中世纪早期在西方被称作"黑暗时代"。在这个时代，西方的文化主要保留在基督教教会的修道院之中，修道院成为西欧黑暗时代的文化星火。到了公元9世纪，在修道院中产生了一批运用逻辑学和形而上学诠释《圣经》经典的神职人员（被称为"经院哲学家"），他们致力于对基督教的《圣经》、信条加以阐述，或者对文献、经籍的一些段落进行注释。到11世纪，受伊斯兰哲学影响，亚里士多德主义重回欧洲大陆，经院哲学家们开始以问题的形式提出神学命题，在回答时将正反两面的理由或意见列举出来，然后加以分析，得出结论。他们利用这种当时称为辩证法的方法阐述各自的观点，围绕共相与个别、信仰与理性等关系问题展开了长期的争论，形成了实在论、唯名论两大派别。实在论认为一般（共相）是真实、独立的，是先于个别事物的存在，而个别事物则由其派生出来，故一般比个别事物更根本、更实在。在他们看来，只有一般共相才有客观实在性，它们是上帝创造个别事物所依据的原型和上帝所具有的理念。这种观点实际上是柏拉图"理念论"的翻版，代表人物是安瑟尔谟和香浦的威廉。唯名论则否认共相具有客观实在性，认为共相后于事物，只有个别的感性事物才是真实的存在，主要代表人物有罗瑟林、阿贝拉尔、罗吉尔·培根、奥康的威廉等。这些有关共相的争论，为13世纪托马斯·阿奎那的温和实在论奠定了基础。托马斯·阿奎那根据亚里士多德的实体论提出，共相并非单独存在的，而是存在于个别之中，但共相先于物体。他从形而上学的角度论述物体本性的相似性，认为神按照万物本性的观念创造出同一种、属的物，因而万物具有相似的本性。14世纪，奥康的威廉再次提出唯名论主张，认为共相不是客观存在的实体，并针对托马斯·阿奎那的本体论提出事物间的相似并无形而上学的原因，只不过是事实上的相似而已。

实在论与唯名论的争论不是单纯的学术争论，而是同当时社会的政治斗争有着直接或间接的联系。从政治哲学的角度看，实在论旨在维护教权至上主义和正统神学的统治，因而往往为教皇所支持；唯名论则被视为离经叛道的"异端"，其主张者受到了天主教会和宗教裁判所的迫害。不过，在经院哲学家中，托马斯·阿奎那"采纳亚里士多德的哲学学说，重视理性认识和自然哲学理论，试图冲破基督教哲学过于柏拉图化，修改奥古斯丁主义哲学的先验论证，挽救经院哲学的危机，维护基督教信仰"①，拯救了因受到阿拉伯哲学严峻挑战而濒临绝境的经院哲学，维护了基督教神学的思想统治地位。不过，托马斯·阿奎那仍然坚守奥古斯丁的正统神学立场，除了将基督教神学的哲学基础由柏拉图主义转换成亚里士多德主义，在政治哲学上重点在两个方面极大地丰富了奥古斯丁主义。一是研究和回答了基督教的律法问题。他在接受古希腊罗马自然法思想的同时，将法区别为永恒法、自然法、人类法、上帝法，并厘清了它们之间的关系。二是研究回答了当时日益突出的教权与王权的关系。他肯定世俗统治的必要性，将君主政体视为理想政体，并讨论了君主的责任与报偿等问题。不过，他突出强调并论证教权高于王权，认为基督教世界的一切世俗国家的君王都应当受天主教僧侣的支配，就像受耶稣基督本人的支配一样。如此一来，托马斯·阿奎那也就将基督教神学政治哲学体系改造成了真正的神权政治哲学体系。

四　西方政治哲学的现代化

市场经济的发展和文艺复兴运动的繁荣动摇了神权政治哲学的根基，开启了西方政治哲学现代化的进程。这是西方政治哲学演进过程中的第二次重大转变，这次重大转变肇始于意大利政治哲学家尼科洛·马基亚维里，其根本特征在于政治哲学家不再将政治哲学奠基于宇宙本体论，从宇宙本体演绎

---

① 傅乐安：《托马斯·阿奎那基督教哲学》，上海人民出版社1990年版，第30页。

人类本性，而是将政治哲学局限于人性，并且通过观察和分析人类行为和社会现实揭示人类本质。他们误以为这种人类的现实（实然）本质就是作为本然本质的人类本性，并且大多根据现实社会普遍存在自私、贪婪等邪恶现象断定人类本性是恶的。因此，如果说西方古代政治哲学是宇宙本体论的、目的论的，那么西方现代政治哲学是人类本质论的、性恶论的。这就是西方现代的主流政治哲学立论的基础，其主要代表人物是英国和美国的政治哲学家，包括霍布斯、洛克、亚当·斯密、约翰·密尔、罗尔斯、诺齐克等。除此之外，也还有一些政治哲学家仍然沿着古代哲学的路径前行，其主要代表是法国、荷兰和德国的政治哲学家，如笛卡尔、斯宾诺莎、莱布尼茨、康德、黑格尔、叔本华、尼采、海德格尔、萨特等。

在古希腊罗马时代和中世纪时代，政治哲学家运用思辨的方法通过反思和批判现实构想和设定宇宙本体，其中隐含政治哲学家的价值取向和价值期待，其实在性或本真性蕴含理想性。他们从宇宙本体演绎的人类本性和社会本性也具有理想性，它们其实就是人类和社会的应然本质，具有应然性，将其实现出来就是理想的人生和理想的社会。西方古代政治哲学家正是基于这种思路来谋划或设计理想人生和理想社会及其实现路径的方案。无论是古希腊罗马的政治哲学家还是中世纪的政治哲学家无不如此。与古代政治哲学家不同，从马基雅维里开始的大多数西方现代政治哲学家不是去构想和设定宇宙本体，并从中演绎人类和社会的本性，而是通过观察和分析人类和社会的现实状况揭示人类和社会的本质，然后针对这种本质来谋划设计理想人生和理想社会。

整个西方传统社会现实整体上看都是人心险恶、争权夺利的，这确实是导致西方社会长期战乱不已、民不聊生的原因。在从中世纪社会向现代社会转变的过程中，市场经济的原始积累和无序发展更加剧了人们唯利是图、不择手段等极端利己行为。当政治哲学家运用经验归纳等科学方法透过这种现实去揭示人类本质（所谓透过现象看本质）并将其视为人类本性时，必定会得出人类本性自私、贪婪并且在无外在制约的情况下就会见诸行为的人性恶的结论。在他们看来，人性恶必定导致人只要有可能就会作恶，而这种作恶是负和博弈，即霍布斯所说的"人对人是狼"的战争状态，其结果只会是在社会中生活的每一个人的生存都受到威胁。作恶既然是人类本性使然，而人类本性不可改变，那么就只能订立契约，建立国家，制定法律，凭借以暴力机构为后盾的政治权力实施社会治理。大多数西方现代政治哲学家正是基于这种思路来谋划或设计理想社会及其实现路径，而且他们不再关心人生理想，只要求个人遵守社会规范。因此，他们的政治哲学是人类本质论政治哲学、性恶论政治哲学。

我们说西方政治哲学从古代向现代的转变是西方政治哲学的现代化，不只是因为它发生在现代社会并在其中孕育生成，更是因为它从根本上改变了过去的致思方式或方法论。这就是运用思辨方法从反思和批判现实构想宇宙本体从而演绎出善性的人类本性（本体），并将其实现视为政治的使命，转变为运用经验归纳等科学方法从社会现实揭示恶性的人类本质，并将限制这种恶性作为政治的使命。其结果，西方政治哲学丢掉了古代政治哲学所追求的崇高社会理想，而屈从于现实，这种现实就是西方的现代性。对于西方的现代性，学界有种种不同的理解和界定，从根本上说，西方的现代性就是整个社会完全适应市场经济需要构建和运行所体现出来的性质。具有这种性质的社会，用社群主义者桑德尔的话说，就是"市场社会"①。西方现代性是西方社会通过现代化运动（包括文艺复兴、宗教改革、启蒙、工业革命、哲学革命、科技革命等）获得的实然本质。这种实然本质并不是西方社会的本然本质或应然本质，而是西方社会在适应市场经济发展需要的过程中获得的现实本质。市场经济发展的根本需要就是利益最大化，追求这种需要的满足必定会要求人们最大限度地利己，在没有外在限制的情况下人们就会唯利是图、不择手段。运用经验归纳等科学方法研究这种现实状态必定会得出人性是自私的、贪婪的结论。既然人性是恶的，那么为了使人们自由地凭实力谋求利益最大化，而又彼此之间不相互妨碍和相互伤害，就必须建立社会制约机制（主要是法律）适度限制人们的行为，以维护社会基本秩序。这就是西方现代社会的现代性，西方现代政治哲学正是为了给这种现代性提供论证和辩护而

---

① 参见［美］迈克尔·桑德尔《金钱不能买什么——金钱与公正的正面交锋》，邓正来译，中信出版社2012年版，引言第XVIII页。

产生的。

西方政治哲学的现代化主要是通过以下四个关键环节实现的。这个过程从马基雅维里开始一直持续到罗尔斯完成，经历了四百多年的历史过程。

一是马基雅维里、霍布斯等人着眼于现实的人类利己行为认定人性恶，阐明实行政治强制的国家及其权力的必要性。罗素说："文艺复兴虽然没产生重要的理论哲学家，却在政治哲学中造就了卓越无比的一人——尼科罗·马基雅弗利。"[1] 马基雅维里的政治哲学是建立在他的人性论基础上的。他通过对古罗马的历史和当时欧洲尤其是意大利的现实的长期深入研究，认为人性是人类社会纷繁复杂、瞬息万变的终极根源，在社会现象背后起着绝对的支配作用。但要了解人和人性，不能根据人应该怎样生活，而要根据人实际怎样生活，因为"人们实际上怎样生活同人们应当怎样生活，其距离是如此之大，以至一个人要是为了应该怎样办而把实际上是怎么回事置诸脑后，那么他不但不能保存自己，反而会导致自我毁灭"[2]。他认为，从经验事实可以看出人性是恶的，而这种恶的体现就是自私和贪婪，为了自己的利益而不择手段。既然如此，那么在由人组成的社会里只有凭借一种外在的权力（强有力的政府）才能维持正常的秩序，人们才会不受他人的侵犯，才有安全感，否则人与人之间的争斗必定导致社会的战争状态。因此，马基雅维里强调政治的重要性，极力主张国家要有强有力的君主。而君主为了建立强有力的政治统治，不能受道德的束缚，在必要时可以抛弃道德，"君主必须是一头狐狸以便认识陷阱，同时又必须是一头狮子，以便使豺狼惊骇"[3]。

马基雅维里对人性的看法以及对国家必要性的论证对霍布斯产生了重要影响，可以说霍布斯的人性论以及自然状态、自然权利和自然法学说是马基雅维里政治哲学思想的翻版和进一步政治哲学化。如果说两者之间有什么不同的话，那就是霍布斯在国家的建立上增加了一个社会成员订立契约的环节，

---

[1] ［英］罗素：《西方哲学史》，马元德译，商务印书馆1976年版，下册，第17页。

[2] ［意］尼科洛·马基雅维里：《君主论》，潘汉典译，商务印书馆1985年版，第73页。

[3] ［意］尼科洛·马基雅维里：《君主论》，潘汉典译，商务印书馆1985年版，第83—84页。

从而进一步为国家的正当性提供了论证。马基雅维里的政治哲学通过霍布斯系统化之后，将西方现代政治哲学引向了运用经验归纳等科学方法为其提供基础的现代化方向。

二是洛克、卢梭等人通过构想公正合理地订立社会契约，为国家及其权力的产生提供正当性论证。马基雅维里—霍布斯政治哲学虽然奠定了西方现代政治哲学的基础，但因主张君主制政体而有明显的专制主义缺陷，而专制主义是与市场经济要求的民主政治相违背的。洛克敏感地洞察到这一点，于是修改了霍布斯政治哲学模式，将人们把所有的权力付托给具有绝对权力的国家的社会契约论，改造成为人们只是将他们单独行使的惩罚权力交由政府来行使的社会契约论。洛克也认为政治社会是为了克服自然状态必然导致战争而通过大家自愿或同意订立契约建立的。洛克的自然状态表面看来是自由平等的完美无缺状态，但隐含着人性恶的预设，否则自然法就不会遭到破坏。通过订立契约建立的政府拥有立法权、对外权和执行权，这三种权力都是为了保护所有公民的自由和权利，而它们的行使必须根据长期有效的法律。[①] 洛克认为，通过上述方式组成的政府是纯粹的民主制，其特征主要在于"大多数人自然拥有属于共同体的全部权力，他们就可以随时运用全部权力来为社会制定法律，通过他们自己委派的官吏来执行那些法律"[②]。显然，这种社会契约论是与市场经济所要求的政治自由和民主相适应的，因而成为西方现代占主导地位的政治哲学。

卢梭虽然也从自然状态演绎出社会状态，但批评以前的社会契约论"把从社会里得来的一些观念，搬到自然状态上去了；他们论述的是野蛮人，而描绘的却是文明人"[③]，所以他要描述一种与动物无异的真实自然状态。他所描述的自然状态因理性的不断发展而遭到破坏，最终导致富人和穷人、

---

① 参见［英］洛克《政府论》下篇，叶启芳、瞿菊农译，商务印书馆1964年版，第53—54页。
② ［英］洛克：《政府论》下篇，叶启芳、瞿菊农译，商务印书馆1964年版，第81页。
③ ［法］卢梭：《论人类不平等的起源和基础》，李常山译，东林校，商务印书馆1962年版，第71页。

强者和弱者、主人和奴隶的不平等。卢梭认为,当专制统治者使用其强力将桎梏强加给人民时,人民就有充足的理由打破这种桎梏重新获得自由,并订立社会公约,以使每一个人既完全服从社会,又仅仅服从自己的双重目的。每一个人都有参加社会一切事务的权利,这种个人的权利从整个社会来说就是一种政治权力,即国家主权。主权就是公意的体现和运用,"唯有公意才能够按照国家创制的目的,即公共幸福,来指导国家的各种力量"①,而只有人人参与的公民大会才能形成公意。卢梭的这种"参与式民主"的观点,与源自洛克而由约翰·密尔正式提出的"代议制民主"观点形成了鲜明的对照。

三是亚当·斯密、约翰·密尔等人以社会契约约定的原则为根据,确立制定国家制度的基本原则,为国家及其权力的存在和运行提供合法性论证。马基雅维里、霍布斯、洛克已经为现代政治哲学奠定了理论基础和总体框架,亚当·斯密和约翰·密尔分别从经济和政治两个方面确立了建立政治制度的基本原则。斯密充分论证了市场对于富国裕民的根本意义,揭示了市场运行机制,阐明了自由主义的经济理论和政策,从而第一次将市场作为社会德性或价值理念引入西方近现代社会的主流价值体系,提出了"市场经济是人类富裕和谐的康庄大道"的思想②,为市场经济成为西方近现代社会的根本规定性提供了有力的辩护并奠定了坚实的理论基础。在斯密看来,在经济自由的条件下,有一只"看不见的手"发挥着作用,正是这只看不见的手比人们真正出于本意更能有效地促进社会利益,从而使个人利益与社会利益达到一致。有了竞争性市场机制这只手,任何政府对市场的人为干预就没有什么必要,因此亚当·斯密要求废除一切特权和限制,主张让每一个人在不违反法律的前提下完全自由发展,让他们采取自己的方法,追求自己的利益,以其劳动和资本与其他任何人竞争,政府不必干预私人的经济活动。亚当·斯密提出的个体至上、利己合理、市场调节经济(经济自由放任)等原则为近现代西方国家所广泛采纳。

---

① [法]卢梭:《社会契约论》,何兆武译,商务印书馆1980年,第35页。
② 李义平:《为什么必须选择市场经济》,《读书》2012年第3期。

约翰·密尔则从自由主义政治哲学的角度论证了代议制民主的必要性和可行性。他认为，政府形式和政治制度与达到人类目的的其他手段一样，完全是一种发明创造的事物。那么，应当采取什么样的政府形式才能使政府成为好的呢？密尔旗帜鲜明地反对君主专制政体，主张民主代议制政体。他说："既然在面积和人口超过一个小市镇的社会里除公共事务的某些极次要的部分外所有的人亲自参加公共事务是不可能的，从而就可得出结论说，一个完善政府的理想类型一定是代议制政府了。"① 他认为，代议制民主政体应是代表一切人而不是仅仅代表多数的民主政体，在这种政体里，各种有才智的人虽然居于少数但他们的利益和意见仍然会得到尊重。"这种民主政体，它是唯一平等的、唯一公正的、唯一由一切人治理的一切人的政府、唯一真正的民主政体。"②

四是罗尔斯等人赋予社会契约以公正性，为国家运用政治强制建立公正社会提供合理性论证。西方市场经济在自由放任原则的支持下获得快速发展，但到20世纪初自由市场经济导致的社会贫富两极分化、周期性经济危机的爆发使自由放任原则面临着致命性挑战。在20世纪30年代前，西方经济学家已经提出了国家干预经济的主张，从1933年起，罗斯福和希特勒事实上都已经开始对经济进行干预。在这种历史背景下，以国家干预主义为基本主张的凯恩斯主义应运而生，并且很快促使西方各国在经济系统的宏观层次上开始放弃自由放任原则，实行政府干预，同时保留私人企业制度。罗尔斯的政治哲学就是对凯恩斯主义和西方各国的国家干预实践的哲学论证，它通过凸显公正的价值改进近代政治哲学的自然状态说和社会契约论，在西方自由主义传统中第一次强有力地凸显了平等的意义，成功地实现了政治哲学主题从自由到平等的转变，使古典自由主义过渡到了现代自由主义；同时还将平等与自由纳入社会公正的框架内统一考虑，在人类思想史上第一次建立了庞大的完整公正理论体系，使公正成为当代西方最受重视的价值理念和最普遍的价值追求，从而最终完成了西方政治哲学的现代构建。

---

① ［英］J. S. 密尔：《代议制政府》，汪瑄译，商务印书馆1982年版，第52页。
② ［英］J. S. 密尔：《代议制政府》，汪瑄译，商务印书馆1982年版，第122页。

五 西方政治哲学的学科化

通常认为西方政治哲学学科化是从 19 世纪 80 年代开始的，其标志是 1880 年美国哥伦比亚大学根据政治学家 J. W. 柏吉斯的倡议成立的"哥伦比亚大学政治研究院"。[①] 1903 年，美国政治学会创立，1906 年，美国权威性政治学术刊物《美国政治学评论》创刊，这表明西方现代政治学已得到学界的承认。从此，作为社会科学分支之一的现代意义的政治学获得了独立的学科地位。19 世纪 80 年代以来，西方政治学主要朝两个方向发展。一是规范的政治学研究。这个方向是传统政治学研究的发展，其中包含政治哲学研究，只不过出现了更多的派别，如新自由主义、新古典自由主义、法西斯主义、女性主义、西方马克思主义、后现代主义、社群主义、生态主义等。其中一些派别不满足于仅仅从哲学思辨的角度探讨政治问题，开始运用社会学、经济学、心理学等学科的研究成果和方法研究政治现象，以揭示政治的本质，并提供理论政治体系。二是实证的政治科学研究。这是 19 世纪末兴起的一种新的政治学研究方向，其主要特点是以实证主义和逻辑实证主义作为政治学的基础来研究政治问题，主张以政治现象作为政治学的研究对象，注重实证性、经验性、描述性研究，主张以不偏不倚的价值中立态度和方法得出结论，认为政治学的任务不在于政治的"应然"而是政治的"实然"。这种研究方向显然是政治学的一种科学化方向，它是对传统政治学研究方式的一种否定。西方现代政治哲学在两个发展方向中都有体现，在规范政治学中主要体现为以人性恶为基础的契约论政治哲学，而在实证政治学中主要体现为元政治哲学和应用政治哲学的兴起和发展。这两个方向的发展催生了政治哲学由元理论、基本理论（规范理论）和应用理论三个层次构成的格局。

六 结语

西方政治哲学自产生开始历经了理论化、神学化和现代化三个阶段，经历了两次重大的转变，其主要理论基础从目的论转向上帝论最终转向性恶论。

---

① 参见王浦劬等《政治学基础》，北京大学出版社 2018 年版，第 27 页。

经过这样一个长期曲折的演进过程，西方政治哲学一方面从单一的政治哲学基本理论（原理）研究走向了包括政治哲学基本理论、元理论和应用理论的复杂的政治哲学体系，另一方面丢掉了古典政治哲学的目的论而最终走向了现代政治哲学的性恶论。就前一方面而言，西方政治哲学适应社会历史变迁的需要，始终关注、研究和解决不同时代提出的重大课题，尤其是最终成功地实现了对神学政治哲学的批判性否定和历史性跨越，构建了现代政治哲学体系，因而在其历史演进中取得了巨大的历史进步。就后一方面而言，西方政治哲学在社会历史变迁的过程中，为了适应不同时代的需要而丧失了政治哲学应有的反思、批判和构建精神，屈从现实的政治需要。这是西方政治哲学历史演进过程中发生的偏差，也可以说是其理论上的深刻教训，尤其值得今天记取。

政治哲学作为哲学，不是为现实政治提供论证和辩护，而是通过反思和批判现实的政治构建理想的政治来规导现实的政治，其构建的主要根据是哲学本体论。政治哲学的这种反思、批判和构建活动是通过哲学思辨方法而不是通过科学归纳方法实现的，哲学思辨方法就是反思、批判和构建的方法。古希腊罗马政治哲学就是运用思辨方法构建的理论，从苏格拉底直至罗马斯多亚派无不如此。然而，从"教父"神学家开始的神学政治哲学到从马基雅维里开启的现代政治哲学基本上丢掉了古典哲学创立的思辨方法，也放弃了用应然政治规导实然政治的政治哲学主旨，在认可既定现实社会政治的前提下为之提供论证和辩护。奥古斯丁和托马斯·阿奎那等神学家的政治哲学就是通过从《圣经》中提炼和提升基督教教义来为既定神学政治服务；霍布斯、洛克、约翰·密尔、罗尔斯等自由主义政治哲学家则主要是使资产阶级政治愿望转变为政治哲学理论（20世纪以前）并为资本主义既定的政治提供论证和辩护，包括在这个过程中对它的修正和完善（20世纪以来）。西方神学政治哲学和现代政治哲学偏离（或放弃）了古典政治哲学的追求和方法，导致了十分严重的后果。西方中世纪天主教统治的崩溃，西方当代社会出现的诸多无法解决的痼疾，不能说与西方政治哲学存在的上述问题没有直接关系。

西方政治哲学历史演进的教训告诉我们，政治哲学作为哲学不能完全顺从政治现实，而要始终保持对政治现实反思和批判的态度，通过反思和批判现实进而从社会本性、人类本性乃至宇宙本性来揭示政治本性（本然政治），并以之作为应然要求促进现实政治走向应然政治。显然，这种反思、批判和构建不是否定性的，而是建设性的，目的是使现实政治走向理想政治，使现实政治转变为应然政治。在这个过程中，政治哲学不能运用经验归纳等科学方法从现实政治现象以及作为其基础的人类行为揭示政治本质和人类本质，而只能运用反思、批判、构建的哲学方法着眼于宇宙本性、人类本性和社会本性揭示政治本性，并根据政治本性进一步构想理想政治，用理想政治批评现实政治，使之不断改进和完善。不可否认，不同政治哲学家所揭示的人类本性和社会本性不尽相同，所构想的理想社会方案也会有所不同，但其结论中总有相通之处或共识，这种共识就是用来批判现实政治、构建理想政治的依据。

第三节　西方政治哲学重点关注的问题

在两千多年的西方政治哲学史上，政治哲学家关注和研究了许多问题。其中有些问题是自古至今政治哲学家始终关注的，有些问题是古代关注的，有些问题是近现代才关注的，有些是理论问题，有些是实践问题，这些问题之间存在着极其复杂的关联。这里列举西方政治哲学重点关注的八个重大问题，既考虑到问题出现的历史性，也尽量兼顾问题的内在逻辑，尽可能做到历史与逻辑的统一。研究和掌握西方政治哲学重点关注的重大问题，有助于我们正确理解西方政治哲学，对于中国特色政治哲学构建也具有借鉴和启示意义。

一　理想社会

从苏格拉底生活的时代一直到第二次世界大战结束，西方社会几乎一直处于战乱状态。面对这种持续的战乱状态，政治哲学家首先关注的就是社会本来是什么样子、应该是什么样子、为什么会成为现在这个样子。正是在思考和探索这些问题的过程中，政治哲学家构想了种种理想社会，并为之提供哲学论证。在两千多年的历史上，不同时代的政治哲学家构想了各自不同的理想社会。他们构想的理想社会大多局限于国家，即使着眼于世界也把世界视为国家，因此理想社会实际上就是理想国家，具有政治性质。在这些理想社会中，有些后来变成了现实，但也有些始终就是一种理想，甚至是空想。在西方各种不同的理想社会中，影响最大的有理想国、世界城邦、新天新地（千年王国）、乌托邦、理性王国和共产主义六种类型。

"理想国"最早是柏拉图明确提出的。当时希腊的几百个城邦都程度不同地存在着缺陷和问题，没有一个是完善的，而且不同城邦之间经常发生战争。在反思和批判现状的基础上，柏拉图以"善"为终极追求的理念论为根据，构想了一种集各城邦之长并使之优化的理想城邦，他称之为"理想国"或"共和国"。总体上看，柏拉图的理想国是一种追求整个城邦最大幸福，各具备其德性的统治者、卫士和公民各守本位、各司其职的社会公正得到实现，由哲人统治的财产公有、取消家庭、重视教育的社会。后来柏拉图意识到他的理想国在现实中难以实现，又退而求其次，放弃理想城邦，提出了一种"次佳城邦"（马格尼西亚）。他在继续坚持国家所有制的前提下，放弃了财产公有和公妻制，尤其是强调法律在社会中的最高统治地位，从哲人王统治转向了法治。①"理想国"的社会理想对后世政治哲学家构想理想社会产生了重要影响。

"世界城邦"是由斯多亚派创始人芝诺针对希腊化时代各国之间无休无止的战争构想的，为后来的斯多亚政治哲学家所继承和发展。芝诺模仿柏拉图的理想国构想了一种基于斯多亚派原则的理想社会，这是一个完全由理性统治的无政府的乌托邦。它有两个主要特点。其一，世界城邦的法律不再是各城邦自己人为约定的、各自实施的法律，而是根据理性的自然法颁布的公共法。这种法摒弃了原有各城邦各有特权、偏见的法律和习俗，规定了世界公民没有任何种族、等级差别，大家都是平等相处、互爱互助的兄弟。其二，世界城邦的成员都是智慧之人、德性之人。在那里，不需要金钱、法庭、寺庙，他们在平等的社会中过着简单的苦行主义生活。公民自觉养成德性，依据自然法践履德行，自觉遵守国家的法律，承担忠于国家的道德责任。所以，

---

① 参见刘玮主编《西方政治哲学史》第一卷，中国人民大学出版社2019年版，第118页。

这里虽然有统一的法律，但不需要法律统治他们，也不需要宗教指导他们的行为，人们完全根据理性生活。① 爱比克泰德后来又强调人是世界的公民，应当履行人作为世界公民应有的责任或义务。"世界城邦"是西方历史上第一个成形的世界主义社会理想。

"新天新地"和"千年王国"原本是《圣经》中针对人类现世无穷无尽的苦难提出的理想社会，后来得到了基督教神学家尤其是奥古斯丁的阐释和论证，因而也可以说是西方政治哲学家构建的一种社会理想。《旧约·以赛亚书》就有对"新天新地"的预言，《新约·启示录》对"新天新地"作了详细而全面的描述，它被看作上帝对人类新的应许和赐福，是对人类失去的伊甸园的恢复，是对人与上帝之间美好关系的恢复，是对上帝、人与自然之间原初的和谐关系的恢复。"新天新地"与"天堂""地狱"概念相关。"天堂"所代表的是人与上帝永恒同在的状态、永恒相聚的状态，这是人的心灵层面想要追寻的；而"地狱"则代表的是人与上帝永恒隔绝的状态、永恒分离的状态，这是人的心灵层面想要拒斥的。对于基督教来说，新天新地就是天堂，是终极理想，但在此之前还有一个"千国王国"（亦称"千禧年"②）。基督教相信，在末日到来之前，基督会亲自做王一千年，其间圣徒们也会复活和基督一同做王，此后是对第一次没有复活的人进行审判，再往后是期待"新天新地"的降临。"新天新地"的政治哲学表达就是奥古斯丁的相对于"尘世之城"而言的"上帝之城"或"永恒之城"。在尘世之城中，人按人（按照肉体）生活，"当一个人按人生活，而不是按上帝生活时，他就像魔鬼一样"③；而在上帝之

---

① 参见江畅《西方德性思想史》古代卷，载《江畅文集》第 5 卷，人民出版社 2022 年版，第 354 页。

② "千禧年"源于《新约·启示录》，指耶稣基督复临并在世界建立和平与公义国度的 1000 年。其间信仰基督的圣徒们将复活而与基督共同为王，撒旦被禁锢，复活起来的殉道者及所有忠于基督的人都将重新获得生命，分享他的王国。在这一千年终结之时，撒旦被允许重新出现，直到最后审判之日。到那时，信仰基督的人将进入天国获享永远的幸福，凡拒绝基督的人将被投入地狱受永刑。（参见周太良《有关天主教庆祝千禧年的知识》，《中国天主教》1999 年第 5 期）

③ ［古罗马］奥古斯丁：《上帝之城》上卷，王晓朝译，人民出版社 2006 年版，第 584 页。

城中，人按上帝生活，即按照真理生活，居民间不是统治与被统治的关系，而是在相互关爱中相互服务的关系，人们享有永久性的和平。这种和平不是通过战争赢得的，而是通过爱上帝而爱他人获得的。

"乌托邦"是空想共产主义者托马斯·莫尔针对西方资本原始积累时期"羊吃人"的严酷现实，虚构的一个以公有制为基础、实行按需分配、人人平等的小海岛。在乌托邦，私有财产不存在，人们就认真地关心公共事务。在别的国家，不管国家怎样繁荣，如果人们不为自己另做打算，就会挨饿。因此，人们势必把个人利益放在国民利益之上，亦即放在别人利益之上。相反，在乌托邦，一切归全民所有，因此只要公仓装满粮食，就绝无人会感到有什么缺乏的。这儿看不到穷人和乞丐，"每人一无所有，而又每人富裕"①。莫尔所虚构的"乌托邦"成了空想的美好社会的经典表达，对后来的空想共产主义者、对马克思和恩格斯都产生了重要影响。

"理性王国"是西方近代启蒙政治哲学家针对中世纪天主教会和封建主义专制统治描绘和论证的一种现代社会理想。在他们看来，在消灭教会统治和封建制度以后，人类将在封建社会的废墟上重新建立一个以私有制为基础的社会成员自由平等地追求自己利益的"理性王国"。"从今以后，迷信、非正义、特权和压迫，必将为永恒的真理、永恒的正义、基于自然的平等和不可剥夺的人权所取代。"②"理性王国"以个体为本位，其核心价值理念是自由、平等、民主、法治、市场，基本原则是个体至上、利己乃人的天性、私有财产神圣不可侵犯、天赋人权、在法律下治理国家、实行权力分立与制衡等。"理性王国"是英、法、德启蒙思想家在约三百年的启蒙运动中共同构想和逐步完善的，并通过现代化运动在西方资本主义国家基本上变成了现实。

"共产主义"作为社会理想可追溯到托马斯·莫尔，在他之后有一大批思想家丰富和发展了这一社会理想，但他们的理想都因没有找到实现道路而被视为空想。马克思和恩格斯针对当时资本主义社会存在的各种不可克服的弊端和问题构想并充分论证了一种具有实现可能性的共产主义社会，使"空想"

---

① [英] 托马斯·莫尔：《乌托邦》，戴镏龄译，商务印书馆1982年版，第115页。
② 《马克思恩格斯选集》第3卷，人民出版社2012年版，第776页。

变成"科学"。共产主义社会具有以下主要规定性：其一，它是以公有制为基础的有计划的产品经济社会，以谋求剩余价值为目的的商品经济不复存在；其二，它是物质文明高度发达的社会，社会成员过上了充裕的物质生活，实行按需分配；其三，它是消灭了阶级的自由人联合体，每一个个人都能获得全面而自由的发展；其四，在共产主义社会，没有民族分隔和对立，公共权力失去了政治性质，社会意识形态也会消失。总之，共产主义社会是人类成为自然、社会和自身主人的社会，人类从必然王国进入了自由王国。① 20 世纪以来，共产主义理想成为世界上一些国家致力于实现的社会理想和奋斗目标。

二 社会公正

公正观念在西方源远流长，古希腊神话就有公正女神忒弥斯（Themis），古罗马神话中也有公正女神朱斯提提亚（Justitia）。进入文明社会后，社会公正成为西方政治哲学家始终关注的重大政治问题，与社会理想的关系十分密切。西方政治哲学家构想的理想社会都是针对不同的时代问题，各自有不同的规定性，但社会公正是西方各种理想社会的基本规定性。不过，社会公正是一个现实的社会政治问题，一些政治哲学家并非着眼于社会理想，而是为了解决社会不公的问题提供自己的社会公正理论。

柏拉图是西方历史上第一位系统研究公正问题的哲学家，但他的公正概念，不仅包含社会公正，也包括被他看作个人德性总体的公正。就社会公正而言，"整个城邦显然像一个有机体的躯干"②，它是一个整体，它的各个部分有相应的德性，一个好（善）的城邦应该具备智慧、勇敢、节制、公正这四种德性。他说，"如果商人、辅助者和卫士在国家中都做他自己的事情，发挥其特定的功能，那么这就是正义，就能使整个城邦正义"③。对于他来说，

---

① 参见江畅《西方德性思想史》近代卷，载《江畅文集》第 6 卷，人民出版社 2022 年版，第 598—603 页。

② ［古希腊］柏拉图：《法篇》，载《柏拉图全集》第 3 卷，王晓朝译，人民出版社 2003 年版，第 731 页。

③ ［古希腊］柏拉图：《国家篇》，载《柏拉图全集》第 2 卷，王晓朝译，人民出版社 2003 年版，第 411 页。

公正既是城邦的普遍原则，也是城邦所有其他德性得以产生和存在的根本德性。就前者而言，当我们建立这个城邦时，从一开始我们就已经确定了一条普遍原则，那就是公正，即"每个生活在这个国家里的人都必须承担一项最适合他的天性的社会工作"①；就后者而言，公正"使其他所有品质能在这个政体中产生，并使之有可能在这些品质产生以后一直保持它们"②。亚里士多德也认为"公正是一切德性的总汇"③，它包括守法的公正和均等的公正，但他更关注作为德性一个部分的公正，主要是分配性公正和矫正性公正。在阐述了德性意义的公正之外，他又讨论了政治公正或城邦公正，认为"政治上的善即是公正，也就是全体公民的共同利益"④。统治者需要公正，统治者公正，就会实行法治，就不会成为暴君。公民也需要公正，公民公正，就会更优秀、更高尚。"公正即是共同生活中的德性，凡具备这种德性，其他的所有德性就会随之而来。"⑤

在基督教神学家看来，上帝是全智全能全善的，当然也是最公正的，因此神正论是基督教神权政治哲学的重要组成部分。"神正论"（theodicy）这个术语由"theos"（神）和"dike"（公正）这两个希腊词合成，其发明权可归于"德国哲学之父"莱布尼茨。神正论思想首见于希伯来《圣经·创世记》，犹太人坚信：神是公正的，神按照赏善罚恶的原则对待世人，行善者（义人）必得永福，作恶者（罪人）必受永罚。基督教在西方世界占据思想统治地位之后，神学家面临着这样一个问题：人世间存在着种种罪恶，那么人们怎样才能够相信人类的创造者上帝是公正的呢？奥古斯丁的回答是，善是绝对的，

---

① ［古希腊］柏拉图：《国家篇》，载《柏拉图全集》第2卷，王晓朝译，人民出版社2003年版，第408页。
② ［古希腊］柏拉图：《国家篇》，载《柏拉图全集》第2卷，王晓朝译，人民出版社2003年版，第409页。
③ ［古希腊］亚里士多德：《尼各马科伦理学》，载苗力田主编《亚里士多德全集》第八卷，中国人民大学出版社1994年版，第96页。
④ ［古希腊］亚里士多德：《政治学》，载苗力田主编《亚里士多德全集》第九卷，中国人民大学出版社1994年版，第98页。
⑤ ［古希腊］亚里士多德：《政治学》，载苗力田主编《亚里士多德全集》第九卷，中国人民大学出版社1994年版，第100页。

唯有善才是真正的存在和真实的实体，而恶则是对于善而言，是善的缺乏。托马斯·阿奎那则进一步解释了神正论的社会政治内涵，认为上帝是公正的体现，神性公正统治着整个宇宙，就像公共法律统治着每一个城市一样。"政治的统治有时是公平的，有时则是不公平的。……如果一个自由人的社会是在为公众谋幸福的统治者的治理之下，这种政治就是正义的，是适合于自由人的。相反地，如果那个社会的一切设施都服从于统治者的私人利益而不是服从于公共福利，这就是政治上的倒行逆施，也就不再是正义的了。"①

在西方近代，启蒙思想家们都忙于为自由、平等、民主、法治、市场呼喊和论证，社会公正问题并没有被提上议事日程。不过，有些有预见的哲学家已经意识到公正问题将会凸显出来，并着手研究公正问题。其中最有影响的是莱布尼茨，他的《神正论》就是一部研究理想社会和社会公正方面的著作。在这部著作中，莱布尼茨论证了他的最完善国家（或称精神王国等），其基本特征之一就在于它是最公正的公正国家。在这里，一切都是为了善人的幸福和福利，没有罪恶不会得到惩罚，没有善行不会得到报偿。其成员只需服从上帝，按照上帝的意志工作，满足于上帝的意志所实际带来的一切，不用考虑报偿。尽责而后听天命、遵循真正的纯爱的天性，人们就可以从所爱的对象的幸福中获得快乐。因此，"我们可以最恰当地把公正定义为明智的人的仁爱"②。

进入 20 世纪，西方国家已经从市场经济进入市场社会，以贫富两极分化为核心内容的社会不公尖锐地凸显出来，威胁着整个资本主义制度。这个问题最早被经济学家注意到，凯恩斯因此针对以前的自由放任主义提出国家干预主义，政治家罗斯福则在实践上采取了国家干预的"新政"。哲学家罗尔斯从 20 世纪 50 年代就发文从哲学上讨论社会公正问题，1971 年出版的《公正论》系统提出了作为公平的公正理论，并引起了持续几十年热烈而广泛的争论。桑德尔认为现代关于公正问题的回答都是围绕三种观念展开的：一是以

---

① 《阿奎那政治著作选》，马清槐译，商务印书馆1963年版，第46页。
② G. W. Leibniz: *Philosophical Papers and Letters*, ed. and trans. by Leory E. Loemder, Chicago: D. Reidel Pubishing Company, 1956, p. 421.

罗尔斯为主要代表的新自由主义者主张的使福利最大化；二是以诺齐克为主要代表的新古典自由主义者主张的尊重自由；三是以他自己为主要代表的社群主义者主张的促进德性。他认为，其中的每一种观念都引向了一种不同的思考公正的方式。① 显然，当代西方关于公正问题的研究并不是为了理想社会的构建，而是为了解决急迫的现实问题，在一定意义上属于应用政治哲学研究，只不过争论的各方都在解决这一现实问题的过程中，程度不同地创立了自己的公正理论。

三 国家产生的正当性及其应然本质

西方政治哲学家眼中的社会是由国家治理的，国家是政治意义的社会或者说政治社会。因此，社会状况如何、选择什么样的社会理想以及它能否实现，完全取决于国家。那么，就存在什么样的国家才能使社会成为美好的（公正的、和谐的或至善的等），就成为西方政治哲学家始终关注的重大问题，这个问题就是通常所说的国家的正当性问题，包括产生的正当性和运行的正当性问题。国家运行的正当性涉及政体及制度（包括法律）的合理性、权力的合法性，以及国家与公民及社会组织的应有关系问题等。这里先讨论国家产生的正当性问题，以及之与相关的国家的本性或应然本质。

古希腊政治哲学家基本上都是从作为人的本性之一的社会性出发阐明国家的正当性及其应然本质。在柏拉图看来，人的需要多种多样，但我们每个人都不能自给自足，人们由于相互需要和相互帮助而聚居在一起，这样就组成了城邦。其正当性就在于"整个城邦将得到发展和良好的治理，每一类人都将得到天性赋予他们的那一份幸福"②。亚里士多德则认为人们即便并不需要其他人的帮助，照样要追求共同的生活，共同的利益也会把他们聚集起来，各自按自己应得的一份享有美好的生活。这是因为"人天生就

---

① 参见［美］迈克尔·桑德尔《公正——该如何做是好？》，朱慧玲译，中信出版社2012年版，第19—21页。

② ［古希腊］柏拉图：《国家篇》，载《柏拉图全集》第2卷，王晓朝译，人民出版社2003年版，第391页。

是一种政治动物"①，他必须生活在共同体即家庭和城邦之中，而城邦作为"所有共同体中最崇高、最有权威、并且包含了一切其他共同体的共同体，所追求的一定是至善"②。在柏拉图和亚里士多德看来，正是对至善的追求、对公民普遍幸福的追求构成了国家的目的及其本性之所在。

基督教神学政治哲学家在国家产生的正当性问题上有一个变化过程。教父哲学家奥古斯丁基本上否定作为世俗国家的"尘世之城"产生和存在的正当性。在他看来，上帝创造了天使，但因一些天使的堕落，出现了善良的天使与邪恶的天使对立的局面，它们分别属于光明的、上帝的国度与黑暗的、犯罪者的国度，但只有在上帝创造了最初的人类时，两个国度才真正诞生。一座城由按照肉体生活的人组成，另一座城由按照灵性生活的人组成。上帝之城与属地之城同时存在于人类生活之中，交会于人世间，并且直接展现为两类人在现实生活中的对立，即始于该隐与亚伯的对立。于是，属地的国度首先是由一个按照自己肉体生活而排除按照灵性生活的人建立起来的国度。在这个意义上，属地的国度也就是犯罪者的国度。托马斯·阿奎那改变了这种极端观点。他根据亚里士多德的人是社会的、政治的动物的原理来论证世俗国家的必要性，但认为掌握世俗事务中的最高权力的君主能使人过上有德性的生活，而并不能使人享受上帝的快乐。能使人类达到享受上帝快乐的目的的只有上帝的统治而不是人类的政权，而这样的统治只能属于既是人又是神的君主，即属于耶稣基督。

西方近现代主流政治哲学虽然都主要根据性恶论论证国家的正当性，但存在着君主意志论和社会契约论的区别。马基雅维里认为国家之所以必需，是因为人类要生存下去就必须通过君主的权力来扼制由性恶必然导致的恶行，国家的正当性就在于它能够维护社会秩序，从而实现人类的整体利益。其基本观点就是，"任何人要建立国家、制定法律，他就必须假定，所有人都是恶

---

① ［古希腊］亚里士多德：《政治学》，载苗力田主编《亚里士多德全集》第九卷，中国人民大学出版社1994年版，第85页。

② ［古希腊］亚里士多德：《政治学》，载苗力田主编《亚里士多德全集》第九卷，中国人民大学出版社1994年版，第3页。

的，只要他们一有机会，就总要依这种恶之本性行事"①。与马基雅维里不同，霍布斯、洛克甚至卢梭等人则通过反思人类历史意识到，仅仅根据社会需要治理还不足以证明国家产生的正当性。历史上的君主制国家都导致了悲剧性的结果，为了避免这样的悲剧，国家的权力需要公民同意授予才具有正当性。这种同意的方式就是公民与国家订立契约。不同政治哲学家构想了不同的契约前状态，进而论证建立国家的重要性，但在无限授权还是有限授权、国家实行君主制还是民主制、实行参与式民主还是实行代议制民主、国家对社会实行自由放任还是实行有限干预存在着分歧。不过，就最终成为占主导地位的观点而言，有限授权、实行民主制的代议制、国家适度干预社会生活的国家被看作正当的。

近代以来，也有一些非主流的西方政治哲学家对国家产生的正当性及其应然本质问题提供了不同于上述主流观点的论证。其中比较有影响的有黑格尔的精神论本体论论证、马克思和恩格斯的历史唯物主义论证和韦伯的社会学论证。黑格尔认为，国家是精神发展到客观精神阶段的产物，表现为人类社会的客观精神，经过抽象法、道德和伦理三个阶段的发展，而伦理这一客观精神的最高阶段包括家庭、市民社会和国家三个环节。"国家是有自我意识的伦理实体，家庭原则和市民社会原则的结合"②，实质上是绝对精神的自我实现，其目的是实现社会的普遍福利。马克思和恩格斯认为国家是社会分化为阶级的产物，而阶级的产生又是由于生产力发展而导致的社会分工出现的结果。"国家是统治阶级的各个人借以实现其共同利益的形式，是该时代的整个市民社会获得集中表现的形式。"③ 就是说，国家是社会的特殊利益与共同利益之间矛盾斗争的结果，实质上是一种进行阶级统治的暴力工具。共同利益与特殊利益相脱离、凌驾于社会之上并统治社会的国家"同时采取虚幻共同体的形式"，它掩盖着"一个阶级统治着其他一切阶级"的实质。韦伯把一

---

① ［意］马基雅维里：《罗马史论》第1编第3章，转引自周辅成主编《西方著名伦理学家评传》，上海人民出版社1987年版，第174页。
② ［德］黑格尔：《哲学全书·第三部分·精神哲学》，杨祖陶译，人民出版社2017年版，第327页。
③ 《马克思恩格斯选集》第1卷，人民出版社2012年版，第212页。

种特定的权力施用关系称为"支配",并且认为所有的支配体系都会试图建立并培育人们对其正当性的信仰。从社会学的角度看,一个支配体系的正当性只能被看作这样一种概率,即"将会存在一种相应程度上的适当态度,并确保出现相应的实际作为"[1]。正当性秩序有惯例和法律两种类型,法律之所以被认为是正当的,可能是因为它产生于当事各方的自愿同意,也可能是因为它是由某个被认为具有正当性因而理应服从的权威所强加的。

四 政体和制度的合理性

国家的基本职能是治理社会,要进行有效的社会治理就需要治理系统,这个治理系统就是政治哲学所说的政体(regime),政体体现国家性质并实现国家的目的。进入文明社会后,政体通常用制度加以规定以维持其稳定性和继承性,规定国家性质和政体的制度是国家的根本制度,所以政体也称为政制(以下统称"政制"),用亚里士多德的话说,"政体就是关于一个城邦居民的某种制度或安排"[2]。政制是西方政治哲学一以贯之的最重要的主题之一,今天已成为政治哲学和政治科学共同关注的话题。西方政治哲学主要是根据国家的性质和目的研究政制的合理性,而不是研究政制的建立、运行、监控等方面的实操性问题。

西方最早研究政制的是柏拉图。他在谋划理想国蓝图的同时深入地研究了实现这种理想所需要的政制。他认为,在当时希腊现实存在着四种政治制度,它们从好到坏依次是受到广泛赞扬的克里特或斯巴达政制(他称之为"荣誉政制")、寡头政制、民主政制、僭主政制。所有这些政制的品质是由统治者的品质决定的。后来他又按照统治者人数多少来对政制进行划分,将政制划分为由一个人统治的、由少数人统治的和由多数人统治的三种。所有这些政制各自又可以划分成接受统治是强制的还是自愿的、是由穷人还是富人

---

[1] [德]马克斯·韦伯:《经济与社会》第一卷,阎克文译,上海人民出版社2010年版,第320页。

[2] [古希腊]亚里士多德:《政治学》,载苗力田主编《亚里士多德全集》第九卷,中国人民大学出版社1994年版,第73页。

实行统治的、是依法治理还是无视法律的、是守法的还是不守法的。由一个人统治的可以划分为君主政制和僭主政制,由少数人掌权的政制可分成贵族政制和寡头政制,由多数人统治的也有好坏两种,但都称为"民主制"。这样,就一共有六种政制。柏拉图认为他所说的六种政制中君主制是最好的,因为真正的政治知识只有少数人才能拥有,而大多数人都不拥有这样的知识。不过,这种最好政制的反面则是最坏的政制。如果一个人的统治是放纵私欲,滥用权力,那便是最坏的政制——僭主制。少数人的统治居于一个人统治与多数人统治之间,也居于好坏中间。遵循法律的好的少数人统治是贵族政制,违反法律的坏的少数人统治便是寡头政制。民主政制则本身有两种情形:它按法律统治,就是好的民主制,但不如君主制和贵族制那样好;它不按法律统治就是坏的民主制,但不如僭主制和寡头制那样坏。所以,民主政制是三种好的政制中最差的,而在三种坏的政制中它却是最好的。

　　亚里士多德关于政体的划分与柏拉图的划分基本一致,只不过他把柏拉图的好民主制称为共和政体,而将坏的民主制称为民主政体或平民政体。在他看来,好政体有三种:为共同利益着想的君主政体,即君主制;由多于一个人但仍为少数人执掌的为共同利益着想的政体称为贵族制;多数人执政的为共同利益着想的共和制(或用一切政体的共有名称称之为"政体")。三种好政体的变体或坏政体也相应有三种:僭主制,它是君主制的变体,这也是一种君主制,但却是为单一的统治者谋求利益的君主制;寡头政体,它是贵族政体的变体,它为富人谋求利益;民主政体或平民政体,它是共和政体的变体,它为穷人谋求利益。①

　　早期基督教神学家醉心于天国,把尘世国家视为罪恶的渊薮,完全不考虑国家政制问题,到中世纪后半期,随着王权势力的增强,托马斯·阿奎那不得不面对王权存在的事实。不过,他对政制没有作多少研究,基本上遵循亚里士多德关于政制的分类方法,但他为了使国王的尘世统治与上帝的天国统治相一致,主张尘世王国应选择君主制。他还为此提供了论证,认为实行

---

① 参见[古希腊]亚里士多德《政治学》,载苗力田主编《亚里士多德全集》第九卷,中国人民大学出版社1994年版,第86—87页。

君主政体上帝有明确要求。"上帝通过先知答应他的人民：作为一个巨大的恩惠，他要把他们放在一人之下，只有一个君主来统治他们大众。"① 此外，与多人统治相比较，君主制更容易使社会产生统一、治理更有效率，而现实表明，多人统治的城市或省份常常陷入分裂，因此只有君主制才是防止暴乱的上策。

西方市场经济最初发展面临的障碍之一，是西方中世纪的封建庄园制严重阻碍了统一市场的建立。为了打破封建庄园制对市场经济发展的束缚，一些政治哲学家为建立君主专制的中央集权提供论证，以促进西欧民族的独立和各国统一市场的形成。马基雅维里最早意识到这一点，他针对当时处于人性堕落、国家分裂、社会动乱状况的意大利，提出实现国家统一和社会安宁的唯一出路只能是建立强有力的君主专制制度。为此，他甚至主张君主为了达到目的可以不择手段。在马基雅维里之后，法国的政治哲学家让·博丹（Jean Bodin，1530—1596）提出了以君主制为前提的国家主权学说，但并没有给君主制的合理性提供论证，霍布斯则以自己建立的自然状态说、自然权利说和社会契约说为基础做到了这一点。他提出，为了结束人对人是狼的战争状态，每个人要将自己的自然权力交付出来，形成一个"一种能抵御外来侵略和制止相互侵害的共同权力"，这种共同权力就是国家。国家是具有主权（sovereignty）的主权者（sovereign），其余的每一个人都是它的臣民。霍布斯主张按照掌握统治权人数的多少来将主权划分为君主政体、民主政体和贵族政体三种形式。他说："主权只有三种，那就是由一人掌权的君主政体、由全体臣民大会掌权的民主政体，以及由经过指定的或以其他方式使其与旁人有别的某一部分人组成的议会掌权的贵族政体。"② 他认为，这三种政体的差别不在于权力的不同，而在于取得和平与人民安全的方法上互有差别。在这三种政体中，霍布斯推崇君主政体，因为它有四种好：一是君主的私利与国家公利是一致的，君主即国家，国家即君主，国家的富强即君主的富强；二是

---

① 《阿奎那政治著作选》，马清槐译，商务印书馆1963年版，第49页。
② [英]霍布斯：《利维坦》，黎思复、黎廷弼译，杨昌裕校，商务印书馆1985年版，第147页。

君主可以随便在什么时候、什么地点听取任何人的意见，而且可以在行动以前多久听取就多久听取，要多保密就多保密；三是君主的决断一般不会有其他前后不一的地方；四是君主绝不可能由于嫉妒或利益而自己反对自己。霍布斯也看到君主制可能存在的偏私、无能的弊端，但强调为了避免国家解体，必须加强君主专制，强化统治权力，臣民对主权者要坚决服从而不能抗拒。

西欧封建专制主义兴起为建立统一市场起到了促进作用，但很快因为政治专制而成为市场经济发展的新障碍，于是批判君主专制、建立民主制成为时代课题。洛克首先站了出来，他以驳斥费尔默君权神授的主张为突破口批判君主专制。他认为，在君主专制制度下，君主并不是按照法律而是按照自己的意志来进行治理，此时人们的处境比自然状态下还要糟糕，因为在自然状态下，任何人都要受自然法的约束，人们享有运用自己的权利来保护生命和财产的自由，但是在君主制度下，人们已失去了上述自由和权利。他在改造霍布斯的自然状态说、社会契约说的基础上为建立民主制提供了论证。他认为，政府的权力来自人民的委托，以人民的同意为基础，必须受委托条件的限制，即不能侵害人民的生命、自由和财产。当政府侵犯公民的权利而违背人民建立它的目的时，人民有权推翻政府。洛克关于政制的主张及其论证为西方民主制普遍建立提供了理论基础，并成为西方关于民主制合理性的权威政治哲学论证。孟德斯鸠在洛克的影响下，通过对共和政体（包括民主政体和贵族政体）、君主政体和专制政体作比较研究，认为共和政体尤其是贵族政体是最好的，而专制政体最坏。"在共和政体下，人人平等；在专制政体下，也是人人平等。在共和政体下，之所以人人平等，是因为人就是一切；在专制政体下，之所以人人平等，是因为人一钱不值。"[①] 后来，约翰·密尔在洛克、孟德斯鸠的基础上从自由主义政治哲学的角度设计了代议制民主的整体框架并提供了论证，从而完成了西方现代民主制的基本构建。伴随着西方国家民主制度的普遍建立和实行，以投票制和多数原则为主要内容的民主面临着诸多的挑战和问题。20世纪以来，西方出现了众多现代民主理论，如

---

① ［法］孟德斯鸠：《论法的精神》上卷，许明龙译，商务印书馆2009年版，第81页。

精英民主论、参与民主论、多元民主论、协商民主论、电子民主论等。不过，这些理论都是在坚持民主制具有合法性的前提下研究回答如何进一步完善民主制的，大多属于现代政治学范畴。

在洛克之后，卢梭遵循霍布斯、洛克的思路也为民主制的合理性提供了一种论证，但他所理解的民主为完全的人民主权。这种主权是每一个人将自己的一切权利转让给集体所形成的，即"每个结合者及其自身的一切权利全部都转让给整个的集体"①。而主权又是通过人人参与的公民大会形成公意的体现和运用，公意是制定法律的意志，"法律乃是公意的行为"②，因此全体人民既是制定法律的主权者，又是服从法律的臣民。卢梭的民主制思想没有提出在组织国家权力时必须保存公民的个人权利，相反认为国家建立之后，个人应绝对服从国家权力。这一思想同洛克主张国家权力有限与保障公民个人权利有着原则的区别，为此新托马斯主义者马里旦感慨说："卢梭的国家不过是霍布斯的利维坦，加上了公意这顶王冠，以替代雅各宾词汇中称为'les rois et les tyrans'（'国王和暴君'）的王冠。"③

五 权力的合法性及其制约

与国家运行或治理的正当性直接相关的除了政制的合理性问题，还有权力的合法性问题。在西方历史上，这两个问题紧密相关，政制往往是运用权力确立的，而政制不同权力的性质、结构和行使方式也不同。权力的合法性涉及权力要不要受到制约，即权力的受制约性问题。如果认为权力是绝对的、无限的，权力不受制约也是合法的；如果认为权力是相对的、有限的，权力不受制约就是不合法的。这里所说的"合法"并非仅指符合法律，而是泛指符合法则，包括惯例、道德、规定等。权力的合法性和制约问题，也是西方政治哲学始终关注的重大问题。

在柏拉图那里，理想国实行的是一种哲人王统治的特殊君主制，哲人王

---

① ［法］卢梭：《社会契约论》，何兆武译，商务印书馆1980年版，第23页。
② ［法］卢梭：《社会契约论》，何兆武译，商务印书馆1980年版，第51页。
③ ［法］马里旦：《人和国家》，沈宗灵译，中国法制出版社2011年版，第39页。

拥有权力是因为他具有所有其他人不具有或不充分具有的哲学智慧。其权力的合法性在于，有哲学智慧就能认识终极实在并获得绝对真理，即能掌握最高的善理念，并按照善的原则来进行国家管理，革除陈规陋习，追求国家的最高德性和德性总体即公正的实现，从而使整个社会达到所有成员在承担最适合其天性的职务的前提下各守本位、各司其职、各得其所的和谐状态。而且，哲人王因具有智慧德性而不会作恶，甚至不会犯错误，"他们会重视正义和由正义而来的光荣，把正义看得高于一切，不可或缺"①，对于他们的权力就没有必要加以制约。但是，当柏拉图意识到这种哲人王政制过于理想化而把"次佳城邦"作为社会理想时，他就清楚地意识到有法律对权力进行制约的必要。他明确提出法律在社会中占有最高统治地位，认为在法律与权力的关系上，权力是法律的使臣，而不是相反，"法律一旦被滥用或废除，共同体的毁灭也就不远了"②。亚里士多德进一步强调实行法治的重要性，认为优良的政体必须是依法治理的法治政体。这是因为"法治应当优于一人之治"③，恰当的法律拥有最高的力量，这种政制的权力合法性就在于它遵循法律。

柏拉图和亚里士多德的上述思想在托马斯·那奎那那里在一定程度上得到了弘扬和发展。他认为，人间的一切权力的合法性源自上帝，人类所有的权力都来自上帝，上帝给予了人类权力，上帝是人类权力的唯一渊源。而且人类的德性在起源上存在于上帝之中，而他的公正则是对他所制定的永恒法的遵守。就是说，永恒法虽然是上帝制定的，而且上帝拥有无限的权力，但上帝的权力也会受到永恒法的制约。如果人对人的支配都是上帝的安排，那么，这种支配就必须受到上帝所给予的永恒法的制约。没有任何一种人的权威可以免受这种永恒法的制约——不管是行使权力的人，还是服从权力的人。

西方近代早期有三位思想家出于建立统一的民族国家需要论证权力的合

---

① [古希腊]柏拉图：《国家篇》，载《柏拉图全集》第2卷，王晓朝译，人民出版社2003年版，第545页。
② [古希腊]柏拉图：《法篇》，载《柏拉图全集》第3卷，王晓朝译，人民出版社2003年版，第475页。
③ [古希腊]亚里士多德：《政治学》，吴寿彭译，商务印书馆1965年版，第167—168页。

法性，并且主张政治权力可以不受制约。第一位是马基雅维里，他根据人性恶提出必须建立强有力的王权，其理由是"任何人要建立国家、制定法律，他就必须假定，所有人都是恶的，只要他们一有机会，就总要依这种恶之本性行事"①。他强调，君王为了谋求国家的和平、统一和繁荣，不能受道德的束缚，在必要时可以抛弃道德，可以无所顾忌、不择手段。他虽然肯定法律的必要性，但法律不过是统治的工具，并非国家的最高权力。第二位是让·博丹，他第一次明确提出国家主权学说，认为主权是国家的标志，有国家存在就必须有主权。在他看来，主权是永恒的、非授予的、不能转让的、不受法律约束的，并且主张君主享有主权，君主的行为不必对人民负责，也不受法律约束，主权最重要的任务是制定法律。君主是主权者，当然也就是立法者。第三位是霍布斯，他对权力不受制约提供了这样的论证：虽然自然法已经规定人们应当怎样做才能避免战争状态，获得和平和安全，但如果没有一种力量使人们畏惧，并以刑法加以约束，人们就不会遵守自然法的规定，而凭激情行事，其结果便是战争状态。这种力量就是国家权力或主权。按照他的社会契约论，契约是每个人都对国家的行为授权②，国家并不是订立契约的一方，国家的权力也就不是受契约约束的，具有绝对性。霍布斯主张建立君主制，他所说的主权实际上就是君主的权力。

上述这些思想家实行君主制和君主权力不受制约的主张，几乎遭到了后来西方思想家异口同声的否定。洛克根据他的社会契约论论证了民主制的合法性，指出"如不取得人民的同意，决不能建立一个新的结构"③。就是说，人民是否同意是一种政治权力是否合法的唯一根据。通过同意方式组成的政府是纯粹的民主制，其特征主要在于"大多数人自然拥有属于共同体的全部权力，他们就可以随时运用全部权力来为社会制定法律，通过他们自己委派

---

① ［意］马基雅维里：《罗马史论》第 1 编第 3 章，转引自周辅成主编《西方著名伦理学家评传》，上海人民出版社 1987 年版，第 174 页。

② 参见［英］霍布斯《利维坦》，黎思复、黎廷弼译，杨昌裕校，商务印书馆 1985 年版，第 132 页。

③ ［英］洛克：《政府论》下篇，叶启芳、瞿菊农译，商务印书馆 1964 年版，第 112 页。

的官吏来执行那些法律"①。他还提出，立法权是国家最高的权力，立法权以公众同意为前提并以公众的授权为限，立法权由公众所选举和委派的立法机关执掌，唯有立法机关制定的法律才具有法律的效力和强制性，政府必须在法律范围内并依据法律实行治理，以实现保障公民生命、自由和财产权并增进社会公众福利的目的。

洛克对民主制合法性的论证以及权力制约思想对后来西方思想家产生了深远影响，他们通常在肯定民主制的前提下着重关注权力制约问题。孟德斯鸠就是如此，他的最重要贡献在于，他在洛克分权思想的基础上明确提出了立法权、行政权和司法权"三权分立"和以权力制约权力的思想。他认为要保护公民的自由权利，就要对权力加以制约，这种制约的手段不是其他的，而是权力本身。因此，要通过以权力制约权力建立一种保护公民政治自由权利的政治体制。"为了防止滥用权力，必须通过事物的统筹协调，以权力制止权力。我们可以有这样一种政治体制，不强迫任何人去做法律不强制他做的事，也不强迫任何人不去做法律允许他做的事。"② 在孟德斯鸠之后众多主张权力需要制约的思想家中，最有影响的是阿克顿（Lord Acton, 1834—1902）。他对个人自由以及促进或威胁个人自由的力量作了有力的深刻分析，提出了"权力趋向腐败，绝对权力绝对腐败"③ 的著名论断。从此以后，权力需要制约成为西方人的普遍共识，西方政治哲学家关注的问题转向了如何更有效地制约权力问题上。

六 法治及其与自然法的关系

法治也是历来受到西方政治哲学重视的重大主题。西方政治哲学所谓的法治指的不是用法律统治（rule by law），即政治权力运用法律进行治理，权力高于法律，而是指法律的统治（rule of law），即政治权力依据法律进行治

---

① ［英］洛克：《政府论》下篇，叶启芳、瞿菊农译，商务印书馆1964年版，第81页。

② ［法］孟德斯鸠：《论法的精神》上卷，许明龙译，商务印书馆2009年版，第166页。

③ 转引自许良英《也谈阿克顿的名言》，《炎黄春秋》2010年第7期。

理，法律高于权力。古希腊哲学家最早提出法治思想，并找到了人类法的根据——自然法，此后法治及其与自然法的关系便成为西方政治哲学家高度关注的问题。

柏拉图是提出法治思想的第一人，他不仅阐明了什么是法律和法律有什么作用，而且强调法律高于权力。他把法律看作城邦所拥有的作出正确判断的公共决定的形式，认为"如果要生活，就要遵守这些法律，没有这些法律，人就不能生活"①。他甚至将法律看作人区别于野兽的规定性："人类要么制定一部法律并依据法律规范自己的生活，要么过一种最野蛮的野兽般的生活。"② 在法律与权力的关系上，他强调权力是法律的使臣，而不能反之，否则社会就会走向毁灭。法律是维护公正的，其目标是"让我们的人民获得最大的幸福"③。亚里士多德进一步发挥了老师的思想，坚决主张法治而反对人治，认为即使一个人德性超群，"以一人凌驾于一切人之上就既无公正亦无利益可言"④，城邦之所以必须实行法治，是因为只有实行法治才能维护城邦的公正和平等，才能判断是非曲直。

柏拉图和亚里士多德的法治思想虽然对后世产生了重要影响，但就内容而言，西方后来的法治思想更直接源于自然法思想。早期斯多亚派最初根据赫拉克利特的本体论为自然法提供了论证。他们将逻各斯燃烧的原初的"火"看作"世界灵魂"或"世界理性"，将逻各斯改造成为体现万物本性要求的自然法则，"宇宙本身就是服从自然法则的万物的起源、种子和父亲。它滋养并拥抱万物"⑤。人的理性是合乎宇宙理性的，是自然的一部分，因而合乎理

---

① ［古希腊］柏拉图：《法篇》，载《柏拉图全集》第3卷，王晓朝译，人民出版社2003年版，第636页。

② ［古希腊］柏拉图：《法篇》，载《柏拉图全集》第3卷，王晓朝译，人民出版社2003年版，第636页。

③ ［古希腊］柏拉图：《法篇》，载《柏拉图全集》第3卷，王晓朝译，人民出版社2003年版，第502页。

④ ［古希腊］亚里士多德：《政治学》，载苗力田主编《亚里士多德全集》第九卷，中国人民大学出版社1994年版，第115页。

⑤ ［古罗马］西塞罗：《论神性》第2卷，石敏敏译，上海三联书店2007年版，第80页。

性地生活，也就是按照自然法生活。西塞罗对早期斯多亚派的上述思想作了系统的阐发，认为宇宙本身存在着自然法，无论是宇宙本身还是宇宙中的万物都服从自然法，受自然法的制约。在他看来，具有了理性，也就具有了理性的法则，这种法则就是法律，而这种法律就是自然法。他还进一步揭示了自然法与人类法律的关系，强调人类社会需要法律，建立法律的初衷就是通过法律使人类联系起来，运用法律"保障市民的幸福、国家的繁昌和人们的安宁而幸福的生活"①。

托马斯·阿奎那根据中世纪后期天主教会统治的需要，从神学的角度吸收了斯多亚派的自然法（本性法）观念，并将本性法与永恒法、人类法、上帝法等统一和协调起来。他认为整个宇宙共同体是由上帝的理性统治的，在上帝这位宇宙的统治者关于事物统治的理念中，有一个不属于时间的法的本性，这是"永恒法"（an eternal law）。在所有事物中，理性创造物以最优秀的方式服从上帝的神意，参与永恒法的分享，从而就有一种对它的适当行为和目的的本性倾向。这种理性创造物对永恒法的参与就是"自然法"（a natural law）。我们从自然法的戒律中可以得出人类理性需要对某些事务作出更特殊的规定的结论，这就是"人类法"（a human law）。托马斯认为，除了自然法和人类法，上帝法（divine law）对于指引人性行为也是必要的。②

格劳秀斯是西方近代第一位系统论述自然法理论的人，他将自然法与自然权利完全等同起来，认为"自然权利乃是正确理性的命令，它依据行为是否与理性的本性相一致，而断定其为道德上的恶劣，或道德上的必要"③。他提出，自然法至少包括不得触犯他人的财产、应当把不属于自己的东西和由此产生的收益归还原主、应当赔偿由于自己的过错而引起的损失、应当履行诺言和遵守契约、违法犯罪应当受到惩罚。在他看来，人类法源于人们的同意，但它要从自然法中汲取力量，更为重要的是，自然法决定了人必须生活

---

① ［古罗马］西塞罗：《论法律》第 2 卷，载《西塞罗文集》（政治学卷），王焕生译，中央编译出版社 2010 年版，第 185 页。
② Cf. *Summa Theologiae*, II (I), Q. 91, art. 4.
③ Hugo Grotius, *The Rights of War and Peace*, New York & London: M. Walter Dunne, Publisher, 1901, p. 21.

在公民社会里，并必须接受公正等德性原则的指导。显然，格劳秀斯的自然法概念已经没有了古代的本体论基础，但对霍布斯的自然法思想具有重要的启迪作用。

霍布斯认为，人单纯的天性会使人生活在恶劣的状态之中，这种状态是人类的苦难状态。不过，人能够超脱这种状态，而且人也必定要避免这种状态。人类因为对死亡的恐惧、对舒适生活所必需的事物的欲望和对通过自己的勤劳获得舒适生活所必需的事物的希望，便提出可以使人同意的方便易行的和平条件，这就是自然法。自然法是理性所发现的一般法则，即"禁止人们去做损毁自己的生命或剥夺保全自己生命的手段的事情，并禁止人们不去做自己认为最有利于生命保全的事情"①。这种法则是相对于自由权利而言的，权利在于做或不做的自由，而法则则在于决定并约束人们做或不做。他列举了十五条一般法则，并将所有这些法则简单概括为"己所不欲，勿施于人"，认为它们都是规定人们以和平为手段在社群中保存自己的自然法。他强调，自然法与"真正的法律"（他称之为"民约法"）不同，自然法不过是有关哪些事物有助于人们的自我保全和自卫的结论或法则，而真正的法律是有权管辖他人的人所说的话。②在国家成立之后，自然法才转变成人们必须服从的民约法，为的是在平民的纠纷中裁定什么是公道、什么是公正、什么是道德并使它们具有约束力。在他看来，民约法与自然法并不是不同种类的法律，而是法律的不同部分，其中以文字载明的部分称为民约法，而没有载明的部分则称为自然法。

洛克的自然法思想与霍布斯没有什么实质性的区别，区别只在于他认为自然法是自然状态中"交给每一个人去执行，使每人都有权惩罚违反自然法的人，以制止违反自然法为度"③。然而，在自然状态下每个人都有惩罚违反自然法的行为的权力，却缺少一个有权按照既定的法律来裁判一切争执的公

---

① ［英］霍布斯：《利维坦》，黎思复、黎廷弼译，杨昌裕校，商务印书馆1985年版，第97页。

② 参见［英］霍布斯《利维坦》，黎思复、黎廷弼译，杨昌裕校，商务印书馆1985年版，第122页。

③ ［英］洛克：《政府论》下篇，叶启芳、瞿菊农译，商务印书馆1964年版，第5页。

正的裁判者,而这就会导致战争状态。所以,就需要订立契约,建立国家,制定法律,以使人们和平地和安全地享受他们的各种财产。在洛克之后,还有不少思想家提出过自己的自然法思想,但占主导地位的还是继承和创新霍布斯自然法思想的自然法学派。他们将自然法作为人类各种法律的最终根据,即哈耶克所说的"元法律原则"①。自然法被看作正义之法、自然之法、理性之法。②

然而,源自19世纪的一般法理学创始人奥斯丁(John Austin, 1790—1859)的分析法学学派对自然法学派进行了激烈的批评。在奥斯丁看来,"所有的'法'或'规则'都是命令"③,是主权者的命令,这种命令具有普遍的行为约束力,而且对之服从的行为主体也是普遍的。法律既然是主权者的命令,那么也就无所谓一般意义的好坏,或者说法律的好坏是完全相对的。法律的存在是一回事,它的好坏则是另一回事,只要是实在的法律,人们就不能因为它是"恶法"而拒绝遵守或服从它。这就是为后来大多数分析法学家所共同推崇的"恶法亦法"的观点。这一学派的代表人物有凯尔森(Hans Kelsen, 1881—1973)、哈特(Herbert Lionel Adolphus Hart, 1907—1993)、拉兹(Joseph Raz, 1939—)等。不过,第二次世界大战后,自然法学逐渐得到复兴,一些法学家在新的时代致力于对近代自然法理论的弘扬和阐述,形成了西方法学中的新自然法学流派。其代表人物有马里旦(Jacques Maritain, 1882—1973)、拉德布鲁赫(Gustav Radbruch, 1878—1949),以及罗尔斯、德沃金、富勒等人。他们针对分析法学对道德和公正的排斥,强调法律与道德之间不可分的联系和实在法之外的公正原则。

七 公民社会及其与国家的关系

"公民社会"概念是苏格兰启蒙运动的主要代表人物亚当·佛格森(Ad-

---

① 参见[英]弗里德利希·冯·哈耶克《自由秩序原理》上,邓正来译,生活·读书·新知三联书店1997年版,第261页。
② 参见王振东《西方现代法学流派》,中国人民大学出版社2006年版,第10—11页。
③ [英]约翰·奥斯丁:《法理学的范围》,刘星译,北京大学出版社2013年版,第20页。

am Ferguson，1723—1816）在其著作《公民社会史论》（*An Essay on the History of Civil Society*，1767）中第一次提出的。在西方历史的大多数时段，国家是由享有政治权力的公民（citizen）构成的，由公民构成的社会即所谓"公民社会"（civil society，亦译为"市民社会"），因此公民社会与是国家同构的。但是，西方历史上的国家并不都是公民社会，而且20世纪以来，一些政治哲学家要求将公民社会与国家分离开，这样一来问题变得很复杂。正因如此，公民社会及其与国家的关系就成为西方政治哲学尤其是西方现代政治哲学十分关注的一个问题。

公民概念最早出现于古希腊，公民在那时是一个特权阶层。在古希腊语中，"城邦"（polis，拉丁语中对应"civitas"）指的是政治共同体，而"公民"（"politai"，拉丁语对应词是"cives"，在现代法语和英语中的对应词分别为"citoyen"与"citizen"）指的是政治共同体中的成员，即自由民。在古希腊城邦建立的过程中，逐渐形成了能够享受政治权利的一类人，即公民，他们仅限于具有本城邦血统的成年男性，而未成年人、老年人、妇女、外邦人、奴隶都被排斥在公民范围之外。亚里士多德首先使用 koinnia politike 一词表示"自由和平等的公民在一个合法界定的法律体系之下结成的伦理—政治共同体"[1]。它体现的是一种存在于公民之间以及公民和城邦之间的交往关系，这种关系就是古希腊城邦公民自治的政治生活。用亚里士多德的话说："凡有资格参与城邦的议事和审判事务的人都可以被称为该城邦的公民，而城邦简而言之就是其人数足以维持自足生活的公民组合体。"[2] 城邦是政治—伦理共同体，属于全体公民所有，以追求公共善为目标，城邦实现公共善有赖于"人数足以维持自足生活的公民组合体"的公民德性和集体自治。这就形成了高度同构化、同质化的公民社会与城邦之间的关系，可以说公民社会就是公民国家，当然公民社会并不一定是全体社会成员的社会，或者说不一定

---

[1] Jean L. Cohen and Andrew Arato, *Civil Society and Political Theory*, Cambridge, Mass: The MIT Press, 1992, p. 87.

[2] ［古希腊］亚里士多德：《政治学》，载苗力田主编《亚里士多德全集》第九卷，中国人民大学出版社1994年版，第75页。

是社会中所有人的社会，而只是其中的主体部分或政治社会。

古罗马的公民概念有一个变化的过程，在罗马王政时期只有贵族是完全意义上的公民，经过持久的斗争，公民范围扩大，到公元前3世纪通过霍腾西阿法案后，平民获得公民资格。至公元前1世纪，公民身份已经逐渐赐予了整个帝国的臣民。西塞罗将 koinnia politike 一词转译成拉丁文 civilis societas（文明社会），它"不仅意指单个国家，而且也指业已发达到出现城市的文明共同体的生活状况"①。西塞罗所说的"文明社会"指的是作为自然状态对立面的政治社会、公民社会。他认为，国家乃人民之事业，但人民不是人们某种随意聚合的集合体，而是许多人基于法的一致和利益的共同而结合的集合体。人民与国家的关系极为密切，"在所有的社会关系中没有哪一种比我们每个人同国家的关系更重要，更亲切"②。在这里，公民与臣民（社会成员）、臣民社会与公民社会、公民社会与国家之间已经没有什么区别。就是说，政治国家与公民社会仍然是同构和同质的，政治国家可以说就是公民国家。在西塞罗看来，国家通过传统、法律、教育等途径强化公民身份，强化效忠于国家集权共同体的德性，也要求个人注重对国家的责任和义务。

在中世纪，教会和封建君主是国家和人民的主宰，个体只是上帝的子民、封建君主的臣仆，而不是公民。但到11世纪，随着市场的扩张，城镇间相互融合，更大规模城市的出现重构了居民结构。过去城镇中生活的人（townsman）已经无法再准确地表明城市居民的特征了，于是"市民"概念由此产生，随后有了 citizen 的称谓。③ 由此可见，市民概念的产生与工商业城市的发展是密不可分的，涉及的是经济生活领域而非政治生活领域。新兴城市中商人、手工业者等逐渐在国家经济生活中崛起，成为贵族、僧侣之外的第三种力量，即市民阶层，他们依仗经济上的优势追求自由及政治权利，逐渐形成

---

① ［英］戴维·米勒、韦农·波格丹诺英文版主编：《布莱克维尔政治学百科全书》（修订本），邓正来中译本主编，中国政法大学出版社2002年版，第132页。

② ［古罗马］西塞罗：《论义务》第1卷，载《西塞罗文集》（政治学卷），王焕生译，中央编译出版社2010年版，第347页。

③ 参见张康之、张乾友《对"市民社会"和"公民国家"的历史考察》，《中国社会科学》2008年第3期。

了所谓的"市民社会"。拉丁文 civils societas 在 14 世纪被译为英文 civil society，并被用以表示从封建体制外发展起来的商业城市。黑格尔注意到经济因素是市民社会的本质属性，因而认为政治国家与市民社会具有明显的分界，市民社会独立于政治国家甚至处于政治国家的对立面。在这二元分立的结构中，他强调政治国家作为一个伦理发展的终极实体，能够克服市民社会的不自足性并为其特殊性提供整合力量，就是说政治国家高于市民社会并对其起决定作用。马克思认同黑格尔关于市民社会的经济本质的观点，认为市民社会存续于工商业生活之中，且"包括各个人在生产力发展的一定阶段上的一切物质交往"①，即作为物质生活关系的总和的经济基础，而就政治国家与市民社会的关系而言，市民社会决定政治国家而非政治国家决定市民社会。

显然，与古希腊罗马的公民国家不同，市民社会是生长并存在于封建王权国家之中的，它与国家之间不是同构同质的关系，其主体是不同于封建王朝国家的一个新兴的阶层。市民社会并不是严格意义上的社会，而是资本主义公民社会的雏形。随着市场经济的发展，市民阶层的力量日益强大，最终成长为西欧各国的主导力量，并通过资产阶级革命掌握了政权。于是，市民（citizen）的概念也扩展成为公民概念，市民社会（civil society）扩展成为公民社会，这两个词的词形没有变化，但词义发生了很大变化。启蒙运动时期，以霍布斯、洛克、卢梭、孟德斯鸠为代表的契约论者，都认为人类是从自然状态通过社会成员订立契约建立国家、进入政治社会的。在国家中，所有社会成员，不论等级、家庭出身和财产多寡，都生而具有自由平等等自然权利，国家的根本使命就是保护和扩大其成员的权利。启蒙思想家所说的平等的社会成员后来在西方国家的法律上被确定为公民，而公民所构成的国家则是公民社会。在 20 世纪以前，除了黑格尔和马克思谈到政治国家与市民社会之间的区别外，未见有思想家谈政治国家与公民社会之间的区别，公民社会可以说就是公民国家。

20 世纪以来，西方资本主义社会垄断化和极权化日益严重，对人的无形

---

① 《马克思恩格斯全集》第 3 卷，人民出版社 1960 年版，第 41 页。

奴役不断加深。针对这种新情况，一些思想家开始反思政治社会与公民社会之间的关系，力图证明公民社会不同于政治社会，国家只能最低限度地干预广阔社会领域。葛兰西最早将上层建筑与市民社会加以区别，认为市民社会是"民间的"组织的总和，主要是指公民及知识分子活动的领域，包括政党、公会、学校、教会以及新闻出版社等文化部门。[1] 葛兰西的观点引起了学界对公民社会的热烈讨论。

英国政治学家赫尔德（Davie Held）认为，国家与公民社会的分离必须是任何民主政治秩序的主要特征，要警惕任何设想用国家取代公民社会或相反的民主模式。他强调"国家与公民社会相互依赖着实现转型"[2]的双重民主化过程的必然性，提出国家权力要改造，公民社会要重新构建。哈贝马斯则把公民社会看作独立于政治国家的私人领域（以市场为核心的经济领域）和公共领域（社会文化生活领域）之和，并且在某种程度上作为政治国家的一种对立力量的存在。在他看来，组成公民社会的是那些或多或少地出现的社团、组织和运动，它们对私人生活领域中形成共鸣的那些问题加以感受、选择、浓缩，并经过放大之后引入公共领域。[3] 美国哲学家柯亨（J. L. Cohen）和阿拉托（A. Arato）认为政治国家和公民社会的二分法已经过时，主张采取公民社会—经济—国家的三分法，因为经济系统已从公民社会中分离出去，构成了一个独立的领域。公民社会是"介于经济和国家之间的社会相互作用的一个领域，由私人的领域（特别是家庭）、团体的领域（特别是自愿性的社团）、社会运动及大众沟通形式组成"[4]。上述观点反映了20世纪下半叶以来西方公民社会理论研究的新动向。

---

[1] 参见［意］安东尼奥·葛兰西《狱中札记》，曹雷雨等译，中国社会科学出版社2000年版，第7页。

[2] ［英］戴维·赫尔德：《民主的模式》燕继荣等译，王浦劬校，中央编译出版社2008年版，第312页。

[3] 参见［德］哈贝马斯《在事实与规范之间：关于法律和民主法治国的商谈理论》，童世骏译，生活·读书·新知三联书店2003年版，第453页。

[4] J. L. Cohen and A. Arato, *Civil Society and Political Theory*, Cambridge, Mass：The MIT Press, 1992, Ⅸ.

八 公民的德性和权利

西方国家从其起源和本性上说是为了作为其主体的公民（并非社会中所有人），但国家应当为公民做什么，西方政治哲学家亦见仁见智。西方政治哲学主要从与国家关系的角度研究公民问题，总体上看，古代政治哲学重视公民的德性品质，而近代重视公民的社会权利。古代公民不包含社会共同体中的所有人，因而存在着公民德性与人的德性的关系问题；现代公民在外延上是与社会成员相同的，包括社会中的所有人，因而公民的权利问题也就是人的权利（人权）问题。当然，公民的德性和权利不仅是国家的终极指向，也是国家实现其目的必须具备的条件，因此国家应对公民德性提出要求，亦应规定公民权利及与之相匹配的义务。不过，与公民权利相比较，公民责任、义务问题在西方政治哲学中并没有引起足够的重视。

苏格拉底毅然赴死体现了他在做"好人"与做"好公民"之间的冲突中选择做"好公民"的悲剧性结局。他被判死刑后在法庭上作申辩时陈述说："我多年来放弃自己的全部私事，简直不像是凡人的所作所为，我总是关心和接近你们，像父亲或长兄那样敦促你们关注德性。"[1] 在黑格尔看来，一个伟大的人会是有罪的，他担负起伟大的冲突。苏格拉底像基督一样，放弃了个体性，牺牲了自己，但是他的事业，由他做出的事情，却保留了下来。[2] 柏拉图和亚里士多德则更关注好城邦对公民应具备德性的要求。柏拉图认为，公民作为履行国家职责的自由人，应该具备公民应具备的德性。在他看来，理想的国家就是公正的国家，是统治者、护卫者和劳动者各方面都处于一种彼此和谐安分的状态。而要做到这一点，统治者就必须具备智慧的德性，护卫者应该具备勇敢的德性，而全体公民尤其是劳动者都要具备节制的德性。为了使所有公民具备各自的德性，柏拉图高度重视公民教育，尤其是培养哲人

---

[1] ［古希腊］柏拉图：《申辩篇》，载《柏拉图全集》（增订版）上卷，王晓朝译，人民出版社2018年版，第18页。

[2] 参见［德］黑格尔《哲学史讲演录》第2卷，贺麟、王太庆译，商务印书馆1960年版，第106页。

王的教育。"良好的教育和培养，有了很好的保存，就能产生良好的品质和有用的品质，而具有良好品质的公民再接受这种教育，成长为比他们的前辈更加优秀的人"①，这样，理想国家就有良好的基础，整个国家的秩序也就有了保证。

亚里士多德继承了柏拉图的上述思想，认为"城邦就是由一定数量的公民形成的某个整体"②，一个城邦要成为优良的，公民必须具有德性，必须是善良之人。"对于每一个人和对于城邦共同体以及各种各样的人群，最优良的生活必然是同一种生活。"③ 他由此断定，"要想成为一个善良之邦，参加城邦政体的公民就必须是善良的"④。他要求："所有人都应当是善良的公民，这样才能使城邦臻于优良；然而假设在修明的城邦中所有的人并不必然都是善良的公民，那么就不可能让所有人都具有善良之人的德性。"⑤ 他还对好人的德性与好公民的德性之间的关系作了辨析，认为公民作为共同体的一员各有不同的职能，他们各有自己应具备的德性，但他们也有一个共同目标，即共同体的安全。公民的德性与他们所属的政体有关。政体有多种形式，所以好公民的德性也不会是唯一的完满德性。与此不同，好人的德性则是一种完满的德性。因此，好公民并不一定需要具有善良之人那样的德性，"即使不具有一个善良之人应具有的德性，也有可能成为一个良好公民"⑥。他强调，尽管一个城邦不可能完全由好人组成，但应要求每一位公民恪尽职守，而这又

---

① ［古希腊］柏拉图：《国家篇》，载《柏拉图全集》（增订版）中卷，王晓朝译，人民出版社2018年版，第120页。
② ［古希腊］亚里士多德：《政治学》，载苗力田主编《亚里士多德全集》第九卷，中国人民大学出版社1994年版，第73页。
③ ［古希腊］亚里士多德：《政治学》，载苗力田主编《亚里士多德全集》第九卷，中国人民大学出版社1994年版，第238页。
④ ［古希腊］亚里士多德：《政治学》，载苗力田主编《亚里士多德全集》第九卷，中国人民大学出版社1994年版，第257页。
⑤ ［古希腊］亚里士多德：《政治学》，载苗力田主编《亚里士多德全集》第九卷，中国人民大学出版社1994年版，第79页。
⑥ ［古希腊］亚里士多德：《政治学》，载苗力田主编《亚里士多德全集》第九卷，中国人民大学出版社1994年版，第79页。

有赖于好人的德性。

　　西方从传统社会向现代社会的转变是适应市场经济兴起和发展需要实现的,市场经济客观上要求保护市场主体生产和经营的权利,而不考虑市场主体的个人品质。适应市场经济的这种客观要求,人的权利(人权)问题突显出来,并成为政治哲学关注的重点问题,而传统社会重视的人的德性问题淡出。西方人权思想在古代哲学中已经萌发,在柏拉图和亚里士多德的哲学中就渗透着生而不平等的"天赋特权"观念,社会成员的不平等被赋予了自然的色彩。不过,这种"天赋特权"思想被斯多亚派批驳,他们主张人类不分种族、身份、国籍、财产等应一律平等。斯多亚派的平等观念可以看作西方现代人权理论的思想渊源。基督教宣扬每个人的生命都来自一个共同的造物主——上帝,他们都是上帝的儿女,因此在生命价值和尊严上是绝对平等的。基督教的平等观比斯多亚派更加深刻,"它把人的自然平等上升到了更高的层次,即在生命创造意义上的平等"①。督教教所主张的"在上帝面前人人平等"成了西方民众的普遍信念,并为近代人权观念的形成奠定了深层的精神基础。文艺复兴时期,人文主义者要求把目光从神转向人、从"天堂"转向尘世,倡扬人的个性、尊严和价值,要求以人权代替人权,为西方人权理论的形成打下了坚实的观念基础。

　　西方的人权理论的早期形态是古典自然法学派提出的"天赋人权论"。古典自然法学派主张人的生存平等权、生命权、自由权、幸福权以及财产所有权等,是人人享有的、不可剥夺的、不可转让的自然权利,它们是人的最基本权利。这种人权理论在后来美国的《独立宣言》和法国的《人权与公民权宣言》中得到了充分体现。但这种天赋人权理论到18世纪末19世纪初发生了变化。功利主义创始人边沁认为,人避苦求乐的本性支配人的一切行为以谋求快乐(幸福)为目的,其在法律上的表现就是权利。立法的目的就是增进最大多数人的最大幸福。在他看来,天赋权利并不存在,有的只是法律所允诺的权利,权利是法律的产物,不存在与法律相抗衡的权利,也不存在先于法律的权利。边沁的这种主张在后来以奥斯丁为代表的实证主义法学中得

---

① 夏勇:《人权概念起源》,中国政法大学出版社1992年版,第100页。

到了极端的体现，这种法学割断了法律权利与自然权利之间的联系。

第二次世界大战以后，世界人民对法西斯暴行的愤恨以及对民主与和平的向往，推动了新自然法学派的兴起。参与过制定《世界人权宣言》的新托马斯主义者马里旦指出，人权的哲学基础或理性基础是自然法，人权如果不是根植于自然法，就不会有生命力。他还将人权划分为"自然法人权"和"实在法人权"，自然法人权是任何情况下都不能被轻视或取消的，实在法人权则是可以根据具体情况而规定或改变的权利。罗尔斯则从作为公平的公正论出发批评功利主义把功利观念作为标准，认为要求一部分人为大多数人的利益或平均利益牺牲自己的自然权利是非公正的，公正社会有一套原则来确定如何分配基本的善，而所谓基本的善就是基本的权利和利益。德沃金批判法律功利主义和法律实证主义关于"权利是法律之子"的观点，认为权利并非仅仅存在于法律规则之中，也存在于历史和传统之中，它们是个人对抗某种集体目标或政府的理由和掌握在个人手中的护身符，是每个人要求保护的道德诉求。这种权利既可以是道德权利，也可以是政治权利或法律权利，而且在这些权利中还有一个基本的，甚至是不言自明的权利，这便是对于平等权的独特观念。① 他强调，为了贯彻关怀与尊重的权利，就必须抛弃蔑视少数人权利的功利主义观点。今天，西方人权理论呈现出一种多样化的状态。人权的普遍性与特殊性便成为人权理论中颇有分歧的问题，在人权的内容、人权与主权、人权与国内法及国际法的关系问题上也存在着众多的争论。②

在权利问题成为西方现代政治哲学关注的焦点的过程中，面对现代文明出现的各种全球性重大问题，重视个人和公民德性的德性伦理学和社群主义兴起。现代德性伦理学家在反思和批判近代启蒙思想局限的基础上指出，从伦理学的角度看，近代以来西方出现的一系列严重的社会问题的根源就在于只重视"人应该怎样行动"的问题，而忽视了"人应该怎样生活"或"人应该成为什么样的人"的问题。因此，他们要纠近代以来伦理学之偏，使伦理

---

① 参见［美］罗纳德·德沃金《认真对待权利》，信春鹰、吴玉章译，中国大百科全书出版社1998年版，第6—7页。

② 参见李其瑞《西方人权思想的历史演进》，《经济与社会发展》2003年第6期。

学重新回到古典伦理学所关心的问题之上。社群主义者主张社群优先于个人、公共善优先于公正、国家应积极有为，强调自由与自治以及维持自治的公民德性具有内在的关联，认为自由要求某种形式的公共生活，而这又反过来有赖于公民德性的培养。①

第四节 西方政治哲学的价值、经验及启示

西方政治哲学诞生于古希腊时代，苏格拉底被公认为其鼻祖。两千多年来，西方政治哲学虽屡遭挫折，但生生不息且不断兴旺繁荣。从历史演进的角度看，西方政治哲学可以大致上划分为孕育时期（荷马时期和古风时期）、形成时期（古希腊罗马文明繁荣时期）、基督教化时期（基督教诞生到中世纪）、近代百家争鸣时期（从文艺复兴时期到启蒙运动时期）、现当代一主多元时期（20世纪以来）五个历史阶段。其间经历了从古希腊罗马时代的目的论政治哲学到基督教时代的神学政治哲学，再到以契约论为主流的多元政治哲学两次重大转化。两千多年来的西方政治哲学学派林林总总、演进曲折复杂，内容丰富多彩，思想缜密深邃，可以说是人类政治哲学的一个巨大宝库，为人类的政治社会和国家治理研究留下了宝贵思想资源和丰富探索经验，所有这一切已经并将持续对西方乃至整个人类产生深远影响。西方政治哲学的成果具有重要的学术价值和实践意义，但也有其局限和不足，甚至糟粕，其思考和探索有值得借鉴的经验，也有需要记取的教训。所有这些方面都可以给我国深化和拓展政治哲学研究、构建当代中国特色政治哲学具有借鉴和启示意义。

一 西方政治哲学的学术价值与实践意义

西方思想家创立的种种政治哲学学说，虽然有些在今天看起来不一定都是正确的，有的甚至是虚幻的、荒谬的，但他们都真心实意、苦心孤诣地为构想种种理想社会图景及其实现路径的方案不懈努力。其用意在于用自己创

---

① 参见［美］桑德尔《民主的不满》，曾纪茂译，刘训练校，江苏人民出版社2012年版，第28—29页。

立的理论规导国家治理活动，以指引社会走出苦难、迈向美好的未来。所有这些努力不仅给人类留下了宝贵的精神财富，也反映了政治哲学家为人类过上美好生活孜孜以求地追求真理的精神，记录了人类不断追求进步和完善的心路历程。西方政治哲学为人类作出的学术价值和实践意义是极其丰富而深刻的，需要通过不断深入的研究才能使其彰显，这里我们初步归纳为以下四个主要方面。

第一，为政治存在的合理性提供哲学论证，促进了西方社会的政治自觉和政治自信。今天，人们生活在政治社会中似乎是理所当然、毋庸置疑的，但人类对政治社会的认同经历过一个漫长的过程，政治哲学家对政治社会合理性的论证对这一认同的形成起到了极其重要的，甚至可以说决定性的促进作用。以国家为载体的政治社会是一种非血缘性的地域性社会，原始社会解体进入文明社会，人类就从血缘性社会进入了非血缘性的国家，维系社会秩序的亲情纽带没有了，社会秩序靠的是社会成员必须服从的政治权力。这种国家不是自然形成的，也不是自发运行的，而是需要运用政治权力来加以治理的，政治在西方就意味着运用政治权力治理国家。这种政治权力对于被统治者、统治者内部的非掌权者是外在的、异己的，于是就会发生被统治者的反抗（如古罗马的斯巴达克斯起义），也会发生统治者内部的相互倾轧（如古希腊城邦的僭主篡位）。

西方最早的政治哲学家就诞生在这样一个统治者在国家治理上面临严重困境的时代。面对时代问题，他们一方面努力论证人类从亲情社会走向政治社会的必然性和国家治理（政治）的合理性，另一方面努力构想人类必然进入的政治社会应当是什么样的社会。古希腊的三位思想巨匠苏格拉底、柏拉图和亚里士多德都致力于做这方面的工作，着重从人的社会性和人的多样性需要的满足方面证明人类进入政治社会是人的本性使然，而且更有利于人过上好生活。柏拉图就曾论证说，"由于有种种需要，我们聚居在一起，成为伙伴和帮手，我们把聚居地称作城邦或国家"[①]。与此同时，他们在反思和批判

[①] ［古希腊］柏拉图：《国家篇》，载《柏拉图全集》第 2 卷，王晓朝译，人民出版社 2003 年版，第 326 页。

现实政治的过程中通过探讨人类与宇宙万物之间的相通性和特殊性来给人类政治生活定位,描绘人类的理想社会以及政治应发挥的作用。这些哲学家不像以前的自然哲学家纯然出于好奇心研究宇宙本体,而是出于解决现实的政治问题探讨宇宙本体,旨在基于宇宙本体构想理想社会并为之提供论证,从而为唤醒西方人国家治理的政治自觉作出了重要贡献,增强了西方人的政治自信。苏格拉底被判死刑后在法庭上作申辩时陈述说:"放弃自己的私事,多年来蒙受抛弃家人的耻辱,自己忙于用所有时间为你们做事,像一名父亲或长兄那样看望你们每个人,敦促你们对美德进行思考。"[①] 他说他能为自己陈述的真实性提供最令人信服的证据就是他的贫穷。柏拉图的理念论将"善"作为宇宙万物以及所有理念追求的最高目标,就为他所构想的理想国将全体社会成员的幸福作为终极追求奠定了坚实的理论基础,并为后世思想家构想理想社会指明了方向。

西方早期哲学家对政治存在的合理性的论证在后来得到了普遍认可,并深深扎根于西方人的内心深处。此后西方历史上除个别思想家(如19世纪德国哲学家麦克斯·施蒂纳)之外,几乎没有重要思想家是无政府主义者。与之形成对照的是,受西方影响较少的俄国曾一度无政府主义盛行,所以俄国思想家别尔嘉耶夫在《俄罗斯思想》中说"无政府主义主要是俄罗斯人的创造"[②],其言外之意它不是西方的舶来品。从历史事实看,历史上的各种起义、战争和宫廷政变都旨在推翻国家的统治者,而不是否定国家本身,这表明古典政治哲学家给政治存在的合理性提供的论证已经使西方人树立了牢固的国家观念,对国家存在的正当性有充分信心。不过,他们给政治家提供的关于理想社会及其实现的思想和方案并没有得到应有的重视,这应是西方后来的社会长期处于乱局之中的重要原因。尽管如此,一代又一代的政治哲学家仍然根据时代的变化和现实的不同问题不断重复着古典哲学家的那种为政

---

① [古希腊]柏拉图:《申辩篇》,载《柏拉图全集》第1卷,王晓朝译,人民出版社2002年版,第19—20页。

② [俄]尼·别尔嘉耶夫:《俄罗斯思想》,雷永生、邱守娟译,生活·读书·新知三联书店1995年版,第124页。

治家提供理想社会图景及其实践方案的努力。

第二,阐明政治的目的和价值及其与社会美好、人生幸福的内在关联,为西方的政治活动指明了方向。在人类进入文明社会的过程中(在西方这个过程至少有两千年以上),具有政治性的社会治理活动一直都进行着,人们也都承认其必要性,但无论是社会治理者还是普通民众,对政治对于社会及其成员究竟具有什么价值,缺乏清醒的认识。社会治理者治理社会虽然在具体操作上是有意识的,但没有也不可能基于对政治价值的清晰意识确立正确的政治价值目标。即使为政治活动确立了某种价值目标也纯粹是经验性的,其合理性没有得到充分的论证,一方面这种目标难以实现,另一方面即使实现了也未必是正确的、理想的。西方思想家创立政治哲学的重要目的之一就是弄清政治对于人类和社会应该具有什么价值,现实的政治是否具有这种价值,以及怎样使现实的政治具有这种应该具有的价值。在研究和回答这一问题的过程中,政治哲学家就必定要将政治与社会成员的人生及其生活于其中的社会关联起来。柏拉图在谈到城邦的起源时就曾指出:"我认为城邦之所以产生,乃是因为我们无人是自给自足的,我们全都需要很多东西。"①

在这方面,西方思想家的贡献主要在于提供了以下几个方面的政治哲学结论。一是只有政治才有可能为社会成员确立共同的社会理想。西方思想家之所以高度重视社会理想的构想,其实就是为了给社会治理者提供这种共同社会理想的方案。虽然他们提供的方案各不相同,但给社会治理者提供了选择的余地,也为他们寻求"重叠共识"提供了多元思想体系。二是只有运用政治的力量才有可能实现某种理想社会方案。理想社会再好也不可能自发地变成现实,也不可能通过某一个人变成现实,而必须运用政治权力调动各方面的力量才能变成现实。三是只有政治才能给共同体及其成员提供生命保障,应对外敌侵略、内部倾轧和重大的天灾人祸。在没有血缘关系作为基础的社会,如果没有国家提供底线性的保障,其成员的生命安全就会受到来自自然的、社会外部的和社会内部的威胁。亚里士多德说:"人一旦趋于完善就是最

---

① [古希腊]柏拉图:《国家篇》,载《柏拉图全集》(增订版)中卷,王晓朝译,人民出版社2018年版,第56页。

优良的动物，而一旦脱离了法律和公正就会堕落成最恶劣的动物。"① 这里说的法律和公正就需要社会提供。上述这些结论为西方政治文明发展指明了方向。

第三，研究和回答以国家为形式的政治社会的深层次问题，为西方社会现实政治问题的解决提供了理论方案。西方社会一进入文明社会就进入了以国家为形式的政治社会，因而国家就成为政治哲学家关注的对象。此后，国家一直都是西方政治社会的形式，而且政治社会与公民社会基本上是同质同构的，只是到了第二次世界大战后才谈到两者之间的分离问题，而实际上直至今天两者也没有完全分离，因此国家始终都是政治哲学关注的主要对象。两千多年来，西方政治哲学研究了许多有关国家的问题，其中更被注重的是国家的一些深层次问题。亚里士多德的研究发现，"在现存的诸政体中，公民只能够实现相对于该政体的好生活，而只有在最佳政体中，一个人才具备达到最高善的条件，以有德性的生活为目的，其中的资源、制度和安排才能够确保最好的生活的实现"②。这种"最佳政体"的探讨就属于政治的深层次问题。

归纳起来，西方政治哲学家主要研究和回答了理想社会、社会公正、国家产生的正当性及其应然本质、政体和制度的合理性、权力的合法性及其制约、法治及其与自然法的关系、公民社会及其与国家的关系、公民的德性和权利等问题。③ 所有这些问题都是政治或国家治理的基础性问题，这些问题不解决，国家治理就是没有根基和依据的，其合理性、合法性、正当性问题就无法谈起。正是因为政治哲学家为这些问题提供了不尽相同的可供选择的答案，西方的国家治理才逐渐走向现代化，走向完善，以至于西方国家获得了第二次世界大战后的社会稳定和繁荣局面。这一局面的时间虽然不太长，但这是西方历史上未曾有过的，而且从目前的情况看，这种局面还会长期持续

---

① ［古希腊］亚里士多德：《政治学》，载苗力田主编《亚里士多德全集》第九卷，中国人民大学出版社1994年版，第7页。
② 董波：《亚里士多德〈政治学〉的结构问题》，《现代哲学》2017年第3期。
③ 参见江畅《西方政治哲学重点关注的八大问题》，《理论月刊》2022年第8期。

下去，至少不会再倒退到历史上不断发生的混乱状态。

西方政治哲学理论贡献的最重要意义就在于，它使西方人懂得了什么样的社会才是应该选择的最好社会，懂得了怎样才能够走向这样的社会，懂得了国家治理应有的价值取向、能动作为和合理限度。正是政治哲学使西方人具有政治智慧，而政治智慧使西方人创造了饮誉世界的座座文明高峰，尤其是古希腊的人文成就、古罗马的法治实践、中世纪的宗教文化、近现代的现代文明等。从区域而非单个国家的角度看，西方文明是人类进入文明社会以来创造的最发达、最丰富多彩的文明之一。马克思、恩格斯说"资产阶级在它的不到一百年的阶级统治中所创造的生产力，比过去一切世代创造的全部生产力还要多，还要大"①，这只是就西方近代的生产力而言的，整个西方文明的成就远不止如此。西方文明的形成和成就是政治治理的结果，而政治哲学为此作出了重要贡献。当然，西方社会过去一直存在着诸多问题、弊端，即便在现代文明高度发达的当代，仍然存在着尚待克服的深层次问题。而这些问题与社会治理者没有充分践行政治哲学家提供的方案有关，也与作为国家治理依据的政治哲学本身存在着诸多偏颇有关。因此，今天西方政治哲学仍任重道远。

第四，揭示国家治理必须遵循的应然法则和基本原则，为西方政治实践活动提供了规范和指导。我们知道，西方自古至19世纪末，政治哲学与政治科学是融为一体的，统称为政治学，一直到19纪末才开始有了明确的政治哲学概念。政治哲学家在研究国家的深层次问题的同时，也将这些政治哲学原理运用于国家构建和治理实践，揭示了不少政治活动应遵循的基本法则。政治科学家研究政治现象是为了揭示其政治现象背后的本质和法则，政治哲学家与之不同，他们是在反思和批判政治现象的前提下，以哲学本体论为依据，着眼于社会理想揭示政治的本性或本然本质，这种本质的要求就是应然本质，在实际政治活动中体现为应然法则。西方政治哲学家通过哲学思辨方法揭示了不少这样的政治活动的应然法则，这些应然法则是国家治理活动中应遵循的价值真理。它们虽然具有应然性，但具有极其重要的实践价值。国家治理

---

① 《马克思恩格斯选集》第1卷，人民出版社2012年版，第405页。

不遵循它们，即使社会还能维持下去，也难以达到理想状态。西方政治哲学家揭示了不少这样的应然法则，这里仅列举其中最重要的四条。

其一，社会成员应该自由平等。这一应然法则是由政治哲学家提出和论证的。卢梭断定："放弃自己的自由，就是放弃自己做人的资格，就是放弃人类的权利，甚至就是放弃自己的义务。对于一个放弃了一切的人，是无法加以任何补偿的。"① 法国空想社会主义者勒鲁（PIerre Leroux，1797—1871）认为，"平等是自然万物的萌芽，它出现在不平等之前，但它将会推翻不平等，取代不平等"，"人类精神统治着现实社会，并把平等作为社会的准则和理想"。② 显然，这是一条无法从政治现象揭示的应然法则，因为自古以来的政治现象都是社会成员不能充分地按自己的意愿行事，束缚太多，而且存在着富人与穷人、强者和弱者、贵族与平民的区别，这种现象背后的实然本质和实然法则无疑是社会成员生而不自由不平等。

其二，社会应当由其全体成员共同治理，即所谓民主。与柏拉图同时代的古希腊哲学家德谟克利特就已经断言："在一种民主制度中受贫穷，也比在专制统治下享受所谓幸福好，正如自由比受奴役好一样。"③ 虽然西方古代政治哲学家普遍不看好政治民主制，但自启蒙运动开始，思想家在总结人类历史上各种政制的经验教训的基础上，根据人类社会本性的应然要求，最终认定在所有的政制中只有民主制是最佳的选择。民主的传统含义是人民统治，而近代以来逐渐转变成为社会由人民共建、共享、共治。这也是无法从政治现象揭示出来的应然法则，因为即使到了今天，西方现实社会都不是真正由全体社会成员治理的，而是统治者（传统社会）或富有者（现代社会）治理的。

其三，社会成员治理国家的权力应当体现为法律的权力。卢梭首次明确表达了这种应然法则，指出"统治者是法律的臣仆，他的全部权力都建立于

---

① ［法］卢梭：《社会契约论》，何兆武译，商务印书馆1980年版，第16页。
② ［法］勒鲁：《论平等》，王允道译，肖厚德校，商务印书馆1988年版，第14—15页。
③ 北京大学哲学系外国哲学史教研室编译：《古希腊罗马哲学》，商务印书馆1961年版，第120页。

法律之上"①。美国政治哲学家潘恩在《常识》中进一步提出,"在自由国家中,法律应该成为国王"②。这条法则更是无法从政治现象揭示出的应然法则,因为历史上统治者大多运用法律来进行统治,而不愿意将自己的权力置于法律之下,自己的权力由法律授予,并必须在法律的范围内依法行使。

其四,政治权力应当受到有效制约。孟德斯鸠第一次明确指出:"为了防止滥用权力,必须通过事物的统筹协调,以权力制止权力。"③ 此后,政治权力应当受到制约,否则就会腐败,这是西方绝大多数政治哲学家的共识。阿克顿的"权力趋向腐败,绝对权力绝对腐败"④ 的论断,将这种共识表达到了极致。这同样是一条无法从政治现象揭示的应然法则,因为西方历史上国家的权力往往不受法律制约,从政治现象揭示的法则必定不会是限制权力而只会是放任权力。

在西方政治哲学家看来,国家的构建和治理遵循这些应然法则就是正当的、合理的、合法的。所有这些应然法则都是政治哲学真理,它们无疑对西方的政治社会和政治生活产生了直接影响,虽然其中有些没有得到遵循、贯彻,但它们始终都可以发挥规导西方国家构建和治理实践的重要作用,也为人们提供了用以判断西方国家和社会好坏的标准。随着近代以来西方文化向世界的扩散和传播,这些政治哲学真理已经或正在成为全人类的共识,对今天世界各国产生了广泛而深远的影响。

二 西方政治哲学的经验与局限

西方政治哲学之所以具有自己独特的理论价值和实践意义,之所以能够对西方政治发展和世界政治文明进步作出重大贡献,根本原因在于西方历史上的政治哲学家在构建自己的政治哲学体系的过程中创造了自己独特的研究

---

① [法]卢梭:《论政治经济学》,王运成译,商务印书馆1962年版,第9页。
② [美]潘恩:《常识》,载《潘恩选集》,马清槐等译,商务印书馆1981年版,第36页。
③ [法]孟德斯鸠:《论法的精神》上卷,许明龙译,商务印书馆2009年版,第166页。
④ 转引自许良英《也谈阿克顿的名言》,《炎黄春秋》2010年第7期。

视角、研究对象和研究范式，他们的研究为今天的人类留下了不少的宝贵经验和值得记取的教训。这两个方面都需要我们在研究西方政治哲学史的过程中加以总结、概括和提炼，也值得今天深化我国政治哲学研究认真学习和借鉴。这里着重从当代中国特色政治哲学构建的角度阐述西方政治哲学中的几条值得借鉴的基本经验，并指出其主要局限和问题。

第一，注重对重大时代政治问题的哲学反思、批判和回应。黑格尔说："就个人来说，每个人都是他那时代的产儿。哲学也是这样，它是被把握在思想中的它的时代。"① 哲学是时代精神的精华和升华，作为实践哲学的政治哲学尤其如此。自进入文明社会开始至第二次世界大战结束前，西方世界始终处于动荡变化之中，时代变化迅速，重大政治问题不断涌现。西方政治哲学家历来深切关注时代提出的重大政治问题，并在反思、批判的基础上对时代之问作出哲学的回答。

苏格拉底、柏拉图和亚里士多德的政治哲学，就是在古希腊伯罗奔尼撒战争之后城邦制面临严重危机的时代条件下对古希腊各种城邦的现实进行反思和批判的基础上建立的，并针对时代问题提出了理想社会及其实现方式的方案。古希腊雅典城邦经过梭伦（前640—前558）改革和克利斯提尼（前570—前508）改革，到公元前伯里克利（前495—前429）执政的时代，大部分社会问题已经解决，民主制度建立起来。抵抗波斯的最终胜利，使雅典进入了政治、经济、文化全面繁荣的古典时期（前480—前323）。但是，长达27年的伯罗奔尼撒战争（前431—前404）使成千上万的人丧生，由战争引发的经济问题加剧了希腊许多城邦已有的各种矛盾，并激发了血腥的内战，城邦之间的战争成为生活的常态，人民处于苦难和悲痛的不幸境地。正是在这种背景下，究竟存在不存在幸福，如果存在幸福，那么什么是幸福、如何获得幸福的幸福问题就成了时代之问，苏格拉底、柏拉图、亚里士多德师徒三人的政治哲学就是对这些问题作出的回答。个人幸福是道德哲学问题，而城邦或国家的幸福问题则是政治哲学问题，而他们都是着眼于整个城邦的幸福

---

① ［德］黑格尔：《法哲学原理》，范扬、张企泰译，商务印书馆1961年版，序言第14页。

考虑个人幸福问题的。正如有学者指出的："为了克服内乱以及支撑内乱的强力理论，柏拉图政治哲学的建构围绕着统一共同体展开。……而统一共同体最终是要看顾好人的灵魂，使城邦公民能够过上美好的生活。"[1] 芝诺、西塞罗、奥古斯丁、托马斯·阿奎那、马基雅维里、霍布斯、洛克、亚当·斯密、约翰·密尔、罗尔斯等西方著名政治哲学家无不如此。

不可否认，同样是对时代问题的反思和批判，有些时代的政治哲学家得出的是对现存政治否定的结论（如近代启蒙思想家），而有些时代的政治哲学家得出的是对现存政治诊疗和完善的结论（如罗尔斯），因此对时代之问的回答有些是重构性的，有些是修补性或完善性的。但是，着眼于时代提出的重大政治问题展开政治哲学研究，注重在对现实的反思和批判的基础上构建政治哲学体系，这是西方政治哲学家一以贯之的做法，也是他们给今天政治哲学研究提供的宝贵经验。

第二，注重彰显政治哲学的规范和指导特性。政治哲学作为实践哲学，像道德哲学一样是规导性的学问，它不是对政治现象的归纳总结，也不是致力于透过政治现象揭示其实然本质，并根据实然本质提出实然法则，而是运用哲学思辨的方法通过反思批判现实，着眼于世界本体引申出人类本性和社会本性，从而揭示政治的本性或本然本质，并根据政治本然本质的要求提出其应然法则。因此，政治哲学不是事实科学，而是价值学科，对政治现实具有规范性和指导性。西方政治哲学家从苏格拉底开始就对此有清醒的意识，并努力按照政治哲学的这种特性创立政治哲学体系。在这方面最典型的也许是尼采。他对西方基督教传统乃至西方自苏格拉底以来的道德和政治乃至整个文化传统进行了全面深刻的反思和批判，并在"重估一切价值"的基础上构建了以"酒神精神"为精髓、以"强力意志"为核心内容、以"超人"为目标的"主人道德"体系。[2] 这种体系既是他的道德哲学，也是他旨在改变整个社会政治文化的政治哲学。

---

[1] 刘玮主编：《西方政治哲学史》第一卷，中国人民大学出版社2019年版，第79页。
[2] 参见江畅《西方德性思想史》近代卷，载《江畅文集》第6卷，人民出版社2022年版，第630页。

第四章　西方政治哲学

人们经常说，20世纪以前的西方政治学既包含政治哲学的内容，也包含现代意义上的政治学（政治科学）的内容。从形式上看，情形确实如此，但实质上并非如此。20世纪以前西方政治学（传统政治学）中的实际操作部分与现代政治学（政治科学）其实并不相同。西方传统政治学中的实操部分是建立在通过哲学思辨方法揭示的应然本质及应然法则的基础之上的，而作为社会科学的现代政治学，其实操部分是建立在从政治现象揭示的实然本质及实然法则基础之上的。例如，自然法学派政治哲学中的政治学虽然没有严格意义上的本体论基础，但仍然有自然状态说、自然权利说、社会契约论作为它的政治哲学理论基础，但现代意义上的政治学再也没有这种理论基础。例如，英国安德鲁·海伍德的《政治学》教材分政治理论、政治互动、政府机构三个部分，而政治理论部分讲述的是什么是政治，以及政府、体系、政体、政治意识形态、民主和国家等一般性政治问题。[①] 显然，这部教材中就没有任何政治哲学理论作为其基础，不考虑政治的本然本质。不过，在西方政治哲学家尤其是古典政治哲学家看来，只有将政治科学建立在政治的应然本质及应然法则的基础之上，也就是说政治科学只有以政治哲学为理论依据，政治科学才能真正发挥对现实政治的规导作用，这样的政治学才是真正有意义的。这是西方政治哲学积累的更为重要的、更有价值的经验。

第三，注重政治哲学理论的创新和超越。政治哲学像其他各门学问一样，生命力在于创新，而学问的创新并非完全重叠锅灶，而是在反思和批判前人学问的基础上实现超越。当然，西方政治哲学家对前人或他人的批判和超越不是简单地否定，而是批判地继承，是在扬弃的基础上创新。注重理论上的超越和创新是西方政治哲学的突出特点和基本经验。

苏格拉底能够成为西方政治哲学的开创者，就在于他能够深刻反思、批判并超越前人的自然哲学和当时的智者派思想。柏拉图是苏格拉底的学生，但他并不囿于师说，构建了自己的理念论，并以此为基础创立了以理想国为理想社会的政治哲学。亚里士多德师从柏拉图二十年，但他以"吾爱吾师，

[①] 参见［英］安德鲁·海伍德《政治学》（第3版），中国人民大学出版社2013年版。

吾更爱真理"的求真精神在学习的过程中反思、批判老师的学说。例如，苏格拉底寻求普遍定义时并没有把普遍定义当作与个体事物分离存在的东西，但他的学生柏拉图则把它们当作分离存在的东西，并把它们叫作理念，认为凡是被普遍述说的东西都有理念。① 而在亚里士多德看来，"善"这个概念不是指善理念，而是指事物中最好的东西。它存在于个体事物之中，不能与事物分离，事物因为这种最好的本性而为人们所追求和获得。亚里士多德似乎也承认共同善的存在，这种共同善存在于一切事物之中，因而也可以说是一般善、普遍善。但是他指出："善似乎是与理念不同的。理念是可以分离的，也是自满自足的；而共同的善由于存在于一切事物中，所以，与分离存在的理念不同。因为可以分离的东西以及它的自满自足的本性不可能存在于一切事物中。"② 正是在破解老师体系的根本性问题的基础上，亚里士多德建立了自己的政治哲学体系，最终超越了自己的老师也成为政治哲学大家。苏格拉底师徒三人开创了西方政治哲学史上创新和超越传统，此后注重创新和超越成为西方政治哲学研究的惯例或风习，也是其基本精神。斯多亚派延续了约五百年，在创始人芝诺之后涌现出克利安梯斯（Kleanthes，前330—前231）、克吕西普（Chrysippos，前281至前277—前208）、巴内修（Paneitios，前185—前110）、波塞东纽（Po-seidonios，前135—前51）、塞涅卡、爱比克泰德以及马可·奥勒留等一大批重要的政治哲学家，其原因就在于他们都具有超越和创新精神。

以上所说的是同一学派别内部的不同思想家之间后人对前人的批判和超越，至于不是同一个学派的思想家之间的超越和创新更是比比皆是，奥古斯丁对柏拉图、托马斯·阿奎那对亚里士多德、霍布斯和洛克对中世纪政治哲学、卢梭对洛克、马克思和恩格斯对自由主义政治哲学家、桑德尔对罗尔斯等，都存在超越和创新的关系。例如，桑德尔就站在社群主义政治哲学的立

---

① 参见［古希腊］亚里士多德《形而上学》，载苗力田主编《亚里士多德全集》第七卷，中国人民大学出版社1993年版，第297页。

② ［古希腊］亚里士多德：《大伦理学》，载苗力田主编《亚里士多德全集》第八卷，中国人民大学出版社1994年版，第243页。

场上对以罗尔斯为代表的新自由主义进行了严厉的批判。他指出,"尽管自由主义的自由观不乏其吸引人之处,但它缺乏公民资源来维持自治。这一缺陷导致它难以处理困扰我们公共生活的无力感。我们据以生活的公共哲学不能维护它所允诺的自由,因为它不能激发共同体感和自由所必需的公民参与"①。

第四,注重个性化政治哲学体系的构建。政治哲学之为哲学,就在于它不只是对政治问题提出观点(通常以命题的形式呈现),而是为所提出的观点提供理论论证;不只是提供直接的理论论证,而是提供有深度的哲学论证。为政治观点提供哲学论证才是政治哲学的真正使命。

从西方政治哲学史看,为政治观点提供哲学论证有两种方式。一是根据已有的某种哲学原理(包括本体论、知识论、价值论的原理)为政治观点作论证,这是人们广泛使用的方式,即使不是政治哲学家(比如政治理论家、政治家)也可以采取这种方式。二是为了给政治观点提供理论依据而创立某种哲学原理,这种哲学原理可能是包含本体论、知识论和价值论三个基本方面,也可能是其中的某一个方面,这通常是政治哲学家采取的方式,西方政治哲学家就是如此。

为政治观点提供哲学论证而创立某种哲学原理,其结果就会形成具有个性特色的政治哲学体系。柏拉图、亚里士多德、奥古斯丁、托马斯·阿奎那、康德、黑格尔、尼采、海德格尔、萨特等哲学家,在一定意义上可以说就是为了给自己的政治观点提供论证而创立了包含本体论、知识论和价值论的政治哲学体系。比如,康德就是为了给自由提供论证创立了批判哲学,他说:"我不得不扬弃知识,以便为信仰腾出地盘。"② 这里所说的"信仰"就是自由。海德格尔则是为了克服人的沉沦使人意识到自己的真实本性(能在)创立了存在论本体论。他对现代文明进行反思得出了这样一种结论:西方自古以来的本体论是一种不彻底的本体论,其根本问题在于,它没有揭示作为一种特殊存在而存在于世界中的人(他称为"此在")的那种"能在"的本真

---

① [美]迈克尔·桑德尔:《民主的不满——美国在寻求一种公共哲学》,曾纪茂译,刘训练校,江苏人民出版社2008年版,第6页。

② [德]康德:《纯粹理性批判》(第2版),载李秋零主编《康德著作全集》第3卷,中国人民大学出版社2004年版,第18页。

状态，即人是那种具有各种可能性可供选择的自由主体。由于缺乏这种形而上学的揭示，所以在现实生活中，此在的本真状态被遮蔽，而在现代文明世界，它更湮没于"常人"的控制之下。于是，他呼唤人们警醒，从"沉沦"状态"返回事物本身"，意识到自己的"能在"的本性。① 当然，也有不少政治哲学家并没有为论证政治观点创立包括本体论、知识论和价值论的庞大哲学体系，而只是创立了某个方面的政治哲学体系，如霍布斯、洛克、卢梭、罗尔斯只是创立了社会契约论（大致上属于社会本体论），马基雅维里、边沁只是创立了人性论（大致上属于人类本体论）。西方政治哲学的经验告诉我们，构建个性化政治哲学体系是给政治观点提供论证所必需的，也是实现政治哲学超越和创新的必要条件。

西方政治哲学研究积累了值得借鉴和发扬的丰富经验，但时代、国别以及政治家个人视界、立场和学识等方面的局限，导致西方政治哲学研究也存在着一些重大问题。这些问题是今后政治哲学研究尤其需要克服的。

第一，视野局限于国家，缺乏天下情怀。除少数学派和哲学家（如斯多亚派、康德、哈贝马斯等），西方政治哲学家大多只研究城邦或国家的政治问题，而不研究人类的、世界的政治问题，缺少世界眼光和人类情怀，更没有达到中国政治哲学的那种"亲亲而仁民，仁民而爱物"（《孟子·尽心上》），"民吾同胞，物吾与也"（《西铭》）境界。正因为西方政治哲学只关注本国或西方世界自身的利益，而不顾其他国家或非西方国家的生存和发展，导致了西方国家实践上的重大偏误。比如，美国的世界发展观就是一种霸权独赢发展观，即将美国的利益凌驾于世界各国的发展之上，在确保美国利益的前提下各国可能获得一定的发展空间，也可能完全丧失了发展的空间。而要实现这种发展观，美国就必须向那些难以控制的国家输出"劣质民主"，来瘫痪其政府的行政管理能力。② 对于美国的这种霸权主义行径，美国的实用主义政治

---

① 参见江畅《西方德性思想史》现代卷（上），载《江畅文集》第7卷，人民出版社2022年版，第758—759页。

② 参见程恩富、方兴起《国外新自由主义思潮影响日趋式微》，《人民论坛》2016年第3期。

哲学是脱不了干系的。

第二，轴心时代以后，不重视政治本然本质的探讨，导致政治哲学屈从于现实。从希腊化时代开始，尤其是近代以来，西方政治哲学家不再着眼于宇宙本体、人类本性和社会本性探讨政治的本性或本然本质。他们或者从既定的政治教条出发为之提供哲学论证，或者只注重从现象、经验出发探讨政治的实然本质，从而为现实政治提供理论基础。奥古斯丁的政治哲学就属于前一种情况。按照罗素的说法，"圣奥古斯丁固定了一直到宗教改革为止的教会神学，以及以后路德与加尔文的大部分教义"①。奥古斯丁研究、宣扬、阐释《圣经》四十余年，总共著述90余种、230余部，此外还有不少书信和布道等短篇作品。所有这些作品都主要是总结和归纳基督教教义的，或者为其提供论证和辩护。至于后一种情形，马基雅维里、自然法学派以至于当代的罗尔斯都是如此。比如，西方多数学者认为，罗尔斯的公正论政治哲学是"对福利国家的资本主义的平等主义分支所做的哲学辩护"②。西方轴心时代以后的政治哲学家这样做的结果是，政治哲学丢掉了它应有的规导性，成为为现实政治论证、辩护的工具，变成为现实政治的完善出谋划策的经验性政治理论，其独立性尤其是批判性丧失。

第三，忽视国家的实体和主体性质，国家应有的能动作用没有得到充分阐发。启蒙运动以来的自由主义政治哲学把国家视为"守夜人"，不具有独立性和主体性，其职能只是维护社会秩序。"古典自由主义理论的守夜人式的国家，其功能仅限于保护它所有的公民免遭暴力、偷窃、欺骗之害，并强制实行契约等，这种国家看来是再分配的。"③ 主张国家不干预社会生活或极为有限的干预，导致了社会贫富、强弱两极分化的严重社会问题，而排除国家应履行的增进社会福利和培育公民德性等职能，其结果是"人人为自己，上帝

---

① ［英］罗素：《西方哲学史》（上卷），何兆武、李约瑟译，商务印书馆1963年版，第413页。

② 参见周濂主编《西方政治哲学史》第三卷，中国人民大学出版社2019年版，第245页。

③ ［美］罗伯特·诺齐克：《无政府、国家与乌托邦》，何怀宏等译，中国社会科学出版社1991年版，第35页。

为大家"的冷酷无情的物化社会。在1929年至1933年的大萧条中，处于支配地位的传统自由主义思潮被国家干预主义思潮取代。但是，国家干预主义并未真正在西方获得主流地位。就美国而言，由于美国国会这个新自由主义（指新古典自由主义）思潮的大本营，往往对美国政府的国家干预主义政策采取某种限制，使国家干预主义未能取代新自由主义的主流地位。①

第四，对西方历来存在的重大政治问题缺乏应有的反思和批判。西方国家在国际关系上历来存在霸权主义、强权政治、对外侵略扩张、恃强凌弱等罪恶行径。整个西方价值观的一个共同特征就是强力主义。"所谓'强力主义'是指凭借自己的综合实力尤其是经济和军事实力对外攻城略地、抢占资源的对外扩张的主张和行径。"② 强力主义是西方占主导地位的价值观形态的一个共同的实践特征。西方通过侵略扩张建立了很多帝国，如亚历山大帝国、罗马帝国、拜占庭帝国、西班牙帝国、大英帝国等。它们曾经强悍无比，纵横世界，不过，这繁多的帝国最终都走向了覆灭，而且后世再没有崛起。在西方的历史上和现实中，这种强力主义也常常表现为称霸世界的所谓霸权主义。西方政治哲学家大多对此熟视无睹，甚至为之提供哲学论证或辩护。尼采说："强大的意志指挥软弱的意志。除了为意志而意志之外，根本不存在别的什么因果关系。"③ 此类表达就很难避免为强权政治提供论证的嫌疑。

三 西方政治哲学的借鉴和启示意义

从西方政治哲学的学术贡献、经验和局限可以看出，其中有不少方面值得我国政治哲学研究借鉴，也可以给我国构建当代中国特色政治哲学以启迪。这里着重提出以下四个方面。其中有些是针对西方政治哲学研究存在的问题提出的，这方面尤其值得我们重视。

---

① 参见程恩富、方兴起《国外新自由主义思潮影响日趋式微》，《人民论坛》2016年第3期。

② 江畅：《西方价值观检视》，《武汉科技大学学报》（社会科学版）2020年第4期。

③ ［德］尼采：《权力意志——重估一切价值的尝试》，张念东、凌素心译，商务印书馆1991年版，第148页。

第四章　西方政治哲学

第一，既要高度重视实然政治的研究，更要重视应然政治研究，立足于宇宙本体和人类本性揭示政治的本性或本然本质。从西方政治哲学史看，古代社会的思想家大多是从宇宙本体、人类本性的探讨揭示政治的本性或本然本质，着眼于人类本性的充分实现构想政治的应然状态，即理想社会。最典型的是苏格拉底、柏拉图、亚里士多德，他们都视善为宇宙万物的本体，他们或者把善作为每一事物的本体或本性，或者把善作为宇宙万物包括人的终极追求，或者把善作为人和事物的目的因。人有理性，能够自觉地追求善的目的，这就是人不同于万物的特殊本性之所在。人又必须生活在有治理者的社会共同体中，这种共同体在他们看来就是政治社会，因为只有社会共同体才能够给人提供实现其善目的的环境和条件。据此，他们设计城邦应该怎样更好地满足其成员追求善的需要的方案。由此可以看出，他们并不是在观察、总结、概括当时各种城邦现状的基础上设计城邦的应然方案，而是着眼于人类与万物的共同性和人类的特殊性来构想城邦的理想图景及其实现路径。斯多亚派和神学家也基本上如此致思，只不过斯多亚派更注重自然本性的客观要求即自然法，而神学家在基督教里求助于上帝，把应然的政治理想推向了彼岸世界。

然而，从马基雅维里开始，政治哲学研究的致思路径发生了根本变化，思想家不再着眼于政治社会的改造去构想宇宙本体并引申出人类本性，进而揭示社会本性和政治本性，而是凭借自己的观察、体验等经验总结、概括出人类本质，然后针对人类本质谋划使人类生存、自由、平等等基本权利得到保障的社会。马基雅维里从普遍的恶行归纳出人性本恶的结论，而任由人们出于恶性行动，社会必定陷入混乱，因此需要建立国家来阻止人的恶行，以确保社会基本秩序。从霍布斯开始，思想家在恶行流行与国家建立之间增加了一个自然法的环节，但他们的自然法不再是斯多亚派、西塞罗、托马斯·阿奎那等人古典意义上的宇宙法则，而是人类理性的法则。人们是在这种理性法则驱使下为了大家和平地生存并维护天赋的权利而去订立契约、建立国家。显然这种意义的法则严格说来不具有本体论的意义，它们不过是因为人有理性并用理性权衡利害的结果。这种致思方式一直延续到了罗尔斯及当代西方政治哲学家。

上述两种政治哲学研究的致思方式各有其长，也各有局限。大致上说，本体论的致思方式是哲学的致思方式，它对现实政治更具有批判性和引领性；经验论的致思方式是科学的致思方式，它对现实政治更具有修补性、诊疗性。运用前者形成的政治哲学可以说是"关于政治的哲学"（philosophy of politics），属于哲学范畴；运用后者形成的政治哲学则可以说"政治的哲学"（political philosophy）属于政治学范畴。[①] 这两种不同致思方式的政治研究都需要，不能用一种取代另一种，而要允许两种致思方式的研究同时存在。但是，从政治哲学作为哲学的专门学科看，其研究更要采取本体论的致思方式，唯有如此，才能真正发挥政治哲学反思、批判现实政治，并在此基础上通过揭示政治本性及其实践要求以构建理想政治的功能。

第二，既要有国家意识，更要有天下情怀，着眼于整个世界和人类未来探索政治哲学真理。西方政治哲学是从研究城邦政治开启的，此后一直主要以国家为研究对象，只有少数思想家才有世界意识，如斯多亚派、康德、马克思等。在西方，国家与政治联系得十分紧密，这已成为人们的一种普遍观念，斯多亚把世界共同体称为"世界城邦"（World City-states）、基督教也把天堂称为"天国"（Kingdom of Heaven 或 Heavenly Kingdom）就很清楚地表明了这一点。与西方不同，轴心时代以前的中国王朝都把自己视为天下（世界）的中心，这就是《尚书·大禹谟》记载的"皇天眷命，奄有四海，为天下君"。那些不在王朝管辖范围的边区被视为蛮夷之地，只要有可能就要使他们归顺王朝。这种历史背景使中国思想家管仲、老子、孔子等人在开启政治哲学研究时所确定的对象不是国家，甚至也不是周王朝，而是天下。客观上说，那时中国的国家并不是典型意义上的国家，而是周王朝的诸侯国；那时的周朝以及更早的商朝、夏朝统治者和后来皇权专制时代的统治者，常常被称为"天子"，即所谓"王者父天母地，为天之子也"（《白虎通义》卷一）。可以肯定的是，夏商西周的统治者并不把自己统治的江山社稷视为国家，国家概念应该是在周朝实行分封制形成了诸侯国后才产生的。当然，秦朝以后，中

---

① 参见臧峰宇《政治哲学的"规定"及其当代性》，《江苏大学学报》（社会科学版）2013年第6期。

国的国家意识逐渐增强,但政治哲学的视域仍然不只是国家,而是天下。范仲淹的"先天下之忧而忧,后天下之乐而乐"典型地表达了中国政治哲学家的天下情怀。

国家是人类进入文明社会后的第一个政治形态,而且一直持续到今天,只不过范围从几个文明古国扩展到了整个世界。西方政治哲学主要以国家为对象无可厚非,但从中西比较的角度看,政治哲学作为给人类进入理想社会提供论证和谋划的学问,必须着眼于由全人类组成的世界。因为只有这样,才可以避免政治哲学局限于一国所导致的问题。这些问题包括:只考虑一国的有序而不考虑世界的有序,导致西方国家将一国有序建立在他国的无序之上;只考虑本国的法治而不考虑世界的法治,导致西方国家几百年来在国际社会无法无天、肆意妄为,干出许多伤天害理的罪恶勾当;只考虑一国人民富裕而不考虑世界的富裕,导致西方国家持续对外掠夺、侵略、渗透,将本国的富有建立在他国牺牲之上。不可否认,西方两千多年来犯下的许多罪行是统治者所为,但也与政治哲学家在政治谋划方面缺乏世界眼光有密切关系。相比较而言,也许正因为中国有拥有天下情怀的政治哲学,中国才几乎从不侵略、掠夺、渗透他国。赵汀阳教授指出,世界政治思维"这种独一无二的政治思路不仅在古代是伟大的创造,即使在今天仍是最前卫的政治观念,他提出的和暗含的政治问题甚至超出目前的政治现实而属于未来"[1]。因此,鉴于西方政治哲学的教训,未来的政治哲学研究,无论研究者生活在哪个国家,都要着眼于整个世界、着眼于人类命运和前途展开研究,探索适用于全人类的政治真理。

第三,既要重视公民的政治权利,更要重视公民的德性品质,把人作为整体人而非仅仅是政治人对待。在西方文明史上,中世纪之外的其他政治共同体都是公民构成的,西方政治哲学一诞生,思想家就重视公民对于城邦的重要意义,尤其是把城邦的目的确定为使全体公民获得幸福。比如,柏拉图明确指出:"在建立我们的城邦时,我们关注的目标并不是个人的幸福,而是

---

[1] 赵汀阳:《坏世界研究:作为第一哲学的政治哲学》,中国人民大学出版社2009年版,第77—78页。

作为整体的城邦所可能得到的最大幸福。"① 苏格拉底和柏拉图开创的这种传统得到了后来政治哲学家的传承，他们都将公民的福祉视为国家及其一切政治活动的终极目的。不过，由于时代的变迁，西方政治哲学对于国家应把公民生存和发展的哪个方面作为其目的发生了很大的变化。西方古代政治哲学家关注公民的作为整体的生活的幸福，而在他们看来，公民的幸福在于其本性的充分实现，即获得德性。那时，公民在社会政治生活中本来享有其他人群不享有的权利。但到了中世纪，基督教教会和封建王朝只维护僧侣阶级和贵族阶级的政治权利，广大的农民被剥夺了土地所有权和人身自由，成为农奴，受封建主的剥削和奴役，社会被划分为不同的等级。近代以来的政治哲学家适应市场经济发展对市场主体独立自主的需要反对封建等级制，强调个人的权利是天赋的，国家存在的意义就在于保护和扩大公民的权利，而这时公民的范围已经从古希腊罗马的自由人扩展到社会中所有人。然而，近代以来的政治哲学家为了给公民更大独立自主性而普遍形成了这样一种共识，即认为只要公民享有了社会权利就为他们的幸福提供了保障，至于公民能否实际上获得幸福则完全取决于他们在市场竞争中的作为，而这不属于国家追求的目的。这样一种主张导致的社会后果是，公民的自由和权利虽然得到了基本保障却导致了社会两极分化日益严重。20世纪以来的思想家针对这一严重后果，提出社会公正"是社会制度的首要价值"②，主张通过给社会最弱者提供基本社会保障来解决社会两极分化问题。这一主张取得了原来存在的绝对贫困问题得到克服的社会效果。但是，它并不能彻底解决社会的两极分化问题，更为重要的是，它不能解决政治哲学不关心公民整体生活幸福导致的社会日益物化问题。

反思西方政治哲学史的经验教训，我们不难得出政治哲学作为给国家治理提供规导的学科，必须将公民（社会全体成员）获得整体生活幸福作为一

---

① ［古希腊］柏拉图：《国家篇》，载《柏拉图全集》第 2 卷，王晓朝译，人民出版社 2003 年版，第 390 页。

② ［美］约翰·罗尔斯：《正义论》，何怀宏等译，中国社会科学出版社 1988 年版，第 1 页。

切政治哲学研究的终极目的指向，这是政治哲学的基本立场和根本原则，在任何情况下都不能为了适应现实的需要放弃了这一立场和原则，否则就会给国家治理和政治活动以误导。具体而言，西方古代政治哲学重视人作为整体生活的幸福这是正确的，但存在着过于重视德性品质，而忽视了所有社会成员的平等权利问题，而且也不太重视社会成员物质需要的满足；西方近代政治哲学重视所有社会成员的权利平等及其保护，也重视给社会成员提供按自己的意愿谋求幸福的独立自主性，但忽视了社会成员整体生活的幸福问题，放弃了政治哲学为全体社会成员普遍获得整体生活幸福作出谋划和规导的应有责任。这是西方政治哲学存在的理论失误和学术偏颇，值得我们深刻反思、批判和借鉴。

第四，既要鼓励研究者个人自主研究，更要倡导学术合作，加强重点突出、分工合作的学术共同体构建。从研究本身来看，西方政治哲学研究也有诸多值得总结的经验教训，其中重要的一点就是政治哲学研究的学术主体问题。西方政治哲学研究乃至整个哲学研究有一个显著特点——学术生产始终都是"单干式"的，而不是"团队式"的。两千多年来，西方向世界推出了许多有广泛而深远影响的政治哲学学术作品，所有这些作品几乎都是政治哲学家单打独斗生产出来的，他们彼此之间缺乏学术合作。黑格尔曾以诙谐的口吻概括这种情形：尽管周围正发生着各式各样的骚动，"但是德国人的头脑，却仍然可以很安静地戴着睡帽，让思维自由地在内部进行活动"[1]。虽然西方政治哲学家也注重学术交流、学术争论甚至学术批判，但个人自主研究是其不变的传统，苏格拉底如此，霍布斯如此，罗尔斯亦如此。正是这种传统导致了西方政治哲学也存在麦金太尔批评西方道德哲学所存在的那种在学术上无法达成共识的突出问题："宣称客观的和非个人的道德标准存在的任何主张，都没有也不可能得到任何正当合理的论证，因此，也就没有这样一类标准。"[2]

---

[1] ［德］黑格尔：《哲学史讲学录》第 4 卷，贺麟、王太庆译，商务印书馆 1978 年版，第 257 页。

[2] ［美］阿拉斯代尔·麦金太尔：《德性之后》，龚群、戴扬毅等译，中国社会科学出版社 2020 年版，第 24 页。

在全球化、科技化、信息化的今天，政治已经变得异常复杂，尤其是构建人类共同体和全人类共同价值体系提出了历史上从未出现过的政治难题。这种全新的时代课题迫切需要作为政治共同体理论根基的政治哲学提供学理支撑和理论方案。面对如此复杂的政治态势，西方过去那种"单干式"的研究传统已经不能承担政治哲学的重大使命，亟须加强学术合作，组建学术共同体围绕不同重点问题集体攻关。只有汇聚不同学者的学术智慧，才能破解当代人类面临的极其复杂的政治难题，也才能推出真正有价值的政治哲学学术成果。当然，就政治哲学而言，学术合作永远不可能取代学者个人的自主研究，但再也不能局限于此，而要加强组织研究，形成重点不同又分工合作的政治哲学研究共同体。在这方面，当代中国已经走在了西方前面，但对这种做法仍存在着不同看法，西方政治哲学研究的经验教训也应能促进在这方面形成共识。

第五章　马恩政治哲学

马克思和恩格斯政治哲学（简称为"马恩政治哲学"）虽然属于西方政治哲学的范畴，但对现代世界政治哲学尤其是对现代中国政治哲学产生了广泛而深远的影响，而且是当代中国特色政治哲学构建的主要理论依据，所以本书专门设立一章概要地阐述马恩政治哲学的形成和发展、基本内涵和总体特征、重点研究和回答的问题、主要贡献、理论和实践价值及重大意义。近些年来，国内政治哲学界大谈马克思政治哲学，而将恩格斯弃之不顾，这是一种非历史主义的态度。马克思和恩格斯的政治哲学是一个整体，不应将它们分开，更不应只谈马克思的政治哲学而不谈恩格斯的政治哲学。为了克服这种偏颇，本书鲜明地将他们两人的政治哲学作为一个整体加以研究和阐述。

马克思在其论著中从未提出和使用过政治哲学概念[①]，但这并不意味着马恩没有政治哲学，历史上许多政治哲学家（如柏拉图、亚里士多德、孔子、老子等）都没有使用过政治哲学概念，但他们有政治哲学是大家公认的。马克思主义实质上是从根本上、总体上研究回答人类政治问题的思想体系，从世界比较公认的学科属性看，当属于政治哲学的范畴，其学科属性类似于中国古代的儒学和西方近现代的自由主义。然而，对于这一点无论是国内还是国外都缺乏应有的共识。就国内而言，我国现在的学科分类中有马克思主义学科，所以许多学者都不认为马克思主义是政治哲学，有些学者即使承认马恩有政治哲学，也认为它不过是马克思主义中的一个部分。就国外而言，虽

---

① 参见段忠桥《政治哲学、马克思政治哲学与唯物史观——与吴晓明教授商榷》，《社会科学辑刊》2020年第4期。

然一般都承认马恩有政治哲学，但并不认为马恩思想体系就是政治哲学。更有甚者以当代西方政治哲学范式为根据提出："马克思的许多信念和预见都被合情合理地推翻了，而几乎没有人愿意再去捍卫他思想中的僵死内容。特别地，很少有分析的马克思主义者愿意去捍卫被称为'历史唯物主义'的马克思的历史理论。"① 历史唯物主义是马恩政治哲学的根基，不去捍卫它，那就意味着丢掉了其根本。

笔者不仅肯定马恩有系统的政治哲学，而且认为马恩的思想体系就是一种政治哲学体系，而通常所说的他们的科学社会主义是其主体内容，他们的哲学、经济学都是其基础，属于马恩政治哲学体系。在此前提下，本章拟对上述马恩政治哲学的一般性问题提出粗浅看法，以求对从总体上把握马恩政治哲学有所助益。

第一节 马恩政治哲学的形成、内涵及特征

马恩政治哲学的产生以《共产党宣言》发表为标志，但其论证到《资本论》草稿完成（1865年）才完成，可以将《资本论》草稿完成前视作马恩政治哲学的形成过程，此后到恩格斯逝世可视为其完善过程。马恩政治哲学是在西方现代化运动的时代背景下形成的，是反思和批判西方现代化的产物。虽然马恩政治哲学的根本立场和基本主张来源于空想社会主义，思想实质来源于启蒙思想，理论根据则主要来源于英国古典政治经济学和德国古典哲学，但它是在对所有这些思想理论实行革命性变革的基础上形成的政治哲学理论体系，具有不同于以往一切政治哲学的独特性和真理性。

一 马恩政治哲学的形成与完善

马恩政治哲学是在西方现代化运动的历史背景下孕育和产生的。虽然西方现代化运动源自适应西方市场经济发展需要产生的文艺复兴运动，但作为

---

① ［加］威尔·金里卡：《当代政治哲学》，刘莘译，上海译文出版社2015年版，第213页。

其结果的资本主义社会却是按照启蒙思想家设计的"理性王国"自觉构建起来的。启蒙思想家设计"理性王国"的目的，是把人从一切束缚中解放出来，使之获得自由、平等和幸福，但这种最初设计由于其理论缺陷导致了社会两极分化和整个社会资本化的严重后果。一方面，在资本主义社会，人们由于竞争而被分为富人和穷人，富人占有大量的社会财富和资源，而穷人甚至不能获得最低的生活保障。另一方面，人们都会被经济利益驱动，为获取更多的利益而生存，人的整体幸福和全面发展因而被忽视，社会生活和所有人的个人生活实际上都资本化了，整个社会发生了全面的异化。马恩政治哲学正是在对西方资本主义社会现实及其理论根据——启蒙思想（尤其是其中的自由主义思想）进行反思和批判的基础建立起来的。

马恩的批判是全面的批判，既包括理论的批判，也包括现实的批判，但批判最多的是资产阶级和资本主义。他们充分肯定资产阶级在历史上所起过的非常革命的作用，"资产阶级在它的不到一百年的阶级统治中所创造的生产力，比过去一切世代创造的全部生产力还要多，还要大"[1]，但认为资产阶级构建的资本主义社会是全面异化的社会。在马克思看来，在资本主义社会，工人降低为商品，而且降低为最贱的商品，"工人生产的财富越多，他的生产的影响和规模越大，他就越贫穷"[2]。工人劳动所生产的对象，即劳动的产品，已经成为一种异己的存在物，一种不依赖生产者的力量，它们同劳动对立，"工人对自己的劳动的产品的关系就是对一个异己的对象的关系"[3]。马克思从异化劳动以及异化的生命、异化的人等概念得出私有财产的概念。"私有财产一方面是外化劳动的产物，另一方面又是劳动借以外化的手段，是这一外化的实现。"[4] 马克思后来还从政治经济学的角度揭露了资本关系的形成过程，认为这是劳动者和他的劳动条件的所有权分离的过程，它一方面使社会的生活资料和生产资料转化为资本，另一方面又使直接生产者转化为雇佣

---

[1] 《马克思恩格斯选集》第1卷，人民出版社2012年版，第405页。
[2] 《马克思恩格斯选集》第1卷，人民出版社2012年版，第51页。
[3] 《马克思恩格斯选集》第1卷，人民出版社2012年版，第51页。
[4] 《马克思恩格斯选集》第1卷，人民出版社2012年版，第60页。

工人，受资本的统治。所以，恩格斯指出："工人阶级的状况是当代一切社会运动的真正基础和出发点，因为它是我们目前存在的社会灾难最尖锐、最露骨的表现。"① 在马恩看来，资本主义社会之所以存在着弊端和罪恶，根源在于私有制。资产阶级虽然消灭了封建所有制，但并没有否定私有制，相反在旧的私有制的基础上建立了新的私有制。封建主义的君主政体实行的是专制制度。"君主政体的原则总的说来就是轻视人，蔑视人，使人非人化"②，资产阶级废除了封建专制的"轻视人，蔑视人，使人非人化"的原则，但建立在私有制基础上的资本主义社会，"就它的无人性和残酷性来说不亚于古代的奴隶制度"。③

正是在对资本主义社会现实批判的基础上，马克思深刻揭露了资产阶级所宣扬的自由、平等、所有权的虚伪性。"劳动力的买和卖是在流通领域或商品交换领域的界限以内进行的，这个领域确实是天赋人权的真正伊甸园。那里占统治地位的只是自由、平等、所有权和边沁。自由！因为商品例如劳动力的买者和卖者，只取决于自己的自由意志。他们是作为自由的、在法律上平等的人缔结契约的。契约是他们的意志借以得到共同的法律表现的最后结果。平等！因为他们彼此只是作为商品占有者发生关系，用等价物交换等价物。所有权！因为每一个人都只支配自己的东西。边沁！因为双方都只顾自己。使他们连在一起并发生关系的唯一力量，是他们的利己心，是他们的特殊利益，是他们的私人利益。正因为人人只顾自己，谁也不管别人，所以大家都是在事物的前定和谐下，或者说，在全能的神的保佑下，完成着互惠互利、共同有益、全体有利的事业。"④ 恩格斯认为，在启蒙运动中，一切都受到了最无情的批判，以往的一切社会形式和国家形式、一切传统观念，都被当作不合理性的东西扔到垃圾堆里去了。过去的一切只值得怜悯和鄙视，只是到现在阳光才照射出来，理性的王国才开始出现。从今以后，迷信、非正

---

① 《马克思恩格斯选集》第 1 卷，人民出版社 2012 年版，第 84 页。
② 《马克思恩格斯全集》第 47 卷，人民出版社 2004 年版，第 59 页。
③ 《马克思恩格斯选集》第 1 卷，人民出版社 2012 年版，第 19 页。
④ 《马克思恩格斯选集》第 2 卷，人民出版社 2012 年版，第 168 页。

义、特权和压迫,必将为永恒的真理、永恒的正义、基于自然的平等和不可剥夺的人权所代替。然而,这一切都只是资产阶级的,但不包括无产阶级。"这个理性的王国不过是资产阶级的理想化的王国;永恒的正义在资产阶级的司法中得到实现;平等归结为法律面前的资产阶级的平等;被宣布为最主要的人权之一的是资产阶级的所有权;而理性的国家、卢梭的社会契约在实践中表现为,而且也只能表现为资产阶级的民主共和国。"[1] 恩格斯认为,当法国革命把这个理性王国的社会和这个理性的国家实现了的时候,新制度表明,不论它较之旧制度如何合理,却绝不是绝对合乎理性的,理性的国家完全破产了。

马恩对资本主义的批判不是一味破坏,也不是一概否定,他们批判旧世界是为了建设新世界。在批判旧世界的过程中,马恩揭示了"资产阶级的灭亡和无产阶级的胜利是同样不可避免的"历史必然性,构想了代替那存在着阶级和阶级对立的资产阶级旧社会的"每一个人的自由发展是一切人的自由发展的条件"[2] 的"自由人联合体",并通过唯物主义历史观和剩余价值学说的创立(恩格斯所说的马克思的"两个伟大的发现"[3])为其主张提供了充分的理论论证。如此,他们就在使社会主义从空想变成了科学的同时完成了自己政治哲学的构建。

马恩政治哲学的创立是对以前西方空想社会主义思想的继承和变革。在以市场经济为基础的西方近代社会几百年的空前变革史上,先后产生了社会主义或共产主义、共和主义和自由主义三大思想流派。它们都批判和否定宗教神学和封建主义,自由主义是适应市场经济发展需要产生并为其论证、辩护并提供规导的流派,而共产主义则面对资本原始积累血淋淋的事实而对市场经济持彻底否定的态度。在西方自16世纪至19世纪三百多年的历史上,产生了一批空想共产主义者。托马斯·莫尔是欧洲空想共产主义学说的创始人,之后比较著名的有杰纳德·温斯坦莱、托马斯·康帕内拉、威廉·魏特

---

[1] 《马克思恩格斯选集》第3卷,人民出版社2012年版,第776页。
[2] 《马克思恩格斯选集》第1卷,人民出版社2012年版,第422页。
[3] 参见《马克思恩格斯选集》第3卷,人民出版社2012年版,第797页。

林、摩莱里、马布利、巴贝夫、德萨米等。① 其共同特点是他们从不同的角度揭露了兴起和发展中的市场经济以及当时的社会现实的种种弊端,并对市场经济持批判或否定的态度,提出并描绘了以财产公有制为基础的人人平等社会,所以被称为"社会主义者"或"共产主义者"。他们所构想的理想社会因不具备实现的条件而被称为"空想共产主义"或"空想社会主义",并因其创始人托马斯·莫尔把自己的理想社会称为"乌托邦"而有了"乌托邦"的别名。空想共产主义理想因其主要是对理想社会的构想和描述而可被视为政治哲学思想,尽管一般缺乏哲学论证。这些政治哲学思想为马恩创立以科学共产主义为核心内容的政治哲学提供了基本立场和直接来源,但马恩对他们的思想进行了创造性改造。

马恩对空想共产主义继承最重要的体现在于,坚守它的人民立场和对受剥削和压迫的广大无产阶级同情的感情,并将这种根本立场从社会或国家范围拓展到了全人类,提出"无产阶级只有解放全人类,才能最后解放自己"②。从基本主张上看,马恩赞成消灭私有制,但不是消灭财产私有制,而是消灭生产资料私有制,主张实行生产资料公有制;他们赞成社会成员人人平等、实行按需分配,但强调社会成员各尽所能,而且认为在共产主义初级阶段只能实行按劳分配,只有到了共产主义高级阶段,当"集体财富的一切源泉都充分涌流"之后,"社会才能在自己的旗帜上写上'各尽所能,按需分配'"③;他们赞成"每人一无所有,而又每人富裕"④,但并不限于此,进而要求"每

---

① 在我国,在谈到马克思主义的三个来源时,通常把圣西门、傅立叶和欧文视为空想社会主义者,实际上他们并不是空想社会主义者,而是空想主义者,因为他们并不反对私有制,主张公有制。恩格斯在《社会主义从空想到科学的发展》中也称他们为"伟大的空想主义者",而不是"伟大的空想社会主义者"(《马克思恩格斯选集》第3卷,人民出版社2012年版,第777页)。

② 这句话是对恩格斯1888年为《共产党宣言》英文版写的序言中一段话的概括和总结:"被剥削被压迫的阶级(无产阶级),如果不同时使整个社会一劳永逸地摆脱一切剥削、压迫以及阶级差别和阶级斗争,就不能使自己从进行剥削和统治的那个阶级(资产阶级)的奴役下解放出来。"(《马克思恩格斯选集》第1卷,人民出版社2012年版,第385页)

③ 《马克思恩格斯选集》第3卷,人民出版社2012年版,第365页。

④ [英]托马斯·莫尔:《乌托邦》,戴镏龄译,商务印书馆1982年版,第115页。

一个个人的全面而自由的发展"①。更为重要的是，马恩建立了唯物主义历史观（唯物史观），并运用它对人类社会历史进行考察，揭示了社会主义必然代替资本主义的历史必然性；建立了剩余价值学说，从决定社会发展的决定力量即经济基础的角度为这一历史必然规律提供了强有力的论证；找到了资本主义社会掘墓人——无产阶级，而且强调无产阶级需要共产党领导，其最近目的是"使无产阶级形成为阶级，推翻资产阶级的统治，由无产阶级夺取政权"②。基于以上理论上的批判改造，共产主义才从空想变成了科学。

马恩对空想共产主义改造最重要的实质内涵，是给所有社会成员个人赋予了自由的本性或本然本质，而这得益于启蒙思想家对自由的推崇和追求。空想共产主义思想家虽然都十分重视平等，但对自由没有给予足够的注意，而生活在19世纪的马恩经受了启蒙思想家自由思想的充分洗礼，深刻洞察到自由对于人的至关重要性，将对自由的追求融汇于他们的政治哲学之中，使之与时代的主题相对接，从而超越了以前和同时代的社会主义者和共产主义者。自由是整个西方近代几百年的时代主题，文艺复兴时期人文主义者追求个性解放和自由，而英国启蒙思想家霍布斯最早将自由作为人的自然权利（天赋人权）。他所说的自然权利，就是"每一个人按照自己所愿意的方式运用自己的力量保全自己的天性——也就是保全自己的生命——的自由"③。就是说，自然权利就是自由，这种自由是本性的自由，而这种本性就是按照自己的意愿运用自己的力量保存自己。因此，他所说的自然权利就是人的本性具有的或者说是人与生俱来的自由权利或自由权。霍布斯之后，洛克给自然权利赋予了更丰富的内涵，但自由是其中最重要的权利。"我们是生而自由的"④；"人们……生来就享有完全自由的权利"⑤；"每个人生来就有双重的

---

① 《马克思恩格斯选集》第2卷，人民出版社2012年版，第267页。
② 《马克思恩格斯选集》第1卷，人民出版社2012年版，第413页。
③ ［英］霍布斯：《利维坦》，黎思复、黎廷弼译，杨昌裕校，商务印书馆1985年版，第97页。
④ ［英］洛克：《政府论》下篇，叶启芳、瞿菊农译，商务印书馆1964年版，第38页。
⑤ ［英］洛克：《政府论》下篇，叶启芳、瞿菊农译，商务印书馆1964年版，第52页。

权利：第一，他的人身自由的权利，别人没有权力加以支配，只能由他自己自由处理；第二，首先是和他的弟兄继承他的父亲的财物的权利"①。卢梭更针对人类进入社会后非但没有获得自由和平等，相反却丧失了在自然状态下所享有的自由和平等，发出了"人是生而自由的，但却无往不在枷锁之中"②的呼喊。德国古典哲学整个说来是在启蒙时代后期对自由所作的哲学论证。黑格尔认为，康德哲学的基础是卢梭的自由原则，"这个原则提供了向康德哲学的过渡，康德哲学在理论方面是以这个原则为基础的"③。他自己进一步从哲学上贯彻了自由原则，他断定"所有的人都是有理性的，由于具有理性，所以就形式方面说，人是自由的，自由是人的本性"④。不过，人生而具有的自由还不是真正意义上的自由，而只是一种没有必然性的抽象自由，这种自由是作为真自由反面的假自由，仅仅是形式的自由，是一种"任性"。只有当人意识到了自己的自由本性，他才是真正自由的。黑格尔的哲学就是要阐明怎样使抽象的、形式的自由变为具体的、真实的自由，从而将人类从形式的自由引导到真实的自由。

马恩完全认同启蒙思想家认为自由是人的本性的观点，但通过对资本主义社会现实的深入考察发现，启蒙思想家主张的自由和平等像所有权一样，对于广大的工人阶级来说都是虚伪的。现实的情形是，工人的自由具有双重意义：一方面，工人是自由人，能够把自己的劳动力当作自己的商品来支配；另一方面，他没有别的商品可以出卖，自由得一无所有，没有任何实现自己的劳动力所必需的东西。⑤ 这种自由的结局是："原来的货币占有者作为资本家，昂首前行；劳动力占有者作为他的工人，尾随于后。一个笑容满面，雄心勃勃；一个战战兢兢，畏缩不前，像在市场上出卖自己的皮一样，只有一

---

① ［英］洛克：《政府论》下篇，叶启芳、瞿菊农译，商务印书馆1964年版，第121页。
② ［法］卢梭：《社会契约论》，何兆武译，商务印书馆2003年版，第4页。
③ ［德］黑格尔：《哲学史讲演录》第4卷，贺麟、王太庆译，商务印书馆1978年版，第234页。
④ ［德］黑格尔：《哲学史讲演录》第1卷，贺麟、王太庆译，商务印书馆1959年版，第26页。
⑤ 参见《马克思恩格斯选集》第2卷，人民出版社2012年版，第164页。

个前途——让人家来鞣。"① 马恩建立自己的政治哲学并致力于共产主义运动，就是要克服资本主义社会自由的虚伪性，使每一个人的自由本性真正得到实现。正是基于这种考虑，他们提出要建立"每个人的自由发展是一切人的自由发展的条件"②的真正自由社会。

马恩作为伟大的政治哲学家并不只是提出自己的主张，而且经过艰苦探索不断深化对自己主张的论证，这也正是社会主义之所以能在他们手里从空想变为科学的根本原因。马恩是运用唯物史观来给自己政治哲学主张提供论证的，而唯物史观思想本身主要来源于德国古典哲学和英国政治经济学。关于马恩政治哲学与德国古典哲学的关系，恩格斯在《社会主义从空想到科学的发展》中作过明确的阐述："科学社会主义本质上就是德国的产物，而且也只能产生在古典哲学还生气勃勃保存着自觉的辩证法传统的国家，即在德国。唯物主义历史观及其在现代的无产阶级和资产阶级之间的阶级斗争上的特别应用，只有借助于辩证法才有可能。"③ 这种辩证法是黑格尔的贡献，黑格尔哲学的真实意义和革命性质就在于它彻底否定了关于人的思维和行动的一切结果具有最终性质的看法，这种辩证哲学推翻了一切关于最终的绝对真理和与之相应的绝对的人类状态的观念。"在它面前，不存在任何最终的东西、绝对的东西、神圣的东西；它指出所有一切事物的暂时性；在它面前，除了生成和灭亡的不断过程、无止境地由低级上升到高级的不断过程，什么都不存在。"④ 不过，虽然这是黑格尔方法必然得出的结论，但他本人从来没有这样明确地表达过，因为他按照传统哲学的要求不得不去建立一个以认识某种绝对真理为终结来完成的体系，他的辩证方法就是适应这种需要而被理解为概念的自我发展。正是针对黑格尔哲学的这种局限，马恩重新唯物地把我们头脑中的概念看作现实事物的反映，而不是把现实事物看作绝对概念的某一阶段的反映，这样，"辩证法就归结为关于外部世界和人类思维的

---

① 《马克思恩格斯选集》第2卷，人民出版社2012年版，第168页。
② 《马克思恩格斯选集》第1卷，人民出版社2012年版，第422页。
③ 《马克思恩格斯选集》第3卷，人民出版社2012年版，第746—747页。
④ 《马克思恩格斯选集》第4卷，人民出版社2012年版，第223页。

运动的一般规律的科学,这两个系列的规律在本质上是同一的,但是在表现上是不同的"①。为了给社会主义必然代替资本主义的历史必然性提供论证,马恩探究了那隐藏在历史人物背后并构成历史真正的最后动力的动力,其结果发现"与其说是个别人物,即使是非常杰出的人物的动机,不如说是使广大群众、使整个整个的民族,并且在每一民族中间又是使整个整个阶级行动起来的动机;而且也不是短暂的爆发和转瞬即逝的火光,而是持久的、引起重大历史变迁的行动"②。马恩探究的结果就是创立了唯物史观,唯物史观的创立不仅为资本主义必然灭亡、社会主义必然胜利提供了社会本体论的论证,而且找到了实现这种转变的社会力量——无产阶级。

马恩合著的《德意志意识形态》是唯物史观基本形成的标志,而马克思1859年发表的《〈政治经济学批判〉序言》则表明唯物史观已经成熟。唯物史观认为,物质生活的生产方式制约着整个社会生活、政治生活和精神生活过程,社会的物质生产力发展到一定阶段,便会同它们一直在其中运动的现存生产关系发生矛盾,于是这些关系便由生产力的发展形式变成生产力的桎梏,这时社会革命的时代就会到来。通过人类历史考察,马克思发现"资产阶级的生产关系是社会生产过程的最后一个对抗形式……但是,在资产阶级社会的胎胞里发展的生产力,同时又创造着解决这种对抗的物质条件"③。如此,唯物史观就为马恩的社会主义必然替代资本主义的主张提供了论证。但是,马克思发现,根据唯物史观的生产力决定生产关系原理,还必须从经济的角度深入探究资本主义生产关系的产生、发展及其内在矛盾,以给自己的主张提供更具有现实性、针对性的论证。他的这一探究主要是从研究英国古典政治经济学着手,英国古典政治经济学也就成了马恩政治哲学的重要来源。古典政治经济学提出以生产商品时所耗费的劳动时间决定商品价值的原理,研究工资、利润和地租这三种收入之间的关系,把工资归结为工人维持自身及其后代所必需的生活资料的价值,把利润看作工人所创造的商品价值在工

---

① 《马克思恩格斯选集》第4卷,人民出版社2012年版,第249—250页。
② 《马克思恩格斯选集》第4卷,人民出版社2012年版,第255—256页。
③ 《马克思恩格斯选集》第2卷,人民出版社2012年版,第3页。

资以外的部分，把地租看作利润的派生形式，看作地主所占有的利润中的一个部分。马克思在批判改造古典政治经济学劳动价值论的基础上，创立了剩余价值学说，并通过分析剩余价值的生产、流通和分配问题，揭示了资本主义的一般基础即商品经济和剩余价值的秘密、资本的本质、资本主义的基本矛盾及其发展的历史趋势，从而为唯物史观和他们的政治哲学提供了更深刻的论证，并使之得到进一步的丰富和发展。

马恩政治哲学经历了一个漫长的形成和完善过程，这个过程与马恩哲学的形成过程是同一过程。对于这一过程，国内学界存在着意见分歧[①]，笔者认为，从其内在形成发展的逻辑看，总体上可以以1865年为界线将马恩政治哲学划分为完成时期和完善时期。完成时期大约从1842年马克思到《莱茵报》当编辑开始至1865年《资本论》草稿完成，而完善时期则从1865年到1895年恩格斯逝世。这样划分的主要理由在于，《资本论》草稿的完成标志着马克思完成了对政治哲学的经济学论证，从而也就完成了马恩整个政治哲学体系的构建。马恩政治哲学形成和完善的过程是学界非常熟悉的，不必赘述。这里需要强调两点。

第一，马恩的科学社会主义是马恩政治哲学的主体部分或原理部分，其形成过程也就是马恩政治哲学的形成过程。近些年来，国内学界研究马克思和马克思主义的著述不少，但未见有讨论马恩科学社会主义与马恩政治哲学的关系，似乎马恩政治哲学是他们的科学社会主义之外独立存在的思想体系。事实上，马恩科学社会主义是马恩政治哲学原理部分，而马恩政治哲学则是马恩哲学的核心内容[②]，也是整个马克思主义的核心内容。科学社会主义是"关于无产阶级解放运动的理论"，"广义上泛指马克思主义，狭义上指马克思主义三个组成部分之一"。[③] 作为无产阶级解放运动的理论，科学社会主义主要回答了四大问题：一是无产阶级解放的历史必然性、理论合理性和道义正

[①] 参见徐俊忠《马恩哲学思想分期之管见》，《中山大学学报》（哲学社会科学版）1987年第3期。

[②] 有学者认为，马克思哲学是一种社会政治哲学（参见李福岩、张红梅《马克思早期社会政治哲学的思想轨迹探论》，《武陵学刊》2013年第3期），这种观点是能够成立的。

[③] 徐光春主编：《马克思主义大辞典》，崇文书局2017年版，第160页。

当性；二是无产阶级解放运动的终极目标——共产主义；三是无产阶级解放依靠的力量——无产阶级；四是无产阶级解放与人类解放的关系（认为无产阶级只有解放全人类，才能最后解放自己）。显然，研究和回答所有这些问题的科学社会主义，不是属于政治学或其他社会科学，而只能是属于政治哲学或者说就是政治哲学。这一学说与作为它的本体论基础——历史唯物主义一起构成了马恩的完整政治哲学体系。如果我们认同这一点，那么马恩政治哲学与科学社会主义的形成过程是完全同一的，我们可以把《共产党宣言》发表作为马恩政治哲学问世的标志，而《资本论》草稿的完成则完成了对马恩政治哲学的基本主张的论证，从而最终完成了其理论构建。

第二，马恩政治哲学不是马克思一个人的政治哲学，而是马克思和恩格斯两人共同创立和完善的政治哲学。从国内近一些年的研究看，不少学者只研究马克思政治哲学，而将恩格斯撇开，这是违背历史事实的，需要给予纠正。最明确提出、最全面勾画一种全新政治哲学的《共产党宣言》是马克思和恩格斯共同创作的，阐述作为这种政治哲学基础的唯物史观的《德意志意识形态》也是由他们共同撰写的，我们不能将他们两人的共同理论创造算在马克思一个人头上。事实上，这两部著作发表之前恩格斯发表的一系列著述的内容或者直接被吸收到了这两部著作，或者为这部著作的形成贡献了思想观点。例如，马克思就称赞恩格斯的《国民经济学批判大纲》是"批判经济学范畴的天才大纲"，而且指出"他从另一条道路得出同我一样的结果"。①

更为重要的是，恩格斯在1865年以后为他们两人的哲学的阐明、丰富和完善作出了不可磨灭的贡献。其中最重要的著作有：写于1873年至1883年的《自然辩证法》，将辩证法从社会历史领域扩展到自然领域，为马恩政治哲学提供了更广泛的哲学本体论基础；1878年发表的《反杜林论》，在批判欧根·杜林在哲学、经济学和社会主义领域宣扬的错误观点的基础上，系统阐述了马克思主义政治哲学的基本理论；1880年出版的《社会主义从空想到科学的发展》，系统阐明了作为马恩政治哲学体系核心内容的科学社会主义与空想社会主义之间的关系；1884年发表的《家庭、私有制和国家的起源》，系

---

① 《马克思恩格斯选集》第2卷，人民出版社2012年版，第3—4页。

统阐述了唯物史观特别是社会发展观和国家观；1886年发表的《路德维希·费尔巴哈和德国古典哲学的终结》，系统阐述了作为马恩政治哲学基础的唯物史观对德国古典哲学的革命性变革。不言而喻，恩格斯在马恩政治哲学论证完成后所作的贡献，对这一哲学体系的完善具有至关重要的意义。离开了这些卓越的贡献，马恩政治哲学至少是不完整、不系统的，也不可能对当时和后世产生如此巨大的影响。

需要指出的是，马恩政治哲学虽然是由马克思和恩格斯共同创立的，但他们两人的贡献是有差异的。应当肯定，马克思对马克思主义理论（包括马恩政治哲学）的贡献更大，其思想更具有原创性。对于这一点，恩格斯自己多次表示，自己只是为马克思担当了"第二小提琴手"[①]的角色，马克思主义的基本思想，尤其是对那些指导思想的最后明确表述都属于马克思。他说："没有马克思，我们的理论远不会是现在这个样子。所以，这个理论用他的名字命名是理所应当的。"[②] 但是，恩格斯对马克思主义理论创立的重大贡献是不可否认的。正如有学者指出的："他对马克思主义理论的贡献要比他自己承认的多，特别是在马克思逝世后的独奏中，他既忠实于马克思谱写的主题曲，又拉出了适应新时代的变奏曲，这在他晚年的许多著作和序言中都有所涉及和反映。"[③]

二 马恩政治哲学的一般意涵及本体论根基

马恩没有写过以政治哲学命名的著作，但阐述政治哲学的著作十分丰富，其中最为重要的有：《〈黑格尔法哲学批判〉导言》《国民经济学批判大纲》《1844年经济学哲学手稿》《关于费尔巴哈提纲》《德意志意识形态》《共产党宣言》《〈政治经济学批判〉序言》《政治经济学手稿（1857—1858年手稿）》《政治经济学手稿（1861—1863年手稿）》《资本论》《法兰西内战》

[①] 《马克思恩格斯选集》第10卷，北京：人民出版社，2009年，第525页。
[②] 《马克思恩格斯选集》第4卷，北京：人民出版社，2012年，第248页注释①。
[③] 徐觉哉：《"第二小提琴手"拉出新时代主题曲——论与时俱进的恩格斯晚年思想》，《中国延安干部学院学报》2020年第4期。

《哥达纲领批判》《反杜林论》《社会主义从空想到科学的发展》《自然辩证法》《在马克思墓前的讲话》《家庭、私有制和国家的起源》《路德维希·费尔巴哈与德国古典哲学的终结》等。这里，笔者拟以马恩的这些主要著述为依据，对马恩政治哲学的一般意涵及其本体论根基作概要性阐述。

概括地说，马恩政治哲学以唯物史观为主要本体论根基，以全人类彻底解放为现实目标，以从必然王国进入自由王国为社会理想，以每一个个人的全面而自由的发展为社会发展的终极目的，以无产阶级革命和无产阶级为实现现实目标的主要手段，以劳动成为生活的第一需要而各尽所能地为社会作贡献，为实现理想社会的内在动力和基本途径的政治哲学体系。对于这一界定，我们可以作以下进一步的阐述。

马恩政治哲学把人类彻底解放视为共产主义运动的现实目标。近代资产阶级为了发展资本主义，以"自由""平等"为旗帜，同封建专制制度进行了坚决的斗争，展开了广泛的思想革命、政治革命和经济革命（包括工业革命和科学技术革命）。通过一系列卓有成效的革命斗争，资产阶级最终战胜了封建主义，使生产力和资本主义获得了极大的发展。所以说，"资产阶级在历史上曾经起过非常革命的作用"[1]。但是，同资产阶级并肩战斗的无产阶级却仍然处于被奴役和被压迫的境况之中，而当时无产阶级的状况和斗争使马恩看到了资本主义的不合理性，看到了解放无产阶级从而解放全人类的社会发展必然趋势。因此，他们认为只要无产阶级得到解放全人类就会获得彻底解放，于是就以人类解放这种时代需要为己任致力于理论探索。早在《〈黑格尔法哲学批判〉导言》中，马克思就提出，"彻底的革命、普遍的人的解放，不是乌托邦式的梦想"[2]，主张哲学要把无产阶级当作自己的物质武器，无产阶级也要把哲学当作自己的精神武器。在《1844 年经济学哲学手稿》中，马克思第一次以共产主义为出发点和目的，对人类解放问题进行了系统的研究，指出"共产主义是对私有财产即人的自我异化的积极的扬弃，因而是通过人并且为了人而对人的本质的真正占有"，"是人和自然界之间、人和人之间的

---

[1] 《马克思恩格斯选集》第 1 卷，人民出版社 2012 年版，第 402 页。
[2] 《马克思恩格斯选集》第 1 卷，人民出版社 2012 年版，第 12 页。

矛盾的真正解决"。①《共产党宣言》更明确宣称,"共产党人可以把自己的理论概括为一句话:消灭私有制"②,提出无产阶级只有解放全人类,才能最后解放自己。后来恩格斯在《社会主义从空想到科学的发展》中指出:"完成这一解放世界的事业,是现代无产阶级的历史使命。深入考察这一事业的历史条件以及这一事业的性质本身,从而使负有使命完成这一事业的今天受压迫的阶级认识到自己的行动的条件和性质,这就是无产阶级运动的理论表现即科学社会主义的任务。"③显然,把人类彻底解放确立为共产主义运动的现实奋斗目标是马恩政治哲学一以贯之的理论主张。

共产主义即自由王国是马恩政治哲学的社会理想。全人类彻底解放是马恩政治哲学的现实追求,而人类获得解放之后从必然王国进入自由王国则是马恩政治哲学的社会理想,这种自由王国就是共产主义社会,或"自由人联合体"。解放并不意味着自由,真正的自由不是人随心所欲的"任性"(黑格尔语),而是人成为自然、社会和自身的真正主人。对于这一社会理想,马恩也很早就已确立。在《论犹太人问题》中,马克思指出:"任何解放都是使人的世界即各种关系回归于人自身。"④政治解放也是如此,其目的是使人成为独立的个体和法人,并成为人类共同体的平等的自主的成员。在《1844年经济学哲学手稿》中,马克思已经把人的解放与共产主义的实现联系了起来,认为人的解放的过程就是共产主义实现的过程。"这种共产主义,作为完成了的自然主义,等于人道主义,而作为完成了的人道主义,等于自然主义,它是人和自然界之间、人和人之间的矛盾的真正解决,是存在和本质、对象化和自我确证、自由和必然、个体和类之间的斗争的真正解决。它是历史之谜的解答,而且知道自己就是这种解答。"⑤在《德意志意识形态》中,马恩进一步从克服分工所导致的异化的角度阐述共产主义,把共产主义理解为消灭现存的异化状况的运动。在马恩看来,只要人们还处在自然形成的社会中,

---

① 《马克思恩格斯文集》第1卷,人民出版社2009年版,第185页。
② 《马克思恩格斯选集》第1卷,人民出版社2012年版,第414页。
③ 《马克思恩格斯选集》第3卷,人民出版社2012年版,第817页。
④ 《马克思恩格斯文集》第1卷,人民出版社2009年版,第46页。
⑤ 《马克思恩格斯文集》第1卷,人民出版社2009年版,第185—186页。

只要特殊利益和共同利益之间还有分裂，也就是说，只要分工还不是出于自愿，而是自然形成的，那么人本身的活动对于人来说就成为一种异己的、同他人对立的力量，这种力量压迫着人，而不是人驾驭着这种力量。马恩虽然强调共产主义是消灭现存状况的现实运动，但并不否定前人所创造的一切，而是把它们看作改造的前提。他们指出："共产主义和所有过去的运动不同的地方在于：它推翻一切旧的生产关系和交往关系的基础，并且第一次自觉地把一切自发形成的前提看做是前人的创造，消除这些前提的自发性，使这些前提受联合起来的个人的支配。因此，建立共产主义实质上具有经济的性质，这就是为这种联合创造各种物质条件，把现存的条件变成联合的条件。"① 在马恩看来，到了共产主义的高级阶段，没有民族分隔和对立，公共权力失去了政治性质，随着社会生产的无政府状态的消失，国家的政治权威将会消失，个体生存斗争也就停止了，人在一定意义上，才最终地脱离了动物界，从动物的生存条件进入真正的人的生存条件。"人终于成为自己的社会结合的主人，从而也就成为自然界的主人，成为自身的主人——自由的人。"② 在恩格斯看来，完成这一解放世界的事业，是现代无产阶级的历史使命。马克思分析说，事实上，自由王国只是在必要性和外在目的规定要做的劳动终止的地方才开始，因而按照事物的本性来说，它存在于真正物质生产领域的彼岸。"这个领域始终是一个必然王国。在这个必然王国的彼岸，作为目的本身的人类能力的发挥，真正的自由王国，就开始了。但是，这个自由王国只有建立在必然王国的基础上，才能繁荣起来。"③

每一个个人的全面而自由发展是马恩政治哲学的终极追求。在马恩看来，在没有了阶级和阶级对立后的社会，所有人都是自由的，"代替那存在着阶级和阶级对立的资产阶级旧社会的，将是这样一个联合体，在那里，每个人的自由发展是一切人的自由发展的条件"④，而社会则是一种"以每一个个人的

---

① 《马克思恩格斯选集》第1卷，人民出版社2012年版，第202页。
② 《马克思恩格斯选集》第3卷，人民出版社2009年版，第817页。
③ 《马克思恩格斯文集》第7卷，人民出版社2009年版，第929页。
④ 《马克思恩格斯选集》第1卷，人民出版社2012年版，第422页。

全面而自由的发展为基本原则"① 的自由人联合体。在共产主义社会，人的自由发展并不是片面的，而是全面的，特别是克服了由分工导致的异化和畸形发展。在马恩看来，在共产主义社会，现在已被机器破坏了的分工，即把一个人变成农民、把另一个人变成鞋匠、把第三个人变为工厂工人、把第四个人变成交易投机者的分工，将完全消失，社会成员可以摆脱旧的社会分工对自己的束缚，按照自己的兴趣行事。"在共产主义社会里，任何人都没有特殊的活动范围，而是都可以在任何部门内发展，社会调节着整个生产，因而使我有可能随着自己的兴趣今天干这事，明天干那事，上午打猎，下午捕鱼，傍晚从事畜牧，晚饭后从事批判，这样就不会使我老是一个猎人、渔夫、牧人或批判者。"② 教育将使年轻人能够很快熟悉整个生产系统，将使他们能够按社会需要或者他们自己的爱好，轮流地从一个生产部门转到另一个生产部门。这样，根据共产主义原则组织起来的社会，将使自己的成员能够全面发挥他们的才能从而得到全面发展。根据共产主义原则组织起来的社会一方面不容许阶级继续存在，同时这个社会的建立本身又为消灭阶级提供了手段，因此在这里各个不同的阶级也必然消灭。从事农业和工业的将是同一些人，而不是两个不同的阶级，因而城市与乡村的对立也将消失。马克思在《资本论》中设想，在一个自由人联合体中，他们用公共的生产资料进行劳动，并且自觉地把他们许多个人的劳动力当作一个社会劳动力来使用。

马恩政治哲学主要诉求无产阶级革命和无产阶级实现现实目标。马恩充分有力地证明资本主义必然灭亡、共产主义必然胜利，但认为这个必然过程并不是自发的，而是需要先进生产力的代表——无产阶级通过无产阶级革命和无产阶级专政才能实现。以往的理论之所以不能解决历史问题，甚至走向神秘主义，就是因为它们忽视了改变世界的革命实践。马恩认为，无产阶级要解放自己，就必须进行无产阶级革命，通过无产阶级的不断革命达到废除一切私有制的目的，实现共产主义。恩格斯指出，现代工人运动已经被看作现代被压迫阶级即无产阶级的运动，被看作他们反对统治阶级即资产阶级的

---

① 《马克思恩格斯选集》第2卷，人民出版社2012年版，第267页。
② 《马克思恩格斯选集》第1卷，人民出版社2012年版，第165页。

历史上必然的斗争的或多或少发展了的形式,被看作阶级斗争的形式,而这一阶级斗争和过去一切阶级斗争不同的一点是:现代被压迫阶级即无产阶级如果不同时使整个社会摆脱阶级划分,从而摆脱阶级斗争,就不能争得自身的解放。因此,共产主义现在已经不再意味着凭空设想的一种尽可能完善的社会理想,而是意味着深入理解无产阶级所进行的斗争的性质、条件以及由此产生的一般目的。①马恩告诫德国工人,为了达到自己的最终胜利,他们首先必须自己努力,他们应该认清自己的阶级利益,尽快采取自己独立政党的立场,其战斗口号应该是:"不断革命。"②马恩力图使无产阶级相信,他们只有通过革命才能获得解放,才能拥有自己成为主人的新世界。无产者只有废除自己的现存的占有方式,从而废除全部现存的占有方式,才能取得社会生产力。无产阶级没有什么自己的东西必须加以保护,他们必须摧毁至今保护和保障私有财产的一切。"无产者在这个革命中失去的只是锁链。他们获得的将是整个世界。"③马恩认为,无产阶级的革命就是社会主义革命。"这种社会主义就是宣布不断革命,就是无产阶级的阶级专政,这种专政是达到消灭一切阶级差别,达到消灭这些差别所由产生的一切生产关系,达到消灭和这些生产关系相适应的一切社会关系,达到改变由这些社会关系产生出来的一切观念的必然的过渡阶段。"④马恩认为当时无产阶级要通过革命的途径建立自己的政权,但并不否认还有其他途径的可能性,如争取普选权等。

马恩政治哲学相信理想社会实现的动力来自劳动成为生活的第一需要。到了共产主义的高级阶段,社会分工消失,人们自觉地将劳动作为生活的第一需要,尽其所能地为社会作贡献,社会因而生产力高度发达,物质生活富足充裕。在这样的条件下,社会可以按照人们的需要进行劳动产品的分配。"在共产主义社会高级阶段,在迫使个人奴隶般地服从分工的情形已经消失,从而脑力劳动和体力劳动的对立也随之消失之后;在劳动已经不仅仅是谋生

---

① 参见《马克思恩格斯选集》第4卷,人民出版社2012年版,第203页。
② 《马克思恩格斯选集》第1卷,人民出版社2012年第3版,第564页。
③ 《马克思恩格斯选集》第1卷,人民出版社2012年版,第435页。
④ 《马克思恩格斯选集》第1卷,人民出版社2012年版,第532页。

的手段，而且本身成了生活的第一需要之后；在随着个人的全面发展，他们的生产力也增长起来，而集体财富的一切源泉都充分涌流之后，——只有在那个时候，才能完全超出资产阶级权利的狭隘眼界，社会才能在自己的旗帜上写上：各尽所能，按需分配！"① 马克思认为，要提高社会生产水平，造就全面发展的人，就要将生产劳动同智育和体育结合起来。"未来教育对所有已满一定年龄的儿童来说，就是生产劳动同智育和体育相结合，它不仅是提高社会生产的一种方法，而且是造就全面发展的人的唯一方法。"② 在恩格斯看来，私有制废除将产生如下主要结果："由社会全体成员组成的共同联合体来共同地和有计划地利用生产力；把生产发展到能够满足所有人的需要的规模；结束牺牲一些人的利益来满足另一些人的需要的状况；彻底消灭阶级和阶级对立；通过消除旧的分工，通过产业教育、变换工种、所有人共同享受大家创造出来的福利，通过城乡的融合，使社会全体成员的才能得到全面发展。"③

以实践为基础的唯物史观是马恩政治哲学的本体论根基。马克思对从康德开始到黑格尔那里集大成的德国古典哲学的基本精神实行了革命性变革，他批判并抛弃了这种精神的唯心主义形式，吸取了合理的思想内核，在唯物主义的基础上批判地继承和发展了这种基本精神。马克思认为，实践并不像黑格尔所理解的那样是一种理念，更不是什么绝对精神的体现，而是人们改造客观世界（包括自然界和社会）的感性物质活动。正是在这种实践活动中，人们能动地认识自然界，认识社会，认识人自身，实现实践和认识的统一，实现思维和存在的转化。在马恩那里，实践是他们哲学思想的基本概念，他们把自己称为"实践的唯物主义者"④。马克思所理解的实践，与德国古典哲学家所理解的实践不同，它不是一种精神性理念，也不只是一种道德实践，而是人类改造世界的感性的物质活动。这种物质性活动不同于动物的生存本

---

① 《马克思恩格斯选集》第3卷，人民出版社2012年版，第364—365页。
② 《马克思恩格斯选集》第2卷，人民出版社2012年版，第230页。
③ 《马克思恩格斯选集》第1卷，人民出版社2012年版，第308—309页。
④ 《马克思恩格斯选集》第1卷，人民出版社2012年版，第155页。

能活动，它是自由的自觉活动，而这种自由自觉的活动才是人区别于动物的特性。马克思说："一个种的整体特性、种的类特性就在于生命活动的性质，而自由的有意识的活动恰恰就是人的类特性。"① 在马克思看来，人们首先必须吃、穿、住，必须取得生存的生活必需品，因此人们必须进行生产劳动，改造环境。环境的改变和人的活动是一致的，改造环境的物质活动就是实践。"环境的改变和人的活动或自我改变的一致，只能被看做是并合理地理解为革命的实践。"② 正是改造环境的实践活动才使人作为改造环境的主体并与被改造的环境作为客体发生分化，"通过实践创造对象世界，改造无机界"③，使自然人化，从而使主体和客体达到统一。就是说，只有人们改造世界的客观活动才是主体和客体统一的基础。人为了改造环境，满足人的需要，就要认识自然，于是就产生了思想、意识。人的思想、意识就是实践主体对客体的反映。所以，"这种历史观（即唯物史观——引者）和唯心主义历史观不同，它不是在每个时代中寻找某种范畴，而是始终站在现实历史的基础上，不是从观念出发来解释实践，而是从物质实践出发来解释各种观念形态"④。人的思想是否正确，是否具有真理性，能否成为指导改造世界的思想武器，也要由实践来证明。同时，思想的东西、观念的东西要变为现实，也只能通过实践才能实现。在实践中，人的主体能动性至关重要，这种能动性就在于主体能够能动地认识世界，同时能够能动地改造世界，而这种能动性的根源又在于实践。只有在实践中，人才能发展自己的主体能动性，才能能动地认识世界和改造世界，使世界人化，这样人也就获得了自身的自由。而这种自由又在实践中体现为对自然和社会的必然性的能动的认识、利用和改造，如此，人就在实践的基础上达到了必然和自由的统一。

在马恩看来，人的实践不是个人的活动，而是社会历史的活动。这种活动总是在一定的历史条件下以一定的生产方式进行的，生产方式（包括生产

---

① 《马克思恩格斯选集》第1卷，人民出版社2012年版，第56页。
② 《马克思恩格斯选集》第1卷，人民出版社2012年版，第134页。
③ 《马克思恩格斯选集》第1卷，人民出版社2012年版，第56页。
④ 《马克思恩格斯选集》第1卷，人民出版社2012年版，第172页。

力和生产关系）一方面是实践活动的社会条件，另一方面制约着整个社会生活、政治生活和精神生活的过程。在以一定生产方式进行社会生产的过程中，人们一定会发生必然的、不以他们的意志为转移的关系，"这些生产关系的总和构成社会的经济结构，即有法律的和政治的上层建设竖立其上并有一定的社会意识形式与之相适应的现实基础"①。在马恩看来，在实践基础上所发生的生产方式内部的矛盾以及生产关系和上层建筑的矛盾是社会运动发展的动力，"随着经济基础的变更，全部庞大的上层建筑也或慢或快地发生变革"②。这样，马恩就以实践为基础说明了整个社会的结构，揭示了社会发展的规律，从而克服了德国古典哲学用精神性的神秘观念说明社会运动发展的缺陷，建立了唯物史观。"人的根本就是人本身"，"人是人的最高本质"③，要使人成为人，要使人获得自由，就必须推翻那些使人受奴役、受屈辱、把人不当人看的一切关系，包括人与自然的关系和人与社会的关系，使人成为自然和社会的主人。马恩正是从他们以实践为基础的唯物史观得出了如下结论：要使人获得解放，获得自由，也就是要获得自己的真正本质，就必须改变现存的社会关系。

三 马恩政治哲学的基本特征

从以上简要阐述可以看出，马恩政治哲学具有理想性与实践性有机统一、人类性与阶级性有机统一、革命性与建设性有机统一、系统性与深刻性有机统一四大基本特征。这些特征充分显示了马恩政治哲学的完整性、正确性和先进性，是马恩政治哲学不同于历史上任何其他政治哲学的主要标志和个性特色。深刻理解马恩政治哲学的这些基本特征有助于对马恩政治哲学以至于整个马克思主义全面的理解和把握，也是破解"马克思主义为什么行"这一当代中国之问的密钥。

理想性与实践性的有机统一。提出理想社会模式并为之提供论证，从而

---

① 《马克思恩格斯选集》第2卷，人民出版社2012年版，第2页。
② 《马克思恩格斯选集》第2卷，人民出版社2012年版，第3页。
③ 《马克思恩格斯选集》第1卷，人民出版社2012年版，第10页。

为社会确立一种终极价值追求，是政治哲学的重要特征。在马恩之前，中西历史上的思想家提出过多种有影响的理想社会模式，如西方有柏拉图的"理想国"、斯多亚派的"世界城邦"、基督教的"新天新地"和"千年王国"、托马斯·莫尔的"乌托邦"、启蒙思想家的"理性王国"等①，中国有孔子的"大同"、老子的"小邦（国）寡民"或"安平太"②、庄子的"至德之世"③等。像历史上的许多政治哲学家一样，马恩把对理想社会的构想作为政治哲学研究的首要任务，但与他们有两个方面的不同，它是理想性与实践性的高度统一，而其理想性又具有先进性，其实践性正在使它变为现实。

其一，马恩的理想社会具有其他所有理想社会模式无可比拟的先进性。从时间上看，马恩构想的理想社会即共产主义社会是人类历史上最后出现的一个理想社会模式，此后无论是西方还是中国几乎再没有产生有影响的理想社会模式。最后出现并不意味着最好，但马恩的理想社会就其内容而言确实是最先进的。这首先体现在它吸取了历史上社会理想中合理的内容。比如，它吸取了斯多亚派的世界城邦思想，在共产主义社会，国家不复存在，"各国人民之间的民族分隔和对立日益消失"④，且与中国孔子的大同社会不谋而合；它主张实行生产资料公有制、按需分配的思想来自托马斯·莫尔的乌托邦；它将启蒙思想家理性王国的自由、平等、民主、法治规定性由虚变实，最终落实到社会中每一个个人的全面而自由的发展。正因为兼收并蓄历史上理想社会模式的各家之长，并在此基础上根据现代社会的时代精神和实践要求进行综合创新，马恩的理想社会就超越了历史上所有理想社会模式，成为人类历史上最美好的理想社会，可以说就是人间的"新天新地"。马恩理想社会的先进性还体现在，它植根于以大工业生产的生产方式为基础的现代化，是根据人类社会发展的必然规律，尤其是资本主义社会生产力与生关系之间以及与之相应的资产阶级与无产阶级之间不可克服的矛盾所作的对未来社会

---

① 参见江畅《西方政治哲学重点关注的八大问题》，《理论月刊》2022年第8期。

② 蒋瑜、黎千驹认为老子的政治理想是"安平太"（参见《老子的社会政治理想及治理策略试探》，《武陵学刊》2022年第9期）。

③ 参见江畅《中国政治哲学重点关注的八大问题》，《湖北社会科学》2023年第2期。

④ 《马克思恩格斯选集》第1卷，人民出版社2012年版，第419页。

的预测。它是站在时代和历史的最前沿和制高点，反映和代表了人类社会发展的总趋势，这是历史上任何其他理想社会模式所不能与之相提并论的。更为重要的是，人类社会的现代化远未完成，今天我们还处于与马恩同一个现代化时代，所以他们的理想社会虽然产生于100多年前，但仍然有着鲜活的生命力，可谓之我们时代的"高卢雄鸡"。

其二，马恩的理想社会克服了所有其他理想社会模式的空想性和虚伪性。中西传统社会思想家提供的各种理想社会几乎都是空想，无论是孔子的"大同"、老子的"小国寡民""安平太"，还是柏拉图的"理想国"、斯多亚派的"世界城邦"，基督教的"新天新地"和"千年王国"，都从未在历史上变成过现实，事实已经证明这些理想都是不具有可行性的空想或梦想。中国先秦儒家的思想虽然后来被奉为占统治地位的官方思想，但其大同理想并未成为专权时代社会追求的终极目的，甚至被完全遗忘，直至清朝末年才得到康有为、孙中山的弘扬。西方近代启蒙思想家提出的"理性王国"倒是被西方资产阶级付诸了实践，并成为西方世界的社会现实，但他们所追求的自由平等对于广大的无产阶级而言都是没有可能享受的权利，因而是虚幻缥缈的，"同启蒙学者的华美诺言比起来，由'理性的胜利'建立起来的社会制度和政治制度竟是一幅令人极度失望的讽刺画"[1]。与所有上述理想社会模式不同，马恩提出并论证的理想社会在当代中国正在变成现实，今天中国人已经不再是谈论马克思主义是否行，而是谈论马克思主义为什么行。[2] 更值得注意的是，中国提出并致力于推动构建人类命运共同体，为世界谋大同，得到联合国和越来越多的国家的赞同。可以预测，马恩政治哲学所擘画的共产主义理想社会正在成为越来越多的当代人的共同追求。

人类性与阶级性的有机统一。政治哲学存在着立场问题，即站在什么立场上为哪些人研究和构建政治哲学的问题。在中西政治哲学史上，研究者研究政治哲学有四种基本立场：一是站在社会中所有人的立场上，为了维护基

---

[1] 《马克思恩格斯选集》第3卷，人民出版社2012年版，第779页。
[2] 参见《马克思主义为什么行？总书记这些话里有答案》，求是网，2021年6月26日。

本共同体（主要是国家）的所有人的利益研究政治哲学，如中国古代的道家政治哲学（为"小国"的社会成员）、西方近代的自由主义政治哲学（为某一西方国家的所有人）；二是站在社会成员的立场上，为了维护基本共同体内被视为正式成员而不是全体社会成员的利益研究政治哲学，如亚里士多德政治哲学（为城邦的自由民）、基督教政治哲学（为基督教信众）；三是站在社会治理者的立场上，为了维护统治者的利益研究政治哲学，如董仲舒政治哲学（为皇权专制统治者）、罗尔斯政治哲学（为美国统治者）；四是站在全人类的立场上，为了维护全人类的利益研究政治哲学，如马恩的政治哲学。在这四种立场中，唯有全人类立场才真正反映或体现政治本性及其实践要求，因为政治的本性是人民性，追求基本共同体中所有人的幸福。① 马恩政治哲学的立场属于第四种，它与其他政治哲学包括中国先秦儒家的立场存在着两方面的重要区别：一方面，马恩政治哲学具有更明确的全人类立场意识，其目的直指全人类解放和幸福；另一方面，马恩政治哲学根据唯物史观和阶级分析的方法，找到了实现人类解放和幸福的力量——无产阶级，认为共产主义社会要依靠无产阶级构建，强调无产阶级只有解放全人类才能最后解放自己。如此，马恩政治哲学就实现了全人类性与阶级性的有机统一，从而克服了历史上其他所有政治哲学的局限性和偏颇，实现了政治哲学在学术立场上的革命性变革。

中国先秦儒家有明确的天下观念，其政治哲学研究的目的是使天下苍生摆脱苦难，过上幸福生活。孔子在谈到修身时明确指出了修身的目的，其对象范围是不断扩展的：从"修己以敬"到"修己以安人"，再到"修己以安百姓"。(《论语·宪问》)这里的"百姓"可以理解为天下的百姓，也可以理解为他身处的诸侯国的百姓，其范围并不十分明确。孟子谈"亲亲而仁民，仁民而爱物"(《孟子·尽心上》)将仁爱的范围扩大到了全人类乃至万物。《大学》提出"修身、齐家、治国、平天下"以"明明德于天下"，更明确地将政治的范围扩展到了全天下。但是，孔子和孟子以至于当时所有中国人心目中的"天下"大致上指周朝的天下，完全没有地球上不同国家或民族的观

---

① 详见本书第一章第二节。

第五章　马恩政治哲学

念，更没有整个世界的观念。与先秦儒家不同，马恩生活在西方资产阶级"开拓了世界市场，使一切国家的生产和消费都成为世界性的"① 时代，他们已经有了明确的由各个国家和民族构成的世界的观念、由各个国家和民族的人民构成的人类的观念，而这是真正意义上的世界和人类。相对于先秦儒家政治哲学关注的"天下"，马恩政治哲学关注的"全人类"才为政治哲学确立了真正应关注的终极对象。当然，我们也可以将马恩的"全人类"视为先秦儒家"天下"的现代版本，但必须肯定马恩政治哲学不仅克服了先秦儒家的历史局限性，而且突破了其他所有政治哲学在立场上的阶级偏狭性，终结性地锚定了政治哲学的终极对象范围。

在依靠什么力量来实现天下生民或全人类幸福的问题上，马恩政治哲学与先秦儒家也存在着根本性的区别。先秦儒家认为，实现"天下齐"或"明明德于天下"，只能通过不断修身而最终成为圣人的个人。儒家没有明确说明圣王是一位还是多位，但从他们的思想倾向看真正的圣王应是一位，而不是多位。然而，即使是多位也都是个人的力量，更为重要的是，从普通人修身成为圣人难度极大。按照《礼记·礼运》的说法，自尧舜之后，就没有君王是圣人，最杰出的禹、汤、文、武、成王、周公六位中前五位君王充其量不过是贤君（有道德的君王），所构建的社会也只是"天下为家"的"小康"，而不是"天下为公"的"大同"。从夏到西周1200多年都没有出现过一个圣王，天下还有可能实现"大同"吗？孟子说"五百年必有王者兴"（《孟子·公孙丑下》），即使五百年能够出现一位圣王，那这五百年中圣王不在位的时间也不会有"大同"社会。儒家政治哲学在实现理想依靠的力量问题上，显然就是马恩所批判的英雄史观。与中国的圣人史观不同，马恩政治哲学确立的群众史观为全人类解放和共产主义实现找到了依靠力量。

早在《神圣家族》之中，马恩就针对以鲍威尔为首的青年黑格尔派信奉的英雄史观指出，"批判的批判什么都没有创造，工人才创造一切"。工人不仅创造物质财富，也创造精神财富，"甚至就以他们的精神创造来说，也会使

---

① 《马克思恩格斯选集》第1卷，人民出版社2012年版，第404页。

得整个批判感到羞愧"①。马恩在批判青年黑格尔派的同时阐发了"无产阶级能够而且必须解放自己"的思想，指出："历史活动是群众的事业，随着历史活动的深入，必将是群众的扩大。"②马恩这里阐述的群众史观在后来的一系列著作中得到了丰富和完善。正是根据这种群众史观，马恩提出，随着大工业的发展，资产阶级无意中造成了自身无力抵抗的工业进步，而且还生产了它自己的掘墓人。"资产阶级不仅锻造了置自身于死地的武器；它还产生了将要运用这种武器的人——现代的工人，即无产者。"③马恩认为，无产阶级在反对资产阶级的斗争中一定会联合为阶级，他们会通过革命使自己成为统治阶级，并以统治阶级的资格用暴力消灭资本主义生产关系。在马恩看来，无产阶级在消灭旧的生产关系的同时，也就消灭了阶级对立的存在条件，消灭了阶级本身的存在条件，从而消灭了它自己这个阶级的统治，共产主义社会也就到来了。

革命性与建设性有机统一。马恩虽然认为资本主义必然灭亡是不可改变的自然规律，而且认为这些规律本身出现了"以铁的必然性发生作用并且正在实现的趋势"④，但并不认为这个过程是自发的，而是需要先进生产力的代表——无产阶级通过无产阶级革命和无产阶级专政才能实现。在马恩看来，在当前同资产阶级对立的一切阶级中，只有无产阶级才是真正革命的阶级。其余的阶级都随着大工业的发展而日趋没落和灭亡，无产阶级却是大工业本身的产物。无产阶级要解放自己，就必须进行无产阶级革命，通过无产阶级的不断革命达到废除一切私有制的目的，实现共产主义。马恩在《共产主义者同盟中央委员会告同盟书》中告诫德国工人，为了要达到自己的最终胜利，首先必须自己努力：他们应该认清自己的阶级利益，尽快采取自己独立政党的立场，一时一刻也不能因为听信民主派小资产者的花言巧语而动摇对无产阶级政党的独立组织的信念；其战斗口号应该是不断革命。⑤马恩认为，无产

---

① 《马克思恩格斯全集》第2卷，人民出版社1957年版，第22页。
② 《马克思恩格斯文集》第1卷，人民出版社2009年版，第287页。
③ 《马克思恩格斯选集》第1卷，人民出版社2012年版，第406页。
④ 《马克思恩格斯选集》第2卷，人民出版社2012年版，第82页。
⑤ 参见《马克思恩格斯选集》第1卷，人民出版社2012年版，第564页。

阶级的革命就是社会主义革命。"这种社会主义就是宣布不断革命，就是无产阶级的阶级专政，这种专政是达到消灭一切阶级差别，达到消灭这些差别所由产生的一切生产关系，达到消灭和这些生产关系相适应的一切社会关系，达到改变由这些社会关系产生出来的一切观念的必然的过渡阶段。"① 马恩指出，工人阶级革命的第一步就是使无产阶级上升为统治阶级，争得民主，但"工人阶级不能简单地掌握现成的国家机器，并运用它来达到自己的目的"②，而必须建立无产阶级专政。

马恩认为，无产阶级进行革命还需要共产党的领导。在他们看来，共产党不是同其他工人政党相对立的特殊政党，他们没有任何同整个无产阶级的利益不同的利益。共产党人的最近目的是使无产阶级形成为阶级，推翻资产阶级的统治，由无产阶级夺取政权，而其最终目的是消灭私有制。"从这个意义上说，共产党人可以把自己的理论概括为一句话：消灭私有制。"③ 废除先前存在的所有制关系，并不是共产主义所独具的特征，共产主义的独具特征是要废除资产阶级的所有制。共产党主张运用暴力的手段达到其目的。"共产党人不屑于隐瞒自己的观点和意图。他们公开宣布：他们的目的只有用暴力推翻全部现存的社会制度才能达到。"④ 同时，共产党人支持一切反对现存的社会制度和政治制度的革命运动，努力争取全世界民主政党之间的团结和协调。为此，马恩号召："全世界无产者，联合起来！"⑤

无产阶级要破坏一个旧世界，更要建设一个新世界，破坏旧世界正是为了建设新世界。按马恩的构想，无产阶级在取得政治统治地位之后，首先要建立民主的国家制度，从而直接或间接地建立无产阶级的统治。同时，无产阶级还要利用自己的政治统治，一步一步地夺取资产阶级的全部资本，把一切生产工具集中在国家即组织成为统治阶级的无产阶级手里，并且尽可能快地增加生产力的总量。在马恩看来，要做到这一点，首先必须对所有权和资

---

① 《马克思恩格斯选集》第1卷，人民出版社2012年版，第532页。
② 《马克思恩格斯选集》第3卷，人民出版社2012年版，第95页。
③ 《马克思恩格斯选集》第1卷，人民出版社2012年版，第414页。
④ 《马克思恩格斯选集》第1卷，人民出版社2012年版，第435页。
⑤ 《马克思恩格斯选集》第1卷，人民出版社2012年版，第435页。

产阶级生产关系实行强制性干涉措施,这些措施在经济上似乎是不够充分和无法持续的,但是在运动进程中它们会越出本身,而且作为变革全部生产方式的手段是必不可少的。① 马克思主张实行土地国有化。土地国有化将彻底改变劳动和资本的关系,并最终消灭工业和农业中的资本主义生产方式。他认为,只有到那时,阶级差别和各种特权才会随着它们赖以存在的经济基础一同消失。靠他人的劳动而生活将成为往事,与社会相对立的政府或国家政权将不复存在。农业、矿业、工业,总之,一切生产部门将用最合理的方式逐渐组织起来。生产资料的全国性集中将成为由自由平等的生产者组成的各联合体所构成的社会的基础,这些生产者将按照共同的合理的计划进行社会劳动。②

马恩在总结法国"巴黎公社"经验的时候,提出了关于无产阶级掌权后应采取的一系列措施。工人阶级一旦取得统治权,首先不能继续运用旧的国家机器来进行管理,其次必须采取措施防止国家和国家机关由社会公仆变为社会主人,最后要把有组织的劳动和集中在垄断者手里的生产资料转变为自由的联合劳动形式和社会的生产资料。③ 马恩认为,法国的"巴黎公社"就是这样做的典范。马恩根据巴黎公社的经验特别讨论了无产阶级掌权后如何对待国家的问题。他们认为,对于掌权后的无产阶级来说,国家只不过是一个不得不暂时保留的东西,最终是要让它消亡的,国家的管理职能将由承担社会责任的公仆来履行。在恩格斯看来,国家再好也不过是在争取阶级统治的斗争中获胜的无产阶级所继承下来的一个祸害;胜利了的无产阶级也将同公社一样,不得不立即尽量除去这个祸害的最坏方面,直到在新的自由的社会条件下成长起来的一代有能力把国家这个废物全部抛掉。④ 马克思指出:"政府的压迫力量和统治社会的权威就随着它的纯粹压迫性机构的废除而被摧毁,而政府应执行的合理职能,则不是由凌驾于社会之上的机构,而是由社

---

① 参见《马克思恩格斯选集》第1卷,人民出版社2012年版,第421页。
② 参见《马克思恩格斯选集》第3卷,人民出版社2012年版,第178页。
③ 参见江畅《西方德性思想史》近代卷,载《江畅文集》第6卷,人民出版社2022年版,第613—614页。
④ 参见《马克思恩格斯选集》第3卷,人民出版社2012年版,第55页。

会本身的承担责任的勤务员来执行。"① 因此，马恩把国家看作无产阶级夺取政权后需要暂时加以利用的东西，但它最终要退出历史舞台，取而代之的是类似于巴黎公社那样的作为社会公仆的"廉价政府"。

系统性与深刻性有机统一。在马恩之前，西方历史上产生过不少政治哲学体系，在其之后也产生了一些政治哲学体系。在马恩政治哲学产生之前，最有影响的政治哲学有柏拉图、亚里士多德、自由主义者、黑格尔等人或学派的政治哲学，在恩格斯逝世之后最有影响的政治哲学有罗尔斯、桑德尔的政治哲学。这六种最有影响的政治哲学都存在着明显的理论局限或缺陷，它们或者是残缺的（如罗尔斯的政治哲学只关注公正问题）；或者是系统而不深刻的（如自由主义政治哲学缺乏本体论的根基，其社会契约论并不是严格意义上的社会本体论）；或者是虽系统而深刻的，却缺乏全人类立场（如柏拉图的政治哲学站在自由民立场上）。与所有这些政治哲学体系相比较，马恩政治哲学站在全人类立场上实现了系统性和深刻性的有机统一，充分体现了政治真实本性及其实践要求，从而实现了政治哲学的革命性变革和历史性跨越，一直到今天，它虽然得到了丰富发展，但并没有被超越。

前文已谈到，政治哲学肩负着研究回答政治的本性及其实践要求是什么、社会中所有人如何过上好生活的理想社会及其实现、什么样的政治制度才是合法的、构建社会治理体系及其运行机制的根本理念和基本原则是什么、政治权力的正当性何在等问题，并为现实社会中存在的各种重大现实问题的解决提供对策等主要使命。从政治哲学肩负的这些主要使命来看，上述六种政治哲学各自都存在着局限和缺陷。柏拉图和亚里士多德的政治哲学虽然大量讨论政体问题，并且非常具体地设计了理想社会的图景，但它们都站在自由民（奴隶主）的立场上，不仅忽视了奴隶阶级，也将妇女、儿童排除在社会成员之外。而且，他们把理性视为人的本性，而忽视了人的本性的社会性方面。自由主义政治哲学谋划的以自由、平等、民主和法治为主要规定性的理性王国看起来十分完善，但实践的结果却导致贫富两极分化、社会生活物化、个人原子化等诸多严重的社会问题。事实表明，这种政治哲学在理论设计上

---

① 《马克思恩格斯选集》第 3 卷，人民出版社 2012 年版，第 168 页。

就存在着多方面的严重缺陷①，其根源在于不可能为作为其理论基础的社会契约论提供合理性论证。黑格尔政治哲学最大的缺陷就是恩格斯所批评的，它"只是一种就方法和内容来说唯心主义地倒置过来的唯物主义"②，过分重视认识对自由的意义，而完全忽视了政治主体实践的决定性作用。罗尔斯政治哲学只关注公正问题，对其他许多重大政治哲学问题没有给予关注，如社会成员的普遍幸福问题他就完全没有涉及。他的政治哲学并不是严格意义的政治哲学，而是公正哲学。更为重要的是他的社会契约论不是社会本体论，因而其公正论缺乏坚实的基础。桑德尔政治哲学在主旨上存在着与罗尔斯类似的问题，只不过他重视的不是公正，而是德性，或者说从德性方面理解公正。

与上述政治哲学理论相比较，马恩政治哲学的最大优势在于，它在揭示政治本性及其实践要求的基础上研究回答了政治哲学一系列重大问题，具有系统性和深刻性。马恩政治哲学站在全人类立场上，根据政治的本性及其实践要求，提出"共产主义才是人的本质的现实的生成，是人的本质对人来说的真正的实现"③，把"每一个个人的全面而自由的发展"作为终极政治目的和基本原则④；以解放全人类为奋斗目标，论证以"自由人的联合体"代替国家的历史必然性，主张"一切人，或至少是一个国家的一切公民，或一个社会的一切成员，都应当有平等的政治地位和社会地位"⑤；把法律看作"人民自由的圣经"⑥，强调用法律保护人民的自由权利；认为"只有在不仅消灭了阶级对立，而且在实际生活中也忘却了这种对立的社会发展阶段上，超越阶级对立和超越对这种对立的回忆的、真正人的道德才成为可能"⑦；把"廉

---

① 自由主义政治哲学存在着将社会价值目标定位于利益、忽视人与人之间存在的那些不可能完全克服的差异、没有考虑到市场经济本身的偏颇和可能导致的消极后果等设计问题。（参见江畅《西方德性思想史》近代卷，载《江畅文集》第 6 卷，人民出版社 2022 年版，第 65 页）

② 《马克思恩格斯选集》第 4 卷，人民出版社 2012 年版，第 233 页。

③ 《马克思恩格斯文集》第 1 卷，人民出版社 2009 年版，第 217 页。

④ 《马克思恩格斯选集》第 2 卷，人民出版社 2012 年版，第 267 页。

⑤ 《马克思恩格斯选集》第 3 卷，人民出版社 2012 年版，第 480 页。

⑥ 《马克思恩格斯全集》第 1 卷，人民出版社 1995 年版，第 176 页。

⑦ 《马克思恩格斯选集》第 3 卷，人民出版社 2012 年版，第 471 页。

价政府"作为新型社会的治理机构,要求"一切官吏对自己的一切职务活动方面都应当在普通法庭上遵照普通法向每一个公民负责"①;指出"平等是正义的表现,是完善的政治制度或社会制度的原则"②,"真正的自由和真正的平等只有在公社制度下才能实现……这样的制度是正义所要求的"③。马恩政治哲学这些主张的直接理论基础是唯物史观,而其根基是人类谋求生存得更好的本性。马恩政治哲学一方面充分肯定人的自为性,将人的活动理解为具有能动性的人的实践,认为人生存的环境是由人改变的,而环境的改变是与人自身的改变、与人的活动一致的,这种一致性"只能被看做是并合理地理解为革命的实践"④;另一方面又深刻阐明了人的社会性,提出了"人的本质不是单个人所固有的抽象物,在其现实性上,它是一切社会关系的总和"⑤的著名论断。如此,马恩政治哲学从理论构建上看就真正实现了体系性和深刻性的有机统一、真理性与实践性的有机统一。

第二节　马恩政治哲学重点关注的问题

马恩在他们一生的理论探索和创造过程中,研究了许多政治哲学问题,其中有些是他们重点关注的问题。这里列举马恩政治哲学关注的"人类解放""共产主义""阶级斗争""先进政党""真正民主""廉价政府""各尽所能""公平正义"八个重点问题,考虑到它们各自独具的创新性和理论特色,同时也尽量兼顾问题之间的内在关联,尽可能做到历史与逻辑的统一。马恩关于这八大问题的理论可以说是马恩的八种基本理论,也可以说马恩政治哲学的八个基本理念,它们是完整准确把握马恩政治哲学的理论关键之所在,也是今天坚持和发展马克思主义政治哲学、构建当代中国特色政治哲学需要着力弘扬的思想精髓,值得我们高度重视和深入研究。

---

① 《马克思恩格斯选集》第3卷,人民出版社2012年版,第348页。
② 《马克思恩格斯文集》第9卷,人民出版社2009年版,第352页。
③ 《马克思恩格斯全集》第3卷,人民出版社2002年版,第482页。
④ 《马克思恩格斯选集》第1卷,人民出版社2012年版,第134页。
⑤ 《马克思恩格斯选集》第1卷,人民出版社2012年版,第135页。

一 人类解放

马恩都出身于条件比较富裕的家庭，马克思的父亲是律师，恩格斯的父亲是工厂主，他们应是丰衣足食的。但他们从青少年时代开始就萌生了解放全人类的梦想，从此终生为这一伟大梦想的实现苦苦探索，并将创立的理论运用于实践，亲身从事旨在实现这一梦想的革命活动。马恩把解放全人类作为终身追求和为之奋斗的事业，有三个方面的重要原因。其一，启蒙思想对他们的深刻影响。马恩生活的时代正是启蒙运动的重心已从英国和法国转移到德国的时期。作为德国启蒙运动重要标志的18世纪德国的狂飙突进运动和18世纪下半叶至19世纪上半叶德国古典哲学的产生，为马恩人类解放思想的形成既注入了思想又注入了激情。马恩政治哲学对自由的向往和论证就源自启蒙思想家，启蒙思想家不畏专制统治者监禁和流放的精神也给了他们极大的激励。其二，他们对现实政治黑暗和工人阶级苦难的切身感受和对工人阶级的深切同情。马克思大学毕业后在《莱茵报》担任主编，其间亲眼看到德国资本原始积累对下层劳动人民的残酷压榨，也切身体验到普鲁士法律的不公正性、言论和新闻自由的虚假性。恩格斯中学未毕业就辍学经商，对已经建立资本主义制度的英国的工人悲惨状况有深入了解并寄予无限同情。这些亲身感受是激发他们改变严酷现实和拯救苦难人民斗志的巨大力量。其三，他们由对启蒙思想消极实践后果进行反思和批判产生的彻底改造现实社会的远大志向和强烈责任感。

马克思最初尚处于"善良的'前进'愿望大大超过实际知识"[①]的阶段，但很快为解决苦恼的疑问开始了理论研究。在马恩结识之后，他们开始反思并进而批判启蒙思想家的主张，认为启蒙思想虽然具有巨大的进步意义，但并没有见诸现实，相反现实与之形成了鲜明的反差。在这种反思和批判中，马恩逐渐形成了必须解放全人类的信念。在他们看来，在反对封建专制的斗争中，资产阶级和无产阶级同属"第三等级"，然而斗争胜利后资产阶级取得统治地位而无产阶级仍然处于被统治地位。就是说，资产阶级从封建专制中

---

① 《马克思恩格斯选集》第2卷，人民出版社2012年版，第2页。

完成了政治解放，但全人类的解放并没有完成。"尽管政治解放和人的解放的政治目标是共同的，但承载政治解放和人的解放的法律秩序却是具体的、历史的，与特定时空的历史/文化条件相适应的。"① 如果无产阶级再获得解放，那么全人类就完全解放了，而这就意味着资产阶级的消灭，资本主义生产关系也随之消灭，如此就消灭了阶级对立的存在条件，消灭了阶级本身的存在条件，无产阶级也就"消灭了它自己这个阶级的统治"②。

马恩政治哲学可以说是关于无产阶级和全人类解放的政治哲学，实现人类解放是马克思和恩格斯毕生的追求。马克思在《博士论文》时期就开始了对人类解放问题的探索，在《论犹太人问题》和《〈黑格尔法哲学批判〉导言》中第一次提出了人类解放的范畴，论证了人类解放与政治解放的关系，初步考察了人类解放的历程，确定了人类解放的物质力量和精神力量。马克思提出，"任何解放都是使人的世界即各种关系回归于人自身"③，政治解放也是如此，其目的是使人成为独立的个体和法人，并成为人类共同体中平等的自主的成员。《1844年经济学哲学手稿》研究了人的政治解放问题，并把人的解放看作对异化的克服，把人的解放与共产主义的实现联系了起来，认为人的解放的过程就是共产主义实现的过程。马恩合作的第一部著作《神圣家族》提出人类解放是一种历史实践活动，是"现实的、活生生的人"的解放，其核心问题是群众的"利益"问题，其前提是无产阶级的自我解放。④ 《德意志意识形态》把"解放"看作一种历史活动，而不是思想活动，认为"解放"是由历史的关系，由工业状况、商业状况、农业状况、交往状况促成的，人类解放是个人解放与社会解放的统一。《共产党宣言》这部"科学共产主义的最伟大的纲领性文件"第一次对人类解放思想进行了系统的阐述，对人类解放的实现途径、价值旨归等都提出了更具体的内容。其中，马恩详细

---

① 孙国东：《基于"人的解放辩证法"的法律发展——当代西方马克思主义法治理论的启示与限度》，《武汉科技大学学报》（社会科学版）2023年第2期。
② 《马克思恩格斯选集》第1卷，人民出版社2012年版，第422页。
③ 《马克思恩格斯文集》第1卷，人民出版社2009年版，第46页。
④ 参见代俊兰《马克思人类解放理论及其当代价值》，博士学位论文，南开大学，2010年。

地阐明了无产阶级取代资产阶级的历史必然性，进一步肯定了无产阶级采取暴力革命的必要性，强调了全人类解放的崇高目标是每个人的全面自由发展，从而完成了人类解放理论的构建，后来又在一系列著作中对这一理论加以进一步的论证和发展。

马恩人类解放思想的内涵非常丰富。从解放的主体看，人的解放包括个体解放、群体解放和人类解放。个体解放是指个人在消除私有制的前提下逐渐摆脱自然、社会以及他者、个体自己所加之于个体的束缚，从传统的生产关系、交往关系及其基础和"虚假共同体"奴役人的社会力量和社会奴役制中解放出来。群体解放是指部分人的解放、国家解放、民族解放、阶级解放。人类解放是指整个人类摆脱统治历史的客观异己力量的控制，成为自然、社会和自身的主人。在马恩那里，人类解放和人的解放的内涵基本是相同的，类的解放和个体解放也是一致的。人是"类存在物"，"特定的个体不过是一个特定的类存在物"①，而且只有每个人获得解放，人类才能获得解放。不过，"人的解放"侧重于个体的解放，"人类解放"侧重于人类作为类的解放。人的解放本身包含两方面的关系：一是"摆脱人与物这些客体对人的束缚"；二是"通过经济、政治、文化、社会发展使每个人自身都作为解放的主体去实现积极的自由即自由自觉的活动"。②

马恩在不同时期所谈的人类解放的内容不尽相同，主要包括把人从异化的人的世界中解放出来，从异化劳动、雇佣劳动中解放出来，从旧式分工中解放出来，从非人的感觉中解放出来。在《法兰西内战》中，马克思在综合此前思想的基础上把人类解放内容概括为经济解放、政治解放、社会解放和精神解放。经济解放至少包括把人从物质匮乏状态中解放出来，把人从雇佣劳动中解放出来。政治解放是指从资产阶级统治下解放出来，实现全人类的解放，包括把资产阶级国家这个"统治社会、压制社会的力量变成社会本身的生命力"，把这个"压迫和掠夺人民群众"的"祸害"变为"人民群众自

---

① 《马克思恩格斯文集》第 1 卷，人民出版社 2009 年版，第 189 页。
② 参见于桂芝、郭瑞涛《马克思人的精神解放的理论实质及现代价值》，《学海》2008 年第 3 期。

己的力量",把这个集中的"组织起来的、窃据社会主人地位"的政治机器变为充当社会公仆的政府权力,"把靠社会供养而又阻碍社会自由发展的国家这个寄生赘瘤迄今所夺去的一切力量,归还给社会机体"①,摆脱国家和法这些虚假共同体对人的奴役。社会解放的内容涵盖得比较广,包括使社会从犹太精神中即自私自利中解放出来;把社会从异化力量和奴役制中解放出来,从"统治我们、不受我们控制、使我们的愿望不能实现并使我们的打算落空的物质力量"②中解放出来,从传统的生产关系、交往关系及其基础、"虚假共同体"等奴役人的社会力量和社会奴役制中解放出来。精神解放是使人的生产、生活活动真正成为能使人得到全面发展的、自由自觉的活动,包括使人们摆脱物质条件如生产力、社会分工和所有制等对人的纠缠,摆脱唯心主义、宗教信仰等思想意识对人的控制,使人从思想贫乏、愚昧无知和各种旧的意识形态中解放出来,不再受人、神、物以及错误的思想观念、奴役人的社会制度等的束缚和压迫。在马恩看来,精神解放具有目的价值和意义,而政治解放、经济解放、社会解放仅具有工具价值的意义,在一定意义上都是为了给精神解放提供条件。

在马恩的人类解放思想中还包含了妇女解放的思想,而且是其中的重要组成部分。马克思虽然未就妇女解放问题写出专门的著作,但在他的多部著作中能发现他对妇女解放运动的关注及所坚持的妇女解放的立场。他曾在给友人的信中明确表示,妇女解放应当与工人运动结合起来,妇女解放最终需要靠妇女自身意识的觉醒。恩格斯的《家庭、私有制和国家的起源》从社会生产、社会分配、社会关系等方面梳理并阐明了妇女解放与全人类解放的天然关系,分析了妇女受压迫的根源和历史,描述了家庭与婚姻关系发展中女性地位的嬗变,揭示了妇女受压迫的根本原因,论述了妇女解放与全人类解放的天然关系,指出了妇女解放的路径和目标。③ 恩格斯还在《社会主义从空

---

① 《马克思恩格斯选集》第3卷,人民出版社2012年版,第101页。
② 《马克思恩格斯选集》第1卷,人民出版社2012年版,第165页。
③ 参见李进超《马克思主义妇女解放理论及其现实意义——基于〈家庭、私有制和国家的起源〉的女性主义研究》,《广西社会科学》2019年9期。

想到科学的发展》中引述了傅立叶的论述"在任何社会中,妇女解放的程度是衡量普遍解放的天然尺度"①,强调妇女解放对于人类解放的至关重要性。

马恩人类解放思想是对当时现实生活的颠覆与超越,体现了批判性与构建性、理论性与现实性、科学性与价值性的内在统一。尽管马恩生活的时代距今已经过去一百多年,但是马恩的人类解放思想始终闪烁着真理和智慧的光芒,为人类社会的发展和人的发展指引着正确的前行方向。②

二 共产主义

在讨论这个问题时,首先需要注意的是,在马恩那里,有时使用"共产主义",有时使用"社会主义"来表达他们对未来社会的构想。关于两个概念的关系,国内学界已有过讨论,存在着意见分歧。不过,从马恩最后的思想结论来看,把"社会主义"看作"共产主义"的初级阶段是能够成立的。基于这种考虑,在这里,我们用"共产主义"一词表达马恩关于未来社会的思想,其中包括他们关于社会主义的思想。

在马恩那里,共产主义是与人类解放紧密关联的一个问题,他们的共产主义思想与人类解放思想差不多同时产生,人们在理解和阐述马恩思想时通常也不怎么加以区别。但是,无论是从逻辑上看还是从马恩的著述看,它们是两个问题,而不是一个问题。从逻辑上看,人类解放并无共产主义的含义,人类解放以后可以不要社会,可以要不是共产主义社会的别的社会,还可以要社会不要政府(无政府主义的主张)。③从马恩的著述来说,这两个问题虽然差不多是同时或一起提出的,但在他们那里还是有明显的侧重的,共产主

---

① 《马克思恩格斯选集》第3卷,人民出版社2012年版,第784页。
② 参见张媛《马克思人的解放思想及其当代价值研究》,博士学位论文,辽宁大学,2021年。
③ 如马克思与之展开思想对话的主要无政府主义者施蒂纳、蒲鲁东和巴枯宁,有一个共同的出发点,即"从根本上反对以强制权威为基础上的一切形式的社会",追求"一个没有强制因素的自由社会"理想,主张个人的绝对自由凌驾于一切权威或权力之上。(参见黄学胜《马克思对蒲鲁东无政府主义思想的批判及其意义》,《教学与研究》2023年第1期)

义是手段，要通过破坏建立，人类解放是目的，要通过构建实现。

早在1844年，马克思在《前进报》上发表的《评"普鲁士人"的"普鲁士国王和社会改革"》一文里首先使用了"社会主义"一词，恩格斯其后不久在《前进报》上发表的题为《英国状况：英国宪法》的文章中也使用了该词。"他们认识到了社会主义和无产阶级的关系，认识到了社会主义是超越于资本主义政治的范围的。"① 在此前后，马克思在《〈黑格尔法哲学批判〉导言》《论犹太人问题》中就已经大量讨论了人的解放、政治解放以及德国人解放、无产阶级解放等问题，如他说"德国人的解放就是人的解放。这个解放的头脑是哲学，它的心脏是无产阶级"②。在《1844年经济学哲学手稿》中，马克思已经把人的解放与共产主义的实现联系了起来，认为人的解放的过程就是共产主义实现的过程。针对异化劳动及其结果的私有财产，马克思把共产主义看作一个克服劳动异化、摒弃私有财产的过程，认为共产主义是对私有财产即人的自我异化的积极的扬弃，因而是通过人并且为了人而对人的本质的真正占有。因此，它是人向自身，也就是向社会的即合乎人性的复归。这种复归是完全的复归，是自觉实现并在以往发展的全部财富的范围内实现的复归。"这种共产主义，作为完成了的自然主义，等于人道主义，而作为完成了的人道主义，等于自然主义，它是人和自然界之间、人和人之间的矛盾的真正解决，是存在和本质、对象化和自我确证、自由和必然、个体和类之间的斗争的真正解决。它是历史之谜的解答，而且知道自己就是这种解答。"③ 在此期间，恩格斯在《现代兴起的今日尚存的共产主义移民区记述》中也谈到"共产主义，即以财产公有为基础的社会生活和活动"④。在《德意志意识形态》中，马恩已把共产主义看作"那种消灭现存状况的现实的运动，这个运动的条件是由现有的前提产生的"⑤，并且强调共产主义只有作为"世

---

① 奚兆永：《论马恩著作中"共产主义"和"社会主义"概念的使用——兼与赵家祥、成保良同志商榷》，《当代经济研究》2004年第12期。
② 《马克思恩格斯选集》第1卷，人民出版社2012年版，第16页。
③ 《马克思恩格斯文集》第1卷，人民出版社2009年版，第185—186页。
④ 《马克思恩格斯全集》第42卷，人民出版社1979年版，第221页。
⑤ 《马克思恩格斯选集》第1卷，人民出版社2012年版，第166页。

界历史性的"存在才有可能实现,把共产主义作为事业的无产阶级也必须是"世界性的历史存在"。

《共产党宣言》是马恩的共产党宣言,也是马恩的共产主义宣言。它以唯物史观为理论依据,指出共产主义运动将成为不可抗拒的历史潮流,阐明无产阶级所肩负的用暴力推翻资产阶级而建立自己的统治的历史使命,宣告"资产阶级的灭亡和无产阶级的胜利是同样不可避免的"[①],从而最终确立了共产主义理念。后来,马克思在《资本论》中根据生产力决定生产关系的原理对共产主义代替资本主义的历史必然性进行了深刻的论证。在《哥达纲领批判》中,马克思又对共产主义理念作了修订完善,第一次把共产主义社会区分为两个不同的发展阶段,"我们这里所说的是这样的共产主义社会,它不是在自身基础上已经发展了的,恰好相反,是刚刚从资本主义社会中产生出来的,因此它在各方面,在经济、道德和精神方面都还带着它脱胎出来的那个旧社会的痕迹",只有到了共产主义社会高级阶段,"才能完全超出资产阶级权利的狭隘眼界,社会才能在自己的旗帜上写上:各尽所能,按需分配"。[②] 此后,恩格斯开始使用"社会主义社会"概念表示共产主义社会的第一阶段,并对共产主义理论作出了创造性的丰富和发展。其"集中体现在他对未来社会主义目标的新论证、对实现社会主义的道路和斗争策略的新见解、对从资本主义向社会主义过渡的新探索、对经济文化落后国家向未来社会主义发展的条件和道路的新观点等方面"[③]。

马恩的共产主义理论从广义上看就是马克思主义体系,这里主要是将共产主义作为其中的社会理想或基本理念来理解。从这种意义上看,共产主义社会主要包括以下五方面的基本内容。

其一,共产主义社会是消灭了阶级的自由人联合体,每一个人在其中都能获得全面而自由的发展。马克思指出:"任何人的职责、使命、任务,就是

[①] 《马克思恩格斯选集》第 1 卷,人民出版社 2012 年版,第 413 页。
[②] 《马克思恩格斯选集》第 3 卷,人民出版社 2012 年版,第 365 页。
[③] 张新:《恩格斯晚年对科学社会主义的创新和发展》,《当代世界与社会主义》2020 年第 4 期。

全面地发展自己的一切能力。"① 恩格斯也指出,人的全面发展就是要"使社会全体成员的才能得到全面发展"②。这里所说的人的能力既包括体力和智力,又包括自然力和社会力,还包括现实能力和潜在能力等。"代替那存在着阶级和阶级对立的资产阶级旧社会的,将是这样一个联合体,在那里,每个人的自由发展是一切人的自由发展的条件"③,它"以每一个个人的全面而自由的发展为基本原则"④。人的全面发展就是人将自身的各种潜能最大限度地发挥出来,它是人的本质的全面丰富和展开。但人的全面发展又不是清一色的,而是每个个人都按照自己的意愿有所侧重地发展,以使自己的发展具有个性特色。

其二,共产主义社会是物质文明高度发达的社会,社会成员过上了充裕的物质生活,实行按需分配。马克思认为,资本家对价值增殖的狂热追求会为社会提供发达的社会物质条件,"而只有这样的条件,才能为一个更高级的、以每一个个人的全面而自由的发展为基本原则的社会形式建立现实基础"⑤。仅此还不够,共产主义由于冲破了资本主义生产关系的束缚,使生产力得到解放,生产可以实现增长,"通过社会化生产,不仅可能保证一切社会成员有富足的和一天比一天充裕的物质生活,而且还可能保证他们的体力和智力获得充分的自由的发展和运用"⑥。到了共产主义的高级阶段,社会分工消失,人们自觉地将劳动作为生活的第一需要,自觉自愿地为社会作贡献,社会因而生产力高度发达,物质生活富足充裕,"各尽所能,按需分配"成为社会的基本原则。

其三,共产主义社会是以公有制为基础的有计划的产品经济社会,以谋求剩余价值为目的的商品经济不复存在。共产主义社会不仅消灭了资本主义私有制,而且消灭了一切私有制,生产资料社会占有。在一个自由人联合体

---

① 《马克思恩格斯全集》第3卷,人民出版社1960年版,第330页。
② 《马克思恩格斯选集》第1卷,人民出版社2012年版,第308—309页。
③ 《马克思恩格斯选集》第1卷,人民出版社2012年版,第422页。
④ 《马克思恩格斯选集》第2卷,人民出版社2012年版,第267页。
⑤ 《马克思恩格斯选集》第2卷,人民出版社2012年版,第267页。
⑥ 《马克思恩格斯选集》第3卷,人民出版社2012年版,第814页。

中，他们用公共的生产资料进行劳动，并且自觉地把他们许多个人劳动力当作一个社会劳动力来使用。这种新的社会制度将消灭竞争，而代之以联合，"通过消除旧的分工，通过产业教育、变换工种、所有人共同享受大家创造出来的福利，通过城乡的融合，使社会全体成员的才能得到全面发展"①。

其四，共产主义社会是没有民族分隔和对立的社会，公共权力失去了政治性质，社会意识形态也会消失。共产主义社会是世界性的，而非一国的，由于阶级统治不复存在，国家消亡，整个人类都是由自由人构成的联合体。在马恩看来，随着贸易自由的实现和世界市场的建立，随着工业生产以及与之相适应的生活条件趋于一致，各国人民之间的民族分隔和对立日益消失。而在无产阶级的统治之下，民族分隔和对立会很快地消失。同时，人对人的剥削一消失，民族对民族的剥削会随之消灭；民族内部的阶级一消失，民族之间的敌对关系就会随之消失。②

其五，共产主义社会是人类成为自然、社会和自身主人的社会，人类从必然王国进入了自由王国。"人终于成为自己的社会结合的主人，从而也就成为自然界的主人，成为自身的主人——自由的人。"③ 这是人类从必然王国进入自由王国的飞跃。不过，"这个自由王国只有建立在必然王国的基础上，才能繁荣起来"④。

三　阶级斗争

阶级和阶级斗争理论（以下简称"阶级斗争理论"）是马恩政治哲学的重要组成部分，也是其突出优势和特色。伊格尔顿称"阶级之于马克思，就如德行之于亚里士多德"⑤，可见阶级概念在马恩思想体系中地位之重要。其重要性主要体现在，阶级和阶级斗争理论的创立才使马恩找到了实现人类解

---

① 《马克思恩格斯选集》第1卷，人民出版社2012年版，第308—309页。
② 参见《马克思恩格斯选集》第1卷，人民出版社2012年版，第419页。
③ 《马克思恩格斯选集》第3卷，人民出版社2012年版，第817页。
④ 《马克思恩格斯文集》第7卷，人民出版社2009年版，第929页。
⑤ ［英］特里·伊格尔顿：《马克思为什么是对的》，李杨等译，新星出版社2011年版，第164页。

放和共产主义的真正社会力量，这不仅使共产主义理论实现了从空想到科学的转变，而且使马克思主义理论成为破坏旧世界、建立新世界的指南。在中国共产党的历史上发生过阶级斗争扩大化的问题，加上改革开放以来我国对立阶级逐渐消失，我国学界有意无意回避马恩思想中的阶级斗争理论以及阶级分析方法。从知网可查的论文看，改革开放以来研究马恩阶级斗争思想的论文寥寥无几。这里有两点值得注意。第一，不研究马恩的阶级斗争理论就无法完整理解马克思主义。从实现人类解放和共产主义的社会力量的角度看，阶级斗争理论是马克思主义的基本原理和基本方法，忽视这一理论就会忽视人民群众在人类从资本主义社会到共产主义社会转变中所具有的主体地位和力量。第二，从整个世界看，许多国家都还存在着阶级对立和斗争，丢掉马恩的阶级斗争理论，就不可能对复杂的世界情况和国际关系作出科学分析和正确判断。当然，马恩的阶级斗争理论和阶级分析方法也需要根据时代的变化创新和发展，但这绝不意味着可以将其弃之不用。[1]

阶级斗争理论是马恩政治哲学的重要内容，但并不是马克思的首创。关于这一点，马克思明确指出，无论是发现现代社会中有阶级存在或发现各阶级间的斗争，都不是我的功劳，"在我以前很久，资产阶级历史编纂学家就已经叙述过阶级斗争的历史发展，资产阶级经济学家也已经对各个阶级作过经济上的分析"[2]。但是，这些研究成果只是给马克思提供阶级斗争理论的源泉，他和恩格斯在批判继承这些思想的基础上得出了"一切有文字记载以来的历史都是阶级斗争史"的结论，而且着重研究了现代无产阶级及其与资产阶级的斗争。

马克思在《莱茵报》时期就从对贫困农民阶层的底层的接触中开始认识到是"各种关系"导致经济利益的不同，发现了物质利益支配着不同等级。《〈黑格尔法哲学批判〉导言》表明他已经明确意识到无产阶级是被压迫、被剥削的阶级，是被资本主义囚禁的阶级，并对无产阶级求得自身解放的

---

[1] 参见顾梦婷《马克思阶级分析理论的当代形态》，《中国社会科学报》2021年10月28日，第4版。

[2] 《马克思恩格斯选集》第4卷，人民出版社2012年版，第426页。

手段——否定私有财产明确地给予肯定。他指出:"无产阶级要求否定私有财产,只不过是把社会已经提升为无产阶级的原则的东西,把未经无产阶级的协助就已作为社会的否定结果而体现在它身上的东西提升为社会的原则。这样一来,无产者对正在生成的世界所享有的权利就同德国国王对已经生成的世界所享有的权利一样了。"① 在《1844年经济学哲学手稿》中,马克思已经预见到资本家和地租所得者之间、农民和工人之间的区别消失了,"而整个社会必然分化为两个阶级,即有产者阶级和没有财产的工人阶级"②。在《神圣家族》中,马恩认为无产阶级是由于现代社会的客观实际而必然地产生出来的,资本家通过绝对延长剩余劳动时间的手段来达到剥削工人和压榨工人的目的,无产阶级靠出卖自身劳动力在为资产阶级创造出巨大的财富,因此,无产阶级实际上是为资本家创造财富,而为自己创造贫穷的阶级。在这样绝对不平等的状态下,无产阶级就要打破这种不平等产生的根源,即打破资本主义的私有制。"无产阶级在获得胜利时,无论如何决不会因此成为社会的绝对方面,因为它只有消灭自己本身和自己的对立面才能获得胜利。到那时无产阶级本身以及制约着它的对立面——私有财产都会消失。"③ 在《德意志意识形态》中,马恩首次提出了无产阶级的使命问题,认为无产阶级要实现自身的解放,就"要求消灭整个旧的社会形式和一切统治",就"必须首先夺取政权"④,而且无产阶级也"只有在革命中才能抛掉自己身上的一切陈旧的肮脏东西,才能成为社会的新基础"。马克思在《哲学的贫困》中又进一步指出,无产阶级是处于同样地位的受剥削的一批人,"这批人对资本说来已经形成一个阶级,但还不是自为的阶级。在斗争(我们仅仅谈到它的某些阶段)中,这批人联合起来,形成一个自为的阶级。他们所维护的利益变成阶级的利益"⑤。马克思还提出了关于政治斗争在工人阶级解放事业中起决定作用的原理,即资产阶级和无产阶级间斗争的"最高

---

① 《马克思恩格斯选集》第1卷,人民出版社2012版,第15—16页。
② 《马克思恩格斯选集》第1卷,人民出版社2012年版,第49页。
③ 《马克思恩格斯文集》第1卷,人民出版社2009年版,第261页。
④ 《马克思恩格斯选集》第1卷,人民出版社2012年版,第164页。
⑤ 《马克思恩格斯选集》第1卷,人民出版社2012年版,第274页。

表现就是全面革命"①。在《共产党宣言》中，马恩对无产阶级的形成、使命、目标及其政党性质、特点等作了全面的阐述，从而完成了他们的阶级斗争理论的构建。此后，马恩又在深入理论研究和总结无产阶级斗争经验的过程中，研究回答了无产阶级专政、无产阶级彻底解放的政治形式、无产阶级阶级意识等问题，他们的阶级斗争理论得到了进一步的完善。

马恩的阶级斗争理论虽然源于资产阶级历史学家和经济学家，但实现了根本性的跨越，是一种原创性的政治哲学学说，内容丰富，贡献重大。马克思在1852年3月5日致魏德迈的信中谈到他的阶级斗争学说的原创性时指出：他给阶级斗争理论所加上的新内容就是证明了下列几点："（1）阶级的存在仅仅同生产发展的一定历史阶段相联系；（2）阶级斗争必然导致无产阶级专政；（3）这个专政不过是达到消灭一切阶级和进入无阶级社会的过渡……"② 马恩在考察人类历史发展的过程后发现，"至今一切社会的历史都是阶级斗争的历史"③。恩格斯对这一论断作了进一步阐述："以往的全部历史，除原始状态外，都是阶级斗争的历史；这些互相斗争的社会阶级在任何时候都是生产关系和交换关系的产物，一句话，都是自己时代的经济关系的产物；因而每一时代的社会经济结构形成现实基础，每一个历史时期的由法的设施和政治设施以及宗教的、哲学的和其他的观念形式所构成的全部上层建筑，归根到底都应由这个基础来说明。"④ 在马恩看来，历史上的自由民和奴隶、贵族和平民、领主和农奴、行会师傅和帮工，一句话，压迫者和被压迫者，始终处于相互对立的地位，进行不断的、有时隐蔽有时公开的斗争。正是阶级斗争使整个社会受到革命的改造，因此，"革命是历史的火车头"⑤。不过，历史上每一次斗争的结局通常是斗争的各阶级同归于尽。⑥ 从封建社会的灭亡中产生出来的现代资产阶级社会并没有消灭阶级对立，它只是用新的阶级、新的

---

① 《马克思恩格斯选集》第1卷，人民出版社2012年版，第275页。
② 《马克思恩格斯选集》第4卷，人民出版社2012年版，第426页。
③ 《马克思恩格斯选集》第1卷，人民出版社2012年版，第400页。
④ 《马克思恩格斯选集》第3卷，人民出版社2012年版，第796页。
⑤ 《马克思恩格斯选集》第1卷，人民出版社2012年版，第527页。
⑥ 参见《马克思恩格斯选集》第1卷，人民出版社2012年版，第400页。

压迫条件、新的斗争代替了旧的。而到资本主义时代,"它使阶级对立简单化了。整个社会日益分裂为两大敌对的阵营,分裂为两大相互直接对立的阶级:资产阶级和无产阶级"①。

马恩认为,现代资产阶级本身是一个长期发展过程的产物,是生产方式和交换方式的一系列变革的产物。它在历史上曾经发挥过非常革命的作用,其中最重要的是它创立了巨大的城市,使城市人口迅速增加,并使农村屈服于城市的统治;它消灭生产资料、财产和人口分散状态,使人口密集起来,使生产资料集中起来,使财产聚集在少数人手里;它为了满足不断扩大产品销路的需要,开拓了世界市场,使一切国家的生产和消费都成为世界性的了,并把一切民族甚至最野蛮的民族都卷到文明中来了。"资产阶级在它的不到一百年的阶级统治中所创造的生产力,比过去一切世代创造的全部生产力还要多,还要大。"② 然而,资产阶级的生产关系和交换关系,资产阶级的所有制关系,这个仿佛用法术创造了如此庞大的生产资料和交换手段的现代工业资产阶级社会,现在像一个魔法师一样不能再支配自己用法术呼唤出来的魔鬼了。资产阶级用来推翻封建制度的武器,现在却对准资产阶级自己了:"资产阶级不仅锻造了置自身于死地的武器;它还产生了将要运用这种武器的人——现代的工人,即无产者。"③ 马恩认为,资产阶级的生产关系是社会生产过程的最后一个对抗形式,在资产阶级社会的胎胞里发展的生产力,同时又创造着解决这种对抗的物质条件。④"一方面是被本身的生活状况必然引向社会革命的那个阶级即无产阶级的发展,另一方面是生产力的发展,生产力发展到越出资本主义社会范围就必然要把它炸毁,同时生产力又提供了为社会进步本身的利益而一举永远消灭阶级差别的手段。"⑤

在马恩看来,在当前同资产阶级对立的一切阶级中,只有无产阶级才是真正革命的阶级。其余的阶级都随着大工业的发展而日趋没落和灭亡,无产

---

① 《马克思恩格斯选集》第1卷,人民出版社2012年版,第401页。
② 《马克思恩格斯选集》第1卷,人民出版社2012年版,第405页。
③ 《马克思恩格斯选集》第1卷,人民出版社2012年版,第406页。
④ 参见《马克思恩格斯选集》第2卷,人民出版社2012年版,第3页。
⑤ 《马克思恩格斯选集》第3卷,人民出版社2012年版,第256页。

阶级却是大工业本身的产物。什么是无产阶级？恩格斯作了这样的界定："无产阶级是完全靠出卖自己的劳动而不是靠某一种资本的利润来获得生活资料的社会阶级。"① 无产者被承认是人，是市民社会的成员。虽然奴隶可能比无产者生活得好些，但无产者属于更高的社会发展阶段，他们本身处于比奴隶更高的阶段。在所有的私有制关系中，只要废除奴隶制关系，奴隶就能解放自己，而无产者只有废除一切私有制才能解放自己。马恩认为，无产阶级要解放自己，就必须进行无产阶级革命，通过不断革命达到废除一切私有制的目的，实现社会主义。"这种社会主义就是宣布不断革命，就是无产阶级的阶级专政，这种专政是达到消灭一切阶级差别，达到消灭这些差别所由产生的一切生产关系，达到消灭和这些生产关系相适应的一切社会关系，达到改变由这些社会关系产生出来的一切观念的必然的过渡阶段。"② 马恩力图使无产阶级相信，他们只有通过革命才能获得解放，才能拥有自己成为主人的新世界。"无产者在这个革命中失去的只是锁链。他们获得的将是整个世界。"③

四 先进政党

马恩在 19 世纪 40 年代创立自己的政治哲学的过程中，逐渐形成了必须建立无产阶级政党的思想。他们在后来参加工人运动的实践中又根据其政党思想提出和制定了建党的指导思想、纲领、组织原则、斗争策略等，并在实践活动中不断丰富他们的政党思想。马恩把他们所提出并致力于建设的无产阶级政党看作世界上最先进的政党，并为保持无产阶级政党的先进从理论与实践相结合上进行了长期的探索。马恩的先进政党学说及其建党经验不仅对于当时和后来各国无产阶级建立独立的政党具有重要的指导意义，而且对于在今天构建人类命运共同体的过程中如何发挥先进政党的作用也具有深刻的启示。

无产阶级革命实践是马恩先进政党思想形成发展的重要推动力。19 世纪

---

① 《马克思恩格斯选集》第 1 卷，人民出版社 2012 年版，第 295 页。
② 《马克思恩格斯选集》第 1 卷，人民出版社 2012 年版，第 532 页。
③ 《马克思恩格斯选集》第 1 卷，人民出版社 2012 年版，第 435 页。

三四十年代西欧各国的工人运动蓬勃兴起，一些政治团体在运动中发挥了重要的组织作用。但是，这些团体在组织上涣散、不稳定，并带有密谋性和宗法性，思想上受当时流行的各种社会主义思想的影响，这一切都表明它们不可能领导无产阶级走上谋求自身解放的正确道路。马恩在观察和参加工人运动的过程中，逐渐意识到无产阶级要推翻资本主义、求得自身解放，就必须建立自己的独立的革命政党。马克思说："人们是不能用空想社会主义者所想象的方式去消灭剥削的。他们引导工人脱离阶级斗争。只有唯一的一条出路：无产阶级的一切力量在一个革命政党的领导下组织起来，推翻资产阶级的统治。工人阶级必须建立自己的国家，而且把全人类永远从剥削下解放出来，这个政党本身必将是被压迫群众的领袖。"①

《共产党宣言》是马恩关于作为无产阶级先进政党——共产党的宣言。恩格斯在《1882年俄文版序言》指出，"《共产党宣言》的任务，是宣告现代资产阶级所有制必然灭亡"，恩格斯在《1890年德文版序言》中又重申了这一点。② 恩格斯为《宣言》撰写的《1883年德文版序言》阐明了贯穿《共产党宣言》的基本思想：全部历史都是阶级斗争的历史，而这个斗争现在已经达到这样一个阶段，"即被剥削被压迫的阶级（无产阶级），如果不同时使整个社会永远摆脱剥削、压迫和阶级斗争，就不再能使自己从剥削它压迫它的那个阶级（资产阶级）下解放出来"③。《共产党宣言》对共产党的性质、目的、纲领、任务等先进政党问题作了全面的阐述，阐明了共产党人对待各种反对党派的态度以及基本策略，从而奠定了关于无产阶级政党学说的基础。马恩在理论方面创造性地提出了先进政党理论，还在实践方面积极参加工人运动，启发工人觉悟，同当时存在的各种工人政治组织建立联系，努力把政党理论和工人运动结合起来，不断推动以科学共产主义理论为指导的无产阶级革命政党建设。在积极实践的过程中，马恩又不断总结经验，丰富和发展自己的

---

① 转引自王进国《马克思恩格斯的早期建党思想》，《河南大学学报》（社会科学版）1984年第3期。
② 参见《马克思恩格斯选集》第1卷，人民出版社2012年版，第389页。
③ 《马克思恩格斯选集》第1卷，人民出版社2012年版，第380页。

政党理论。马克思逝世之后，恩格斯针对19世纪末资本主义进入相对和平发展阶段和一些工人政党内部滋生了无政府主义和右倾机会主义等错误思潮，一方面捍卫先进政党理论，为无产阶级政党健康发展提供正确的方法论指导，另一方面根据时代变化和实践经验丰富先进政党理论，使之走向成熟和完善。[①]

马恩先进政党思想十分丰富，这里着重阐述其中的五个重要方面。

第一，关于建立无产阶级政党必要性的思想。在马恩看来，无产阶级只有建立自己的政党，才能将自己组织成为一个阶级，才能作为一个阶级自觉开展对资产阶级的斗争。恩格斯认为，工人阶级要摆脱资产阶级的支配，"最好的办法就是在每一个国家里建立一个无产阶级的政党，这个政党要有它自己的政策，这种政策显然与其他政党的政策不同，因为它必须表现出工人阶级解放的条件"[②]。无产阶级建立自己的政党，才能在政党领导下达到消灭阶级、实现自身彻底解放的目的。马克思指出："无产阶级在反对有产阶级联合力量的斗争中，只有把自身组织成为与有产阶级建立的一切旧政党不同的、相对立的政党，才能作为一个阶级来行动。""为保证社会革命获得胜利和实现革命的最高目标——消灭阶级，无产阶级这样组织成为政党是必要的。"[③] 恩格斯也强调："无产阶级要在决定关头强大到足以取得胜利，就必须马克思和我从1847年以来就坚持这种立场，组成一个不同于其他所有政党并与它们对立的特殊政党，一个自觉的阶级政党。"[④] 因此，对于马恩来说，建立无产阶级政党是无产阶级强大从而夺取政权和改造社会的必要条件。

第二，关于共产党先进性的思想。在马恩生活的时代，西欧无产阶级正在觉醒，形成了不少无产阶级的团体和党派。马恩在《共产党宣言》中明确指出共产党不同于其他无产阶级政党的特殊性，这就是它的先进性。一方面，他们阐明了共产党并不是与其他无产阶级政党对立的特殊政党，而是与它们一样都是无产阶级自己的政党；另一方面，他们强调"共产党人没有任何同

[①] 参见费柯雄《恩格斯晚年建党思想初探》，《社会主义研究》1985年第5期。
[②] 《马克思恩格斯选集》第3卷，人民出版社2012年版，第40页。
[③] 《马克思恩格斯选集》第3卷，人民出版社2012年版，第173—174页。
[④] 《马克思恩格斯选集》第4卷，人民出版社2012年版，第592页。

整个无产阶级的利益不同的利益"，"不提出任何特殊的原则，用以塑造无产阶级的运动"。不过，共产党人同其他无产阶级政党有两个方面的不同："在实践方面，共产党人是各国工人政党中最坚决的、始终起推动作用的部分；在理论方面，他们胜过其余无产阶级群众的地方在于他们了解无产阶级运动的条件、进程和一般结果。"① 这两个方面是共产党先进性的具体体现。

第三，关于共产党目的、宗旨和任务的思想。马恩提出共产党的最近目的是"使无产阶级形成为阶级，推翻资产阶级的统治，由无产阶级夺取政权"。在马恩看来，要达到这一目的，必须诉诸暴力革命："共产党人不屑于隐瞒自己的观点和意图，他们公开宣布：他们的目的只有用暴力推翻全部现存的社会制度才能达到。"② 马恩认为，联合为阶级的无产阶级以统治阶级的资格用暴力消灭旧的生产关系同时也就消灭了阶级对立、阶级本身存在的条件，从而消灭了它自身这个阶级的统治。而代替旧社会的将是这样一个联合体，"在那里，每个人的自由发展是一切人的自由发展的条件"③。这也就是马恩对共产党终极目的所作的规定。关于共产党的宗旨，恩格斯作了如下规定："（1）实施同资产者利益相反的无产者的利益；（2）用消灭私有制而代之以财产公有的手段来实现这一点；（3）除了进行暴力的民主的革命以外，不承认有实现这些目的的其他手段。"④《共产党宣言》则从理论上将共产党的宗旨概括为"消灭私有制"⑤，包括同传统的所有制关系、传统的观念实行最彻底的决裂。马恩还明确规定了无产阶级夺取政权后的主要任务，第一步是使无产阶级上升为统治阶级，争得民主，然后"利用自己的政治统治，一步一步地夺取资产阶级的全部资本，把一切生产工具集中在国家即组织成为统治阶级的无产阶级手里，并且尽可能快地增加生产力的总量"⑥。

第四，关于党内民主和制度建设的思想。马恩在其著述中始终把党内民

---

① 《马克思恩格斯选集》第 1 卷，人民出版社 2012 年版，第 413 页。
② 《马克思恩格斯选集》第 1 卷，人民出版社 2012 年版，第 435 页。
③ 《马克思恩格斯选集》第 1 卷，人民出版社 2012 年版，第 422 页。
④ 《马克思恩格斯文集》第 10 卷，人民出版社 2009 年版，第 40 页。
⑤ 《马克思恩格斯选集》第 1 卷，人民出版社 2012 年版，第 414 页。
⑥ 《马克思恩格斯选集》第 1 卷，人民出版社 2012 年版，第 421 页。

主作为工人阶级政党建设的一个基本原则。特别是在工人阶级政党建设实践中，更是把党内民主思想与政党建设实践紧密结合起来，创造性地提出了党内民主的一些基本原则，初步建立了一些党内民主制度。无论是创建共产主义者同盟还是第一国际，马恩都把党内民主作为政党建设的基本原则，包括党员平等原则、民主与权威相统一原则、党内团结原则、党内争论与批评原则等。党员平等是党内民主的基石，党内团结是工人阶级政党的生命所在，党内争论与批评是实现党内和谐的关键，少数服从多数和保护少数原则是党的基本组织原则。在马恩所处的时代，工人阶级政党还处于刚刚建立或早期发展阶段，因此他们的原则性论述更多一些。在马恩领导的第一个工人阶级政党——共产主义者同盟建立的时候，他们就把他们关于党内民主的基本原则应用到同盟的实践中。在之后的工人阶级运动实践中，他们不断发展和完善党内民主制度。这些民主制度主要包括：民主选举制度、党的代表大会制度、民主决策制度、集体领导制度以及党内民主监督制度。民主选举制是最重要的党内民主制度，党的代表大会制度是党内民主的根本制度，民主决策是党内民主制度的关键环节，集体领导制度是工人阶级政党的基本组织制度，党内民主监督是党内民主的必要保障。[①]

第五，关于多党合作的思想。在马恩生活的时代，欧洲各国流行着形形色色的社会主义以及各种政党和组织，如法国的"四季社"、德国的"正义者同盟"、英国的宪章派全国协会等。这就提出了共产党对无产阶级政党及其他政党采取何种策略、原则，特别在政党斗争中反对、联合哪些政党的问题。马恩考察分析了当时各国的阶级状况、力量对比以及国际局势，认为这时资产阶级还处于上升阶段，力量强大，无产阶级政党还不成熟，一国内单一的无产阶级政党要同强大的资产阶级及其政党作斗争，就显得势单力薄。针对这种情况，马恩主张同其他政党进行合作，建立统一战线，以壮大自己的力量。由于各国所处的历史阶段和历史条件不同，共产党合作的对象和范围也是不同的。首先，马恩主张共产党同其他工人政党合作。马克思认为，每个

[①] 参见李轶楠《马克思恩格斯党内民主思想研究》，博士学位论文，辽宁大学，2018年。

国家的工人运动的成功只能靠团结和联合的力量来保证,无产阶级"联合的行动,至少是各文明国家的联合的行动,是无产阶级获得解放的首要条件之一"①。其次,马恩也主张共产党同其他社会主义民主党合作。恩格斯说,"'社会主义民主党'这个名称在它的发明者那里是指民主党或共和党中或多或少带有社会主义色彩的一部分人"②。对于这些人,马恩也主张同他们合作。他们指出:"共产党人到处都努力争取全世界民主政党之间的团结和协调。"③ 最后,马恩主张共产党同资产阶级政党在一定条件一定时期相联合。在当时的条件下,马恩认为只要资产阶级政党敢于反对君主专制、封建土地所有制,共产党就和他们联合,把革命运动推向前进,完成民主革命。例如:"在德国,只要资产阶级采取革命的行动,共产党就同它一起去反对君主专制、封建土地所有制和小市民的反动性。"④ 马恩还根据当时的实际情况,论述了国内和国际两种联合、合作的范围。在《共产党宣言》第四章中,马恩先后就欧洲几个主要国家,在国内范围的多党合作、联合和支持作了详细的论述。国际范围多党合作的基础是《共产党宣言》中阐述的独立自主与国际主义相结合的原理,1864 年成立的"第一国际"是这一原理在国际范围的具体实践。⑤ 对于多党合作,马恩强调必须保持共产党的独立性和领导权。恩格斯在《共产主义原理》中警示说:"在同政府的斗争中,共产主义者始终应当支持自由派资产者,只是应当注意,不要跟着资产者自我欺骗,不要听信他们关于资产阶级的胜利会给无产阶级带来良好结果的花言巧语。"⑥ 同时,共产党还必须始终保持自己的本色,这就是:"共产党人同其他无产阶级政党不同的地方只是:一方面,在无产者不同的民族的斗争中,共产党人强调和坚

---

① 《马克思恩格斯选集》第 1 卷,人民出版社 2012 年版,第 419 页。
② 转引自谢挺《论马克思恩格斯的多党合作思想》,《四川师范学院学报》(哲学社会科学版) 1992 年第 5 期。
③ 《马克思恩格斯选集》第 1 卷,人民出版社 2012 年版,第 435 页。
④ 《马克思恩格斯选集》第 1 卷,人民出版社 2012 年版,第 434 页。
⑤ 参见谢挺《论马克思恩格斯的多党合作思想》,《四川师范学院学报》(哲学社会学版) 1992 年第 5 期。
⑥ 《马克思恩格斯选集》第 1 卷,人民出版社 2012 年版,第 311 页。

持整个无产阶级共同的不分民族的利益；另一方面，在无产阶级和资产阶级的斗争所经历的各个发展阶段上，共产党人始终代表整个运动的利益。"[1]

五 真正民主

马恩没有写过关于民主的专门著作，但他们不仅有丰富而系统的民主思想，而且在人类历史上第一次创立了以无产阶级为主体的真正的民主理论。马恩民主思想是在19世纪西欧各国民主政治获得初步发展，无产阶级力量发展壮大和工人运动蓬勃发展的时代背景下，批判地继承空想社会主义者的民主思想、启蒙思想家的民主理论尤其是卢梭的人民主权理论、黑格尔的市民社会和国家理论以及托克维尔的共和民主思想后形成的。马恩力图克服启蒙思想家民主理念和资产阶级民主实践的虚伪性，追求以无产阶级为主体的广大人民群众当家作主的真正民主，其实质内涵是超越启蒙思想家"人民主权"的真实人民主权。马恩的真正民主思想是他们对未来共产主义社会基本构想的核心内容，其中确立的一些民主理念和原则今天看来仍然有强大的生命力，值得高度重视。

马恩的民主思想的形成经历了一个从孕育到成熟的漫长过程，其内容渗透在他们的一些主要著作中，但其中有三部著作可以说是他们民主思想形成发展的三个节点。一是《黑格尔法哲学批判》（包括其"导言"）。这部著作阐明了以无产阶级为主体的民主与资产阶级民主之间的本质区别，提出了"真正民主"初步设想。二是《共产党宣言》。这部著作阐述了无产阶级如何通过推翻资本主义获得社会主人地位并从理论找到了实现"真正民主"的道路。三是《法兰西内战》。马克思认为，"公社给共和国奠定了真正民主制度的基础"[2]，所以他十分重视巴黎公社的经验。正是在总结巴黎公社经验教训的基础上马克思系统地回答了"真正民主"究竟是什么样的民主，从理论与实践的结合上对"真正民主"的实质内涵、实现条件和实现路径进行了阐述。在这三部著作中，《黑格尔法哲学批判》在马恩民主思想中的地位，有点类似于黑格尔《精神现象学》在黑格尔哲学体系中的地位。《黑格尔法哲学批判》

---

[1] 《马克思恩格斯选集》第1卷，人民出版社2012年版，第413页。

[2] 《马克思恩格斯选集》第3卷，人民出版社2012年版，第101—102页。

是马克思撰写的第一部系统的著作,但他生前只发表了其中的"导言"即现在国内流行的《马克思恩格斯全集》《马克思恩格斯文集》和《马克思恩格斯选集》中的《〈黑格尔法哲学批判〉导言》,而《黑格尔法哲学批判》的主体是以手稿的形式保存下来的。从《〈黑格尔法哲学批判〉导言》中可以看到马克思已深化了早期对民主的认识,尤其是已经看到了正在生成中的新世界的主体将是人民,宣称"无产者对于正在生成的世界所享有的权利就同德国国王对已经生成的世界所享有的权利一样"[①]。《黑格尔法哲学批判》正文中关于民主的思想非常丰富,可概括为以下几个主要方面。

一是彻底否定黑格尔的君主主权论而确立了人民主权论。马克思通过对普鲁士专制国家的揭露批判,阐明了黑格尔把封建王权看作自我规定的最后决断环节的理论,无疑是主张"任性就是王权",而"王权就是任性"。由此出发,马克思进而从卢梭的"人民主权"论出发,把人民主权和君主主权看作两个完全对立的主权概念,批判了黑格尔抬高君主主权、贬低人民主权的观点。马克思认为,主权不可能双重存在,"不是君主的主权,就是人民的主权"[②],其中必定有一个是不真实的。人民的主权不是从国王的主权中派生出来的,国王的主权却是以人民的主权为基础的。马克思的结论是国家的主权属于人民,人民而非君主才是主权的所有者。

二是把民主制作为与君主制相对立的实行人民主权的政治形式。马克思说,民主制中任何一个环节都不具有本身以外的意义,每一个环节都是全体民众的现实的环节;不是国家制度创造人民,而是人民创造国家制度[③],因而民主制是一切国家制度的实质,是作为特殊国家制度形式的社会化了的人。在民主制中,不是人为法律而存在,而是法律为人而存在,人的存在就是法律;而在君主制中,不是法律为人而存在,而是人为法律而存在,人是法律规定的存在。所以,"民主制是一切形式的国家制度的已经解开的谜"[④]。"民

[①] 《马克思恩格斯选集》第1卷,人民出版社2012年版,第16页。
[②] 《马克思恩格斯全集》第3卷,人民出版社2002年版,第38页。
[③] 参见《马克思恩格斯全集》第3卷,人民出版社2002年版,第40页。
[④] 《马克思恩格斯全集》第3卷,人民出版社2002年版,第39页。

主制是君主制的真理，君主制却不是民主制的真理。"①

三是真正的民主制是整体人民的本质及其实现的国家制度形式。马克思认为，君主制是由君主决定的国家制度，把人民仅仅看作政治制度的附属物，因而是一种坏的国家制度，而民主制是人民的自我规定，是内容和形式的真正统一。"民主制是内容和形式，君主制似乎只是形式，然而它伪造内容。"②

四是人民拥有建立一种符合自身利益的政治制度的权力。马克思说："人民是否有权为自己制定新的国家制度？对这个问题的回答应该是绝对肯定的，因为国家制度一旦不再是人民意志的现实表现，它就变成了事实上的幻想。"③

五是认为解决立法权与国家制度、立法权与行政权之间冲突的唯一途径是人民直接参与国家事务管理。马克思提出了人民直接参与立法的构想，要求"扩大选举并尽可能普及选择，即扩大并尽可能普及选举权和被选举权"④。他反对黑格尔所谓立法权能改变国家制度的观点，指出"立法权并不创立法律，它只披露和表述法律"⑤。他认为，只有人民才有权决定国家制度，"从而必须使国家制度的实际体现者——人民成为国家制度的原则"⑥。从这些方面可以看出，马克思这时已经形成了比较完整的真正民主思想和理念，为后来成熟的真正民主思想奠定了重要基础。

在后来的《共产党宣言》《法兰西内战》等著作中，马恩又进一步丰富和发展了《黑格尔法哲学批判》中的真正民主思想，其主要内容可概括为以下三个方面。

其一，真正民主的实质在于人民当家作主。马克思在总结巴黎公社的经验时认为，巴黎公社的实质是以人民为社会主体，其所实践的民主实质上是人民当家作主。"公社——这是社会把国家政权重新收回，把它从统治社会、压制社会的力量变成社会本身的充满生气的力量；这是人民群众把国家政权

---

① 《马克思恩格斯全集》第3卷，人民出版社2002年版，第39页。
② 《马克思恩格斯全集》第3卷，人民出版社2002年版，第39页。
③ 《马克思恩格斯全集》第3卷，人民出版社2002年版，第73页。
④ 《马克思恩格斯全集》第3卷，人民出版社2002年版，第150页。
⑤ 《马克思恩格斯全集》第3卷，人民出版社2002年版，第74页。
⑥ 《马克思恩格斯全集》第3卷，人民出版社2002年版，第72页。

重新收回，他们组成自己的力量去代替压迫他们的有组织的力量；这是人民群众获得社会解放的政治形式，这种政治形式代替了被人民群众的敌人用来压迫他们的假托的社会力量。"① 公社采取的各种措施使人民第一次成为社会的真正主体，真正实现了人民当家作主。马克思指出，"人们对公社有多种多样的解释，多种多样的人把公社看成自己利益的代表者，这证明公社完全是一个具有广泛代表性的政治形式"②，"它所采取的各项具体措施，只能显示出走向属于人民、由人民掌权的政府的趋势"③。

其二，实现真正民主需要前提条件。对于真正民主能否在现实中实现，马恩给出了充分肯定的回答。他们认为实现真正民主，首先必须打碎中央集权的资产阶级国家机器。"工人阶级不能简单地掌握现成的国家机器，并运用它来达到自己的目的"④，相反要打碎旧的国家机器，建立新的无产阶级政权。马克思认为巴黎公社的真正秘密就在于，"它实质上是工人阶级的政府，是生产者阶级同占有者阶级斗争的产物，是终于发现的可以使劳动在经济上获得解放的政治形式"⑤。要实现真正民主制，还要在打碎旧国家机器之后改变生产资料奴役人的资本主义性质，代之以生产资料公有制，彻底消灭私有制，消灭人剥削人、人奴役人的社会制度，使无产阶级成为经济生活的主体，有计划地调节全国生产，控制生产总量，克服资本主义生产的无政府状态。

其三，真正民主的最终目标是人的全面而自由的发展。"全部人类历史的第一个前提无疑是有生命的个人的存在"⑥，但这种存在不同于动物的存在，而是区别于动物的人类存在，其体现就在于人类的每一个成员获得全面而自由的发展。因此，在推翻旧世界之后建立的新社会必须以此为终极追求。关于这一点，马克思和恩格斯在《共产党宣言》中表述为"代替那存在着阶级和阶级对立的资产阶级旧社会的，将是这样一个联合体，在那里，每个人的

---

① 《马克思恩格斯选集》第 3 卷，人民出版社 2012 年版，第 140 页。
② 《马克思恩格斯选集》第 3 卷，人民出版社 2012 年版，第 102 页。
③ 《马克思恩格斯选集》第 3 卷，人民出版社 2012 年版，第 107 页。
④ 《马克思恩格斯选集》第 3 卷，人民出版社 2012 年版，第 95 页。
⑤ 《马克思恩格斯选集》第 3 卷，人民出版社 2012 年版，第 102 页。
⑥ 《马克思恩格斯选集》第 1 卷，人民出版社 2012 年版，第 146 页。

自由发展是一切人的自由发展的条件"①；马克思在《资本论》中又进一步将"每一个个人的全面而自由的发展"作为这种联合体的基本原则②。在马恩看来，社会中每一个个人的全面而自由的发展是未来社会发展的终极目的，实现这一目的需要废除私有制，需要具备生产力的高度发展、社会交往的普遍发展、真实集体中的个人联合等条件来实现，还需要采取"对所有儿童实行公共的和免费的教育""把教育同物质生产结合起来"等教育措施。③ 对此，恩格斯在《共产主义原理》中作了明确的阐述：未来新社会将"由社会全体成员组成的共同联合体来共同地和有计划地利用生产力；把生产发展到能够满足所有人的需要的规模；结束牺牲一些人的利益来满足另一些人的需要的状况；彻底消灭阶级和阶级对立；通过消除旧的分工，通过产业教育、变换工种、所有人共同享受大家创造出来的福利，通过城乡的融合，使社会全体成员的才能得到全面发展"④。

六　廉价政府

马恩政治哲学中包含关于社会治理者（政府）方面的重要内容，其基本主张可概括为建立"廉价政府"。"廉价政府"是马恩在总结巴黎公社经验时从近代启蒙思想家那里借用的概念，"公社实现了所有资产阶级革命都提出的廉价政府这一口号"⑤，但马恩给它赋予了全新的内涵。廉价政府实质上是马恩在总结巴黎公社经验教训时提出的关于未来国家（政府）的一种构想和理论。"所谓廉价政府，实质上就是建立在人民主权基础上的、权力运行公开化的，能够精简行政职能、缩减政府规模并降低运营成本，进而实现公共服务最优化且增进公共利益的政府。"⑥ 马恩廉价政府思想是适应当时无产阶级革

---

① 《马克思恩格斯选集》第1卷，人民出版社2012年版，第422页。
② 《马克思恩格斯选集》第2卷，人民出版社2012年版，第267页。
③ 《马克思恩格斯选集》第1卷，人民出版社2012年版，第422页。
④ 《马克思恩格斯选集》第1卷，人民出版社2012年版，第308—309页。
⑤ 《马克思恩格斯选集》第3卷，人民出版社2012年版，第101页。
⑥ 高晓霞、钱再见：《廉价政府及其公共权力逻辑——基于马克思〈法兰西内战〉的文本分析》，《学习论坛》2016年第6期。

命运动需要和他们构建政治哲学需要产生的,它在批判地继承约翰·洛克的有限政府理论、亚当·斯密的小政府理论、黑格尔的法哲学以及空想社会主义对未来社会政府的一些设想的基础上,对西方政治哲学的社会治理理论实行了革命性变革,开辟了一条不同于西方近代以来资产阶级政权建设的无产阶级政权建设的全新道路。

在恩格斯的《共产主义原理》写作之前,马恩关注的主要问题是无产阶级和人类解放的问题。该著作的完成,尤其是《共产党宣言》的发表,表明马恩开始关注新社会建设包括社会的治理问题。相对于马恩政治哲学的其他理念和理论而言,廉价政府的概念和理论产生和形成得较晚。在《共产主义原理》一文中,恩格斯首次明确提出"无产阶级革命将建立民主的国家制度,从而直接或间接地建立无产阶级的政治统治"[1],并且提出了无产阶级利用民主作为手段实行进一步直接向私有制发起进攻和保障无产阶级生存的十二条措施。按照他的设想,"当全部资本、全部生产和全部交换都集中在国家手里的时候,私有制将自行灭亡,金钱将变成无用之物,生产将大大增加,人将大大改变,以致连旧社会最后的各种交往方式也能够消失"[2]。这种关于未来社会政治格局的构想在《共产党宣言》中得到了补充和完善。一是明确了"工人革命的第一步就是使无产阶级上升为统治阶级,争得民主"[3],并将恩格斯提出的十二条措施调整为十条;二是肯定了共产党在这个过程中的重要作用,并将使无产阶级形成为阶级、推翻资产阶级统治和由无产阶级夺取政权作为其最近目的,而其要害是消灭私有制;三是指出了无产阶级革命的最终目的是消灭它自己这个阶级的统治,构建自由人联合体,即共产主义社会。这是对共产党领导下的无产阶级统治的基本构想。不过,这里尚未涉及无产阶级统治实现的社会治理方式问题,尚未形成明确的无产阶级掌握的主权与其代表行使的治权概念。1871年法国巴黎工人武装起义过程中成立的世界上第一个无产阶级政权——巴黎公社,给马恩提供了构建与无产阶级统治相适应的政府的现实

---

[1] 《马克思恩格斯选集》第1卷,人民出版社2012年版,第304页。
[2] 《马克思恩格斯选集》第1卷,人民出版社2012年版,第306页。
[3] 《马克思恩格斯选集》第1卷,人民出版社2012年版,第421页。

模式和生动例证。正是在总结巴黎公社经验教训的过程中，马恩形成了关于无产阶级治理社会的政府的系统理论，他们的理想政府模式就是"廉价政府"①。

值得注意的是，无论是在《共产党宣言》中，还是在《资本论》中，马恩对未来的社会构想都没有提及社会治理机构问题。《共产党宣言》中特别谈到了共产主义社会，无产阶级"消灭了它自己这个阶级的统治"，尤其是人们将《共产党宣言》中所说的"代替那存在着阶级和阶级对立的资产阶级旧社会的"②联合体，解读为"自由人联合体"。如此一来，马恩似乎是无政府主义者，因为从上述论述看起来共产主义社会似乎是无统治者、无政府的社会。在19世纪70年代前，马恩都一直致力于论证资产阶级必然灭亡、无产阶级必然胜利的理论创造活动，同时又花大量时间指导西欧各国的工人运动和共产党建设，还要同各种社会主义流派（如英国的工联主义，法国的蒲鲁东主义和德国的拉萨尔主义等）作斗争，因而他们没有来得及对社会治理机构的问题进行研究。从政治哲学的角度看，这应该是一种理论构建上的缺憾。在马克思于1865年年底完成《资本论》草稿之后不久，巴黎工人起义创造了人类历史上的第一个无产阶级政权——巴黎公社，这正好为马恩弥补其政治哲学的缺憾提供了重要机遇和经验材料。由此可见，马恩早年对共产主义社会的构想只是不完善，并不意味着他们认为共产主义社会不需要政府。事实上，《共产党宣言》谈到当阶级消失和全部生产集中在联合起来的个人的手里的时候，肯定还存在公共权力，只不过它失去了政治性质。而马恩对这里说的"政治性质"作了明确的界定，即"原来意义上的政治权力，是一个阶级用以压迫另一个阶级的有组织的暴力"③。

---

① 在国内近些年关于马恩"廉价政府"思想的研究中，一些学者将其作为廉政思想的一个部分，如认为"建立人民自己的廉价政府是实现廉政建设目标的关键措施"［魏世梅、钱珩心：《马克思廉政建设观及其对国家法理现代化的重要启示》，《重庆邮电大学学报》（社会科学版）2022年第2期］。这种理解值得商榷。其实，马恩的"廉价政府"指的是一种政府，只是这种政府具有不同于以往政府的特有廉价性。马恩的廉政思想应属于其廉价政府思想的范畴，而不是相反。
② 《马克思恩格斯选集》第1卷，人民出版社2012年版，第422页。
③ 《马克思恩格斯选集》第1卷，人民出版社2012年版，第422页。

马恩的廉价政府理论是一种系统的社会治理理论，内容十分丰富，其核心是人民主权、普选制、增进公共利益和政务公开化。

第一，人民主权被看作廉价政府的权力基础。无产阶级政权的性质决定了其所建设的廉价政府及其所行使的公共权力只能来自人民大众，无产阶级政权实质上就是人民主权，所体现的是政权的人民主体性。在马恩看来，为了真正实现人民主权，建立真正的民主制，无产阶级必须肩负起获取政权并建立人民的政府的社会历史使命。马克思指出："无产者对全社会负有消灭一切阶级和阶级统治的新的社会使命，只有在这一使命激励下的无产者才能够把国家这个阶级统治的工具，也就是把集权化的、组织起来的、窃据社会主人地位而不是为社会做公仆的政府权力打碎。"① 在马恩看来，廉价政府的实质在于人民是国家经济、政治、文化、社会的主体。② 巴黎公社正是在民主制度的基础上对廉价政府建设的探索，马克思称赞"公社给共和国奠定了真正民主制度的基础"③。

第二，普选制被看作廉价政府的权力生成机制。与资产阶级所标榜和滥用的普选权不同，无产阶级所实行的应是体现人民主权的普选权。马克思指出："普选权在此以前一直被滥用，或者被当做议会批准神圣国家政权的工具，或者被当做统治阶级手中的玩物，只是让人民每隔几年行使一次，来选举议会制下的阶级统治的工具；而现在，普选权已被应用于它的真正目的：由各公社选举它们的行政的和创制法律的公职人员。"④ 普选制的最终目标是建立一个拥有公共权力的责任政府。在马克思看来，公共权力的真正来源不是暴力机器，而是普选权的真正落实，获得公共权力的公职人员必须切实履行责任，否则就可以随时被罢免。公社就是这样，"这些委员对选民负责，随时可以罢免"⑤。随时罢免权，可以保障人民群众对公务员的选择权、问责权和纠错权，这一权力在公共权力的实际运行过程中得到充分的实现，就可以

---

① 《马克思恩格斯选集》第3卷，人民出版社2012年版，第139页。
② 参见徐民华、李小珊《马克思主义政权建设思想中的权力"防范"原则及其现实意义》，《唯实》2012年21期。
③ 《马克思恩格斯选集》第3卷，人民出版社2012年版，第101—102页。
④ 《马克思恩格斯选集》第1卷，人民出版社2012年版，第141页。
⑤ 《马克思恩格斯选集》第3卷，人民出版社2012年版，第98页。

防止公仆变成"私仆",勤务员变成"官老爷"。

第三,增进公共利益被看作廉价政府的根本任务。马恩指出:"我们首先应当确定一切人类生存的第一前提,也就是一切历史的第一个前提,这个前提是:人们为了能够'创造历史',必须能够生活。但是为了生活,首先就需要吃喝住穿以及其他一些东西。因此第一个历史活动就是生产满足这些需要的资料,即生产物质生活本身。"① 马恩认为,资本主义生产方式已经严重地阻碍了社会生产力的发展,不彻底地变革资本主义生产方式,就难以让社会生产力发展。因此,要通过革命变革解放生产力,通过建立廉价政府解决生产力发展过程中的根本问题。廉价政府要运用新的、更有利于推动生产力发展的组织方式方法来进行劳动生产。恩格斯早年就提出:"把个别的力量联合成社会的集体力量,以从前彼此对立的力量的这种集中为基础来安排一切,才是劳动力的最大节省。……共产主义不仅不同人的本性、理智、良心相矛盾,而且也不是脱离现实的、只是由幻想产生的理论。"② 恩格斯晚年又提出:"只有一种有计划地生产和分配的自觉的社会生产组织,才能在社会方面把人从其余的动物中提升出来,正像一般生产曾经在物种方面把人从其余的动物中提升出来一样。历史的发展使这种社会生产组织日益成为必要,也日益成为可能。一个新的历史时期将从这种社会生产组织开始,在这个时期中,人自身以及人的活动的一切方面,尤其是自然科学,都将突飞猛进,使以往的一切都黯然失色。"③ 恩格斯这里说的"社会生产组织",显然指的就是政府。恩格斯的这些论述,都与《共产党宣言》中提出的无产阶级要利用自己的政治统治,尽可能快地增加生产力的总量是完全一致的。

第四,政务公开化被看作廉价政府的权力运行机制。马克思曾对资产阶级政府官僚机构的保守性、封闭性和神秘性进行了一针见血的揭露,说"官僚机构的普遍精神是秘密,是奥秘"④,为了暗箱操作,总是将自己笼罩在一

---

① 《马克思恩格斯选集》第1卷,人民出版社2012年版,第158页。
② 《马克思恩格斯全集》第2卷,人民出版社1957版,第612、614页。
③ 《马克思恩格斯选集》第3卷,人民出版社2012年版,第860页。
④ 《马克思恩格斯全集》第1卷,人民出版社1956年版,第302页。

层神秘的面纱之下。建设廉价政府就是要揭开这层神秘的面纱,将政府暴露在阳光之下,使政府的公共权力公开运行。马克思就此指出:"从前有一种错觉,以为行政和政治管理是神秘的事情,是高不可攀的职务,只能委托给一个受过训练的特殊阶层,即国家寄生虫、俸高禄厚的势利小人和领干薪的人,这些人身居高位,收罗人民群众中的知识分子,把他们放到等级制国家的低级位置上去反对人民群众自己。现在错觉已经消除。彻底清除了国家等级制,以随时可以罢免的勤务员来代替骑在人民头上作威作福的老爷们,以真正的责任制来代替虚伪的责任制,因为这些勤务员总是在公众监督之下进行工作的。"① 在构建廉价政府的过程中,公社采取了一系列措施,以保持政府权力运行过程和政务信息的公开透明。"公社可不像一切旧政府那样自诩决不会犯错误。它把自己的所言所行一律公布出来,把自己的一切缺点都让公众知道。"② 公社委员经常直接接见群众代表,经常在俱乐部里发表演说,解释公社的各项政策法规,并向群众汇报工作,收集群众意见和建议。公社讨论重大问题也不忘邀请群众列席,实现民主决策。公社非常注重对群众的意见和所反映问题进行及时回应,并要求相关部门认真调查给予答复。公社委员和各级领导人都是人民的公仆,必须接受公众的监督和质询;必须经常参加选民大会,报告工作,听取批评意见和建议。总之,巴黎公社的政府权力运行过程和政务活动都是向社会公开的,始终置于人民的监督之下。

七 各尽所能

马恩在设计共产主义蓝图的时候提出"按需分配"③ 的社会分配原则,

---

① 《马克思恩格斯选集》第3卷,人民出版社2012年版,第141页。
② 《马克思恩格斯选集》第3卷,人民出版社2012年版,第109页。
③ 关于这一术语的翻译一直存在着争论,有学者认为应译为"各取所需"或"各得其所",相应地,"按劳分配"应译为"各取所值"[参见席仲恩《能把"各尽所能、按需分配"改译回"各尽所能、各取所需"吗?——翻译原则系列研究之一》《绍兴文理学院学报》(哲学社会科学版),2000年第4期;王晓刚《"各尽所能,按需分配"与"各尽所能,各得其所"》,《理论导刊》2005年第11期;林进平、林展翰《"各尽所能,按需分配"作为分配正义原则辨析》,《广东社会科学》2022年第2期等]。

但前面加了一个限制词"各尽所能"。有学者提出,"各尽所能"的翻译有误,认为该话的德文原文为Jeder nach seinen Fahigkeiten,应译为"各按所能"或"各据所能"。① 从字面上看,"各尽所能"也许与原文有点出入,但意思还是大体上体现了马恩的原意,这就是劳动者各自在劳动时尽自己的能力劳动,社会根据其劳动状况分配,或根据其需要②情况分配。"各尽所能"是马恩提出的重要的政治哲学理论和理念,也是他们设计的共产主义社会运行和发展的根本动力之所在。在以往的社会,人们奴隶般地服从分工,劳动仅仅是人们谋生手段,社会不用对人们的劳动提出要求,人们就被迫地去劳动,而这就构成了人们劳动的动力,这也是社会运行和发展的动力。但是,在传统意义的分工消失、劳动变成人们的第一需要的情况下,社会就需要对人们提出劳动的要求,使人们除了有内在劳动需要还有外在的约束力量。"各尽所能"就是马恩提出的这样一种具有外在约束力量的非法律的道德要求。

据吴易风先生考察,从16世纪到18世纪,在一些空想社会主义者的论著中,已经含有"各尽所能"的思想因素。19世纪初期,在三大空想家中,圣西门提出过每个人的作用和收入都应当同他的才能和贡献成正比,他的学生们进一步提出"按能力计报酬,按工效定能力",主张用生产资料公有制代替生产资料私有制,消灭剥削,因而将老师的旧分配原则发展成为具有较多一点按劳分配因素的新分配原则。圣西门派并没有停止在"按能力计报酬,按工效定能力"上,他们在1830年又进而提出"按能力分配,按劳动计酬"。比较明确地提出"各尽所能"思想的是欧文,他指出,"公社将形成一个统一的大家庭,每个成员各尽所能"。欧文的最高理想是建立公社制度,在这种制度下,个人消费品按照需要分配。为了向公社制度过渡,欧文提出建立合作工厂和公平市场,以组织生产和交换。他把按照劳动分配消费品看作向公社制度过渡的一种措施。欧文和他的学生们设计并试验了劳动券制度,这种劳动券实际上是一种分配手段和凭证,证明劳动者参与共同劳动的份额,从而

---

① 参见伍铁平《马克思提出过"各尽所能"吗?》,《学习与探索》1979年第5期。
② 注意:这里说的是需要,而不是人们的欲望、想要、愿望等主观意欲,需要是有机体因某缺乏而引起的获得满足的心理倾向,通常被认为是客观的。

证明劳动者个人可以从共同产品中获得应得的份额。欧文虽然提到过各尽所能的思想，制定并且试验过按照劳动分配个人消费品的制度，但他并没有把二者联结起来，没有提出"各尽所能，按劳分配"一语。① 19世纪空想家的上述思想是马恩创立"各尽所能"和"按劳分配"学说的思想源泉。

长期以来，国内流行一种说法，认为马克思在《哥达纲领批判》中明确提出在共产主义社会初级阶段——社会主义社会实行"各尽所能，按劳分配"的分配原则。对于这一说法，学界提出了不少疑问。如有学者认为，马克思没有明确提出过社会主义阶级"各尽所能"的原则，也没有把它作为"按劳分配"的前提，更没有"要求每个劳动者尽其所能"地劳动。②《哥达纲领批判》中是这样说的："每一个生产者，在作了各项扣除以后，从社会领回的，正好是他给予社会的。他给予社会的，就是他个人的劳动量。……他以一种形式给予社会的劳动量，又以另一种形式领回来。"③ 这段话肯定有"按劳分配"的意思，不过完全不包含"各尽所能"的含义。从全书的意思看，马克思所说的"各尽所能"确实是到社会主义高级阶段才适用的价值原则和道义要求。据吴易风先生的文献考察，列宁曾多次阐述过按劳分配原则，但是从来没有提"各尽所能，按劳分配"。"各尽所能，按劳分配"一语出现得很晚，是斯大林在20世纪30年代初期提出来的。在《和德国作家艾米尔·路德维希的谈话》中，斯大林说"在阶级还没有彻底消灭的时候，在劳动还没有从生存手段变成人们的第一需要，变成为社会谋福利的自愿劳动的时候，人们将按自己的劳动来领取工作报酬。'各尽所能，按劳取酬'，——这就是马克思主义的社会主义公式"④。我们今天常说的"各尽所能，按劳分配"一语，出典就在于此。⑤

---

① 参见吴易风《"各尽所能，按劳分配"思想史辨正》，《经济理论与经济管理》1981年第6期。
② 参见伍铁平《马克思提出过"各尽所能"吗?》，《学习与探索》1979年第5期。
③ 《马克思恩格斯选集》第3卷，人民出版社2012年版，第363页。
④ 《斯大林全集》第13卷，人民出版社1956年版，第104页。
⑤ 参见吴易风《"各尽所能，按劳分配"思想史辨正》，《经济理论与经济管理》1981年第6期。

按照马恩的思想，所谓各尽所能，就是获得全面而自由发展的有劳动能力的任何社会成员，都能够在生产过程中自觉地充分而全面地发挥自己的能力。用恩格斯的话说，就是"通过社会化生产，不仅可能保证一切社会成员有富足的和一天比一天充裕的物质生活，而且还可能保证他们的体力和智力获得充分的自由的发展和运用"①。这里需要注意的是，各尽所能的主体，并不是任何社会的任何有劳动能力的人，而只能是获得全面而自由发展的人，这样的人具有完善人格（体现为综合素质高），而且具有个性化的能力，尤其是具有劳动热情和创造精神。马克思提出"各尽所能，按需分配"这一共产主义的根本原则是有三个条件的：一是"迫使个人奴隶般地服从分工的情形已经消失，从而脑力劳动和体力劳动的对立也随之消失"；二是"劳动已经不仅仅是谋生的手段，而且本身成了生活的第一需要"；三是"随着个人的全面发展，他们的生产力也增长起来，而集体财富的一切源泉都充分涌流"。② 这三点是"各尽所能"也是"按劳分配"的充分必要条件。

马克思认为，现代大工业为消灭人们奴隶般地服从分工状况提供了充分的社会条件。关于这一点，马克思在《资本论》中作了充分的阐述。他说，承认劳动的变换，从而承认工人尽可能多方面的发展是社会生产的普遍规律，并且要使各种关系适应这个规律的正常实现。在马克思看来，资本主义国家的教育适应这种要求已经产生了一些变化，如综合技术学校、农业学校、职业学校等就是其中变化的元素，而工人阶级在不可避免地夺取政权之后，将会使理论的和实践的工艺教育在工人学校中占据应有的位置。恩格斯描述说，现在已被机器破坏了的分工，即把一个人变成农民、把另一个人变成鞋匠、把第三个人变为工厂工人、把第四个人变成交易投机者的分工，将完全消失。教育将使年轻人能够很快熟悉整个生产系统，按社会需要或者他们自己的爱好，轮流地从一个生产部门转到另一个生产部门。这样，根据共产主义原则组织起来的社会，将会让自己的成员全面发挥他们得到全面发展的才能。

在剥削阶级统治的社会里，广大的劳动人民处于被压迫被剥削的地位，

---

① 《马克思恩格斯选集》第3卷，人民出版社2012年版，第670页。
② 《马克思恩格斯选集》第3卷，人民出版社2012年版，第364—365页。

他们没有受到必要的教育，劳动能力不可能获得全面而充分的发展，谈不上充分而全面地发挥自己的能力。他们都是被迫劳动，他们劳动仅仅是出于谋求生存的需要。更为重要的是，他们劳动成果的大部分被剥削阶级占有，他们大多过着吃不饱、穿不暖的日子。按照马斯洛的层次论，在这种情况下，人把劳动视为自我实现的需要不可能出现，"当人们还不能使自己的吃喝住穿在质和量方面得到充分保证的时候，人们就根本不能获得解放"①。在马恩看来，当社会成为全部生产资料的主人，可以按照社会计划来利用这些生产资料的时候，社会就消灭了人直到现在受他们自己的生产资料奴役的状况②，社会才会形成全体劳动者个人利益的基础和保障统一的社会物质利益，个人才能够获得全面而自由的发展，也才能彻底破除奴隶般地服从分工的状况，人们才不再仅仅为了温饱而劳动，而是为了事业成功、为了获得充分的自我实现而劳动。这时劳动才成为人生活的第一需要，成为马斯洛所说的高层次的自我实现的需要。在马恩看来，随着社会生产力和科学技术的发展，劳动强度减轻，劳动时间缩短，社会生产关系相应得到调整，人们会拥有大量的自由时间。"由于给所有的人腾出了时间和创造了手段，个人会在艺术、科学等等方面得到发展。"③

在马恩看来，"各尽所能"不仅是人类自身发展的要求，也是高度发展的现代化大工业的要求。现代化大工业的这种客观要求在资本主义和共产主义两种根本不同的社会制度中表现出不同的社会性质，而历史的革命发展要求由后者取代前者，即如马克思所说，"用适应于不断变动的劳动需求而可以随意支配的人，来代替那些适应于资本的不断变动的剥削需要而处于后备状态的、可供支配的、大量的贫穷工人人口；用那种把不同社会职能当做互相交替的活动方式的全面发展的个人，来代替只是承担一种社会局部职能的局部个人"④。马恩强调，生产力的巨大增长和高度发达是各尽所能所绝对必需的

---

① 《马克思恩格斯选集》第1卷，人民出版社2012年版，第154页。
② 参见《马克思恩格斯选集》第3卷，人民出版社2012年版，第681页。
③ 《马克思恩格斯全集》第31卷，人民出版社1998年版，第101页。
④ 《马克思恩格斯选集》第2卷，人民出版社2012年版，第232页。

实际前提,"因为如果没有这种发展,那就只会有贫穷、极端贫困的普遍化;而在极端贫困的情况下,必须重新开始争取必需品的斗争,全部陈腐污浊的东西又要死灰复燃"①。就是说,即使人类进入了共产主义社会,但如果生产力不能获得高度发展,人们不仅不能各尽所能,相反会重新返回到前共产主义社会的生存竞争状态。

马克思谈"各尽所能"时,将它与"按需分配"结合起来,从这里可以看出"各尽所能"对于按需分配的极端重要性。可以说,各尽所能是按需分配的充分必要条件,只有全体社会成员都各尽所能,才能实行按需分配,而且只要全体社会成员都各尽所能,就能实行按需分配。而要使全体社会成员都能够做到各尽所能,就需要使作为社会终极成员的每一个个人都获得全面而自由的发展。"全面发展"意味着全体人民综合素质高,人格高尚,能够自觉地、充分地、全面地发挥自己的才能;"自由发展"则意味着全体人民都在全面发展的基础上充分发展自己具有个性的才能,而这种才能是具有独创性的,可以给社会创造更多的物质财富和精神财富。这样的全面而自由发展的人不是自然成长的,而是需要培育的。首先需要教育的作用。马克思指出,"为改变一般人的本性,使它获得一定劳动部门的技能和技巧,成为发达的和专门的劳动力,就要有一定的教育或训练"②。恩格斯也指出:"教育将使年轻人能够很快熟悉整个生产系统,将使他们能够根据社会需要或者他们自己的爱好,轮流从一个生产部门转到另一个生产部门。因此,教育将使他们摆脱现在这种分工给每个人造成的片面性。"③ 显然,这种教育不是应试教育,而是素质教育。其次还需要社会各方面的综合协同作用。要"通过消除旧的分工,通过产业教育、变换工种、所有人共同享受大家创造出来的福利,通过城乡的融合,使社会全体成员的才能得到全面发展"④。当社会成为生产资源的主人,可以在社会范围内有计划地利用这些生产资料的时候,社会就要

---

① 《马克思恩格斯选集》第1卷,人民出版社2012年版,第166页。
② 《马克思恩格斯选集》第2卷,人民出版社2012年版,第166页。
③ 《马克思恩格斯选集》第1卷,人民出版社2012年版,第308页。
④ 《马克思恩格斯选集》第1卷,人民出版社2012年版,第308—309页。

让生产劳动给每一个人提供全面发展和表现自己的全部能力（包括体力和智能）的机会，努力使生产劳动从一种负担变成一种快乐。

八 公平正义

公平正义亦即公正[①]是政治哲学的核心问题，是任何一位真正的政治哲学家都绕不过的问题，像马恩这样伟大的政治哲学家更是如此。对于马恩思想进程中是否"观照"过公正问题，中外学术界对此颇有争议。[②] 诚然，马恩没有写过公正方面的专门著作，但他们终身都在为了伸张和实现人世间的公正而不懈斗争。他们在人类历史上构建了第一个真正体现公正要求的政治哲学体系，并且不断将其公正主张付诸实践，在现代人类历史上开辟了一条不同于西方自由主义者主张的资产阶级公正之路的全人类公正之路。

马恩年轻的时候鉴于资本社会主义的社会不公和罪恶就开始关注社会公正问题，并终身致力于解决这个问题。马恩公正思想十分丰富，几乎渗透到他们的所有著述之中。不过，其中有四个重要节点，这就是《1844年经济学哲学手稿》《共产党宣言》《资本论》《哥达纲领批判》。这四部著作集中表达了他们的公正思想，这里以它们为主要线索简要追寻他们公正思想产生发展的心路历程及其基本内涵和特质。

《1844年经济学哲学手稿》以"异化劳动"问题为中心，深刻揭露批判了资本主义私有制度下不公正的社会真相及深层根源，并试图通过扬弃异化找到实现真正公平正义的现实途径和社会依托。在马克思看来，"异化劳动"

[①] "公正"的英文对应词是 justice。对于这个英文词，有的学者译为"正义"，有的学者译为"公正"。实际上，在汉语中，"正义"与"公正"含义是不完全相同的。前者侧重于道义，主要是与不义、邪恶相对立的；后者侧重于公平，主要是与不公、偏私相对立的。英文词 justice 大致上同时包含了这两种意义，但更偏重于"公正"，因而以译为"公正"为好（参见江畅《理论伦理学》，湖北人民出版社2000年版，第285页）。为了更准确地加以表达，笔者后来提出公正包含公平和正义两层含义（江畅：《教育考试公正论》，湖北人民出版社2007年版，第18页注③）。

[②] 参见廖小明《马克思恩格斯思想进程中正义的进路及生态文明"观照"》，《贵州师范大学学报》（社会科学版）2014年第6期。

实际上就是由劳动创造出来的财富在资本主义制度之下经私人占有而成为资本，而资本成了奴役劳动的力量。马克思深刻分析了在资本统治下，由劳动异化导致了不断扩大和深化的四重异化，即劳动者与自己的劳动产品相异化，劳动者与劳动本身相异化，人同人的类本质相异化，人与人相异化。"人同自己的劳动产品、自己的生命活动、自己的类本质相异化的直接结果就是人同人相异化"①，这就是资本主义社会不公的秘密之所在，而其最终根源则是资本主义私有制。工人阶级要获得彻底解放，实现共产主义，唯一的出路就是要扬弃异化劳动，而唯有消灭私有制才能达到目的。"共产主义是对私有财产即人的自我异化的积极的扬弃，因而是通过人并且为了人而对人的本质的真正占有。"②

《共产党宣言》是消灭不公正的资本主义社会的宣言，也是构建公正的共产主义社会的宣言。马恩根据人类社会历史发展的规律，深刻阐明资本主义社会生产力已经强大到了资本主义生产关系所不能适应的地步，已经受到这种生产关系的阻碍，因此资本主义的丧钟即将敲响。在马恩看来，资产阶级不仅锻造了置自身于死地的武器，还产生了将要运用这种武器的无产阶级。无产阶级在自己的政党领导下会形成一个自觉的阶级，并致力于推翻资产阶级的统治，夺取政权，建立自己的统治。马恩认为，现代的资产阶级私有制是建立在阶级对立上面、建立在一些人对另一些人的剥削上面的产品生产和占有的最后而又最完备的表现。资本主义的灭亡意味着私有制的灭亡，意味着以私有制为基础的社会不公将会从根本上被消除，取而代之的将是以生产资料公有制为基础的共产主义社会。这种自由人联合体才是真正消灭劳动异化、社会不公的自由、平等的公正社会。

《资本论》的真正使命是为资产阶级灭亡和无产阶级胜利的历史必然性提供论证，它理所当然地属于马恩公正理论范畴，而且是其理论根基。更何况，其中还包含了关于公正问题的丰富论述，这些论述进一步深化了马恩的公正理论。《资本论》中的社会公正思想内蕴着从资本逻辑牵制到人民逻辑贯彻、

---

① 《马克思恩格斯选集》第1卷，人民出版社2012版，第58页。
② 《马克思恩格斯文集》第1卷，人民出版社2009版，第185页。

从社会贫富两极分化到促进人民共同富裕、从社会恶劣居住环境到建设优美居住环境、从社会技术毒副作用到实现技术正义使用四方面的公正内涵和要求。① 要使公正的这些要求得到实现，必须消灭资本主义私有制，建立个人所有制。马克思说，由资本主义生产方式产生的资本主义占有方式，从而资本主义私有制，是对个人的、以自己劳动为基础的私有制的第一个否定。但资本主义生产由于自然过程的必然性，造成了对自身的否定。这是否定之否定。"这种否定不是重新建立私有制，而是在资本主义时代的成就的基础上，也就是说，在协作和对土地及靠劳动本身生产的生产资料的共同占有的基础上，重新建立个人所有制。"② 所谓"重新建立个人所有制"，就是重建联合起来的劳动者共同占有生产资料的所有制，也就是生产资料公有制，其本质是实现劳动者和劳动实现条件的社会结合，使劳动者获得劳动者和劳动实现条件的所有权，最终目的是实现全体人民共同富裕和社会的公平正义。③

和前三部著作相比较，《哥达纲领批判》更侧重对未来共产主义社会如何实现公正尤其是分配公正的谋划。批判拉萨尔主义的"不折不扣"分配公正观并肃清其在德国工人运动中的影响，是马克思写这部著作的出发点和直接目的。针对拉萨尔主义，马克思对于分配公正的问题曾连续发问："什么是公平的分配呢？难道资产者不是断言今天的分配是'公平的'吗？难道它事实上不是在现今的生产方式基础上唯一'公平的'分配吗？难道经济关系是由法的概念来调节，而不是相反，从经济关系中产生出法的关系吗？难道各种社会主义宗派分子关于'公平的'分配不是也有各种极不相同的观念吗？"④ 马克思在回答这些问题时，强调分配公正历史时代性，因而不能脱离生产方式，而且在阶级社会，任何一种分配方式都具有阶级性，作为分配的主体广大无产阶级劳动者对一种分配制度是否公正最有发言权。因此，衡量分配公

---

① 参见蓝春娣、段超《〈资本论〉中的社会正义思想及其对实现人民美好生活的启示》，《大连干部学刊》2023年第3期。
② 《马克思恩格斯选集》第2卷，人民出版社2012年版，第300页。
③ 参见刘儒等《马克思"重建个人所有制"的科学内涵及当代意蕴》，《西北大学学报》（哲学社会科学版）2023年第2期。
④ 《马克思恩格斯选集》第3卷，人民出版社2012年版，第361页。

正的尺度应是它能否得到广大劳动者的认同。①

到《哥达纲领批判》，马恩完成了他们公正思想的"破"与"立"、"批判"与"创新"的过程，也就形成了他们关于社会公正的核心理念和理论体系。马克思认为，脱胎于旧社会的共产主义初级阶段——社会主义社会难免在各个方面带有旧社会的痕迹，个人消费品只能实行按劳分配，即多劳多得，少劳少得。"每一个生产者，在作了各项扣除以后，从社会领回的，正好是他给予社会的。他给予社会的，就是他个人的劳动量。"② 在马克思看来，建立在生产资料公有制基础之上的按劳分配具有巨大的进步性，它从根本上否定了资本主义剥削制度，第一次实现了劳动平等，消除了千百年来存在的一部分人占有另一部分人劳动的剥削现象。但是，按劳分配的平等权利仍然是"资产阶级权利"③，具有历史性。马克思认为，只有人类进入共产主义社会高级阶段，"才能完全超出资产阶级的狭隘眼界，社会才能在自己的旗帜上写上：各尽所能，按需分配"④，从而真正实现社会分配的公正。"各尽所能，按需分配"实质上是社会成员依据自己的需要对社会经济利益的分享，所表达的是一种共享理念和互惠规范。但按需要分配是有条件的，它首先与"各尽所能"不可分割，也与坚实的物质基础和丰富的生产产品密切相连。所以，它是建立在现代生产力高度发达和社会成员综合素质普遍达到高水准的基础之上的共产主义高级阶段的分配原则。

第三节 马恩政治哲学的贡献、价值及其当代意义

马恩虽然没有一部以政治哲学命名的著作，但构建了西方历史上最富有生命力的完整政治哲学体系，这样的政治哲学体系在他们之前没有，在他们之后也未曾出现，且在西方没有被超越。在马恩出世之前，西方政治哲学史

---

① 参见张雯《从〈哥达纲领批判〉解读马克思的公正思想》，《山西高等学校社会科学学报》2017年第9期。
② 《马克思恩格斯选集》第3卷，人民出版社2012年版，第363页。
③ 《马克思恩格斯选集》第3卷，人民出版社2012年版，第363页。
④ 《马克思恩格斯选集》第3卷，人民出版社2012年版，第365页。

上产生过苏格拉底和柏拉图以及亚里士多德以城邦幸福为终极追求的德性主义政治哲学体系，奥古斯丁以进入上帝之城为终极追求的神学政治哲学体系，霍布斯、洛克、约翰·密尔等人的以个人权利为终极追求的自由主义政治哲学体系，黑格尔以自由实现为终极追求的精神论政治哲学体系等重要的前人政治哲学。在马恩逝世之后，主要有罗尔斯以作为公平公正为终极追求的新自由主义政治哲学体系、桑德尔以社会德性为终极追求的社群主义政治哲学体系等重要的当代政治哲学。这些政治哲学体系都有各自的价值、贡献，并在西方乃至整个世界产生了重大影响，但它们无论是在思想的正确性、内容的全面性、理论的系统性方面，还是在知识的真理性、可预期的生命长久性方面都不能跟马恩政治哲学相提并论。不可否认，马恩政治哲学继承了前人许多思想资源和知识元素，但由于其研究立场的根本改变，以及哲学根基的重构，他们对前人的政治哲学实行了根本性改造和创造性超越，最终构建成了以人类彻底解放和普遍幸福为终极追求的政治哲学体系。这里从与它前后的政治哲学体系比照的角度对其主要贡献、重要价值和重大意义作简要讨论，以作为对上述断定的进一步阐述和论证。

一 马恩政治哲学的独特贡献

马恩政治哲学是西方哲学史上有史以来最庞大的理论体系，内容极其丰富，对人类的政治哲学、政治实践和政治文化均有很大的贡献。所谓贡献，就人类而言，就是一个主体给他者提供能够满足其需要的价值物。这里说的"主体"可以是个人、组织群体、基本共同体、整个人类，这里说的"他者"指他人、组织群体、基本共同体、整个人类。主体所作的贡献有两种情形：一种是可替代的，即一主体所作的贡献是其他主体也能完成的；另一种不可替代的，即一主体所作的贡献是其他主体无法完成的。我们这里讨论的马恩政治哲学的贡献指的就是它所独有的、特别的、其他政治哲学不可替代的贡献。一般而言，在哲学史上能够留下来的政治哲学所作的贡献都具有独特性，否则就会被历史淘汰，这样的政治哲学无疑是具有深远意义的政治哲学。以"改变世界"为主旨的马恩政治哲学最大的独特贡献在于，它为全人类的彻底解放和普遍幸福指明了方向，提供了宏伟蓝图和实践方案，其影响并不局限于政治哲学，而且已经并还将扩展、渗透到人类的政治实践和政治文明；它在马恩生活的时代就已经产生了广泛影响，到 20 世纪更是产生了震撼整个世界的影响，可以预见将来会为人类命运共同体和人类共同价值体系的构建提供理论指导和实践遵循。这里从四个方面阐述马恩政治哲学对人类最重要的独特贡献。

第一，构建了以人类彻底解放和普遍幸福为终极目的的政治哲学体系。在西方政治哲学史上，有不少政治哲学体系在历史上和现实中都有相当大的影响，但明确以人类的彻底解放和普遍幸福为终极目的的政治哲学体系首推马恩政治哲学。从西方政治哲学史看，苏格拉底和柏拉图建立了第一个政治哲学体系，柏拉图的学生亚里士多德在继承和批判老师的基础上又建立了一个完整的政治哲学体系，并直接冠名为"政治学"，但这两个政治哲学体系研究的对象都主要是城邦的政体或政制。他们生活在城邦分裂和内乱的时代，其政治哲学研究的主旨是为城邦由乱到治进而达到理想状态提供指导。"为了克服内乱以及支撑内乱的强力理论，柏拉图政治哲学的建构围绕着统一共同体展开"，其目的是"通过哲学力量与政治力量的结合来再造城邦的良好政制"①。虽然柏拉图也将城邦的幸福作为政治哲学研究的终极目的，但其范围是城邦，而不是全人类。亚里士多德更为明确地把政治哲学的研究对象规定为政体。他说："我们不仅应当研究什么是最优良的政体，而且要研究什么是可能实现的政体，并同时研究什么是所有的城邦都容易实现的政体。"② 需要注意的是，柏拉图和亚里士多德眼中城邦的社会成员仅限于自由民，不包括奴隶、妇女和儿童。斯多亚派克服了柏拉图和亚里士多德的局限，主张建立"世界城邦"，但其视域也仅局限于罗马帝国的地盘，而且也缺乏对世界城邦构建的整体设计，尤其是没有考虑其实现路径和力量，因而不过是一个梦想。近代西方霍布斯、洛克等自由主义者构建了以由有理性的个人构成的"理性

---

① 参见刘玮主编《西方政治哲学史》第一卷，中国人民大学出版社 2018 年版，第 79、87 页。

② ［古希腊］亚里士多德：《政治学》，载苗力田主编《亚里士多德全集》第九卷，中国人民大学出版社 1994 年版，第 119 页。

王国"为社会理想的政治哲学,而且这种理想王国在西方得到了实现。但是,实践的结果正如恩格斯所指出的,"这个理性的王国不过是资产阶级的理想化的王国"①。至于罗尔斯、桑德尔等人的政治哲学主要是为了解决西方尤其是美国的社会政治问题提出的对策性理论体系,不仅没有考虑非西方国家,更没有考虑全人类的福祉问题,只是考虑解决西方社会存在某方面的问题(如绝对贫困、德性缺失等)。与以上所述以及未提及的西方政治哲学不同,马恩政治哲学是旨在解放无产阶级从而解放全人类进而实现每一个个人全面而自由发展的政治哲学,它实现了西方政治哲学史上的创造性超越。

马恩政治哲学对前人的创造性超越体现在许多方面,最集中的体现就是它旨在为人类彻底解放和普遍幸福提供理论指导。马恩早年的经历使他们看到西方资本主义国家的社会现实与启蒙思想家所宣扬的天堂般的"理性王国"之间的巨大反差,用恩格斯的话说,工人阶级的苦难状况"是我们目前存在的社会灾难最尖锐、最露骨的表现"②。马恩对广大被压迫被剥削的苦难民众的无限同情和强烈社会责任感,促使他们深入反思导致这种反差的原因,寻求改变这种严酷现实的出路。他们研究发现,资本主义社会的一切弊端和罪恶都是人全面异化的表现。这种全面异化是人同人相异化、人同自己的类本质相异化、人同自己的活动相异化、人同自己的劳动产品相异化③,其根源在于资产阶级私有制。

在马恩看来,资产阶级虽然战胜了封建主义,但在封建私有制的基础上建立了资产阶级私有制,而这种新的私有制"就它的无人性和残酷性来说不亚于古代的奴隶制度"④。因此,必须消灭一切私有制才能使全人类得到解放。在马恩看来,通过资产阶级革命,西方消灭了第一、二等级,使资产阶级获得了解放,等到无产阶级消灭资产阶级时,无产阶级也就消灭了自身,彻底消灭了阶级。所以,无产阶级在解放自己的同时就能使全人类得到彻底

---

① 《马克思恩格斯选集》第3卷,人民出版社2012年版,第776页。
② 《马克思恩格斯选集》第1卷,人民出版社2012年版,第84页。
③ 参见《马克思恩格斯选集》第1卷,人民出版社2012年版,第57—58页。
④ 《马克思恩格斯选集》第1卷,人民出版社2012年版,第19页。

的解放，也就再也没有被压迫被剥削的阶级。马恩注意到，启蒙思想家的"理性王国"只求把人们从封建主义、天主教教会和宗教社会中解放出来，让人们自由地追求自己的利益，其实就是让人们放任自流、随心所欲，其结果就是社会异化、两极分化，给广大劳动人民带来了苦难。针对自由主义政治哲学的这种局限，马恩从理论上提出并论证不仅要消灭私有制，以使人获得充分自由，而且要通过生产关系和社会制度的变革，构建不同于资本主义社会的共产主义社会。这种共产主义社会不仅不像资本主义社会那样"无人性和残酷性"，而且是以"每一个个人的全面而自由的发展"为基本原则的自由人联合体。如此，马恩政治哲学就克服了自由主义政治哲学的阶级局限性和理想蓝图本身的局限性，成为人类走向大同和美好的政治哲学依据。

第二，描绘了具有现实可行性的美好理想社会蓝图。在中西思想史上，有许多人为未来社会提出过理想图景，除了哲学家，也有不少神学家、文艺家等，其中大多是幻想、梦想，很少真正成为人们追求的理想。这些理想图景一般都体现了他们对未来的美好期待，但真正完整系统的并不多。马恩政治哲学给人类提供了一个既十分美好又切实可行的理想蓝图，我们可以从理想图景和可行性两个方面考察马恩政治哲学的贡献。

在中西思想史上，对理想社会作过比较完整描述的主要有孔子的"大同"、托马斯·莫尔的"乌托邦"、柏拉图的"理想国"、自由主义者的"理性王国"。孔子的"大同"理想并不是一种严格意义的理论阐述，而是他针对鲁君失礼产生的对尧舜"大道之行"社会的憧憬，所描绘的确实是一种人性化、人道化、人情化的理想社会图景，所以自古至今都令中国人向往。但是，"大同"只是一种对想象的"现实"的描述，并没有对理想社会进行理论构建，整个方案不仅过于简单，而且是一种圣人之治的人治设计，没有考虑作为社会终极成员的个人的发展问题。柏拉图的"理想国"虽然追求的是"作为整体的城邦所可能得到的最大幸福"[①]，但是这种理想国不仅将奴隶、妇女和儿童排除在社会之外，而且将社会内部也划分为统治者、护卫者和普通劳

[①] [古希腊]柏拉图：《国家篇》，载《柏拉图全集》第2卷，王晓朝译，人民出版社2003年版，第390页。

动者三个等级,三个不同等级的人各安其位、各司其职、各守本位,"整个城邦将得到发展和良好的治理,每一类人都将得到天性赋予他们的那一份幸福"①。显然,柏拉图的理想国是等级制的、人治的,理想国由于是参照斯巴达实行军事共产主义管制,也就没有个人自由发展的空间。莫尔的"乌托邦"以公有制为基础、社会成员人人平等、实行按需分配,"每人一无所有,而又每人富裕"②,但它只是一个想象中的小海岛,莫尔根本没有想到为整个人类社会提供理想图景。自由主义者设计的"理性王国"是一种十分完整的理想社会,他们推崇自由、平等、民主、法治、市场,但认为"人们联合成为国家和置身于政府之下的重大的和主要的目的,是保护他们的财产"③。由于它以私有财产神圣不可侵犯为根本原则,其实践结果导致了如前所述的社会异化和两极分化等问题。与所有这些理想社会方案不同,马恩的共产主义社会是一种完善的"自由人联合体",它以公有制为基础,实行有计划的产品经济,物质文明高度发达,社会成员过上充裕的物质生活,实行按需分配,每一个人都能获得全面而自由的发展,没有阶级对立、城乡差异、民族分隔和对立。人类成为自然、社会和自身的主人,人类从必然王国进入了自由王国。④

历史上绝大多数社会理想都是幻想、空想,甚至连梦想都称不上,真正具有可行性的只有少数几个,主要是自由主义者的"理性王国"、罗尔斯的"公正"社会、孔子的天下"大同"。"理性王国"可以说是人类历史上第一个真正变为现实的理想。之所以如此,一个重要原因在于,它是在市场经济经过几百年发展开始成熟时产生,完全顺应了市场经济发展的需要,是自由主义者根据市场经济追求利益最大化的本性将人的本性归结为自私和贪婪,然后根据这种本性来设计它的整个社会方案。霍布斯就是据此将自然权利理

---

① [古希腊]柏拉图:《国家篇》,载《柏拉图全集》第2卷,王晓朝译,人民出版社2003年版,第391页。

② [英]托马斯·莫尔:《乌托邦》,戴镏龄译,商务印书馆1982年版,第115页。

③ [英]洛克:《政府论》下篇,叶启芳、瞿菊农译,商务印书馆1964年版,第77页。

④ 参见《马克思恩格斯选集》第3卷,人民出版社2012年版,第815页。

解为"每一个人按照自己所愿意的方式运用自己的力量保全自己的天性——也就是保全自己的生命——的自由"①。"理性王国"有人性论依据,顺应了市场经济本性的要求,充分反映了当时新兴的资产阶级的利益和愿望,因此得到了资产阶级的普遍拥护。于是,资产阶级利用自身的强大经济实力通过一系列革命运动使之变成了现实。罗尔斯的社会公正理想的情形很不相同,他的公正论严格来说并不想构想某种社会理想,而不过是想为西方各国已经实行长达几十年的福利主义政策提供哲学论证。早在第一次世界大战之后,凯恩斯主义产生、罗斯福新政出台表明,西方国家已经开始采取给社会成员提供最低生活保障以消灭绝对贫困的政策。所以,如果说罗尔斯的社会公正是一种理想,那不过是将已经成为社会现实的政策上升为社会理想,这种已见诸现实的"理想"显然不存在可行性问题。孔子的"大同"原本是一种托古的幻想,在整个皇权专制时代几乎无人谈及,直到清朝末期康有为才对它加以弘扬,写了《大同书》。但到了今天,中国共产党将马恩的"共产主义"同孔子的"大同"相结合,把为"为世界谋大同"②作为当代中国的神圣使命,并通过一系列措施使之变为现实。在可行性方面,马恩的社会理想与自由主义者的社会理想一样具有现实可行性。它早在马恩生活的时代就已经开始成为工人运动的奋斗目标,从20世纪到今天有不少国家努力将它变为现实。尤其是在当代,正是在追求将共产主义从理想变成现实的过程中,中华民族实现了从站起来、富起来到强起来的历史性飞跃,开辟了一条不同于西方现代化的中国式现代化道路,创造了人类文明的新形态。今天中国还在强力推进构建人类命运共同体,追求世界大同的实现。这一切不仅证明马恩的社会理想具有可行性,而且显现了它的旺盛生命力。

第三,找到了实现理想蓝图的强大社会力量。历史上许多社会理想变成了空想、幻想,除了对理想蓝图的设计有致命性缺陷,重要原因之一是没有找到实现社会理想的社会力量。当然,历史上的社会理想中也不乏仅仅是一

---

① [英]霍布斯:《利维坦》,黎思复、黎廷弼译,杨昌裕校,商务印书馆1985年版,第97页。

② 《习近平会见联合国秘书长古特雷斯》,《人民日报》2018年4月9日。

些人纯粹的希冀，他们甚至根本没有想到要实现它，莫尔的"乌托邦"就是如此。从那些真诚希望自己设计的社会理想得到实现的思想家的情形看，他们的方案存在着一个共同的缺陷，那就是我们通常所说的英雄史观。英雄史观被认为是唯心史观的一种表现形式，其要害在于颠倒社会存在和社会意识的关系，夸大精神意识的作用，否定历史发展的客观规律；否定物质生产是社会历史的前提基础，进而否定作为物质生产主体的人民群众是历史的创造者；把英雄和群众对立起来，夸大英雄伟人的作用，认为少数杰出人物可以主宰历史。① 在人类历史上，英雄史观十分流行，如朱熹说"天不生仲尼，万古如长夜"；梁启超说"历史者英雄之舞台也，舍英雄几无历史"，"舍豪杰则无世界"，大人物"心理之动进稍易其轨，而全部历史可以改观"；19 世纪英国历史学家托马斯·卡莱尔称伟大人物构成世界历史的灵魂，"世界历史就是伟大人物的传记"。② 黑格尔明白地表达了英雄史观，他明确宣称："人民就是不知道自己需要什么的那一部分人。知道别人需要什么，尤其是知道自在自为的意志即理性需要什么……这恰巧不是人民的事情。"③ 在他看来，人民"只是一群无定形的东西"，"他们的行动完全是自发的、无理性的、野蛮的、恐怖的"。④ 马恩在《神圣家族》中针对黑格尔的英雄史观，尤其是青年黑格尔派认为"在历史活动中重要的不是行动着的群众，不是经验的活动，也不是这一活动的经验的利益，相反，'在这些活动中'，'重要的'仅仅是'一种思想'"的观点，第一次明确表达了"历史活动是群众的活动"的群众史观立场。⑤ 正是根据这种立场，马恩找到了实现其理想社会的社会力量——无产阶级。

马恩认为，历史上的自由民和奴隶、贵族和平民、领主和农奴、行会师

---

① 参见周泽之《唯心·客观·辩证三位一体——黑格尔英雄史观解析》，《深圳大学学报》（人文社会科学版）2005 年第 1 期。
② 参见周泽之《唯心·客观·辩证三位一体——黑格尔英雄史观解析》，《深圳大学学报》（人文社会科学版）2005 年第 1 期。
③ ［德］黑格尔：《法哲学原理》，范扬、张企泰译，商务印书馆 1961 年版，第 319 页。
④ ［德］黑格尔：《法哲学原理》，范扬、张企泰译，商务印书馆 1961 年版，第 323 页。
⑤ 参见《马克思恩格斯文集》第 1 卷，人民出版社 2009 年版，第 287 页。

傅和帮工，一句话，压迫者和被压迫者，始终处于相互对立的地位，进行不断的、有时隐蔽有时公开的斗争。正是阶级斗争使整个社会受到革命的改造，因此，"革命是历史的火车头"①。不过，历史上每一次斗争的结局通常是斗争的各阶级同归于尽，从封建社会的灭亡中产生出来的现代资产阶级社会并没有消灭阶级对立，它只是用新的阶级、新的压迫条件、新的斗争代替了旧的。在马恩看来，在当时同资产阶级对立的一切阶级中，只有无产阶级是真正革命的阶级，其余的阶级都随着大工业的发展而日趋没落和灭亡，无产阶级却是大工业本身的产物。"一方面是被本身的生活状况必然引向社会革命的那个阶级即无产阶级的发展，另一方面是生产力的发展，生产力发展到越出资本主义社会范围就必然要把它炸毁，同时生产力提供了为社会进步本身的利益而一举永远消灭阶级差别的手段。"② 马恩告诉无产者，他们只有通过革命才能获得解放，才能拥有自己成为主人的新世界。他们指出，过去一切阶级在争得统治之后，总是使整个社会服从于它们发财致富的条件，企图以此来巩固它们已经获得的生活地位。过去的一切运动都是少数人的，或者为少数人谋利益的运动，而无产阶级的运动是绝大多数人的、为绝大多数人谋利益的运动。无产阶级作为现代社会的最下层，如果不炸毁构成官方社会的整个上层，就不能抬起头来，挺起胸来。无产者只有废除自己的现存的占有方式，从而废除全部现存的占有方式，才能取得社会生产力。无产者没有什么自己的东西必须加以保护，他们必须摧毁至今保护和保障私有财产的一切。③"无产者在这个革命中失去的只是锁链。他们获得的将是整个世界。"④ 从整个人类思想史的角度看，即便是启蒙思想家也缺乏马恩这样一种对新社会构建的社会力量的清楚认识和充分信心。正是在这种理论的指导下，中国共产党领导中国人民翻身得解放，建立人民当家作主的社会主义中国。

　　第四，从理论和实践的结合上开辟了破坏旧世界建设新世界的可靠路径。

---

① 《马克思恩格斯选集》第1卷，人民出版社2012年版，第527页。
② 《马克思恩格斯选集》第3卷，人民出版社2012年版，第256页。
③ 参见《马克思恩格斯选集》第1卷，人民出版社2012年版，第411页。
④ 《马克思恩格斯选集》第1卷，人民出版社2012年版，第435页。

历史上一些政治哲学家在提出社会理想的同时也策划了实现社会理想的基本路径，比较典型的有先秦儒家政治哲学、苏格拉底—柏拉图政治哲学、自由主义者政治哲学。先秦儒家思想家对实现理想社会提供了不尽相同的途径。例如，孔子提供的"修己以敬""修己以安人""修己以安百姓"（《论语·宪问》）；孟子主张王道仁政，认为施仁政可以无敌于天下，即所谓"行仁政而王，莫之能御也"（《孟子·公孙丑上》），"夫国君好仁，天下无敌"（《孟子·离娄上》）。但在历史上得到更多公认的还是先秦儒家在《礼记·大学》中提出的"格物致知诚意正心修身齐家治国平天下"主张，而其根本在于修身，但能做到这一点的只有圣人。对于理想社会的实现，先秦儒家诉诸圣人、圣王，而苏格拉底—柏拉图诉诸哲人、哲王。在他们看来，除非哲学家在城邦中当王，或者我们现在称之为王或掌权者的人真正而充分地从事哲学思考，也就是说，除非政治力量和哲学完全协和一致，否则城邦的弊端是不会有尽头的，人类的命运也不会好转。① 自由主义者则主张通过社会契约组成政府来实现理性王国，其最集中的表达是洛克的社会契约论。他认为，在任何地方，不论多少人结合成一个社会，他们都放弃其自然法的执行权而把它交给公众，在那里，也只有在那里才有一个政治的或公民的社会。其形成过程是这样的："处在自然状态中的任何数量的人们，进入社会以组成一个民族、一个国家，置于一个有最高统治权的政府之下；不然就是任何人自己加入并参加一个已经成立的政府。这样，他就授权社会，或者授权给社会的立法机关（这和授权给社会的性质一样），根据社会公共福利的要求为他制定法律，而他本人对于这些法律的执行也有（把它们看作自己的判决一样）尽力协助的义务。"② 事实表明，无论是圣人之治还是哲人之治在历史上都未曾实现过，结果大多是君王专制；而社会契约论在西方历史上只有美国建国与"五月花号"帆船上41名自由的成年男子制定并签字通过的《五月花号公约》有直接关系之

---

① 参见刘玮主编《西方政治哲学史》第一卷，中国人民大学出版社2018年版，第100页。

② ［英］洛克：《政府论》下篇，叶启芳、瞿菊农译，商务印书馆1964年版，第54页。

外，其他西方现代国家都并非通过订立契约的方式而是通过资产阶级革命的方式组建的。与上述思想家不同，马恩对于未来社会实现的路径不是停留于理性构想，而主要是根据当时欧洲无产阶级与资产阶级对立和斗争的实际情况提出方案。他们指出，共产主义现在已经不再意味着凭空设想的一种尽可能完善的社会理想，而是意味着深入理解无产阶级所进行的斗争的性质、条件以及由此产生的一般目的。①

在马恩看来，从封建社会的灭亡中产生出来的现代资产阶级社会并没有消灭阶级对立，它只是用新的阶级、新的压迫条件、新的斗争代替了旧的，只不过"它使阶级对立简单化了。整个社会日益分裂为两大敌对的阵营，分裂为两大相互直接对立的阶级：资产阶级和无产阶级"②。马恩认为，无产阶级要解放自己，就必须进行无产阶级革命，通过无产阶级的不断革命达到废除一切私有制的目的，实现社会主义。马恩在《中央委员会告共产主义者同盟书》中告诫德国工人阶级，为了获得自己的最终胜利，他们首先必须自己努力：他们应该认清自己的阶级利益，尽快采取自己独立政党的立场，一时一刻也不能因为听信民主派小资产者的花言巧语而动摇对无产阶级政党的独立组织的信念，其战斗口号应该是"不断革命"③。马恩认为，无产阶级的革命就是共产主义革命。"这种社会主义就是宣布不断革命，就是无产阶级的阶级专政，这种专政是达到消灭一切阶级差别，达到消灭这些差别所由产生的一切生产关系，达到消灭和这些生产关系相适应的一切社会关系，达到改变由这些社会关系产生出来的一切观念的必然的过渡阶段。"④

通过革命的途径实现共产主义是马恩根据当时欧洲的实际情况提出的，并不否认还有其他途径的可能性。恩格斯早年就说过，《共产党宣言》"早已宣布，争取普选权、争取民主，是战斗的无产阶级的首要任务之一"⑤。恩格斯在晚年又根据资本主义社会发生的新变化对无产阶级革命斗争的策略作出

---

① 参见《马克思恩格斯选集》第4卷，人民出版社2012年版，第203页。
② 《马克思恩格斯选集》第1卷，人民出版社2012年版，第401页。
③ 参见《马克思恩格斯选集》第1卷，人民出版社2012年版，第564页。
④ 《马克思恩格斯选集》第1卷，人民出版社2012年版，第532页。
⑤ 《马克思恩格斯选集》第4卷，人民出版社2012年版，第389页。

了新的探索和思考。例如，他称赞德国社会民主党"给了世界各国的同志们一件新的武器——最锐利的武器中的一件武器，向他们表明了应该怎样使用普选权"①；他也非常赞同"法国马克思主义纲领"中所说的"选举权已经被他们……由向来是欺骗的工具变为解放的工具"②。恩格斯还具体列举了选举权对工人阶级的种种好处，并得出了"我们用合法手段却比用不合法手段和用颠覆的办法获得的成就多得多"③ 等结论。不过，恩格斯在 1888 年《共产党宣言》英文版序言中仍然强调："不管最近 25 年来的情况发生了多大的变化，这个《宣言》中所阐述的一般原理整个说来直到现在还是完全正确的。"④

马恩关于实现共产主义社会路径的理论的重要贡献有两个方面。一方面，它为当时和后来无产阶级夺取政权指明了现实道路。俄国十月革命就是在马恩这一理论指导下取得成功的，中国新民主主义革命和社会主义革命也是这一理论在中国的成功运用。另一方面，它给人类实现共产主义社会道路的选择以方法论的指导，即不能凭空设想，而要从实际出发，根据社会现实情况作出切实可行的选择。在人类走向世界共同体的过程中，各国都需要根据马恩政治哲学作出符合本国实际的正确选择。

二 马恩政治哲学的独到价值

与古今中外各种政治哲学相比较，马恩政治哲学具有自身独具的不可替代的价值。因为这种价值，它已经给人类政治文明进步、人类迈向彻底解放和普遍幸福作出了独特的贡献；也因为这种价值，它至少在可预见的范围内还会对人类政治文明和社会发展具有重要的规导意义。马恩政治哲学的价值很丰富，具有立体性，包括不同方面、不同层次、不同向度，这里仅仅提出和讨论对当代世界各国政治哲学研究最具有弘扬和借鉴意义的五个方面。

马恩政治哲学给政治哲学提供了唯物史观的本体论基础。中西政治哲学

---

① 《马克思恩格斯选集》第 4 卷，人民出版社 2012 年版，第 388 页。
② 《马克思恩格斯选集》第 4 卷，人民出版社 2012 年版，第 389 页。
③ 《马克思恩格斯选集》第 4 卷，人民出版社 2012 年版，第 396 页。
④ 《马克思恩格斯选集》第 1 卷，人民出版社 2012 年版，第 386 页。

最初几乎都是与本体论一起诞生的，古希腊的主流政治哲学主要是以目的论本体论为基础的，而中国先秦儒道两家的政治哲学则主要是以道德论本体论为基础的。它们的共同特点是着眼于宇宙本体为政治哲学原理提供论证，其基本思路是从宇宙万物的本性或本体（苏格拉底的"善"和儒道两家的"道"）引申出人类的本性，再从人类的本性引申出社会的本性以及政治的本性。这种致思路径的问题在于作为政治哲学根基的宇宙万物本性并不是对宇宙万物本性的揭示，而是对宇宙万物本性的构想，因而其立论的根据后来屡遭质疑。西方近代政治哲学基本上丢弃了古典政治哲学的本体论传统，从假设的自然状态引申出自然权利，进而以保护自然权利为根据建立社会契约论作为政治哲学的根据。显然，作为社会契约论根据的自然状态说和自然权利说不是真正意义上的本体论，因此近代以来西方主流形态的政治哲学事实上没有本体论根基。其消极后果是，政治哲学丧失了应有的以批判精神为前提的规导功能，而沦为为西方现实政治作论证和辩护的工具。[1] 与所有这些政治哲学不同，马恩以唯物史观为根据创立政治哲学，而唯物史观是对人类社会的本然本质和历史的发展规律的揭示。唯物史观认为，人们在社会生产中发生同他们的物质生产力的一定发展阶段相适合的生产关系，其总和构成社会的经济结构，它是构成法律的和政治的上层建筑以及与之相适应的一定的社会意识形式的现实基础；社会的物质生产力发展到一定阶段，便同它们一直在其中运动的现存生产关系或财产关系发生矛盾，于是这些关系便由生产力的发展形式变成生产力的桎梏。那时社会革命的时代就到来了，全部庞大的上层建筑会随着经济基础的变更或慢或快地发生变革。[2] 唯物史观所阐述的生产力与生产关系、经济基础与上层建筑及意识形态之间的关系是在批判考察人类历史并着眼于人类本性所揭示的社会及其发展的真理。政治哲学的真正使命就在于根据这一社会及其发展的真理揭示政治的本性及其实践要求，从

---

[1] 政治哲学作为哲学的专门学科，在近代的命运与整个哲学一样政治化（意识形态化（参见江畅《弘扬哲学的本义及其精神：当代中国特色哲学体系构建的前提要件》，《江海学刊》2023年第2期）。

[2] 参见《马克思恩格斯选集》第2卷，人民出版社2012年版，第2—3页。

而为社会运行和变革提供理论上的规范和指导。如此,马恩政治哲学就克服了以前思想家以构想的宇宙本体或假设的自然状态为政治哲学根基的局限,为政治哲学提供了坚实的本体论基础。

这里需要指出,我国学界对马恩唯物史观的理解通常主要局限于它的直接含义,即生产力决定生产关系,经济基础决定上层建筑,而忽视了它的隐含含义。这种隐含含义包括两个方面。一是实践观。马恩的实践观早于唯物史观创立,在一定意义上可以说实践观是唯物史观的基础和前提。马恩认为人类历史上发生的社会革命和社会变革都不是自发的、自然的过程,而是阶级斗争的结果,是通过革命实现的。"至今一切社会的历史都是阶级斗争的历史",而"一切阶级斗争都是政治斗争"①,都是革命实践。在马恩看来,人生存的环境是由人改变的,而环境的改变是与人自身的改变、与人的活动一致的,这种一致性"只能被看做是并合理地理解为革命的实践"。因此,"全部社会生活在本质上是实践的"②。这种实践不仅可以证明人自己思维的真理性,而且可以使以往理论无法解决的历史发展问题得到合理的解决。对于实践的唯物主义者即共产主义者来说,全部问题都在于使现存世界革命化,实际地反对并改变现存的事物。③ 据此,马克思宣称:"哲学家们只是用不同的方式解释世界,问题在于改变世界。"④ 二是辩证法。恩格斯指出,"辩证法的规律是从自然界的历史和人类社会的历史中抽象出来的"⑤,既适用于自然界,也适用于人类社会。他认为,唯物史观把历史看作人类的发展过程,而它的任务就在于发现这个过程的辩证规律,所以"现代唯物主义本质上都是辩证的"⑥。马恩哲学中的历史辩证法主要是恩格斯阐明的,对历史辩证法的忽视是许多学者轻视恩格斯的重要原因之一。唯物史观是马恩最大的理论贡献,以为唯物史观是马克思一个人的创造而与恩格斯无关或关系不大,必定

---

① 《马克思恩格斯选集》第1卷,人民出版社2012年版,第409页。
② 《马克思恩格斯选集》第1卷,人民出版社2012年版,第134页。
③ 参见《马克思恩格斯选集》第1卷,人民出版社2012年版,第155页。
④ 《马克思恩格斯选集》第1卷,人民出版社2012年版,第136页。
⑤ 《马克思恩格斯选集》第3卷,人民出版社2012年版,第901页。
⑥ 《马克思恩格斯选集》第3卷,人民出版社2012年版,第795页。

会导致对恩格斯的轻视。从以上分析可以看出，唯物史观是以实践观为基础、以辩证法为实质内涵的历史观。

马恩政治哲学给政治哲学确立了全人类立场和价值取向。"政治哲学研究者总是站在某一立场上研究政治哲学"[①]，研究者的立场决定着他们政治哲学的价值取向，即他们立足于谁、为了谁进行政治哲学研究。在历史上，研究政治哲学的思想家有几种基本立场：有些站在社会中所有人的立场上，把社会中所有的人都当人看，政治哲学研究立足并面向他们，中国先秦思想家、西方近代启蒙思想家都是如此；有些站在社会成员的立场上研究政治哲学，这里说的"社会成员"不包括那些不具备成员资格的人，如古希腊社会的奴隶、妇女和儿童，亚里士多德的政治哲学持这种立场；有些站在社会治理者或统治者的立场上，研究政治哲学是为了维护既定的政治统治，这方面比较典型的代表是董仲舒；有些则是站在全人类的立场上，研究政治哲学是为了全人类的解放、自由和幸福，马恩政治哲学就是这样的政治哲学。需要指出的是，先秦时期孔子、老子等的思想家都有天下情怀，也有不少空想社会主义者着眼于全人类提出自己的社会理想，但他们由于时代局限而没有明确的世界意识和全人类意识，还有不少空想社会主义者的理想局限于某个局部，如"乌托邦""太阳城"等。考察中西政治哲学史不难发现，在政治哲学史上，只有马恩政治哲学才是真正站在全人类的立场上，谋求全人类的彻底解放和普遍幸福。马克思曾明确宣称："旧唯物主义的立脚点是市民社会，新唯物主义的立脚点则是人类社会或社会的人类。"[②] 马恩政治哲学的全人类立场并不是他们宣称的，而是在他们的理论中得到了充分的体现，这一点前文在谈到马恩政治哲学的独特贡献时已充分论及。

问题在于，为什么说站在全人类立场上的马恩政治哲学具有独特的价值呢？从历史的角度看，由于时代局限和阶级局限，历史上不少思想家站在社会中部分人的立场上，虽然难以避免，不可苛求，但是他们的政治哲学是违

---

① 江畅：《政治哲学的立场、意向和方法——以当代中国特色政治构建为视角》，《阅江学刊》2023 年第 2 期。

② 《马克思恩格斯选集》第 1 卷，人民出版社 2012 年版，第 136 页。

背人类社会及其治理所需要的政治的人民性的。人类之所以要结成社会是人类的社会本性使然，每一个人都必须在社会中生存，这可以说是人类本性赋予人的自然权利，任何人都没有权利剥夺他人的这种同自己所享有的权利同样的权利。社会原本是人为的、属人的、为人的。① 这里说的"人"指的是所有人，社会应该为其中所有人共建、共治、共享，即孔子的"大道之行也，天下为公"（《礼记·礼运》）。只是人类进入文明社会之后由于私有制及与之相应的私有观念的产生，社会分裂为阶级，那些在经济上占统治地位的阶级"借助于国家而在政治上也成为占统治地位的阶级，因而获得了镇压和剥削被压迫阶级的新手段"②。如果说社会历史发展导致原本为其成员共建、共治和共享的社会成为一部分人统治另一部人的国家，那么，政治哲学的使命就是要使人们认清社会及其治理的人民性本性，并使之得以实现，而不能为社会中一部分人统治另一部分人提供论证和辩护。马恩在他们长期与苦难民众交往的过程中，在启蒙思想的启发下，深刻认识到了社会及其政治的这种真正本性，并站在全人类的立场上创立了为人类解放和幸福提供规导的政治哲学。显然，马恩政治哲学的这种立场是对以往其他政治哲学立场的根本转换，是一切追求政治真理的政治哲学应持有的政治立场。

马恩政治哲学给政治哲学规定了将每一个个人的全面而自由的发展作为政治的终极目的。在中西历史上，所有成体系的政治哲学都会构想并设定一种社会理想，有的还提出人格理想，其中会包含明言或隐含的社会终极目的（也就是政治哲学规定的政治的终极目的）。孔子的"大同"所描述的是社会呈现的美好社会状况，而他自己以及后儒所关心的是人如何通过修身成为真正意义上的人，即所谓"修身成人"③。但儒家没有在"大同"与"成人"之间建立联系，给人们指出的成人之道是"内圣外王之道"，但事实上绝大多数人不可能在这条道路上走下去，甚至没有可能走上这条道路。亚里士多德师徒三人认为城邦要达到理想状态，需要公民具有公民德性乃至好人德性，

---

① 参见江畅《德性论》，载《江畅文集》第4卷，人民出版社2022年版，第170页。
② 《马克思恩格斯选集》第4卷，人民出版社2012年版，第188页。
③ 江畅：《"修身成人"的现代意蕴》，《伦理学研究》2022年第4期。

在最优秀的城邦中"某一人或某一家族或许多人在德性方面超过其他一切人"①。但他们的终极目的并不明确，看不出社会追求的终极目的究竟是城邦的幸福还是个人的德性，而且他们重视个人的德性，轻视个人的全面发展和个性发展。洛克明确规定政府是"为了人民的和平、安全和公共福利"②，但自由主义者首推的价值其实是自由，他们把自由看作与生俱来、不可转让、不可剥夺的神圣权利。对此，约翰·密尔说："任何人的行为，只有涉及他人的那部分才须对社会负责。在只涉及本人的那部分，他的独立性在权利上则是绝对的。对于本人自己，对于他自己的身和心，个人乃是最高主权者。"③自由主义者的问题在于没有讲清楚社会的公共福利与个人的自由和发展的关系，以及个人的自由与发展的关系，导致社会由于缺乏应有的理论规导而出现了不少难以克服的严重社会病。从中西历史上几位有代表性、有影响的政治哲学家看，他们在政治的终极目的问题上的观点是含混的、杂乱的，缺乏清醒的意识。正是鉴于西方历史上所有政治哲学在社会政治的终极目的问题上存在的局限和偏颇，马恩为未来社会规定了以每一个个人的全面而自由的发展为基本原则。从马恩政治哲学的本意来看，这一原则其实就是社会应该追求的终极目的。

马克思的这一规定的最重要的意义在于，它体现了人类的本性，也体现了社会的本性和政治的本性。自古以来，关于人类本性或人的本性有种种不同的理解和规定，但有一点是能够得到公认的，即人类本性在于谋求生存得更好。④ 这里所说的"生存"指的是人作为一个整体的生存，即生活，涵括家庭生活、职业生活、个性生活、网络生活等生活的各个方面。"生存得更好"就是人生活的各个方面都好，而且还与时俱进，越来越好。人的全面而自由的发展体现的正是人类本性的这种要求，达到这种要求就是人的幸福状

---

① [古希腊]亚里士多德：《政治学》，载苗力田主编《亚里士多德全集》第九卷，中国人民大学出版社1994年版，第116页。

② [英]洛克：《政府论》下篇，叶启芳、瞿菊农译，商务印书馆1964年版，第80页。

③ [英]约翰·密尔：《论自由》，程崇华译，商务印书馆1959年版，第11页。

④ 参见江畅《德性论》，载《江畅文集》第4卷，人民出版社2022年版，第129页。

态，这是一种好生活或美好生活。不过，马恩的规定并不是要求所有人在所有方面都一样地发展好，而是尊重个人的自由选择，个人可以而且应该在全面发展的前提下根据自己的愿望和条件有所侧重，从而体现自己好生活的个性。如此，全社会成员的好生活就会呈现多样性和审美性。人的全面而自由的发展，究其实质，就是要求社会努力使人的人性潜能得到尽可能充分的开发和发挥，也意味着使每一个人的生存需要、发展需要（特别是精神需要）和享受需要得到尽可能好的满足。由于人的全面发展包含道德的完善，以道德完善为前提，因而全面而自由的发展要求个人成为道德之人、自由之人和全面发展之人，达到三者的有机统一。因此，一个获得全面而自由的发展的人能通过努力奋斗逐步使其人性闪耀善和美的光辉，人格完善而高尚，个性获得健康而丰富的发展，生活充满乐趣、充满创意和充满魅力。[①]

马恩政治哲学给政治哲学提出了一系列具有普适性的核心理念和基本原则。考量一种政治哲学价值大小的重要标准之一，是看它给当时和后世留下了多少为人们所普遍认同甚至信奉的核心理念和基本原则。可以说，一种价值哲学这样的理念和原则越多，其价值越大。政治哲学这样，道德哲学亦如此，孔子的道德哲学给后人留下了大量的核心理念（如仁爱、中庸、推己及人、和而不同、见贤思齐、修己等），所以他的思想影响深远。在中西历史上，那些至今仍有影响的政治哲学都有一些核心理念或基本原则流传到后世，但我们稍加梳理就会发现，没有任何一个政治哲学体系像马恩政治哲学那样提供那么多对人类有影响的政治哲学理念。在马恩政治哲学诞生之前，对整个人类现代社会影响最大的是自由主义政治哲学，它形成的过程长，参与其中的思想家很多，给人类提供了很多影响深远的核心理念。其中比较重要的有自由、平等、人权、民主、法治、市场、公正、有限政府八大理念。马恩承认自由主义政治哲学所有这些核心理念在理论上的合理性，但针对它与现实的反差，揭露、批判了其虚伪性。马恩政治哲学的核心理念包括两个部分：一是对自由主义政治哲学的八大理念进行批判性改造，将其融入自己的体系，可以说是一种批判继承基础上的超越；二是提出了自由主义政治哲学中没有

[①] 参见江畅《我们需要什么样的幸福观？》，《光明日报》2017年1月23日。

的核心理念，其中最重要的至少有以下九个：人类解放、共产主义、自由发展、全面发展、真正民主、廉价政府、社会公仆、各尽所能、按需分配。这九个理念是马恩政治哲学具有独特价值的贡献。在这九个理念中，有些也与自由主义政治哲学有渊源关系，如自由发展、真正民主、廉价政府，但实行了创造性转化或创新性发展。

马恩政治哲学提供的九大核心理念的独到价值主要在于，它们克服了自由主义政治哲学核心理念的局限和偏颇，而且在此基础上实现了创新性超越。自由发展、真正民主、廉价政府就是对自由主义政治哲学的自由、民主、有限政府的创造性转化和创新性发展。比如，洛克说："所谓自由就是说，我们可以按照自己的选择或意志，有执行或不执行的能力。"[①] 洛克这里说的自由指的是人的意志自由。洛克的自由观对于西方近代肯定人的自由具有重大时代意义，但这种自由是一种抽象的自由，如果社会条件不允许，这种自由就不能得到实现。马恩则强调人的自由发展，而且强调"每个人的自由发展是一切人的自由发展的条件"[②]，这样就给每个人的自由提供了社会保障。马恩讲的"真正民主"的实质涵义在于人民当家作主，其关键在于建立"属于人民、由人民掌权的政府"[③]，显然这种民主可以克服自由主义者代议式民主的财团实际掌控国家权力、"多数暴政"等局限和弊端。"廉价政府"也是对"有限政府"的超越，它们之间的一个显著区别是，后者不过是一个"守夜人"[④]，而前者要"尽可能快地增加生产力的总量"[⑤]。人类解放、共产主义、社会公仆、各尽所能、按需分配等核心理念则是马恩创造性提出的，它们更鲜明地体现了马恩政治哲学的人民性。在所有自由主义文献中，我们找不到把无产阶级从资产阶级私有制及其导致的全面异化、两极分化等奴役中解放出来以实现全人类彻底解放的思想；共产主义的基础是生产资料公有制，而

---

① ［英］洛克：《人类理解论》，关文运译，商务印书馆1959年版，上册，第218页。
② 《马克思恩格斯选集》第1卷，人民出版社2012年版，第422页。
③ 《马克思恩格斯选集》第3卷，人民出版社2012年版，第107页。
④ 参见［美］罗伯特·诺齐克《无政府、国家与乌托邦》，何怀宏等译，中国社会科学出版社1991年版，第35页。
⑤ 《马克思恩格斯选集》第1卷，人民出版社2012年版，第421页。

自由主义的基本立场是资产阶级的,其主要使命就是为"保护他们的财产"的政府提供合理性论证和辩护;廉价政府是同一切旧国家政权从本质上划清了界限的,可以"防止国家和国家机关由社会公仆变为社会主人"① 的真正的人民政府。至于"各尽所能"和"按需分配",更是马恩为未来社会公正所作的全新谋划,完全超出了自由主义思想家的狭隘眼界和想象。

马恩政治哲学给政治哲学明确了以改变世界为根本使命和实践要求。政治哲学作为哲学的专门学科,和道德哲学一样,虽然比哲学的其他学科更具有实践性,但本质上还是理论学科。在西方历史上,政治哲学家提出的种种政治方案程度不同地影响了政治家的政治设计和政治实践,但是似乎未见有政治哲学家明确宣称政治哲学的使命就是改变世界,也少有政治哲学家直接参与将自己的政治哲学方案转变为现实的实践活动。马恩针对以往哲学的局限在政治哲学史上第一次明确宣称:"哲学家们只是用不同的方式解释世界,问题在于改变世界。"② 显然,马克思这里不是要哲学家直接参与改变世界的实践活动,而是指出哲学家不能仅仅将自己的学术活动限于对世界作出解释,还要研究如何改变现实世界,尤其是要改变资产阶级对无产阶级的压迫和剥削的现实,从政治哲学的角度为改变世界指明方向、设计方案,为人民群众改变世界提供规导,使无产阶级从而使全人类获得彻底解放和普遍幸福。马恩对哲学和政治哲学提出这种希望和要求,不单纯是要哲学家们改变研究方式和习惯,更是要哲学家们增强社会责任感和学术使命感。在哲学诞生的时代,古典哲学家就根据人类的本然本质和本然位置,以及人类可能作为的空间,探讨人类应有的总体状况和终极目的,构想人生和社会的理想图景及其实现路径,为人类确立追求的目标和遵循的原则。他们的研究实际上就明确了哲学的责任和使命,但在后来的发展中哲学研究日益书斋化,专注学理的研究和理论的构建,不能承担起应有的规导社会实践的作用。③ 马恩关于哲学

---

① 《马克思恩格斯选集》第3卷,人民出版社2012年版,第55页。
② 《马克思恩格斯选集》第1卷,人民出版社2012年版,第136页。
③ 参见江畅《弘扬哲学的本义及其精神:当代中国特色哲学体系构建的前提要件》,《江海学刊》2023年第2期。

应着眼于改变世界展开研究的主张是对古典哲学精神的弘扬，可以大大增强哲学的社会功能。

三 马恩政治哲学的当代意义

马恩政治哲学不是一种在历史上存在过并发生作用的过时理论，而是对于人类走向彻底解放和普遍幸福、对于世界走向大同、对于人类政治文明进步和整个人类进步都具有重大意义的理论。马恩政治哲学是密涅瓦的猫头鹰，又是高卢的雄鸡，能够有效规范和指导政治活动，照亮人类社会不断朝着更加光明的未来的前行之路。关于什么是政治哲学，中西政治哲学史上有种种不同观点。笔者比较赞同列奥·施特劳斯和陈晏清教授的观点。列奥·施特劳斯认为政治哲学"旨在真正了解政治事物的本性以及正当的或好的政治秩序"[①]，陈晏清教授把政治哲学看作"对政治事物的内在本性进行形而上的反思，对政治事物进行善恶好坏之别的价值判断"[②]。根据他们的观点，笔者将政治哲学界定为关于政治本性及其实践要求的哲学专门学科，认为政治哲学需要着重研究和回答政治本性的人民性、政治目的的合理性、政治制度的合法性和政治活动尤其是政治治理的公正性和政治权力的正当性五大基本问题。马恩政治哲学研究和回答了这五大基本问题，这里主要从这五个方面对马恩政治哲学的当代意义加以初步梳理和阐述。

其一，马恩政治哲学的政治本性论，为政治文明进步奠定了牢固的动力基础。政治并不是人类一诞生就出现的，而是人类进入文明社会过程中的产物，那时社会关系日益复杂化要求以公共权力作后盾进行社会治理，于是政治就产生了。但是，一直到轴心时代思想家才开始对政治进行反思和批判，思考什么是政治的问题，中西政治哲学史上从而形成了种种关于政治的理论观点。这些观点看到了政治及其现实本质的某一方面或某一个层次，但并没有揭示政治的真实本性，即使从政治现实发现了政治本质，那也只是政治的

---

① ［美］列奥·施特劳斯：《什么是政治哲学》，李世祥等译，华夏出版社2019年版，第3页。

② 陈晏清：《政治哲学的时代使命》，《求是学刊》2006年第3期。

实然本质,并非体现政治真实本性的应然本质。马克斯·韦伯说"'政治'意指力求分享权力或力求影响权力的分配"①,就只注意到了政治的权力方面,而没有注意到其他方面,更没有揭示政治的真实本性。马恩没有一般地谈论政治的本性问题,但深刻揭示了政治的真实本性即人民统治和治理社会。

马恩对政治的人民性本性的揭示体现在两个方面。一是在无产阶级革命和无产阶级专政时期政治的主体是无产阶级,政治的目的是无产阶级解放。而他们所说的"无产阶级"就是这个时期的人民。他们认为,"至今一切社会的历史都是阶级斗争的历史"②,而一切阶级斗争都是政治斗争。在资本主义时代,整个社会分裂为资产阶级和无产阶级的直接对立,资产阶级不仅锻造了置自身于死地的强大的生产力,还产生了将要运用这种武器的无产阶级。无产阶级肩负着通过无产阶级革命和无产阶级专政斗争使自身获得解放,从而实现全人类解放的历史使命,其终极目的是建立共产主义新社会。二是在无产阶级夺得政权、争得民主后,全人类都成了政治主体,而政治的终极目的则是使每一个个人获得全面而自由的发展。在马恩看来,当无产阶级消灭了资产阶级时也就"消灭了它自己这个阶级的统治"③,人类进入无阶级的共产主义社会。于是,政治也就回归了它的本性——"属于人民、由人民掌权"④,即由人民统治和治理社会。

轴心时代以来,人类社会的政治越来越受到政治哲学的影响。例如,当政治哲学家把政治的本性理解为国家的权力及其分配时,政治权力问题就会成为政治关注的焦点。马恩政治哲学对政治本性的深刻揭示,其最重要意义在于,它拨开了政治哲学史和政治史上的种种迷雾,以强有力的论证证明全人类——最广义的人民才是真正的政治主体,社会应该由人民统治和治理,而统治和治理社会的终极目的和根本原则就是"每一个个人的全面而自由的发展"。今天,人类的基本共同体从国家走向世界已经成为不

---

① 转引自[美]艾伦·C·艾萨克《政治学:范围与方法》,郑永年等译,浙江人民出版社1987年版,第21页。
② 《马克思恩格斯选集》第1卷,人民出版社2012年版,第400页。
③ 《马克思恩格斯选集》第1卷,人民出版社2012年版,第422页。
④ 《马克思恩格斯选集》第3卷,人民出版社2012年版,第107页。

可逆转的大趋势①，马恩政治哲学的政治本性论为世界共同体的构建和人类政治文明的未来发展提供了人民是社会主体、人民至上的根本理念和人民当家作主的根本原则。

其二，马恩政治哲学的政治目的论，为人类获得普遍而永久的幸福指明了正确的前进道路。政治是人为事物，人类创造它不是随意的，而是有意识、有目的的。政治是有目的的，但目的是什么，尤其是终极目的是什么，轴心时代以来的思想家各持一端。政治目的有终极目的与非终极目的之分，终极目的指根本性目的和总体性目的，非终极目的指特殊性目的、具体性目的。思想家在政治的特殊性、具体性目的上有不少共识，但在终极目的上存在着分歧，甚至是根本分歧。例如，董仲舒就认为政治的终极目的就是建立天下"大一统"②，即所谓"六合同风，九州共贯也"（《汉书·王吉传》）；柏拉图将"整个城邦幸福"作为建立城邦的终极目的③，也就是作为哲人王统治的终极目的；自由主义者则把"永恒的真理、永恒的正义、基于自然的平等和不可剥夺的人权"④作为资本主义社会的理想，当然也就是把它作为终极政治目的。与历史上所有政治目的论不同，马恩政治哲学把"每一个个人的全面而自由的发展"作为社会的基本原则，实际上也就是把它作为社会和政治的终极目的。对终极政治目的的这种规定不仅充分体现了政治本性、社会本性和人类本性，而且找到了人类终极政治目的的真理，为全人类获得普遍而永久的幸福提供了基本遵循。

人的本性或人类本性在于谋求生存得更好，生存得更好就是要将人性的潜能充分地开发出来，使之形成不断完善的人格，而且还要使开发出来的完

---

① 参见江畅《世界共同体与文明多样性》，《江苏海洋大学学报》（人文社会科学版）2020年第3期。

② 董仲舒的"大一统"概念虽然来自《公羊传·隐公元年》，但与之有根本区别，参见孙磊《〈春秋〉"大一统"与国家秩序建构——以西汉国家治理为中心》，《东南学术》2022年第6期。

③ 参见[古希腊]柏拉图《国家篇》，载《柏拉图全集》（增订版）中卷，王晓朝译，人民出版社2018年版，第115页。

④ 《马克思恩格斯选集》第3卷，人民出版社2012年版，第776页。

善人格得到充分发挥。人类之所以组成社会，就是要使人性潜能得到充分的开发并使开发出的人格得到充分发挥，以使人生幸福，这就是社会的本性之所在。社会需要治理，治理的终极目的就是使社会的本性充分体现出来，而这也就是政治的本性。马恩把"每一个个人的全面而自由的发展"作为社会和政治的终极目的和基本原则，最一般的要求就是要使全人类的每一个个人的人性潜能得到尽可能充分的开发，并使开发出来的潜能得到尽可能充分的发挥。人性的潜能得到充分开发和发挥的根本也就是人的生存需要、发展需要（特别是精神需要）和享受需要得到尽可能好的满足。从这种意义上看，马恩政治哲学所确立的终极目的和基本原则就是使全人类所有人的生存、发展和享受需要得到充分的满足，这就是马恩提出共产主义社会实行"各尽所能，按需分配"①的初衷和希冀。所以，马恩为政治目的确立的终极目的不仅体现了政治本性和社会本性的要求，而且体现了人类本性。在人类正在走向世界共同体、全人类即将成为一个大家庭的时代背景下，"每一个个人的全面而自由的发展"为人类政治的未来构建和发展提供了任何时候都不可违背的根本理念和基本原则。

其三，马恩政治哲学的政治制度论，为社会长治久安贡献了政治哲学智慧。在人类历史上，政治从一诞生开始直至今天都是以国家为载体，政治制度是以国家制度的面目呈现的，并且成为统治者维护统治的主要手段和依据。在轴心时代以前，政治制度往往源自文化传统包括图腾禁忌、风俗习惯、血缘关系等（如中国先秦时代的最重要制度——礼制就是以宗法制的上下尊卑秩序为依据的），也在相当大程度上体现了统治者的意志。尽管统治者努力为政治制度的合法性作论证，但政治制度仍然会遭到统治集团内部的对立势力和民众的质疑。从轴心时代开始，思想家开始致力于为所主张的政治制度的合法性寻求根据。例如，董仲舒就曾以上天为依据为"三纲"提供合法性论证，即所谓"王道之三纲可求于天"（《春秋繁露·基义》）；卢梭认为"法律乃是公意的行为"②，而全体人民作出规定的意志就是公意③；罗尔斯则认为

---

① 《马克思恩格斯选集》第3卷，人民出版社2012年版，第365页。
② ［法］卢梭：《社会契约论》，何兆武译，商务印书馆1980年版，第51页。
③ 参见［法］卢梭《社会契约论》，何兆武译，商务印书馆1980年版，第50页。

作为民主社会制度首要德性的公正源自原初状态中社会成员在"无知之幕"下达成的共识①。历来的思想家都承认政治制度必须合法才能有效,但对政治制度合法性的根据是什么从未达成共识。马恩政治哲学第一次找到了政治制度合法性的真正根据,这就是作为社会全体成员的人民。

在马恩看来,是人民创造国家制度,而不是国家制度创造人民②,因而民主制是一切国家制度的本然本质,任何特殊的国家制度都应体现这种本然本质。民主制是与君主制相对立的,君主制是由君主决定的国家制度,它把人民仅仅看作政治制度的附属物,而民主制度是人民的自我规定,是内容和形式的真正统一。"民主制是内容和形式,君主制似乎只是形式,然而它伪造内容。"③ 民主制是实行人民主权的政治形式,在民主制中,不是人为法律而存在,而是法律为人而存在,人的存在就是法律;而在君主制中,不是法律为人而存在,而是人为法律而存在,人是法律规定的存在。所以,"民主制是君主制的真理"④,"民主制是一切形式的国家制度的已经解开的谜"⑤。马克思反对黑格尔所谓立法权能改变国家制度的观点,指出"立法权并不创立法律,它只披露和表述法律"⑥。既然人民是政治制度的真正创造者,那么人民就应该直接参与立法,这就要求"扩大选举并尽可能普及选举,即扩大并尽可能普及选举权和被选举权"⑦。马克思认为,只有人民才有权决定国家制度,"从而必须使国家制度的实际承担者——人民成为国家制度的原则"⑧。政治哲学家在政治制度合法性根据问题上不能达成共识,也就不能在社会究竟需要什么样的制度问题上达成共识,这是导致今天世界上各国基本制度存在着

---

① 参见[美]约翰·罗尔斯《正义论》,何怀宏等译,中国社会科学出版社1988年版,第131页。
② 参见《马克思恩格斯全集》第3卷,人民出版社2002年版,第40页。
③ 《马克思恩格斯全集》第3卷,人民出版社2002年版,第39页。
④ 《马克思恩格斯全集》第3卷,人民出版社2002年版,第39页。
⑤ 《马克思恩格斯全集》第3卷,人民出版社2002年版,第39页。
⑥ 《马克思恩格斯全集》第3卷,人民出版社2002年版,第74页。
⑦ 《马克思恩格斯全集》第3卷,人民出版社2002年版,第150页。
⑧ 《马克思恩格斯全集》第3卷,人民出版社2002年版,第72页。

巨大差异甚至对立的重要原因。

马恩政治制度论一方面在继承启蒙思想家的民主制度思想的基础上强调民主才是实现人民主权的形式，另一方面又创造性地提出全体人民才是民主制的真正创立者，由人民决定国家制度才是国家制度合法性的根据。马恩所理解的人民如前所述是全人类，是世界人民，因此马恩的政治制度论为当代人类命运共同体构建提供了政治制度制定和运用的基本理论依据。

其四，马恩政治哲学的政治活动理论，为人民对社会的统治和治理提供了可行的实践方案。政治活动在传统社会是政治统治活动与政治治理活动不作区分的统一政治活动，自西方近代开始，这两种政治活动被分开，公民作为主权者所从事的政治活动属于统治活动的范畴，而公民选举出来的代表组成的社会治理机构作为治权者（通常被称为政府）从事政治治理活动。但是，由于在资本主义社会公民发生严重的两极分化，其结果是那些富有者（资产阶级）控制着选举，公民主权实际上落空，发生了恩格斯所说的那种情形，即国家是"最强大的、在经济上占统治地位的阶级的国家"①。正是鉴于这种情况，马恩主张在资本主义时代，无产阶级要通过暴力革命等途径夺取政权，争得民主，使以作为阶级整体的无产阶级为主体的全体人民成为真正的主权者。更为重要的是，马恩还根据巴黎公社的经验提出实现人民主权的治权形式即"廉价政府"。廉价政府的权力基础是人民主权，它通过普选制获得其治权并通过政务公开化监督其治权的有效运行，它的根本任务是维护公民权利和增进公共利益。以往的国家政权"为了追求自己的特殊利益，从社会的公仆变成了社会的主人"②。马恩的重大贡献在于，将人民确定为社会主人，而将掌握治权的政府视为社会公仆，将以往国家政权颠倒了的社会主人与社会公仆关系重新颠倒过来，并提出了防止社会公仆变为社会主人的控制机制的初步方案。

在政治治理理论上，马恩关于国家的理论尤其值得重视。他们认为，国家无非是一个阶级镇压另一个阶级的机器③，而且在这一点上民主共和国并不

---

① 《马克思恩格斯选集》第 4 卷，人民出版社 2012 年版，第 188 页。
② 《马克思恩格斯选集》第 3 卷，人民出版社 2012 年版，第 54 页。
③ 列宁称之为"暴力机构"（《列宁选集》第 4 卷，人民出版社 1972 年版，第 31 页）。

亚于君主国。所以恩格斯说:"国家再好也不过是在争取阶级统治的斗争中获胜的无产阶级所继承下来的一个祸害;胜利了的无产阶级也将同公社一样,不得不立即尽量除去这个祸害的最坏方面,直到在新的自由的社会条件下成长起来的一代有能力把这国家废物全部抛掉。"① 显然,马恩已经清晰地预见世界将走向大同,全人类将会成为一家,他们据此告诉人们:代表阶级利益的国家这种政治形式,是完全不适应人类社会发展的总趋势的,必须以新的政治形式或载体来取代它。在他们看来,这种形式就是巴黎公社创造的、适应整个人类整体的"廉价政府"。

其五,马恩政治哲学的政治权力论,为人民当家作主提供了充分的理论论证。恩格斯认为,政治权力就是公共权力,它是伴随着国家的出现产生的。② 公共权力是政治得以存在和发挥作用的凭借,是政治的决定性因素,因而历来受到政治哲学家的高度重视,而其正当性更受到政治家和社会公众的普遍关注。政治权力是政治主体的权力,包括政治主体统治社会的权力(主权)和治理主体治理社会的权力(治权),其正当性问题在于主权者凭什么有权力控制政治对象、治权者凭什么有权力控制社会治理对象。对于这一问题,历史上比较有影响的观点有上天授权说、公民授权说、上帝授权说、人民授权说。在四种观点中,上天授权和上帝授权的论证已经被科学发展否证,而作为公民授权说依据的社会契约论只不过是一种理性假设,只有马恩所主张的人民授权说才真正揭示了公共权力正当性在于人民授权这一真理。

马克思早在《黑格尔法哲学批判》中就针对黑格尔抬高君主主权、贬低人民主权的观点("任性就是王权""王权就是任性"),根据卢梭的"人民主权"论提出,主权不可能双重存在,"不是君主的主权,就是人民的主权"③,其中必定有一个是不真实的。他认为,人民的主权不是从国王的主权中派生出来的,国王的主权却是以人民的主权为基础的,因此国家的主权是属于人

---

① 《马克思恩格斯选集》第3卷,人民出版社2012年版,第55页。
② 参见《马克思恩格斯选集》第4卷,人民出版社2012年版,第187页。
③ 《马克思恩格斯全集》第3卷,人民出版社2002年版,第38页。

民的公共权力，其正当性在于它源自人民。他强调，只有人民才有权决定国家制度，"从而必须使国家制度的实际承担者——人民成为国家制度的原则"①。《共产党宣言》中提出"无产阶级用暴力推翻资产阶级而建立自己的统治"②，其实就是号召无产阶级要让资产阶级凭借经济实力攫取的公共权力重新回到人民手中。马克思在《法兰西内战》中明确表达了这一点，他肯定巴黎公社"是社会把国家政权重新收回"，"是人民群众把国家政权重新收回"，"是人民群众获得社会解放的政治形式"。③马恩这里所说的"人民"并不是指自由主义者所说的单个的公民，而是以无产阶级为主体的人民整体。马恩强调共产党最近的首要目的是"使无产阶级形成为阶级"④ 就是证明。马恩的这些论述充分表明，人民才是社会的主体、主人，只有来自人民并由人民掌握的公共权力才具有正当性，任何个人或阶级、集团攫取公共权力，无论他们为自己攫取的权力寻求什么样的理由，都是不正当的。马恩深刻认识到，政治的本性在历史上发生了异化，最典型的表现就是社会为了维护共同的利益而建立的以国家为首的特殊机关"为了追求自身的特殊利益，从社会的公仆变成了社会的主人"⑤。这种异化正是要通过无产阶级革命和无产阶级专政解决的问题，当然也不排除其他的非暴力途径。

---

① 《马克思恩格斯全集》第3卷，人民出版社2002年版，第72页。
② 《马克思恩格斯选集》第1卷，人民出版社2012年版，第412页。
③ 《马克思恩格斯选集》第3卷，人民出版社2012年版，第140页。
④ 《马克思恩格斯选集》第1卷，人民出版社2012年版，第413页。
⑤ 《马克思恩格斯选集》第3卷，人民出版社2012年版，第54页。

结　　语

笔者的博士生导师陈修斋先生曾经说"哲学无定论",笔者一直坚信不疑。但在写完本书后,笔者觉得至少就政治哲学而言还可以补充一句:哲学有共识。

通过对中西马政治哲学的总体性考察,笔者发现,自轴心时代以来,哲学家在许多问题上已经形成共识。这里所说的"共识"是政治哲学共识,指的是哲学家在对政治哲学的一些基本问题有共同认识的基础上形成的一些真理性观念,这些观念自觉不自觉地对哲学家的研究发挥着"前见"的作用。这种"政治哲学共识"类似于朱贻庭先生所说的"古今通理"。"古今通理"是指"传统文化中现代'价值对象性'（存在于传统文化中且仍有可能满足中国特色社会主义实践和中国特色社会主义现代文化建构需要的现代价值可能性——引者注）的具体化或具体体现,也是中华民族'精神命脉'的标识。"[①] 当然,这里所说的"政治哲学共识"与朱先生所说的"古今通理"在主题及范围上有很大不同。比如,政治哲学的共识不是文化意义上的精神命脉,而是学理意义上的哲学真理。然而,朱先生告诉我们,无论现代文化相对主义如何盛行,我们都应关注和弘扬那些贯穿古今的普遍性通理。这一主张可以引申到政治哲学——政治哲学界也应高度重视从无定论的各种学说中寻求那些能够得到普遍认同的共识,以作为人类形成政治共识并以此为基础构建与人类政治共同体相适应的思想观念体系。

人类历史上已经形成了哪些政治哲学共识?对于这个问题目前尚未见有学者作出概括。这里笔者尝试基于本书对中西马政治哲学的审视将其归纳为

---

① 朱贻庭:《中国传统道德哲学6辨》,文汇出版社2017年版,第3、12页。

八个方面。第一，政治的主体和主人是社会中的所有人，公共权力必须掌握在政治主体手中。第二，政治凭借公共权力发挥作用，政治主体运用公共权力进行社会治理，维护个体的正当权利。第三，社会治理由治理主体（主要是政府）实施，政府代表政治主体在法律授权范围内依法进行社会治理。第四，政府不仅运用法律也运用道德治理社会，法律和道德体现政治主体的意志和人类的本性。第五，社会治理的终极目的即政治的终极目的是使社会中所有人幸福，终极目的需要具体化为阶段性政治目标。第六，政府积极增进社会公共利益，通过经济社会发展为社会成员提供基本生活保障和自我实现条件。第七，个人和组织群体自觉遵守法律、修养德性，政府激励社会成员提高综合素质和提升人生境界。第八，社会治理追求公平正义，政府使社会中所有人都得其所应得。这八个方面可简称为人民主权、诉诸权力、政府执政、德法兼治、人人幸福、增进公益、个体守法、社会公正。

这八大共识是经过两千多年的历史演进积淀、一代又一代政治哲学家艰苦探索凝聚而成的智慧结晶。与朱贻庭先生所说的那种"古今通理"不同，它们是直至今天才逐渐形成的基本共识。当然，它们都在古典政治哲学中有其渊源和根基，只是不一定得到明确表达，更没有获得普遍认同。例如，中国先秦时期道儒墨法诸家共同主张人人幸福，而古希腊的苏格拉底、柏拉图和亚里士多德等哲学家则只关注限于城邦中成年男子的公民的幸福。政治哲学共识更像罗尔斯所说的"重叠共识"，它是今天中西政治哲学家各种不同理论中表达或隐含的共同主张，不过它们是零散的，缺乏系统性，而且在对其实质内涵和实践要求的理解方面尚存在着诸多不一致。儒家将从天道禀受的人性的实现视为幸福，而功利主义者则将对能使人获得快乐的利益占有视为幸福。这表明，尽管他们都主张人人都应过上幸福生活，但对幸福的理解存在着很大差异。

本书认为，政治哲学是研究政治本性及其实践要求的哲学专门学科（本书第一章第一节）。不同时代的哲学家之所以能够达成政治哲学共识，是因为政治有其共同本性作为哲学家形成政治哲学共识的根基。政治本性就是政治的真谛，对政治本性的正确认识就是政治真理，在政治哲学中被视为政治哲学原理。无论从历史起源看，还是从理论基础看，政治的真实本性是客观存在的，或者说它是哲学家通过思辨方法揭示的具有思想真实性的政治本然本质。政治本性体现了社会由所有人"共建共治共享"①的社会本性，其最终的根基则在于谋求生活得更好的人类本性。因此，政治本性对于人类生存来说具有必然性和合理性，政治存在的价值就在于实现其本性及其实践要求。政治哲学共识正是哲学家从不同方面对政治本性的揭示和表达。如果我们承认这一点，那么政治哲学家只能在此基础上达成政治哲学共识；离开这个基础，政治哲学共识就无从谈起，即使有所谓的"共识"也不具有真理性。

政治本性深藏于政治现实背后。人类历史上的政治现实十分残酷，种种邪恶的政治现象总是一方面使政治的真实本性被遮蔽，另一方面使其被扭曲或发生异化。这就使得政治哲学研究可能发生两种问题：一是把从政治现象揭示的现实本质当作政治本性，导致对政治的误解，如，马基雅维里、霍布斯等人把政治视为对邪恶行为的治理；二是把政治本性的某一方面当作政治本性的全部，导致对政治的理解以偏概全，如，法家把法律作为社会治理的唯一手段，认为"为治者用众而舍寡，故不务德而务法"（《韩非子·显学》）。人类进入文明社会时出现了阶级差别，在经济上占统治地位的阶级利用"国家机关"控制公共权力，对被统治阶级进行压迫剥削，政治本性因而发生畸变或异化，政治现实呈现出种种严重问题。正是这种有问题的政治现实将政治哲家的目光引向了对现实问题的解决，从而导致对政治本性产生误解或理解片面，马基雅维里、韩非等人的问题就发生在这里。以上两种问题是政治哲学家形成政治哲学共识的主要障碍。

政治作为人类创造的价值物，其真实本性在于人民性，即人民统治和治理社会，具体体现为作为社会主权者的人民，为了自身的幸福，运用法律统治社会，并授权其代表在法律范围内依据法律治理社会（本书第二章第一节）。这里所说的"人民"是指社会的所有成员，在传统社会指的是社会中所有个人和家庭，在现代社会则还包括各种社会组织（如企业、政党、群众组

---

① 习近平：《高举中国特色社会主义伟大旗帜　为全面建设社会主义现代化国家而团结奋斗——在中国共产党第二十次全国代表大会上的报告》，人民出版社2022年版，第54页。

织、社会团体等）。政治本性内在地具有人民至上、法律至上、道德导向、清正廉洁、个人幸福等实践要求，它们是政治的法则，也是一切政治活动必须遵循的原则。虽然政治的本性及其实践要求长期被遮蔽或被扭曲，但古典时期（轴心时代）的不少哲学家（如柏拉图、亚里士多德、孔子、老子等）已经深刻洞察到并揭示出其中的基本内容，后来的许多哲学家又从不同层次、不同维度对其加以阐明和丰富（如罗尔斯对社会公正问题的重视和解决）。历史上的政治哲学思想资源传承汇集到今天，借助信息化、网络化提供的极大便利，其中的政治哲学共识越来越清晰地呈现出来，逐渐为包括公众在内的社会治理者所认同。随着政治哲学家对政治本性有更深刻的认识和认同，政治哲学共识也会进一步丰富和深化。

从理论上看，政治哲学共识是对政治真谛的阐释，是政治哲学原理；从实践上看，它们是对政治活动的要求，是政治实践原则。哲学是规导性学科，政治哲学亦如此，政治哲学在反思和批判政治现实基础上寻求政治真理，就是为了给现实政治提供规导。因此，政治哲学共识作为政治真理应该在政治实践中得到充分体现，那些体现了政治真理要求的政治才可能是好政治。从人类历史看，不少国家的政治完全没有体现政治真理的要求，其他国家即使有所体现但也不够完整或不够充分。人类文明史总体上是一部苦难史，今天一些国家仍然推行霸权主义、霸凌主义、强权政治，导致世界不安宁，甚至战乱不已，其根本原因就在于作为人类社会主体的国家大多没有贯彻政治哲学共识，违背了政治真理。

这些问题的长期存在，固然是一些国家的统治者为了本国利益不顾政治真理和人间正义而肆意妄为的结果，也与政治哲学本身的影响力和规导力不够有关。从政治哲学上看，要解决这一问题，一方面需要将其达成的基本共识和揭示的政治真理同政治现实、社会发展相结合，构建体现政治真理的政治实践方案；另一方面需要进一步丰富和完善政治哲学共识，使之体系化、明确化并得到更加充分有力的论证，由此推动政治哲学共识转化为世界各国和整个人类的政治共识。虽然笔者概括出了八大政治哲学共识，但当下尚未得到政治哲学界的普遍认同，且没有得到充分的哲学论证，何况已有的政治哲学共识本身也还需要进一步丰富完善。由是观之，政治哲学任重道远，有待得到更大的发展。

参考文献

《马克思恩格斯选集》第 1—4 卷，人民出版社 2012 年版。
《马克思恩格斯文集》第 1—10 卷，人民出版社 2009 年版。
《毛泽东选集》第 1—4 卷，人民出版社 1991 年版。
《邓小平文选》第 2、3 卷，人民出版社 1994、1993 年版。
《习近平谈治国理政》第一——四卷，外文出版社 2018、2017、2020、2022 年版。

  * * *

《周易》，崔波注译，中州古籍出版社 2007 年版。
《尚书》，顾迁注译，中州古籍出版社 2010 年版。
《诗经》，葛培岭注译，中州古籍出版社 2007 年版。
《黄帝内经·素问》，崔应珉、王淼注译，中州古籍出版社 2010 年版。
《论语》，齐冲天、齐小乎注译，中州古籍出版社 2008 年版。
《老子》，李存山注译，中州古籍出版社 2008 年版。
《周礼》，吕友仁、李正辉注译，中州古籍出版社 2010 年版。
《礼记》，李慧玲、吕友仁注译，中州古籍出版社 2010 年版。
《仪礼》，彭林注译，中州古籍出版社 2011 年版。
（春秋）左丘明：《国语》，罗家湘注译，中州古籍出版社 2010 年版。
《左传》，张宗友注译，中州古籍出版社 2010 年版。
《荀子》，安继民注译，中州古籍出版社 2008 年版。
《孟子》，宁镇疆注译，中州古籍出版社 2007 年版。
《墨子》，高秀昌注译，中州古籍出版社 2008 年版。
《列子》，张长法注译，中州古籍出版社 2010 年版。

《韩非子》，李维新等注译，中州古籍出版社2008年版。

《管子》，姚晓娟、汪银峰注译，中州古籍出版社2010年版。

《庄子》，安继民、高秀昌注译，中州古籍出版社2008年版。

《孝经》，顾迁注译，中州古籍出版社2012年版。

《晏子春秋》，张景贤注译，中州古籍出版社2010年版。

（战国）吕不韦编著：《吕氏春秋》，王启才注译，中州古籍出版社2010年版。

（汉）董仲舒撰：《春秋繁露》，叶平注译，中州古籍出版社2010年版。

（汉）刘安撰：《淮南子》，陈静注译，中州古籍出版社2010年版。

（汉）刘向集录：《战国策》，王华宝注译，中州古籍出版社2007年版。

（唐）吴兢撰：《贞观政要》，葛景春、张弦生注译，中州古籍出版社2008年版。

（宋）程颢、程颐：《二程集》，王孝鱼点校，中华书局2004年版。

（宋）黎靖德编：《朱子语类》，王星贤点校，中华书局1986年版。

（宋）陆九渊：《陆九渊集》，钟哲点校，中华书局1980年版。

（宋）张载：《张载集》，章锡琛点校，中华书局1978年版。

（宋）周敦颐：《周敦颐集》，陈克明点校，中华书局2009年版。

（宋）朱熹撰：《四书章句集注》，中华书局1983年版。

（明）黄宗羲：《明夷待访录》，段志强译注，中华书局2011年版。

（明）王阳明撰：《传习录》，于自力、孔薇、杨骅骁注译，中州古籍出版社2008年版。

（清）阮元校刻：《十三经注疏》（上、下册），中华书局1980年版。

（清）魏源撰：《海国图志》，岳麓书社2021年版。

康有为：《大同书》，姜义华、张荣华编校，中国人民大学出版社2010年版。

* * *

［德］黑格尔：《法哲学原理》，范扬、张企泰译，商务印书馆1961年版。

［德］黑格尔：《黑格尔政治著作选》，薛华译，中国法制出版社2008年版。

［德］黑格尔：《历史哲学》，王造时译，上海书店出版社2006年版。

［德］黑格尔：《哲学全书·第三部分·精神哲学》，杨祖陶译，人民出版社2017年版。

［德］康德:《纯粹理性批判》(第 2 版)，载李秋零主编《康德著作全集》第 3 卷，中国人民大学出版社 2004 年版。

［德］康德:《道德形而上学》，载李秋零主编《康德著作全集》第 6 卷，中国人民大学出版社 2007 年版。

［德］康德:《道德形而上学的奠基》，载李秋零主编《康德著作全集》第 4 卷，中国人民大学出版社 2005 年版。

［德］康德:《关于一种世界公民观点的普遍历史的理念》，载李秋零主编《康德著作全集》第 8 卷，中国人民大学出版社 2010 年版。

［德］康德:《回答这个问题:什么是启蒙?》，载李秋零主编《康德著作全集》第 8 卷，中国人民大学出版社 2010 年版。

［德］康德:《论永久和平》，载李秋零主编《康德著作全集》第 8 卷，中国人民大学出版社 2010 年版。

［德］莱布尼茨:《人类理智新论》，陈修斋译，商务印书馆 1982 年版。

［德］莱布尼茨:《神义论》，朱雁冰译，生活·读书·新知三联书店 2007 年版。

［德］马克斯·韦伯:《经济与社会》第一卷，阎克文译，上海人民出版社 2010 年版。

［德］马克斯·韦伯:《新教伦理与资本主义精神》，于晓、陈维纲等译，生活·读书·新知三联书店 1987 年版。

［德］尼采:《论道德的谱系》，周红译，生活·读书·新知三联书店 1992 年版。

［德］尼采:《权力意志》，孙周兴译，商务印书馆 2007 年版。

［德］叔本华:《作为意志和表象的世界》，石冲白译，杨一之校，商务印书馆 1982 年版。

［法］卢梭:《论人类不平等的起源和基础》，李常山译，东林校，商务印书馆 1962 年版。

［法］卢梭:《社会契约论》，何兆武译，商务印书馆 1980 年版。

［法］孟德斯鸠:《论法的精神》上、下卷，许明龙译，商务印书馆 2009 年版。

［法］托克维尔：《论美国的民主》上、下卷，董果良译，商务印书馆 1988 年版。

［古罗马］安波罗修：《论基督教信仰》，杨凌峰译，罗宇芳校，生活·读书·新知三联书店 2010 年版。

［古罗马］奥古斯丁：《论三位一体》，周伟驰译，上海人民出版社 2005 年版。

［古罗马］奥古斯丁：《论信望爱》，许一新译，生活·读书·新知三联书店 2009 年版。

［古罗马］奥古斯丁：《上帝之城》，王晓朝译，人民出版社 2006 年版。

［古罗马］西塞罗：《论共和国、论法律》，王焕生译，中国政法大学出版社 1997 年版。

［古罗马］西塞罗：《论义务》（英文版），中国政法大学出版社 2003 年版。

［古罗马］西塞罗：《西塞罗文集》（政治学卷），王焕生译，中央编译出版社 2010 年版。

［古希腊］柏拉图：《柏拉图全集》（增订版）上、中、下卷，王晓朝译，人民出版社 2018 年版。

［古希腊］柏拉图：《柏拉图全集》第 1—4 卷，王晓朝译，人民出版社 2002、2003、2003、2003 年版。

［荷］斯宾诺莎：《伦理学》，贺麟译，商务印书馆 1958 年版。

［荷］斯宾诺莎：《神学政治论》，温锡增译，商务印书馆 1963 年版。

［荷］雨果·格劳秀斯：《战争与和平法》，赵建福等译，上海人民出版社 2022 年版。

［美］托马斯·杰斐逊：《杰斐逊选集》，朱曾汶译，商务印书馆 2011 年版。

［意］尼科洛·马基雅维里：《君主论》，潘汉典译，商务印书馆 1985 年版。

［英］J. S. 密尔：《代议制政府》，汪瑄译，商务印书馆 1982 年版。

［英］埃德蒙·柏克：《自由与传统》，蒋庆、王瑞昌、王天成译，译林出版社 2012 年版。

［英］霍布豪斯：《自由主义》，朱曾汶译，商务印书馆 1996 年版。

［英］霍布斯：《利维坦》，黎思复、黎廷弼译，杨昌裕校，商务印书馆 1985 年版。

［英］伦纳德·霍布豪斯：《社会正义要素》，孔兆政译，吉林人民出版社2011年版。

［英］洛克：《政府论》下篇，叶启芳、瞿菊农译，商务印书馆1964年版。

［英］托马斯·莫尔：《乌托邦》，戴镏龄译，商务印书馆1982年版。

［英］休谟：《人性论》，关文运译，郑之骧校，商务印书馆1980年版。

［英］休谟：《休谟政治论文选》，张若衡译，商务印书馆1993年版。

［英］亚当·斯密：《道德情操论》，谢宗林译，中央编译出版社2008年版。

［英］亚当·斯密：《国富论》上、下，郭大力、王亚南译，凤凰出版传媒集团、译林出版社2011年版。

［英］约翰·埃默里克·爱德华·达尔伯格－阿克顿：《自由与权力》，侯建、范亚峰译，译林出版社2011年版。

［英］约翰·密尔：《论自由》，程崇华译，商务印书馆1959年版。

［英］约翰·穆勒：《功利主义》，徐大建译，世纪出版集团/上海人民出版社2008年版。

《阿奎那政治著作选》，马清槐译，商务印书馆1963年版。

苗力田主编：《亚里士多德全集》第七、八、九卷，中国人民大学出版社1993、1994、1994年版。

《潘恩选集》，马清槐等译，商务印书馆1981年版。

　　　　＊　＊　＊

［澳］菲利普·佩迪特：《共和主义：一种关于自由与政府的理论》，刘训练译，江苏人民出版社2009年版。

［德］彼得·特拉夫尼：《苏格拉底或政治哲学的诞生》，张振华译，华东师范大学出版社2014年版。

［德］卡尔·曼海姆：《意识形态与乌托邦》，李步楼等译，商务印书馆2014年版。

［法］高宣扬：《当代政治哲学》上、下册，人民出版社2010年版。

［法］卡罗勒·维德马耶尔：《政治哲学终结了吗？》，杨嘉彦译，华东师范大学出版社2016年版。

［法］马里旦：《人和国家》，沈宗灵译，中国法制出版社2011年版。

［加］阿瑟·舒斯特：《惩罚与政治哲学史：从古典共和主义到近现代刑事司法危机》，邱帅萍译，商务印书馆2021年版。

［加］罗纳德·贝纳：《公民宗教：政治哲学史的对话》，李育书译，人民出版社2018年版。

［加］威尔·金里卡：《当代政治哲学》，刘莘译，上海译文出版社2015年版。

［美］阿拉斯代尔·麦金太尔：《德性之后》，龚群、戴扬毅等译，中国社会科学出版社2020年版。

［美］大卫·格里芬编：《后现代精神》，王成兵译，中央编译出版社2012年版。

［美］大卫·格里芬编：《后现代科学：科学魅力的再现》，马季方译，中央编译出版社2004年版。

［美］大卫·雷·格里芬：《后现代宗教》，孙慕天译，中国城市出版社2003年版。

［美］丹尼尔·贝尔：《后工业社会》（简明本），彭强编译，科学普及出版社1985年版。

［美］丹尼尔·贝尔：《意识形态的终结》，张国清译，江苏人民出版社2001年版。

［美］汉娜·阿伦特：《极权主义的起源》，林骧华译，生活·读书·新知三联书店2014年版。

［美］赫伯特·马尔库塞：《爱欲与文明——对弗洛伊德思想的哲学探讨》，黄勇、薛民译，上海译文出版社1987年版。

［美］赫伯特·马尔库塞：《单向度的人：发达工业社会意识形态研究》，刘继译，上海译文出版社2008年版。

［美］列奥·施特劳斯：《古今自由主义》，叶然等译，华东师范大学出版社2019年版。

［美］列奥·施特劳斯：《霍布斯的政治哲学》，申彤译，译林出版社2001年版。

［美］列奥·施特劳斯：《什么是政治哲学》，李世祥等译，华夏出版社2019

年版。

［美］列奥·施特劳斯：《苏格拉底问题与现代性——施特劳斯讲演与论文集：卷二》，刘振、叶然等译，华夏出版社2022年版。

［美］列奥·施特劳斯：《自然权利与历史》，彭刚译，生活·读书·新知三联书店2003年版。

［美］列奥·施特劳斯、［美］约瑟夫·克罗波西主编：《政治哲学史》（第3版），李洪润等译，法律出版社2020年版。

［美］罗伯特·A. 达尔：《多元主义民主的困境——自治与控制》，周军华译，吉林人民出版社2006年版。

［美］罗伯特·A·达尔：《论民主》，李风华译，中国人民大学出版社2012年版。

［美］罗伯特·A. 达尔：《论政治平等》，谢岳译，上海人民出版社2014年版。

［美］罗伯特·L. 西蒙主编：《社会政治哲学》，陈喜贵译，中国人民大学出版社2009年版。

［美］罗伯特·达尔：《民主理论的前言》（扩充版），顾昕译，东方出版社2009年版。

［美］罗伯特·诺齐克：《苏格拉底的困惑》，郭建玲、程郁华译，北京大学出版社2013年版。

［美］罗伯特·诺齐克：《无政府、国家与乌托邦》，何怀宏等译，中国社会科学出版社1991年版。

［美］罗纳德·德沃金：《认真对待权利》，信春鹰、吴玉章译，上海三联书店2008年版。

［美］罗纳德·德沃金：《原则问题》，张国清译，江苏人民出版社2008年版。

［美］罗纳德·德沃金：《至上的美德——平等的理论与实践》，冯克利译，江苏人民出版社2008年版。

［美］罗·庞德：《通过法律的社会控制 法律的任务》，沈宗灵、董世忠译，商务印书馆1984年版。

［美］罗斯科·庞德：《法律与道德》，陈林林译，中国政法大学出版社2003年版。

［美］玛莎·C. 努斯鲍姆：《政治情感：爱对于正义为何重要?》，陈燕等译，中国人民大学出版社2022年版。

［美］迈克尔·J. 桑德尔：《自由主义与正义的局限》，万俊人等译，译林出版社2001年版。

［美］迈克尔·L. 弗雷泽：《同情的启蒙：18世纪与当代的正义和道德情感》，胡靖译，译林出版社2016年版。

［美］迈克尔·李普斯基：《街头官僚：公共服务中的个人困境》，韩志明、颜昌武译，中国人民大学出版社2024年版。

［美］迈克尔·桑德尔：《公正——该如何做是好?》，朱慧玲译，中信出版社2012年版。

［美］迈克尔·桑德尔：《金钱不能买什么——金钱与公正的正面交锋》，邓正来译，中信出版社2012年版。

［美］迈克尔·沃尔泽：《正义诸领域：为多元主义与平等一辩》，褚松燕译，译林出版社2009年版。

［美］乔万尼·萨托利：《民主新论》，冯克利、阎克文译，上海人民出版社2009年版。

［美］塞缪尔·亨廷顿：《文明的冲突与世界秩序的重建》，周琪等译，新华出版社2002年版。

［美］莎伦·R. 克劳斯：《公民的激情：道德情感与民主商议》，谭安奎译，译林出版社2015年版。

［美］施特劳斯：《柏拉图式政治哲学研究》，张缨等译，华夏出版社2012年版。

［美］史蒂芬·B·斯密什：《耶鲁大学公开课：政治哲学》，贺晴川译，北京联合出版公司2015年版。

［美］史蒂文·史密斯：《现代性及其不满》，朱陈拓译，九州出版社2021年版。

［美］斯蒂芬·马塞多：《自由主义美德：自由主义宪政中的公民身份、德性与社群》，马万利译，译林出版社2010年版。

［美］唐纳德·坦嫩鲍姆、戴维·舒尔茨：《观念的发明者：西方政治哲学导

论》，叶颖译，北京大学出版社 2008 年版。

［美］约·埃尔斯特主编：《协商民主：挑战与反思》，周艳辉译，中央编译出版社 2009 年版。

［美］约翰·罗尔斯：《正义论》，何怀宏等译，中国社会科学出版社 1988 年版。

［美］约翰·罗尔斯：《政治哲学史讲义》，杨通进等译，中国社会科学出版社 2011 年版。

［美］约翰·罗尔斯：《政治自由主义》（增订版），万俊人译，译林出版社 2011 年版。

［美］约翰·罗尔斯：《作为公平的正义：正义新论》，姚大志译，中国社会科学出版社 2011 年版。

［美］约翰·麦克里兰：《西方政治思想史》，彭淮栋译，海南出版社 2003 年版。

［美］詹姆斯·菲什金、［英］彼得·拉斯莱特主编：《协商民主论争》，张晓敏译，中央编译出版社 2009 年版。

［瑞典］博·罗思坦：《正义的制度：全民福利国家的道德和政治逻辑》，靳继东、丁浩译，中国人民大学出版社 2017 年版。

［意］G. 萨托利：《政党与政党体制》，王明进译，商务印书馆 2006 年版。

［印］阿马蒂亚·森：《理性与自由》，李风华译，中国人民大学出版社 2012 年版。

［印］阿马蒂亚·森：《以自由看待发展》，任赜、于真译，刘民权、刘柳校，中国人民大学出版社 2012 年版。

［印］阿马蒂亚·森：《正义的理念》，王磊、李航译，刘民权校译，中国人民大学出版社 2013 年版。

［英］戴维·赫尔德：《民主的模式》，燕继荣等译，王浦劬校，中央编译出版社 2008 年版。

［英］戴维·米勒、韦农·波格丹诺英文版主编：《布莱克维尔政治学百科全书》，邓正来中译本主编，中国政法大学出版社 1992 年版。

［英］弗里德里希·冯·哈耶克：《自由秩序原理》上、下，邓正来译，生

活·读书·新知三联书店1997年版。

［英］弗里德利希·冯·哈耶克：《个人主义与经济秩序》，邓正来编译，复旦大学出版社2012年版。

［英］杰弗里·托马斯：《政治哲学导论》，顾肃、刘雪梅译，中国人民大学出版社2006年版。

［英］乔纳森·沃尔夫：《政治哲学导论》，王涛等译，吉林出版集团有限责任公司2009年版。

［英］亚当·斯威夫特：《政治哲学导论》，佘江涛译，江苏人民出版社2008年版。

［英］以赛亚·伯林：《自由论》（修订版），胡传胜译，译林出版社2011年版。

［英］约翰·梅纳德·凯恩斯：《就业、利息和货币通论》，徐毓枬译，译林出版社2011年版。

* * *

Adams, James Truslow, *The Epic of America*, Boston: Little, Brown, and Company, 1931.

Aquinas, Thomas, *Summa Contra Gentiles*, Christian Classics Ethereal Library, http://www.josephkenny.joyeurs.com/CDtexts/ContraGentiles.htm.

Aquinas, Thomas, *Summa Theologica*, Christian Classics Ethereal Library, http://www.ccel.org/ccel/aquinas/summa.i.html.

Balot, R. K., ed., *A Companion to Greek and Roman Political Thought*, Malden: Wiley-Blackwell, 2009.

Bentham, Jeremy, *A Fragment on Government*, Preface, Oxford: At the Clarendon Press, 1891.

Cicero, *On the Good Life*, New York: The Penguin Group, 1971.

Cohen, G. A., *Self-ownership, Freedom, and Equality*, Cambridge: Cambridge University Press, 1995.

Descartes, Rene, *The Philosophical Works of Descartes*, Vol. 1, trans. by Elizabeth

S. Haldane, etc., Cambridge, etc: Cambridge University Press, 1985.

Gauthier, D. P., *The Logic of Leviathan: The Moral and Political Theory of Thomas Hobbes*, Oxford: Oxford University Press, 1969.

Grotius, Hugo, *The Rights of War and Peace*, New York: M. Walter Dunne, 1901.

Luther, M., Selections from His Writings, ed. by John Dillenberger, New York: Anchor Books, 1957.

Machiavelli, N., *Florentine Histories*, trans. by L. Banfield and H. C. Mansfield, Princeton: Princeton University Press, 1988.

Mandeville, Bernard, *The Fable of Bees*, Oxford: Clarenden Press, 1924.

Marenbon, John, *Medieval Philosophy: an historical and philosophical introduction*, London and New York: Routledge, 2007.

Plato, *Republic*, Trans. by Robin Waterfield, Beijing: China Social Sciences Publishing House, 1999.

Plotinus, *Six Enneads*, Christian Classics Ethereal Library, http://www.ccel.org/ccel/plotinus/enneads.html.

Raphael, D. D., *Concepts of Justice*, Oxford: Clarendon Press, 2001.

Rawls, John, *A Theory of Justice*, China Social Sciences Publishing House, 1999.

Reeve, C. D. C., *Philosopher-Kings: The Argument of Plato's Republic*, Princeton: Princeton University Press, 1988.

Runkle, Gerald, *Theory and Practice: An Introduction to Philosophy*, New York, etc.: CBSCollege Publishing, 1985.

Sanders, T. G. *The Protestant Concepts of Church and State: Historical Background and Approaches for the Future*, New York: Holt, Rinrhart and Winston Press, 1964.

VanDrunen, D., *Natural Law and the Two Kingdoms: A Study in the Development of Reformed Social Thought*, Grand Rapids: Eerdmans, 2010.

* * *

包利民:《古典政治哲学史论》,人民出版社2010年版。

包利民编：《当代社会契约论》，江苏人民出版社 2007 年版。

陈飞：《超越"分裂的世界"：政治哲学史视阈中的马克思公共性思想研究》，上海三联书店 2022 年版。

陈江进：《功利主义与实践理性：西季威克道德哲学思想研究》，人民出版社 2013 年版。

陈开先编著：《政治哲学史教程——一种解读人类政治文明传统的新视角》，科学出版社 2010 年版。

陈晏清等：《政治哲学的当代复兴》，中国社会科学出版社 2011 年版。

戴茂堂：《中国传统价值观念的基本结构与当代建构》，黑龙江教育出版社 2016 年版。

邓安庆：《正义伦理与价值秩序——古典实践哲学的思路》，复旦大学出版社 2013 年版。

董尚文：《托马斯哲学专题研究》，华中科技大学出版社 2018 年版。

段忠桥：《何为政治哲学》，中国社会科学出版社 2018 年版。

段忠桥：《理性的反思与正义的追求》，黑龙江大学出版社 2007 年版。

段忠桥：《为社会主义平等主义辩护——G. A. 科恩的政治哲学追求》，中国社会科学出版社 2014 年版。

冯平主编：《现代西方价值哲学经典》（先验主义路向、经验主义路向、心灵主义路向、语言分析路向），北京师范大学出版社 2009 年版。

葛四友：《正义与运气》，中国社会科学出版社 2007 年版。

龚群：《道德乌托邦的重构》，商务印书馆 2003 年版。

龚群：《罗尔斯政治哲学》，商务印书馆 2006 年版。

顾肃：《自由主义基本理念》，译林出版社 2013 年版。

顾肃：《宗教与政治》，译林出版社 2010 年版。

顾肃编著：《罗尔斯：正义与自由的求索》，辽海出版社 1999 年版。

何怀宏：《底线伦理》，辽宁人民出版社 1998 年版。

何怀宏：《正义：历史的与现实的》，北京出版社 2017 年版。

何怀宏：《正义理论导引：以罗尔斯为中心》，北京师范大学出版社 2015 年版。

何怀宏编：《西方公民不服从的传统》，吉林人民出版社2011年版。

贺东航：《地方社会、政府与经济发展》，中国社会科学出版社2011年版。

贺东航：《现代国家构建的中国路径》，北京大学出版社2021年版。

侯才等编选：《政治哲学经典·马克思主义卷》，人民出版社2008年版。

黄裕生：《摆渡在有—无之间的哲学：第一哲学问题研究》，清华大学出版社2019年版。

江畅：《好生活如何可能：基于价值论的思考》，社会科学文献出版社2023年版。

江畅：《江畅文集》第1—12卷，人民出版社2022年版。

江畅：《伦理学原理》，高等教育出版社2022年版。

江畅：《新时代中国幸福观》，新华出版社2021年版。

靳凤林：《制度伦理与官员道德——当代中国政治伦理结构性转型研究》，人民出版社2011年版。

靳凤林：《追求阶层正义：权力、资本、劳动的制度伦理考量》，人民出版社2016年版。

李德顺：《价值论：一种主体性的研究》（第3版），中国人民大学出版社2020年版。

李佃来：《马克思的政治哲学：理论与现实》，人民出版社2015年版。

李建华：《国家治理与政治伦理》，湖南大学出版社2018年版。

李建华等：《公共治理与公共伦理》，湖南大学出版社2008年版。

李丽红编：《多元文化主义》，浙江大学出版社2011年版。

李石：《政治哲学导论》，中国人民大学出版社2022年版。

李晓南：《多元视野下的政治哲学研究》，云南大学出版社2009年版。

李义天：《美德、心灵与行动》，中央编译出版社2016年版。

李义天主编：《共同体与政治团结》，社会科学文献出版社2011年版。

林志猛：《柏拉图〈法义〉研究、翻译和笺注》（三卷本），华东师范大学出版社2019年版。

刘清平：《忠孝与仁义：儒家伦理批判》，复旦大学出版社2012年版。

刘小枫主编：《施特劳斯与古典政治哲学》，张新樟、游斌等译，上海三联书店 2002 年版。

罗予超：《政治哲学：对政治世界的反思》，湖南人民出版社 2003 年版。

毛兴贵编：《政治义务：证成与反驳》，江苏人民出版社 2007 年版。

聂智琪、谈火生编：《代表理论：问题与挑战》，广东人民出版社 2018 年版。

钱永祥：《动情的理性：政治哲学作为道德实践》，联经出版股份有限公司 2014 年版。

任剑涛：《从自在到自觉——中国国民性探讨》，陕西人民出版社 1992 年版。

任剑涛：《政治哲学讲演录》，广西师范大学出版社 2008 年版。

任剑涛：《中国现代思想脉络中的自由主义》，北京大学出版社 2004 年版。

石敏敏、章雪富：《从实践哲学到历史哲学：希腊化和中世纪早期哲学研究》，中国社会科学出版社 2016 年版。

石敏敏、章雪富：《斯多亚主义》（Ⅱ），中国社会科学出版社 2009 年版。

宋宽锋：《论证与解释——政治哲学导论》，复旦大学出版社 2010 年版。

宋宽锋：《先秦政治哲学史论》，中国社会科学出版社 2019 年版。

孙国东：《阐释政治哲学——政治发展与社会建设的中国逻辑》，商务印书馆 2024 年版。

孙伟平：《时代精神的中国表达》，中国社会科学出版社 2022 年版。

孙伟平：《事实与价值：休谟问题及其解决尝试》，社会科学文献出版社 2016 年版。

孙晓春：《中国传统政治哲学史论》，江苏人民出版社 2020 年版。

孙中山：《三民主义》，东方出版社 2014 年版。

谭安奎编：《公共理性》，浙江大学出版社 2011 年版。

涂良川、王庆丰：《历史唯物主义与政治哲学》，中国社会科学出版社 2018 年版。

万俊人：《寻求普世伦理》，北京大学出版社 2009 年版。

万俊人：《政治与美德：悠斋书序及其他》，北京师范大学出版社 2017 年版。

万俊人主编：《20 世纪西方伦理学经典》（四卷，共 8 册），北京师范大学出版社 2021 年版。

王立：《平等的范式》，科学出版社 2009 年版。

王立：《正义与应得》，中国社会科学出版社 2019 年版。

王浦劬等：《政治学基础》，北京大学出版社 2018 年版。

王威威：《韩非思想研究》，南京大学出版社 2012 年版。

王威威：《治国与教民》，中国社会科学出版社 2019 年版。

王雨辰：《生态批判与绿色乌托邦：生态学马克思主义理论研究》，北京师范大学出版社 2021 年版。

王雨辰：《生态文明与文明的转型》，崇文书局 2021 年版。

吴成国：《六朝巫术与社会研究》，武汉出版社 2007 年版。

吴根友：《政治哲学新论》，安徽文艺出版社 2017 年版。

肖滨：《传统中国与自由理念——徐复观思想研究》，广东人民出版社 1999 年版。

肖滨：《现代政治与传统资源》，中央编译出版社 2004 年版。

谢惠媛：《善恶抉择：马基雅维里政治道德思想研究》，北京大学出版社 2011 年版。

徐瑾：《位格与完整：马里坦人道主义思想研究》，人民出版社 2014 年版。

徐向东编：《后果主义与义务论》，浙江大学出版社 2011 年版。

徐向东编：《全球正义》，浙江大学出版社 2011 年版。

徐向东编：《实践理性》，浙江大学出版社 2011 年版。

徐勇：《关系中的国家》第一、二卷，社会科学文献出版社 2019、2020 年版。

姚大志：《当代西方政治哲学》，北京大学出版社 2011 年版。

应奇：《当代政治哲学十论》，浙江大学出版社 2021 年版。

应奇、刘训练编：《第三种自由》，东方出版社 2006 年版。

应奇、刘训练编：《公民共和主义》，东方出版社 2006 年版。

应奇、刘训练编：《共和的黄昏：自由主义、社群主义和共和主义》，吉林出版集团有限责任公司 2007 年版。

应奇主编：《当代政治哲学名著导读》，江苏人民出版社 2018 年版。

袁祖社：《权力与自由——市民社会的人学考察》，中国社会科学出版社 2003 年版。

詹世友：《公义与公器：正义论视域中的公共伦理学》，人民出版社 2006

年版。

张翠：《民主理论的批判与重建——哈贝马斯政治哲学思想研究》，人民出版社 2011 年版。

张国清：《实用主义政治哲学》，商务印书馆 2018 年版。

张文喜、臧峰宇：《马克思主义政治哲学史》，中国人民大学出版社 2017 年版。

张志伟、韩东晖、干春松总主编：《中国政治哲学史》，中国人民大学出版社 2019 年版。

张志伟、韩东晖、干春松总主编：《西方政治哲学史》，中国人民大学出版社 2019 年版。

章雪富：《基督教的柏拉图主义》，上海人民出版社 2001 年版。

章雪富：《圣经和希腊主义的双重视野》，中国社会科学出版社 2004 年版。

章雪富：《斯多亚主义》（I），中国社会科学出版社 2007 年版。

赵福生：《福柯微观政治哲学研究》，黑龙江大学出版社、中央编译出版社 2011 年版。

赵剑英、陈晏清主编：《马克思主义政治哲学：阐释与创新》，社会科学文献出版社 2007 年版。

赵汀阳：《坏世界研究：作为第一哲学的政治哲学》，中国人民大学出版社 2009 年版。

赵汀阳：《天下体系——世界制度哲学导论》，中国人民大学出版社 2011 年版。

周桂钿主编：《中国传统政治哲学》，河北人民出版社 2007 年版。

周海春：《〈论语〉哲学注疏》，科学出版社 2021 年版。

周海春：《中国哲学导论》，科学出版社 2016 年版。

周濂：《现代政治的正当性基础》，生活·读书·新知三联书店 2008 年版。

周濂：《正义的可能》，中国文史出版社 2015 年版。

周穗明：《当代西方政治哲学》，江苏人民出版社 2016 年版。

朱东进、陈亚丽：《高卢的雄鸡：古典马克思主义政治哲学史研究》，南京大学出版社 2017 年版。

人名术语索引

A

阿伦特 55

阿马蒂亚·森 341

爱尔维修 73

奥古斯丁 30, 40, 71, 72, 98, 112, 334, 339, 344, 350, 365—368, 376, 379, 382, 385, 416, 418, 419, 421, 498

奥斯丁 100, 398, 405

B

柏拉图 13, 16, 30, 42, 46, 59, 61, 64, 70—72, 78, 81, 89, 90, 98, 112, 130, 165, 171, 176—178, 186, 187, 195—197, 205, 207, 217, 219, 293, 306, 320, 332—334, 339, 340, 342, 343, 345, 349—351, 358—361, 363, 365, 367, 368, 378, 381, 382, 384, 385, 387, 388, 391, 392, 395, 403—405, 408—410, 413, 415—419, 423, 425, 426, 429, 450, 451, 457, 498, 499, 501, 502, 506, 519, 526, 528

班固 219

本体论 3, 6, 9, 10, 27, 28, 41, 42, 47, 51, 52, 56, 57, 60—65, 68—73, 93, 216, 223, 231, 239, 243—245, 247, 248, 250, 253—255, 263—269, 273, 296, 309, 317, 342, 348—350, 356—361, 366, 368, 369, 376, 386, 395, 397, 412, 417, 419, 420, 423, 424, 438, 440—442, 447, 457, 458, 508—510

必然王国 9, 381, 442—444, 468, 502

边沁 73, 80, 405, 420, 432

辩证法 228, 367, 437, 440, 442, 461, 510, 511

C

陈独秀 229, 258, 259

陈亮 216, 217

陈修斋 12, 37, 214, 332, 525

城邦制 77, 236, 415

程颢 255

程颐 253, 255

D

代议制民主 172, 189, 191, 373, 374, 386, 390

戴震 217, 228, 249, 250, 256

道德论本体论 231, 253, 268, 269, 509

道德权利 200, 201, 406

道德实践 447

545

道德哲学 1，3，36，56，59，61，62，69，70，73，74，96，220，342，343，348，357，415，416，427，514，516，525

德性伦理学 232，406

德性主义 363，498

笛卡尔 369

董仲舒 14，19，40，97，108，109，213，216，222，224，247，248，250，253，264，268，271—273，275，277，296，299，312，328，452，511，519，520

独尊儒术 40，234，245，248，268，286

F

法哲学 1，19，31，136，162，184，198，199，216，220，326，415，441，442，461，465，469，479—481，484，504，523

法治社会 128，144，150，161，209，298

傅立叶 434，464

富勒 133，398

G

格劳秀斯 136，396，397

个人主义 41，42，95，105

公共性 19

公民社会 8，9，15，136，342，345，397—402，411

公正论 163，339—341，349，383，406，421，458，494，503

公正性 3，5，25，75，125，151—155，161，170，173，174，197，374，460，517

功利主义 73，95，199，405，406，526

共产主义 7，8，10，42，88，102，106，116，118，120—125，181，227，232，258，274，279，284，305，306，311，325，328，334，348，350，378，380，381，433—435，437，440，442—446，450—455，458，459，461，464—469，474，477—479，483—485，487—493，495—497，501—503，507，508，510，515，518，520

共和制 91，131，197，388

古希腊政治哲学 1，217，339，345，356，384

管子 59，290，311，313，314

H

哈贝马斯 344，345，402，420

哈特曼 65

哈耶克 100，132，133，137，143，146，329，337，398

海德格尔 369，419

韩非 18，99，222，231，232，238，242—245，300，527

韩愈 232，252，316

汉代经学 251，254

黑格尔 19，50，51，70，90，91，98，101，102，136，184，198，199，216，326，335，339，357，369，386，401，403，415，419，427，436，437，441—443，447，453，454，457，458，461，465，469，479—481，484，498，504，521，523

胡塞尔 44，48，65

黄宗羲 187，217，222，250，257，310，311

霍布斯 30，55，72，98，99，127，135—

137，317，318，320，340，344，349，369，371—373，376，386，389—391，393，397，398，401，416，418，420，423，427，435，498，499，502，503，527

J

家国同构　110，281，282

家国一体　281

价值论　3，27，28，47，51，52，56，57，60，62—70，141，162，309，343，350，419，420，439

价值哲学　65，66，341，514

结果主义　95

经学　6，216，218，233，245—255，263—265，268，286，300

经院哲学　44，323，341，365，367，368

君主制　130，131，159，185，293，294，326，353，372，386，388—391，393，480，481，521

郡县制　110

K

凯恩斯主义　374，503

康德　65，66，72，111，119，320，335，344，349，369，419，420，424，436，447

康帕内拉　41，433

康有为　112，222，231，234，250，258，269，273，283，305，451，503

柯亨　402

科学发展观　260

空想社会主义　9，14，41，243，413，430，433，434，440，474，479，484，489，511

孔子　6，14，18，28，31，40，42，47，59，61，89，92，97，112，120，123，124，163，165，177，178，186，187，205，213，222，224，231—234，238，240，242，245—247，255，258，271—273，275—277，285，287，290，291，295，296，299，305，310，311，313，319—321，424，429，450—452，501—503，506，511，512，514，528

库恩　333

狂飙突进运动　460

L

莱布尼茨　369，382，383

老子　6，14，31，40，59，61，97，123，177，178，213，214，222，224，228，233，234，238，242，243，266—269，271，275，278，290，316，321，424，429，450，451，511，528

理念论　70，71，350，360，367，378，409，417

理想国　8，13，78，90，98，178，227，232，306，343，345，350，360，363，378，387，391，404，409，417，450，451，501，502

利维坦　55，98，99，127，135，137，318，389，391，393，397，435，503

廉价政府　10，457，459，483—488，515，516，522，523

列奥·施特劳斯　13，15，19，32，33，35，48，67，155，324，325，335—337，340，346，359，517

罗尔斯　16，26，39，40，47，48，55，141，166，169，170，262，334—336，339—341，

547

344，349—351，369，371，374，376，383，
384，398，406，416，418—421，423，426，
427，452，457，458，498，500，502，503，
520，521，526，528

罗素 259，371，421

逻各斯 71，362，395

M

马尔库塞 55，56，327

马基雅维里 30，54，55，62，64，72，99，
100，170，234，317，334，339，344，348，
369，371—373，376，385，386，389，393，
416，420，421，423，527

马可·奥勒留 364，418

马克思主义 1，2，7，18，41，105，118，
123，169，181，182，193，213，215，217，
219，223，229—231，233，257，259—262，
264，265，269，274，293，297，317，319，
322，330，334，335，341，351，375，429，
430，434，439—441，449，451，459，461，
463，466，469，486，490，508

马斯洛 492

麦金太尔 72，348，355，427

美好生活 83，115，119，240，283，284，
408，496，514

密尔 30，73，79，80，187—189，320，334，
344，369，373，374，376，390，416，498，
513

描述心理学 44

民主制 7，10，81，91，131，159，171，
172，185，191，196，197，207，208，279，
280，296—298，325—327，345，354，356，

372，386，388，390，391，393，394，413，
415，477，479—482，486，521，522

N

内圣外王 6，7，177，225，227，247，265，
282，290，293—296，320，321，512

内在本质 35

诺齐克 53，55，334，335，344，351，369，
384，421，515

O

欧文 338，434，489，490

P

潘恩 81，82，186—188，414

培根 64，367

Q

启蒙运动 218，258，380，398，401，407，
413，421，432，460

R

让·博丹 389，393

人类命运共同体 22，26，89，102，124，
283，289，304—309，319，324，329—
331，451，473，499，503，522

人民主权 10，134，139，208，209，326，
391，479，480，483，486，521—523，526

S

萨特 369，419

塞涅卡 362，364，418

桑德尔 87，95，330，344，351，370，383，
384，407，418，419，457，458，498，500

沙夫兹伯里 73

商鞅 222，287，300

社会共同体 18，232，308，335，364，403，423

社会契约论 7，72，80，92，136，148，192，258，372—374，385，391，393，413，417，420，436，457，458，506，509，520，523

社群主义 87，232，334，335，344，370，375，384，406，407，418，498

神学本体论 253，264，268，366

实在论 367，368

世界大同 7，124，125，227，304，306，307，320，330，503

世界公民 73，344，363，364，378，379

叔本华 369

斯宾诺莎 369

斯宾塞 31

T

天道 97，177，205，244，247，253，254，266—268，275，278，284，289，306，314，316，526

天赋人权 202，258，380，405，432，435

托克维尔 114，208，479

托马斯·阿奎那 19，30，72，98，192，328，334，341，344，348，367，368，376，383，385，388，396，416，418，419，423

托马斯·康帕内拉 433

托马斯·莫尔 41，120，334，350，380，433，434，450，501，502

W

王权 72，160，228，235，236，276，279，287，300，312，336，344，368，388，393，401，480，523

唯名论 367，368

唯物史观 7，9，10，73，223，229，258，262，264，289，297，317，429，435，437—442，447—449，452，459，466，508—511

文化哲学 56，63

X

西方马克思主义 1，334，375，461

西方政治哲学 1，6，8，9，32，33，42，62，130，214，218，222，223，225，227，230，232—234，238，239，241，262—264，306，315，317，323，325，332—355，357—361，364—366，368，370，371，374—379，381，384，386，387，391，394，395，399，403，407，408，411—430，450，484，497，499，500，506

西方自由主义者 306，494

西季威克 73

西塞罗 13，334，351，358，362，363，395，396，400，416，423

希腊化时代 378，421

现代国家 25，84，149，307，507

现象学 44，48，65，479

休谟 35，73

Y

亚当·斯密 73，204，344，369，373，416，484

亚里士多德 13，14，18，30，39，42，46，50，51，59—62，64，67，70—72，87，

549

92，98，119，130，131，133，164—166，171—173，176，177，179，180，195—197，207，217，219，220，320，332—334，339—341，348—351，358，360，361，367，368，382，384，385，387，388，392，395，399，403—405，408，410，411，415，417—419，423，429，452，457，468，498，499，511—513，526，528

异化劳动　117，431，462，465，494，495

意志自由　366，515

元伦理学　73，75，335，336

元哲学　63

约翰·密尔　30，73，79，80，187—189，334，344，369，373，374，376，390，416，498，513

雅典民主制　81，91，159，185，207

应用政治哲学　223，263，314，338，340，375，384

Z

张栻　255

张载　92，224，228，253，291

正当性　3，6，8，15，25，66，74，75，87，125，167，181，182，189—194，201，203，228，261，264，286，289，295，309，331，345，349，352，372，384—387，391，409，411，457，517，523，524

正义论　16，141，166，170，262，426，521

政治本性　2—5，7，8，11，16，17，22，24，28—30，54，56，68，69，75—78，82，83，89，94，96，101，102，104，106，107，134，135，137—139，141—143，151，152，154，156，167—170，181，196，208，266，289，296，313，316，324，325，347，377，423，424，452，458，517—520，526—528

政治哲学　1—4，6—20，22—49，51—57，59，61—76，79，95，96，102—104，108，114，125，126，130，135，139，150，155，156，158，182，190，196，197，205，208，213—245，247—251，253—258，260—266，268—270，274，277，282—285，287，289，292，293，296，298，300，303，304，306，307，309—325，327，329—361，363—366，368—382，384—387，389—391，394，395，399，403，405—431，433—435，437—447，449—453，457—461，468，469，471，473，483—485，489，494，497—501，506，508—523，525—528

政治主体　5，6，47，79，80，84，85，103，105，106，110，116，117，126，129，130，133，135，137，138，142—144，148，155，156，166—169，171，173，176—181，186，189—191，194—196，205，207，208，211，458，518，523，526

知行合一　315

至善　18，121，266，282，314，359，360，362，363，366，384，385

治权　2，3，5，6，8，11，15，22，24，25，45，53，55，66，75，76，78—80，82，83，85，125，135，139，140，142，144，149，155，158—160，169，172，181—198，200，

203—212, 234, 276, 294, 297, 304, 307, 312, 313, 323, 331, 345, 370, 373, 389, 390, 393, 394, 399, 400, 406, 408, 410, 414, 425, 426, 444, 456, 457, 484, 485, 506, 517, 518, 522, 523

中国梦 42, 227

中国政治哲学 1, 6—8, 27, 41, 42, 213—245, 248—251, 253, 254, 257, 258, 260—265, 269, 270, 274, 282, 284, 292, 298, 303, 304, 307, 309—311, 313—323, 325, 327, 329—331, 347, 352, 420, 425, 429, 450

周敦颐 271, 282, 283

轴心时代 3, 8, 9, 20—22, 24, 53, 59, 69, 76, 78, 81, 108, 112, 131, 182, 205, 234, 304, 328, 329, 333, 338, 342, 343, 358, 421, 424, 517—520, 525, 528

自然权利 39, 111, 136, 192, 202, 203, 371, 389, 396, 401, 405, 406, 417, 435, 502, 509, 512

自然状态 55, 62, 72, 98, 99, 127, 161, 192, 202, 203, 347, 349, 371, 372, 374, 389, 390, 397, 400, 401, 417, 436, 506, 509, 510

自由人联合体 41, 42, 78, 88, 114, 122, 279, 328, 331, 381, 433, 443, 445, 466, 467, 484, 485, 495, 501, 502

宗法制 110, 129, 130, 226, 237, 276, 279, 281, 286, 294, 296, 520

作为公平的公正 39, 40, 334, 383, 406

后　　记

　　本书原本是出于编撰《中西政治哲学通史》的需要撰写的，但在写作的过程中本人萌生了一个新的写作计划，即在我已完成的《哲学三部曲：本体论、知识论、价值论》的基础上再撰写《实践哲学三部曲：政治哲学、道德哲学、精神哲学》，并将本书作为其中的第一部。我希望在有生之年能够完成这套三部曲，以最终成就本人的哲学梦想。

　　本书除了具有表达《中西政治哲学通史》总体思路和基本观点的价值，我认为它还有三个方面的意义。其一，它可以为刚进入政治哲学研究领域的学者提供一种向导。自古以来，政治哲学积累了大量的著作，新进入这个领域的研究者往往不知从何入手。本书基本上遵循了人们认识的习惯和逻辑，告诉新进入者什么是政治哲学，它有哪些基本原理，有兴趣者还可进而了解中国政治哲学、西方政治哲学和马恩政治哲学三大政治哲学形态，从而更深刻地了解政治哲学。其二，它可以给政治哲学研究者提供一个借鉴。当代学术研究越来越专门化，学者常常容易局限于自己感兴趣或有专攻的问题，而忽视自己的研究在整个学科中的地位、作用、意义，导致既不与他人的研究相照应，也不与学科发展的需要相适应。政治哲学研究领域也有类似的情况。有本书作参考，也许有助于研究者避免这种偏向，提醒学者反思自己的研究在整个政治哲学研究中的方位。其三，它可以为政治哲学专业研究生提供一本参考教材。在本书即将出版之际，国务院学位委员会第一次将政治哲学列入我国研究生招生专业，政治哲学专业将会迎来大发展的春天。本书的出版恰逢其时，它可供政治哲学专业硕士研究生和博士研究生阅读参考。

　　本书乃至整个《中西政治哲学通史》的编撰出版得到了各方面的支持和帮助，借此机会对华中师范大学政治学部以及所有给我提供支持和帮助的领

后 记

导和朋友表达自己由衷的感谢。首先，感谢华中师范大学原校长郝芳华教授和人事部部长游丽女士，在她们的全力支持下《中西政治哲学通史》才得以立项并得到经费保障；感谢华中师范大学政治学部部长徐勇教授和副部长陈军亚教授，他们给《中西政治哲学通史》的编撰出版提供了各方面的支持。其次，感谢本书和《中西政治哲学通史》的编委会，他们给我们提供了学术指导和学理支撑；感谢《中西政治哲学通史》的全体作者，他们为《中西政治哲学通史》尽快出版作出了艰苦努力。再次，感谢中国社会科学出版社社长赵剑英先生、原总编辑魏长宝先生和现任总编辑杨志勇先生，他们为《中西政治哲学通史》出版提供了立项和编辑组织方面的支持；感谢责任编辑郝玉明博士，她为《中西政治哲学通史》的编辑出版做了十分细致精到的工作。最后，感谢华中师范大学政治学部政治哲学研究中心的同事特别是陈荣卓教授、熊富标博士、李婉芝博士，他们为《中西政治哲学通史》的编撰出版提供了多方面的帮助；感谢我的夫人张汉明女士，她长期以来帮助我审读和核对文稿；感谢我的在读博士研究生和硕士研究生，他们为本书做了大量校对、引文核对、编辑人名术语索引方面的工作，他们是左家辉、李累、李华锋、汪佳璇、魏敏、卢蔡、周莹萃、蔡利平、李雨欣、李君豪、张楠；感谢《湖北大学学报》副编审张媛媛博士最后对全书所做的细心且专业的校订和修改工作。

本书是一部概论性的著作，涉及面很广，加上本人学识的局限，其中难免有疏漏、不妥甚至错谬之处，恳请方家和读者批评指正。

江 畅

2023 年 10 月 31 日